W. Michael Blumenthal

Die unsichtbare Mauer

Die dreihundertjährige Geschichte einer deutsch-jüdischen Familie

Aus dem Amerikanischen
von Wolfgang Heuss

Carl Hanser Verlag

Titel der Originalausgabe
The Invisible Wall. Germans and Jews. A Personal Exploration
Counterpoint, Washington, D. C., 1998
© 1998 by W. Michael Blumenthal

1 2 3 4 5   03 02 01 00 99

ISBN 3-446-19642-0
Alle Rechte an der deutschen Ausgabe vorbehalten
© 1999 Carl Hanser Verlag München Wien
Satz: Filmsatz Schröter, München
Druck und Bindung: Franz Spiegel Buch GmbH, Ulm
Printed in Germany

Für die nächste Generation –
Ann, Jill, Jane und Michael Edward,
und besonders für
Barbara

vielleicht ist's dasselbe Lied,
das ins schwere Herz der Ruth seinen Weg fand,
als sie voll Heimweh und in Tränen
im fremden Kornfeld stand

John Keats, *Ode an eine Nachtigall*
(Übersetzung: H. W. Häusermann)

Inhalt

ERSTES KAPITEL
Prolog

1

Die *Marine Adder* war einer der vielen Truppentransporter, welche die Vereinigten Staaten im Zweiten Weltkrieg in aller Eile serienweise auf Stapel legten. Das unansehnliche, schlachtschiffgrau gestrichene 12 000-Tonnen-Schiff konnte bis zu 3800 Mann samt Ausrüstung über den Ozean transportieren. Von »Minimalkomfort« zu sprechen war eine großzügige Bezeichnung für die Unterbringung.

Ein paar kleine Kajüten waren für die höheren Offiziere bestimmt, und auf den Unterdecks gab es ein rundes Dutzend großer Räume mit doppelstöckigen Pritschen für jeweils 48 Passagiere. Wer dort unterkam, hatte Glück. Der Rest mußte in großen Laderäumen im Rumpf des Schiffes schlafen, wo vier Pritschen übereinanderlagen. Die Lüftung war erbärmlich schlecht, und es stank – besonders wenn Seekranke es bei rauher See nicht bis zu den Gemeinschaftstoiletten schafften und unterwegs zusammenbrachen.

Für den Einsatz im Zweiten Weltkrieg kam die *Marine Adder* fast zu spät. 1945 in Dienst genommen, war sie eines der letzten neuen Schiffe der amerikanischen Transportarmada, die mittlerweile riesig angewachsen war. Im Krieg spielte sie nur noch eine kleine Rolle, nämlich beim Rücktransport der Truppen nach der Kapitulation Japans. Danach erklärte die US-Marine das Schiff für überflüssig, und 1946 charterten es die American President Lines und setzten es als Fracht- und Passagierschiff für den Nachkriegsdienst zwischen der amerikanischen Westküste und dem Fernen Osten ein.

Später wurde das Schiff bis zum nächsten möglichen militärischen Krisenfall von der US-Marine in Reserve gehalten und mehrmals eingemottet. Vor der endgültigen Verschrottung beendete es seine Karriere als schlichter Autotransporter – vielleicht ein angemessenes Schicksal für ein Schiff, das Menschen so wenig Bequemlichkeit geboten hatte.

Für die staatenlosen Displaced Persons auf der siebzehntägigen Überfahrt von Schanghai nach San Francisco im September 1947 jedoch war die schäbige *Marine Adder* der schönste Ozeandampfer der Welt. An Bord befanden sich etwa hundert Juden aus Deutschland und Österreich. Vor den Nazis waren sie nach Schanghai geflohen und hatten dort den Krieg in einem von den japanischen Besatzern kontrollierten Ghetto überlebt. Jetzt fieberten sie einem Neubeginn in Amerika entgegen. Die Fahrt auf der *Marine Adder* war die letzte Teilstrecke einer fast zehnjährigen Odyssee, die nach dem Pogrom in Deutschland, der sogenannten Kristallnacht, 1938 angesichts zerstörter Geschäfte, brennender Synagogen und dem drohenden Konzentrationslager mit der überstürzten Flucht nach China begonnen hatte. Endlich war das Ende der langen Irrfahrt mit vielen Umwegen in Sicht. Die *Marine Adder* war die Arche, die sie aufs trockene Land bringen sollte, in eine dauerhafte Heimat, neuer Hoffnung entgegen.

Der 24. September 1947 war ein wunderbarer Tag. Die Luft war frisch und rein, am blauen Himmel war kein einziges Wölkchen zu sehen. Einer der Flüchtlinge an Bord war ich. Ich war einundzwanzig und hatte ganze fünfundsechzig Dollar in der Tasche. Wir waren schon vor Tagesanbruch aufgestanden und standen nun dicht gedrängt an der Reling, als das Schiff durchs Golden Gate in die Bucht von San Francisco einlief. Kann man sich einen noch herrlicheren ersten Blick auf die Vereinigten Staaten vorstellen?

An dem berühmten Embarcado von San Francisco, wo wir an Land gingen, erwarteten uns Freunde und Verwandte, die vor uns ins Land gekommen waren, einige erst vor kurzem, andere schon vor über zehn Jahren, nach Hitlers Machtergreifung. Letztere tauften wir bald die »Mayflowerflüchtlinge«, weil sie uns Neuankömmlingen aus dem deutsch-jüdischen Kokon in Schanghai sehr seltsam vorkamen: Sie kleideten und gaben sich ostentativ amerikanisch, sprachen Deutsch mit amerikanischem Akzent und mischten Slang hinein. Es dauerte jedoch nicht lange, bis wir es ihnen nachmachten und uns ebenfalls eifrig ins amerikanische Leben stürzten.

In Schanghai hatten wir, »Gäste« der Japaner im Krieg, einige riskante Situationen erlebt, waren nie wirklich in Sicherheit und ein paarmal nahe der Katastrophe, ohne es zu wissen. Doch jetzt lag alles das hinter uns. Auch wir – einstmals assimilierte deutsche Juden – hatten Hitlerdeutschland überlebt und waren nun voller Ungeduld bereit zur Assimilation in der Neuen Welt. Für die Älteren sollte das ein mühevoller, langwieriger Prozeß werden, doch uns Jüngere konnte nichts zurückhalten.

Die ersten Flüchtlinge aus Deutschland hatten sich zunächst in bestimmten Vierteln eingerichtet, etwa auf der Upper West Side in Manhattan – manche nannten die Gegend »Das Vierte Reich« – oder in Forest Hills in Queens. An der Westküste bildeten sich ähnliche Enklaven in San Francisco und Oakland. Doch unsere kleine Gruppe der spät Angekommenen blieb nicht lange zusammen; jeder ging seinen eigenen Weg und freute sich, endlich in Sicherheit zu sein, eine Chance zur Selbstverwirklichung zu haben und war voller Hoffnung, bald als gleichberechtigter Bürger anerkannt zu werden.

Wir kamen in einer aufregenden Zeit in unsere neue Heimat. Das Land war dynamisch, und das Leben Amerikas pulsierte mit neuer Energie. Millionen Soldaten und Matrosen waren unternehmungslustig aus dem Krieg zurückgekehrt, und auch von uns sollten viele das Glück haben, sich den amerikanischen Traum voll erfüllen zu können. Die Jüngeren strömten in die Colleges. Unsere Eltern hatten uns beigebracht, daß Bildung der Schlüssel zum Erfolg ist. »Was du gelernt hast, kann dir keiner wegnehmen«, hatte meine Mutter oft gepredigt. Andere gingen in die Wirtschaft oder die freien Berufe, und bald konnten sich viele in die wachsende amerikanische Mittelklasse der Nachkriegsjahre einreihen.

Die Generation unserer Eltern und Großeltern hatte in Deutschland eine bedeutende, an ihrer Zahl gemessen überproportionale Rolle gespielt. Manche von uns sollten in unserer neuen Heimat ähnliches Glück haben. Aus den 300 000 deutsch-jüdischen Flüchtlingen, die in den Vereinigten Staaten landeten, gingen Nobelpreisträger, prominente Künstler, Journalisten und Professoren und hochangesehene Juristen und Mediziner hervor. Einer von uns brachte es sogar zum Außenminister.

Als das Taxi mich vor einem schäbigen kleinen Hotel an der Ellis Street in San Francisco absetzte, hatte ich mich bereits in das Land verliebt. Ich war jung und hatte viel vor; im Land der unbegrenzten Möglichkeiten war kein Ziel zu hochgesteckt. Doch selbst in meinen kühnsten Träumen konnte ich mir die Privilegien nicht vorstellen, die mir eines Tages zuteil werden sollten. Dazu zählte die Ehre, meiner neuen Heimat erst als Botschafter und später als Finanzminister zu dienen – der vierundsechzigste seit der Zeit George Washingtons und erst der dritte außerhalb Amerikas geborene Bürger in diesem hohen Amt.

2

Ich bin als deutscher Jude zur Welt gekommen und blieb deutscher Bürger, bis die Nazis 1941 eines Tages verfügten, daß ich es nicht mehr sei. Ich war fünfzehn, und wenn ich mich recht erinnere, war mir das reichlich egal, doch meine Eltern waren vollkommen fassungslos und entsetzt. Wir lebten damals – vegetierten wäre wohl das treffendere Wort – in Schanghai, und um uns tobte der chinesisch-japanische Krieg. Wir waren dort nicht auf Rosen gebettet, doch Schanghai war der einzige Ort, der uns nach der überstürzten Flucht aus Deutschland offenstand.

Jahrelang wußte ich wenig über unsere Vergangenheit, und sie interessierte mich auch nicht besonders. Deutschland war einfach das Land meiner Geburt, an das ich mehr schlechte als gute Erinnerungen hatte, die aber glücklicherweise bald verblaßten. Nichts hätte mir also nach meiner Ankunft in San Francisco ferner liegen können als mir Gedanken über meine Herkunft zu machen. Die Vereinigten Staaten waren jetzt meine neue Heimat, und mein Leben in Amerika, die Gegenwart und meine Zukunftschancen dort nahmen mich ganz in Beschlag. Die Vergangenheit war Geschichte – tragisch, unbegreiflich und nur dazu da, vergessen zu werden.

So blieb es lange Zeit. Sobald wie nur möglich beantragte ich nach der vorgeschriebenen Wartezeit bei einem Bundesrichter einen Termin, um die amerikanische Staatsbürgerschaft zu erlangen. Die Einbürgerungszeremonie in Trenton, der Hauptstadt New Jerseys und nahe der Princeton University, an der ich Doktorand war, war ein stolzer Augenblick für mich. Und so ist es nun seit fast einem halben Jahrhundert geblieben: Ich bin Amerikaner und bin es voller Stolz. Meine Wahlheimat hat es gut mit mir gemeint. Wie so viele Einwanderer und Flüchtlinge vor mir und nach mir konnte ich studieren, meine Talente entfalten und eine Familie gründen. Meine Frau ist Amerikanerin, und ich habe vier Kinder, die ebenfalls Amerikaner sind. Materiell kann ich nicht klagen, und beruflich habe ich auch Erfolg gehabt: Ich war Universitätsprofessor, Geschäftsmann und Bankier, und im Staatsdienst war ich auch. Kein Wunder also, daß die Erinnerungen an meine Kindheit als deutscher Jude schnell verblaßten.

Doch das Älterwerden bringt seltsame, unerwartete Veränderungen mit sich, und ich spreche nicht in erster Linie von den Arterien. Im Laufe der Jahre begriff ich nämlich, was Schopenhauer mit der Feststellung gemeint hatte, die erste Lebenshälfte liefere uns den Text, danach gehe es um dessen Kommentierung. Mit der Zeit beunruhigte es mich, daß ich so wenig darüber wußte, was in Deutschland wirklich geschehen war. Wissen ist das Toupet, mit dem wir die Kahlköpfigkeit unserer Ignoranz verdecken, und nun irritierte mich der kalte Luftzug über meinem Haupt immer mehr. Langsam, Schritt für Schritt, wuchs mein Bedürfnis, etwas über die Vergangenheit zu erfahren, bis es schließlich die Oberhand gewann. Es gab zu viele offene Fragen, nicht nur über meine eigene Familie und ihre Vorfahren, sondern über die Spezies aller Juden in Deutschland, in die hinein ich geboren worden war. Was hatte sich zwischen deutschen Christen und Juden abgespielt, und wieso? Warum hatte es nach einem so vielversprechenden Anfang, so viel Hoffnungen und solchen Errungenschaften ein so entsetzliches Ende genommen? Das waren die Fragen, die ich mir immer von neuem stellte.

3

Die neuzeitliche Geschichte der Juden in Deutschland endete – nach kaum dreihundert Jahren – in der Mitte des 20. Jahrhunderts. Angefangen hatte sie 1671, gut zwanzig Jahre nach dem Ende des Dreißigjährigen Krieges, als der erste der Hohenzollern, Friedrich Wilhelm von Brandenburg, der Große Kurfürst, seine Magna Charta für Juden erließ und zunächst fünfzig jüdische Familien einlud, aus Österreich in sein Land zu kommen.

Es war natürlich nicht das erste Mal, daß Juden sich in Deutschland niederließen. Der erste Jude dürfte deutschen Boden um die Zeit Jesu Christi betreten haben, vielleicht sogar noch früher, und seither haben sie immer verstreut in Deutschland gelebt. Diese mitteleuropäischen Juden, die Aschkenasim, hatten nach der Christianisierung Europas oft unter schwerer Diskriminierung und Grausamkeit gelitten, aber dann auch wieder gute Zeiten erlebt. Auf Phasen der Ruhe folgten lange Perioden der Verfolgung bis hin zu blutigen Massakern, die die Juden dezimierten und aus dem Land vertrieben. Es war ein Wechselbad ohne Ende, manchmal profitierte man von ihrer Anwesenheit und nutzte sie aus, dann wieder gewannen Neid, Aberglaube und Haß die Oberhand. Juden konnten aus einer Stadt verjagt und von einer anderen gleich wieder zur Niederlassung eingeladen werden.

Einst hatte es in vielen deutschen Städten blühende jüdische Gemeinden gegeben: in Köln und Aachen, in Worms und Speyer und vielen kleineren Ortschaften am Rhein und an der Donau. Im Mittelalter jedoch und während der Kreuzzüge war das Leben für sie so schwer und gefährlich geworden, und so viele waren umgekommen oder geflohen, daß ihre Zahl bis zum 15. und 16. Jahrhundert zur Bedeutungslosigkeit herabgesunken war.

In Brandenburg waren die Juden erst hundert Jahre vor der Magna Charta des Großen Kurfürsten, mit der die moderne deutsch-jüdische Geschichte ihren Anfang nahm, wieder einmal »auf ewig« verbannt worden. Regionale Unterschiede gab es natürlich immer. Von nun an wurde Preußen in Deutschland das Zentrum jüdischen Lebens, und es war Preußen, wo sich bei weitem die meisten niederließen.

Den Großen Kurfürsten hatten nicht etwa Sympathie oder gar Liebe zu den Juden bewegt. Den Begriff Antisemitismus gab es zwar noch nicht, doch von der in Europa weitverbreiteten Antipathie gegen sie war auch Friedrich Wilhelm nicht frei. Nur war es so, daß der praktisch veranlagte Herrscher Unterstützung brauchte beim Wiederaufbau des im Dreißigjährigen Krieg von marodierenden Banden verheerten Landes, dessen Bevölkerung dezimiert war. Die Juden waren nur eine der zahlreichen Gruppen, die er sich in dieser Not ins Land holte. Aus Frankreich kamen Hugenotten, aus der Pfalz und der französischen Schweiz Protestanten, es kamen Wallonen und Salzburger, und Tausende wegen ihrer Religion verfolgte Hussiten aus Böhmen.

Doch mit den Juden war es besonders bestellt. Von Anfang an nahmen sie in Brandenburg einen besonderen Platz ein; die Eingliederung wurde ihnen schwergemacht, sie mußten mehr Vorschriften beachten, mehr Steuern bezahlen, und sie wurden stärker ausgebeutet als die anderen Einwanderer. Dennoch wuchsen und gediehen die jüdischen Gemeinden in den verschiedenen Kleinstaaten, die Bismarck später zu einem deutschen Reich vereinigte. Als Deutschland dann zum mächtigsten Land in Europa geworden war, erlangten dort auch die deutschen Juden eine unter den Juden der ganzen Welt einzigartige Position und spielten in den meisten Lebensbereichen des Landes eine besondere Rolle.

Anfangs hatte diese Entwicklung jedoch niemand vorhersehen können. Abgesehen von dem wenigen sogenannten Hofjuden, die dem Souverän als Bankiers und Finanzberater dienten, und einer Handvoll anderer Privilegierter lebten die meisten Juden in den ersten hundert Jahren nach 1671 am Rande der deutschen Gesellschaft und waren zahlreichen Einschränkungen unterworfen. Genau besehen waren sie nichts anderes als Privateigentum des jeweiligen Fürsten, und ihr Leben wurde von unzähligen Gesetzen bestimmt, von ausbeuterischen, restriktiven Vorschriften, die den vielen ständig illiquiden deutschen Fürsten und Herrschern hauptsächlich ständige Einnahmequellen garantierten.

Die besonderen Einschränkungen und Hindernisse, mit denen die Juden zu kämpfen hatten, und der Einfallsreichtum beim Erfinden neuer Sondersteuern übersteigen jede Vorstellung. Ohne einen teuren Schutzbrief etwa konnte kein Jude gefahrlos reisen, aber damit fingen die Abgaben erst richtig an. Die Juden – und nur die Juden – wurden auf Schritt und Tritt mit Steuern belastet.

Um 1700 kostete die Erlaubnis, eine Messe zu besuchen, einen Juden 150 Taler und ein Pferd.[1] An jedem Stadttor, das er unterwegs passierte, waren weitere Abgaben fällig. In Mainz nahm man die Juden schlicht und einfach in eine Liste zollpflichtiger Waren auf: »Honig, Hopfen, Holz, Juden, Kreide, Käse und Braunkohle.«[2]

Zum Heiraten brauchten Juden eine Sondererlaubnis; bei Geburt und Tod fielen ebenso Steuern an. War einer von ihnen bankrott oder zahlungsunfähig, hafteten sie kollektiv für seine Schulden. Besonders verhaßt war der »Leibzoll«, eine schändliche, jedem einzelnen Juden auferlegte schwere Last.

Doch damit nicht genug. Die Juden wurden im 18. Jahrhundert auch noch dazu gezwungen, Porzellan aus den königlichen Manufakturen zu erwerben, und zwar weit über dem Marktpreis, so daß sie beim Verkauf einen schmerzhaften Verlust hinnehmen mußten. Aus Gründen, die im Dunkel bleiben, gab es einen unerschöpflichen Vorrat abschreckend häßlicher Porzellanaffen. Das Geschäft mit dem Porzellan war aber nicht so schlimm wie eine frühere zynische Praxis, als man nämlich die Juden mit ihrer koscheren Ernährung dazu zwang, die für sie abstoßenden Wildschweine zu kaufen, die der Herrscher auf der Jagd erlegt hatte.

Außerdem gab es unendlich viel, was Juden verboten war. Haus- und Landbesitz war ihnen fast nirgendwo erlaubt. Sie durften keine Geschäfte mit Straßenfront besitzen, und der Handel mit vielen Produkten – beispielsweise Lebensmittel, Wein, Wolle und Garn – und die Arbeit in vielen Berufen – beispielsweise als Brauer und Branntweinhersteller – war ihnen untersagt. Zu den Handwerkszünften hatten sie keinen Zugang, und sie durften keine Manufaktur besitzen.

So blieben für sie praktisch nur die von den meisten Christen verschmähten Tätigkeiten mit dem geringsten Sozialprestige – vor allem der Geldverleih und der Kleinhandel. Nur wenige erlangten den privilegierten Status von »Schutzjuden« und durften in den Städten leben, wo sie neben ihren christlichen Nachbarn aussichtsreicheren Berufen nachgehen konnten.

Manche Schutzjuden stiegen nach und nach ins Bürgertum auf, doch die meisten anderen blieben schrecklich arm. Sie lebten für sich im Ghetto oder im Judenviertel, hatten wenig Kontakt zur Außenwelt, sprachen ihre eigene Sprache und trugen ihre eigene typische Kleidung. Ganz in ihrer Vergangenheit verwurzelt, wurden sie von

Ältesten und Rabbinern regiert, die an Religion und Tradition ge-
kettet waren. Christen sahen ihrerseits auf Juden als minderwertiges
fremdes Volk herab.

Nur langsam begann sich ihre Lage zu wandeln. Im 18. Jahrhundert geriet die alte Feudalordnung ins Wanken, und mit der Aufklärung kamen neue Gedanken in die Gesellschaft. Im Glauben an
die Menschenrechte verkündete man nun, der Mensch sei nicht gott-
gewollter Untertan, sondern selbstbewußter Bürger; die Gesellschaft
geriet in Bewegung, und Juden wie Christen blieben davon nicht
unberührt. Mehr und mehr Juden wollten aus ihren engen traditionellen Grenzen ausbrechen, und mehr und mehr Christen waren bereit, sie als ihresgleichen zu betrachten. Etwa um die Mitte des Jahrhunderts begegneten sich zum ersten Mal die Gebildeteren und
Kultivierteren von ihnen in Universitäten, gelehrten Gesellschaften
und Salons in Berlin und anderen deutschen Städten. Je mehr Juden
in die größeren Städte zogen, desto enger wurden diese Kontakte. So
kam der Prozeß der Assimilation der Juden langsam in Gang.

Mit dem neuen Gedanken der allgemeinen Bürgerrechte gab die
Französische Revolution dieser Tendenz starke Triebkraft. Dieser
mächtige Einfluß bestärkte auch diejenigen Deutschen, die meinten,
es sei nun endlich an der Zeit, die Isolierung der Juden zu beenden
und sie wirklich in die Gesellschaft aufzunehmen. Sie befürworteten
die Assimilation der Juden, weil sie glaubten, sie sei für beide Seiten
nützlich und würde letzten Endes dazu führen, daß die Juden gleichberechtigte Bürger würden statt als unterlegenes »Volk« für sich in
Deutschland zu leben.

Schließlich wurden gegen Ende des 18. Jahrhunderts eine Reihe
zunächst in Frankreich und Österreich vorgenommener Rechtsreformen auch in mehreren deutschen Städten und Staaten durchgeführt.
Einen Meilenstein bedeutete das Jahr 1812, als in Preußen die lästi-
gen und diskriminierenden Judengesetze größtenteils abgeschafft
wurden und die Juden das Bürgerrecht erhielten – aber damit auch
Pflichten wie etwa die Wehrpflicht.

Doch wirklich dramatisch wurden die Veränderungen erst im
19. Jahrhundert, als die Assimilation der deutschen Juden in das
Leben der Gesamtgesellschaft so schnell und so weit ging, daß ein

Historiker diesen Vorgang zutreffend als vielleicht »einen der spektakulärsten gesellschaftlichen Sprünge in der europäischen Geschichte« bezeichnet hat.[3]

In nur wenigen Generationen schüttelten die Juden in Deutschland die Fesseln ab, die bis ins Mittelalter zurückreichten, kehrten den alten rabbinischen Wertvorstellungen den Rücken und traten in die Neuzeit ein. Sie verwarfen uraltes Gedankengut und religiöse Bindungen, nutzten ihren neuen rechtlichen Status und ergriffen voller Eifer die ihnen von ihrer Umwelt gebotenen Chancen. Kraft und Tempo dieses Modernisierungsschubs waren in der bisherigen jüdischen Geschichte beispiellos und führten zu Erfolgen und zu einer Prominenz, wie Juden sie noch nie zuvor erlebt hatten. In Deutschland ging dabei die Integration ins nichtjüdische Leben und die Assimilation an deutsche Kultur und deutsche Denkweisen weiter und schneller als irgendwo sonst in Europa.

Die Kraft des Neuen veränderte das Leben von Christen und Juden gleichermaßen. Deutschland erlebte – später als andere Länder – seine industrielle Revolution, und im Zuge des Wandels der ökonomischen Bedingungen zerfiel auch die alte Gesellschaftsstruktur. Das Eisenbahnnetz breitete sich schnell aus, und überall entstanden neue Fabriken. Rigide merkantilistische Handels- und Geschäftsstrukturen mußten dem freieren Spiel des Marktes weichen. Der enorme Kapitalbedarf erforderte neue Organisationsformen der Finanzmärkte und die Gründung vieler großer und kleinerer Banken.

Es herrschte Aufbruchsstimmung, und bei den Menschen paarte sich die Hoffnung auf eine bessere Zukunft und neue Chancen mit der Angst vor dem Ungewissen und Neuen und dem Verlust des Gewohnten und Althergebrachten. In dieser Atmosphäre entwickelte sich das Verhältnis zwischen Christen und Juden unweigerlich ungleich und kompliziert, doch letztere fanden sich alles in allem in dieser neuen Welt sehr gut zurecht. Die Gegebenheiten kamen ihren Fähigkeiten und ihrem Ehrgeiz entgegen. Die Juden waren unternehmungslustig und ergriffen gern ihre Chance, wenn eine Tür sich öffnete oder aufgestoßen werden konnte. Dabei übernahmen viele schnell die Kultur, in der sie lebten. Sie trieben den Wandel tatkräftig voran und ließen bei der Erfindung neuer Formen des Unternehmertums in der Wirtschaft, im Handel und im Finanzwesen ihre christlichen Konkurrenten oft hinter sich zurück. In einer Reihe von Wirtschaftszweigen in Deutschland, in denen ihre früheren Erfahrungen von besonderem Vorteil waren, spielten sie bald eine führende Rolle – etwa bei Banken und Verlagen, in der Schiff-fahrt, im Schiffsbau, der Textilbranche und im Einzelhandel.

1860 gab es in Berlin bereits doppelt so viele jüdische Privatbanken wie nichtjüdische, und auch beim Aufbau der Bankgiganten, welche die deutsche Wirtschaft bis heute dominieren, wirkten fast immer Juden mit. Jüdisches Kapital und jüdischer Unternehmergeist spielten beim Aufbau der Eisenbahn und einiger der größten Industrieunternehmen in den Zukunftsbranchen Strom und Chemie, im Kohlebergbau und in der Schwerindustrie eine entscheidende Rolle.

Seit langem hatte es schon eine Handvoll jüdischer Familien gegeben, die im vorindustriellen Zeitalter als Hofjuden und Bankiers des Adels großen Reichtum angehäuft hatten, doch jetzt wurden viel mehr Juden wohlhabend und einige sogar außerordentlich reich. 1908 waren in Preußen neun der 29 reichsten Familien und jeder fünfte kleinere Millionär jüdisch – gemessen an der Zahl der Juden in der Gesamtbevölkerung ein erstaunlich hoher Anteil.

Selbstverständlich brachten es bei weitem nicht alle Juden zu Wohlstand. Viele mußten sich mit einem sehr geringen Einkommen bescheiden, und manche – besonders diejenigen, die spät nach Berlin und in die anderen Großstädte kamen, blieben bitterarm. Doch überraschend viele arbeiteten sich in ein oder zwei Generationen mindestens in die Mittelklasse empor, und es dauerte nicht lange, bis in einigen der besseren Berliner Viertel überdurchschnittlich viele Juden wohnten. 1914 waren nur fünf Prozent der Berliner Juden, doch unglaublicherweise kam ein Drittel aller Steuereinnahmen von ihnen.

Wirtschaftlicher Erfolg war jedoch nicht die einzige Möglichkeit für Juden, sich in die deutsche Gesellschaft zu integrieren. Auch in vielen anderen Lebensbereichen machten sie erstaunliche Fortschritte. Viele spielten bald eine bedeutende Rolle in den freien Berufen, in Wissenschaft, Musik und Künsten und auch im Journalismus. So wurden Juden zu Schlüsselfiguren im deutschen Geistesleben und vor allem in dem Bereich, den die Deutschen über alles schätzten – in der Kultur.

Jetzt, da sie das Ghetto verlassen hatten und wirtschaftlich erfolgreich waren, trugen Juden nun immer mehr zur deutschen Kultur bei, deren Wertvorstellungen und Denkweisen sie schnell absorbierten. Es kam dabei zu einer intensiven und nachhaltigen Wechselwirkung zwischen deutschem und jüdischem Geist, in deren Verlauf aus ehemaligen Ghettobewohnern emanzipierte, moderne deutsche Juden wurden.

Bis weit ins 18. Jahrhundert hatte ihre gesellschaftliche Isolierung auch das Geistesleben der Juden geprägt. Ihre Bildung beschränkte sich auf die Lehrpläne der jüdischen Volksschulen und der Jeschiwas, der Talmudschulen. Die Mädchen erhielten so gut wie keine Ausbildung, und für die Jungen ging es in erster Linie um das religiöse Erbe. Für die übrige Welt interessierte man sich kaum. Nur wenige stellten die von den Rabbinern und der Ghettokultur bestimmten Zwänge, Traditionen und Vorurteile in Frage.

Die Aufklärung schwächte diese ausschließlichen Bindungen an Religion und Tradition zunächst, um sie dann ganz zu zerschlagen. Moses Mendelssohn, der bucklige Sohn eines armen jüdischen Thoraschreibers und frühe und einflußreiche Verkünder dessen, was man später die deutsch-jüdische Symbiose nannte, war der Prototyp des Juden, der jetzt die Ghettomauern durchbrach. Während damals die meisten seiner Glaubensgenossen nur »Judendeutsch«, also Jiddisch, sprachen, beherrschte der hochgebildete Mendelssohn die deutsche Sprache bereits meisterhaft und zählte einige der besten und klügsten Köpfe seiner Zeit zu seinen Freunden. Ohne sich vom Judentum und seinem jüdischen Erbe abzuwenden, war er der erste neuzeitliche Philosoph unter den deutschen Juden, der Brücken zur deutschen Kultur und zum profanen Leben schlug und energisch die Auffassung vertrat, es sei gerecht und für beide Seiten nur von Vorteil, die diskriminierenden Judengesetze und mittelalterlichen Vorschriften außer Kraft zu setzen. Er meinte, ungeachtet der religiösen Unterschiede sollten und könnten die Juden voll in die deutsche Gesellschaft assimiliert werden.

Bald danach kam es dann zu den ersten Kontakten zwischen nichtjüdischen Berliner Intellektuellen und einigen Söhnen und Töchtern aus reichem jüdischem Hause, vor allem Nachfahren von Hofjuden. Hochbegabte junge Jüdinnen richteten literarische Salons ein, in denen auch gebildete Christen verkehrten, darunter solche aus höchsten Hof- und Adelskreisen. Ungefähr zur gleichen Zeit führte eine neue jüdische Aufklärungsbewegung, die Haskala, zur Gründung einer neuen Form reformierter jüdischer Schulen, an denen weltliche Fächer im Lehrplan ebensoviel Gewicht erhielten wie die traditionelle religiöse Überlieferung.

Es sollte jedoch zu noch viel dramatischeren und schnelleren Veränderungen in der Stellung der deutschen Juden kommen. Mehrere Entwicklungen liefen dabei parallel. 1812 entfielen in den meisten deutschen Ländern und in Preußen durch Gesetzesreform viele der Einschränkungen im Aufenthaltsrecht, in der Berufswahl und im Anspruch auf Schulbildung. Die Landflucht war in vollem Gange, die Menschen strömten in die Städte, darunter auch viele Juden auf der Suche nach Bildungschancen, höherem Sozialprestige und Verbesserung ihrer wirtschaftlichen Lage. Lernen hatte im Ghetto – wenn auch auf traditionelle Inhalte beschränkt – immer schon einen hohen Stellenwert gehabt. Jetzt stürzten sich diese Juden in den Städten mit Feuereifer auf Kultur und Wissen des Abendlands.

Bildungseifer verband Juden mit Nichtjuden, und im 19. Jahrhundert kam es in Deutschland zu tiefgreifenden Reformen im Schulwesen und an den Universitäten. 1816 besuchten in Preußen nur sechzig Prozent aller Kinder eine Schule, doch schon dreißig Jahre später waren es dank der Einführung der allgemeinen Schulpflicht achtzig Prozent und Mitte der sechziger Jahre des Jahrhunderts praktisch alle. Auch die höhere Schulbildung machte große Fortschritte, und durch die Universitätsreform, die die Einheit von Forschung und Lehre betonte, wurden die deutschen Universitäten führend in Europa.

Die Juden ergriffen die neuen Chancen mit besonderem Enthusiasmus. Viel schneller noch als die Christen kamen sie in die Städte. 1871 lebte schon jeder fünfte dort – von der Gesamtbevölkerung war es nur jeder zwanzigste –, und im Laufe der Jahre sollte sich dieser Anteil noch weiter erhöhen. Als Hitler an die Macht kam, lebten sogar zwei Drittel aller deutschen Juden in Städten und über die Hälfte in den sieben größten. Am stärksten konzentrierten sie sich in der Hauptstadt Berlin. Vor der Emanzipation hatten Neuankömmlinge in der Regel nur eine enge religiöse Bildung genossen. Jetzt schickten sie ihre Söhne und Töchter auf die besseren Schulen und Universitäten, und dies in relativ größerer Zahl als die Nichtjuden. 1880 kamen auf den höheren Schulen in Preußen auf je tausend Protestanten 5,2 Schüler; bei den Katholiken waren es 2,3, bei den Juden jedoch – man höre und staune – 33,6. 1893 waren fünf Prozent der Berliner Bevölkerung jüdisch, doch auf den Gymnasien der Stadt war fast jeder vierte Schüler Jude, und auf den besten war ihr Anteil noch höher. Dasselbe galt für die Universitäten: Mitte des 19. Jahrhunderts waren dort, gemessen am Bevölkerungsanteil, doppelt so viele Juden eingeschrieben wie Nichtjuden; um die Jahrhundertwende waren es achtmal so viele.

Dieser Bildungshunger jüdischer Schüler und Studenten bezeugt besser als alles andere, mit welcher Begeisterung sich die deutschen Juden der Moderne öffneten. Bildung und Besitz wurden ihnen zum Maßstab für ihren neuen gesellschaftlichen Status. In beiderlei Hinsicht waren sie so erfolgreich, daß ihr prominenter Rang als eine besonders gebildete und wirtschaftlich starke Elite bald nicht mehr zu übersehen war, auch wenn sie eine Minderheit blieben.

Früher war es bei der »Judenfrage« und antijüdischen Ressentiments um religiöse Unterschiede gegangen. Die Aufklärung brachte eine Säkularisierung der Verhältnisse: Jetzt standen wirtschaftliche, politische und soziale Fragen im Vordergrund. Doch die Animositäten wurden dadurch nicht geringer, und viele Schranken blieben bestehen, manche ganz offiziell, andere informell und weniger sichtbar, aber darum nicht weniger wirksam.

Ebenso wie die starke Konzentration von Juden in bestimmten Wirtschaftsbereichen im Mittelalter eine Folge der Beschränkungen bei der Berufswahl gewesen war, so führte jetzt die fortgesetzte Diskriminierung dazu, daß Juden in bestimmten akademischen Berufen und im Kulturbetrieb überrepräsentiert waren, während sie in anderen überhaupt nicht in Erscheinung traten. Denn auch nach der Abschaffung der Judengesetze blieben Juden von zwei der wichtigsten

Bereiche des öffentlichen Lebens de facto ausgeschlossen – vom Militär und von der Verwaltung. Ein nicht getaufter Jude hatte so gut wie keine Chance, Offizier zu werden; es half auch nicht, wenn seine Familie reich war und Einfluß hatte oder er selbst sich auf dem Schlachtfeld ausgezeichnet hatte. Diese Politik des nahezu völligen Ausschlusses galt, von wenigen Ausnahmen abgesehen, bis in den Ersten Weltkrieg. Die gleichen diskriminierenden Regeln galten de facto auch im Staatsdienst und in der Verwaltung – und zwar vom einfachen Dienst bis zu den höchsten Ebenen. Im 19. Jahrhundert konnte ein Jude zwar Arzt, Anwalt oder Wissenschaftler werden, durfte aber weder hinter einem Schalter der Reichspost sitzen noch Zugschaffner werden. Da die deutschen Universitäten staatliche Einrichtungen waren, wurde auch nur ganz selten ein Jude auf die begehrteste Position berufen, einen öffentlichen Lehrstuhl.

Wie nicht anders zu erwarten, strömten deshalb gebildete Juden zu denjenigen Tätigkeiten, bei denen Diskriminierung kein nennenswerter Faktor mehr war – vor allem in die freien Berufe und in die Wissenschaften und Künste. Hier zeichneten viele sich besonders aus, und einige erlangten wirklichen Weltruhm. Die Zahlen sprechen für sich. Erst Mitte des 18. Jahrhunderts wurden die ersten Juden als Anwälte zugelassen, doch in den ersten Jahrzehnten unseres Jahrhunderts, bevor Hitler an die Macht kam, waren 16 Prozent aller Rechtsanwälte in Deutschland Juden. In der Weimarer Republik waren fast zehn Prozent der Ärzte und acht Prozent der Zahnärzte Juden.[4]

Viele Juden arbeiteten in Wissenschaft und Forschung, gingen zum Theater oder widmeten sich Kunst und Musik; einige der bekanntesten deutschen Komponisten, Dirigenten und Darsteller waren Juden. Auch als Journalisten, Verleger, Schriftsteller und Literaturkritiker machten viele sich einen Namen.

In der Weimarer Zeit gab es kaum noch einen Bereich des deutschen Geisteslebens und kaum einen freien Beruf, in dem die Juden nicht tiefe Spuren hinterlassen hatten. Die meisten – Angehörige der Mittelklasse, die von der Ghettokultur ihrer Großeltern ebenso weit entfernt waren wie vom Glauben ihrer Väter – waren weitgehend assimiliert, verstanden sich aber immer noch als Juden. Sie glaubten fest an das, was sie die deutsch-jüdische Symbiose nannten – das positive Zusammenwirken von deutschen Christen und Juden zum gegenseitigen Vorteil. Der Weg zur Gleichberechtigung war lang und beschwerlich gewesen, doch sie waren überzeugt davon, daß die Kluft sich immer mehr schließen würde und daß man sie mit der Zeit in ihrer Doppelidentität als Juden und Deutsche voll akzeptieren würde. Ihr fester Glaube an diesen verführerischen Traum ließ viele von ihnen Scheuklappen anlegen, so daß sie kein Signal mehr wahrnahmen, das den Traum hätte gefährden können.

Nur einer Minderheit orthodoxer Juden war die Assimilationsbegeisterung fremd. Sie hielt an der traditionellen jüdischen Kultur fest. Nach 1900 lehnte außerdem eine kleine Gruppe von Zionisten die Assimilation prinzipiell ab und richtete ihr Interesse statt dessen auf Palästina. Doch dies waren Ausnahmen. Die meisten Juden empfanden deutsch – in Sprache, Kultur und Weltanschauung. Sie führten ihr Leben als Deutsche, blickten als Deutsche in die Zukunft und hofften, daß ihre Leistungen und ihre Vaterlandsliebe schließlich aller noch bestehenden Diskriminierung ein Ende setzen würden.

Diese Hoffnung war nicht unbegründet. In nur kurzer Zeit hatte es große Fortschritte gegeben, vor allem in den Jahrzehnten seit 1870. Doch ob sie es wahrhaben wollten oder nicht, selbst in den besten wilhelminischen und Weimarer Zeiten war die Situation der Juden widersprüchlich und keineswegs eindeutig. Phasen des Fortschritts und der Rückschläge lösten einander ab, und der tiefsitzende latente Antisemitismus nahm manchmal zu und manchmal ab. Ganz verschwinden sollte er jedoch nie.

Das alte Bild vom Juden als Christusmörder und halsstarrigem Ketzer war nun einer bunten Palette neuer Judenängste auf politischer, gesellschaftlicher und schließlich pseudowissenschaftlich rassistischer Grundlage gewichen. An die Stelle des Juden als religiösen Außenseiters trat das Klischee vom Ausbeuter, Spekulanten und Schieber. Später, unter den Nazis, wurde der Jude dann der rassisch minderwertige Untermensch, der niemals zu einem echten Deutschen werden konnte. Die Bereitschaft der breiten Masse, diese Darstellungen von ihren jüdischen Mitbürgern zu akzeptierten, schwankte; besonders gern glaubte man in wirtschaftlich schweren

Zeiten daran, nur um in Zeiten von Wohlstand und Wachstum wieder davon abzurücken – alles in allem ein trauriger Kreislauf. Die Politiker zögerten selten, sich heute jüdischer Hilfe zu versichern, nur um dann morgen wieder die antisemitische Karte auszuspielen. Unter der Oberfläche lauerte stets die alte Antipathie. Der Ausbruch des Ersten Weltkriegs löste bei den Juden nicht weniger patriotische Begeisterung aus als bei den Nichtjuden. Hunderttausend deutsche Juden eilten zu den Fahnen, jeder dritte von ihnen zeichnete sich aus und wurde dekoriert, und zweitausend wurden schließlich auf dem Schlachtfeld zu Offizieren befördert. Ein erstaunlicher Durchbruch. Man zählte zwölftausend gefallene Juden und sehr viel mehr Verwundete. Doch all dies konnte weder ihren Anspruch auf Gleichheit legitimieren noch die Judenhasser zum Schweigen bringen. Als das Kriegsglück sich wendete, schob man die Verantwortung wieder einmal den Juden zu und sagte jüdischen Soldaten nach, sie seien nichts als feige Drückeberger.

In der kurzen Zeit der Weimarer Republik verschärfte sich das Klima. Paradoxerweise fielen gerade in diesen wenigen Jahren die meisten noch verbliebenen Schranken, und die Juden konnten nun wirklich am öffentlichen Leben in Deutschland teilnehmen. Sie machten an den Hochschulen, in den Künsten und im öffentlichen Dienst Karriere und engagierten sich politisch im ganzen Spektrum von der äußersten Linken bis zur extremen Rechten. Juden wurden Minister und Revolutionäre, und einer hatte sogar an der Weimarer Verfassung mitgearbeitet.

Doch während alles nach Fortschritt aussah, mehrten sich die negativen Anzeichen, die Besorgnis erregen mußten. Deutschland befand sich in einer Krise, und den prominent und sichtbar gewordenen Juden gab man auch mehr Schuld daran. An den internationalen Friedenskonferenzen und Reparationsverhandlungen hatten an exponierter Stelle auch einige Juden teilgenommen, denen man jetzt immer häufiger die Verantwortung für die harten Konditionen anlastete, welche die Alliierten Deutschland auferlegt hatten. Andererseits wurde »der Jude« zum Ziel von Haß und Ressentiment, weil einige Juden zu Revolutionären und Agitatoren der äußersten Linken zählten. Als das Volk in den frühen zwanziger Jahren unter der Großen

Inflation und am Ende des Jahrzehnts unter Massenarbeitslosigkeit litt, machte man jüdische Bankiers und Spekulanten zu Sündenböcken, obgleich die deutschen Juden selbst unter diesen Schicksalsschlägen nicht weniger zu leiden hatten als andere.

Wirtschaftschaos, politische Instabilität und soziale Unruhen der Weimarer Republik wurden so zum fruchtbaren Boden, auf dem alte Ressentiments und Vorurteile ins Kraut schießen konnten. Manche deutsche Juden meinten hoffnungsvoll, es handle sich wieder einmal um einen vorübergehenden Rückschlag. Doch bald wurden sie eines Besseren belehrt, denn in Wirklichkeit war es der Anfang eines unaufhaltsamen Abstiegs in die Katastrophe. Die Tendenz zu einem besonders bösartigen Antisemitismus setzte sich auch während der kurzen guten Periode Mitte der zwanziger Jahre fort. Als Hitler nach dem Krieg an die Öffentlichkeit trat, nutzte auch er die alten Vorurteile und Rassentheorien, die in Deutschland seit langem kursierten, für sich aus. Die sozialen Spannungen nach dem verlorenen Krieg und das Fehlen einer echten demokratischen Tradition erleichterten ihm die Arbeit.

Für die Juden Deutschlands ereignete sich, als Hitler 1933 die Macht ergriff, etwas Unvorstellbares. Es kam zur totalen Wende. Trotz ihrer Leistungen und Fortschritte, trotz ihrer Kämpfe und Hoffnungen raste die neuere Geschichte der Juden in Deutschland jetzt schnell auf ein entsetzliches Ende zu. Niemand war darauf gefaßt.

Die Juden hatten in Deutschland und weit über dessen Grenzen hinaus eine erstaunliche Wirkung entfaltet, auch wenn es nie mehr als etwa 600 000 gegeben hatte – eine winzige Minderheit von nicht einmal einem Prozent der Bevölkerung. In den ersten acht Jahren nach Hitlers Machtergreifung gelang über 300 000 von ihnen die Flucht, und etwa 70 000 starben eines natürlichen Todes; in der überalterten jüdischen Bevölkerung überstieg die Sterberate die Geburtenziffer bei weitem. Als die Fluchttore 1941 endgültig zugeworfen wurden und kein Entrinnen mehr möglich war, lebten in Deutschland nur noch 163 000 Juden. Die meisten wurden in den Osten verschleppt und ermordet. Nur wenige kamen zurück. Tausende nahmen sich das Leben.

4

Der Weg aus der Isolation im Mittelalter in die Neuzeit, den die Juden mit staunenswerter Schnelligkeit in nur wenigen Generationen zurückgelegt hatten, der Platz, den ihnen eine ambivalente, wankelmütige nichtjüdische Welt gewährt hatte, die Wechselwirkung zwischen ihnen und Nichtjuden und die Fülle der verschiedenartigen Einstellungen und Reaktionen auf beiden Seiten – das alles ist eine einmalige Geschichte mit vielen Rätseln. Je mehr ich über die Geschichte meiner Vorfahren erfuhr, desto mehr beschäftigten mich solche Fragen und desto stärker wurde mein Bedürfnis, auf der Suche nach Antworten noch tiefer zu bohren.

Wie lebte man als Jude in Deutschland in den dreihundert Jahren, bevor Hitler die meisten vertrieb und den Rest ermordete?

Wie sah der Alltag der einfachen Leute aus? Und wie der der Prominenten? Wie kam ein Jude zurecht, der kaum mehr war als Privateigentum und Einkunftsquelle seines Königs? Wie lebten sie später als assimilierte Juden, nachdem sie die Isolation durchbrochen hatten?

Wie wurden sie mit den Schranken fertig, die man per Gesetz um sie herum aufgebaut hatte? Und was taten sie mit den unsichtbaren Mauern, die noch nach ihrer Emanzipation gegen sie errichtet wurden? Wie reagierten sie, als sie ungeachtet ihres aufrichtigen Patriotismus und ihrer Loyalität als Parias und Außenseiter gebrandmarkt wurden? Warum erkannten nur so wenige rechtzeitig ihre gefährliche Situation? Was für Menschen waren sie überhaupt? Wovon träumten sie? Worauf hofften sie? Wovor hatten sie Angst? Wurden sie wirklich als Deutsche akzeptiert, oder war das nur eine Illusion? Wie kam es, daß eine so kleine Gruppe mit all ihren Meinungsverschiedenheiten, Unterschieden und Konflikten angesichts einer oft feindseligen Umwelt derart produktiv werden und eine so starke Wirkung auf die deutsche Kultur, auf die Welt und sogar auf das Judentum selbst entfalten konnte?

Und schließlich die bedeutendste Frage überhaupt: Wie kam es dazu, daß der Judenhaß ausgerechnet in Deutschland – einem Land, das auf seine hohe Kultur stolz war und in dem die Juden es weiter gebracht hatten als irgendwo sonst – eine so katastrophale, mörderische Form annahm und das ganze europäische Judentum ins Verderben riß? Antisemitismus gab es überall. War die deutsche Variante grundsätzlich anders?

Das ist die am tiefsten verstörende Frage überhaupt: Weshalb ging der Holocaust von Deutschland aus, und wie läßt sich erklären, daß so viele Deutsche ihn passiv hinnahmen oder aktiv an ihm mitwirkten?

Die Historiker ringen schon seit langem mit dieser Frage. Bis heute hat niemand eine wirklich befriedigende Antwort gefunden, auch wenn Daniel Goldhagen in seinem vieldiskutierten Buch ebendies behauptet.[5] Ihm zufolge handelte es sich beim deutschen Antisemitismus tatsächlich um etwas Besonderes. In der deutschen Gesellschaft, so seine These, habe sich im Laufe von gut einhundert Jahren ein beispielloses und von tiefem Haß geprägtes rassistisches Bild von den Juden entwickelt. »Der Jude« sei ein subversiver Untermensch, der andere Rassen vernichten wolle, und das Problem sei nur durch seine vollständige Eliminierung zu lösen. Diesen nur in Deutschland existierenden »eliminatorischen« Antisemitismus, so behauptet Goldhagen, hätten sich die meisten Deutschen zu eigen gemacht. Hitler und sein verbrecherisches Regime hätten ihn benützt, um mindestens hunderttausend »gewöhnliche« Deutsche zur aktiven Mitwirkung am Holocaust zu bringen und sich die stillschweigende Duldung der übrigen zu sichern.

Nicht alle Historiker stimmen mit Goldhagen überein. Im Gegenteil: Viele widersprechen ihm energisch. Hätte er recht, so wäre der schnelle Aufstieg der deutschen Juden vor Hitler nur um so erstaunlicher und das Verkennen der todbringenden, gegen sie gerichteten antisemitischen Kräfte nur um so rätselhafter.

5

Es mangelt nicht an ausgezeichneten Darstellungen der Geschichte der Juden in Deutschland.[6] Ich selbst bin kein Historiker und will auch mit dem vorliegenden Buch kein Neuland betreten. Es geht mir auch nicht unmittelbar darum, den Holocaust und seine Vorgeschichte zu untersuchen. Es handelt sich hier vielmehr um ein Buch, in dem die Lebensgeschichte von sechs Juden und ihrer Zeit erzählt wird, das Schicksal von fünf Männern und einer Frau, einige davon berühmt, erfolgreich und reich, und andere, die ein ganz normales bürgerliches Leben führten.

Alle sechs fand ich im Stammbaum der Familie Blumenthal. Was mich an ihnen interessierte, war weniger meine – oft recht weitläufige – Verwandtschaft mit diesen Vorfahren aus zehn bis zwölf Generationen in Deutschland. Mich faszinierte vielmehr die Vielfältigkeit ihrer Erfahrungen als deutsche Juden, ihre Lebensläufe, die mit allen Triumphen und Niederlagen – das deutsch-jüdische Verhältnis von den Anfängen bis zum Ende widerspiegeln.

Diese sechs Geschichten werfen ein Licht auf viele Fragen, die das Leben von Juden in Deutschland aufwirft. Außerdem eröffnen sie auch eine neue Perspektive auf Goldhagens These über das Wesen des deutschen Antisemitismus und die Ursprünge des Übels, das schließlich zum Holocaust führte. Manche seiner Behauptungen werden dadurch bestätigt, andere jedoch stark in Frage gestellt.

Das komplizierte, schwierige Verhältnis von Deutschen und Juden nach 1671 steckte voller Widersprüche. Für die Christen waren die Juden abstoßende, unterlegene und fremdartige Menschen, die wegen ihrer Sünden gegen Jesus Christus verdammt waren. Die Juden ihrerseits errichteten ebenfalls Mauern gegen die anderen und bildeten sich in ihrer langanhaltenden Isolation klischeehafte Vorurteile gegen ihre Umwelt: Für sie waren Christen meist ungebildet, unkultiviert, grausam und unberechenbar.

Als mehr und mehr Juden die Isolation durchbrachen und sich um Anerkennung in der Welt der Deutschen bemühten, stießen sie auf tief verwurzelte christliche Vorurteile. Auch nach dem Verschwinden der gesetzlichen Schranken blieben diese Einstellungen erhalten und begründeten den zwar weniger offensichtlichen, darum aber nicht weniger starken und schmerzlichen Widerstand gegen die volle Integration der Juden. Die schwere Last der Geschichte lag auf beiden Völkern.

Die schnelle kulturelle Assimilation der Juden führte andererseits zur Schwächung der Bindung an die eigene Tradition; ihr Horizont weitete sich aus, ihre Erwartungen änderten sich. Jetzt strebten sie vor allem nach voller Gleichheit vor dem Gesetz und nach gesellschaftlicher Anerkennung und kämpften mit allen Mitteln dafür – mit Fleiß, geistigen Leistungen und Patriotismus und manchmal auch, vielleicht unbewußt, durch offenes Nachäffen der weniger attraktiven und erfreulichen Manieren und Wertvorstellungen der Nichtjuden. Taktik und Strategie änderten sich im Laufe der Zeit, doch das Ziel blieb dasselbe, erwies sich aber stets als schwer zu verwirklichen und wurde nie ganz erreicht. Den Versuch jedoch gaben die Juden nie auf.

An den Lebens- und Zeitläuften meiner sechs Protagonisten läßt sich das Auf und Ab dieses Prozesses von 1671 bis 1945 ablesen.

Jost Liebmann (1640-1702) war einer meiner frühen Vorfahren. Im 17. Jahrhundert war das Leben für die Juden in Deutschland hart und voller Gefahren. Sie orientierten sich immer noch nach innen, und von außen begegnete man ihnen mit Haß und Verachtung. Jost fing als armer Hausierer an, der mit Tand und billigen Perlen handelte. Am Ende seiner Tage hatte er sich zum Hofjuwelier des brandenburgischen Adels emporgearbeitet und war einer der reichsten Männer in Berlin. Anfangs hatte er weder irdischen Besitz noch die elementarsten Rechte. Er war aber wild entschlossen, es in einer feindseligen Welt zu etwas zu bringen. Er war klug, ehrgeizig und energiegeladen, diente seinem Herrn beflissen und hatte ein untrügliches Gespür für die Gefahren, die ihm als Jude drohten. Seinen Charme setzte er ganz gezielt ein, er konnte aber auch rücksichtslos und hinterhältig sein.

Er sah sich stets als gläubigen Juden – Identitätskrisen waren nichts für ihn. Einerseits war er gierig auf Reichtum und hatte als Hofjuwelier größten materiellen Erfolg, andererseits legte er auch Wert auf seine gesellschaftliche Rolle als führende Figur der kleinen Berliner jüdischen Gemeinde.

Jost Liebmann ist typisch für das jüdische Leben in Deutschland in diesen frühen Jahren. Wie die meisten fing er klein an, doch als er später eine Sonderstellung innehatte, half er das Fundament legen, auf dem die nachfolgenden Generationen aufbauen sollten. Er ist also einer der Gründerväter des neuzeitlichen deutschen Judentums.

Rahel Varnhagen von Ense (1771-1833), geborene Rahel Levin,

lebte in einem anderen Zeitalter, war aber in ihrer Zeit ebenso typisch für den erwachenden Ehrgeiz der Juden wie Jost in der seinen. Sie gehörte zur ersten Generation von Juden, die des eingeschränkten, isolierten Lebens überdrüssig waren und sich aus dem Judenviertel in die bürgerliche Welt hinauswagten. Ihre Hoffnungen und Träume, was sie versuchte und wie sie von den Menschen aufgenommen wurde, nehmen die Erfahrungen derer vorweg, die in ihre Fußstapfen treten sollten.

Anfangs war es aufregend genug, mit prominenten Nichtjuden Umgang zu pflegen. Lange verleugnete Rahel ihre jüdische Vergangenheit und suchte ihr zu entkommen, bis sie merkte, daß ihr das nichts nützte. Sie hätte gerne in den nichtjüdischen Adel eingeheiratet, stieß aber erst auf Ablehnung und mußte feststellen, daß sie so ihre Probleme nicht lösen konnte. Rahel probierte alles aus – glühenden Patriotismus, Aufgabe des eigenen Glaubens auf Zuflucht in christlicher Theologie, Engagement für liberale Politik und romantische Freiheitsideen. Immer wieder versuchte sie, die unsichtbaren Mauern zwischen sich und der nichtjüdischen Welt zu erklimmen, ohne dieses Ziel je zu erreichen, nur um immer aufs neue den Versuch zu unternehmen. Das faszinierende Leben dieser außerordentlichen Frau ist von Triumphen und Enttäuschungen ebenso gekennzeichnet wie von Selbsttäuschung und dem Zwang, ihre wahren Motive sogar vor sich selbst zu verbergen.

Rahel Varnhagen von Ense nimmt in der Geschichte des deutschjüdischen Verhältnisses eine Schlüsselposition ein. Bis heute genießt sie literarischen Ruhm, ohne zu Lebzeiten je etwas veröffentlicht zu haben. Als Preußen sich anschickte, die Schwelle zur Moderne zu überschreiten, war Rahels Berliner Salon Treffpunkt der geistigen Elite des Landes. Noch wichtiger ist ihr Schicksal als Jüdin, denn in ihrem unermüdlichen Kampf um Anerkennung in der Welt der Christen und dank ihrer Sensibilität für die vielen offenkundigen und auch subtilen Demütigungen und Hindernisse, die ihr in den Weg gestellt wurden, spiegelt sie schon alle Qualen späterer Generationen deutscher Juden, die den gleichen Ehrgeiz hatten.

Rahel ist eine inspirierende und zugleich tragische Gestalt. Diese hochintelligente, geistreiche, rastlose, energische und ehrgeizige Frau spielte in Berlin in einer Umbruchzeit eine bedeutende Rolle. In ihrem Eifer, eine echte Deutsche zu sein, wollte sie jahrelang von ihrer Herkunft nichts wissen und klagte oft, es sei ihr schlimmster Fluch, als Jüdin zur Welt gekommen zu sein. Schließlich fügte sie sich in das Unvermeidliche und erkannte, daß die Mauern nicht gefallen waren, daß sie trotz ihres späteren aristokratischen Namens Außenseiterin geblieben und der Sinn ihres Daseins eben doch im Jüdischen begründet war.

Giacomo Meyerbeer (1791-1864), ein Nachkomme Jost Liebmanns, war ein gefeierter Opernkomponist und im 19. Jahrhundert eine überragende Gestalt in der Welt der Musik. Seine Landsleute überhäuften ihn einerseits mit allen Ehrungen für einen großen Deutschen, verunglimpften ihn aber auch oft als »kosmopolitischen« Juden.

Das Wunderkind, Sproß einer sehr reichen, gebildeten und einflußreichen Familie, die in Berlin eine führende Rolle spielte, wurde schon als Kind Ziel antisemitischer Ressentiments. Diese Erfahrung verletzte ihn tief und hinterließ seelische Wunden für sein ganzes Leben. Die Wirkungen der Haßliebe der Deutschen zu dem brillanten musikalischen Genie auf Meyerbeers Charakter und Auftreten, auf seine Eitelkeiten und Ängste, spiegeln den Ehrgeiz und die Qualen der tiefen Sehnsucht nach Anerkennung vieler deutscher Juden.

Anders als Rahel, die die Seiten wechselte und sich taufen ließ, blieb Giacomo trotzig-stolzer Jude. Auf die Animosität, mit der man ihm begegnete, reagierte er mit unermüdlichem Streben nach Erfolg, Anerkennung und Ruhm.

Er war neurotisch, labil und pessimistisch, arbeitete bis zur Erschöpfung, konnte keine Kritik vertragen und witterte hinter jedem Fehlschlag und Tadel sogleich antisemitische Motive. Er blieb gläubiger Jude, wollte aber unbedingt auch als großer Deutscher anerkannt werden.

Giacomo Meyerbeers beständiger Drang nach Erfolg, seine nervöse Unruhe, sein resigniertes Seufzen »Riches [Judenhaß] ist ewig« und seine fatalistische Ergebenheit in das, was er als schmerzliches Schicksal aller Juden empfand – all das fand sich später bei vielen deutschen Juden wieder. Er war großzügig, konnte in Geschäftsdingen aber auch unerbittlich sein. Seine Liebesbedürfigkeit war unersättlich. Viele andere deutsche Juden waren ihm darin ähnlich.

Weder sein Reichtum noch sein Ruhm als großer Komponist verschafften ihm innere Ruhe. Ganz Europa überhäufte ihn mit Titeln und Ehren, doch es war nie genug, um seine Ängste und Unsicherheiten zu überwinden. Er wollte Erfolg auf Erfolg. Die Haßliebe zu Deutschland begleitete ihn ein Leben lang. Der französische Kaiser, einer seiner größten Bewunderer, bot ihm die höchste Ehre an, die er zu verleihen hatte – einen Platz im Panthéon. Giacomo lehnte höflich ab: Er wollte nach seinem Tod doch in deutscher Erde begraben werden.

Louis Blumenthal (1818-1901), mein Urgroßvater, war ein entfernter Verwandter Meyerbeers. Seine Vorfahren – ursprünglich Hausierer – waren seit vielen Generationen in verschiedenen Kleinstädten in Brandenburg ansässig, wo sie kleine Läden hatten oder mit Kurzwaren und Textilien handelten.

Louis gehörte zur ersten Generation bürgerlicher deutscher Juden, die die Wertvorstellungen und den Lebensstil der Deutschen angenommen hatten. Er lebte im Zeitalter Bismarcks, und die den Juden 1871 nach der Reichsgründung gewährte volle Gleichberechtigung erfüllte ihn mit Stolz und Dankbarkeit.

Er war ein anständiger, ehrbarer Mann, er achtete und billigte preußisches Recht und preußische Ordnung, und er war ein treuer Untertan des Kaisers und durch und durch deutscher Patriot. Wie später sein Sohn und sein Enkel lebte er in Oranienburg und blieb sein Leben lang ein Kleinstadtjude. Diese Kleinstadt in Brandenburg taucht daher in diesem Buch als Beispiel für die Entwicklung der deutsch-jüdischen Beziehung außerhalb Berlins immer wieder auf. Als geachteter Geschäftsmann und Gründer der kleinen Bank des Ortes war er einer der ersten Juden, die in den Stadtrat gewählt wurden und in Gemeindeangelegenheiten eine wichtige Rolle spielten. Für Louis war es am wichtigsten, ein guter Deutscher zu sein. Wenn er nebenbei auch in der jüdischen Gemeinde von Oranienburg eine führende Position einnahm, so war dies mehr Pflicht als tiefe Bindung ans Judentum: Er ging wohl eher aus liebevoller Anhänglichkeit an seine jüdische Vergangenheit noch zur Synagoge.

Im Kaiserreich gab es viele bürgerliche Louis Blumenthals, geprägt von der Weltsicht als Deutsche, überzeugt davon, daß Deutschland in Europa für einen Juden das beste Land sei. Sie schickten ihre Kinder auf deutsche Schulen und erzogen sie zu echten Patrioten. Auf Deutschlands Macht und Leistungen waren sie stolz und freuten sich insgeheim über die wachsende Bedeutung der Juden im öffentlichen Leben der Nation. Diskriminierung verletzte sie tiefer, als viele zugeben wollten. Selbst im kleinstädtischen Oranienburg blieb Louis auf der Hut, während andere lieber so taten, als sei der Antisemitismus gar kein Problem mehr.

Arthur Eloesser (1870-1938) war ein bekannter Literatur- und Theaterkritiker und ein bedeutender Literaturwissenschaftler. Er war der Bruder meiner Großmutter väterlicherseits, und weil er in einer Händler- und Kaufmannsfamilie als erster das Recht und die Mittel hatte, an der Universität Berlin zu studieren und geistigen statt kaufmännischen Interessen nachzugehen, galt er als »Prunkstück« der Familie. Seine Ansichten und Wertvorstellungen waren exquisit deutsch, und mit jedem Schritt verkörperte er deutsche Kultur. Als Theaterkritiker der *Vossischen Zeitung*, als zeitweiliger Dramaturg des Lessing-Theaters und als Vorsitzender des Schutzverbandes deutscher Schriftsteller spielte er im literarischen Leben Berlins eine aktive Rolle. Vom Judentum wußte er fast zeitlebens recht wenig. »Die Mesusa«, schrieb er einmal, »verschwand schon von unserer Tür, als ich noch ein Kind war.«

Seine Lehrer schätzten den hochbegabten Schüler, und für eine vielversprechende Universitätslaufbahn brachte er alle Voraussetzungen mit. Doch er sollte bald herausfinden, was es selbst nach der Emanzipation in Deutschland wirklich hieß: Jude zu sein. Für seinesgleichen war die Universität kein behaglicher Ort, und ein Lehrstuhl kam für einen nicht getauften Juden nicht in Frage. So war er gezwungen, Journalist und Kritiker zu werden – ein typisches Schicksal für die in den »freien« Berufen deutlich überrepräsentierten gebildeten modernen Juden.

In der Person von Arthur Eloesser erkennt man die Einstellungen und Erfahrungen deutscher Juden in der besten und schlimmsten Zeit. Als deutscher Patriot meldete er sich mit 45 Jahren als Kriegsfreiwilliger. Im Kaiserreich noch Monarchist, wandelte er sich in der Weimarer Republik zum Demokraten und hoffte auf das Gelingen der Demokratie. Als Humanist und Liberaler – den wir heute politisch eher als konservativ einstufen würden – erinnerte er sich wie viele Deutsche wehmütig an die Disziplin und Ordnung der autoritätshörigen Vergangenheit und betrachtete die Weimarer Zeit mit Sorge und einer gewissen Angst.

Er glaubte an Deutschland und an einen Platz für die Juden in Deutschland. Er war der typische assimilierte Jude, für den die deutsch-jüdische Symbiose Realität war. Er war der Prototyp des intellektuellen modernen deutschen Juden – deutsch gesinnt und der jüdischen Tradition entfremdet. Typisch war allerdings auch seine Unfähigkeit, in den zwanziger Jahren die zunehmenden Anzeichen eines immer weiter um sich greifenden Antisemitismus zu erkennen und die Prämissen zu prüfen, die seinen assimilationistischen Ansichten zugrunde lagen. Wie viele deutsche Juden tat er das erst, als die Tragödie schon ihren Lauf genommen hatte. Als Hitler an die Macht kam, verbrannten die Nazis seine Bücher, und er erhielt Berufs- und Publikationsverbot.

In den letzten Jahren seines Lebens studierte Arthur die Bibel, entdeckte seine jüdischen Wurzeln wieder und wurde zum engagierten Zionisten. Seine Kinder flohen aus Deutschland, er selbst unternahm zwei Reisen nach Palästina und entdeckte »das Gelobte Land« wieder. Es war, schrieb dieser deutsche Humanist, als sei er »nach Hause gekommen«. Doch beide Male kehrte er nach Deutschland zurück. Er starb, bevor er auswandern konnte; seine Witwe wurde ermordet.

Der letzte in dieser Reihe meiner Vorfahren ist Ewald Blumenthal (1889-1990), mein Vater. Er war einer der deutschen Juden, die den Holocaust überlebten. Sein Leben zeigt, wie die Geschichte endete.

Jost Liebmann, sein erster namentlich bekannter Vorfahr, hatte als armer Außenseiter angefangen, hatte in Deutschland kein Bürgerrecht und galt als minderwertiger fremder Jude. Mit Ewald sollte der Kreis sich schließen. Als er zur Welt kam, befanden sich die Juden in Deutschland auf dem höchsten Punkt. Ein halbes Jahrhundert später floh Ewald aus dem Land, ein besitz- und rechtloser Jude wie Jost dreihundert Jahre früher.

Mein Vater war ein konventioneller deutscher Jude der Mittelklasse. In seinem Selbstverständnis war er Deutscher. Er hatte in der Leibgarde des Kaisers gedient und in den Schützengraben in Frankreich für sein Vaterland gekämpft. Der Kaiser persönlich hatte ihm das Eiserne Kreuz überreicht, doch bevor er aus Deutschland floh, um sein Leben zu retten, war er Häftling im Konzentrationslager Buchenwald.

Über die anormale Situation der deutschen Juden hatte er sich nie grundsätzliche Gedanken gemacht – schließlich hatte er nie etwas anderes gekannt. Seine Wertvorstellungen waren die eines Deutschen. Geschäftlicher Erfolg war ihm wichtig, Intellektuelle respektierte er, und in einer gewissen Vorsicht und Ängstlichkeit und auch in den Einstellungen und Vorurteilen, die er unbewußt übernahm, zeigen sich die historischen Erfahrungen und Anschauungen vieler assimilierter deutscher Juden.

Nach 1933 blieb er noch fünf Jahre in Deutschland und hoffte, Hitler sei nur ein schlimmer Traum. Das Land zu verlassen war ein Alptraum – kein anderes Land wollte ihn, und eigentlich wollte auch er nirgendwo anders hin. Jahrelang hatte er gesagt, er könne unmöglich »nur mit Juden« in Palästina leben. Schließlich mußte er an eben einem solchen Ort – im jüdischen Ghetto in Schanghai – seine deutsche Vergangenheit gezwungenermaßen ein für allemal begraben.

Als er im Alter von 101 Jahren in San Francisco starb, war er seit fast vierzig Jahren amerikanischer Staatsbürger. Er sprach Englisch mit starkem deutschem Akzent, hatte noch gute Erinnerungen an Deutschland und einige wenige ganz böse. Er kehrte nur einmal nach Deutschland zurück – es sollte eine kurze Reise werden. Über die Vergangenheit sprach er nicht gerne. Ich glaube, er war überzeugt, er hätte dort einst ein gutes Leben gehabt und der ganze Rest sei eine entsetzliche Täuschung.

Als ich im Außenministerium und im Weißen Haus arbeitete, sammelte er alle Zeitungsausschnitte über seinen amerikanischen Sohn und war ungeheuer stolz. Als Präsident Carter mich zum Finanzminister ernannte, bemerkte er mit bitterer Ironie: »In Deutschland, dem Land deiner Geburt, hättest du das als Jude nie geschafft.«

ZWEITES KAPITEL

Ursprünge

1

Hätte man meine Eltern nach der Herkunft ihrer Familien gefragt, hätten sie wahrscheinlich geantwortet: Brandenburg, vielleicht auch, noch weiter in die Vergangenheit zurückgehend: Ostpreußen. Meine in solchen Dingen nicht ganz unbefangene Mutter hätte vielleicht die Provinz Posen (das heutige polnische Poznan) erwähnt, aber dann sicherlich betont, daß ihre Familie schon nach Berlin gekommen sei, als Posen noch zu Preußen gehörte, und daß Posen ja etwas ganz anderes gewesen sei als Galizien. In den Kreisen, in denen meine Eltern verkehrten, legte man standesbewußt Wert auf die Unterscheidung von Alteingesessenen und den Neuankömmlingen, den »Ostjuden«, die überwiegend aus Galizien stammten.

Und was war davor? Auf diese Frage hätte man mit einem Achselzucken reagiert. Als ich klein war, hatten viele assimilierte Juden nur noch vage Vorstellungen von ihrer ursprünglichen Herkunft. Sie kannten nur den Teil der Familiengeschichte, der sich in Deutschland zutrug und etwa zu der Zeit begann, in der auch dieses Buch einsetzt – gegen Ende des 17. oder zu Anfang des 18. Jahrhunderts.

Das ist aber natürlich nicht die ganze Geschichte. Die Herkunft der Juden in Deutschland, ja die Herkunft aller Aschkenasim, wie sie genannt wurden, läßt sich viel weiter zurückverfolgen. Bis ins Altertum. Manche Historiker meinen sogar, der Schlüssel zum vollen Verständnis der Eigenart und der charakteristischen Denk- und Handlungsweise der deutschen Juden sei in ebendieser fernen Vergangenheit zu suchen.[1] Diese spannende Frage wäre ein eigenes Buch wert, hat mit unserem Thema aber nur wenig zu tun. Uns genügt als Perspektive für das Spätere ein kurzer Blick auf einige frühe Höhepunkte und Schlüsselereignisse.

Ursprünglich gab es weder Aschkenasim noch Sephardim, sondern nur ein semitisches Volk, welches man später nach dem Stamm

Juda – hebräisch: Jahudi – Juden nannte. An den Juden ist vieles einzigartig, vor allem aber wohl die Tatsache, daß sie die Jahrtausende seit ihren Anfängen überhaupt überlebt haben. Sie sind das einzige wirklich biblische Volk, das noch heute existiert. Angesichts ihrer blutigen Geschichte mit all den vielen Prüfungen, Schwierigkeiten und Zerstörungen grenzt das geradezu an ein Wunder. Staunen erregt dabei auch, daß sie einen großen Teil ihrer verzeichneten Geschichte als weit verstreutes Volk lebten. Seit dem babylonischen Exil im 6. Jahrhundert v. u. Z. haben mehr Juden außerhalb ihres Heimatlandes gelebt als in ihm.

Über der Frühzeit liegt der Schleier des Vergangenen. Wir wissen jedoch, daß es schon lange vor der Zeit Jesu im ganzen Nahen Osten und in den wichtigsten Städten am Mittelmeer blühende große jüdische Gemeinden gab. Juden gab es in Babylon, Mesopotamien und Phönizien, im persischen Reich, in Ägypten, entlang der nordafrikanischen Küste und später in Griechenland. Nach dem Aufstieg des Römischen Reiches lebten viele in Rom und anderswo in Italien. Von Anfang an waren die meisten von ihnen nicht aus freien Stücken in der Fremde. Im 6. vorchristlichen Jahrhundert wurde ein großer Teil der Bevölkerung ins babylonische Exil verschleppt. Nach der Zerstörung des Tempels durch Titus im Jahre 70 n. u. Z. und nach der Bar-Kochba-Revolte – sechzig Jahre später – wurden dann schätzungsweise eine weitere halbe Million oder mehr als Sklaven nach Rom gebracht.

Doch nicht alle verließen die Heimat unter Zwang. Neben den Syrern und den Griechen waren Juden die abenteuer- und unternehmungslustigsten Reisenden und Händler der Alten Welt. Manche gelangten bis nach Indien und sogar China, wo es Indizien dafür gibt, daß die sogenannten Kaifeng-Juden sich dort schon mehr als tausend Jahre vor der Zeitenwende niedergelassen haben dürften. Die römischen Prokuratoren, die in Palästina herrschten, verhängten außerdem derart ruinöse Steuern, daß viele Juden freiwillig das Land verließen. So kam es aus wirtschaftlichen Gründen zu einem stetigen Strom von Auswanderern, die in großer Zahl nach Rom und in andere Teile des Römischen Reiches gingen. Ihre Gesamtzahl läßt sich nicht genau angeben, doch es waren sehr viele, Millionen vermutlich, jedenfalls mehr, als zu Hause blieben. Ein Zeitgenosse Caesars bemerkte, es sei schwer, »in der bewohnten Welt einen Ort zu finden, wo diese Rasse nicht wohnt oder Handel treibt«.[2]

Wann der erste Jude deutschen Boden betrat, weiß niemand genau. Einige Quellen lassen jedoch vermuten, daß die ersten lange vor der Geburt Jesu kamen. Bei manchen Geschichtsschreibern finden sich Berichte, wonach schon um 300 v. u. Z. Juden in römischen Städten und Siedlungen an Rhein und Donau lebten. So heißt es etwa, Wormser Juden hätten an Herodes appelliert, Jesus nicht kreuzigen zu lassen, und bei den römischen Legionären, die an den Ufern des Rheins ihre Lager und Kastelle errichtet hatten, sei man auf schöne junge Jüdinnen gestoßen.[3] Vielleicht wohl nur Legenden, doch vieles spricht dafür, daß Juden schon sehr früh in Deutschland lebten. Die Römer waren lange vor Jesus Christus das erste zivilisierte Volk auf deutschem Boden, zu einer Zeit, als die dort ansässigen Stämme noch in Fellen herumliefen. Ursprünglich kamen sie auf Einladung der Gallier, um die Einfälle der »Barbaren« aus dem Osten abwehren zu helfen. Sie überquerten die Alpen oder zogen vom Mittelmeer durch Frankreich nordwärts entlang den Flußläufen von Rhône, Loire und Seine und gründeten Städte oder errichteten befestigte Lager an Rhein, Main, Mosel und Donau. Im Gefolge der römischen Legionäre kamen Siedler und Marketender und deren Frauen. Und es kamen Prostituierte, Bettler und Zigeuner und natürlich auch Kaufleute und Händler. Angesichts der beträchtlichen Zahl der Juden in Rom und der führenden Rolle jüdischer Händler in der ganzen antiken Welt spricht vieles dafür, daß im Gefolge dieser ersten Römer auch Juden mit nach Deutschland kamen.

Die frühesten archäologischen Funde, die die Anwesenheit von Juden in Deutschland belegen – Flaschenstöpsel aus vor Ort gebrannter Terrakotta und eine Menora aus römischen Ruinen bei Trier –, stammen aus dem 3. vorchristlichen Jahrhundert. Die reichgeschnitzten Stöpsel stellen Figurinen mit eindeutig semitischen Zügen dar; verspottet werden die Juden augenscheinlich, weil sie sich beschneiden ließen, unter sich blieben und nur untereinander heirateten. Die Stöpsel deuten auch auf die Arbeitsfelder dieser frühen jüdischen Siedler hin – Weinbau und Sklavenhandel.[4] Als erster handfester Beweis gelten jedoch zwei Dekrete des römischen Kaisers Konstantin aus den Jahren 324 und 331. Das erste legt fest, daß Kölner Juden in die Curia, die Stadtverwaltung, berufen werden dürfen. Das bedeutete für einige die zweifelhafte Ehre, Rom gegenüber steuerpflichtig zu werden. Durch das spätere Dekret wird der Oberrabbiner von dieser Pflicht befreit.

In vorchristlicher Zeit scheinen Juden im Römischen Reich ein zufriedenes und recht normales Leben geführt zu haben, wenn man einmal davon absieht, daß ihre Vorfahren oft gegen ihren Willen dorthin gebracht worden waren. Sie waren römische Bürger mit denselben Rechten wie alle anderen und unterlagen keinen besonderen Einschränkungen hinsichtlich Freizügigkeit oder Berufs- und Religionsfreiheit. Sie waren Kaufleute, Ladeninhaber und Händler, Handwerker, Bauern und Winzer[5] und hatten ihre eigenen Gelehrten und Rabbiner, die schon damals hohes Ansehen bei ihnen genossen.

Es gab allerdings zwei Ausnahmeregeln, die nur für Juden galten und schlimme Folgen haben sollten, als sie in späteren Zeiten wieder in Kraft gesetzt wurden. Zum einen unterlagen die Juden, und nur die Juden, dem *Fiscus Judaicus,* einer besonderen Kopfsteuer, die man als Ersatz für die alte Steuer rechtfertigte, die für den Unterhalt des Tempels in Jerusalem erhoben worden war; zum anderen waren sie aus religiösen Gründen vom Militärdienst freigestellt.

Außerdem scheinen die Juden sich schon damals lieber mit sich selbst als mit ihren Mitbürgern und der übrigen Welt beschäftigt zu haben. Der Stolz auf ihren Glauben und ihr Sendungsbewußtsein wirkten auf andere ein wenig überheblich. Sie waren die einzigen Monotheisten, hielten leidenschaftlich an dem in ihren Augen einzig wahren Glauben fest, waren fest entschlossen, den Bund mit ihrem Gott aufrechtzuerhalten, und überzeugt, daß Festigkeit im Glauben und Einhaltung der Gesetze und Vorschriften mit der Zeit zum Reich Gottes auf Erden führen würden.

Dieser Stolz und die Absonderung sollten im weiteren Geschichtsverlauf nachhaltige bittere Konsequenzen haben und ihnen den Ruf verschaffen, halsstarrig und unbelehrbar, ein »andersartiges« Volk mit fremder Kultur zu sein, beseelt von dem Gefühl, anderen überlegen zu sein.

2

Welche Rolle spielt in der Geschichte der Menschheit der Zufall?

Sähe die heutige Welt ganz anders aus, wenn nicht ein kleinwüchsiger, krummbeiniger, blauäugiger jüdischer Zeltmacher mit üppigen Augenbrauen namens Saulus aus Tarsus eine Vision gehabt hätte? Die Vision nämlich, er müsse Heiden und Juden predigen, der einzige Weg zur Erlösung sei es, den gekreuzigten Jesus für den Sohn Gottes zu halten? Hat dieser Saulus, den wir heute Paulus nennen, als der wahre Gründer des Christentums die Welt von Grund auf verändert?

Was wäre geschehen, wenn Mohammed, das in der arabischen Wüste ausgesetzte Waisenkind, dort zugrunde gegangen wäre, statt von seinem Onkel aufgenommen zu werden? Wie, wenn George Washington in der Schlacht von Trenton in Gefangenschaft geraten oder der junge Napoleon bei der Belagerung von Toulon gefallen wäre? Und was wäre geschehen, wäre nicht eines Tages die junge Klara Plözl als Dienstmädchen zu Alois Schicklgruber gekommen, die ihn später heiratete und ihm einen Sohn gebar, den die ganze Welt als Adolf Hitler kennt?

Gibt es starke Grundströmungen, die das Schicksal der Menschheit unabhängig von einzelnen Persönlichkeiten bestimmen? Oder sind es bestimmte Menschen und Ereignisse, die – zufällig zur rechten Zeit am rechten Ort – den Lauf der menschlichen Geschichte so entscheidend beeinflussen, daß diese ohne sie vielleicht ganz anders verlaufen wäre?

Um diese Fragen kommt niemand herum, der sich mit der jüdischen Geschichte befaßt, in der das zufällige Auftauchen von Schlüsselfiguren und ebenso zufällige Schlüsselereignisse immer wieder eine entscheidende Rolle gespielt und die wechselhafte Existenz der Juden bestimmt haben.

Ein Beispiel, vielleicht das dramatischste, ist natürlich die Ausbreitung des Christentums; doch damit beginnt nur eine lange Reihe solcher Ereignisse.

Daß Constantius Chlorus mit dem Beinamen »der Blasse«, ehe er Caesar des Weströmischen Reiches wurde, ein gewisses Tavernenmädchen namens Helena kennenlernte und zu seiner Konkubine machte (also eine Ehe zur linken Hand mit ihr führte), brachte für die Juden eine ganz entscheidende Wende. Denn dieser Verbindung entsprang etwa 275 u. Z. ein Sohn namens Flavius Valerius Aurelius Constantinus, der spätere Konstantin der Große, der eine folgenschwere Entscheidung treffen sollte, die nicht nur den Lauf der abendländischen Kultur, sondern auch das Schicksal der Juden in eine ganz neue Richtung lenkte. Für Konstantin fing, wie für Paulus, alles mit einem Traum und einer Vision an.

Als er seinem Vater als Caesar des Westens in Gallien und Britannien nachfolgte, war er nicht der einzige Caesar. Im Krieg gegen einen dieser Rivalen, einen gewissen Maxentius, der über Rom und Nordafrika herrschte, soll ihm und seinen Soldaten vor der Alpenüberquerung am Himmel ein leuchtendes Kreuz erschienen sein. In ebendieser Nacht, so berichtete er, habe Jesus ihm befohlen, das Kreuz zu seinem Zeichen zu machen. So wurde Konstantin der erste christliche römische Kaiser. Begraben ließ er sich nicht im herkömmlichen kaiserlichen Purpur, sondern im weißen Gewand eines neubekehrten Christen.

Die Christianisierung des Römischen Reiches, die mit Konstantins Bekehrung begann, sollte für die Juden die unheilvollsten Folgen haben. Unter der Herrschaft der heidnischen Caesaren hatte allgemeine religiöse Toleranz gegolten. Als jetzt die Heiden den neuen Glauben annahmen, standen die Juden plötzlich als etwas Besonderes da. Ihre standhafte Weigerung, sich taufen zu lassen, war dem Staat bald ein Dorn im Auge, und der Kaiser verurteilte sie alsbald als Angehörige einer schändlichen, verächtlichen, viehischen und perversen Sekte. Die ersten diskriminierenden Dekrete ließen nicht lange auf sich warten. Im Jahre 319 wurde angeordnet, Juden, die einen Konvertiten gesteinigt hatten, zu verbrennen. Dann wurden Edikte erlassen, die ihnen den Besitz christlicher Sklaven und ebenso die Beschneidung und die Bekehrung eines Sklaven zum Judentum verboten. Auf christlich-jüdische Eheschließung und auf die Unterrichtung von Nichtjuden in der Thora stand nun die Todesstrafe.[6] Die Juden in Rom und Italien galten hinfort als widerspenstiges Volk und wurden ihrer Gleichberechtigung mehr und mehr beraubt.

Diese Politik wirkte bis in die deutschen Provinzen hinein, doch noch einige Jahrhunderte lang blieb die Lage der dort lebenden Juden weniger problembeladen. Der Verfall des Weströmischen Reiches hatte begonnen, und in Gallien und rechts des Rheins herrschten Franken und andere Stämme. Es waren rohe, ungeschlachte Völker, denen die Religion oder ein einziger Glaube weniger bedeutete als dem christianisierten Rom, so daß man die Juden im großen und ganzen zunächst gewähren ließ. Immer noch galt römisches Recht, unter dem Juden das Bürgerrecht verliehen worden war, und so scheinen sie in Deutschland unter den Barbarenstämmen relativ friedlich und ohne größere diskriminierende Einschränkungen gelebt zu haben.

In den vier folgenden Jahrhunderten stechen vor allem zwei Entwicklungen hervor. Zum einen florierten die Handelsbeziehungen zwischen dem »barbarischen« Westen, dem christlichen Byzanz und dem aufstrebenden islamischen Osten. Der Adel in Gallien und Deutschland schätzte Edelsteine, Elfenbein, Tapisserien, Seide und Gewürze aus dem Osten. Mit körperlicher Sauberkeit nahm man es damals zwar nicht allzu genau, doch exotische Essenzen und Parfums waren dafür um so beliebter. Die adligen Damen und Herren liebten den sogenannten »Judenduft« – die Parfums, die jüdische Händler aus dem Osten brachten, wo wiederum Pelze, Waffen und Sklaven gefragt waren. Juden waren dabei neben Griechen und Syrern die wichtigsten Händler. Zwischen Morgen- und Abendland verkehrten jüdische Schiffe, jüdischer Unternehmungsgeist profitierte von der Unübersichtlichkeit einer schwierigen und gesetzlosen Welt, in der es sich auszahlen konnte, wenn man seine Chance wahrnahm. Man brauchte die jüdischen Seefahrer und Karawanenführer; ja man kann fast sagen, daß das bis in die Neuzeit erhaltene internationale Netz jüdischer Händler und Finanziers seine Anfänge in ebendieser Epoche nahm.

Noch eine andere Entwicklung, die damals begann, hatte weitreichende, für die Juden in Deutschland allerdings weniger erfreuliche Konsequenzen. In der bei den Franken und anderen Stämmen – Burgundern, Friesen und Schwaben – herrschenden Feudalordnung ging der Landbesitz an die Ritter und Vasallen der herrschenden Elite über. Man schuldete Fürsten, Herzögen und anderen Herren, die einem Schutz gewährten, Treuepflicht und errang Lehen und Prestige auf dem Schlachtfeld. Da aber Juden weder kämpften noch Ländereien besaßen, gerieten sie in eine Art politisches Niemandsland ohne Schutzherren und ohne geordneten Status. Als die Christianisierung der Franken im 9. Jahrhundert abgeschlossen war und die Kirche Einfluß gewonnen hatte, waren die Juden deshalb gesellschaftlich und politisch isoliert und gefährdet – ein leichtes Ziel für Diskriminierung und Mißhandlungen.

Eine Wende zum Besseren bedeutete zeitweilig für die Juden das Erscheinen Karls des Großen, der 768 zum König der Franken und 800 zum Kaiser gekrönt wurde. Er war der Begründer einer neuen Dynastie, und im Zuge der karolingischen Renaissance entstand das Heilige Römische Reich Deutscher Nation.

Karl der Große war willensstark, intelligent und pragmatisch. Er dehnte sein Reich gewaltig aus, unterwarf die Sachsen, besiegte die Lombarden und zog im Nordosten Spaniens gegen die Araber zu Felde. Den Handel förderte er energisch, und da er dabei den Unternehmungsgeist und das Geschick der Juden schätzen lernte, bediente er sich ihrer Talente und gewährte ihnen wohlwollenden Schutz.

Karl der Große begründete die deutsche Nation. Nach der Unterwerfung der Sachsen und Wenden stieß er weiter nach Osten vor. Er selbst und seine Erben, die Karolinger, gründeten zahlreiche neue Städte an Elbe, Saale und Oder – zum Beispiel Magdeburg, Halle und Merseburg. Schließlich erstreckte sich das Reich bis nach Prag, Böhmen und Polen. Den Eroberern folgten überall die Händler, und auch die Juden breiteten sich entlang der Handelsrouten über ganz Deutschland aus und gründeten an strategischen Punkten, etwa an Flußübergängen, Niederlassungen, die sich dann zu Städten entwickelten.

Das Leben der Juden unter Karl dem Großen und seinen karolingischen Nachfolgern weist interessante Parallelen zu ihrem Schicksal im 18. und 19. Jahrhundert auf. Beide Male kam es zu einer folgenreichen Wende. Um 1800 traten sie aus dem Ghetto in die Moderne, unter den Karolingern wurden sie echte Europäer. Das war der Höhepunkt einer Entwicklung weg von den orientalischen Wurzeln, die Jahrhunderte vorher begonnen hatte, als ihre Vorfahren die angestammte Heimat verließen. Von nun an sollten die an Zahl überlegenen Aschkenasim unter den Juden der Welt die führende Rolle spielen. Als Träger einer in der Diaspora entstandenen jüdisch-europäischen Kultur unterschieden sie sich nun für immer deutlich von den Daheimgebliebenen.

Die Feindseligkeit der Kirche gegenüber den Juden, gegen diejenigen, »die unseren Herrn ermordet haben«, war nun bereits zur Tradition geworden und schlug sich in einem breiten Strom von Kirchenedikten nieder, die eine weitere jüdische Ausbreitung unter den Christen erschweren sollten. Die Christianisierung der Heiden lag noch nicht allzu lange zurück, und viele Edikte zielten darauf ab, die Juden zu isolieren, damit die Masse der neuen Christen nicht von jüdischer Häresie angesteckt werde. Daneben gab es den Neid auf den Wohlstand der Juden und Ressentiments gegen die Ungläubigen, die keinen Zehnten an die Obrigkeit zahlen mußten. Hinter den theologisch begründeten diskriminierenden und häufig strafbewehrten Dekreten steckten also oft wirtschaftliche und finanzielle Interessen. Auch das hat sich in späteren Zeiten öfters wiederholt.

Die judenfeindlichen Bestimmungen dieser Dekrete wurden damals aber keineswegs immer eingehalten. Karl der Große und seine weltlichen Nachfolger scherten sich wenig darum, behandelten die Juden in wirtschaftlicher und politischer Hinsicht wie alle anderen und ließen sie ihre Religion ohne größere Einschränkungen ausüben. Auch ein Muster, das sich später oft wiederholen sollte.

Die Juden waren zwar etwas anderes, doch weil sie eine tragende Rolle zu spielen hatten und gebraucht wurden, tolerierte man sie und gewährte ihnen Schutz. So erlebten auch sie während der karolingischen Renaissance eine Blütezeit. Man schätzte sie nicht nur als Händler, Kaufleute und Händler, sondern auch als Ärzte, Wissenschaftler und Ratgeber. Einen von ihnen, Isaak, schickte Karl der Große als Gesandten an den Hof Harun al-Raschids in Bagdad; vier Jahre später kehrte Isaak mit einem fabelhaften, unerhörten Geschenk des Kalifen für seinen Herrn nach Aachen zurück: Er hatte die lange, beschwerliche Reise mit einem lebendigen Elefanten bewältigt!

Wohlstand und allerhöchster Schutz führten zu einer Blüte jüdischer Kultur. In vielen größeren deutschen Städten entstanden bedeutende Akademien jüdischer Gelehrsamkeit. Die Juden erfreuten sich eines guten Lebens, doch unter der Oberfläche bereitete sich bereits der Gegenschlag vor – die zweite Parallele also zur modernen deutsch-jüdischen Geschichte.

In der nichtjüdischen Gesellschaft herrschte eine rigide Klassenstruktur – vom Adel und Klerus über Soldaten und Handwerker bis hinab zu den Leibeigenen. Die Juden standen außerhalb dieser Ordnung. Sie waren zwar relativ wohlhabend und gebildet, doch ihr gesellschaftlicher Status war ungesichert und unklar. Während die Städte vor Schmutz starrten – auf den Straßen stank es, und die Häuser waren schäbig –, lebten die Juden abgesondert und für sich unter weit besseren Bedingungen. In der Judengasse, wo sie freiwillig lebten, gab es Sklaven und Häuser aus Ziegelstein, nur wenige Frauen arbeiteten, und man kleidete sich besser, an Festtagen sogar prächtig. Die Juden hatten ihre eigene Sprache entwickelt, sie lasen Bücher und waren gebildeter. Gelehrte Rabbiner regelten soziale Angelegenheiten und entschieden Streitfälle. Die Juden waren wohlhabender und führten ein geregelteres Leben als die anderen Städter.

Doch dieser Sonderstatus verhieß nichts Gutes. Die Juden waren nicht nur anders, sie waren auch noch stolz darauf, und gaben sich kaum Mühe, ihre Verachtung gegenüber geltenden weltlichen Vorschriften zu verbergen. Der einzige Herrscher, den sie wirklich anerkannten, war ihr Gott, und das einzige höchste Recht, dem sie sich beugten, war das jüdische Gesetz. Während der Herrschaft der Karolinger, also bis ins 11. Jahrhundert, nahm die Zahl der Juden in Deutschland zu, und sie verbreiteten sich über das ganze Land. Sie lebten in relativ sicherem Wohlstand und verfeinerten ihre Kultur. Doch angesichts einer feindseligen Kirche und einer unwissenden und neidischen Bevölkerung erwiesen sich ihre – teils erzwungene, teils freiwillige – mangelnde Integration, ihr größerer Wohlstand und ihre Stellung außerhalb der etablierten Sozialstruktur als gefährliche Mischung, die, wie später auch, schließlich zur Katastrophe führen sollte.

3

Clermont-Ferrand, im Süden Mittelfrankreichs in der Auvergne, ist heute eine moderne Industriestadt mit 150 000 Einwohnern. Weil die Stadt mitten im Zentralmassiv liegt, kommen hier auch viele Touristen durch.

Clermont wurde im 3. oder 4. Jahrhundert von den Römern gegründet; Ferrand wurde erst später eingemeindet. Der Ortsname bedeutet Berg des Lichtes, doch in der jüdischen Literatur des Mittelalters hieß die Stadt oft Har Ophel, Berg der Finsternis. Weshalb? Hierher kam Ende des 11. Jahrhunderts ein prominenter Gast und hielt eine Rede mit für die Juden katastrophalen historischen Folgen. Für die Juden bedeutete diese Rede – wie das babylonische Exil oder die Christianisierung des Römischen Reiches – einen unwiderruflichen Wendepunkt: Die guten Zeiten unter den Karolingern waren fortan vorbei, und es kam zu einer Wende, die ihre Gemeinden dezimierte und ihre Stellung unter den Nichtjuden sowie die gegenseitige Einschätzung auf Jahrhunderte hinaus verschlechterte.

Papst Urban II., ein Franzose adliger Herkunft und der ehemalige Kardinalbischof von Ostia, kam 1095, sieben Jahre nachdem er den Stuhl Petri bestiegen hatte, nach Clermont. Der gebildete, wortgewandte und gutaussehende Urban war ein bedeutender Kirchenreformator, dessen Amtszeit von schweren Krisen und massiven Wandlungen des Christentums gezeichnet war. Er konzentrierte seine Energie auf die Stärkung der Kirche und etablierte klarere Regeln und Gesetze, um deren Position in der christlichen Gesellschaft und gegenüber den weltlichen Herrschern zu festigen. Auch seine Reise nach Frankreich diente dem Ziel, der Kirche größeren Einfluß und die Vormachtstellung in der christlichen Welt zu verschaffen. Das hatte er auch im Sinn, als er am 27. November 1095 in Clermont eintraf.

Um die religiöse Inbrunst und Begeisterung der Gläubigen zu steigern und sie fester an den Busen der Kirche zu drücken, wählte der Papst wie jeder kluge Politiker ein Projekt und einen Schlachtruf, auf deren Wirkung er sich verlassen konnte: Er rief zu einem großen Kreuzzug auf, um im Namen Christi den Muslimen das Heilige

Land zu entreißen und Jerusalem aus der Hand der Ungläubigen zu befreien.

Die Christen im Osten hatten schon seit längerem um Hilfe gegen die immer weiter in den Mittelmeerraum vordringenden Muslime gebeten, die inzwischen ganz Nordafrika und große Teile Spaniens erobert hatten. Jüngst hatten Pilger zu den heiligen Stätten von unerträglichen Übergriffen der Ungläubigen berichtet. Da die Muslime jedoch neuerdings etwas an Boden verloren hatten, schien der Augenblick günstig, um zu einem großen Kreuzzug aufzurufen und die christlichen Ritter zum entscheidenden Schlag in der langen Auseinandersetzung zwischen Christentum und Islam zu ermuntern.

Der Schlachtruf lautete »deus vult – Gott will es so«. Daß ein Papst zum Krieg aufruft, mag uns heute befremden, doch damals war das ganz normal. In einer Zeit des geistigen Erwachens hatten die Päpste nichts gegen einen Krieg, den sie gerecht nannten und der ihrer Sache förderlich war. Sie segneten die Kriegsfahnen der Ritter und versprachen ihnen Lohn im Diesseits wie im Jenseits. Papst Urban konnte die Macht der riesigen Kräfte, die er damit entfesselte, wahrscheinlich nicht voraussehen. Für Kirche und Herrscher war der Kreuzzug eine willkommene Ablenkung von allen möglichen inneren Problemen. Einerseits versprachen sich die verarmten Ritter vom Eid des Kreuzfahrers Abenteuer und die Chance, ihren Schulden zu entgehen. Für den Rest – die Horden der einfachen Leute und der Pöbel, die sich anschlossen – bedeutete ein Kreuzzug Essen, Beute und Unterhaltung in einem ansonsten trüben, elenden Dasein.

Gleich am Tag nach Urbans Kreuzzugspredigt in Clermont machte sich ein Bischofskonzil an die Planung, während der Papst und andere den Aufruf bis über die Grenzen Frankreichs hinaus verbreiteten. Schon wenige Monate später brachen die ersten Kreuzfahrer unter Führung des Einsiedlers Peter von Amiens nach Konstantinopel und ins Heilige Land auf. Im April erreichten sie Köln; weitergehen sollte es rheinaufwärts, dann die Donau hinab nach Ungarn und von dort weiter nach Osten – von nun an die Hauptstrecke der Kreuzzugsfahrer. Doch aus dem vorgesehenen geordneten Zug bewaffneter Ritter wurde bald ein undisziplinierter Haufen, dem sich in jedem Ort alles mögliche Pack zugesellte – Draufgänger und Abenteurer, denen es mehr ums Plündern und Beutemachen ging als um die christliche Erlösung. Vor allem zwei Menschengruppen nahm man aufs Korn: Frauen und Juden.

Frauen, die nicht von Adel waren oder hinter Klostermauern lebten, waren im Mittelalter so gut wie wehrlos, und der Pöbel, der den Rittern folgte, hatte keine Bedenken, Frauen, denen man über den Weg lief, zu schänden und zu vergewaltigen – schon gar nicht muslimische Frauen, die man dann auch noch gefangennahm. Der Gegner zögerte nicht, sich genauso zu verhalten. Ein zeitgenössischer sarazenischer Autor berichtet nicht ohne Lüsternheit: »Wie viele wohlbehütete Frauen wurden entehrt … und hübsche Dinger ausprobiert und Jungfrauen entjungfert und die roten Lippen stolzer und schöner Frauen geküßt.«[7]

Noch schlimmer als den Frauen erging es aber oft den Juden, die nicht nur ebenso wehrlos waren, sondern häufig auch reichere Beute versprachen. Manche Ritter hatten zwar wie Peter von Amiens das Gelübde abgelegt, niemanden zu töten, oder man konnte sie durch Bestechung dazu bringen, an jüdisch besiedelten Gebieten vorbeizuziehen, doch andere waren weit weniger skrupelhaft und zurückhaltend.

Das Unheil, das jetzt unaufhaltsam auf die Juden zukam, hatte zwei Wurzeln in der Vergangenheit. Die Kirche hatte seit Jahrhunderten gegen sie agitiert und ihnen alle erdenklichen Frevel vorgeworfen, vor allem die Ermordung des Gottessohns. Wieso also, fragte das Volk, sollte man die Ungläubigen weit weg im Morgenland bekämpfen, wo man doch ganz in der Nähe den Tod Jesu an seinen Mördern rächen konnte. Der Abt von Cluny argumentierte etwa so: »Was nützt es, bis ans Ende der Welt zu gehen, … wenn wir mitten unter uns andere Ungläubige dulden, die sich an Christus tausendmal mehr versündigt haben?«[8] So keimte aus Jahrhunderten der Feindseligkeit und Brandreden jetzt die religiöse Rechtfertigung für den Mord an Juden.

Was dann, zum zweiten, die Juden zum Ziel der Aggression machte, hatte jedoch weder mit religiösen Vorurteilen noch mit der Habgier der Massen zu tun. Jetzt trug die oft selbstgewählte Isolierung der Juden, ihre Tendenz, unter ihresgleichen zu bleiben, zu ihrem Verderben bei. Schon bevor die Behörden ihre Absonderung verfügten, hatten sie in relativ wohlhabenden Judenvierteln gelebt und aus ihrer Antipathie gegen die Lebensweise der Nichtjuden kaum ein Hehl gemacht; sie waren also eine ohne weiteres erkennbare Minderheit, bereit, Aggression auf sich zu ziehen und abgeschlachtet zu werden.

Der erste von insgesamt acht Kreuzzügen in zwei Jahrhunderten begann im Jahre 1096.[9] Immer wieder kam es zu Mord und Totschlag, als Welle um Welle von Kreuzfahrern durch die jüdischen Gemeinden an Rhein und Donau flutete. Am schlimmsten war es bei den drei ersten Kreuzzügen. Es war, als hätten die ersten Judenmorde ein Beispiel gegeben und die Schleusen für antijüdischen Exzesse weit geöffnet. Von nun an gab es für die Juden jahrhundertelang kaum eine längere Pause in der Kette von Pogromen, Vertreibungen – auch wenn sie manchmal wieder zurückgerufen und dann erneut vertrieben wurden – und Erniedrigungen aller Art.

In den zwei Jahrhunderten der Katastrophen und der Ausmerzung, die auf 1096 folgten, sollten die wechselseitig verzerrten Ansichten und Bilder von Juden und Nichtjuden über einander tief geprägt und nachhaltig beeinflußt werden. Das Leben der Juden unter den Christen wurde nie wieder so, wie es einst gewesen war. Damals entstand das Klischee vom Juden als Außenseiter und verhaßten Fremden, das auch seinen Charakter veränderte; von nun an galt er jahrhundertelang bei jedem Unheil und jeder Katastrophe als Sündenbock.

4

Das Blutvergießen begann mit der Tötungsorgie des ersten Kreuzzugs. Es geschah hier ein wirklicher Holocaust, den, wie fast immer, niemand vorhergesehen hatte, zu allerletzt die Opfer. Das liegt vielleicht daran, daß eine Katastrophe solchen Ausmaßes einfach unvorstellbar ist; ehe es wirklich geschieht, können Menschen sich nicht vorstellen, daß es geschehen könnte.

In unserem Jahrhundert erkannten die Juden in Deutschland keines der Vorzeichen für ihren bevorstehenden Untergang; bis zum letzten Augenblick konnten sie sich einfach nicht vorstellen, was sie erwartete. Neun Jahrhunderte früher, als die Kreuzfahrer im Anzug waren, stand den Juden in Deutschland eine ähnliche Katastrophe und Dezimierung bevor, und auch damals waren sie außerstande, den kommenden Sturm zu erkennen, dessen reale Auswirkungen wir aus späteren jüdischen Chroniken kennen.

Frühe Warnungen ihrer französischen Vettern vor der ernsten Gefahr, die von herumziehenden Banden von Soldaten des Kreuzes samt Gefolge ausging, blieben unbeachtet. Was in Frankreich geschehen war, schien ohne Bedeutung für die eigene Situation zu sein. Schließlich lebten sie in Deutschland seit langem relativ unbehelligt unter den Christen. Genau wie später im 20. Jahrhundert vertrauten die Juden ihren Nachbarn und dem Staat. Deutschland, meinten sie, sei anders.

Sie sollten bald eines Besseren belehrt werden. Am 3. Mai 1096 überfiel während des Passafestes die erste Kreuzfahrerhorde unter Emicho Graf von Leiningen das Judenviertel von Speyer. Sie plünderten, tauften einige und ermordeten elf andere. Sehr viel schlimmer wurde es in den beiden folgenden Wochen in Worms und Mainz. Am Ende der Massaker waren 800 Juden umgebracht worden. »Gott will es so«, riefen die Kreuzfahrer, und die fassungslosen Juden schienen sich diesen Schlachtruf fast zu eigen zu machen. Manche suchten Zuflucht beim Bischof, andere versuchten sich freizukaufen, doch nur wenige wehrten sich. Als der Mob herannahte, starben viele lieber von eigener Hand, als sich zwangstaufen zu lassen; sie nannten den Freitod Kiddusch Haschem, Heiligung des Namens:

Sie ließen sich töten und segneten den Namen Gottes; sie boten ihre Nacken dar, auf daß sie enthauptet würden im Namen ihres Schöpfers; einige legten auch selbst Hand an sich. So erfüllten sie das Wort des Propheten – »Die Mutter liegt auf ihren Kindern, und der Vater fällt über seine Söhne«. So schlachtete der eine seinen Bruder hin, der andere seinen Verwandten, seine Frau und seine Kinder, so tat es auch der Bräutigam mit seiner Braut, und Frauen mit ihren geliebten Kindern. Alle nahmen aus vollem Herzen das Urteil des Himmels an, indem sie ihre Seelen ihrem Schöpfer darbrachten, mit dem Ausruf: »Höre, o Israel ...«. Der Feind schindete sie und schleifte sie herum, und niemand wurde verschont, bis auf wenige, die gewaltsam getauft wurden.[10]

In Worms zogen sich die Greueltaten zwei Wochen hin, doch als Emicho mit seinem Mob Ende Mai nach Mainz weiterzog, war der Blutzoll noch viel schlimmer: Weit über tausend Juden starben, viele von eigener Hand. In wenigen Tagen wurde in einem Mord- und Selbstmordrausch die ganze Gemeinde ausgelöscht:

Die ersten, die mit dem Feind zusammentrafen, waren die frömmsten, unter ihnen auch Rabbi Izchak ben R. Moshe, ein großer Führer. Sie hatten sich geweigert, in die Gemächer des Bischofs zu fliehen, nur um sich damit eine weitere Lebensstunde zu erkaufen. Nein, sie saßen da, in Liebe das Urteil des Himmels erwartend, eingehüllt in ihre Gebetsmäntel und bereit, den Willen ihres Schöpfers zu erfüllen. Der Feind überhäufte sie mit Steinen und Pfeilen und schlug sie mit dem Schwert zu Boden. Und als diejenigen, die in den Gemächern waren, sahen, daß der Feind sie überwältigt hatte, riefen sie aus: »es ist das beste, unser Leben zu opfern«. Und die Frauen schlachteten ihre Söhne und Töchter hin, und dann sich selbst. Und viele Männer faßten ihren Mut zusammen und schlachteten auch ihre Frauen, Kinder und ihr Gesinde hin.[11]

Wer bereit war, sich taufen zu lassen, wurde manchmal verschont, aber nur wenige waren willens, so ihr Leben zu retten. Es ist fast unvorstellbar, daß auch die Zwangsgetauften oft dermaßen niedergeschmettert waren, daß auch sie den Tod dem ehrlosen Leben unter Christen vorzogen. Einen solchen dramatischen Vorfall beschrieben jüdische Überlebende später in einer Chronik: Mar Izchak und Mar Uri, zwei Rabbiner, steckten die Synagoge in Brand und kamen samt ihren Familien in den Flammen um, um der Entehrung zu entgehen. Erst töteten sie ihre Angehörigen, »dann ging er ins Gebetshaus, ... steckte es an allen Ecken und an den Türen an und betete mitten im Feuer mit starker und flehender Stimme zum Herrn«.[12]

In jeder Stadt, in jedem Dorf, überall, wo der Mob auf Juden stieß, kam es zu Mord und Plünderung. In Köln ertränkten sich viele Juden im Rhein. In den umliegenden Dörfern Xanthen, Mörs, Altenahr und Kerpen wurde die ganze Gemeinde ausgelöscht. In Regensburg trieben die Kreuzfahrer die ganze jüdische Gemeinde zur

Zwangstaufe in die Donau. Als sie Deutschland verließen, hatten über 12 000 deutsche Juden ihr Leben lassen müssen. Der einzige Trost für die Überlebenden war dann die Nachricht, daß Emicho und seinen Spießgesellen ein gleiches Schicksal beschert worden war. In Ungarn hatte man sie umgebracht, um endlich ihren Übeltaten ein Ende zu setzen.

Das Schlachten des ersten Kreuzzugs endete schließlich im Jahre 1103, als Heinrich IV. den zwangsgetauften Juden die Rückkehr zu ihrem Glauben erlaubte. Er erließ einen Landfrieden mit Immunität für »Geistliche, Frauen, Nonnen, Kaufleute, Reisende, Fischer, Jäger und Juden«.[13]

Nach und nach wagten sich die Überlebenden zurück und bauten ihre Häuser wieder auf. Eine Generation konnte in Frieden leben. Doch dann begann das Morden von neuem. Den Auftakt zum zweiten und dritten Kreuzzug bildeten im 12. Jahrhundert wiederum Massaker an Juden. Der König und einzelne geistliche Führer wie Bernhard von Clairvaux stellten sich zwar dagegen, sie hatten aber wenig Erfolg. Ob in Boppard, Speyer, Halle, Erfurt, Frankfurt oder andernorts – immer wieder kam es zu Ausbrüchen von Gewalt und Mord.

Für die Juden bedeuteten die Kreuzzüge nicht nur eine unmittelbare entsetzliche Dezimierung. Die Katastrophe hinterließ auch auf beiden Seiten unheilbare, tiefe Wunden. Juden galten jetzt überall als Ausgestoßene; sie waren Freiwild, jeder konnte sie nach Belieben erniedrigen und verhöhnen, diskriminieren und mißhandeln, ohne Sanktionen befürchten zu müssen. Tiefe Hilflosigkeit, verbunden mit Leid und Selbstvorwürfen, grub sich in die kollektive Seele der Juden ein. Resignation und Fatalismus waren die psychischen Folgen von Außenseitertum und erzwungener Isolierung.

Im frühen 13. Jahrhundert erklärte der Kaiser die Juden dann zu *servi camerae*. Damit waren sie zu seinem Privateigentum geworden, das er zwar als Kronbesitz schützte, aber auch ausbeutete; er konnte jetzt ganz nach Lust und Laune mit ihnen verfahren.

Die Kirche bezog zwar offiziell Stellung gegen das Abschlachten von Juden, machte ihnen das Leben aber keineswegs leichter. Auf der dritten Lateransynode von 1179 wurde Christen aus dogmatischen

Gründen das Geldverleihen verboten, so daß die Juden, denen die meisten anderen Berufe verschlossen blieben, zu Hauptakteuren für Kreditgeschäfte wurden. Nun konnten sie als verhaßte Wucherer mit einem ehrlosen Gewerbe betrachtet werden – eine folgenschwere Entscheidung. Die meisten diskriminierenden Einschränkungen für Juden wurden jedoch auf dem von Papst Innozenz III. im Jahre 1215 einberufenen Vierten Konzil beschlossen. Man kann es als Hochwassermarke der antijüdischen Gesetzgebung im Mittelalter bezeichnen.[14] Innozenz war ein unerbittlicher Judenfeind; er sah in ihnen »Söhne der Kreuziger«, die dazu verdammt seien, in ihrem Lebensschicksal ihre Sünden zu bezeugen: »Es gefällt Gott, daß sie durch die Knechtschaft unterdrückt werden, die sie sich verdienten, als sie frevlerisch die Hand gegen Ihn erhoben.«[15]

Von nun an sollten Juden offiziell von Christen getrennt werden – ein Vorbote der Praxis, sie im Ghetto auszusperren. Sie durften kein öffentliches Amt mehr bekleiden, Geschlechtsverkehr mit Christen haben oder Christen als Diener beschäftigen. Sie mußten abgesondert leben, ein besonderes Zeichen und einen spitzen Hut tragen und hohe Vermögenssteuern bezahlen. Einem getauften Juden war es streng verboten, zum alten Glauben zurückzukehren. Die auf dem Konzil propagierte Transsubstantiationslehre – die Hostie als lebendiger Leib Christi – bedeutete einen weiteren Vorwand, um die Juden wegen vermeintlicher Frevel zu verfolgen. Neben der Entweihung der Hostie gehörte dazu ihr schrecklicher Durst nach Christenblut, der sich, so wurde verkündet, in Ritual- und Kindermorden am Passafest manifestierte.

Im 13. und 14. Jahrhundert gab es also kaum eine Zeit, in der die Juden in Deutschland nicht irgendwo angegriffen, massakriert oder vertrieben wurden. 1243 führte der erste dokumentarisch belegte Vorwurf der Entweihung einer Hostie zur Verwüstung vieler jüdischer Gemeinden. Einige Jahre später wurde damit auch ein Massaker in Frankfurt gerechtfertigt. 1286 kostete die Anschuldigung, sie hätten bei ihren Passafeiern das Blut von Christenkindern getrunken, viele Münchner Juden das Leben. 1298 löste ein armer Ritter mit dem kuriosen Namen Rindfleisch mit dem Vorwurf eines Ritualmords in Röttingen ein Massaker an Tausenden von Juden in ganz Deutschland aus. Während der zwei Jahre dauernden Armlederkrawalle von 1336 bis 1338 zogen die »Judenschläger«, wie ein mit Mistgabeln bewaffneter Pöbelhaufen sich selbst nannte, durch Franken, Schwaben und das Elsaß und verwüsteten Dutzende jüdische Gemeinden; die in Mühlhausen wurde fast ganz vernichtet.

Seinen Höhepunkt erreichte das leidvolle Schicksal der Juden dann in den schrecklichen Pestjahren von 1347 bis 1352, als ganz Europa vor der entsetzlichen Seuche zitterte, die jeden dritten oder vierten dahinraffte, insgesamt etwa 25 Millionen Menschen.

Ein Historiker hat diese Ereignisse als »schrecklichste Katastrophe der Geschichte« bezeichnet.[16] Seuchen, gegen die man kein Heilmittel kannte, wie Lepra, Skorbut und Grippe, waren als Geißel des Mittelalters nichts Neues, doch die Pest war etwas anderes. Sie brachte die Menschen ohne Ansehen der Person massenhaft binnen drei oder vier Tagen um. Niemand war vor ihr sicher, ob reich oder arm, ob Soldat oder Knecht, ob Kirchenfürst oder Laie, Bauer oder Städter. Besonders schlimm traf es Orte, wo man auf engem Raum zusammenlebte, wie etwa in einem Kloster. Als alles vorbei war, waren 207 von 375 Bischöfen, 25 von 64 Erzbischöfen und neun von 28 Kardinälen gestorben.

Heute wissen wir, daß *pasturella pestis* der Auslöser der Beulen- und Lungenpest und der Pestsepsis war. Die Bakterien wurden wahrscheinlich von aus dem Osten kommenden Wanderratten über Marseille und andere Mittelmeerhäfen eingeschleppt. Von dort breitete sich die Seuche über Frankreich, England, Deutschland und das übrige Europa aus und erreichte 1351 auch Rußland. Niemand verstand, was sich da abspielte, niemand wußte, was man dagegen tun konnte. Ohnmacht und Hysterie im Angesicht unmittelbaren massenhaften Sterbens lassen sich kaum beschreiben.

Die Reichen gaben den Armen die Schuld und umgekehrt. Wahrsager, Wunderheiler und Scharlatane hatten Hochkonjunktur. Astrologen schauten in die Sterne und kamen zu dem Schluß, es liege an einer unglücklichen Konjunktion von Saturn, Jupiter und Mars. Die Kirche erklärte, es handle sich um ein Strafgericht Gottes an der sündigen Welt. Doch all dies half ebensowenig wie die herkömmlichen Kuren – Klistier und Aderlaß, Heiltrunk und Essigbehandlung.

Neuere Heilmittel wie Fasten und Diät, Luftreinigung durch Feuer oder Ausräuchern mit Weihrauch versagten ebenfalls, und ausgefallene Ideen – die Medizinische Fakultät der Universität Paris vermutete, Baden und Geschlechtsverkehr seien besonders gefährlich und könnten tödlich enden – führten auch nicht weiter.

In dieser Atmosphäre aus Angst und Schrecken wurden die Menschen von einer unvorstellbaren Massenneurose erfaßt und gaben sich wilden Exzessen hin. Dem inbrünstigsten Aberglauben war Tür und Tor geöffnet. Halbnackte Horden von Flagellanten zogen durch die Straßen und hofften, ihre Selbstgeißelung werde Gott versöhnen. Andere suchten ihr Heil in entfesselten Orgien; alle Hemmungen lösten sich auf, Sittenverfall und Gesetzlosigkeit erreichten ein ungekanntes Ausmaß. Es dauerte nicht lange, und in diesem Chaos richteten die Massen ihre Aggression gegen die Ausgestoßenen der Gesellschaft – erst gegen die Leprakranken und dann mit blutrünstiger Wut gegen die Juden.

Es wurde das Gerücht in die Welt gesetzt, das Sterben sei gar nicht göttliches Strafgericht, sondern *pestis manufacta*, eine von den Juden absichtlich verursachte Pest, mit der sie sich für früher erlittene Unbill an den Christen rächen wollten. Die Vergeltung war schrecklich. Einige Juden hatten unter der Folter gestanden, sie hätten die Seuche tatsächlich angezettelt, »weil ihr Christen so viele Juden vernichtet habt«, wie im Breisgau ein Opfer unter Folter herausgeschrien hatte. Ein ähnliches Geständnis war auch auf Schloß Chillon am Genfer See erpreßt worden.

Bald kursierten Meldungen, die Juden hätten ein Komplott ausgeheckt, die Brunnen mit Gifttränken und Zaubersud zu vergiften. König und Kirche versuchten, sich schützend vor sie zu stellen, und der Papst erließ eine Bulle, in der die Juden von aller Verantwortung freigesprochen wurden und dem Teufel die Schuld gegeben wurde. Aber der rasende Pöbel ließ sich nicht beirren. In Deutschland wurden sechzig große und 150 kleinere Gemeinden vernichtet. Man schätzt, daß allein in Mainz 6000 Juden ums Leben kamen. In der Bartholomäusnacht vom 23. auf den 24. August wurde in Straßburg die ganze Gemeinde auf dem Scheiterhaufen verbrannt, genauso wie in Frankfurt und Köln, wo über 2000 in den Flammen eines riesigen

Scheiterhaufens verbrannten.[18] In Nordhausen erbaten die Juden sich eine Frist, um sich auf den Tod vorzubereiten, und begingen Massenselbstmord im Feuer.

Die Pest verschonte weder Juden noch Christen, doch für die Juden bedeutete sie die Fortsetzung einer offenbar endlosen Serie von Massakern und Katastrophen, die jetzt schon zweieinhalb Jahrhunderte währte. Als das 14. Jahrhundert sich dem Ende zuneigte, waren von den blühenden jüdischen Gemeinden, die es in Deutschland vor den Kreuzzügen gegeben hatte, nur wenige übriggeblieben.

5

Bei Anbruch des 15. Jahrhunderts konnten die Juden in Deutschland auf eine dreihundert Jahre währende Ära des Todes zurückblicken. Zehntausende waren umgekommen; andere waren durch Böhmen und Mähren nach Polen und in andere slawische Gebiete geflohen. Wer noch in Deutschland war, lebte gefährlich und verstreut und hatte strengen Beschränkungen zu gehorchen.

In Deutschland wurde nun wie im übrigen Europa die ursprünglich auf der dritten Lateransynode verfügte Zwangsghettoisierung immer konsequenter durchgesetzt. 1462 gab es in der Frankfurter Judengasse 110 überlebende Juden; Christen bewachten die Tore zum Ghetto und versperrten sie jede Nacht um zehn. Horrende Steuern waren an der Tagesordnung, ein Pogrom konnte jederzeit ausbrechen, und häufig kam es zu Vertreibungen – so 1424 in Köln, 1435 in Speyer, 1439 in Augsburg und später auch in Ulm und Mainz. Von dem einen Ort wurden sie vertrieben, von einem anderen, wo man sie nützlich fand, aufgenommen, in der Regel zu einem hohen Preis. Manchmal dauerte es nur ein paar Jahre, bis eine Stadt, die die Juden gerade »auf ewig« verbannt hatte, sie wieder zurückrief, weil Finanzen und Handel nicht mehr richtig funktionierten.

In Schwaben warf man alle Juden ins Gefängnis und konfiszierte ihren Besitz; freikommen konnten sie erst, wenn sie ihren Gläubigern alle Schulden erließen.[19] In Brandenburg wiederholte sich das Spiel aus blutiger Bestrafung, Vertreibung und Rückkehr besonders häufig. Im Jahr 1510 etwa – die Juden waren kaum eine Generation zuvor wieder einmal ins Land gelassen worden – ereignete sich wieder eine Katastrophe. Ein Töpfer namens Paul Fromm wurde festgesetzt und bezichtigt, aus einer Dorfkirche eine vergoldete Hostie gestohlen und sie den Juden für ihre frevlerischen Zwecke verkauft zu haben.

Die dann folgenden Ereignisse sind typisch. Fünfunddreißig Juden wurden festgenommen und bis zum »Geständnis« ihrer Schuld gefoltert. Die Hinrichtung wurde auf einen Freitag festgesetzt und als großes Spektakel zur Volksbelustigung organisiert. Auf dem Marktplatz errichtete man eine hohe Tribüne mit drei Rängen, auf denen der Adel, weise Berater, die Gelehrten und Theologen Platz nahmen. Etwas tiefer saßen Richter, Schreiber und andere Amtsträger, während das Volk gebannt zuschaute.

Langsam und feierlich führte man die Verurteilten auf den Platz, der Delinquent Fromm an der Spitze des Zuges, gefolgt von den Juden in langen Kaftanen und spitzen weißen Hüten. Fromm wurde mit einer Eisenkette um den Hals an ein Gerüst gebunden und dem Volk gezeigt. Dann wurde er zehnmal mit glühenden Eisen versengt und schließlich verbrannt. Jeweils drei Juden wurden auf dieselbe Weise umgebracht, nachdem ein Rabbiner ein Gebet gesprochen und die Verurteilten ein Loblied auf ihren Schöpfer gesungen hatten. Zweien, die sich hatten taufen lassen, blieb der qualvolle Tod auf dem Scheiterhaufen erspart. Sie wurden geköpft.[20]

Sogar in solchen finsteren Zeiten lebten in Deutschland immer noch einige Juden, wenn auch jetzt in geringer Zahl – schätzungsweise ein paar tausend. Ob diese aschkenasischen Juden überhaupt überlebt hätten, wären sie nicht in großer Zahl vor dem Terror nach Osten geflohen, ist fraglich.

Auch früher schon waren einzelne in diese Richtung gezogen, doch jetzt kam es zu einem großen Flüchtlingsstrom nach Polen und Litauen. Viele polnische Herrscher wollten sich beim Wiederaufbau ihrer durch Tartareneinfälle verwüsteten Länder der Hilfe jüdischer Einwanderer versichern. Schon 1264 erließ Boleslaw der Fromme das erste polnische Generalprivileg für die Juden; im nächsten Jahrhundert war ihnen Kasimir der Große besonders wohlgesonnen, nicht zuletzt, so heißt es, unter dem Einfluß seiner schönen jüdischen Geliebten.

Unter der liberalen Politik dieser Herrscher erhielten die Juden eine Fülle von Rechten. Sie durften ihren Wohnsitz frei wählen und überallhin reisen. Sie ließen sich in Dörfern und Städten in ganz Polen nieder und wurden zu tatkräftigen Förderern bei der Wiederbelebung von Handel und Kommerz. Als Handwerker und Finanzagenten, Gutsverwalter und »Steuerbauern« bildeten sie eine Schicht zwischen Adel und Volk. Dank weitgehender Selbstverwaltung und Autonomie entfaltete sich ein reiches Gemeindeleben; Religion und Wissenschaft blühten. Hatten Anfang des 14. Jahrhunderts nur ein paar tausend Juden in Polen gelebt, so waren es um 1500 bereits 50 000, und nach weiteren eineinhalb Jahrhunderten schon eine halbe Million. Die Geburtenziffern waren sehr hoch, so daß Polen und Litauen mit der Zeit – und die Zeiten sollten auch wieder schlechter werden – zur Heimat von weit über einer Million Juden wurden.

Diese Wanderbewegung nach Osten und das schnelle Anwachsen einer starken jüdischen Bevölkerung in Polen, Litauen und im westlichen Rußland sind historisch von großer Bedeutung: ausschlaggebend für das Überleben der Juden im Abendland. Denn die Wiedergeburt der deutschen Juden im 18. Jahrhundert sollte später vor allem einer Rückwanderung aus dem Osten zu verdanken sein.

Auch in Polen hatten die Juden die Neigung, untereinander zu bleiben und ein nach innen gerichtetes religiöses und kulturelles Leben zu gestalten; sie blieben bei der Sprache des Jiddischen, einer Mischung aus Mittelhochdeutsch und hebräischen und lateinischen Wörtern. Zwangsmaßnahmen oder erzwungene Ghettoisierung spielten dabei – außer später in Krakau und einigen anderen Städten – keine wesentliche Rolle. Das eigentliche Ghetto – die zwangsweise Aussperrung von Juden hinter Ghettomauern – stammt nicht aus Polen, sondern aus West- und Mitteleuropa. Wegen der – auch psychologischen – Bedeutung der Ghettokultur für Tradition und Lebenswelt der Juden und für das Verständnis späterer Entwicklungen muß sie hier jedoch kurz dargestellt werden.[21]

Die ersten Ghettos wurden in Spanien und Portugal und nach 1516 in Venedig eingerichtet. Das Wort kommt vom venezianischen *geto*,

Eisengießerei, der Stelle, an der in Venedig das Ghetto errichtet wurde. Mit der Zeit entstanden auch anderswo Ghettos mit örtlichen Varianten. In Deutschland arbeitete man gerne präzise, und so wurden hier auch die strengsten und genauesten Ghetto-Regeln erlassen.

Normalerweise bestand eine »Judenstadt« aus ein oder zwei engen Gassen im übelsten Stadtviertel. Da sich die Juden bei wachsender Bevölkerung nicht in die Fläche ausdehnen konnten, bauten sie nach oben, oft bis die Dächer aneinanderstießen. Es gab nur wenig Sonnenlicht in dem überfüllten, schmutzigen, unhygienischen Viertel, in dem die Juden, denen Immobilienbesitz verboten war, auch noch dem Mietwucher der Christen ausgesetzt waren. Den Zugang zum Ghetto bildete ein einziges Tor, welches nachts von innen und außen zugesperrt wurde. Nachts durfte kein Christ das Ghetto betreten, und an hohen christlichen Feiertagen, etwa Ostern, durfte es kein Jude verlassen.

Die Steuerlast war erdrückend, und die Vorschriften, die regelten, was Juden tun durften und was nicht, schier endlos. Sie durften keine Kutsche benutzen und keine Christen beschäftigen. Besondere Kleidung und das Judenzeichen mußten ständig getragen werden. Ein Jude durfte außerhalb des Ghettos keinen Laden besitzen, er durfte weder ein Handwerk noch einen freien Beruf ausüben. Manchmal wurde, um ihre Zahl in Grenzen zu halten, nur den Erstgeborenen die Heirat erlaubt, und gelegentlich wurden alle Ghettobewohner gezwungen, einer christlichen Messe beizuwohnen. Streng wurde währenddessen darauf geachtet, daß sie sich nicht die Ohren verstopften.

Was ihnen zum Broterwerb blieb, war der Gebrauchtwarenhandel; vor allem hausierten sie mit Kleidung, da sie ja keine Läden haben durften. Daneben blieb ihnen die traditionelle Arbeit in verpönten Berufen als Geldverleiher, Pfandleiher und Gold-, Schmuck- und Juwelenhändler. Es war ein würdeloses, ödes und ungesundes Leben, welches die ganze jüdische Bevölkerung verarmen ließ.

Paradoxerweise führten aber jedoch und vielleicht deshalb diese erzwungene Isolation und Einschränkungen zu einem vielfältigen und oft hochentwickelten geselligen Leben und öffneten den Weg zu

einer zukünftigen jüdischen Kultur. Um innerhalb der Ghettomauern zu überleben, schufen sich die Juden einen Mikrokosmos mit
eigenen Verhaltensregeln, einem Moralkodex und Traditionen; man-
ches davon sollte sich bis in die Moderne erhalten und das jüdische
Leben prägen.

Der Oberrabbiner und sein Rat waren für religiöse Angelegenheiten, aber auch für weltliche Fragen zuständig. Enge und widrige
Umstände ließen Selbsthilfeorganisationen entstehen, die sich um
Reisende kümmerten und sich der Erziehung oder der Wohlfahrt
widmeten. Es entstand ein eigenes Postwesen, und man schuf Regeln,
um zu verhindern, daß man sich bei der Mietzahlung an christliche
Hausherren gegenseitig überbot. Die Gemeinde war straff organisiert: Backstube, Tanzsaal und öffentliches Bad waren Gemeinde-
eigentum, und im Zentrum stand die Synagoge. Die Tradition der
Häuslichkeit und die hohe Wertschätzung des Familienlebens bei
den Juden haben ihre Wurzeln in der Kultur des Ghettos.

Das Leben im Ghetto war voller Entbehrungen – bald war jeder
zehnte Bewohner ein Bettler , doch selbst unter diesen Bedingungen schufen sich die Juden ein relativ friedliches und auch heiteres
Zusammenleben. Sie machten aus der erzwungenen Isolation eine
Tugend und ließen sich ihren Stolz nicht nehmen.

6

Dann kam es zu einer weiteren tiefen Veränderung im Leben der
Juden in Deutschland. Sie wurde von außen bewirkt und brachte
neue Chancen mit sich.

Bis zum 16. Jahrhundert beherrschten ein einziger Souverän und
eine einzige Kirche den Feudalstaat. Staat und Gesellschaft beruhten
auf von der Kirche festgelegten moralischen Prinzipien, denen man
sich zu fügen hatte; die Juden waren aus dieser Ordnung ausgeschlossen. Doch jetzt entwickelte sich eine neue Struktur aus einzelnen Staaten, die ihre politischen und wirtschaftlichen Interessen mittels merkantilistischer Vorstellungen von Autarkie in Manufaktur
und Handel durchsetzen wollten. Im Frühkapitalismus wurde das

Geldverdienen zu einem vorrangigen Ziel; Armut galt nun nicht mehr als erstrebenswerte Tugend. Im höfischen Absolutismus trat nun an die Stelle der Kirche als allmächtiger letzter Instanz der jeweilige Fürst oder Herzog oder sonstige Herrscher. Hauptzweck des Staates wurde es jetzt, dessen Interessen und politischen Zielen zu dienen. Das setzte wirtschaftliche Expansion auf der Basis ausreichender finanzieller Ressourcen voraus. Die Bevölkerung mußte wachsen, und es galt, Kapital aufzutreiben, Wirtschaftszweige zu organisieren und neue Handelsstrukturen aufzubauen.

So bekam die Existenz von Juden eine ganz andere, viel profanere Dimension. Religiöse Bedenken wurden zurückgestellt. Wenn der Herrscher sich fragte, welchen Beitrag die Juden zu seinen Staatszielen leisten konnten, gewannen sie an Bedeutung. Und dann erwiesen sich ihre Talente und ihre historische Erfahrung als nützlich und unerläßlich.

Auch die Reformation hatte beträchtliche und alles in allem positive Auswirkungen auf die Lage der Juden. Zwar waren weder der Protestantismus an sich noch einzelne Reformatoren wie Calvin oder Luther Juden gegenüber freundlicher gesinnt als der Katholizismus oder die Päpste, doch immerhin hatte Luther sie zunächst verteidigt, teils aus politischer Berechnung im Kampf gegen Rom, teils in der Hoffnung, sie durch Freundlichkeit zum Christentum bekehren zu können. Doch als sich die politische Lage änderte und er merkte, daß den Juden der Protestantismus genausowenig zusagte wie der Katholizismus, vollzog er eine Kehrtwende. Mit der Zeit übertraf Luther im Haß und in der Härte seiner Vorschläge für den Umgang mit Juden sogar die römische Kirche. Seine antijüdischen Äußerungen waren zuletzt so maßlos und schrill, daß vierhundert Jahre später auch die Nazis sie gerne zur Rechtfertigung ihrer antisemitischen Maßnahmen zitierten.

Doch im Kampf zwischen Protestanten und Katholiken waren die Juden letzten Endes nur eine Nebensache. In Deutschland hatte ein anderer Faktor für die jüdische Minderheit viel nachhaltigere Folgen – der Dreißigjährige Krieg, der das Land verheerte und entvölkerte und weit über zweihundert verschiedene politische Gebilde bis hin zu Stadtstaaten entstehen ließ, die theoretisch zwar miteinander verbunden waren, tatsächlich jedoch selbständig Verträge schlossen und jeweils eigene politische Ziele verfolgten.

Die Juden – aus den größeren Städten mit Ausnahme von einigen Ghettos vertrieben, lebten sie auf dem Land unter dem Schutz des örtlichen Adels – hatten sich aus den kriegerischen Auseinandersetzungen herausgehalten. Mühsam bestritten sie ihren Lebensunterhalt als Geldverleiher, Hausierer und Pfandleiher und litten wie die übrige Bevölkerung unter hohen Steuern und kriegsbedingten Entbehrungen. Im Ghetto oder unter dem Schutz ihres jeweiligen Herrn waren sie sogar etwas sicherer als die anderen. Der Krieg bot ihnen auch Gelegenheit, die kämpfenden Parteien mit Waren zu beliefern und nach seinem Ende den Herrschern zu dienen.

Ein besonders bemerkenswertes Phänomen in der Kriegs- und Nachkriegszeit mit weitreichenden Folgen für ihr Leben in Deutschland war eine Institution, die einigen wenigen Juden ein neues Betätigungsfeld bot – sie wurden Hofjuden.

Der Hofjude – Bankier, Finanzagent, Münzmeister, Lieferant von kriegswichtigen Gütern und Luxuswaren für den Herrscher – wurde an der Residenz bald ebenso unentbehrlich wie der Leibarzt oder der Hofnarr. Jeder Fürst und Herrscher wollte es dem französischen König Ludwig XIV. und Versailles gleichtun und hatte einen unstillbaren Durst nach Luxusgütern, die seinem Hof prunkvollen Glanz verleihen sollten. Gleichzeitig ging es um den Wiederaufbau vom Krieg verwüsteter Gebiete.[22] Dabei kam der Hofjude zum Zug, der es im Dienste seines Herrn oft sehr weit bringen und über wirtschaftliche Belange hinaus Einfluß auf Politik und Diplomatie gewinnen konnte. Die Einschränkungen, denen andere Juden unterlagen, galten für ihn nicht. Er konnte seinen Wohnsitz selbst wählen und genoß Reisefreiheit. Sein Lohn waren Reichtum und Einfluß, und alle Hofjuden nutzten beides aus, allerdings nicht immer mit der gebotenen klugen Zurückhaltung. Ihre Position war also auch gefährlich, andere Höflinge konnten eifersüchtig werden und Intrigen spinnen, und ein Hofjude konnte zum Blitzableiter für den Zorn des Volkes auf den Herrscher werden.

In der Geschichte des deutschen Judentums spielen Hofjuden eine wichtige Rolle. Sie machten sich zwar meist Lebensstil und Gewohnheiten des Hofes zu eigen und wurden viel weltlicher und emanzipierter als ihre in der Isolation lebenden Glaubensbrüder, blieben ihrem Volk aber dennoch verbunden und nutzten ihre einflußreiche Position zu dessen Gunsten. Sie waren die ersten deutschjüdischen Aristokraten, die ersten emanzipierten Juden, die auch in der nichtjüdischen Welt zu Hause waren, und einige von ihnen begründeten Familiendynastien der obersten Schicht deutscher Juden. Viele wurden Mäzene jüdischer Kultur und Wissenschaft und die Führer und Sprecher ihrer Gemeinde.

Doch auch hier gab es leider eine Kehrseite der Medaille. In guten Zeiten war der Hofjude ein Segen für die ganze Gemeinde, doch wenn er in Ungnade fiel – was jederzeit geschehen konnte –, konnte das für alle böse Folgen haben. Ein Beispiel ist der Fall eines berühmten frühen Hofjuden, eines gewissen Lippold, der 1556 Nachfolger des »treuen Michel« als Hoflieferant des Kurfürsten Joachim II. von Brandenburg geworden war. Lippold war klug und unermüdlich, aber auch habgierig und skrupellos, und sein Sturz brachte viel Leid über alle Juden in Brandenburg.

Lippold schmeichelte sich beim Kurfürsten ein, indem er nicht müde wurde, dessen Sucht nach Wein, Weib und Gesang zu befriedigen, hatte er doch die Schwäche seines Herrn für Geschenke – Tand und Juwelen für seine Geliebten, Tuche und Aufmerksamkeiten für seine Höflinge – und Luxusartikel für sich selbst schnell begriffen. Kaum hatte die Lieblingsmätresse des Kurfürsten, die junge Magdalena, einen Wunsch geäußert, erfüllte ihn Lippold schon – natürlich nicht umsonst: Ein Kästchen für ihre Puppen, eine goldene Halskette und etwas Zuckergebäck für acht Taler, ein Kelch für neuneinhalb, Samt für ein Kleid und vieles andere. Lippolds Bücher sind voll von derartigen Eintragungen über seine Geschäfte mit dem Kurfürsten.[23]

Bald ernannte ihn der dankbare Joachim zum obersten aller brandenburgischen Juden und zu seinem Steuereinnehmer, Münzmeister und obersten Verwalter der Landeswährung. Lippold wurde für den Herrscher unentbehrlich und steinreich, denn er machte nebenbei auch noch alle möglichen anderen Geschäfte, besonders auch als Geld- und Pfandleiher.

Steuereinnehmer und Pfandleiher sind nie beliebte Zeitgenossen –

schon gar nicht, wenn sie, wie Lippold, skrupellos das Letzte aus den Klienten herausquetschen. Nach dem Tod des Kurfürsten wendete sich das Blatt: Schon am folgenden Tag ließ der Thronnachfolger ihn festsetzen, und der Volkszorn gegen den verstorbenen Wüstling und seinen Münzmeister besiegelte Lippolds Schicksal: Zwei Jahre später wurde er aufs Rad geflochten und geviertelt. Doch »Jude bleibt Jude«, und die ganze Gemeinde mußte für seinen Sturz büßen. 1573 wurden alle Juden aus Brandenburg vertrieben und kamen erst hundert Jahre später wieder, als der Große Kurfürst sie wieder ins Land zurückrief.

Nicht alle Hofjuden waren so habgierig wie Lippold, und nicht mit allen nahm es ein so schlimmes Ende. Hofjuden gab es zu Dutzenden, und viele leisteten ihrem Herrn gute und treue Dienste. Die meisten brachten es zu Reichtum und begründeten Bankiers- und Kaufmannsdynastien, aus denen auch die Vorkämpfer für die allgemeine Emanzipation der Juden in Deutschland hervorgingen. In jeder späteren Generation stößt man auf Nachfahren dieser ersten deutschen Hofjuden.

7

Will Durant bezeichnet die Fähigkeit der Juden, schweres Unglück zu meistern und zu überstehen, als »eines der eindrucksvollen Wunder der Geschichte, ein Beispiel für die heroische Fähigkeit des Menschen, die Katastrophen des Lebens doch zu überwinden«.[24] Durant meint damit das gesamte jüdische Volk, doch ganz besonders trifft seine Beobachtung auf die Aschkenasim und hier wiederum auf das Überleben und die Wiedergeburt der Juden in Deutschland zu.

Am Ende des Dreißigjährigen Krieges hatten seit mindestens eineinhalb Jahrtausenden immer irgendwo in Deutschland Juden gelebt. Gekommen waren sie als gleichberechtigte freie Bürger – als Winzer, Kaufleute, Händler und Siedler lebten sie unter den einheimischen Stämmen. Manche hatten es zu etwas gebracht und waren angesehene Wissenschaftler, Ärzte und Ratgeber geworden. Zunächst hatten sie relativ friedlich und angenehm gelebt, dann hatten sie jahrhundertelang schwer gelitten und endlose Zyklen von Tod und Katastrophe erlebt.

Sie waren nach Deutschland gekommen mit einer starken Bindung an ihre uralte Religion, die sie auch dann nicht lösten, als diese zur eigentlichen Ursache ihrer Not wurde. Sie hätten sich unermeßliches Leid ersparen können, wenn sie – von Christen umgeben – ihren Glauben aufgegeben hätten. Doch sie hielten beharrlich an ihm fest, auch wenn es sie das Leben kostete oder sie um des Glaubens willen zu ehr- und rechtlosen Außenseitern wurden.

Kaum einem anderen Volk sind im Lauf der Geschichte über so lange Zeit so viel Entwürdigung und Unglück widerfahren. So grenzen Überleben und Regeneration der Juden wirklich an ein Wunder.

Fünfzehn Jahrhunderte der Trennung von ihrer morgenländischen Herkunft hatten die Aschkenasim zu Europäern gemacht – allerdings zu einer ganz besonderen Minderheit. Die Isolierung hatte ihre alte Neigung zur Abkapselung verstärkt. Von den anderen verachtet und gepeinigt, fingen sie gleichsam aus Notwehr an, ihrerseits auf ihre Peiniger herabzusehen. Zu Außenseitern gestempelt, lernten sie ihr Schicksal zu verherrlichen und als Auszeichnung zu betrachten, ein Verhalten, das ihren ganzen Charakter prägte.

Während der langen Zeiten der Not und Verfolgung wurden sie stoisch und lernten den Umgang mit Widrigkeiten und vor allem die Kunst des Überlebens. Flucht, Vertreibung und erzwungene Zerstreuung in viele Länder weit über die deutschen Grenzen hinaus bestärkten sie in ihrem Gefühl, ein gemeinsames Schicksal zu haben. Brüderliche Bande mit Juden überall ließen Verflechtungen entstehen, auf deren Grundlage sich später vorteilhafte Handels- und Finanzbeziehungen entwickelten. Man sagte den Juden nach, sie taugten nur für wenige Berufe. Daraus machten sie eine Tugend und lernten, darin Hervorragendes zu leisten und sich auf ihren Scharfsinn zu verlassen.

Für die heimatlosen Juden in der Diaspora wurde die Religion zur alles speisenden Kraftquelle und zum Mittelpunkt ihres spirituellen und geistigen Lebens; und daraus erwuchs die starke Liebe zu Lernen, Lesen und abstraktem Denken. Von der sie umgebenden Kultur getrennt, entwickelten sie ihre eigene Sprache, Literatur und Kultur. Ohne Zugang zu den sozialen Institutionen entwickelten diese Außenseiter eigene Strukturen zur gegenseitigen Unterstützung, Bräuche, Regeln und gesellschaftliche Traditionen – was nicht nur ihr Überleben begreiflich macht, sondern die Wurzel ihrer Tradition und ihrer Wesensart überhaupt bildet.

Diese Geschichte eines Überlebenswunders steckt voll von Paradoxen: So schmerzlich und bitter die jahrhundertelange Isolation für die Juden auch sein mochte, so war sie doch auch der Schlüssel für ihr Überleben und Weiterbestehen als Volk. Die beharrliche Weigerung, sich zum Christentum zu bekehren, brachte unermeßliches Leid, war aber auch die Grundlage der Gelehrsamkeit und hoher Kultur. Das massenhafte Sterben und die Flucht der Überlebenden nach Osten war eine Katastrophe, aber auch Quelle der Regeneration und späterer Ausbreitung jüdischer Gemeinden in Deutschland. Erzwungenes Außenseitertum und bittere Armut waren ein Fluch, lehrten die Juden aber auch Gelegenheiten erkennen und beim Schopf ergreifen, sich schnell auf wirtschaftliche Veränderungen einzustellen und sie zu ihrem Vorteil zu wenden. Diskriminierung und Verbote bedeuteten stärkste Frustration, doch mit der Zeit führte die aufgestaute Energie zu rastlosem Streben nach Anerkennung und Erfolg.

Von diesen Faktoren geprägt, hatten die Juden, die im späten 17. Jahrhundert nach und nach ins christliche Deutschland zurückkehrten, ungewöhnliche Fähigkeiten, Eigenschaften und Charakterzüge erworben. Natürlich waren sie, wie jedes andere Volk auch, keine einheitliche Gruppe und hatten alle möglichen menschlichen Schwächen. Im Ghetto gab es ebenso verschiedene Menschen und Mentalitäten wie außerhalb: Negatives und Positives, Unwissen und Aberglaube neben Weisheit, bornierte Engstirnigkeit neben geistiger Größe. Im 17. Jahrhundert gab es unter den Juden genau wie unter den Christen Narren und Weise, Diebe und Gelehrte, Schurken und Heilige, Bigotterie und Toleranz.

DRITTES KAPITEL

Vorfahren
Jost

Die Stadt Beeskow möchte gerne einen wohlhabenden Juden haben.

> Der Steuereinnehmer Leyser
> an König Friedrich Wilhelm I.,
> 26. Juni 1720

Juden sind Landheuschrecken ... du mußt sie verjagen.

> König Friedrich Wilhelm I. an
> seinen Sohn, 22. Januar-17. Februar 1722

1

Sechs Gräfinnen trugen die Schleppe des Taufgewandes aus diamantbesetztem Silberbrokat. Man hatte es dem acht Tage alten Täufling über die Windeln gezogen. Dann hatte man ihm eine Krone auf den Kopf gesetzt. Das Hoforchester war zu diesem Anlaß um vierundzwanzig Trompeter und zwei Trommler verstärkt worden, und die Glocken der Stadt läuteten eine geschlagene Stunde lang. Der gesamte Hofstaat, der ganze Adel und alle Großen hatten sich eingefunden, als der stolze Großvater den Jungen zu dem eigens angefertigten Taufbecken aus massivem Gold trug. In einem anderen goldenen Gefäß mit der Inschrift *Friedrich, Prince de Prusse et d'Orange, né le 24. Janvier à 11¹/² heures du matin* lag die Nabelschnur.

Der Großvater Friedrich I. liebte den Luxus und bot den ganzen Pomp des höfischen Zeremoniells auf, als sich der jüngste Hohenzollernprinz in den ersten Februartagen des Jahres 1712 zum ersten Mal der Öffentlichkeit zeigte. Als Friedrich II. (der Große) würde einst das Kind die Landkarte Europas neu ordnen und aus Preußen eine von den Nachbarn gefürchtete und beneidete Militärmacht machen. Fürs erste jedoch bejubelten die Untertanen des Königreichs an diesem Tauf- und Feiertag im Jahre 1712 ihr Glück – die lang ersehnte Ankunft eines männlichen Thronfolgers.

Alle Menschen waren sich einig, daß dieser glückliche Ausgang der vierten Bemühung Kronprinz Friedrich Wilhelms von Preußen und seiner Gemahlin Prinzessin Sophie Dorothea um einen Thronfolger ein gutes Omen war. Von den ersten drei Kindern hatte nur die pausbäckige, vergnügte kleine Wilhelmine ihren Eintritt in die Welt geschafft. Ihre beiden Brüder waren wenige Tage nach der Geburt gestorben. Es wurde gemunkelt, ein allzu anstrengendes Taufritual hätte den Tod herbeigeführt, und manche erklärten, es seien »die Zähne« gewesen. In Wahrheit wußten die Ärzte damals noch wenig über den Tod im Kindbett, viele Kinder starben kurz nach der Geburt, und wo es noch an medizinischem Wissen fehlte, waren dem Aberglauben und der Legendenbildung Tür und Tor geöffnet. Später, im Rückblick, hätten sich der König und sein Volk jedoch keine Sorgen zu machen brauchen. Die robuste Sophie Dorothea richtete sich nämlich nicht nach der Statistik, sondern hatte bei vierzehn Schwangerschaften neun überlebende Kinder zur Welt gebracht.

Die Prachtentfaltung bei dieser Taufe war nichts Ungewöhnliches. Offen zur Schau getragenes, barockes Gepränge war am Hof von Friedrichs Großvater an der Tagesordnung. Es war allgemein bekannt, daß er den Ehrgeiz hatte, es dem unübertrefflichen Glanz des Sonnenkönigs Ludwig XIV. am Hof von Versailles gleichzutun. Viele Jahre später sollte der Enkel dann von seinem Großvater – einem Weichling, der Feste, Zeremonien und die Hofetikette über alles liebte – sagen, er habe »die Blüte geliebt und die Frucht vernachlässigt«. Friedrich I. ließ keine Gelegenheit zur Prachtentfaltung aus. Nach dem Tod seines Vaters, des Großen Kurfürsten, im Jahre 1688 arrangierte er als erste Amtshandlung Trauerfeierlichkeiten, die vom Tod bis zur Bestattung volle drei Monate dauerten. Er ordnete an, daß die sterbliche Hülle des Vaters in einen perlen- und diamantbesetzten roten Samtmantel gekleidet wurde, um so zur letzten Ruhe gebettet zu werden. Das juwelengeschmückte Schwert und das Zepter lagen an seiner Seite.

Seit seiner Jugend hatte Friedrich I. den Ehrgeiz, die Hohenzollern – Markgrafen und Kurfürsten – zu einer Dynastie von Königen zu machen, ein Ziel, das er nach seiner Thronbesteigung mit aller Energie verfolgte. Kein Preis, weder Geld noch Menschen, war ihm dafür zu hoch, und nach dreizehn Jahren der Intrigen, wechselnden Bündnisse und harten Verhandlungen sah er seinen großen Traum schließlich erfüllt. Der Schlüssel zu diesem Erfolg war die Entscheidung, sich im Spanischen Erbfolgekrieg gegen die Bourbonen auf die Seite der Habsburger zu schlagen: Für die Gegengabe von achttausend preußischen Soldaten erklärte sich der Kaiser in Wien bereit, einen preußischen Königsthron zu dulden. So konnte sich 1701 Friedrich III., Kurfürst von Brandenburg, in Königsberg im Triumph eigenhändig die Krone auf den Kopf setzen. Nach langwierigen, komplizierten Verhandlungen, bei denen es darum ging, die Rechte Kaiser Leopolds und des Heiligen Römischen Reiches zu wahren, hatte man sich auf seinen neuen Namen geeinigt: Friedrich I., von Gottes Gnaden König in (nicht *von*!) Preußen. Dieser feine Unterschied war für den Kaiser von höchster Bedeutung. Das große Ereignis war wieder einmal ausgiebig und mit größtem Aufwand zelebriert worden. In Berlin wurden für den triumphalen Einzug des Königs nicht weniger als sieben kunstvolle große Prunktore errichtet, und als Friedrich in seiner vergoldeten Kutsche durch den ersten dieser Triumphbögen fuhr, begrüßten ihn zwanzig weißgekleidete Jungfrauen. Einen Monat lang wurde Tag und Nacht gefeiert.

Für den von eigener Hand gekrönten Friedrich I. war dies der angemessene Stil eines königlichen Herrschers. Die Kosten waren dabei Nebensache, und die ständige Ebbe in seinen Schatztruhen war zwar ärgerlich, aber kein Hinderungsgrund. Daß sich die Kronprinzessin Sorgen machte, wie sie angesichts fehlender Mittel ihren Haushalt führen sollte, war allenfalls bedauerlich. Vorerst galt es, für gutes Geld in Belgien die fünfundzwanzig Meter lange und mit zweiundzwanzig Geschützen bestückte königliche Jacht *Liburnia* bauen zu lassen, die dann umständlich auf dem Landweg nach Berlin geschafft wurde, nicht etwa, um Brandenburg zur großen Seemacht zu machen, sondern für Lustfahrten auf der Spree. Sollte er mit seinem großen Hofstaat, mit den zahlreichen Beratern und Kammerdienern, den sechs Leibärzten, den zahllosen Pagen und Lakaien und den 36 Hofmusikern (zu ihnen gehörte auch der Kastrat Antonio Cambiola), an den Rand des Ruins geraten, nun, dann mußten eben neue Mittel und Wege gefunden werden, um mit diesen gewaltigen Kosten zurechtzukommen. Dazu hatte ein König schließlich seine Ratgeber, die sich neue Steuern und Mittel zur Geldbeschaffung ausdenken oder kreditwillige Lieferanten und Bankiers ausfindig machen konnten.

Jost Liebmann, sein verstorbener Hofjuwelier, der schon der bevorzugte Hofjude seines Vaters gewesen war, hatte diese Situation, deren Chancen und Risiken, scharfsinnig durchschaut. Die Taufe des Enkels erlebte Jost zwar nicht mehr – 1712 war er bereits zehn Jahre tot –, aber er war gerade noch bei der Krönung seines Gönners dabei, zu der er auch den Schmuck geliefert hatte. Allein die Edelsteine für die Krone der neuen Königin sollen mindestens 300 000 Reichstaler wert gewesen sein – eine phantastische, wahrhaft königliche Summe, mehrere Millionen Mark in heutigem Geld. Der Betrag war so unglaublich, daß der hannoveranische Gesandte Hensch seinem kurfürstlichen Herrn hämisch berichtete, es gebe Gerüchte, die Edelsteine seien großenteils nur für den Anlaß geliehen worden. Hensch war jedoch vorsichtig genug, diesen Tratsch verschlüsselt nach Hannover zu übermitteln.

Für Jost war es jedenfalls ein gutes Geschäft gewesen – wieder einmal eine Gelegenheit, die unersättliche Schmuckgier seines Herrn und des Hofadels für sich gewinnbringend zu befriedigen. Schon drei Jahre früher, 1698, hatte er sieben große Diamanten im Wert von 45 000 Talern geliefert, und in den acht Jahren, seit Friedrich Nachfolger seines Vaters geworden war, hatte er dem Hof das Sechsfache dieses Betrags in Rechnung gestellt. Leider wurden seine Lieferungen keineswegs pünktlich bezahlt. Der König beglich die Rechnungen immer sehr spät und selten bar. Nach wie vor bezog er beträchtliche Einkünfte aus den Schutzbriefen, Sondersteuern und Abgaben seiner Juden, doch für seine ehrgeizigen Pläne und seinen kostspieligen Geschmack reichten diese Einnahmen schon lange nicht mehr aus. Jost war aber mit allen Wassern gewaschen und nicht auf den Kopf gefallen. So hatte er längst begriffen, daß Einfallsreichtum beim Aushandeln alternativer Zahlungsmethoden ebenso wichtig war wie das Sortiment, das dem ausgefallenen Geschmack des Königs entsprechen mußte. So konnte man etwa den König zu Gegenleistungen überreden, zu gewinnversprechenden Konzessionen, zum Beispiel zu einem Monopol oder einem befristeten Pachtvertrag für eine Münzanstalt oder zu einem Liefervertrag für Münzsilber. So hatte der König 1697 seine offenen Schulden durch Abtretung der profitablen Rechte an den Münzanstalten in Magdeburg und Minden beglichen. Auf diesem Wege hatte Jost es zielstrebig zu Einfluß und Reichtum gebracht. Bei seinem Tode soll er ein Vermögen von über 100 000 Talern besessen haben – war also nach unseren Vorstellungen vielfacher Millionär – und galt als der reichste Jude in Berlin. Er lebte in unvorstellbarem Luxus und reiste beispielsweise samt Dienerschaft zwölfspännig nach Holland, wobei ihm, dem Juden Jost Liebmann, ein besonderer Schutzbrief Friedrichs Grenzen und Stadttore öffnete.

Es war aber nicht immer so gewesen. So wie der Vater des Königs hatte er vor nur wenigen Jahrzehnten viel bescheidener angefangen.

2

Als der erst zwanzigjährige Friedrich Wilhelm am 1. Dezember 1640 Kurfürst von Brandenburg-Preußen wurde, hätten die Zukunftsaussichten seines Landes kaum schlechter sein können. Er hatte eine ungeordnete Anhäufung aus vielen verstreuten Gebieten geerbt. Sein westlichster Besitz war das Herzogtum Kleve, sein östlichster das völlig isolierte Ostpreußen; dazwischen lagen die Mark Brandenburg, Ravensberg, Cammin und Teile Pommerns. Einige Jahre später kamen zu diesem zusammengewürfelten Besitz dank Erbansprüchen und historischem Zufall und als Ertrag aus Kriegsgeschäften noch die Städte Magdeburg, Minden und Halberstadt hinzu. Eigentlich war es so, daß diese Bruchstücke nur durch den gemeinsamen Widerstand gegen die Zentralgewalt, separatistische Tendenzen und gegenseitige Antipathie zusammengehalten wurden. Der 1648 beendete Dreißigjährige Krieg hatte das Land schrecklich verwüstet. Schwedische Söldnerheere hatten die Gebiete besetzt gehalten, und die um ein

Drittel oder sogar um die Hälfte dezimierte Bevölkerung war am Ende ihrer Kräfte. Äcker blieben unbestellt, Lebensmittel waren knapp, Hungersnöte waren an der Tagesordnung. Hunger, Anfälligkeit für Krankheiten, Pest und Ruhr hatten einen hohen Tribut gefordert. Zu allem Überfluß hatten Klimaveränderungen die von Menschen herbeigeführten Katastrophen noch verschlimmert. Mitte des 16. Jahrhunderts hatte eine lang anhaltende Kälteperiode mit starken Niederschlägen begonnen; diese »kleine Eiszeit« ließ die Wachstumsperioden in der Landwirtschaft schrumpfen und Hunger und Elend dagegen zunehmen. Kein Wunder, daß niemand in Europa dieses verheerte und verwahrloste Land und seinen neuen Herrscher ernst nahm. Was sollte schon aus diesem Brandenburg werden?

Im historischen Rückblick erscheint aber alles in ganz anderem Licht. Heute wissen wir, daß die Herrschaftszeit Friedrich Wilhelms ungeachtet der düsteren Aussichten im Jahre 1640 eine große Wende bedeutete – den Anfang des Aufstiegs Brandenburg-Preußens (und schließlich auch Deutschlands) zur führenden kontinentaleuropäischen Macht. Der Mann, den man später den Großen Kurfürsten nannte, war der erste in einer Reihe von Hohenzollernherrschern, die aus ihren buntscheckigen, verstreuten Besitzungen einen mächtigen, aggressiven Staat machten. Ihr Erfolgsprinzip hatte nicht das geringste mit den Ideen der Aufklärung zu tun, und der Wille des Volkes war für sie belanglos. Aufgeklärte Vorstellungen und der Gedanke an Volkssouveränität breiteten sich in Europa erst im späten 18. Jahrhundert aus, in Deutschland noch später als in anderen Ländern. Der Erfolg der Hohenzollern beruhte auf ganz anderem. Sie waren erfolgreich, weil sie unbeirrbare absolutistische Herrscher und Organisationstalente waren und eine Gesellschaftsordnung und ein Regierungssystem schufen, die strukturierter, zielstrebiger und reglementierter waren als in anderen Ländern. Soldaten und Beamte waren strengster Disziplin unterworfen – man sprach bald vom Kadavergehorsam, vom Gehorsam bis zum Tod –, die Bürokratie war willfährig, und obendrein waren die Hohenzollern mit sachkundigen Beratern und gefügigen Untertanen gesegnet. Die frühen Hohenzollern waren je nach Gelegenheit vorsichtig oder aggressiv und mutig bis zur Waghalsigkeit. Im entscheidenden Moment hatten sie oft einfach Glück und profitierten von der Dummheit und den Schwächen ihrer Feinde. Die stärksten und erfolgreichsten unter ihnen waren rücksichtslose Despoten voller Vorurteile, konnten aber – gut beraten – gegebenenfalls auch praktisch und pragmatisch handeln; sie zögerten nicht, alles und jeden auszunutzen, solange es ihren Zielen diente.

3

Als Großer Kurfürst ist Friedrich Wilhelm in die Geschichte eingegangen, weil er derjenige war, der den Grundstein für den Aufstieg Preußens zur europäischen Großmacht legte und dabei am Anfang die größten Schwierigkeiten zu bewältigten hatte.

Am 4. März 1643, mehr als zwei Jahre nach seinem Machtantritt, kam er nach Berlin, um die Huldigung der Bevölkerung entgegenzunehmen. Es war sein erster Besuch in der größten Stadt im Kernland seiner Besitzungen, und es muß ein höchst entmutigendes Erlebnis für ihn gewesen sein. Berlin war in einem jämmerlichen Zustand. Die Pest und auch andere Krankheiten hatten die Einwohnerzahl auf rund sechs- bis siebentausend schrumpfen lassen. Die Stadt selbst war im Dreißigjährigen Krieg zwar von unmittelbaren Gefechten verschont geblieben, doch war man der Plünderung und Zerstörung nur durch schwindelerregende ruinöse Lösegeldzahlungen an die schwedischen Besatzer entgangen. Jetzt war die Stadt bettelarm, und viele Gebäude waren vom Verfall bedroht. Fast jedes dritte Haus stand leer, nur wenige Straßen waren gepflastert, viele Brunnen waren verschüttet. Die Spreebrücken waren so baufällig, daß schwere Fuhrwerke größte Schwierigkeiten hatten. Schweine wühlten im Abfall und Unrat auf der Straße nach Futter. Lebensmittel waren so knapp, daß sogar der Kurfürst selbst und seine Entourage den Mangel spürten. »Es gab nicht einmal einen Schluck Wein«, wie ein Quartiermeister einmal zu melden gezwungen war.

Ebbe herrschte auch in der Privatschatulle des Großen Kurfürsten. Schon mehrmals gezwungen, sich für Speis und Trank für seine Familie die klägliche Summe von fünfzehn Talern zu leihen, ergriff er jedoch bald drastische Maßnahmen. Fünfzig Kilometer nördlich von Berlin lag lieblich am Ufer der Havel das Dorf Bötzow, einst ein durch Landwirtschaft wohlhabender Ort, der wie die anderen Landesteile auch unter Krieg und Krankheit gelitten hatte. Einige Jahre später verliebte sich seine junge Frau Luise Henriette in den Ort, weil er sie wohl an ihre holländische Heimat erinnerte. Ihr zuliebe ließ der Kurfürst dann hier ein Schloß errichten und gab dem Ort einen neuen Namen – Oranienburg zu Ehren des niederländischen Hauses Oranien, wo er erzogen worden war und sie zur Frau genommen hatte. 1643 ging er jedoch noch einen anderen Weg: Er verpfändete das Dorf und sein Umland an eine Adlige aus der Gegend, eine gewisse Ursula von Knesebeck. Den Erlös verwendete er dazu, den Wiederaufbau seiner Hauptstadt in Angriff zu nehmen.

Berlin war ihm allerdings nicht das Wichtigste. Friedrich Wilhelm war zwar noch jung, doch voller Entschlußkraft und praktischer Zielstrebigkeit, von klarem Verstand und politischem Scharfsinn. In den Niederlanden hatte ihn in seiner Jugend die dortige Aufgeschlossenheit für neue Ideen außerordentlich beeindruckt, und er hatte mit ansehen können, welch blühenden Aufschwung ein Land nehmen konnte, wenn man Handel und Gewerbe kraftvoll förderte. Zu Hause mußte er mit wachsendem Unmut erkennen, daß die unfähigen Ratgeber seines schwachen Vaters im Dreißigjährigen Krieg mit politischen Manövern immer wieder Schiffbruch erlitten hatten. Jetzt ging es ihm vor allem erst einmal darum, aus seinen zerstreuten Besitzungen einen einzigen Staat zu schmieden, stark genug, um seine Grenzen zu schützen und um es ihm zu ermöglichen, in der europäischen Machtpolitik eine Rolle zu spielen. Seine Vorgänger hatten mit wechselnden Bündnissen und politischen Winkelzügen operiert – eine Politik, die offenkundig gescheitert war und das Land ruiniert hatte. Der Große Kurfürst zog daraus eine bis heute bewährte Schlußfolgerung: Diplomatie funktioniert am besten, wenn hinter ihr militärische Stärke steht. Vor allem brauchte er als Rückgrat seines Staates ein ansehnliches stehendes Heer. Auf dieses Ziel konzentrierte er sein ganzes Denken, und alle seine politischen Initiativen waren ihm untergeordnet.

Der Große Kurfürst war jedoch noch zu anderen Schlüssen gelangt. Ihm war klar, daß ein zuverlässiges Militär einer funktionierenden ökonomischen Basis bedarf, und er folgte wie die meisten seiner Zeitgenossen einer merkantilistischen Weltanschauung. Er glaubte, der Schlüssel zu Wohlstand und Stärke liege in der Anhäufung von Reichtümern in Form von gemünztem Gold und Silber, und der Weg dorthin führe über eine positive Handelsbilanz, die am besten durch energische Exportförderung und, gleichzeitig, durch Abwehrschutz des Binnenmarkts zu erreichen war. Handel und Wirtschaftsaufschwung wiederum würden für die Steuereinnahmen sorgen, die er zum Unterhalt der Truppen brauchte. Schließlich mußte er, um all dies zu bewerkstelligen, die dezimierte Bevölkerung wieder anwachsen lassen, um so Preußens Handel und Produktivität neue Initiativkraft und Dynamik einzuflößen.

Vor seinen Zielen stand jedoch eine hohe Hürde, und er brauchte viele Jahre und mußte sein ganzes politisches Geschick aufbieten, um diese zu überwinden. Es war die alte Macht der Landstände, die seinen Handlungsspielraum einschränkte. Er konnte keine Militärmacht aufbauen, ohne vorher lokalpolitische Probleme zu lösen. Wie er das anpackte und wie er das Problem löste, sollte für Preußen weitreichende Folgen haben. Ein starker Staat, wie er dem Kurfürsten vorschwebte, war in der damaligen Zeit eine neue und keineswegs allgemein willkommene Vorstellung. Seine Vorgänger waren zwar die größten Landbesitzer gewesen, Herrscher aber waren sie eher nominell als de facto. Das Recht, vor Ort Steuern zu erheben und Macht auszuüben, hatten die Stände – Großgrundbesitzer, Patrizier in den Städten, Prälaten und Ritter. Selbst ein Heer auszuheben und Verträge abzuschließen bedurfte der Zustimmung dieser Notabeln. In den Wirren des Dreißigjährigen Krieges war aber auch die Unfähigkeit der Stände zu selbständigem Handeln deutlich geworden. Preisverfall, wirtschaftlicher Niedergang und Finanzkrisen hatten sie geschwächt, und der Kurfürst nützte diese Lage geschickt aus, um den politischen Wandel voranzutreiben und seine Ziele zu erreichen.

Realistisch, rücksichtslos und listig machte sich Friedrich Wilhelm die Stände Schritt für Schritt gefügig. 1653 schloß er die erste Vereinbarung mit den Junkern in Brandenburg. Für 500 000 Taler befreite er sie von Steuern, überließ ihnen ihre Länder mit vollem Eigentumsrecht und gab ihnen uneingeschränkte Macht über ihre Bauern und rein lokale Angelegenheiten. Mit dem Geld baute er das Militär auf, und so schuf er aus einer zerlumpten Bande von 6000 ein zentralisiertes, neu organisiertes, diszipliniertes stehendes Heer von 20-30 000 Mann. Als er stark genug geworden war, brachte er dann auch im Westen und in Ostpreußen die Stände hinter sich.

Die entscheidenden Machtbefugnisse behielt er sich jedoch selbst vor. Einerseits belohnte er die Junker mit Land und verbrieften Rechten, andererseits brachte er ihre Söhne dazu, in seinem Heer als Offiziere zu dienen, oder er gab ihnen hohe Positionen in der Staatsverwaltung – eine Praxis, die seine Nachfolger weiter ausbauten. Dies war eine schicksalsträchtige Entscheidung, denn die Junkerklasse wurde wie nirgends sonst dadurch zum Rückgrat der preußischen Aristokratie, eine Elite mit einer Sonderstellung in den Staatsangelegenheiten, was über Generationen massive gesellschaftliche und politische Folgen hatte.

So wuchs die Autorität des Großen Kurfürsten – gestützt auf eine größere und bessere Armee – nicht nur gegenüber den Landständen, sondern auch im Ausland. In den Kriegen und im politischen Schachspiel der führenden europäischen Mächte – Katholiken bekämpften Protestanten und Schweden; Frankreich, Österreich, Polen, Sachsen und die Niederlande suchten in einem endlosen Reigen wechselnder Bündnisse und Verträge den eigenen Vorteil – konnte Friedrich Wilhelm jetzt eine aktivere Rolle spielen. Brandenburg-Preußen war in diesem Spiel nicht länger ein hilfloses Bäuerchen.

So hatte Friedrich Wilhelm also recht bekommen: Die politische Macht kam wirklich aus dem Gewehrlauf. Einen Beweis dafür erbrachte 1660 der Frieden von Oliva. Seine stärkere Armee hatte es ihm ermöglicht, sich mit den Schweden gegen die Polen zu verbünden, und dafür bekam er ein bedeutendes Beutestück: Polen verzichtete auf seine letzten Rechte in Ostpreußen. Es war ein guter Anfang – die Grundlage für weitere auswärtige Siege und für die angestrebten Veränderungen im Landesinnern.

4

Die Lage eines unbekannten armen Juden im 17. Jahrhundert läßt sich zwar kaum mit der des erblichen Herrschers von Brandenburg-Preußen vergleichen, aber einige Analogien sind doch zu bemerken. Jost lebte zwar in einer ganz anderen Welt als der Große Kurfürst, doch wie dieser war auch er als junger Mann sehr ehrgeizig, voller Energie und wild entschlossen, es zu etwas zu bringen. Ebenso stand auch Jost vor anscheinend unüberwindlichen Hindernissen, von denen er erstaunlicherweise die meisten dann doch meisterte. Und auch er wurde zum Pionier für spätere Generationen seines Volkes, genauso wie der Große Kurfürst das Fundament legte, auf dem seine Nachfolger stehen sollten.

In den frühen sechziger Jahren – der Kurfürst hatte eben in Oliva triumphiert und machte sich daran, zu Hause die Karten neu zu mischen – kam der eine Generation jüngere Jost aus Halberstadt und Hildesheim, wo er zur Welt gekommen und aufgewachsen war, nach Hamburg. Er war knapp über zwanzig und brannte darauf, es mit einer der wenigen Juden erlaubten Tätigkeiten – Geldverleih, Handel mit getragener Kleidung, Tuch, Vieh oder Pferden, Fell, Wein oder am ertragreichsten mit Edelmetallen und Edelsteinen – zu etwas zu bringen. Er war nun aber bettelarm, und in seinen Taschen steckten nur ein paar billige Bernsteine. Sein ganzes Hab und Gut mochte zwanzig oder dreißig Taler wert gewesen sein – zu wenig selbst für einen bescheidenen Anfang.

In Einschränkung und Armut von der Hand in den Mund zu leben war damals für praktisch alle Juden ein ganz normales Schicksal. So gesellte Jost sich also zu den vielen besitzlosen jüdischen Händlern, die von Ort zu Ort wanderten und versuchten, Geschäfte zu machen. Dafür brauchten sie wache Sinne und mußten immer auf der Hut sein. Die meisten waren monatelang unterwegs, besuchten die Messen in Frankfurt, Leipzig und Braunschweig, kauften hier, verkauften da, lebten von der Hand in den Mund und waren für Unterkunft, Ruhepausen und einen Gebetsort auf ein dünnes Netz von Verwandten und Glaubensgenossen angewiesen.

Doch Jost war anders als alle anderen. Der junge Mann war nicht nur ungewöhnlich fleißig, clever, energisch und ehrgeizig, sondern hatte ein einnehmendes Wesen, kannte die Menschen und verstand sie zu beeindrucken. Er war, wie seine Tante Glückel einmal in ihrem Tagebuch festhielt, »ein hübscher gelehrter Mann gewesen, er wußte auch gut von Geschäften zu reden und ist auch gar klug gewesen«.[1] Außerdem war er von Anfang an vom Glück gesegnet. Er verstand es, stets zur rechten Zeit am rechten Ort zu sein. Damals trug er noch seinen Geburtsnamen Judah Berlin. Später wählte er den Vornamen Jost – das klang deutscher und großartiger; warum er sich Liebmann nannte, wissen wir nicht.

Als Jost sich nach Hamburg aufmachte, galt in Brandenburg immer noch der Judenbann aus dem vorigen Jahrhundert. Im übrigen Deutschland lebten Juden zu wenigen zerstreut in Dörfern und Städten – als kleine Überbleibsel der früheren blühenden Judengemeinden. Jahrhundertelang hatten die Überlebenden ein kümmerliches Dasein am Rande der Gesellschaft gefristet, vom Handwerk und den meisten anderen Berufen ausgeschlossen, geduckt und voller Angst vor der beständigen Gefahr, vertrieben zu werden oder ein noch schlimmeres Schicksal zu erleiden. Das war Josts Volk: Wirklich gut lebte man nirgends, auch wenn es von Ort zu Ort Unterschiede gab. Jetzt besserte sich endlich die allgemeine Wirtschaftslage ein wenig, und auch die Juden konnten auf einen gewissen Fortschritt hoffen. In Hildesheim und Halberstadt, seinem Geburtsort und der Stadt seiner Jugend, gab es schon des längeren kleine jüdische Gemeinden; die in Halberstadt war älter, größer und etwas gefestigter. Jost wollte jedoch nach Hamburg, in die freie Reichsstadt, wo die Stadtväter die Juden in ständigem Wechsel einmal duldeten, um sie dann wieder zu vertreiben, bis der Kreis von neuem begann. Mehr als einmal hatten sich die Hamburger Juden gezwungen gesehen, im benachbarten dänischen Altona Zuflucht zu suchen, nur um wieder zurückzukehren, wenn die Stadtväter es sich anders überlegten oder es für vorteilhaft hielten, sie zur Rückkehr zu ermuntern.

In Hamburg wohnte Jost zunächst bei Glückel von Hameln, die mit Josts Onkel Chayim verheiratet war und dessen Nichte er eines Tages heiraten sollte. Den berühmten Lebenserinnerungen dieser bemerkenswerten Frau – einer Chronik der Sorgen und Freuden im

Leben der Juden in dieser Zeit – verdanken wir, daß wir über Josts erste Karriereschritte Bescheid wissen.

Wie lange Josts beschwerliche Reise von Hildesheim nach Hamburg dauerte, wissen wir nicht. Einen Postkutschendienst gab es noch nicht, eine Mietkutsche oder ein Pferd konnte er sich nicht leisten. Wie andere arme Juden auch wanderte er also meist zu Fuß, der Sicherheit wegen nur auf den Hauptstraßen und nur bei Tageslicht, einen Sack auf dem Rücken.

Heute bewältigt ein Intercity in Deutschland in einer Stunde 150 Kilometer, doch Jost dürfte Tage oder Wochen gebraucht haben. Unterwegs konnte es durchaus passieren, daß Dorfkinder ihn auslachten, mit dem Finger auf ihn zeigend »Jude« riefen und mit Dreck oder Steinen warfen. Der Klügere gibt nach, dürfte Jost sich gedacht haben und mit einem freundlichen Lächeln weitergegangen sein. Schwieriger, als die Verspottung zu ertragen, war es, Essen, Unterkunft und einen Ort zum Beten zu finden. Die meisten Landgasthöfe beherbergten keine Juden, und es war oft schwer, ein Dach über dem Kopf zu finden.

Einen Juden an seinem Äußeren zu erkennen, war immer noch leicht, auch wenn sie nicht mehr durch Gesetz verpflichtet waren, besondere Kleidung oder den gelben Fleck zu tragen. Ein Kennzeichen war der Bart (Christen trugen damals kaum Bärte), von dem sich manche – so auch Jost – zusammen mit den Schläfenlocken bald trennen sollten, um weniger aufzufallen. Juden trugen aber immer noch charakteristische Kleidung – einen schlichten langen schwarzen Mantel, ein flaches Barett und ein typisches um den Hals geknotetes Tuch. Als wichtigste Regel galt für sie, sich einfach zu kleiden, um keinen Neid oder Argwohn zu erregen. Jede jüdische Gemeinde erließ Gesetze gegen Luxus, um die Einhaltung solcher Vorschriften zu gewährleisten. Den Frauen waren Samt, Damast und Seide verboten, den Männern Schmuck und blonde Perücken.[2]

Den armen Jost betrafen solche Vorschriften nicht. Ein Jude war unterwegs am sichersten, wenn er abgerissen aussah, was für die meisten ohnehin zutraf. Die Landstraße war gefährlich, hinter jeder Biegung konnte ein Wegelagerer lauern. Ein Jude mit Waren auf dem Rücken war ein leichtes Opfer, er konnte ja im Mantel Geld oder

Wertsachen versteckt haben. Das größte Risiko war es, Opfer eines Raubüberfalls zu werden und dabei schlimmstenfalls das Leben einzubüßen. Einem Straßenräuber verdankte auch Jost den Anfang seiner Karriere. Sein Onkel Chayim Hameln handelte mit billigen Perlen; angefangen hatte er ganz unten, als Hausierer, der mit gebrauchten Messern und Scheren, Bändern und billigem Schmuck handelte und Gold an der Haustür kaufte, um es auf Messen zu verkaufen, und Bauern kleine Kredite gab. Er und Glückel hatten schon mehrere Kinder – es wurden schließlich vierzehn –, und die Familie wohnte mit anderen Juden im schlechtesten Hamburger Viertel, dem Judenviertel »die Gaß« am »Dreckwall«, der Müllhalde der Stadt. In den verwinkelten, engen Gassen mieteten die Juden Zimmer und Wohnungen, denn ein eigenes Haus zu besitzen war ihnen noch nicht erlaubt. Hier fand Jost Zuflucht. Die Häuser waren schlicht möbliert; es gab Betten und Truhen für Bettzeug, Spiegel, einen einfachen Tisch mit Stühlen sowie die vertrauten Zeichen für jüdisches Leben: Sabbatleuchter und Kandelaber, Kelche, Geschirr für zeremonielle Zwecke und hebräische Bücher und Schriftrollen. Mit Chayim ging Jost dann in die Synagoge und feierte den Sabbat. Zu Hause gab es im Familienkreis die typisch jüdischen Gerichte, die er gerne aß – aus rohen Rüben zubereiteten Tsimes, Karotten, Kohl und anderes Gemüse, Gefilte Fisch aus Hecht, Kascha und das zum Sabbat gebackene Barchesbrot, Krapfen mit Apfelfüllung und vor allem gelbe Rüben, die wegen ihrer an Geld erinnernden Farbe Glück bringen sollten.[3] Am Tisch wurde gesungen, getratscht und gewitzelt und, wenn der Sabbat vorbei war, vielleicht auch das eine oder andere Geschäft gemacht.

Der fleißige Chayim hatte es als wandernder Händler nach und nach zu bescheidenem Wohlstand gebracht. Er verfügte nun über etwas Kapital, beschäftigte einen Gehilfen namens Mordechai und trieb nun auch im weiteren Umkreis Handel. Der unglückliche Mordechai jedoch war kurz vor Josts Ankunft einem Straßenräuber zum Opfer gefallen, der ihn auf der Landstraße ausgeraubt und ihm, wie Glückel notierte, mit den Worten »stinkender Jude« eine Kugel durch den Kopf gejagt hatte. Anscheinend tauchte Jost genau im richtigen Moment auf, um an Mordechais Stelle zu treten.

Viele Jahre später kommentierte Glückel, die ihren Kindern gerne Lebensweisheiten auf den Weg gab, in denen tiefer Glaube sich mit Geschäftstüchtigkeit paarte, Josts Anfänge wie folgt: »Beachtet wohl, meine lieben Kinder, wie, so ist es Gottes Wille, Er aus Wenigem viel machen kann, wie Judah Berlin mit einem Kapitel so gut wie nichts großen Wohlstand erworben hat und ein bedeutender Mann geworden ist.«[4]

Man war sich schnell einig geworden, und binnen einer Woche brach Jost, von Chayim mit Kreditbriefen ausgestattet, nach Danzig auf, um Perlen aus dem Osten zu kaufen. Unermüdlich ließ er das Kapital ständig arbeiten, und schon zwei Jahre später betrug sein Gewinnanteil acht- oder neunhundert Taler – ein anständiges Sümmchen, mit dem er nun auf eigene Rechnung arbeiten konnte, wie er es schon immer vorgehabt hatte. Nun kam auch die Zeit zu heiraten und dabei seine Kapitalbasis noch mehr zu erweitern, konnte er jetzt doch mit besseren Erfolgsaussichten um eine anständige Mitgift feilschen.

Wie es jüdischer Brauch war, wurde mit den traditionell einer Eheschließung vorausgehenden Verhandlungen ein Schadchen beauftragt, ein Heiratsvermittler. Die Familien mischten kräftig mit, in der Gemeinde kursierten Tratsch und Gerüchte, und meist kam der Vertrag erst nach langwierigen Gesprächen, vielen Winkelzügen und verbissenen Verhandlungen zustande. Die Braut war selten älter als vierzehn und hatte nur wenig oder gar nicht mitzureden. Für Jost fand ein Schadchen in Hannover das Mädchen Malka, eine Tochter des Reb Samuel von Hameln, einem Bruder von Chayim. Die Mitgift betrug 500 Taler, ein bescheidener, jedoch von beiden Seiten akzeptierter Betrag.

Mit dem vermehrten Kapital war Jost nun bereit, auf der Erfolgsleiter weiter nach oben zu klettern. Als er später zum reichsten und mächtigsten Juden Berlins avanciert war, sagte man ihm nach, unersättlicher Besitzdrang, etwas Rücksichtslosigkeit und unnachsichtiges Ausnutzen von Vorteilen hätten zu seinem Erfolg nicht weniger beigetragen als Glück, ein freundliches Lächeln, Schläue, Fleiß und ein scharfer Verstand. Das dürfte im großen und ganzen zutreffen, denn diese Eigenschaften besaßen die meisten Hofjuden, die es wie er, aus der Enge der »Gaß« nach oben geschafft hatten. Anders wäre es wahrscheinlich gar nicht gegangen. Daß sie sich mit diesen Charakterzügen bei den anderen Juden nicht gerade beliebt machten, kann man sich gut vorstellen.

Vieles spricht dafür, daß Jost als Geschäftsmann hart und unnachgiebig sein konnte. Außerdem war er ein »Prozeßhansel« und stritt sich ständig – und oft langwierig – wegen finanzieller und anderer Vorteile herum. Solche Auseinandersetzungen regelten die Juden unter sich, vor ihren Rabbinern oder *parnassim*, den Gemeindeältesten, die ihren Schiedsspruch nach talmudischen Vorschriften und Normen aus der Tradition fällten.

Ein derartiger Streit führte schließlich auch zum Ende von Josts Partnerschaft mit Chayim. Es ging inzwischen um beträchtliche Beträge – um mehrere tausend Taler. Beide Seiten hatten es also offensichtlich recht weit gebracht. Jeder gute Anwalt weiß, daß der Gerichtsstand mindestens ebenso wichtig ist wie ein wohlwollender Richter, eine Lektion, die Jost aufmerksam gelernt hatte. Chayim sah sich gezwungen, seine Klage gegen Jost vor den Rabbinern in Hannover vorzutragen, wo sein Neffe Freunde und Verwandte hatte, während er selbst dort weitgehend unbekannt war. Prompt verlor der Onkel dann auch den Prozeß und büßte ein Drittel seines Vermögens ein. Glückel beklagt zwar dieses Unglück, fügt sich aber mit dem für ihre Welt typischen Fatalismus in das Unvermeidliche. Für Jost war der Sieg lediglich ein Sprungbrett zu Höherem.

5

Am letzten Februartag des Jahres 1670 ließ Kaiser Leopold I. seinem Volk in Wien unter Trompetenstößen und Trommelwirbeln den Entschluß verkünden, alle viertausend Juden aus der Stadt zu vertreiben. Die »ewige« Verbannung dauerte wie so oft wieder einmal nur wenige Jahre, und der Kaiser sah sich bald zu einigen theologischen Verrenkungen gezwungen, um die Rückkehr der Juden zu rechtfertigen. Zunächst aber wurde die Neuigkeit – entsprechende Gerüchte und Hoffnungen kursierten seit einiger Zeit – von Stadtvätern, Zünften, Kaufleuten und der breiten Öffentlichkeit begrüßt. An der Universität war man so begeistert, daß der Rektor das Ereignis in den offiziellen Annalen folgendermaßen würdigte: »Anno quo ab imperatore Leopoldo Vienna a Austria relegati sunt Hebrae.« (Im Jahre, in dem Kaiser Leopold die Juden aus Wien und Österreich verbannte.)[5]

In Wien hatte es seit Jahrhunderten eine ansehnliche jüdische Gemeinde gegeben. Immer wieder hatten sich die Juden aber das Aufenthaltsrecht mit hohen Steuern, Spenden und Krediten erkaufen müssen; erst einige Jahre zuvor hatten sie wieder eine beträchtliche Summe bezahlt, um diese angestammten Rechte zu bestätigen. Diesmal jedoch hatte alles nichts genützt, die Bitten der Juden waren auf taube Ohren gestoßen, und der Kaiser ließ sich nicht einmal durch seine eigenen Beamten von seinem Vorhaben abbringen; sie hatten ihn gewarnt, eine willkürliche Verletzung erkaufter und bezahlter Rechte könne auch Christen am kaiserlichen Wort zweifeln lassen. Selbst der Papst hatte abgeraten, doch der ultrakatholische Leopold I., Kaiser des Heiligen Römischen Reiches und König von Böhmen und Ungarn und seine Gattin, die Spanierin Margaret Theresa, zeigten sich hier buchstäblich »päpstlicher als der Papst«.

Die Kaiserin, die auf Leopold starken Einfluß ausübte, hatte vor kurzem eine Fehlgeburt gehabt, in der Hofburg hatte es gebrannt, und Bischof Kollonitsch, der bigotte Beichtvater der Kaiserin, hatte ihr immer wieder versichert, dieses ganze Unglück sei nur das Werk der verhaßten Juden. Aberglauben war auch beim Volk verbreitet, und Neid ebenso wie die Erwartung wirtschaftlicher Vorteile taten das übrige. Der Kaiser zögerte nun nicht länger und ordnete die Vertreibung der Juden an.

In Brandenburg erkannte der Große Kurfürst, den sein Wiener Resident über die Entwicklungen auf dem laufenden gehalten hatte, seine Chance. Kaum hatte der Kaiser die Vertreibung offiziell verkündet, gab der Kurfürst zu verstehen, er sei geneigt, vierzig oder fünfzig jüdische Familien in Brandenburg aufzunehmen, vorausgesetzt, sie verfügten über ausreichende Mittel. Er hoffte natürlich von ihrem Fleiß, ihrer Energie und ihren internationalen Beziehungen als Kaufleute und Händler zu profitieren. Kurzum, die Sache traf genau mit seiner Besiedlungspolitik und seinen wirtschaftlichen Entwicklungsplänen zusammen.

Die Verhandlungen zwischen seinen Beratern und Vertretern der Wiener Juden kamen zügig voran, und am 21. Mai 1671 erließ Friedrich Wilhelm das historische Edikt, welches den ersten fünfzig jüdischen Familien erlaubte, nach Brandenburg zurückzukehren und sich dort für zunächst zwanzig Jahre niederzulassen. Diese zeitliche Begrenzung war eine Besonderheit dieses Edikts; in keinem anderen war die Erlaubnis, nach Preußen einzuwandern, jemals mit einer derartigen Einschränkung verbunden gewesen.

Das Edikt war für die Juden in Deutschland, die nach der Katastrophe um die Person des jüdischen Münzmeisters Lippold herum hundert Jahre lang aus Brandenburg verbannt gewesen waren, ein historischer Wendepunkt. In späteren Zeiten betrachteten sie es als ihre Magna Charta.

Das Dekret enthielt zwar auch eine Reihe diskriminierender Bestimmungen, war alles in allem jedoch einfach, klar und relativ wohlwollend. Den Juden wurde neben dem Niederlassungsrecht ausdrücklich das Recht auf Reisen und Hausbesitz zugesichert, sie durften Geschäfte und Marktstände besitzen, ihre Waren von Karren herab verkaufen, ungehindert zu Messen reisen und mit neuer und gebrauchter Kleidung aller Art handeln. Ein besonderes Zugeständnis war, daß sie eigene Schlachter und Lehrer mitbringen durften. Jede Familie hatte jedes Jahr den bescheidenen Betrag von acht Talern zu entrichten, dazu kamen eine geringe zusätzliche Steuer für jede Hochzeit sowie die Pflicht, wie die übrige Bevölkerung Akzisen und andere örtliche Steuern zu bezahlen.

Die bürokratischen Schwierigkeiten, zu denen es später kommen sollte, sah das Dekret überhaupt nicht voraus; deutlich wird jedoch, in welchem Licht man die Juden betrachtete. Sie wurden angewiesen, ohne Aufhebens einzureisen, sich unauffällig zu verhalten und die Gefühle der nichtjüdischen Welt nicht zu verletzen. Öffentliche Synagogen sollte es nicht geben, doch Gottesdienst im Privathaus war erlaubt, wobei allerdings jede abwertende oder blasphemische Äußerung gegen die christliche Religion ausdrücklich und streng verboten war. Man wies sie darauf hin, daß jedes Haus, das sie bauen oder besitzen würden, womöglich an Christen zurückverkauft werden müßte. Schließlich folgte eine ganze Litanei von Übeltaten, für die man Juden eine Vorliebe unterstellte; sie wurden zum Beispiel strengstens vor Wucher, Hehlerei, Betrug an Christen und der Einfuhr »schlechter« Münzen gewarnt.

Am 10. September 1671 war es dann soweit, und an diesem Tage erhielten die Familien von Benedikt Veit und Abraham Riess die ersten beiden Schutzbriefe für Berlin – ein Datum, welches spätere Generationen als Gründungstag der jüdischen Gemeinde von Berlin feiern sollten.

Einwände gegen die Zuwanderung von Juden gab es von Anfang an, und zwar aus zwei ganz verschiedenen Lagern. Die Zünfte und die Landstände konnten ihren Mißmut und ihre Besorgnis über diesen Zustrom kaum verbergen. Ihnen waren die Juden nicht willkommen: Sie sahen sie als Fremde, die in eine etablierte Ordnung eindrangen, ihnen aber vor allem Konkurrenz machten. Juden galten als aggressive Händler, die geltende Arrangements und bislang geschützte Positionen stören konnten. Genau das aber hatte ja Friedrich Wilhelm im Sinn, doch die Zünfte und Stände waren alles andere als begeistert.

Das Menetekel stand jedoch schon lange an der Wand. Der Große Kurfürst hatte bereits vor längerer Zeit den ersten Schritt getan und polnischen Juden gestattet, in Brandenburg Handel zu treiben und dabei ungehindert von Ort zu Ort zu ziehen. Als er später vielen seiner Juden in den Herzogtümern Halberstadt und Minden Schutzbriefe gewährte, sahen die Zünfte und Stände ihre Befürchtungen bestätigt, und als Friedrich Wilhelm diese Politik in Kleve und andernorts fortsetzte, wuchs deren Unwille weiter an. Erst in jüngster Zeit hatte er ungewöhnlich hart reagiert, als ein Mob in Halberstadt eine private Synagoge verwüstete – öffentliche waren ja verboten. Man sah darin ein weiteres Indiz für die Absicht des Großen Kurfürsten, die Juden für seine Politik einzuspannen und ihnen notfalls aktiven Schutz zu gewähren. War das Edikt von 1671 für die Juden ein schönes Hoffnungszeichen, so war es für die Nichtjuden also lediglich die Bestätigung ihrer Ängste. Sie formierten sogleich ihren Widerstand und überschütteten den Kurfürsten mit Klagen und Petitionen; die ersten waren die Frankfurter Schneider, die sich bitter über die neue Konkurrenz beklagten.

Etwas später veröffentlichten die Landstände ein besonders böses Pamphlet, in dem die Juden jeder nur erdenklichen Übeltat bezichtigt wurden: Sie rennen durch Dörfer und Städte, hausieren und drängen den Menschen ihre meistens alten und schludrigen Waren zu ruinösen Preisen auf. Sie verführen Käufer und betrügen sie dann. Sie machen ihre Geschäfte am heiligen Sonntag, sind heimliche Wucherer und handeln mit Diebesgut.[6]

Während der schwedischen Invasion kamen die Juden erneut unter Beschuß, und in Petitionen wurde ihnen Feigheit, Verrat und Drückebergerei vorgeworfen. Später beklagten sich die Memelzünfte in Ostpreußen Punkt für Punkt über ihre jüdischen Konkurrenten.

Solche Anklagen machten zwar die Juden nervös und verschärften ihre Unsicherheit, fruchteten jedoch im allgemeinen wenig. Der Große Kurfürst ließ sich von seinen Plänen, in denen er den Juden eine besondere Rolle gegeben hatte, nicht abbringen. Das gleiche galt später für seinen Sohn, der auf die mittlerweile beträchtlichen Einkünfte, die sich mit Hilfe von Juden erzielen ließen, noch dringender angewiesen war als sein Vater.

Widerstand – und zwar zunächst mit greifbarerem Ergebnis – kam aber auch aus einer ganz anderen Ecke. Der Quertreiber war in diesem Fall kein anderer als Israel Aaron, der in Berlin ansässige Hofjude des Großen Kurfürsten. Die Nichtjuden fürchteten die Konkurrenz, doch auch Aaron hatte einiges zu befürchten. Für ihn ging es darum, seine Pfründe zu verteidigen. Als einziger Hofjude der Hauptstadt genoß er die Prominenz und den Wohlstand, die sein Monopol als Armee- und Hoflieferant ihm bescherten. Da war Solidarität mit seinen Glaubensgenossen das eine, eine Bedrohung seiner Sonderstellung etwas anderes. Wie die meisten Hofjuden seiner Zeit verfolgte er seine Interessen entschlossen und aggressiv und ließ sich nicht übermäßig von Skrupeln leiten, wenn es um seinen Vorteil ging. Wenn Juden aus Österreich nach Preußen kamen, bedeutete das eine große Gefahr für seine Position. Er dachte gar nicht daran, kampflos nachzugeben.

Israel Aaron war nach dem Ende des Schwedenkrieges auf Geheiß des Kurfürsten nach Berlin gekommen, rund zehn Jahre vor der Ankunft der Österreicher. Neben Benedikt Veit und Abraham Riess war er also einer der drei Stammväter der jüdischen Gemeinde in Berlin. Der Sprößling einer niederschlesischen jüdischen Familie diente dem Kurfürsten als Heereslieferant im Krieg, lieferte das Silber für die Königsberger Münze und versorgte den Hof mit »Wein, Lebensmitteln und diversen anderen Waren«. Irgendwann hatte er den sprechenden Familiennamen Geizvogel klugerweise durch den unverfänglicheren Namen Aaron ersetzt, ohne daß sein Ruf und der seiner Frau Esther als geiziger und gerissener Geschäftemacher darunter gelitten hätte. Im Vergleich zu diesen beiden hatten selbst Friedrich Wilhelms Gläubiger, was pünktliche Bezahlung von Rechnungen betraf, ein glücklicheres Los gezogen.

Israel Aaron starb 1673, doch zwei Jahre vor seinem Tod konnte er noch vor der Ankunft der Juden aus Österreich den Große Kurfürsten dazu bringen, seine eigene Stellung zu festigen und abzusichern. Das gelang ihm, in dem er in seinem Gesuch Friedrich Wilhelm zunächst ein schlaues Kompliment für seine Bereitschaft macht, die Flüchtlinge ins Land zu lassen. Doch je mehr Juden man in Berlin aufnähme, so Aarons Warnung, desto größer die Gefahr, daß weitere illegal in die Stadt kommen würden. Man müsse unbedingt darauf bestehen, daß die Neuankömmlinge reichlich Kapital hätten; er hoffte nämlich, daß durch diese Bedingung die Zuwanderungsquote verringert werden würde. Also bat er seinen Herrn, die Angelegenheit noch einmal zu überdenken und, so fügte er sicherheitshalber hinzu, die Schutzbriefe für sich selbst und seine Familie wenn möglich noch einmal zu bestätigen.[7]

Seine Lobbyarbeit trug dann schließlich auch reiche Früchte. Statt der zunächst vorgesehenen zehn Familien erhielten nur zwei das Recht, sich in Berlin anzusiedeln, und Israels Schutzbriefe wurden bestätigt. Nach seinem Tod zwei Jahre später trat Esther seine Nachfolge als Hoflieferant an. Wir wissen, daß Israels Dahinscheiden in Berlin keine tiefe Trauer ausgelöst hat.

6

Jost war Witwer, als er nach Berlin kam, um die ebenfalls verwitwete Esther Aaron, geborene Schulhoff, zu heiraten. Zwar hatte er Malka erst kurz zuvor in Hildesheim zu Grabe getragen, doch für Jost hatte es nie Probleme damit gegeben, Vergangenes zu den Akten zu legen. Seit dem Bruch mit Chayim hatte er es sehr weit gebracht: Er hatte gut an Metalllieferungen für mehrere Münzanstalten des Kurfürsten verdient und sich zum bevorzugten Günstling Dorotheas, der ehrgeizigen zweiten Gemahlin des Herrschers, emporgearbeitet. In Magdeburg hatte er langwierige und gefährliche gerichtliche Auseinandersetzungen überstanden – diesmal in aller Öffentlichkeit und ohne Protektion der Rabbiner. Dort hatte er nämlich einst die Münzanstalt gepachtet und war in den Verdacht der Münzschneiderei geraten – ein damals keineswegs seltenes und auf Jost vermutlich auch zutreffendes Vergehen. Dank seiner Hartnäckigkeit, dank geschickten Manövrierens und guter Beziehungen zum Gericht war er jedoch ungeschoren davongekommen. Am 27. Januar 1677 also richtete Esther an den Großen Kurfürsten ein Gesuch um einen Schutzbrief für ihren Bräutigam. Schon drei Tage später entsprach dieser der Bitte, und Jost konnte an Israels Stelle treten.

Berlin, seine neue Heimat, war nun nicht mehr das klägliche Provinznest wie dreißig Jahre zuvor. Wie in den anderen Ländern des Kurfürsten hatte sich das Tempo des Lebens auch dort beschleunigt, und die Reformen zeigten Wirkung. Nachdem die Macht der Landstände gebrochen war, begann in Brandenburg-Preußen eine Periode starken Wachstums und schneller Entwicklung. In den nächsten vier Jahrzehnten, also bis zum Ende der Regierungszeit seines Sohnes Friedrich I., wurde das Fundament für einen starken, zentral regierten preußischen Staat gelegt. Das Land – und mit ihm Berlin – änderten sich von Grund auf. Jost hatte die Zeit seiner Ankunft also gut gewählt: In Berlin war viel los, und es gab Chancen in Hülle und Fülle. Ganz anders als früher verfügte der Kurfürst jetzt über reichlich Geld und gab es für seine Ziele auch gerne aus. An die Zeit, als er gezwungen war, sich ein paar Taler auszuleihen, um sein Essen bezahlen zu können, konnte er sich kaum noch erinnern. Die mit Abstand reichhaltigste Einkommensquelle war jetzt die Akzise, eine im ganzen Land erhobene indirekte Verbrauchssteuer. In den ersten beiden Jahren des Krieges gegen die Schweden brachte ihm allein diese Steuer rund 700 000 Taler ein. Als er 1688 starb, zählte sein Reich eine Million Untertanen, und es floß die wahrlich riesige Summe von über drei Millionen Talern in seine Privatschatulle.[8] Der Zustrom von Juden hatte ein Übriges getan. Sie waren sein persönliches »Regal«, sein Eigentum, und das konnte er nach Gutdünken besteuern. Mit zunehmender Anzahl der Juden erhöhten sich denn auch seine Einnahmen. Der Große Kurfürst war zunächst mit seinen Forderungen zurückhaltend gewesen, doch sein Sohn und Nachfolger, der extravagante Friedrich I., hatte später deutlich weniger Hemmungen, die Juden auszupressen.

In den ersten Jahren erschienen manchen die niedrige Geburtenziffer und eine geringe Bevölkerungsdichte des Landes so bedrohlich, daß etwa der Hofhistoriker Samuel Pufendorf ernsthaft darüber nachdachte, wie man die höheren Stände zu Ehe und Fortpflanzung zwingen könnte. Der Kurfürst hatte seine radikalen Vorschläge zurückgewiesen, weil er meinte, er könne das Problem pragmatischer lösen. Die Entwicklung gab ihm recht. Die Geburtenziffern stiegen schnell an, als der wirtschaftliche Aufschwung in Gang kam. Dann bot die Verfolgung protestantischer Minderheiten in ganz Europa Chancen, welche der Kurfürst und seine Berater sogleich wahrnahmen. Er öffnete diesen Religionsflüchtlingen die Tore, begünstigte die Neubürger und lockte sie – ganz im Gegensatz zu den den Juden auferlegten Einschränkungen – mit allen möglichen Anreizen. Bis 1700 waren auf diese Weise gut 20 000 französische Hugenotten nach Preußen gekommen, denen bald Waldenser aus Piemont, Wallonen, Schweizer Protestanten und schließlich auch viele hussitische Böhmen nachfolgten. So wichtig zunehmender Wohlstand und Bevölkerungswachstum auch waren, für den Großen Kurfürsten waren sie vor allem ein Schlüssel dazu, sein Hauptziel zu erreichen – ein stehendes Heer zu schaffen und Preußen damit zu einer schlagkräftigen Militärmacht zu machen. Für den Krieg im Norden hatte er die Gesamtzahl seiner Soldaten mehr als verdreifacht – auf 22 000 –, und nach dem Frieden von Oliva konnte er es sich sogar leisten, über die Hälfte von ihnen beständig unter Waffen zu halten. Fünfzehn Jahre später, bei seinem großen Sieg über die Schweden bei Fehrbellin, führte er schon 42 000 Mann ins Feld.

Preußens Heer wurde unter Friedrich Wilhelm zu einer Macht, mit der man in Europa nun zu rechnen hatte, und der Aufbau dieser Streitkraft veränderte Land und Leute nachhaltig. Der Staatsrat wurde in ein Generalkriegskommissariat umgewandelt, das heißt, es wurde ein enger Kreis erfahrener Minister gebildet, die dafür zuständig waren, die Steuern und Abgaben zu erheben, mit denen der Große Kurfürst sein expandierendes Heer finanzierte. Die Beamten dieses Kommissariats wurden zum allmächtigen Rückgrat des Staates, und den Söhnen des verarmten Adels wurde nahegelegt, in den Militär- oder Staatsdienst zu treten. So wurden sie zur exklusiven neuen Elite des Landes, und es dauerte nicht lange, bis diese privilegierte Schicht das Sagen hatte; da sie die Finanzen kontrollierte, erstreckte sich ihre Macht bald auf das ganze Wirtschaftsleben.

So entstand ein straff organisiertes Verwaltungssystem, das auf Generationen hinaus das Charakterbild von Preußen ausmachte. Historiker sollten später sagen, das ursprüngliche Ziel – ein starker zentralistischer Staat mit einer Armee im Zentrum – habe sich umgekehrt, und herausgekommen sei eine Armee mit einem Zivilstaat als Anhängsel. Aus dem folgenden Jahrhundert – der preußische Militarismus und die staatliche Reglementierung hatten sich inzwischen unter den nächsten Hohenzollern noch verstärkt – stammt Mirabeaus Bonmot von Preußen als einem aus einer Kanonenkugel geschlüpften Staat – weniger eine Monarchie mit einer Armee als vielmehr eine Armee, die sich einen Staat geleistet habe.[9]

In diesem auf Militarismus, Reglementierung und Bürokratie gestützten Preußen nahmen die deutschen Juden eine prekäre Sonderstellung ein. Sie steuerten ihre besonderen Talente zur Entwicklung und zum Wachstum des Landes bei, nutzten seine Dynamik und die sich bietenden Chancen, konnten aber die in Willkür und Diskriminierung wurzelnden Regelungen nie ganz abschütteln, denen außer ihnen niemand unterworfen war. Und doch kam es zur unauflöslichen Schicksalsverflechtung zwischen Deutschen und Juden, zu einer eigentümlichen Symbiose von reglementierten und diskriminierten Menschen, die für beide einzigartige schicksalhafte Folgen haben sollte.

7

Israel Aarons anfänglicher Erfolg, den Kurfürsten zur Begrenzung des Zuzugs von Juden nach Berlin zu überreden, war nicht von Dauer. Trotz sorgfältiger Planung kamen bald viel mehr Juden in die Hauptstadt als nur die Familien Veit und Riess. Sie ließen sich überall in den preußischen Ländern nieder, und es wurde zunehmend schwieriger, den Zustrom dieser Menschen zu organisieren. Verwaltungskunst und Geduld des Kurfürsten und seines Sohnes und ihrer Berater wurden auf eine harte Probe gestellt, und auch die meisten Juden waren trotz ihrer Schutzbriefe nicht auf Rosen gebettet.

Als Friedrich Wilhelm 1688 starb, hatte er seine Pläne größtenteils verwirklicht. Eine starke Entwicklung war im Gange, doch für seinen Sohn blieb noch vieles zu tun. Der neue König – ein weicherer Mensch und weniger Führungsnatur, mehr an Repräsentation und Prunk interessiert als an Organisation und Administration – setzte im großen und ganzen die Politik seines Vaters fort und ließ seinen Ministern freie Hand bei der Weiterführung einmal begonnener Initiativen und Programme. Das Problem, mit dem er konfrontiert war, lag nicht etwa darin, daß die Juden die Privatschatulle des Herrschers nicht angemessen aufgefüllt hätten – ganz im Gegenteil –, sondern in ihrer schwer zu kontrollierenden Anzahl und in den endlosen Klagen nichtjüdischer Kaufleute und der Zünfte. Die Juden waren schwierige Menschen und streitsüchtig, auch intern kam es oft zu Auseinandersetzungen und Querelen. Außerdem verursachte ihre wachsende Zahl alle möglichen unvorhergesehenen neuen Probleme. So entstand eine wahre Papierflut von Regeln, Verordnungen und Vorschriften, Beschwerden und Reaktionen darauf, Argumenten und Gegenargumenten. Das Edikt von 1671 hatte bald unzählige und unerwartet massive Folgen.

Am schwierigsten war es, die Zuwanderung zu drosseln. Als die Tür erst einmal einen Spalt offen stand und die Nachricht von der relativ wohlwollenden preußischen Judenpolitik in Europa die Runde machte, schien es unmöglich, den Zustrom aufzuhalten. Die Zahl der »Vergleiteten« – so wurden Schutzjuden mit offiziellem Schutzbrief und Aufenthaltsrecht genannt – hatte nach und nach zugenommen. Diese hatten ihre Rabbiner und Lehrer, ihre Schreiber und Schächter, ihre Diener und Gemeindebediensteten mitgebracht – hauptsächlich »Unvergleitete«, also ohne Anspruch auf Dauerrechte lediglich Geduldete. Es wurden immer mehr, und ihre Angelegenheiten wurden immer komplizierter. Das größte Problem waren die illegal Eingereisten, die überhaupt kein Recht hatten, sich in Städten und Dörfern aufzuhalten, von den Bettlern und Hausierern ohne festen Wohnsitz ganz zu schweigen.

Zum Ärger der Behörden, aber auch der rechtmäßig angesiedelten Juden selbst, erschienen immer mehr solcher unerwünschten Glaubensgenossen am Stadttor oder im Dorf und ließen sich weder durch Geld- noch andere Strafen abschrecken.

Nach Ostpreußen flohen Juden vor den Pogromen in Polen und Litauen oder vor den Raubzügen der Kosaken in der Ukraine. Auch aus Österreich, Böhmen, der Pfalz und von den Ufern des Rheins kamen sie nach und nach zurück. Entweder weil sie vertrieben wurden oder weil sie sich wirtschaftliche Vorteile erhofften oder auch nur die Duldsamkeit eines gnädigeren Herrschers. Am Ende des 17. Jahrhunderts lebten in Preußen mindestens 6000 Juden. Nach offizieller Zählung verdoppelte sich ihre Zahl in Frankfurt an der Oder in einem Jahrzehnt; in Halberstadt, Kleve und Minden erhielten jeweils etwa hundert Familien das Aufenthaltsrecht. Im Bezirk Neumark östlich von Berlin zählten die Behörden 596 »offizielle« Juden. In manchen Städten, etwa in Halle, bildeten sich in dieser Zeit überhaupt erst zum ersten Mal kleine jüdische Gemeinden.[10] Selbst das Dörfchen Bötzow – die Ortschaft, die Friedrich Wilhelm einst an Ursula von Knesebeck verpachtet hatte – hatte nun seine Juden, was jedoch nicht die einzige Neuerung war. Bötzow hieß jetzt zu Ehren der ersten Gemahlin des Kurfürsten Oranienburg, die damals klägliche Einwohnerzahl war gewachsen, Wohlstand war eingekehrt, und es gab einen Musterhof für Milchvieh, neunhundert Schafe, eine neue Bäckerei und eine Brauerei mit einem Monopol für die umliegende Gegend. Besonders stolz war man auf den Luisenhof, das schmucke neue Barockschlößchen, das der Kurfürst am Ortsrand für seine Gemahlin hatte bauen lassen.

Jacob Isaak und Abraham Solomon waren schon seit Jahren mit ihren Waren nach Oranienburg gekommen, und die Dorfbewohner schätzten – bei aller gebotenen Vorsicht im Umgang mit diesen Andersgläubigen – ihre Preise und den Kredit, den Juden normalerweise gewährten. Einige Kaufleute hatten zwar gemurrt, dauerhafte Rechte dürfe man ihnen nicht gewähren, doch die beiden Juden erhielten gleich nach dem Edikt von 1671 Schutzbriefe für sich und ihre Familien. Sie siedelten sich an und handelten friedlich mit Wolle, Tuch, Rindern und Pelzen. Schon 1688 berichtete der Magistrat, daß in Oranienburg insgesamt einundzwanzig Juden lebten – sechs Männer, vier Frauen, acht Kinder und drei Diener.[11]

Durch nichts läßt sich ein Wirtschaftsboom zuverlässiger auslösen als durch großzügige öffentliche Ausgaben. Das konnten auch die Oranienburger zu ihrer Freude feststellen. Fortuna hatte ihnen das erste Mal zugelächelt, als Luise Henriette von Oranien 1650 eines schönen Tages zufällig den Ort entdeckte, während sie mit ihrem Gemahl in den nahe gelegenen Wiesen und Wäldern auf der Jagd war. Die intelligente Sechsundzwanzigjährige überredete den Kurfürsten dazu, Ursula von Knesebecks Pacht zurückzukaufen und die ganze Gemeinde samt Bewohnern ihr als Morgengabe zu schenken.

Als Luise im Alter von nur 39 Jahren starb, war Schloß Luisenhof bereits fertiggestellt. Steine und Maurer waren – ebenso wie Handwerker und Bauern, die sich um ihre neunhundert Schafe, um die Molkerei und ihre anderen aus der Privatschatulle finanzierten Unternehmungen kümmerten – auf ihren Wunsch aus Holland herangeschafft worden. Luise galt als kluge Geschäftsfrau, die nicht nur Staatsgelder beschaffte, sondern auch die Gewinne und Steuern zu mehren wußte, die sie aus ihrem Oranienburger Besitz schöpfte. In der Stadtchronik wird sie dafür gepriesen, daß sie dem Ort Wohlstand und Arbeit verschafft habe, muß sich aber auch sagen lassen, daß ihr raffiniertes System von Geldstrafen bei ihren Leuten nicht gerade Begeisterung auslöste. Im Rathaus zu fluchen kostete satte fünf Taler, und unerlaubtes Betreten des Ratssaals während einer Sitzung schlug ebenfalls mit einer beträchtlichen Summe zu Buche.[12] Jacob und Abraham, die Gründer der kleinen jüdischen Enklave in Oranienburg, achteten darauf, sich niemals zu beklagen. Diese neuen preußischen Landjuden – kleine Gruppen ihrer Glaubensbrüder gab es auch in anderen Dörfern in der Nähe – waren dankbar dafür, eine Heimat gefunden zu haben, und wollten auf keinen Fall auffallen.

Der eigentliche Magnet blieb jedoch Berlin, die größte Stadt in Brandenburg. Als die Familien Veit und Riess dorthin kamen, war Berlin noch ein ärmliches Provinznest. Eine Generation später war es eine königliche Residenzstadt und schnell wachsende kleine Metropole, die mit der Pracht und dem Glanz anderer Residenzen konkurrieren wollte. Bis zur Jahrhundertwende verdreifachte sich die Einwohnerzahl auf über 50 000.

Viele der baufälligen alten Häuser waren abgerissen oder renoviert worden, und die »Neustädte« Friedrichstadt und Dorotheenstadt waren in der Nähe entstanden. Man hatte noch mehr Kanäle und Brücken gebaut, und es gab viele neue Schlösser und Adelspaläste. Nach Fertigstellung des Oder-Spree-Kanals gewann der Hafen stark an Bedeutung, denn er zog jetzt Schiffsverkehr von der Odermündung ab nach Berlin. Das Wirtschaftsleben profitierte auch von wichtigen neuen Produktionszweigen wie Textil- und Wollmanufaktur und Färbereien, die Hugenotten und andere Einwanderer aufgebaut hatten.

Vor allem aber war Berlin jetzt Mittelpunkt der preußischen Monarchie und Residenz eines ausgabenfreudigen Königs. Das merkte man allenthalben, und auch Reisende nahmen es wohlwollend zur Kenntnis. Der englische Philosoph John Toland, der der Stadt 1706 einen Besuch abstattete, pries die breiten »wie in Holland« lindengesäumten Straßen, die hübschen Kanäle, die ordentlichen Zugbrücken und die neuen Häuser der höheren Minister, »neben denen die noch übriggebliebenen alten Häuser wie häßliche kleine Zwerge aussehen«. Der Hafen, angefüllt mit schwerbeladenen Schleppkähnen, imponierte ihm nicht weniger als das pulsierende Leben in der Stadt, und ganz besonders gefiel ihm das neue Amphitheater an der Stadtmauer,

»in dem Bären, Löwen, Stiere, Ochsen und andere wilde Tiere gegeneinander kämpfen, von denen viele ständig in darunter gelegenen Höhlen und Löchern gehalten werden«.[13]

Im Mittelpunkt von allem thronte Friedrich I., dem kein Prunk zu kostspielig war. Sein Lieblingsarchitekt und -bildhauer Andreas Schlüter erbaute ihm ein herrliches neues Schloß; kaum war es vollendet, ließ der König die Zahl der Räume verdoppeln und Stallungen für mindestens 450 Pferde einrichten. Die Königin ließ sich am Stadtrand ein weiteres Schloß errichten, samt Gartenanlagen und einem Opernhaus, in dem der Kronprinz als Amor solo tanzen mußte – eine krasse Fehlbesetzung für den nüchternen zukünftigen »Soldatenkönig«. Der König rief eine Akademie der Künste ins Leben und erteilte dem Universalgelehrten Gottfried Wilhelm Leibniz, den er besonders hochschätzte, den Auftrag, eine Akademie der Wissenschaften zu organisieren, die Landwirtschaft und Industrie fördern und ein neues preußisches Bildungssystem entwickeln sollte.

Historiker nennen diesen König gern einen Meister der Feste und Virtuosen des Geschmacks. Diese Meisterschaft war allerdings äußerst kostspielig und führte zu beständiger Ebbe in der königlichen Schatulle. Im ersten Jahrzehnt seiner Herrschaft verdoppelten sich die Ausgaben für Speisen und Wein, und man schätzte, daß er sich Schmuck und Kleidung über eine Million Taler kosten ließ. Allein die neuen Livreen kosteten dreimal so viel wie die alten.[14] Selbst die beträchtlichen Einnahmen aus der Akzise reichten bald nicht mehr aus, und seine Beamten mußten sich neue Methoden ausdenken, um noch mehr Geld aus dem Volk herauszupressen. Dennoch war es nie genug, und so verfiel man mehr und mehr darauf, eine besonders bequeme und ergiebige Geldquelle anzuzapfen – die Juden des Königs. Sie trugen die schwerste Last, und man dachte sich immer wieder neue Sonderabgaben für sie aus.

Als das Jahrhundert zu Ende ging, erinnerte sich so gut wie keiner mehr daran, daß Aaron es einst erreicht hatte, daß sich nur eine Handvoll reicher Juden aus Österreich in der Hauptstadt niederlassen durfte. In den Straßen um den Judenmarkt, den Mittelpunkt des jüdischen Viertels in Berlin, lebten jetzt weit über hundert Familien, mehr als 700 Menschen, die ein traditionelles jüdisches Gemeindeleben mit eigenen gesellschaftlichen Strukturen und Schichten führten. Ganz oben waren die ersten österreichischen Familien zu finden, die Hofjuden und einige wichtige Rabbiner und Ärzte. Zusammen mit ihren jeweiligen Gefolgsleuten konkurrierten sie um die führende Rolle in der Gemeinde. Eine Art Mittelschicht bildeten die meisten anderen, darunter die offiziell anerkannten Schutzjuden, die kleinen Geldhändler, Pfandleiher, Kaufleute und Kleinhändler sowie einige wenige besonders gefragte Schächter, Barbiere, Kupferstecher, Lehrer und Schreiber. Viele von ihnen lebten immer noch von der Hand in den Mund, bestritten mühsam ihren Lebensunterhalt und wußten nie, welche neuen Probleme und Schwierigkeiten, Steuern und Sonderabgaben ihnen der nächste Tag bescheren würde. Ganz unten fanden sich, in besonderer Lebensunsicherheit, die Arbeiter, »unvergleitete« Diener, Dienstboten, Vaganten, Illegale und der Rest.

Außer Schwierigkeiten bot das Leben den Berliner Juden aber auch Hoffnungen und Chancen für gewinnträchtige Geschäfte. Dem Pferdehändler Isaac Veith bot sich ein großartiger Absatzmarkt in den riesigen königlichen Ställen und im Bedarf des Adels und des Heeres. Der Petschierstecher Levin Joseph hatte am Hof und in dessen Umfeld alle Hände voll zu tun. Henoch Salomon, Anschel Meyer und Levin Samuel, die drei koscheren Schächter der Gemeinde, konnten überschüssiges Fleisch mühelos in der Stadt verkaufen, und auch der Musiker Carpel Levi Wulf konnte sich in der wohlhabenden großen Gemeinde von Aufführungen bei besonderen Gelegenheiten und Festen gut ernähren. Die Geldverleiher waren beim Adel und den ewig verschuldeten amüsierfreudigen Berlinern gut im Geschäft. Andere – Fischel Moyses beispielsweise oder Levin Levi oder einer, den man nur als Ephraim kannte, oder eine Frau, die man »Leiser Davids Witwe« nannte – machten gute Geschäfte mit ihren Marktständen und Lagerräumen in den neuen Berliner Arkaden.[15]

Doch auch wenn die Geschäfte gut gingen, war die Stimmung der Menschen rund um den Judenmarkt nicht immer die beste. Zu der seit Jahrhunderten tiefsitzenden eingefleischten Angst und Vorsicht kam die beständige Ungewißheit, wann der König schon wieder mehr Geld verlangen würde. Die Berliner Juden lebten – wie die meisten in Preußen – immer noch isoliert unter Menschen, die Angst vor ihnen hatten und denen sie unsympathisch waren. Nach wie vor waren sie eine hilflose Minderheit, deren Schicksal Kräften ausgeliefert war, die sich ihrer Kontrolle entzogen.

Würde dieser habgierige König jemals sagen: »es reicht«? Sobald der neue König seinem Vater nachgefolgt war, hatten die Juden für die Bestätigung ihrer Privilegien bezahlen müssen. Im September 1689 hatte man ihnen »angesichts der vielen Freiheiten, die sie genossen« eine zusätzliche Spende von 20 000 Talern abverlangt. Danach kam eine Forderung nach der anderen – Geld für die Aushebung neuer Regimenter, Pauschalzahlungen für die Landesverteidigung, für die Krönung des Königs oder auch nur um einer neuen Schikane zu entgehen, wie im Jahre 1710, als die Juden dafür bezahlten, daß die Pflicht zum Tragen eines »Judenzeichens« nicht wieder eingeführt wurde. Jeder Diener und jedes Neugeborene wurden besteuert, und bei einer Hochzeit stand dem König ein Viertel der Mitgift zu. Alle möglichen tatsächlichen oder eingebildeten Verstöße wurden kollektiv den Juden in die Schuhe geschoben, und sie mußten endlose Strafgelder dafür bezahlen. Wurde das königliche Siegel gestohlen, so war als Schuldiger ein Jude ausgemacht, und es war eine Kollektivstrafe fällig. Meinte man plötzlich, in Berlin lebten zu viele Unvergleitete, verfügte man eine Verdoppelung ihrer Kopfsteuer. Wurde die Akzise erhöht, traf es vor allem jüdische Waren – Textilien, Vieh, Wein und Spirituosen oder sogar jüdische Bücher.

Es blieb nicht aus, daß alle diese Forderungen oft die Zahlungsfähigkeit der Juden überstiegen. Manchmal ignorierte man königliche »Präzepte« einfach, und die Kunst der Steuerhinterziehung wurde immer raffinierter. Die Juden hörten nicht auf, bei den Autoritäten vorstellig zu werden und Einsprüche zu erheben, und jedes Jahr gab es neue Untersuchungsausschüsse, die feststellen sollten, welches Einkommen und Vermögen die Juden hatten und ob sie ihrer Steuerpflicht nachkamen. Bis zur Klärung handelte man mit den Beamten und stritt sich untereinander um die Verteilung der Lasten.

8

Als Jost Liebmann Hochzeit mit Reb Samuels Tochter Malka feierte, kannte kein Mensch den jungen Bräutigam. Malkas bescheidene Mitgift von 500 Talern hatte zwar das Startkapital des jungen Händlers vermehrt, wäre bei Geschäften mit dem Hof jedoch eine lächerliche Kleinigkeit gewesen. Fünfzehn Jahre später, als der Witwer Jost die Witwe Esther Schulhoff-Aaron zur Frau nahm, sah die Sache schon ganz anders aus. Diese Heirat war das letzte Glied in einer Kette von Ereignissen, die Jost in Berlin ganz nach oben brachten. Esthers unschätzbare Verbindungen als Hofjüdin waren mehr wert als jede noch so bedeutende Mitgift.

»Die schöne Esther« soll ebenso reizvoll gewesen sein wie die berühmte biblische Esther, die ihr Volk von einem Tyrannen befreite. Josts zweite Frau war aber aus härterem Holz geschnitzt als ihre Namensschwester aus der jüdischen Geschichte. Sie stand in Schläue, Habgier und Ehrgeiz ihren beiden Ehemännern um nichts nach und war ebenso unbeliebt wie diese. Nach Josts Tod im Jahre 1702 waren selbst die engsten Berater des Königs vor Esther auf der Hut, und bis zum Lebensende des Souveräns blieb sie bei Hofe und bei den Berliner Juden eine mächtige und gefürchtete Persönlichkeit. Hartnäckig hielt sich das Gerücht, sie sei der einzige Mensch, der ohne vorherige Anmeldung in den Räumen des Königs erscheinen durfte – was vermutlich nicht stimmte, aber doch erkennen läßt, daß sie respektheischende Macht besaß. Jost liebte das Risiko. Seit langem hatte er von Reichtum und Macht der wenigen geträumt, die es zu etwas gebracht hatten und als Hofjuden Berater und Lieferanten deutscher Fürsten und Könige geworden waren: Jakob de Jonge, Hofjude des Großen Kurfürsten in Ostpreußen, Elias Gomperz in Kleve, vor allem aber Israel Aaron in Berlin. Sie hatten die höchsten Erfolge erzielt. Von ihnen träumte Jost, er wußte aber auch, daß ihr Schicksal immer ungewiß blieb. Hatte es nicht mit Lippold, dem machtbesessenen Münzmeister, ein schlimmes Ende genommen? Er hatte vergessen, daß er in seiner Stellung völlig von seinem Herrn abhängig war, und büßte dafür in einem eisernen Käfig. Warnend stand Jost auch der Kampf Samuel Oppenheimers gegen seinen unversöhnlichen Widersacher Bischof Kollonitsch in Wien vor Augen. Es kam also ganz darauf an, stets auf der Hut zu sein und sich nicht in die Karten schauen zu lassen. Da er wußte, welche Macht Frauen ausüben können, widmete er der Gemahlin des Kurfürsten besondere Aufmerksamkeit, dachte aber auch daran, daß ihr Gemahl nicht unsterblich war, und fing früh damit an, dem unersättlichen Sohn der beiden, dem zukünftigen König, jeden Wunsch von den Augen abzulesen.

Josts Aufstieg läßt sich in den Berliner Judenlisten genau ablesen.[16] Zunächst wird er nur als »Jude« und Ehemann der Witwe Israel Aarons geführt. Fünf Jahre später, 1682, erscheint er in den amtlichen Verzeichnissen als »Hofjude« und »Hofjuwelier«. Klugerweise spezialisierte er sich auf Dinge, mit denen er sich auskannte – Edelsteine Gold und Silber –, und fing klein an, um dann stetig zu expandieren. Die erste Rechnung, die er dem Hof stellte, belief sich auf bescheidene 175 Taler und war mit den Gewinnen aus den Münzanstalten in Halberstadt und Minden leicht zu begleichen. Anfang der achtziger Jahre war der Umsatz schon deutlich gestiegen. Von Jahr zu Jahr wurden seine Außenstände bei Hofe größer und die Liste der von ihm beschafften Kostbarkeiten länger – ein großer Diamantring für seinen Herrn, ein juwelenbesetzter Armreif als Geschenk des Kurfürsten für den Herzog von Mecklenburg, Diamanten und Rubine für die dänischen und Kölner Abgesandten. In den letzten Jahren vor seinem Tod bezahlte der Kurfürst aus Judensteuern und Münzgewinnen Jost und Esther Zehntausende Taler. Jost war jetzt ein reicher Mann, doch zur höchsten Macht und den größten Gewinnen kam er nach der Thronbesteigung des Sohnes. Nun zahlten sich die jahrelangen Aufmerksamkeiten für den Thronfolger und die Gemahlin erst richtig aus.

Wie die meisten Hofjuden vergaß Jost aber niemals, wohin er eigentlich gehörte. Er hatte zwar besondere Privilegien und betrieb seine Geschäfte fast ausschließlich in der Welt der Christen, doch die starke gefühlsmäßige Bindung an sein Volk und dessen Kultur und Religion blieb in ihm lebendig. Auch charakterlich war er von dem gemeinsamen Erbe und der gemeinsamen Vergangenheit geprägt. Der unruhigen und streitlustigen Berliner jüdischen Gemeinde fühlte er sich eng verbunden. Reichtum und Einfluß bei Hofe befriedigten seine Lust an Macht und Erfolg und verliehen ihm bei Christen und Juden eine Sonderstellung. Das reichte ihm aber noch nicht. Er wollte auch eine anerkannte Führungsrolle in der jüdischen Gemeinde spielen, er wollte in deren Oberschicht Primus inter pares sein, der wichtigste Jude in Berlin, auf dessen Wort es vor allem ankam. Für dieses Ziel kämpfte und intrigierte er mit Esther ebenso hartnäckig und energisch wie für kommerzielle Erfolge in der Welt draußen.

Jost ging dieses Ziel energisch an, und es gelang ihm schon nach wenigen Jahren, auch in der Berliner jüdischen Gemeinde den Platz von Israel Aaron einzunehmen. Als einer der ranghohen Gemeindeältesten nahm er denn auch bald »im Namen des Königs« an allen Sitzungen teil, sorgte für die Einhaltung der einschlägigen Bestimmungen und die Wahrung der Interessen des Staates. Diese Position nützte er rücksichtslos aus: Sein Einfluß auf die inneren Angelegenheiten der Juden wuchs ebenso wie die Macht seiner Familie. Er erwirkte Schutzbriefe für seine Söhne, verschaffte seinem Bruder Isaak den Posten des Oberrabbiners von Brandenburg und sorgte dafür, daß auch die nächste Generation der Liebmann-Schulhoffs Schlüsselstellungen in den jüdischen Gemeinden in Berlin und an anderen Orten erhielten.

Einen großen Sieg konnte er feiern, als ihm der Kurfürst das begehrte Recht auf eine private Synagoge zugestand. Er schlug damit seinen Konkurrenten Abraham Riess aus dem Felde, der angewiesen wurde, seine Familiensynagoge zu schließen. Nicht bereit, klein beizugeben, verlegte Riess sich samt Familie und Anhängern auf Petitionen und Eingaben, und es entbrannte ein jahrelanger heftiger und intrigenreicher »Synagogenkrieg«, der die Berliner Gemeinde in eine Liebmann-Fraktion und »die Österreicher« spaltete. Noch lange nach Josts Tod intrigierten die beiden Seiten um den Erhalt ihrer Gebetshäuser. Der König und seine Berater waren das ewige Gezänk, die Proteste und Eingaben um Synagogen, Rabbiner und die Wahl der Gemeindeältesten bald leid, doch erst nach über zehn Jahren wurden 1714 alle beiden privaten Gebetshäuser geschlossen und der Bau der ersten öffentlichen Synagoge zugelassen.

Mit zunehmendem staatlichem Zentralismus geriet neben den

selbständigen Rechten der Zünfte und Stände auch die seit dem Mittelalter bestehende Autonomie der jüdischen Gemeinden unter Beschuß. Beamte des Hofes mischten sich immer öfter in die Angelegenheiten der Juden und ihr religiöses und kulturelles Leben ein. Häufig bot gerade die Uneinigkeit der Juden den staatlichen Stellen dafür eine passende Gelegenheit – was die Spannungen und den Druck, der auf den Juden lastete, weiter verschärfte.

Unvorhergesehene Geldforderungen und inkonsequentes Verhalten des Königs steigerten ihre Nervosität und Angst. Das Edikt von 1671 war mit seinen zehn einfachen Punkten klar und relativ wohlwollend gewesen. Der Sohn des Großen Kurfürsten hatte zwar für die Bestätigung der von seinem Vater gewährten Privilegien erkleckliche Summen verlangt, sich zunächst aber auch an die 1671 festgelegten Bestimmungen gehalten. Doch als am 24. Januar 1700 die Gilde der Kaufleute wieder einmal Klage führte, ergriff der König die Gelegenheit beim Schopf und präsentierte einen neuen, viel schärferen Erlaß. Er war im Ton deutlich weniger freundlich, und zehn zusätzliche Bestimmungen zeigten die Habgier des Herrschers und seine Ambivalenz gegenüber den Juden. Ihm ging es offensichtlich vor allem darum, die Juden zu schröpfen. Einerseits drohte er ihnen mit Vertreibung – als angebliche Betrüger, Streithähne und Beschützer illegaler Zuwanderer –, andererseits bot er ihnen an, unter Auferlegung aller möglichen neuen Abgaben doch Gnade walten zu lassen. Schutzbriefe kosteten ab sofort das Doppelte, es gab neue Geldstrafen, und der verhaßte Leibzoll, von dem der Große Kurfürst sie befreit hatte, wurde wieder eingeführt. Doch so negativ der Erlaß auch gehalten war, der König schlug doch auch vor, einige reiche Familien zusätzlich nach Berlin kommen zu lassen, vorausgesetzt, sie seien zur Zahlung beträchtlicher Summen bereit.

Seine prinzipielle Feindseligkeit gegenüber den Juden geht jedoch aus zehn hinzukommenden Vorschriften eindeutig hervor. Ihre Freiheit bei der Wahl der Gemeindeältesten, der Ernennung von Rabbinern und der Selbstverwaltung überhaupt wurde eingeschränkt. Einige Jahre später ging der König so weit, den Nachdruck einer besonders bösartigen antisemitischen Schmähschrift eines christlichen Theologen offiziell zu genehmigen – Johann Eisenmengers zweibändiges *Entdecktes Judentum*, eine Attacke gegen die Juden voll übelster Verleumdungen. Auf tausend Seiten versuchte Eisenmenger nachzuweisen, daß die Juden jeder nur erdenklichen Sünde schuldig seien; jüdische religiöse Texte wurden falsch zitiert und verdreht. Dieses Machwerk, das erste in einer langen Reihe, war lange Zeit die Grundlage der antisemitischen Hetze in Deutschland.

Alles in allem führten die Juden nach wie vor ein schwer belastetes Leben. Es kann kaum überraschen, daß man auch auf den Straßen um den Judenmarkt mehr Streit und Eifersucht erlebte als Gemeinsinn und Geschlossenheit, die es ihnen erleichtert hätten, sich gegen die Feindseligkeit der Außenwelt zur Wehr zu setzen. In Harmonie und Zusammenarbeit findet man sich dann leichter zusammen, wenn alles gutgeht. Zukunftsangst und Ungewißheit sind dagegen nicht geeignet, das Beste und Edelste im Menschen zum Vorschein zu bringen.

9

Man soll sich nie einen neuen König wünschen. Nach Jahrhunderten der Not und Ungewißheit sehnten sich die Juden nach Stabilität und betrachteten jeden Wandel mit Skepsis. Die Gegenwart mochte zwar nicht ideal sein, doch immerhin kannte und verstand man sie; Veränderungen bedeuteten Ungewißheit und möglicherweise Verschlechterungen. Ihre Erfahrungen in der Vergangenheit rechtfertigten diesen Pessimismus.

Nach dem Tod des Königs am 25. Februar 1713 mußten sie diese Lektion wieder einmal lernen. Es war kaum ein Jahr vergangen, seit der König seinen Enkel in einem mit Juwelen von Jost Liebmann besetzten Taufkleid zum goldenen Taufbecken getragen hatte. Jost war seit zehn Jahren tot, doch Esther, von Christen wie Juden wegen ihrer Nähe zum Thron und ihrer rücksichtslosen Habgier gefürchtet und gehaßt, konnte sich weiter in der Gunst des Hofes sonnen. Seinen Söhnen, Stiefsöhnen und Verwandten hatte das Paar führende Positionen in der Hauptstadt und anderswo verschafft, die Tochter Hindchen wurde in die prominente Frankfurter jüdische Familie

Hertz Bär verheiratet. Einer ihrer Nachkommen, ein Opernkomponist, der sich Giacomo Meyerbeer nannte, sollte einige Generationen später in Deutschland Höhen des Ruhms erklimmen, die zu Esthers Zeiten unvorstellbar gewesen wären.

Doch nun war der König tot. Jahre des guten Lebens und der Feste hatten ihn mit 57 zur Strecke gebracht, und sein Sohn hatte den Thron bestiegen. Der Hofarchitekt Schlüter entwarf einen reich geschmückten Sarg, der dem König gefallen hätte, und Friedrich I. wurde mit allem Pomp in seinem Berliner Dom zur letzten Ruhe gebettet. Dies war jedoch nur das letzte Zugeständnis des Sohnes an den aufwendigen Geschmack des Vaters.

Am 6. März, nur eine Woche später, stand in der Zeitung: Seine Majestät sei entschlossen, mit der Prachtentfaltung Schluß zu machen, und Herr Schlüter trete nun in die Dienste der Moskowiter.[17]

Der Architekt war nicht der einzige, der umgehend entlassen wurde. Aus Pagen wurden Kadetten, und den meisten Bediensteten der Schloßküche wurde eine andere Arbeit zugewiesen, denn der König hatte verfügt, daß an seiner Tafel höchstens zwölf Personen gleichzeitig dinieren sollten. Schlösser wurden zugemacht, Pferde, Juwelen und Kunstwerke verkauft, Gehälter drastisch gekürzt. Der königliche Etat wurde auf ein Fünftel zusammengestrichen.[18]

Der neue König war ein Geizkragen, und er setzte Esthers Ruhm und Macht, ohne viel Umstände zu machen, ein schnelles Ende. Sie war ihm als Symbol der Verschwendungssucht verhaßt, die ja die Finanzen des Königshauses ruiniert hatte; er konfiszierte ihre Reichtümer und ließ sie und ihren Sohn unter Hausarrest stellen. Ihre Zeit als Hofjuden war vorbei, und Esther starb ein Jahr später, nicht in Berlin, sondern in Frankfurt an der Oder, weit von der Hauptstadt entfernt.

Friedrich Wilhelm I. war der dritte der vier Hohenzollern, die das Land groß machten. Er herrschte in einer Übergangszeit, als der aufgeklärte Despotismus eines starken Zentralstaats allmählich an die Stelle der starren Gesellschaftsordnung aus vergangenen Zeiten trat. Die alte Überzeugung, Geld, Kredit und Zinsen seien vom Übel, verschwand in dem Maße, wie Manufaktur und Handel aufblühten. Der Rationalismus verdrängte das mittelalterliche Weltbild, nach dem die

Gesellschaftsordnung gottgegeben sei. Freiere Bildung öffnete den Menschen neue Horizonte, und neue Techniken veränderten Industrie und Handwerk.

Der neue König war, das war die eine Seite, ein Kind seiner Zeit mit all ihren Widersprüchlichkeiten. Andererseits war er mit keinem anderen Herrscher vergleichbar, der je in Europa auf dem Thron saß. Er war ein ganz anderer Mensch als sein Vater, und auch sein eigener Sohn sollte sich als wiederum völlig anderer Charakter erweisen. Dessen Eroberungen trugen ihm später den Beinamen »der Große« ein, doch auch der eigenwillige, jähzornige, exzentrische Vater war ein höchst bemerkenswerter Herrscher. Vieles, was Friedrich der Große dann erreichen sollte, war nur auf dem Fundament möglich, das sein Vater geschaffen hatte.

Man nannte ihn den Soldatenkönig. Der Schöpfer hatte den kleinwüchsigen untersetzten Mann mit dem geröteten Gesicht äußerlich nicht gerade bevorzugt. Er war schlicht, grob und direkt und dabei charakterlich kompliziert und voller Widersprüche. Um seine Armee groß zu machen, sparte er an allen Ecken und Enden, doch er liebte sie so sehr, daß er sie nur selten im Krieg aufs Spiel setzte. Er war äußerst launenhaft, verfolgte aber eine extrem vorsichtige Außenpolitik. Er konnte ohne Ende über dem Bestand der Staatskasse brüten, aber auch ungezählte Stunden mit seinen geliebten »Langen Kerls« exerzieren, ein teures Vergnügen, denn in der Schlacht waren diese großen, schlaksigen Soldaten völlig nutzlos. Musik, Kunst und neumodische Idee interessierten ihn kaum, doch er führte als erster Monarch in Europa die allgemeine Schulpflicht ein und baute in Preußen im Lauf von zwanzig Jahren über 1700 Schulen.

Seine Frömmigkeit war traditionsverhaftet und einfältig wie die eines Kindes; Katholiken mochte er nicht, Juden verachtete er. Immer wieder ließ er Juden bestrafen oder vertreiben, nur um es später wieder zu bereuen. Seinen Untertanen verbot er jegliche rechtswidrige Mißhandlung von Juden. Doch er selbst neigte zu Gewalttätigkeit und hielt viel vom Schnellgericht mit dem Rohrstock. In Potsdam versuchte einmal ein polnischer Jude den Weg des Königs nicht zu kreuzen. »Warum läufst du vor mir davon?« fragte der König, und der Mann gab zu, er hätte einfach Angst. »Idiot«, schrie der König erbost und begann auf den Unglücklichen einzuschlagen, »lieben sollst du mich, nicht fürchten.«

Vor allem war er ein Organisationsgenie. Der eigenmächtige Autokrat, dessen Lieblingstugenden Disziplin, Fleiß und Gottesfurcht waren, gab sich zum – zeitgemäß halb französischen, halb deutschen – Motto: »Ordre parieren, nicht raisonieren.« Ob Staatsbeamter oder Soldat, in Preußen war man Befehlsempfänger und stellte keine Fragen.

Seine große Liebe war die Armee, und um sie groß zu machen, gab er der Staats- und Finanzverwaltung eine völlig neue Struktur. Damit prägte er die deutsche Gesellschaft auf Generationen hinaus, wenn nicht bis auf den heutigen Tag, wie manche meinen. In dem knappen Vierteljahrhundert, in dem er ein immer noch rückständiges armes Land regierte, baute er ein modernes stehendes Heer von 80 000 Mann auf, hinterließ aber trotzdem acht Millionen Taler, die im Schloßkeller in Fässern verwahrt wurden. Er erreichte dies dadurch, daß er Steuereintreibung und Verwaltung der Hofdomänen in einem allmächtigen Generalkriegskommissariat in Berlin zusammenfaßte. Allein der Name dieses Amtes – Ober-Finanz-Kriegs-und-Domänen-Directorium – dürfte seine Untertanen in Furcht und Schrecken versetzt haben. Preußen teilte er in »Kantone« von je 5000 Einwohnern auf. Jeder Kanton unterstand einem Königlichen Finanzkommissar, der Steuern eintrieb und neue Rekruten aushob. Diese Beamten gewannen mit der Zeit einen beherrschenden Einfluß auf alle zivilen und militärischen Angelegenheiten des Staates.

Mit den unermeßlich gestiegenen Staatseinnahmen finanzierte Friedrich Wilhelm den Bau von Kanälen, Brücken und Landstraßen zur Förderung von Industrie und Handel. Vor allem aber gelang es ihm, den Landadel davon zu überzeugen, daß der Staatsdienst eine Ehre sei. Er predigte Sparsamkeit, Ehrlichkeit und blinden Gehorsam, exerzierte ständig mit seinen Truppen und erwartete ebensolches von seinen Offizieren. Mit der Zeit wurden diese Aristokraten zur mächtigen, häufig arroganten Elite Preußens, während ihre Söhne das Rückgrat des Kadettenkorps bildeten. An anderen europäischen Höfen trieb sich der Adel meist müßig herum, feierte Feste und umschwärmte den Herrscher. Der Soldatenkönig dagegen begründete die Tradition der im Staats- und Militärdienst verankerten preußischen Ehre. Selbst die unteren Ränge, zwangsrekrutiert und durch Exerzieren in blindem Gehorsam gedrillt, übertrugen den Geist militärischer Ordnung und Disziplin auf ihre spätere Tätigkeit als kleine Beamte und städtische Bedienstete.

Thomas Carlyle nannte Friedrich Wilhelm den Feldwebel der preußischen Nation[19]. Einerseits militarisierte er sein Land – er war der erste europäische Monarch, der beständig Uniform trug, andererseits schuf er durch sein Verwaltungsgenie und durch das Beispiel, das er durch Ehrlichkeit, Sparsamkeit und Fleiß gab, die Grundlagen für die zukünftige Macht Preußens. Sein Volk hatte es nicht leicht unter seiner strengen Zucht. Im Leben der Juden war es der Beginn einer besonders schweren Zeit.

10

Nach der Thronbesteigung des neuen Königs gab es zuerst keine sichtbaren Anzeichen dafür, daß für die Juden jetzt die harte und leidvolle »Eiserne Zeit« anfing, von der ein jüdischer Kommentator später sprach.[20] Zunächst gab es widersprüchliche Signale. 1714 war Königin Sophie Dorothea am Sabbat vor Neujahr mit den Ministern des Königs in einem Konvoi aus zwanzig Kutschen zur Einweihung der neuen Berliner Synagoge gekommen, um die es so viel Streit gegeben hatte. So viel joviales Interesse des Königshauses galt als gutes Zeichen. Der Vorsteher der Gemeinde, Hirschel Fränkel, verbeugte sich tief und geleitete die königliche Delegation in das Gotteshaus, das vielen als der schönste Tempel in Europa galt. Der Hofsticker Aaron Isaak, dessen Tochter während der Feierlichkeiten verheiratet werden sollte, war selig.

Daß der König bestehende Rechte sogleich bestätigte, galt als weiteres gutes Vorzeichen. Er war dabei nicht zimperlich. Für die Genehmigung des Synagogenbaus erzwang er 3000 Taler als Gegenleistung, der amtliche Erlaß hatte auch ein gutes Stück Geld gekostet, und die zweiunddreißig Paragraphen mit Einzelvorschriften und Verboten waren nicht gerade in freundlichem Ton formuliert. Doch über all das war man nicht weiter beunruhigt. Die tiefsitzende Antipathie dieses Königs gegen die Juden wurde erst in den folgenden Jahren schmerzhaft deutlich, als eine neue Politik der Schikanen und Einschränkungen Gestalt annahm.

Jahr um Jahr wurden die Daumenschrauben stärker angezogen; als Vorwand diente entweder die Beschwerde eines Christen oder ein tatsächlicher oder angeblicher Übergriff eines Juden. Schritt für Schritt wurde die Geschäftstätigkeit der Juden eingeengt, Strafen verschärft und ihr Leben in jeder Hinsicht kontrolliert. Neue Geschäfte durften in Berlin nur noch in geringer Zahl eröffnet werden, und das zulässige Warenangebot wurde drastisch eingeschränkt. Der Handel mit Gewürzen, Textilwaren, Spirituosen und Pelzen und der Wollkauf wurden ganz und gar verboten. Für Kreditzinsen wurde eine Obergrenze festgelegt; wenn ein Jude mehr verlangte, konnte sein gesamtes Kapital eingezogen werden. An Christen durften sie kein Fleisch mehr verkaufen, und der Kauf eines Hauses bedurfte einer besonderen Bewilligung. Die meisten Kinder der Schutzjuden wurden entweder ausgewiesen oder durften nur gegen Bezahlung hoher neuer Gebühren bleiben.

Das besonders üble Edikt XLVI, das am Heiligen Abend 1725 erlassen wurde, verdeutlicht die Gesinnung Friedrich Wilhelms I. Wenn ein Jude wissentlich Diebesgut kaufe, so hieß es darin, werde er ausgepeitscht, gebrandmarkt und vertrieben.

Einige Monate später verfügte der König, Juden, die bei einem Geldbetrug erwischt wurden, würden mit Stöcken geschlagen und verjagt werden.

Die neuen Schikanen schienen ohne Ende zu sein. Die Berliner Juden ächzten bald so sehr unter Friedrich Wilhelms Knute, daß nun davon gesprochen wurde, in dieser tiefen Verzweiflung wachse die Hoffnung auf das Erscheinen des Messias zusehens. Ihren Höhepunkt erreichte die Not 1730, als der König zur Kodifizierung der Stück um Stück in den letzten Jahren erlassenen Vorschriften ein umfangreiches neues »General-Privilegium« erließ. Es war so kompliziert und enthielt so einschneidende Maßnahmen, daß ein ganzes Jahrzehnt darüber gestritten und debattiert wurde, ehe einige der Bestimmungen abgemildert und der Erlaß in Kraft gesetzt wurde.

Inzwischen waren aber schon mehrere hundert Juden aus der Hauptstadt vertrieben worden.

Manche Edikte des Königs spiegelten nur sein jähzornig-ungestümes Wesen wider. Wenn er in Wut geriet, schlug er gerne um sich. Da gibt es etwa die Geschichte Levin Veits, der die Münze mit Silber beliefert hatte, aber zu wenig Geld zur Begleichung seiner Schulden hinterließ. Der Monarch war deswegen so wütend, daß er alle Berliner Juden zu Mitverschwörern erklärte, sie in ihre Synagoge sperrte, von Soldaten umzingeln ließ und ihnen schließlich eine Strafe von 8000 Talern auferlegte, weil sie ihre Angelegenheiten nicht im Griff hätten. Bezeichnenderweise kam es zu diesem Erlaß, als der König ohnehin in Wut entbrannt war über den Fluchtversuch seines Sohnes, des Kronprinzen Friedrich, der die Unterdrückung und die Willkür seines Vaters nicht mehr ertragen konnte. Der Braunschweiger Gesandte berichtete nach Hause, Seine Majestät sei in eine derartige »Maladie« verfallen, daß man sofort den Leibarzt Stahl gerufen und alle möglichen Arzneien aus der Apotheke herbeigeschafft habe.[21]

Die Fülle der Vorschriften zeigt auch die Pedanterie des Königs und den unwiderstehlichen Drang, das Leben der Juden bis in alle Einzelheiten zu organisieren und zu überwachen. Als die ersten Juden nach Brandenburg kamen, waren die Regeln noch relativ einfach; 75 Jahre später gab es schon sehr viel mehr Juden im Lande, die Beamten stellten dem König ständig neue Fragen, und das Dickicht der Vorschriften und Verordnungen war so gut wie undurchdringlich. Durfte eine Witwe nach dem Tod ihres Mannes im Lande bleiben? Und wenn sie wieder heiratete? Sollte ihr zehntes Kind ebenso behandelt werden wie das erste? Wie lange durften Rabbiner und ihre Schüler bleiben? Und wenn sie Schutzjuden heirateten? Wie sollte man es mit Erbschaften, Häusern, Reisen, Streitigkeiten und dergleichen halten? Für jede dieser irritierenden Fragen gab es eine neue Vorschrift, die weitere Fragen aufwarf oder ein Schlupfloch offen ließ. So entbrannte ein dauernder Wettstreit zwischen preußischer Gründlichkeit und jüdischem Einfallsreichtum.

Der Hauptgrund für die Härte des Königs war jedoch seine grundsätzliche Antipathie gegen alle Juden; er hielt sie für unehrlich und hoffte, sie würden eines Tages einfach aussterben oder verschwinden, ob durch die Taufe oder durch die Vertreibung. Warum nur, fragte er einmal, lassen sie nicht von ihrer Religion ab? Wo sie doch schon so lange vergeblich auf die Ankunft ihres Messias gewartet haben. Seine Lieblingsantwort auf diese Frage war, daß die störrischen Juden sich aus einem einzigen Grund an ihren hoffnungslosen Glauben klammerten – »aus Gewinnsucht«. Ihm ging es darum, sie als notwendiges Übel in Schach zu halten, sie ständig zu beobachten und zu überwachen und sie gleichzeitig zum Wohle des Staates finanziell auszubeuten.

Eine so ungereimte Politik mußte notgedrungen zu unauflöslichen Widersprüchen führen. Der König war aber auch Pragmatiker, und seine Beamten erinnerten ihn oft daran, wie nützlich die Juden waren und welche finanziellen Vorteile man aus ihrer Anwesenheit ziehen konnte. Wenn es dann wieder dazu kam, daß seine Wut überhand nahm, redeten diese Beamten ihm gut zu und versuchten, seine Befehle zu umgehen oder ihre Wirkung abzuschwächen.

11

In den frühen Morgenstunden des 31. Mai 1740 stieß der Soldatenkönig mit dem Stock auf den Boden neben seinem Bett und rief die Königin mit ihrem Kosenamen: »Steh auf, Fiekchen«, bellte er, »jetzt sterbe ich.« Von Schlaganfällen geschwächt, an Gicht leidend und von Schmerzen gequält, wußte er, daß das Ende nahe war. Doch sein Jähzorn blieb ihm bis zuletzt. Als er aus dem Fenster einen Stallburschen sah, der die Pferde auf blauen Satteldecken mit gelben Sätteln sattelte, war er nicht davon abzubringen, einen Diener mit dem Befehl loszuschicken, den Schuldigen auspeitschen zu lassen. Sein Sohn Friedrich, den der Vater unzählige Male gedemütigt hatte und dessen besten Freund er vor seinen Augen hatte köpfen lassen, kniete neben dem Bett und soll geweint haben, als der alte Monarch tot war.[22] Ob auch des Königs Juden weinten, wissen wir nicht, doch es scheint reichlich unwahrscheinlich.

Fünfundsiebzig Jahre waren verstrichen, seit den ersten Juden die Rückkehr erlaubt worden war. Schon die dritte Generation war nun in Preußen zu Hause, und in dieser kurzen Zeit hatte sich vieles verändert. Das Land war nun nicht mehr schwach, wehrlos und arm. Nach seiner Bevölkerung stand Preußen mit zweieinhalb Millionen Einwohnern in Europa an dreizehnter Stelle, nach seiner Landesfläche an zehnter. Das Heer war gut organisiert und ausgerüstet und konnte es mit jedem anderen aufnehmen; nur Rußland, Österreich und Frankreich hatten größere Armeen. Eine konsequente Wirtschaftspolitik, Sparsamkeit bei den Staatsausgaben, Gehorsam und Disziplin im Verwaltungsapparat und beim Militär hatten Preußen größere Fortschritte ermöglicht als den meisten anderen europäischen Staaten. Handwerk, Landwirtschaft und Handel waren stark angewachsen, und die Staatskasse war gefüllt.

Es gab viele Zugewanderte, darunter zehn- bis zwölftausend Juden, die allerdings keineswegs »Bürger« waren wie die anderen. Nach wie vor waren sie im Grunde die Sklaven des preußischen Staates, eine unterdrückte und streng kontrollierte Minderheit, die in dieser feindseligen Welt nur geduldet war. Ihre Zahl war viel größer geworden, als die Könige geplant hatten. Selbst preußische Disziplin, beständige Einschüchterung, harte Verordnungen und restriktive Bestimmungen hatten den ständigen Zustrom nicht stoppen können. Die Chancen, die Preußen bot, übten auch auf Juden eine unwiderstehliche Anziehungskraft aus, paradoxerweise noch verstärkt durch die von »Recht und Ordnung« geprägte unfreundliche Atmosphäre. Ihre Urangst war die Angst vor dem Mob, und sie wußten, daß sie in Preußen unter der harten Disziplin der Hohenzollern wenigstens nicht um ihr Leben fürchten mußten.

Sie hatten sich überall im Land niedergelassen. Größere jüdische Gemeinden bildeten sich in Halberstadt, Frankfurt an der Oder und in Magdeburg, vor allem aber in Berlin. Auf dem Lande fand man Juden vor allem in Mecklenburg, Pommern, Ostpreußen und Brandenburg. Die meisten, besonders die außerhalb der Städte lebenden, blieben arm und hatten nur wenig Handlungsfreiheit.

Wer Glück hatte, besaß einen Schutzbrief, der ihm – jedoch nicht unbedingt seinen Kindern – das Recht garantierte, sich in Preußen aufzuhalten. Die meisten anderen hatten nur eine befristete Aufenthaltserlaubnis; daneben gab es überall heimatlose Juden, die von Ort zu Ort zogen, auf die Mildtätigkeit ihrer Glaubensbrüder angewiesen waren und ständig auf dem Sprung sein mußten. Ab und zu waren auch jüdische Vagabunden und Diebe unterwegs, die einen Unterschlupf suchten.

Leben und Horizont der Juden waren immer noch eng geschlossen. Das war aber im großen und ganzen auch bei Nichtjuden so. Anfang des 18. Jahrhunderts war das Reisen noch teuer und beschwerlich, und der Durchschnittsbürger wagte sich selten weiter von zu Hause fort als die zwanzig Kilometer, die er zu Fuß zurücklegen konnte. Selbst Kant, der große preußische Philosoph, hat seine Geburtsstadt Königsberg kein einziges Mal verlassen.

Die meisten Juden waren noch keine richtigen Deutschen; Religion und Überlieferung bildeten den Mittelpunkt ihres Geisteslebens. Sie sprachen eine eigene Sprache, Jiddisch, und nur wenige interessierten sich für weltliches Wissen und die nichtjüdische Welt. Fest eingebunden in die von Rabbinern und Ältesten beherrschte und streng geregelte Gemeinde, waren sie in gewisser Weise gebildeter als die Nichtjuden, neben denen sie lebten. Doch auch ihre Kultur war geprägt von Aberglauben und Scheuklappendenken, und ihre Lektüre beschränkte sich auf den Talmud und das Studium der alten Gesetze. Die Zeit hatte aber weder für Deutsche noch für Juden stillgestanden, und die Veränderungen, welche die Hohenzollern mit so viel Energie erkämpft hatten, sollten bald beide Gruppen in Mitleidenschaft ziehen. In der Jahrhundertmitte, dem achten Jahrzehnt seit ihrer Rückkehr, gab es die ersten Anzeichen für eine Entwicklung und Veränderung im Status der Juden – und nicht nur der Juden – in Preußen. Neue Ideen und neue Ziele beflügelten Deutsche und Juden, und die Keimzellen dieses Wandels waren nirgends fruchtbarer als in der Hauptstadt Berlin.

Trotz aller Bemühungen, ihre Zahl zu begrenzen, lebten jetzt fast 1500 Juden in den Straßen des Judenviertels. Um sie herum wuchs die Hauptstadt in atemberaubendem Tempo; die Einwohnerzahl ging auf 100 000 zu. Jeder fünfte Einwohner war entweder Soldat oder gehörte auf eine indirektere Weise zur großen Berliner Garnison. Handwerk und Handel blühten, die wirtschaftliche Konjunktur schuf ständig neue Chancen und größeren Wohlstand.

Der König hatte jahrelang durch Wutausbrüche und Drohungen für Ordnung gesorgt, und die Früchte seiner Arbeit waren unübersehbar. Es gab feste Regeln für fast alles, etwa für das Säubern der Straßen: Sie mußten jeden zweiten Tag genau bis zur Mitte des Pflasters gefegt werden. Wann Öllampen und Feuer angezündet werden durften, war ebenso genau festgelegt wie die Zeiten zum Verschließen von Fenstern und Türen. Ein Laterneninspektor und dreißig Nachtwächter kontrollierten alles mit preußischer Gründlichkeit, und für alle Ordnungswidrigkeiten, vom schmutzigen Kamin bis zum ungekehrten Hof, gab es Strafen. Es herrschte strenge Disziplin, und die Strafen waren hart; stahl man Dinge, die mehr als fünfzig Taler wert waren, wurde man gehängt. An den Galgen – es gab zwei für Christen und einen für Juden – herrschte Betriebsamkeit.[23]

Ganz Berlin pulsierte vor Energie und Dynamik. Der Hafen war Ort reger Geschäftigkeit, der Handel blühte, immer mehr Straßen wurden gepflastert und beleuchtet. Es wimmelte von Händlern und auswärtigen Besuchern, die in Berlin Kunst und Kultur erleben und sich amüsieren wollten.

Der Soldatenkönig hatte jahrzehntelang hartnäckig an der Fortentwicklung von Handwerk und Handel in Preußen gearbeitet und die Finanzstruktur für die expandierende Wirtschaft geschaffen. Die Juden hatte er ausgebeutet und niedergehalten, sie aber auch für den Aufbau Preußens ausgenützt. Er hatte sie mit Drohungen bedrängt und als »Heuschreckenplage« für das Volk geschmäht, einigen aber auch großzügige individuelle Privilegien gewährt, wenn er glaubte, sie könnten seiner Sache dienlich sein. Die Auswirkungen seiner widersprüchlichen Politik waren ihm selbst wahrscheinlich nicht klar; jedenfalls führte diese dazu, daß einige Juden als Kaufleute oder als Arbeitgeber im Handwerk und im Großhandel Schlüsselrollen spielten und zu Preußens wachsender Wirtschaftsmacht beitrugen.

Neben den frühen Hofjuden und deren Erben wurde diese Gruppe jetzt zur neuen jüdischen Wirtschaftselite und als treibende Kraft des ökonomischen Aufschwungs und Wandels immer unentbehrlicher. Die Gumperts etwa, Hofjuden und Zulieferer der königlichen Münzen, hatten sich auf Banken und die Tabakmanufaktur verlegt; in Dessau stellten Juden Samt und Seide und Bänder her, und in Stargard waren Marcus Elias und Solomon Arendt die entscheidenden Mittelsmänner, die durch ihr Geschick bei Finanzierung und Vertrieb den Lieblingsindustrien des Königs zum Wachstum verhalfen – der Manufaktur von Wollprodukten, Meterware und Perücken. In Wittstock im Bezirk Potsdam finanzierte jüdisches Kapital die Tuchweberei, und mehr und mehr Berliner fanden Arbeit bei Juden, die Manufakturen für Gold, Silber und Lederwaren besaßen.[24]

Solche Unternehmer – es gab noch nicht viele davon, und die meisten standen dem Leben der Deutschen eher fern – waren es, die das Bild des Juden allmählich veränderten, und ihre Kinder setzten diese Entwicklung fort. Eine jüdische, weltlich orientierte Mittelklasse samt Intellektuellen sollte sich zwar erst später bilden, doch die Basis dafür wurde jetzt gelegt. Langsam konnte man, zunächst nur undeutlich, ahnen, welche besondere Rolle die Juden im deutschen Wirtschaftsleben spielen sollten.

Für die Deutschen waren die Juden zweierlei – einmal geschätzte Geschäftspartner, die man brauchte und wegen ihrer besonderen Fähigkeiten sogar achtete, und dann ein nicht aus der Welt zu schaffendes Übel, Menschen zweiter Klasse, die man fürchtete, beneidete und verhöhnte. Die Juden ihrerseits reagierten auf ihren niedrigen Status mit beispielloser Energie und bemühten sich unentwegt um Erfolg. Einige machten sich unentbehrlich, wurden reich und stolz – manchmal zu stolz –, und eine Handvoll war bereits außerordentlich reich.

War es überhaupt vorstellbar, daß sich mit der Zeit aus diesem Gemisch von Vorurteilen und Abhängigkeit, Distanz und Stolz, Liebe und Haß ein unbefangeneres, positives Verhältnis entwickeln würde? Würden dank Aufklärung und neuer Ideen vom Recht des einzelnen diese Vorurteile überwunden und die Kluft überbrückt werden, welche normale Beziehungen für beide Seiten so lange unmöglich gemacht hatte? Konnten die Juden in das Leben der Deutschen integriert werden, oder sollte es ewig eine ungleiche Paarung bleiben, bei der beide Partner sich mißtrauisch umarmten, ohne ihre Antipathie überwinden zu können?

Wer hätte das wissen können? Kaum jemand unter den Juden wagte sich über die Grenzen der eigenen Welt hinaus, und kaum ein

Nichtjude durchschaute das Klischeebild des Fremden. Erst die Kinder und Enkel der Generation von Jost sollten zu Pionieren werden, Neuland betreten und ein normaleres Verhältnis zu dem einzigen Land anstreben, das sie je gekannt hatten. Dann aber trafen sie auch auf nichtjüdische Deutsche, die die traditionellen Wege verließen und selbständige Ideen entwickelten.

Es lag etwas Neues in der Luft. Heute wissen wir, daß es 1740, als der neue König am Sterbebett seines Vaters weinte, schon Christen und Juden gab, die bald nach etwas Neuem und nach anderem streben sollten. Aus Dessau zog es Moses Mendelssohn, den Sohn eines armen Toraschreibers, zu den Lichtern der Großstadt, und 1743 betrat er Berlin durch das Judentor. Bald wurde er zum Vorkämpfer einer neuen Bewegung. In Frankfurt an der Oder wurde Benjamin Lemos als Student der Medizin immatrikuliert, einer der ersten Juden, der die heiligen Hallen einer deutschen Universität betreten durfte. Josts Tochter, Hindchen Liebmann, wurde die Matriarchin einer Familiendynastie, aus der ein gefeiertes musikalisches Genie und ein geschätzter Dichter hervorgehen sollten. Etwa um die gleiche Zeit ließ ein junger Jude namens Markus Levin sein bisheriges Leben in den Wäldern Brandenburgs hinter sich, wo er zu einer Bande von jüdischen Vagabunden und Dieben gehört haben soll. Damals machten die Männer des Königs mit solchen Leuten kurzen Prozeß. Der Legende nach wurde Markus wegen seiner Verbrechen gebrandmarkt und trug das Schandmal unauslöschlich auf dem Hintern. Später treffen wir ihn wieder als etablierten Juwelenhändler in Berlin, als Theatermäzen und als Vater einer Tochter, die einen adligen Namen trug und prominente Bekanntheit genoß.

Erst kamen die Vorfahren, dann die Pioniere, die um einen anerkannten Platz für Juden in Deutschland kämpften. Ihre Generation sollte fortan gemeinsam mit deutschen Zeitgenossen das nächste Kapitel in der Geschichte der Juden in Deutschland schreiben – in Oranienburg, Wittstock, Halle und Frankfurt, vor allem aber in Berlin.

VIERTES KAPITEL

Pioniere
Rahel

... sei eine Jüdin! und nun ist mein ganzes Leben eine Verblutung.

Rahel Varnhagen an David Veit, 1795

Was so lange Zeit meines Lebens mir die größte Schmach, das
herbste Leid und Unglück war, eine Jüdin geboren zu sein,
um keinen Preis möcht' ich das jetzt missen.

Rahel Varnhagen auf dem Sterbebett, 1833

1

Der Soldatenkönig starb am 31. Mai 1740 kurz nach drei Uhr nachmittags in Potsdam. Seinen Sohn hielt es nicht allzu lange an dem
Totenbett. Friedrich trocknete seine Tränen und schrieb seiner Frau
einige knappe Zeilen, sie solle doch bitte nach Berlin kommen. Dann
machte er sich selbst auf den Weg. Am nächsten Morgen trat er auf
den Balkon seines Stadtschlosses, legte den Eid ab und schaute nachdenklich auf die jubelnde Menge hinab.

Elisabeth Christine, die Kronprinzessin, und der größte Teil von
Friedrichs Hofstaat und Freunden waren auf Schloß Rheinsberg geblieben, um die weitere Entwicklung abzuwarten. Nach jahrelangen
Reibungen und Leiden unter dem strengen Regiment seines Vaters
war dem jungen Friedrich schließlich eine gewisse Selbständigkeit
zugestanden worden. Er ließ sich in Rheinsberg von seinem Freund,
dem Bildhauer und Baumeister Hans Georg Wenzeslaus von Knobelsdorff – der später in Potsdam Sanssouci errichtete –, ein kleines
Lustschloß umgestalten. Hier hatte er die letzen vier Jahre verbracht,
wohl die glücklichsten seines Lebens.

Bange Erwartung hatte die Stimmung der in Rheinsberg Versammelten niedergedrückt. Als dann endlich die ersehnte Nachricht vom Tod des alten Griesgrams eintraf, übertraf die Vorfreude auf das Kommende die Trauer. Als man einen der Höflinge, den Baron Bielfeld, mit der Todesnachricht weckte, äußerte dieser Zweifel am Tod des Monarchen. Er sei wirklich »tot, mausetot«, versicherte Knobelsdorff ihm voller Freude, und da man vorhabe, »den Leichnam zu sezieren und einzubalsamieren, wird er niemals zurückkehren«. Als Bielfeld aus dem Bett sprang, stieß er ein Tischchen um, so daß ein paar Münzen zu Boden fielen. »Sie sammeln Pfennige, während es bald Dukaten auf uns regnen wird«, neckte ihn Knobelsdorff. Die junge Königin nahm die Huldigungen des Hofes in einem reizvollen Negligé entgegen, dann frühstückte man üppig und fast in festlicher Laune, bevor sich dann alle für die Reise nach Berlin rüsteten.[1]

Falls sich jedoch Elisabeth eine glänzende Zukunft an der Seite ihres Mannes erträumt hatte, so wurde sie bald bitter enttäuscht. In Rheinsberg hatte Friedrich, den sein Vater gegen seinen Willen zu dieser Heirat gezwungen hatte, wohl freundschaftliche Beziehungen zu ihr unterhalten. Er selbst sagte, dort habe er »Hymen Tribut gezollt«, doch manche behaupteten, das Paar habe wie Bruder und Schwester zusammengelebt. Der König und seine Ratgeber hatten es jedenfalls immer wieder für notwendig erachtet, Friedrich zu größerem Eifer bei der Wahrnehmung seiner ehelichen Pflichten zu ermahnen und für den Erhalt der Dynastie zu sorgen. Er scheint in dieser Hinsicht recht nachlässig gewesen zu sein – jedenfalls kam es nie zu einem greifbaren Resultat.

Die Gründe für dieses Verhalten sind unklar. Friedrich zeigte sein Leben lang kaum Interesse an Frauen; männliche Gesellschaft war ihm lieber, und zu einigen Männern hatte er eine intensive, emotionale Beziehung. Vielleicht war er homosexuell, doch dann wahrscheinlich eher in platonischem als in praktischem Sinne. Jedenfalls hatte er nie ähnlich enge Beziehungen zu Frauen – und schon gar nicht zu seiner eigenen. Als ihn sehr viel später jemand mit Salomon verglich, seufzte er: »Salomon hatte ein Serail von tausend Frauen und war durchaus nicht der Meinung, das sei genug; ich habe nur eine, und das ist mir zuviel.«

Jetzt kam es de facto zur Trennung. Vom Tag seiner Thronbesteigung an sollte er kaum auch nur eine einzige Nacht mit der Königin unter einem Dach verbringen. Sie lebte später im Berliner Schloß, der König jedoch in Sanssouci, wo sie keinen Zutritt hatte. Er achtete darauf, daß ihr alle Ehren erwiesen wurden, die ihr als Königin zustanden, und war auch selbst stets höflich und korrekt zu ihr, konnte seine Gleichgültigkeit aber manchmal nur schwer verbergen. Während des Siebenjährigen Krieges sah er sie kein einziges Mal, und als sie sich schließlich wiedertrafen, begrüßte er sie mit den Worten: »Madame, Sie sind dick geworden.«

Für Elisabeth war die Ankunft in Berlin also nicht der Anfang einer schönen Zeit, sondern der Beginn von fünfundfünfzig Jahren Isolation und Einsamkeit. Schließlich wurde sie aus Langeweile zu einem verschrobenen, bösen Weib, was ihrem Mann allerdings ziemlich gleichgültig war, denn ihn beschäftigten nun ganz andere Dinge. Gleich nach der Thronbesteigung verließ er Berlin, begab sich nach Charlottenburg ins Schloß seiner Großmutter und einige Tage später nach Ostpreußen, um in Königsberg die traditionellen Huldigungen entgegenzunehmen. Sein Großvater hatte dieselbe Reise mit großem Pomp an der Spitze eines Gefolges von 1800 Kutschen und 30 000 Pferden unternommen. Friedrich, der keinen Prunk liebte, reiste praktisch alleine in einer kleinen Reisekutsche, begleitet von zwei engen Freunden.

Fast unmittelbar nach den Königsberger Feierlichkeiten eilte er nach Berlin zurück und widmete sich mit Feuereifer seiner neuen Verantwortung als Herrscher über Preußen. Er rief einige von seinem Vater verbannte Freunde aus dem Ausland zurück und erließ binnen kürzester Zeit eine Fülle von Ordern und Dekreten, von denen die meisten zu Zeiten seines Vaters undenkbar gewesen wären.

Als erstes eröffnete er die unter dem Soldatenkönig geschlossene Berliner Akademie der Wissenschaften wieder und bestellte den französischen Philosophen Louis Moreau de Maupertuis zu ihrem Präsidenten. Dann schaffte er für Zivilisten die Folter ab, nicht aber das Auspeitschen von Soldaten, das für die militärische Disziplin als unverzichtbar galt. Er verfügte Toleranz für alle Religionen und beendete die Presse- und Bücherzensur. Da einem kalten Winter eine schlechte Ernte gefolgt war, ließ er die Kornspeicher öffnen und ordnete an, Lebensmittel billig zu verkaufen.

All dies brachte er binnen einer einzigen Woche zustande. Anscheinend hatte er schon seit langem geplant, was er tun würde, wenn es soweit war, und ging jetzt wie im Rausch zu Werke. In dieser Stimmung spazierte er auch einmal durch die Straßen Berlins und verteilte Geld an die Armen.

Im Juli besuchte er in Begleitung eines Freundes aus Rheinsberger Tagen, eines jungen Venezianers namens Algarotti – manche sagen, er sei sein Liebhaber gewesen –, seine Schwester Wilhelmine in Bayreuth. Sie war einige Jahre zuvor mit dem bayerischen Thronfolger verheiratet worden. Nach einem Abstecher Richtung Straßburg – die Absicht, mit Algarotti inkognito dorthin zu reisen, schlug fehl – kam es in Kleve zur ersten Begegnung mit Voltaire. Briefe hatten die beiden seit langem gewechselt, doch kennengelernt hatten sie sich bislang noch nicht. Voltaire war von Tempo und Richtung der Reformen des Preußenkönigs so begeistert, daß er die Anrede »Euer Menschlichkeit« für ihn erfand. Die Begegnung verlief recht angenehm. Man redete über die Freiheit und die Unsterblichkeit der Seele, während man sich hinter einer Nebelwand überschwenglicher Komplimente gegenseitig taxierte. Es war der Beginn einer komplizierten Beziehung mit vielen Höhen und Tiefen.

Bald danach war Friedrich wieder zu Hause, auf dem Sprung zur Eroberung neuer Welten. Preußen – und Europa – sollten nicht lange darauf warten müssen.

2

Noch als Kronprinz hatte der idealistisch, aufgeklärt und menschenfreundlich wirkende Friedrich seinen *Antimachiavell* geschrieben. Zufällig erschien das Buch fast genau zu dem Zeitpunkt, als er achtundzwanzigjährig als Friedrich II. den Thron bestieg. Es galt allgemein als Jugendwerk voller Binsenwahrheiten, Redundanzen und trübseliger Ermahnungen. Um Machiavelli und sein Buch *Der Fürst* zu widerlegen, zog Friedrich gegen die Willkürherrschaft des Fürsten vom Leder und verurteilte Geiz, Betrug und Intrigen. Höchstes Ziel eines Herrschers, so meinte der junge Kronprinz, solle Gerechtigkeit sein. Freundlich, sanft, gutherzig und menschlich sollte er sein, in erster Linie aber moralisch – im Privaten wie im Öffentlichen. Vor allem müßte er ungerechte Kriege vermeiden. Ein Fürst, der auf Eroberung aus ist, sei kaum mehr als ein Straßenräuber – auch wenn diesen der Galgen erwarte, jenen aber die Krone.

Angesichts solch aufgeklärter, friedliebender Äußerungen rechnete niemand mit dem, was bald kommen sollte: Denn in Widerspruch zu allem, was er im *Antimachiavell* vorgetragen hatte, brach Friedrich nach wenigen Monaten rücksichtslos einen Krieg vom Zaun.

Im Oktober 1740 war Kaiser Karl VI. überraschend gestorben, und seine junge Tochter Maria Theresia wurde Kaiserin. Gegen den Rat seiner Minister beschloß darauf Friedrich, sich die entstandene Verwirrung in Wien zunutze zu machen und Schlesien zu erobern, Österreichs reichste Provinz. Als Otto von Podewils, Friedrichs Erster Minister, auf die Rechtswidrigkeit eines solchen Schrittes hinwies, wurde er mit den Worten abgefertigte: »Ein formaler Anspruch ist eine Frage für Minister. Das ist Ihre Sache.«

Mit List und Täuschung plante er heimlich den unprovozierten Angriff. Auf einem Maskenball in Berlin, es war Dezember, erschien er abends fröhlich als Domino gekleidet, um schon am nächsten Morgen an der Spitze seines Heeres in den Krieg zu ziehen. Schokkiert und fassungslos mußte Europa mit ansehen, wie er sich in den beiden Schlesischen Kriegen ohne Rücksicht auf die eigene Person mutig in die Schlacht warf, das Leben Tausender von Soldaten aufs Spiel setzte und opferte, seine Feinde ausmanövrierte, jede günstige Gelegenheit ausnutzte und schließlich als Sieger aus den Kriegen hervorging. Politisch war er ebenso skrupel- und hemmungslos – und nicht weniger erfolgreich. Er wechselte seine Bündnispartner mehrmals, verriet sie immer wieder und spielte so lange ein doppeltes und dreifaches Spiel, bis er 1745 auf ganzer Linie gesiegt hatte und der gedemütigten Maria Theresia keine andere Wahl mehr blieb, als im Frieden von Dresden Schlesien an Preußen abzutreten.

So also sah die Wirklichkeit aus. Der angeblich friedliebende

König war in den Krieg gezogen und hatte allen im *Antimachiavell* verkündeten hohen moralischen Prinzipien zuwidergehandelt. Nun wußte jeder, daß Friedrich unberechenbar und heuchlerisch war – Charakterzüge, die während seiner ganzen Regierungszeit fast jeden, der es mit ihm zu tun bekam, verwirren sollten. Einerseits hatte er Friedensliebe und Nachsicht als höchste Tugend gerühmt, andererseits einen Angriffskrieg entfesselt.

1742, nach seinem Sieg über die Österreicher in der Schlacht von Mollwitz, schrieb der vom Friedensprediger zum Kriegsherrn Verwandelte an seinen Bruder: »Möge Gott uns vor einer ebenso blutigen und mörderischen zweiten Schlacht schützen.« Doch dann setzte er den Ersten Schlesischen Krieg fort und führte 1744/45 den Zweiten, was wiederum Tausende Österreicher und Preußen das Leben kostete, seine eigenen Finanzen erschöpfte und viel Leid über sein Volk brachte. Als der Krieg endlich vorbei war, schlüpfte er wieder in seine Lieblingsrolle als Philosophenkönig von Sanssouci, beschäftigte sich mit seiner Gemälde- und Antikensammlung, und widmete sich der Musik, der Lyrik und feinsinnigen Gesprächen mit Voltaire und seinen Freunden über das Gute und das Böse im Menschen. »In meinem Staate kann jeder auf seine Façon selig werden«, sagte er und hielt sich für aufgeklärt, während er gleichzeitig als absoluter Herrscher wenig auf die Meinungen anderer gab. Zehn Jahre später, 1756, machte er wieder eine Kehrtwendung, zog mit einer noch größeren Armee erneut in den Krieg – gegen Österreich, Rußland, Frankreich und Sachsen zusammen –, brachte großes Elend über sein Volk, verlor beinahe sein ganzes Königreich und kehrte erst nach sieben Jahren wieder zurück.

Friedrich II. war der letzte der vier absolutistischen Herrscher, die das Fundament für Preußens Größe schufen. Die Geschichte kennt ihn als Friedrich den Großen – den bedeutendsten und am gründlichsten erforschten Hohenzollernkönig; gleichzeitig war er ohne Zweifel der komplizierteste, unberechenbarste und widersprüchlichste aller vier bis dahin regierenden Herrscher.

Was religiöse und politische Toleranz angeht, war er ein Aufklärer und erließ entsprechende Dekrete. Andererseits nahm er nur selten fremden Rat an, regierte, als wäre das Land sein Privateigentum, verlangte strengsten Gehorsam von seinen Untertanen und legte oft zynische Verachtung für die Menschen und ihre Ansichten an den Tag. Seine Schriften zeigen einen für die damalige Zeit erstaunlich offenen Geist, doch sein Handeln verriet oft engstirnige Sturheit. Er konnte umsichtig, selbstkritisch und bescheiden sein – aber auch überstürzt, rücksichtslos und egoistisch handeln. Wenn es zweckdienlich war, griff er ohne Zögern zur Lüge und war um keine Ausflucht verlegen, doch er konnte auch grundehrlich und offen sein. In manchen Situationen kalkulierte er völlig kaltblütig, in anderen handelte er impulsiv mit wilder Unvernunft.

Es gibt unzählige Bücher über ihn, darunter endlose Charakterstudien. Seine Vorliebe dafür, das eine zu sagen und das andere zu tun, und die höchst ungewöhnliche Mischung sich widersprechender Charakterzüge faszinieren die Historiker und geben ihnen Rätsel auf. War dieses Verhaltensmuster angeboren oder war es die Folge einer jahrelangen Übung im Verstellen unter der Fuchtel seines Vaters?

Der Vater wollte den Sohn nach seinem eigenen Bild ebenfalls zu einem »Soldatenkönig« formen, der sein Werk im selben Geist weiterführen sollte. Doch der junge Friedrich haßte das Kasernenleben und das ewige Exerzieren, das seinem Vater so viel Freude machte. Dieser wiederum verabscheute Friedrichs Lieblingsbeschäftigungen – Flöte spielen, Gedichte schreiben, Latein und Griechisch lesen. Zwischen diesen beiden völlig gegensätzlichen Persönlichkeiten mußte es einfach ständig zum Konflikt kommen. Doch es war ein ungleicher Kampf, und der Sohn lernte schnell, daß offener Widerstand und Rebellion nichts fruchteten und er dabei den kürzeren zog. Schließlich wurde das Verhältnis zu einer Art Schattenspiel, einem Scheinkampf, bei dem der Sohn sich scheinbar fügte, heimlich aber nach seinen eigenen Vorstellungen lebte.

Hatte Friedrich damals gelernt, ein Doppelleben zu führen, oder gehörte die Verstellung zu seinem Naturell? Einmal charakterisierte er sich selbst als »Philosoph aus Neigung, Politiker aus Notwendigkeit«. Der Menschenkenner Voltaire dürfte der Wahrheit näher gekommen sein, als er feststellte, Friedrich sei von beidem etwas, er habe eine Art »Doppelbegeisterung« für den Gedanken und die Tat und betreibe beides exzessiv – wobei Denken und Handeln sich gelegentlich auch in die Quere kämen.[2]

Was immer auch der Grund sein mochte, jedem, der es in Preußen mit Fridericus Rex zu tun bekam, mußte sehr bald klar sein, daß der König Worten nicht unbedingt Taten folgen ließ und man nie wußte, worauf diese Widersprüche letzten Endes hinauslaufen würden.

Diese Lektion mußten auch seine Minister und sein Volk lernen – vor allem aber seine Juden.

Hier stehen wir nun vor einer weiteren Paradoxie in der Geschichte der preußischen Juden: Anfangs trug Friedrichs Inkonsequenz ihnen mehr Leid ein als jeder anderen Gruppe seiner Untertanen, doch letztlich dürfte er eben dank dieser Inkonsequenz mehr zu ihrer Assimilation und rechtlichen Emanzipation beigetragen haben, als er beabsichtigt oder sich vorgestellt hatte.

3

Als Friedrich den Thron bestieg, gab es in Preußen nur wenige Juden, die deutsch lesen konnten oder des Französischen mächtig waren, eine Sprache, die der König so gern mit seinen Freunden sprach. »Hier spricht man nur Französisch; Deutsch ist für Soldaten und Pferde«, berichtete Voltaire nach seiner Ankunft aus Potsdam.[3] Nur wenige Juden hatten den *Antimachiavell* selbst gelesen, doch viele wußten von dem Buch. Es ist durchaus verständlich, daß sie wegen der darin zur Schau gestellten edlen Gesinnung und nach Friedrichs Erlaß zur Religionsfreiheit Grund hatten, auf bessere Zeiten zu hoffen. Vor allem die Berliner Juden hatten unter den 1730 von Friedrichs Vater erlassenen harten Vorschriften gelitten und unentwegt um Erleichterung ihrer schweren Lasten gebeten. Mußte es nun mit dem liberalen jungen König nicht zu einer Verbesserung kommen?

Diese Hoffnung sollte schwer enttäuscht werden. Wie alle anderen sollten auch die Berliner Juden bald merken, daß Theorie und Praxis in Friedrichs Preußen weit auseinanderklafften – insbesondere dann, wenn es die Juden betraf. Religionsfreiheit an sich war das eine – die Verringerung des Drucks auf die Juden aber etwas ganz anderes. Der

König wollte die Beschränkungen und die Reglementierung, denen sie unterlagen, sogar noch verschärfen. So mußten die Juden erkennen, daß sich ihre Lage nicht etwa verbesserte, sondern deutlich verschlechterte.

Friedrich fand Juden nicht weniger abstoßend als seine Vorgänger. Wie sein Vater hielt er sie für Wucherer, Schwindler und Betrüger, für ein gefährliches Element, das es genau zu beobachten und unter Kontrolle zu halten galt. In der Einleitung zu dem 1750 proklamierten »Generalreglement« für Juden schrieb er, er halte es für seine Pflicht, die Christen durch strenge zahlenmäßige Begrenzung vor den zwielichtigen Machenschaften der Juden zu schützen.

Generalfiskal Uhden, der am Hof für diese Angelegenheiten zuständige Beamte, legte seinen Entwurf der neuen *principia regulativa* am 27. März 1743 vor. Sieben Jahre lang wurde verhandelt, diskutiert und plädiert, und es dauerte volle zehn Jahre, bis sie in Kraft traten. Anfangs hatte der mit seinen Schlesischen Kriegen vollauf beschäftigte König es seinen Beamten überlassen, die Lage einzuschätzen und neue Vorschriften vorzuschlagen. Seine Richtlinien und detaillierten Fragen verhießen allerdings von vornherein nichts Gutes: Offensichtlich wollte er Zahl und Familiengröße der Juden streng beschränken, nur die Reichsten im Lande behalten, von diesen möglichst hohe Einkünfte erzielen und den Rest davonjagen.

Der preußische Hang zu akribischer Bürokratie führte zu anscheinend endlosen Volkszählungen bei den Juden, Erhebungen über ihren Wohnort und Lebensunterhalt und die Höhe der von ihnen entrichteten Steuern und Abgaben. Nicht nur in Berlin, sondern überall im Lande, saßen jüdische Schreiber über amtlichen Fragebögen und fertigten zahllose Listen mit höchst detaillierten Angaben an. Anfang des Jahres 1744 mußten beispielsweise die Berliner Gemeindeältesten eine besonders lächerliche Liste einreichen, auf der die Stellung jedes einzelnen Gemeindebediensteten zu beschreiben und zu rechtfertigen war. Unter anderem mußte erklärt werden, wozu man einen Rabbiner und vier Assistenten benötigte, zwei Kantoren, vier Vorsänger und drei Synagogendiener, weshalb sieben Totengräber und sechs Krankenwärter unverzichtbar waren, warum man drei Schächter und zwei Bäcker brauchte sowie mehrere Schreiber,

Drucker und Badewärter und die unerläßlichen Wachen am Judentor, um Arme und Nichtseßhafte abzufangen.[4]

Während der Erhebungen erteilte der König seinen Beamten immer wieder eine knappe Anweisung oder brachte in einer Marginalie seinen Unmut über eine angebliche jüdische Machenschaft zum Ausdruck und befahl – häufig in rüdem, hetzerischem Ton –, mit mehr Strenge gegen sie vorzugehen.

Im Oktober 1742 erfuhren die Beamten, daß der König die Durchsetzung des Verbots gegen jüdisches Hausieren verlangte und strengste Maßnahmen, um zu verhindern, daß fremde Juden heimlich in die Stadt kamen. Bald danach wurde ihnen mitgeteilt, der König sei gegen weitere ständige Aufenthaltserlaubnisse. »Wenn kein zwingender Grund vorliegt«, hieß es da, »betrachtet Seine Majestät sie als schädlich und abträglich.«

Gelegentlich griff der König auch selbst zur Feder. Als der Strausberger Schutzjude Casper Jochem vor dem Bankrott stand und um eine sechsjährige Frist bat, um seine Gläubiger zu bezahlen, geriet der König in Rage. Wohin kämen wir, fragte er seine Minister, wenn man solchen Betrügern einen Aufschub gewährte. «Wenn in meinem Land ein Schutzjude auch nur in Bankrottverdacht gerät, sollten er und seine ganze Familie sogleich ihre Privilegien verlieren – und keine andere jüdische Familie dürfe an ihre Stelle treten.«[5]

Während sich seine Beamten, die oft realistischer und besonnener waren als der Souverän, mit solchen Anweisungen herumschlagen mußten, schürten christliche Kaufleute das Feuer durch beständige Beschwerden. 1743 protestierte die Gilde französischer und deutscher Kaufleute wieder einmal gegen die jüdische Konkurrenz. Die Juden sollten wie in Polen oder Böhmen ein ehrliches Handwerk erlernen, schlugen sie vor – und ließen heuchlerisch außer acht, daß keine preußische Handwerkszunft Juden aufnahm. Etwas später beschwerten sich die Lederhändler über die jüdische Konkurrenz und dann auch noch die Berliner Kaufmannsgilde. Die Juden machten indessen eigene Vorschläge, beteuerten, sie seien außerstande, die steigenden Abgaben zu bezahlen, und verwiesen auf die schwierige Lage ihrer Kinder, die beispielsweise weder ein eigenes Geschäft führen noch einen eigenen Hausstand gründen und auch nicht alle heiraten durften. Waren schon die Jahre unter dem Soldatenkönig für die Juden eine »Eiserne Zeit« gewesen, so ging es ihnen jetzt unter dem Philosophenkönig eher noch schlechter. 1760 hatten die Russen vorübergehend Berlin besetzt und den Einwohnern der Stadt einen großen »Kredit« abgepreßt. Die Berliner Juden hatten dazu einen überproportionalen Beitrag leisten müssen, und zum Schaden kam der Hohn hinzu: Die Besatzer legten im Kreditvertrag fest, die Rückzahlung erfolge, »wenn der Messias kommt«.[6] Nach zwei Jahrzehnten der Unterdrückung und der Kriege unter Fridericus Rex war dies vielleicht noch der geringste Grund für die Juden, inbrünstig die Ankunft ihres Erlösers zu erflehen.

4

Im Oktober 1743, während des Ersten Schlesischen Krieges, schickten Mendel und Bela Heymann ihren jüngsten Sohn zum Studium nach Berlin. Der Thoraschreiber Mendel war Synagogenwächter der jüdischen Gemeinde in Dessau südwestlich von Berlin. Einer von Belas Vettern war Elija Wulff, dessen Vater, der Hofjude Moses Benjamin Wulff (der wiederum ein entfernter Verwandter der Familie Glückels von Hameln war), vor Jahrzehnten ein Opfer der Intrigen von Jost und Esther Liebmann am Hof des Großen Kurfürsten geworden war. Nach dieser Niederlage war Moses Wulff von Berlin nach Dessau übersiedelt und ein Führer der dortigen frommen kleinen Gemeinde geworden.

Mendel und Bela liebten ihren Sohn und hatten ihm eine gute religiöse Erziehung angedeihen lassen. Doch jetzt war der vierzehnjährige Moses für fortgeschrittene Talmudstudien vorbereitet, also schickte man ihn wie üblich an einen anderen Ort zum entsprechenden Lehrer. Als der schüchterne, kleine und leicht bucklige Junge an einem für Juden offenen Berliner Stadttor[7] ankam, wurde er dort von einem städtischen Beamten und von dem jüdischen Torwächter Löbel Spieß, dessen Aufgabe es war, Illegalen und Asozialen den Zutritt zu verwehren, peinlich genau befragt. Löbel stellte ihm schließlich den offiziellen Passierschein aus.[8] Der Neuankömmling unterschrieb mit

Moses mi-Dessau (Moses aus Dessau), nannte sich aber bald Moses Mendelssohn. Er lebte bis an sein Ende in Berlin, wo er 1786 starb, im selben Jahr wie König Friedrich der Große.

Als Moses das Berliner Judentor durchschritt, war es ganz undenkbar, daß ein Jude es im Laufe seines Lebens zu großem Ruhm bringen und die Hochachtung der Menschen gewinnen würde – schon gar nicht dieser dahergelaufene Talmudschüler, der kaum Deutsch sprach und in Berlin nur geduldet wurde. Weder Christ noch Jude und erst recht nicht Moses Mendelssohn selbst hätte sich in den vierziger Jahren des 18. Jahrhundert vorstellen können, daß ein Jude zur treibenden Kraft für die Emanzipation der Juden in Preußen und zu einem hochgerühmten Philosophen und Meister der deutschen Sprache werden sollte.

Einer der vielen damals aufgestellten Listen zufolge lebten zur Zeit von Moses Mendelssohns Ankunft in Berlin 335 jüdische Familien mit insgesamt 1954 Angehörigen in der Stadt – zum Ärger des Königs sehr viel mehr, als es die einige Jahre früher festgelegte Zahl von 120 Familien vorsah. Berlin war die größte jüdische Gemeinde in Preußen, die nach dem komplizierten amtlichen Klassifizierungssystem streng nach Wohlstand und Status sozial strukturiert und organisiert wurde. Etwas später sah das »Generalreglement« von 1750 sechs Klassen von Juden vor: Ganz oben standen eine Handvoll Juden mit »Generalprivileg«, die fast die gleichen Rechte wie die Christen hatten; dann kamen die gewöhnlichen Schutzjuden, die eine dauernde Aufenthaltsberechtigung besaßen, sich aber nicht ganz frei bewegen durften und ihren begehrten Status nur unter genau festgelegten Bedingungen an ihre Kinder vererben konnten. Auf der dritten Stufe stand eine »außergewöhnliche« Gruppe derer, die ein ausschließlich persönliches lebenslängliches Aufenthaltsrecht besaßen. Darunter gab es drei weitere Klassen – Moses Mendelssohn wurde automatisch hier eingeordnet – mit nur wenigen Rechten, die bloß »geduldeten« Lehrer, Gemeindebediensteten und Dienstboten, die weder heiraten noch andere Geschäfte betreiben und nur in der Stadt bleiben durften, solange man sie brauchte und sie in Brot und Arbeit standen.

Als »eines Kannibalen würdig« bezeichnete der französische Aufklärer Mirabeau diese friederizianische Judengesetzgebung, die so erdrückend und restriktiv war, daß die Juden darum baten, sie aus Rücksicht auf ihre Handelsbeziehungen und internationale Bonität nicht publik zu machen. Immerhin, Friedrichs Vorschriften bildeten sechzig Jahre lang die Grundlage für das Leben der Juden in Preußen.

Unablässig baten die Juden um Erleichterungen, und schließlich trat – von den Gedanken des jungen Moses Mendelssohn stark beeinflußt – eine christlich-jüdische Koalition für die gänzliche Abschaffung des Gesetzes ein. Realisiert wurde sie jedoch erst eine Generation später, als die Französische Revolution ganz Europa erschütterte. Als Moses nach Berlin kam, waren wirkliche Veränderungen und rechtliche Emanzipation noch völlig undenkbar. Man versuchte bestenfalls, die schlimmsten Beschränkungen erträglich zu machen.

Zunächst sah es so aus, als sollte die Unterdrückung, die das Leben der Juden in Preußen seit hundert Jahren geprägt hatte, nie ein Ende finden. Die Lage verschlimmerte sich eher noch, und auch die Zukunft sah düster aus. Im Rückblick kann man jedoch sagen, daß die vierziger und fünfziger Jahre des 18. Jahrhunderts die sprichwörtliche tiefe Finsternis vor der Morgendämmerung darstellten, einen Tiefpunkt, nach dem ein schneller und grundlegender Wandlungsprozeß die Lage der Juden vollständig verändern sollte.

Niemand erkannte damals die Zeichen. Praktisch überall in Europa lebten die Juden wie gewohnt in der seit dem Mittelalter üblichen Knechtschaft. Das Parlament in London hatte zwar kurz zuvor dafür gestimmt, ihnen in den amerikanischen Kolonien (nicht aber im Mutterland) nach sieben Jahren Bürgerrecht zu gewähren, und auch in Dänemark und in den Niederlanden waren die Juden relativ frei. Doch dies waren Ausnahmen. Die Berliner Juden konnten sich wenigstens mit dem Gedanken trösten, daß sie hier trotz aller Schwierigkeiten nicht so übel behandelt wurden wie ihre Glaubensgenossen in anderen Ländern. In Weißrußland und in der Ukraine wurden Juden zu Tausenden ermordet oder vertrieben. In Polen kam es immer wieder zu Krawallen der Haidamacks, randalierender Kosaken- und Bauernbanden, und es gab dort auch immer noch Ritualprozesse. In Frankreich und Österreich genossen Juden überhaupt keine Bürgerrechte, und in Italien mußten sie im alten Ghetto in Venedig oder im noch schlimmeren Ghetto in Rom vegetieren. In Spanien wurden überhaupt keine Juden geduldet, und in Portugal wurden sie noch 1739 als Ketzer auf dem Scheiterhaufen verbrannt.

Davon wußten die Berliner Juden natürlich, und sie konnten sich trotz ihrer vielen Probleme noch relativ glücklich schätzen. Sie unterlagen zwar allen möglichen Einschränkungen und hatten eine erdrückende Steuerlast zu tragen, aber im streng geordneten Preußen Friedrichs hatten sie wenigstens keine Pogrome und keinen Mob zu fürchten und konnten nach althergebrachter Weise leben, fromm, nach innen gewandt und schicksalsergeben. Ein Jahr vor Moses Mendelssohns Ankunft hatten sie ein Beth ha-midrasch gegründet, ein talmudisches Lehrhaus für fortgeschrittene Studien. Die Schule zog Studenten von nah und fern an, und auch Moses setzte hier seine Studien fort.

In Dessau hatte er wie für jüdische Knaben üblich im Alter von fünf Jahren zu lernen begonnen. In Berlin kamen sie sogar schon mit drei in die Schule. Bald nach dem Passafest begleitete der Vater seinen Sprößling zur Schule, wo der Lehrer den Jungen auf den Schoß nahm und mit der ersten Lektion begann – dem Aufsagen des hebräischen Alphabets, zuerst von vorne und dann rückwärts. Dann brachte man dem Kleinen die beiden ersten Verse des dritten Buches Mose bei, und wenn er sie auswendig konnte, durfte er als süße Belohnung ein wenig Honig lecken, der auf die Seite geschmiert wurde. In den späteren Schuljahren fand jeden Tag von morgens bis abends Unterricht statt, und es gab weitere Belohnungen für fleißiges Lernen. Die Eltern nahmen die Verantwortung für die Bildung ihrer Söhne ernst, zumindest bis diese vierzehn waren. Nicht lesen zu können, galt als Schande und kam deshalb auch nur selten vor.

Bildung erwarb man nach wie vor nur im alten überlieferten Geist der Frömmigkeit. Es ging ausschließlich um religiöse Themen, und weltliches Wissen war tabu, und die Rabbiner ließen es gar nicht zu, weil sie die Welt draußen fürchteten. »Kein Mensch hat das Recht, an zwei Tischen zu sitzen, einem jüdischen und einem profanen«, hatte einer geschrieben und festgestellt: »Die Weisheit der Tora ist etwas anderes als die der [weltlichen] Philosophie.« »Juden«, darauf bestand er, sollten »sich vom Studium der Philosophie fernhalten; alle ihre alten oder neueren Deutungen sind verboten.«[9] Selbst Besitz und Lektüre »fremder« Bücher waren nicht erlaubt. Wer gegen diese Regeln verstieß, mußte mit strengen Strafen bis hin zur Verbannung aus der Gemeinde rechnen.[10]

In dieses traditionelle, enge und wenig verheißungsvolle Umfeld begab sich Moses nach seiner Ankunft in Berlin. Die Juden waren voller Sorge wegen Friedrichs Feindseligkeit und Unberechenbarkeit, und es gab nicht die geringsten Anzeichen für eine eventuelle Änderung. Die meisten Juden lebten nahe beieinander im Sankt-Nikolai-Viertel im Herzen des alten Berlin. Dies war kein Ghetto im mittelalterlichen Sinn – es gab dort auch Christen und christliche Kirchen –, doch in der Spandauer Straße und in der Klosterstraße und in den Gassen, die am Molkenmarkt zusammenliefen, lebten jetzt überwiegend Juden.

Die Synagoge, in der sie beteten, befand sich ganz in der Nähe in der Heyderreuthgasse. Dieser Tempel, ein imposanter Bau, den manche für die schönste Synagoge der Welt hielten, war der Mittelpunkt des Gemeindelebens. Innen am Haupteingang hatte man stolz eine Plakette zur Erinnerung an den Besuch des Königs anläßlich der Einweihung im Jahre 1718 angebracht.

Alten Traditionen verhaftet, dürfte der junge Moses Mendelssohn kaum Anzeichen für die kommenden wirtschaftlichen und gesellschaftlichen Veränderungen bemerkt haben. Nur eine Handvoll junger Juden waren mit der geistigen Enge ihrer Welt unzufrieden und warf neugierige Blicke auf die Welt, die sie umgab. Einer oder zwei waren zum Medizinstudium zugelassen worden, obwohl die Rabbiner davor gewarnt hatten. Moses jedoch war ein höchst ungewöhnlicher junger Mann – ein gläubiger, engagierter Jude, der dennoch fest entschlossen war, sich mit rein jüdischer Bildung nicht zufriedenzugeben. So machte er sich alsbald ans Werk, brachte sich in den vierziger Jahren Deutsch, Französisch, Englisch und Latein bei und lernte später auch Griechisch. Dabei entdeckte er große Philosophen und Theologen wie Hume, Locke und Spinoza und die Deutschen Leibniz und Wolff.

Nun hielt ihn nichts mehr auf. Von einigen jüdischen Gönnern mit guten Verbindungen ermutigt – etwa vom Seidenhändler Isaak Bernhard, der sein Genie erkannte und ihn als Hauslehrer für seine Kinder beschäftigte –, begann er zu schreiben, und zwar auf deutsch, so daß er auch von der nichtjüdischen Umwelt zur Kenntnis genommen wurde. Unter anderem wurden Lessing und der Verlagsbuchhändler Friedrich Nicolai auf ihn aufmerksam; beide schlossen Freundschaft mit ihm.

So geschah es, daß nach kaum einem Jahrzehnt nach seinem Eintreffen in Berlin Mendelssohn als beredter Befürworter des Wandels und einer neuen Beziehung zwischen Deutschen und Juden bekannt wurde. Schließlich wurde er ein bedeutender, selbständiger Philosoph, Schriftsteller und Denker. Als er 1786 starb, bemerkte Goethe: »Wir haben einen unserer [sic] würdigsten Männer verloren.«

Moses Mendelssohn und seine christlichen Freunde regten die junge Generation von Juden und Deutschen zum Nachdenken über die Rolle der rechtlosen jüdischen Minderheit in der deutschen Gesellschaft an. Die Koinzidenz ihrer Überlegungen mit den historischen Veränderungen in Europa und über Europa hinaus sollte der eigentliche Schlüssel für einen bevorstehenden, grundlegenden Wandel werden.

Paradoxerweise spielten dabei auch die Kriege Friedrichs des Großen eine entscheidende Rolle. 1756 versuchte die immer noch auf Rache sinnende Maria Theresia, den Verlust von Schlesien rückgängig zu machen. Friedrich kam ihr zuvor und marschierte in Sachsen ein, ihrem Verbündeten. Der Krieg dauerte sieben lange, bittere Jahre. Jetzt brauchte Friedrich die Juden, mehr, als er je geahnt hatte, oder wenigstens einige von ihnen. Wieder einmal opferte er seine Prinzipien dem akuten Zweck. Die Juden erhielten neue Chancen, und ihre Lage änderte sich auf unvorhergesehene Weise.

5

Als junger Mann hieß er Mordecai Loeb Cohen. Später änderte er seinen Namen und nannte sich Markus Levin. Wir wissen weder, wann, noch warum. Sein frühes Leben liegt überhaupt im dunkeln, ebenso wie seine beiden ersten Ehen und die Kinder, die ihnen entsprossen sein sollen. Jedenfalls ist der neue, deutscher klingende Name von Rahels Vater typisch für das sich wandelnde Bewußtsein der Juden in Deutschland zu Moses Mendelssohns Zeiten.

Den spärlichen Berichten zufolge war Markus eine undurchsichtige, schillernde Figur, die Art von Mensch, über die man viele Anekdoten erzählt und wenig weiß. Die Gerüchte über seine Jugend – er soll vogelfrei durchs Land gezogen und für ein Verbrechen gebrandmarkt worden sein – könnten bloße Legende sein. Ziemlich sicher ist, daß er zunächst arm war und in Preußen kein Aufenthaltsrecht besaß. Er war damals noch nicht assimiliert, kein Deutscher und zog wie viele andere jüdische Händler von Ort zu Ort, um sein Leben zu fristen, auf der Suche nach seinem Glück. Natürlich sprach er Jiddisch, die Sprache, die er auch später zu Hause sein Leben lang ausschließlich verwendete. Abgesehen von den üblichen hebräischen Brocken und etwas Talmudunterricht hatte er keinerlei Schulbildung genossen.

Markus Levin erinnert an Jost Liebmann: Auch ihn zeichneten hohe Intelligenz und persönliche Stärke aus, auch er war zäh und hartnäckig, ein – manchmal allzu – schlauer Geschäftsmann. Auch er legte den Grundstock zu seinem späteren Vermögen durch Juwelenhandel – als Hoflieferant für Karl von Lothringen in Brüssel. Um 1740 – als Friedrich der Große den Thron bestieg und sich dann Schlesien aneignete und als der junge Moses Mendelssohn aus Dessau am Berliner Judentor auftauchte – soll Markus sein Kapital durch Geld- und Edelsteinhandel auf der Leipziger Messe vermehrt haben.

Ein Vierteljahrhundert später hatte sich für alle drei vieles geändert – für den Quälgeist Maria Theresias ebenso wie für den jungen Talmudstudenten und für den umherirrenden Juden mit dem angeblichen Schandmal auf dem Hinterteil.

Der König war mittlerweile ein eifriger Verfechter des Friedens geworden, der fleißigste Monarch in Europa und ein Gelegenheitsdichter von zweifelhaftem Talent. Aus dem jungen Moses war ein hochgebildeter, berühmter Philosoph geworden, und Markus hatte im Berlin der Nachkriegsjahre als begüterter, unkonventioneller und eitler Jude von sich reden gemacht. Er galt als einer der arrivierten Geschäftsleute neuen Schlages, die es im Krieg zu etwas gebracht hatten und im deutlich gewandelten Nachkriegspreußen mit dem aufsteigenden Bürgertum gesellschaftlich Umgang pflegten.

Für den Juden mit dem Schandmal war die Veränderung größer als für den größten aller Preußen. Friedrich war wieder in Sanssouci, vergnügte sich mit seinen Hunden und seinen Freunden und erteilte Unmengen von Befehlen – jetzt nicht mehr als Kriegsherr, sondern als Landesherr, dem es um Aufbau und Entwicklung ging. Doch für Markus Levin hatten sich völlig neue Perspektiven ergeben. Vor dem Hintergrund seines im Krieg angehäuften Vermögens und seines neuen Status als Schutzjude war er nicht mehr damit zufrieden, von der Welt um ihn herum ausgeschlossen zu sein. Er ging gerne ins Theater und zog die Gesellschaft von Schauspielern der engen Welt der Rabbiner und Talmudgelehrten vor. Er hatte sich nun auch den Bart abgenommen und war äußerlich von einem Christen kaum zu unterscheiden. Wenn er elegant gekleidet mit Spazierstock und erhobenen Hauptes einherschritt, strahlte seine ganze Erscheinung Selbstzufriedenheit und Erfolg und den Ehrgeiz aus, dies die ganze Welt wissen zu lassen.

Chaie, die aus einer traditionsverhafteten Familie von Landjuden in der brandenburgischen Kleinstadt Zehdenick kam, war seine dritte Frau. Eine Zeitlang sah es so aus, als sollte die Ehe kinderlos bleiben, doch nach mehreren Fehlgeburten brachte Chaie am Pfingstmontag, dem 19. Mai 1771, eine Tochter zur Welt. Markus und Chaie nannten sie Rahel.

Die Familie wohnte in der Spandauerstraße 26, Ecke Königstraße. Dem ersten Kind folgten bald weitere – ein Jahr nach Rahel kam Mordechai zur Welt, der sich später wie sein Vater Markus nannte, dann Liepmann, der sich als Erwachsener Ludwig nannte, als nächste Rose und schließlich, fünf Jahre vor dem Tod des Vaters, der jüngste, Meyer, der den deutscher klingenden Namen Moritz annahm.

Später klagte Rahel über ihre unglückliche Kindheit. Chaie war eine schwächliche Frau, die zur Schwermut neigte und ihren Kindern keine Stütze war, am wenigsten ihrer frühreifen ältesten Tochter. Der Vater war in Familienangelegenheiten altmodisch und wenig liebenswert. Er regierte mit eiserner Hand, und Jahre nach seinem Tode bezeichnete Rahel ihn schlicht und einfach als Despoten, »ein strenger, heftiger, launenhafter, genialistischer, fast toller Vater«. Er habe ihr, so meinte sie, im Grunde das Herz gebrochen und ihr jeden eigenen Willen genommen[11] – was, wie wir sehen werden, weit übertrieben ist.

Das Haus an der Spandauerstraße stand mitten im alten Viertel Sankt Nikolai, wo die meisten Berliner Juden seit langem lebten. Das Berlin von Rahels Kindheit und Jugend hatte sich allerdings gegenüber der Stadt, vor deren Tor Moses Mendelssohn vor einer knappen Generation um Einlaß gebeten hatte, sichtbar verändert. Damals hatte Friedrich seine Beamten unmißverständlich angewiesen, genau auf die Juden aufzupassen, nur wenigen von ihnen eines der begehrten Privilegien erteilt und sich jahrelang Krieg und Eroberung gewidmet.

Seither war Berlin zweimal von fremden Truppen besetzt worden, und das Schicksal Preußens hatte mehr als einmal an einem seidenen Faden gehangen. Wie durch ein Wunder war der König schließlich immer Sieger geblieben. Doch nun stand die Welt am Vorabend von Revolutionen, und Nachkriegspreußen erlebte tiefgreifende Veränderungen. In dieser ruhelosen Welt hatte sich auch die Lage der Juden dramatisch verändert. Zunächst hatte der König es in den Kriegsjahren nützlich gefunden, bei der Gewährung von Schutzbriefen etwas großzügiger zu verfahren. Das hatte vielen Juden zu bescheidenem Wohlstand und einigen wenigen zu sagenhaftem Reichtum verholfen.

Friedrichs teure Kriege hatten das Land nahezu ruiniert. Allein der Siebenjährige Krieg hatte die unvorstellbare Summe von 130 Millionen Talern gekostet. Trotz der von seinem Vater angehäuften Barreserven, hoher Steuern und beträchtlicher Subsidien seitens der englischen Verbündeten war Friedrichs riesiger Geldbedarf nicht ohne Defizite zu finanzieren gewesen. Um sie auszugleichen, hatte er den leichtesten Weg gewählt und war auf die altbewährte Methode verfallen, mit der eine Regierung mehr Geld ausgeben kann, als sie durch Anleihen oder Steuern einnimmt. Heutzutage setzt man dazu die Notenpresse in Gang; damals – es gab noch keine Banknoten – hieß das, zusätzliche Münzen zu prägen und dabei den Anteil an Edelmetall zu verringern. Beides läuft auf dasselbe hinaus – ruinöse Inflation, ein schneller Anstieg der Preise selbst für die Grundnahrungsmittel und schließlich Aufruhr unter der Bevölkerung, der es schlecht geht und die unter der erdrückenden Steuerlast ächzt. So geschah es auch in Preußen.

Dazu entschlossen, seinen Krieg auf dem Rücken des Volkes zu finanzieren, war Friedrich logischerweise daran gelegen, den Unmut der Öffentlichkeit auf andere als sich selbst zu lenken. So kam er auf die raffinierte Idee, seine sechs Münzanstalten an Privatleute zu verpachten und die Verantwortung für die tadelnswerte Wertminderung der Münzen diesen zuzuschieben.

Seine Beamten hatten ihm von diesem schlauen Plan abgeraten, doch Seine Majestät war nicht davon abzubringen. Für den Münzpächter, der das Edelmetall auftreiben und zu einem festgesetzten Preis Münzen prägen mußte, war es ein hochriskantes Geschäft, bei dem man schnell Bankrott machen, mit Glück und geschickten, waghalsigen Manövern aber auch große Gewinne erzielen konnte. Je mehr Prägeaufträge der Pächter erhielt und je geschickter er beim Einkauf vorging, desto reicher konnte er werden; ebenso schnell wuchsen aber auch der Neid der Menschen und die Versuchung, ihm die Schuld für die steigenden Preise in die Schuhe zu schieben. Alles in allem ein Arrangement, mit dem der König ganz gut leben konnte.

Es gab nur noch ein Problem: Die christlichen Bankiers verfügten weder über genügend Kapital, noch hatten sie die internationalen Beziehungen, um die Edelmetalle zu besorgen, geschweige denn die Nervenstärke, so viele persönliche und finanzielle Risiken einzugehen. Da kamen dem König seine reichen Juden – auch als Blitzableiter – höchst gelegen. Die beste Lösung für ihn war, sich im Tausch gegen einige neue Privilegien ihrer Hilfe zu versichern, aber natürlich gleichzeitig dafür zu sorgen, daß seine Beamten die anderen Juden weiter in Schach und neue draußen hielten.

Veitel Heine Ephraim, ein Günstling Friedrichs aus früheren Zeiten, den er sich schon als Kronprinz zum Hofjuwelier bestellt hatte und den er später zum Oberältesten der Berliner Juden machen sollte, wurde zum Münzpächter ernannt, ebenso wie einige andere reiche jüdische Bankiers. So wurden Daniel Itzig, Hertz Moses Gompertz und Moses Isaak Friedrichs »Münzjuden«. Sie leiteten die Münzen während der langen Kriegsjahre, streckten ihm häufig Mittel vor und befriedigten geschickt seinen unersättlichen Geldhunger, selbst wenn Katastrophen und Niederlagen unmittelbar bevorstehen zu schienen. Dabei wurden sie alle immens reich, ruinierten damit aber gleichzeitig ihren guten Ruf. Eine der unbeliebtesten Münzen hieß im Volksmund »Ephraimit«, und es zirkulierten alle möglichen wenig schmeichelhaften Geschichten und üblen Gerüchte über die Schikanen und die illegale Bereicherung der Münzpächter.

Natürlich gab es auch andere Menschen – darunter ebenso Christen –, die von der Kriegswirtschaft profitiert hatten, und auch sonst waren manche der neuen Taler bei verschiedenen Juden gelandet. Einige der Münzanstalten hatten mit Subunternehmern gearbeitet. Auf diese Weise war beispielsweise Markus Levin zu einem ansehnlichen Vermögen gekommen. Kleinere Bankiers, Geldhändler und Kriegslieferanten hatten gute Geschäfte gemacht, und ein ganzes Netz jüdischer Einzelhändler hatte weit über die Grenzen Preußens hinaus Münzen aufgekauft, die dann eingeschmolzen und neu geprägt wurden. Einige Glückliche hatten es dabei zu einem Schutzbrief gebracht, darunter – im Jahre 1762 – auch Markus.

So wurde der Krieg zum Wendepunkt für die preußischen Juden, und Friedrichs Politik in den anschließenden Friedenszeiten eröffnete ihnen weitere Chancen. Im Krieg war eine neue Schicht von Geschäftsleuten entstanden, die sich im Frieden noch weiter ausbreitete; die Ansichten und Einstellungen zu den Attraktionen des weltlichen Lebens änderten sich zusehends.

1763 kehrte der König nach Berlin zurück – hager, gealtert, gichtgeplagt, ernüchtert und weiser. 130 000 preußische Soldaten waren gefallen und fast ebenso viele österreichische. Im Land herrschten Inflation, Elend und Hunger. Der Getreidepreis hatte sich mehr als verdreifacht, und das »Groschenbrot«, der traditionelle Berliner Brotlaib, war auf ein Drittel der Vorkriegsgröße geschrumpft. Als der Winter nahte, war fast jeder dritte der 100 000 Berliner amtlich als mittellos eingestuft, und man mußte Brot verteilen, um die drohenden Hungerkrawalle abzuwenden.[12] Das Land war praktisch bankrott, und das Volk war ebenso müde und erschöpft wie sein Souverän.

Wieder einmal machte Friedrich eine Kehrtwende. Von nun an

wollte er nicht mehr Kriegstreiber und die Schreckensgestalt Europas sein, sondern ein unermüdlicher Friedensfürst. Nun ging es ihm nicht mehr um Schlachtenruhm, jetzt kämpfte er für den Wiederaufbau Preußens und *rétablissement*, wie er die Entwicklung seines um vieles größer gewordenen Reiches nannte. Nun wollte er die Manufakturen, den Handel und die Finanzwelt ausbauen, Bildungs- und Rechtswesen und die Gesellschaftsordnung überhaupt reformieren. Seine Untertanen fanden sich bald in einer Welt voll rastloser Aktivität wieder, von ihrem selbsternannten »ersten Diener des Staates« bald schmeichelnd umworben, bald herumkommandiert. Friedrich traute keinem, wollte über alles informiert sein und ließ sich keine Entscheidung aus der Hand nehmen. Er stand jeden Morgen vor fünf Uhr auf und arbeitete bis spät in die Nacht und blieb *toujours en vedette* (immer auf dem Posten), wie er es einmal gegenüber einem Freund, dem Marquis d'Argens, ausdrückte.

Er behielt alle Fäden in seiner Hand. Nach seinem Tode sollte ein kleiner Teil seiner Anordnungen für das Kabinett vierundvierzig Bände füllen und die *Acta Borussia*, eine Sammlung offizieller Dokumente, zwölf weitere. Friedrich war zynisch, traute keinem Menschen, hatte nur wenige enge Beziehungen, bezeichnete seine Windhunde als seine besten Freunde und verfügte, nach seinem Tod mit ihnen zusammen in Sanssouci begraben zu werden.[13]

Von Eigeninitiative hielt er nichts, sondern verlangte von seinen Ministern und Verwaltungsbeamten absoluten Gehorsam und bestand auf strikter Disziplin. Das von ihm geschaffene Preußen wies mehr und mehr Züge eines Militär- und Polizeistaats auf, in dem allerdings auf merkwürdige Weise Strenge und Toleranz nebeneinander existieren konnten. Befehle waren blind zu befolgen, Korruption wurde schwer bestraft, und beim Militär herrschte strengste Disziplin. Ungehorsame Soldaten und Deserteure mußten immer noch Spießrutenlaufen, ein barbarischer Brauch, bei dem sie halb tot geschlagen wurden. Der exzentrische König sah sich diese blutigen Spektakel oft persönlich an, weinte andererseits jedoch bitterlich beim Tod seiner Mutter und seiner Schwester. Er schaffte weder die Leibeigenschaft ab, wie es anderswo in Europa geschah, noch rührte er an die Privilegien des Adels. Andererseits verbot er die Zensur, ließ

Dutzende neuer Zeitungen zu, lockerte den Griff der Kirche auf das Volk, förderte Wissenschaft, Musik und Künste und tolerierte sogar, daß in der Hauptstadt hemmungslos gezecht und gehurt wurde.

Preußen blieb zwar Agrarstaat, der größte Einzelstaat im lockeren Gefüge der deutschen Staaten mit ihren vielen Fürstenhöfen, doch in den siebziger Jahren war es bereits der viertgrößte Manufakturstaat der Welt. Auch für diese Entwicklung erkannte Friedrich es als gewinnträchtig, sich seiner Juden zu bedienen.

In einer sich von Grund auf wandelnden Welt war Fridericus Rex, der aufgeklärte Despot und Reformator, eine Gestalt des Übergangs zwischen Altem und Neuem, zwischen dem Absolutismus des 18. und der Demokratie des 19. Jahrhunderts. Er führte grundlegende Veränderungen im wirtschaftlichen, politischen, kulturellen und gesellschaftlichen Leben seines Volkes herbei, und am Ende seiner Herrschaft hatte er in jedem Bereich des öffentlichen Lebens neue Rahmenbedingungen geschaffen – in Religion, Kunst, Musik, Industrie und im Geistesleben. In den letzten beiden Jahrzehnten seiner Herrschaft entwickelte sich – wohl gegen seine Absicht – der Aufstieg des Bürgertums und eine etwas offenere, wenn auch noch nicht demokratische Gesellschaft. Ohne es zu wollen, hatte der Autokrat eine Bresche für die an die Macht strebende Bourgeoisie geschlagen.

6

Rahels Kindheit fällt in die späten Jahre Friedrichs des Großen. Ihre Jugend war schwierig, und im Rückblick seufzte sie einmal: »Niemand hätte eine gepeinigtere Jugend erleben können.« Von Geburt an von zarter Gesundheit, hatte sie ihre ersten Wochen in Decken eingehüllt in einer Kiste verbracht. Denn Rahel war so winzig klein, daß man nicht wußte, ob sie überleben würde. Ihr Leben lang blieb sie kränklich, steckte sich leicht an, litt immer wieder unter Anfällen von »Schwäche« und war in ihren späteren Jahren von allen möglichen echten und eingebildeten Leiden geplagt.

Das Kind war klein, schmächtig und wenig einnehmend. Sie hatte winzige Hände und Füße, auf ihrem kleinen Körper saß ein eher großer Kopf mit einem seltsamen Gesicht – ein überproportioniertes Kinn und neugierige, durchdringende dunkle Augen. »Ein superiorer Kopf auf einem inferioren Körper«, sagte ihr enger Freund David Veit. Unter der Fuchtel ihres launischen Vaters und einer Mutter, die ihr nur wenig Zuspruch und Hilfe geben konnte, war die übersensible Rahel oft unglücklich, litt und bemitleidete sich selbst, war unzufrieden mit ihrem Aussehen und voller Ressentiments gegen die Einschränkungen, denen sie als jüdisches Mädchen in Berlin im späten 18. Jahrhundert unterworfen war. Von klein auf war sie unverkennbar hochintelligent und frühreif. Viele Jahre später erzählte ihr Mann, sie hätte sich im zarten Alter von zwölf Jahren dermaßen in philosophische Spekulationen über Gott und die Unsterblichkeit der Seele vertieft, daß sie bei Tisch einmal ohnmächtig wurde, als ihr plötzlich Zweifel kamen.

Eine formelle Schulbildung hatte sie nie bekommen. Zwar hatte, sehr zum Unmut der Rabbiner, 1778 die erste jüdische »Freischule« ihre Pforten geöffnet, an der neben Hebräisch und dem Talmud auch weltliche Fächer unterrichtet wurden, doch dies war eine reine Jungenschule. Im Preußen der siebziger und achtziger Jahre des 18. Jahrhunderts kam kaum jemand auf den Gedanken, auch Mädchen in die Schule zu schicken.

Die erste Mädchenschule – nur für Christen – wurde erst 1786 eingerichtet, die erste für jüdische Mädchen erst zwanzig Jahre später. Den Töchtern eine regelrechte Schulbildung angedeihen zu lassen war bei den Juden nicht üblich. Nur einige wenige fortschrittliche Freidenker setzten sich bereits für eine Änderung ein. Der reiche Daniel Itzig, der sowohl über die entsprechenden Mittel und eine angemessene Schülerzahl verfügte – Madame Itzig hatte ihm in zwanzig Jahren sechzehn Kinder geschenkt –, hatte den ungewöhnlichen Schritt unternommen, im eigenen Haus eine moderne Bildungsanstalt einzurichten: Hauslehrer unterrichteten nicht nur seine Söhne, sondern auch seine zahlreichen Töchter in Deutsch, Französisch, Geschichte, Musik und anderen weltlichen Fächern. Die drei jüngsten, Recha, Güttchen und Lea, waren Rahels Altergenossinnen; sie muß sie um die Möglichkeit beneidet haben, so viel zu lernen.

Markus jedoch war nicht fortschrittlich gesinnt und hielt die Bildung seiner Tochter für völlig überflüssig. Die Mauern der geschlossenen jüdischen Welt wiesen damals schon die ersten Risse auf, und im Freundeskreis ihres Vaters tauchten immer häufiger Christen und weltliches Gedankengut auf, doch Rahel und ihre Altersgenossinnen wuchsen wie »Kinder wilder Völkerstämme« heran, wie später einer ihrer Biographen schrieb.[14] Von traditionellem jüdischem Wissen wußte Rahel nur wenig, sie war wohl an solchen Dingen auch nur wenig interessiert. Ihre Neugier galt der nichtjüdischen Welt. Dafür interessierte sie sich brennend, und so litt sie bitterlich unter der auf die Verhältnisse zurückzuführenden Einschränkung ihrer individuellen und geistigen Freiheit, die Grenzen nach draußen zu überschreiten.

Im späteren Leben beklagte sich Rahel immer wieder über ihre mangelhafte Schulbildung. Frustriert bezeichnete sie sich gern als »Ignorantin« und klagte: »Mir hat man nichts beigebracht.« Dabei brachte sie es mit ihrem scharfen Verstand, ihrem Wissensdurst und Erkenntnisdrang, ihrer Unersättlichkeit beim Lesen und Zuhören als Autodidaktin zu erstaunlicher, wenn auch teilweise lückenhafter Bildung. Das in hebräischen Buchstaben geschriebene Judendeutsch war ihre erste Sprache. Das ist sicher der Grund dafür, daß ihre vielen Tagebuchbände und die Tausende von Briefen an ihre Freunde in einer manchmal fehlerhaften und auch orthographisch schwachen eigentümlichen deutsch-französischen Mischsprache verfaßt sind, die sie sich selbst beigebracht hatte. Vielleicht ist es auch der Grund dafür, daß sie sich nicht um die Veröffentlichung ihrer Schriften bemühte, sondern lieber als Gastgeberin eines literarischen Salons gesellschaftlich reüssieren wollte.[15]

Im Berlin von Rahels Kindheit gab es viel zu sehen und viel zu lernen, und es bereitete ihr großes Vergnügen, wenn ihr Vater – prächtig ausstaffiert und eher wie ein Christ aussehend als wie ein Jude – sie und den kleinen Markus auf einen Spaziergang an den Sehenswürdigkeiten und Wahrzeichen der Stadt vorbei mitnahm.[16]

Sie brauchten nur um die Ecke zu gehen, um am Fluß nahe der École militaire in der Burgstraße 25 an Daniel Itzigs imposantem Stadtpalais vorbeizukommen. Eine Generation früher hatte Itzig senior mit dem Verkauf von Pferden und Vieh an die Armee angefangen. Als sein Sohn Daniel 1748 die fruchtbare Miriam heiratete – die Tochter desselben Benjamin Elias Wulff, dessen Kusine Moses Mendelssohn geheiratet hatte –, war der Vater immer noch ein Mann von bescheidenem Wohlstand. Richtig reich wurde er erst im Siebenjährigen Krieg als einer der Münzpächter des Königs.

1761 hatte Daniel Itzig Christenrechte erhalten, und jetzt wollte er auch wie ein Christ leben, nur besser. Um das Palais Itzig zu erbauen, hatte er zunächst einem preußischen Adligen das Hauptgebäude abgekauft und dann vier Nachbarhäuser erworben. Dann engagierte er einen namhaften Baumeister, der in mehrjähriger Arbeit die Gebäude miteinander verband und eine eindrucksvolle Fassade schuf. Das Palais lag in einem Ziergarten mit Springbrunnen, wies als besonderen Luxus ein Bad auf, war mit schönen Gemälden geschmückt und hatte sogar eine kleine Synagoge zum Privatgebrauch.

Nach dem Krieg hatte Itzig auf Drängen des Königs einen Teil seines Vermögens in eine Reihe von Manufakturen investiert – je eine Fabrik für Zinn, Lederwaren und Pflanzenöl sowie ein Eisenwerk im Harz. Diese Betriebe verdankten ihre Existenz mehr königlichem Druck als wirtschaftlichen Überlegungen, und keiner von ihnen sollte je wirklich erfolgreich oder berühmt werden. Anders sah es mit Itzigs beträchtlichem Immobilienbesitz aus – vor allem mit einem Anwesen vor den Stadttoren, ein kleines Gut mit Molkerei, das den Namen des preußischen Ministers von Bartholdy trug, von dessen Familie Itzig es gekauft hatte. Viele Jahre nach Daniels Tod sollte seine Enkelin Lea einen Sohn von Moses Mendelssohn heiraten. Deren Sohn Felix ließ sich taufen, hängte Bartholdy an seinen Nachnamen Mendelssohn und wurde als Komponist berühmt. Man fragt sich, was wohl Daniel Itzig, eine prominente Gestalt der preußisch-jüdischen Aristokratie, den manche den Fürsten der Juden nannten, dazu gesagt hätte, daß Felix Mendelssohn Bartholdy mit die schönste christliche Kirchenmusik des 19. Jahrhunderts schuf.

Itzigs Palais war nicht das einzige imposante Domizil, an dem die Levins vorbeispazieren konnten. Am Rathaus jenseits des Molkenmarkts vorbei wären sie noch auf ein anderes elegantes Berliner Anwesen gestoßen, berühmt wegen seiner von einer raffiniert versteckten Laterne beleuchteten Innentreppe. Itzigs Partner Moses Isaak hatte es von einem Minister des Königs gekauft, und jetzt lebten seine Erben hier. Moses hatte ebenso wie sein ehemaliger Partner im Krieg ein Vermögen verdient, welches bei seinem Tode auf eine gute Dreiviertelmillion Taler geschätzt wurde. Er hatte als kleiner Geldverleiher angefangen, nannte sich aber nach dem Krieg »Banquier« und sorgte durch Großzügigkeit und Wohltaten an Juden und Christen für seinen guten Leumund.

Das prächtigste Stadthaus der neureichen Juden war jedoch das sogenannte Palais Ephraim. Der mittlerweile verstorbene alte Veitel Ephraim hatte es bauen lassen, gleich nachdem der König ihm 1761 Christenrechte verliehen hatte, und kein Gebäude in ganz Berlin kam diesem auch nur annähernd gleich. Bewohnt wurde es von Veitels Söhnen, und es hatte sich zu einer Touristenattraktion ersten Ranges entwickelt. Auswärtige Besucher und Einheimische bestaunten die eleganten korinthischen Säulen, die einen Balkon mit kunstvollem schmiedeeisernen Geländer trugen. Im Inneren hatte Veitel sich ein einmaliges »chinesisches« Zimmer bauen, die anderen Räume mit exotischen, von Hand bemalten Täfelungen ausstatten und eine geschwungene Treppe aus Edelholz einbauen lassen.

Veitels Großvater hatte zu einer der ersten fünfzig Wiener Familien gehört, denen die Ansiedlung in Brandenburg erlaubt worden war, doch noch 1730 waren die Ephraims so arm, daß ihr Gemeindebeitrag weniger als einen Taler im Jahr ausmachte, nämlich genau 17 Groschen und sechs Pfennige.[17] Veitels Frau Elke hatte eine beträchtliche Mitgift in die Ehe gebracht. Die wahre Grundlage seines Reichtums und Erfolgs war jedoch der glückliche Umstand, daß Friedrich, der ihn sympathisch fand, ihn schon als Kronprinz auf Schloß Rheinsberg zu seinem Hofjuwelier gemacht hatte. Während der Kriege Friedrichs des Großen war keiner im Münzgeschäft größere Risiken eingegangen oder hatte den anderen jüdischen Münzpächtern schärfer Konkurrenz gemacht als Veitel – was ihn beim Volk denn auch zum beneidetsten und unbeliebtesten von allen machte. Andererseits schwärmte Voltaire, womöglich beeindruckt durch Veitels Aura von Reichtum, Macht und Erfolg, nach dessen Tod, er habe an Tugenden selbst Moses und Salomon übertroffen: »Il était plus sage que Moïse et avait plus d'esprit que Salomon.«[18]

Auf ihrem Schlendergang wäre Markus Levin mit seinen Kindern wohl auch zu den prächtigsten Berliner Hauptstraßen gelangt. Eine davon war eine breiter Boulevard für Reiter und Fußgänger; vier Lindenreihen säumten den Damm. Man nannte diese schöne Allee Unter den Linden. Die andere war die ebenso prächtige Leipzigerstraße. Unter den Müßiggängern, die das Flair der unter Friedrich wiedererstandenen Hauptstadt auf sich einwirken ließen, befanden sich zwischen promenierendem Adel, Bürgern und Besuchern nun auch mehr und mehr elegant herausstaffierte Juden. Unter ihnen könnte durchaus auch ein aufstrebender junger Unternehmer gewesen sein, der mit seiner Tochter Malka und ihren drei Schwestern spazierenging.

Dieser Liebmann Meyer Wulff, Malkas Vater, war für das Münzgeschäft im Krieg noch zu jung gewesen, doch jetzt wuchs sein Vermögen schnell, denn er liebte das »große Geschäft« und hatte einen guten Blick dafür. Eines Tages sollte er der reichste Mann in der Hauptstadt sein und von den Berlinern Krösus genannt werden. Malka war da schon die angesehene Madame Amalie Beer, Gattin eines Ururenkels von Josts Tochter Hindchen[19] und Mutter berühmter Söhne – einer ein vielversprechender Dichter, der andere Preußens beliebtester Opernkomponist, der erste Jude, der den Titel Hofkapellmeister trug. Das lag jedoch noch in weiter Zukunft.

Unter den Linden war jetzt die Prachtstraße Berlins, und der König hatte nichts unterlassen, sie so prunkvoll wie möglich zu gestalten. In den frühen siebziger Jahren hatte er kurzerhand vierundvierzig häßliche alte Häuser abreißen und durch stattlichere ersetzen lassen. Besucher bewunderten häufig die üppige Architektur der neuen Gebäude. Der Lustgarten und der Opernplatz am einen Ende des Boulevards sowie der Tiergarten, ein weitläufiger, bewaldeter Park am anderen Ende waren Lieblingsziele der promenierenden Berliner, unter denen es nun viele gutgekleidete Juden gab.

Markus und seine Freunde gingen gern in die Oper und nahmen begeistert am Berliner Theaterleben teil. Es muß ihm Freude gemacht haben, seinen Kindern das imposante Opernhaus zu zeigen. Friedrich hatte es in den vierziger Jahren errichten lassen, neben der Königlichen Bibliothek, dem Schloß seines Bruders Heinrich auf der gegenüberliegenden Seite des Platzes und dem Zeughaus, Preußens größtem Waffenarsenal, in der Nähe. Während der Herrschaft seines Vaters, als pietistische Theologen den Zeitgeist bestimmten, hatte man Theater und Dramatiker, Schauspieler und Schauspielerinnen mit Argwohn betrachtet, als frivol und moralisch suspekt. Doch nun hatten sich die Zeiten geändert.

Früher hatte man Stücke nur auf französisch gespielt, und zwar in der Comédie Française am Monbijouplatz. Deutschsprachiges Theater gab es kaum, das wenige waren Harlekinaden, Possen und Burlesken. Die Aufklärung brachte jedoch eine Blütezeit der deutschen Sprache mit sich, und in Berlin gab es jetzt ein Theater, in dem nur deutsche Stücke aufgeführt wurden, die Teutsche Komödie. Döbbelin, der Direktor, hatte dort mit großem Erfolg Lessings *Minna von Barnhelm* gezeigt; das Publikum amüsierte sich köstlich über das preußische Getue aus der Zeit des Siebenjährigen Krieges. Lessings *Emilia Galotti* war mit der Verurteilung der Adelsprivilegien und dem Hohenlied auf die neuen bürgerlichen Werte genauso populär gewesen. Goethes *Götz von Berlichingen* löste immer wieder stürmischen Applaus aus – auch wenn der König, der eigentlich nur von französischen Sachen etwas hielt, das Stück als »schlechte Nachahmung shakespearescher Platitüden« beschimpft hatte. Anscheinend hatte Friedrich für den deutschen Dramatiker ebensowenig übrig wie für den englischen. Später, 1783/84, wurden auch Schillers *Räuber*, *Fiesco* und *Kabale und Liebe* mit dem großen Schauspieler Fleck in der Hauptrolle gut aufgenommen.[20]

In Markus Levins Kreisen gab man gerne Diners, zu denen man auch die Theaterprominenz einlud. Deren Beziehung zu den Juden zeigte nicht nur eine Wahlverwandtschaft, sondern lag auch im gegenseitigen Interesse. Juden und Theaterleute standen immer noch am Rande der Gesellschaft, und diese Soireen boten beiden Gruppen die willkommene Gelegenheit, mit den besseren Kreisen der nichtjüdischen Berliner Gesellschaft zu verkehren. Die jüdischen Herren waren von den Schauspielerinnen fasziniert, flirteten gern mit ihnen und waren auch intimeren Beziehungen nicht abgeneigt. Die ewig mittellosen Schauspieler und Schauspielerinnen ihrerseits schätzten Stil, Kultur und Witz der Juden, aber auch deren Großzügigkeit und Bereitschaft, ihnen persönliche Kredite zu günstigen Konditionen zu gewähren.

Rahel erlebte diese Gastlichkeit und die Theaterbeziehungen ihres Vaters von klein auf mit und war von diesem Fenster zur Welt fasziniert. Markus seinerseits lernte – sosehr er sie sonst auch quälen mochte – ihren »Witz« und ihre Schlagfertigkeit schätzen und merkte, daß die Anwesenheit seiner kleinen Tochter bei seinen Soireen ihm bei den Gästen zugute kam. Für Rahel war es die erste Erfahrung mit den Reizen, die ein literarisch-gesellschaftlicher Salon bot.

7

Der Tiergarten war das zweite beliebte Ausflugsziel der Berliner. Am Wochenende hielt der Torwächter ständig Ausschau nach gutgekleideten Familien, die am Ende von Unter den Linden ins Grüne wollten. Er zog die Mütze, öffnete die Schranke, steckte das übliche Trinkgeld ein, und die Spaziergänger betraten ihren Lieblingspark, um dort vielleicht auch ein Picknick zu veranstalten.

Für Christen aus gehobenen Schichten waren ein *déjeuner* oder eine Kaffeegesellschaft in Tarones Etablissement im Tiergarten eine gesellschaftliche Verpflichtung. Tarone war aber nichts für Juden, weil die meisten noch nicht bereit waren, die tiefverwurzelten Speisetabus zu brechen und anders als koscher zu essen. Aber die Kinder wollten ihren Kuchen, und Markus wollte, wie alle Berliner, die es sich leisten konnten, seinen Kaffee.

In Preußen kannte man Kaffee erst seit kurzem. Der König war bei seiner Einführung auf weit weniger Widerstand gestoßen als bei dem Versuch, die Bauern zum Anbau und das Volk zum Verzehr der seltsamen neuen »Erdäpfel« zu bewegen. Man wollte lieber beim Brot als Grundnahrungsmittel bleiben und verschmähte die Kartoffeln. Der Soldatenkönig war über den Widerstand der Bauern sogar derart verärgert gewesen, daß er gedroht hatte, jedem Widerspenstigen Ohren und Nase abschneiden zu lassen. Der neue Türkentrank dagegen wurde schnell akzeptiert, kam in Mode und brachte dem König, der das Recht zum Kaffeerösten streng kontrollierte, beträchtliche Einnahmen. *Tout Berlin* zahlte und trank mit Begeisterung.

Wenn Markus seinen Kindern etwas Besonderes bieten wollte, nahm er für den Rückweg eine Pferdedroschke. Der Fahrpreis von fünf Groschen war – wie fast alles im bürokratisch geordneten Preußen – für jede Strecke genau festgelegt. Zu guter Letzt kehrte man in Philip Falks Restaurant und Kaffeehaus in der Altstadt ein, dem einzigen koscheren Gasthaus in Berlin.[21] Am Ende eines sorglosen Tages – für Markus in seiner Jugend für einen Juden unvorstellbar – kam man dann auf dem Heimweg noch an einem weiteren bemerkenswerten Haus vorbei.

Das Haus Spandauerstraße 68 hatte einen kleinen Garten und war keineswegs prächtig, aber trotzdem eine höchst geachtete Adresse. Passanten schauten nicht weniger genau hin als bei Ephraims und Itzigs Stadtpalästen. 1748 hatte Lessing hier gewohnt und in den fünfziger Jahren Nicolai, der berühmte Buchhändler und Vorkämpfer der deutschen Aufklärung. Jetzt wohnte Moses Mendelssohn darin. Er war der bekannteste und geachtetste preußische Jude, der Mann, den man sogar in Frankreich voller Hochachtung *»le juif de Berlin«* nannte. Vierzig Jahre waren vergangen, seit er das Duldungsrecht in der Hauptstadt erhalten hatte. Mittlerweile war er einer der gebildetsten deutschsprachigen Philosophen der Aufklärung und der kultivierte Sprecher der deutschen Juden, in dem sich das Erbe seines Volkes mit zeitgenössischem Geist verband.

Mendelssohn war zunächst Hauslehrer bei Isaak Bernhard gewesen, trat später als Angestellter in dessen Firma ein und brachte es dort bis zum Geschäftsführer. 1745 hatte er bei einer Partie Schach Lessing kennengelernt; zwischen den beiden wuchs eine lebenslange Freundschaft. Der Deutsche war von der Menschlichkeit, der Weisheit und dem Verstand seines jüdischen Schachpartners so beeindruckt, daß er ohne Mendelssohns Wissen für die Veröffentlichung eines seiner frühen philosophischen Aufsätze, »Über Zufallsereignisse«, sorgte. Schon bevor die beiden sich kennenlernten, hatte Lessing, als hätte er es geahnt, *Die Juden* geschrieben, ein Stück, in dem er die jüdische Hauptfigur sensationellerweise höchst positiv dargestellt hatte. Später hatte die ebenso bewundernswerte

Hauptfigur in *Nathan der Weise* Moses Mendelssohn selbst zum Vorbild.

Wie revolutionär vielen Zeitgenossen Lessings Darstellung eines Juden erschienen sein mußte, zeigt sich in der Kritik des christlichen Theologen David Michaelis, der über *Die Juden* sagte, diese Schilderung sei einfach unglaubwürdig und lebensfremd; kein Jude könne derart tugendhaft sein! In seinem Kommentar zu dieser Rezension nahm Mendelssohn kein Blatt vor den Mund. Sei es nicht, so fragte er, »eine Demütigung und Schamlosigkeit, einem ganzen Volk die Wahrscheinlichkeit abzusprechen, auch nur einen einzigen ehrlichen Mann aufweisen zu können? Ein Volk, dem alle Propheten und Könige entstammten?«

Mit der Zeit wurde Mendelssohn als Philosoph berühmt. *Phädon oder über die Unsterblichkeit der Seele*, eines seiner Hauptwerke, machte 1767 auf seine Zeitgenossen solchen Eindruck, daß manche ihn den deutschen Sokrates nannten. Gleichzeitig war er zum wichtigsten Verfechter der These geworden, Juden und Deutsche könnten harmonisch und gleichberechtigt zusammenleben und es sei an der Zeit, den Versuch dazu zu unternehmen. Dabei ließ er sich in seinem eigenen Glauben nie beirren. Um den Brückenschlag zu erleichtern, übersetzte er den Pentateuch neu ins Deutsche und legte mit *Jerusalem oder über religiöse Macht und Judentum* 1783 eine eloquente Darstellung und Verteidigung der Beziehung zwischen Judentum und Staat vor. Als der Schweizer Theologe Johann Lavater ihn in bester Absicht zum Christentum bekehren wollte, wies Mendelssohn ihn öffentlich mit einer emotional geprägten Verteidigung seines Glaubens zurück.

Das Schlüsselereignis auf dem Weg zur Emanzipation der Juden in Deutschland war jedoch 1781 das Erscheinen der epochemachenden Schrift *Über die bürgerliche Verbesserung der Juden* aus der Feder des preußischen Staatsrats Christian Wilhelm von Dohm. Damit begann die ernsthafte Diskussion über die rechtliche Stellung der Juden in Deutschland. Dohm war nachhaltig von Moses Mendelssohn beeinflußt, der überhaupt die stärkste Wirkung auf den allmählichen Wandel der Ansichten von Christen über die Verbesserung des Status der deutschen Juden haben sollte.

Als Rahel heranwuchs, waren diese Entwicklungen noch im Werden begriffen. Statt einiger weniger Hofjuden gab es jetzt eine wachsende Zahl jüdischer Kaufleute der Mittel- und Oberschicht. Sie waren es, die die wirtschaftliche Grundlage für weitere Fortschritte schufen und die gesellschaftliche Isolierung der Juden von der Außenwelt überwanden. Sie waren nüchterne, fleißige Menschen, die ihren Beruf ernst nahmen und auf ihre Erfolge stolz waren. Nie zuvor waren deutsche Juden in Deutschland kulturell und weltanschaulich derart assimiliert gewesen, nie zuvor hatten sie so viel Umgang mit Christen gepflegt.

Die Juden mußten immer noch unter vielen Ungerechtigkeiten leiden, waren aber trotzdem stolz darauf, als »Friedrichs Juden« in Preußen zu leben. Viele waren glühende Anhänger der Aufklärung und hofften, die Wertvorstellungen der Aufklärung und die sich entwickelnde bürgerliche Gesellschaft würden ihren eigenen Fortschritt vorantreiben. Die meisten waren auch für die Haskala, die von Moses Mendelssohn propagierte jüdische Aufklärung, welche die engen rabbinischen Regeln und talmudischen Vorschriften lockern und den jüdischen Geist auch für weltliche Ideen empfänglich machen wollte. Die Generation ihrer Kinder, darunter auch Rahel, öffnete sich diesen Gedanken besonders bereitwillig und brannte noch mehr darauf, dieses Neuland zu betreten.

Die Zeit war jedoch immer noch süß und bitter zugleich – voller Spannungen, Unklarheiten und Frustrationen. Trotz sich wandelnder Auffassungen und verbesserter Umstände blieben die Juden in Preußen auch weiterhin die unbeliebteste Minderheit. Nach wie vor galten die Zwangsvorschriften von 1750, nach wie vor trugen die Juden eine hohe Steuerlast, nach wie vor war ihre Zahl begrenzt, nach wie vor waren sie in keiner Hinsicht gleichberechtigt. Streitereien und Eifersüchteleien hatte es immer gegeben, und die Berliner Gemeinde hatte sich nie durch besondere Harmonie ausgezeichnet, doch jetzt war die Unruhe größer denn je.

Beim Übergang vom Ghettoleben zu einer weltlichen Kultur war es zwischen den Rabbinern und Traditionalisten einerseits und den assimilierteren Gemeindemitgliedern, die sich ihrer Führung nicht mehr unterwerfen wollten, zu erbittertem Streit gekommen. Den

Rabbinern glitten die Zügel aus der Hand, und die Spannungen stiegen extrem an. Seit undenklichen Zeiten hatten die Rabbiner die alten Vorschriften und Sanktionen praktisch ohne Einwirkung von außen durchsetzen können. Jetzt entwickelte das preußische Rechtswesen sich weiter, und die Beamten des Königs mischten sich unter Berufung auf die Rechtsreformen des Souveräns und auf neues Gedankengut immer öfter in Gemeindeangelegenheiten ein. Friedrich selbst hielt nichts von den alten jüdischen Regeln, die er gerne als »Hottentottenrecht« zu bezeichnen pflegte.

Friedrich zeigte jetzt zwar mehr Toleranz gegenüber reichen Juden, doch an seiner abschätzigen Grundeinstellung hatte sich nichts geändert, und auch seinen Beamten gewährte er in diesen Fragen wenig Spielraum. Auch Dohms Schrift beeindruckte ihn nicht; er tat sie mit den Worten ab, mehr sei nicht zu erwarten gewesen. Mendelssohn ließ er nach Sanssouci rufen, sprach aber nicht selbst mit ihm, sondern überließ das einem seiner adeligen Höflinge. Als die königliche Akademie den Philosophen zum Mitglied wählte, legte Friedrich sein Veto ein.

Im Grunde blieb die Judenpolitik des Königs unverändert – die Reichen auszuquetschen und den Rest außer Landes zu halten. Immer noch waren bei jeder nur erdenklichen Gelegenheit Abgaben fällig: bei Geburten, Hochzeiten und Begräbnissen, für Rekruten und Feuerwehrleute. Überquerte ein Jude eine Grenze, fiel eine Kopfsteuer an. Es gab eine Kalendersteuer und jedes Jahr eine allgemeine Schutzsteuer. So gut wie keiner war von solchen Steuern befreit. Als Mendelssohn nach Dresden reiste, mußte er die Kopfsteuer entrichten; die Zahlung soll zusammen mit den anderen Tageseinnahmen für Waren, die in die Stadt kamen, verbucht worden sein als »ein Jude und ein Ochse«. Noch 1769 führte Friedrich eine besonders schikanöse und verhaßte weitere Abgabe ein. Er ließ verkünden, er habe »gnädig beschlossen«, daß ein Jude, der einen Schutzbrief erhielt oder ein eigenes Haus kaufen wollte, von nun an verpflichtet sei, Porzellan aus der Königlichen Manufaktur zu kaufen; die Porzellanherstellung, eines seiner Lieblingsprojekte, wollte nämlich nicht so recht florieren. Es war streng verboten, die überteuerten Produkte in Preußen weiterzuverkaufen, und der Export erwies sich als nahezu unmöglich.

Markus Levin konnte mit seinen Freunden das Theater besuchen oder mit seinen Kindern in der Stadt spazierengehen. Weniger glückliche Juden jedoch wurden damals am Stadttor immer noch abgewiesen. Salomon Maimon, ein mittelloser junger Talmudschüler aus Polen, der später mit seinen kritischen Kommentaren zu Immanuel Kant berühmt wurde, zeichnete in seinem Tagebuch das bittere Erlebnis auf, 1779 von den jüdischen Berliner Torwächtern abgewiesen zu werden, vor denen er sich weinend zu Boden geworfen hatte.[22]

In dieser Welt voller Widersprüche, in der Altes und Neues sich mischten, wuchs Rahel heran. Das Preußen Friedrichs des Großen war aufregend und intellektuell sehr lebendig, und Rahel wollte unbedingt dazugehören. Es gab Fortschritt und Hoffnung, aber weit verbreitet waren auch noch die traditionellen Schranken, die sie schmerzhaft empfand – und das ihr ganzes Leben lang.

8

Als Jüdin zur Welt gekommen zu sein empfand Rahel als »falsche Geburt«. Es war die schwerste Last in ihrem Leben, und noch auf dem Sterbebett bezeichnete sie ihre jüdische Geburt als etwas, das »so lange Zeit meines Lebens mir die größte Schmach war«. In einem frühen Brief an David Veit tobte sie gegen die »widerliche, entwürdigende, kränkende, niedrige Umgebung, der ich nicht entkommen kann«, und schwor, sie werde niemals akzeptieren »als Schlemiel [Narr] und Jüdin zur Welt gekommen zu sein!« Manchmal verfolgte sie diese Schmach bis in den Schlaf. An Veit schrieb sie, sie habe einmal geträumt, bei ihrer Geburt habe ein außerirdisches Wesen ihr einen Dolch ins Herz gestoßen und dabei gerufen: »Sei eine Jüdin!« »Und nun ist mein ganzes Leben eine Verblutung«, setzte sie hinzu. Bei anderer Gelegenheit, wenn sie die Dinge gelassener sah, beklagte sie lediglich die Unausweichlichkeit ihres Schicksals und stellte resigniert fest, sie selbst lehne zwar gesellschaftliche Klassen und Klassengrenzen ab, doch, leider, »gehören tut man doch zu einer!«.

Ihr Vater hatte seiner Familie ein solides finanzielles Fundament verschafft, seine Kinder mit nichtjüdischen Freunden und Kunden bekannt gemacht, ihre Erziehung nicht auf das traditionelle Judentum beschränkt und ihnen die Welt draußen schmackhaft gemacht. Wie nicht anders zu erwarten, waren Rahel und ihre Altersgenossen dadurch ihrem Jüdischsein entfremdet worden und kämpften nun ein Leben lang darum, in dieser ersehnten anderen Welt Fuß zu fassen und akzeptiert zu werden.

Als Markus Levin 1791 starb, machte Rahel, von seiner kleinlichen Tyrannei befreit und von der Welt um sie herum fasziniert, sich voll jugendlicher Begeisterung, Optimismus und Hoffnung daran, ihr eigenes Leben zu »erfinden«. Angesichts der Weltereignisse herrschte auch in Berlin bei der Avantgarde Aufbruchsstimmung. Das höfische Leben war unter Friedrichs Nachfolgern langweilig. Die von liberalen Ideen begeisterten jungen Intellektuellen fanden es attraktiv, Klassenschranken zu mißachten und überall nach Gleichgesinnten zu suchen. Diese jungen Literaten, Wissenschaftler, Adligen, Schauspieler und Schauspielerinnen, Dilettanten, Offiziere und Verwaltungsbeamten verband die Unruhe und Unzufriedenheit mit der sterilen Vergangenheit sowie das Verlangen, mit dem Unkonventionellen und manchmal auch mit dem Unerhörten zu experimentieren. Sie liebten gewagte Ideen, Nonkonformismus, Exzentrik in Kleidung und Auftreten und wollten neue Formen der Geselligkeit und Lebensweisen außerhalb der etablierten klassenbewußten Gesellschaft.

In früheren Zeiten hätte ein adeliger Christ wahrscheinlich kaum einen Juden gekannt, geschweige denn gesellschaftlich mit ihm verkehrt. Jetzt interessierte man sich für die kultivierten jüdischen Familien mit ihren anregenden Salons, ihrem Reichtum und Geschmack. Sie waren es nämlich, die die Künste förderten, Literatur und Bildung liebten und ein ebenso starkes Interesse an unkonventionellen Ideen, kultiviertem Geplauder und der neuesten Literatur hatten.

Der gemischte Salon, in dem Juden und Christen verkehrten, war plötzlich in Mode, und Rahel erkannte sogleich, welche Möglichkeiten zum Brückenschlag er bot. Am eigenen Ich zu arbeiten entsprach dem Zeitgeist, und auch Rahel wollte sich selbst entdecken, das Leben in vielen Varianten kennenlernen und die traditionellen Schranken und Zwänge von Familie und Status überwinden. Im Salon begegnete man interessanten Menschen, im Salon verkehrten nicht nur Juden, dort waren alle gleich, und ihr eigenes geringeres Sozialprestige spielte hier keine Rolle. In einem Brief an David Veit hatte sie einmal geschrieben: »Warum nehmen sie mich nicht für das, was ich bin? Ich bin doch immer Rahel.«[23] In der freien Atmosphäre des Salons würde dieses Problem vielleicht verschwinden.

Erste Erfahrungen mit dieser Art von Gesellschaftsleben hatte sie im zusammengewürfelten Kreis der nichtjüdischen Freunde ihres Vaters gemacht. Außerdem war sie im Haus des angesehenen Arztes und Kantianers Markus Herz Gast im Salon seiner viel jüngeren Frau Henriette gewesen. Die als anmutige Schönheit berühmte Henriette Herz hatte die Kunst, einen Salon zu führen, ursprünglich bei Einladungen ihres Gatten kennengelernt, der Gelehrte zu ernsthaften wissenschaftlichen und philosophischen Gesprächen um sich versammelte. Da ihr diese Diskussionen ein wenig zu anspruchsvoll waren, machte sie sich nach einiger Zeit selbständig und führte parallel zum Salon ihres Mannes einen eigenen. Hier trafen sich – angezogen vom Ruhm des Ehemanns und dem Charme seiner jungen Frau – etwas jüngere Juden und Christen, darunter Alexander und Wilhelm von Humboldt, Graf Dohma, ein hoher preußischer Beamter, der schwedische Diplomat Karl Gustav von Brinckmann, ein charismatischer Prediger namens Friedrich Schleiermacher und der geniale junge Friedrich Schlegel, der von griechischer Poesie schwärmte und die Gäste mit seinen Vorstellungen über die Geheimnisse der Menschheitsentwicklung fesselte. Es war eine ständig wechselnde, stets interessante und reizvolle Versammlung von gleichgesinnten Menschen; sogar Mirabeau hatte noch kurz vor seinem Tod 1791 auf einer Berlinreise hereingeschaut.

Es war Rahel nicht entgangen, daß andere junge Jüdinnen aus ihren Kreisen mit vergleichbarer Herkunft und ähnlichem Ehrgeiz bei diesen Veranstaltungen erfolgreich waren. Häufiger Gast im Salon von Henriette Herz war etwa Moses Mendelssohns älteste Tochter, die sich mittlerweile Dorothea nannte. Ihr Vater hatte sie schon mit vierzehn verheiratet, jetzt war sie Mitte Dreißig und wie Rahel entschlossen, sich in der deutschen Kulturszene zu etablieren. Einige Jahre später kehrte sie ihrem Ehemann und ihrer Religion den

Rücken und heiratete den zehn Jahre jüngeren Friedrich Schlegel. Die Enkelinnen Veitel Ephraims, Marianne Meyer und ihre Schwester Sara, führten selbst ein gastliches Haus, waren aber auch oft bei Henriette anzutreffen. Sie hatten das Glück, ebenso reich wie attraktiv zu sei, Vorteile, die sie schließlich unter Verzicht auf ihren jüdischen Namen in Ehen mit Adeligen ummünzten.

Was Rahel und diese Frauen verband, war der unwiderstehliche Wunsch nach Anerkennung in der nichtjüdischen Welt. Moses Mendelssohn hatte gesagt, ein Jude habe ein Recht darauf, als vollwertiger Mensch akzeptiert zu werden. Er bestand auf dem moralischen Recht eines Juden, neben den Christen als gleichberechtigt zu gelten, auch wenn er an seinem Glauben festhielt. Diese Frauen aber wollten mehr. Sie wollten nicht nur gleichberechtigt sein und um ihrer selbst willen anerkannt werden, ihnen ging es um echte Assimilation in die deutsche Kultur und Gesellschaft. Sie hatten Deutsch und Französisch studiert, die Griechen und Römer, Wieland und Schiller, Lessing und Fichte, vor allem aber Goethe gelesen, dessen »Gemeinschaft der Gleichgesinnten« ihr Ideal und ihr Schlagwort war. Die jüdischen Frauen dieser Generation litten viel empfindsamer daran, ausgeschlossen zu sein, und waren über ihre Herkunft und die Enge jüdischen Lebens unglücklicher als die gleichaltrigen Männer – vielleicht weil diese mit ihren Geschäften vollauf beschäftigt waren.

Rahels Situation unterschied sich aber in mehrfacher Hinsicht von der der anderen Frauen. Henriette war schön und hatte einen hochgebildeten Ehemann, der ihr viele Türen öffnete. Die Meyer-Schwestern waren attraktiv und reich; Dorothea hatte einen berühmten Vater. Die unverheiratete Rahel besaß alle diese Vorzüge leider nicht. Sie war klein und unansehnlich, weder reich noch schön, und hatte auch keinen mächtigen Ehemann oder Vater. Finanziell war sie völlig von ihrem ältesten Bruder abhängig, der jetzt das Familienoberhaupt war.

Was Rahel jedoch von den anderen am deutlichsten unterschied, war ihre bemerkenswerte Persönlichkeit – der vom Vater ererbte »Witz«, große Wärme und Einfühlungsvermögen, geistige Beweglichkeit, Schlagfertigkeit und eine leidenschaftliche, anrührende Liebe zu Literatur und Kunst, zu ihren Gästen und deren Leben. Letzteres war ihr größter Pluspunkt und der Schlüssel ihrer Anziehungskraft. Dies war ein Hauptgrund, weshalb die führenden Köpfe der Zeit sich um sie scharten und warum ihre Dachstube in der Jägerstraße zum wichtigsten Berliner Salon wurde.

Karl Gustav von Brinckmann, der schwedische Diplomat, den Rahel bei Henriette kennengelernt hatte, stieg als einer der ersten die steile Treppe im Haus an der Jägerstraße hinauf, um mit ihr Tee zu trinken. Die Zimmer waren klein und eng, doch der Schwede – ein kultivierter, redegewandter, gescheiter Herr mit einem Hauch Dandytum – war hingerissen von Charme und Persönlichkeit seiner Gastgeberin. Sie beklagte zwar gern ihre mangelhafte Schulbildung, hatte dieses Manko aber mehr als kompensiert. Sie hatte Deutsch, Französisch und etwas Englisch gelernt, war belesen, spielte Klavier und Geige und kannte sich in der neuesten Literatur und im zeitgenössischen Theater aus. Besonders bewunderte Brinckmann ihr Einfühlungsvermögen – sie konnte gut zuhören, geschickt Konversation machen und war jederzeit bereit, Fragen der individuellen Psychologie und intime Gefühle ihres Gegenübers zu erörtern. Mit der Zeit begleiteten ihn mehr und mehr seiner Freunde bei seinen Besuchen, und Lisa, Rahels Hausmädchen, mußte einem immer größer werdenden Kreis Tee servieren. Mit die ersten waren der preußische Junker von Burgsdorff und die extravagante Gräfin Pachta, ein Paradiesvogel.

Mitte der neunziger Jahre war Rahel mit der »Erfindung« ihrer neuen Existenz weiter gekommen, als sie gehofft haben mag. Immer mehr Adelige und Intellektuelle kamen nun regelmäßig zu ihr, angelockt von dem unkonventionellen Ambiente, dem pikanten Reiz der dahinplätschernden intellektuellen Konversation, aber auch von den unweigerlich von Flirts und Liebschaften begleiteten ernsten Gesprächen. Wilhelm von Humboldt und seine Frau Karoline waren häufige Gäste, ebenso sein Bruder Alexander, der große Wissenschaftler und Naturforscher. Es kamen Schauspieler und Schauspielerinnen, nebst abenteuerlustigen jungen Juden, christlichen Predigern und Philosophen. Auch Rahels Brüder erschienen gelegentlich und lernten bei ihr neue gesellschaftliche Umgangsformen kennen. Einige Jahre später entschied sich ihr jüngerer Bruder zur Taufe und hieß fortan nicht mehr Liepmann Levin, sondern Ludwig Robert.

Rahel liebte und bewunderte ihre Gäste, doch am meisten genoß sie ihre neue Freiheit. Im Sommer begleitete sie die Schauspielerin Friederike von Unzelmann in die böhmischen Bäder, wo ganz Berlin zum Brunnen ging. Als sie wieder in Berlin war, schrieb sie an Veit, sie habe sich ein Herz gefaßt und sei am Sabbat »bei hellem Tageslicht« mit der Kutsche gefahren. Ganz wohl kann ihr dabei nicht gewesen sein, denn sie bekannte im gleichen Atemzug, sie hätte es abgestritten, falls jemand sie dabei gesehen hätte. Später bezeichnete sie das letzte Jahrzehnt des Jahrhunderts als ihre »besten Jahre«. Doch gerade sie sollten kein gutes Ende nehmen.

Im Winter 1795 hatte sie im Theater Graf Karl von Finckenstein kennengelernt und sich in ihn verliebt. Er war – wie viele in ihrem Salon – von ihrer Persönlichkeit und ihrem Charme hingerissen. Daraus entstand eine vierjährige »Verlobung« mit endlosem emotionalen Hin und Her. Rahel kämpfte darum, aus der Verlobung eine Ehe zu machen, und träumte davon, Gräfin von Finckenstein zu werden. Ihr Verlobter schwankte, schickte ihr gefühlvolle Briefe, kämpfte mit sich selbst und quälte sich, und konnte sich doch nie zu dem Entschluß durchringen, den entscheidenden Schritt zu tun. Er kam aus einer der ältesten Adelsfamilien in Brandenburg. Im Salon hatte alles so einfach ausgesehen, dort waren die Jüdin und der Junker zwei Individuen. Doch sobald er wieder auf seinem Familiengut war, war er der Sproß preußischer Junker und sie immer noch eine Jüdin. Finckenstein hatte nicht die Kraft, diese Schranke zu durchbrechen. Später stellte sich heraus, daß auch diejenigen seiner Freunde, die selbst in Rahels Salon verkehrten, ihm – teilweise höchst nachdrücklich – von dieser Ehe abgeraten hatten. Individuelle Beziehungen mochten ja schön und gut sein; aber eine Jüdin in die christlich adelige Gesellschaft einzuführen war etwas ganz anderes – das Überschreiten einer unsichtbaren Mauer.

Tief verletzt gab Rahel ihre Bemühungen auf und reiste in das nachrevolutionäre Paris, wo sie einfach eine anonyme Ausländerin aus Preußen war, die niemand fragte, ob sie Christin oder Jüdin sei. Sie hatte ihren ersten großen Rückschlag erlitten und verließ Berlin – entmutigt, besiegt, weltmüde nach einer Enttäuschung, welche sie, wie sie schrieb »versteinert« hatte. Die Illusion, sie könnte ihre Minderwertigkeitsgefühle und das Gefühl des Ausgeschlossenseins in ihrem Salon mit adeligen Gästen dauerhaft überwinden und in deren Welt wirklich akzeptiert werden, war zerschlagen worden. Diese Lektion sollte sie in ihrem weiteren Leben noch mehr als einmal lernen müssen: Der Anerkennung der Juden waren Grenzen gesetzt, vor ihrer vollen Integration in die Gesellschaft standen unsichtbare, aber darum nicht weniger reale Mauern.

9

Die industrielle Revolution, die ganz Europa erfaßte, hatte tiefe Auswirkungen auf das Leben auf dem Lande und ebenso in den Städten mit ihren schmutzigen Elendsvierteln. Veränderte Produktionsbedingungen hatten neue Industrie- und Handelsbarone hervorgebracht, und der Landadel war in Schwierigkeiten. Die emporstrebende bürgerliche Schicht forderte neue Rechte und stellte alte Privilegien in Frage. Die Vormacht des Adels, der Kirche und der Königshöfe geriet unter Druck, und national wie international war die ganze politische Landschaft durcheinandergeraten.

In Frankreich mußten 1793 König und Königin auf die Guillotine. Ihre Henker gingen sich gegenseitig an die Gurgel, doch in ganz Europa blieb die Revolution die Angst der Könige und die Hoffnung der Jugend. Während Österreicher und Franzosen in Europa Krieg führten, hatte Napoleon Ägypten an sich gerissen und war im Vormarsch auf Syrien. Bald sollte er in die Tuilerien zurückkehren und sich zum Ersten Konsul ausrufen. Polen war bereits zum dritten Mal zwischen Preußen, Österreich und Rußland aufgeteilt worden. Die Engländer waren mittlerweile in Indien beschäftigt, wo der Marquis von Wellesley das reiche Königreich Mysore zerschlug. In Amerika war der Revolutionsheld George Washington gestorben und der auch in Europa vielbewunderte Thomas Jefferson zum dritten Präsidenten der jungen Republik gewählt worden.

Neben den politischen und wirtschaftlichen Veränderungen kam es in der westlichen Welt auch zu einem geistigen Umschwung. In seinem Werk *The Wealth of Nations* hatte Adam Smith – neben David

Hume eine der beiden großen Gestalten der schottischen Aufklärung – die Tugenden des *laissez-faire* gepriesen und die konventionellen Lehren des Merkantilismus und staatlicher Interventionen in Handel und Kommerz verspottet.

Auch die Wissenschaft eroberte Neuland. Entdeckungen in Physik und Chemie, Fortschritte in der Mathematik und Forschungsreisen in bisher unbekannte Weltregionen öffneten neue Horizonte und beflügelten die Phantasie. Joseph Priestley hatte im Alter von 68 Jahren sein großartiges Werk über die Elektrizität veröffentlicht und Pionierarbeit zum Sauerstoff geleistet. James Watts Erfindung des Kondensators ermöglichte den Bau von Dampfmaschinen – in Berlin waren soeben zwei von ihnen in Betrieb genommen worden. Eli Whitneys Baumwollpflückmaschine revolutionierte die Textilindustrie, und kurz vor 1800 erfand der junge Deutsche Aloys Senefelder die Lithographie. In Frankreich war Antoine-Laurent de Lavoisier, der Vater der modernen Chemie und ein Pionier der Agrarwissenschaft, 1790 mit seiner bahnbrechenden Tafel der einunddreißig chemischen Elemente berühmt geworden – verlor aber im Revolutionsstrudel von Paris seinen Kopf auf der Guillotine. An der Berliner Akademie der Wissenschaften hatte der Mathematiker Leonhard Euler die Theorie der Differentialgleichungen verfeinert und bahnbrechende Beiträge zu Mechanik, Optik, Akustik, Astronomie, Chemie und Medizin geleistet. Das Unbekannte wurde so Schritt für Schritt aus der Welt gedrängt. James Cook hatte den Pazifik erforscht und Hawaii entdeckt. Vitus Behrendt war die Nordostküste Sibiriens hinaufgefahren, und Alexander von Humboldt rüstete sich für eine mehrjährige Forschungsreise nach Südamerika.

Parallel zu dieser Entfesselung schöpferischer Energie in den Wissenschaften kam es zu einer erstaunlichen Blüte von Musik und Literatur. Mozart war gerade gestorben, und der kaum dreißigjährige Beethoven hatte soeben seine erste Symphonie in C-Dur komponiert. Haydn, sein Lehrer, hatte die zwölf Londoner Symphonien geschaffen, und der siebzehnjährige Paganini galt bereits als größter Violinvirtuose aller Zeiten.

In Deutschland kam nun vieles in Bewegung. Dort wirkte eine bemerkenswerte Generation von Philosophen und Dichtern: Kant,

Hegel, Herder, Fichte und Schlegel, Goethe und Schiller, mit Weimar als Mittelpunkt deutscher Kultur und Literatur. Goethes vor einem Vierteljahrhundert erschienene *Leiden des jungen Werthers* erregten immer noch die Gemüter der Jugend.

Literarisch artikulierte sich die Sehnsucht der jungen Generation nach Veränderung im »Sturm und Drang«. Man stellte die überkommene Hierarchie der Sozialordnung in Frage, brach die Konventionen und revoltierte gegen gesellschaftliche Schranken. Junge Rebellen zeigten sich ohne Perücke, barhäuptig und mit offenem Hemd in der Öffentlichkeit. Die Sitten wurden lockerer, »Gefühl« war alles, das »Wertherfieber« erfaßte eine ganze Generation. Auch Rahel und andere junge Frauen wie sie waren davon ergriffen. Goethe war ihr Idol, hatte er doch aufregender als jeder andere im *Werther* die Dramatik des Konflikts zwischen herrschender Moral und individuellen Sehnsüchten beschrieben und den Gefühlen der Jugend Ausdruck verliehen.

Preußen blieb bei all dem dennoch eines der stabilsten Länder in Europa. Die Beamten des Königs verwalteten einen Polizeistaat, und das Militär war allgegenwärtig. Die starre Klassengesellschaft blieb unangetastet, das Volk war königstreu, respektierte die Obrigkeit und liebte die Ordnung. Unruhig waren nur die Intelligenz und ein Teil der Jugend aus der Oberschicht.

Mittlerweile spielte das Königreich Preußen eine Hauptrolle in Europa. Die Bevölkerung war durch natürliches Wachstum, Einwanderung und vor allem durch Friedrichs Eroberungen und Annexionen auf zehn Millionen angewachsen. Schlesien und Hannover waren zu Brandenburg, Ostpreußen, Westfalen und den Rheinprovinzen hinzugekommen, und die polnischen Teilungen hatten das preußische Territorium im Westen und Süden deutlich erweitert und dem König mindestens zweieinhalb Millionen neue Untertanen eingebracht, darunter 170 000 Juden. Vorher hatte es in ganz Preußen nur 50 000 gegeben. Jetzt hatte ihre Zahl sich vervierfacht, und es wurde zunehmend schwieriger, ihren sozialen Aufstieg zu blockieren. In der Provinz Posen waren in manchen Gegenden jeder vierte Stadtbewohner und fast jeder zweite Kaufmann und Freiberufler Jude. An vielen Orten waren die Juden zu wichtig, als daß man sie hätte vertreiben können. Dort ließ sich das Gesetz von 1750 nicht anwenden, aber ihnen freie Zügel zu lassen war auch nicht akzeptabel. Ihre Angelegenheiten zu verwalten wurde immer komplizierter. Es war Zeit, sich etwas Neues einfallen zu lassen.

Auch Berlin war größer geworden und mit seinen mittlerweile 170 000 Einwohnern zu einer der führenden Städte Europas herangewachsen. Fünfzig Jahre Zuzugseinschränkung hatten jedoch die Zahl der Berliner Juden sogar etwas schrumpfen lassen. Fünfzehn Jahre früher hatte man in Berlin knapp viertausend Juden gezählt; um 1800 gab es einige hundert weniger, was ihre Bedeutung für das Wirtschaftsleben der Stadt und des ganzen Königreichs jedoch keineswegs schmälerte.

Friedrich der Große war 1786 gestorben, eingeschrumpft und schwach, doch bis zuletzt von eisernem Willen beseelt. Nachfolger wurde sein Neffe, der dann elf Jahre auf dem Thron saß, und der war aus anderem Holz geschnitzt als sein mönchisch-asketischer, verdrießlicher Onkel. Friedrich Wilhelm II. war jung und hochgewachsen, eine imposante Erscheinung. Er liebte das Leben und die Frauen und widmete beiden viel Zeit und Kraft. Er war weicher als der alte Fritz, nicht sonderlich intelligent, verließ sich auf zweifelhafte Ratgeber und war im Gegensatz zur Religionsskepsis seines Onkels ein frommer, ja frömmlerischer Christ, der mit Geistern verkehrte und in mystische Verzückung geraten konnte. In der Hauptstadt setzte er jedoch Friedrichs Politik fort und investierte weiter in schöne Bauten und imposante Denkmäler.

Die Berliner hielten ihre Stadt mit den dreißig Kirchen, eindrucksvollen Gebäuden und breiten Boulevards für eine der schönsten in Europa; besonders stolz waren sie auf das von einer bombastischen Quadriga gekrönte Brandenburger Tor. Der neue König hatte diese *porta triumphalis* bei dem Baumeister Carl Langhans in Auftrag gegeben, ließ dann ein herrliches neues Theater errichten, das Schauspielhaus, und das Schloß im großen Stil umbauen.

Berlin war eine Stadt der stärksten Kontraste. Dem repräsentativen Glanz der neuen Viertel standen bittere Armut, Schmutz und Verwahrlosung gegenüber, den Prachtboulevards der Dreck und Gestank der kleinen Straßen und Gassen, wo der Abfall auf die Straße geworfen und die Nachttöpfe in den Rinnstein gegossen wurden. »Haben die Berliner keinen Geruchssinn?« fragte der russische Historiker Karamzin nach einem Besuch und fügte hinzu, er habe sich beim Umherschlendern ständig »die Nase zuhalten« müssen.[24] Eine Kompanie von vierundsechzig ehemaligen Soldaten sorgte mit militärischer Präzision dafür, daß die hübschen Laternen in den besseren Straßen mit Brennstoff versorgt und angezündet wurden. Doch anderswo gab es überhaupt keine Straßenbeleuchtung, und die Menschen tappten durch die Dunkelheit, leichte Opfer für Räuber und Diebe, die diese Gegenden unsicher machten.

Solche Zustände machten das Leben in der Stadt reizvoll und aufregend. Hier die Reichen in ihren Kutschen, die Oberklasse auf dem Weg ins Theater, arrogante adelige Offiziere beim Spaziergang mit Familie, dort die Massen, die Juden, die Besucher und dann die Taschendiebe und nach Einbruch der Dunkelheit ganze Heerscharen von Damen des horizontalen Gewerbes. Berlin war zur offenen Stadt geworden: *Laissez-faire* war die Devise, Ausschweifung war an der Tagesordnung, die Sitten waren locker. Nach amtlicher Zählung gab es 358 Straßenmädchen und nicht weniger als achtzig Bordelle für jeden Geschmack und jeden Geldbeutel.[25]

Der König selbst ging dabei keineswegs mit gutem Beispiel voran. Zweimal »offiziell« verheiratet, heiratete er nach Art der Rokokozeit mehrere andere Damen »morganatisch« zur linken Hand und produzierte ein Dutzend vorwiegend uneheliche Kinder. In krassem Gegensatz zu seinem Onkel fand er das schöne Geschlecht unwiderstehlich und neigte immer wieder dazu, sich hoffnungslos zu verlieben. Mal war es eine Gräfin oder eine Hofdame, dann wieder eine Schauspielerin oder gar eine Wäscherin. Jahrelang war seine Favoritin eine Bürgerliche, die Tochter eines Oboisten, der er den Titel Gräfin Lichtenau verliehen hatte. Sein von den Neigungen des Neffen angewiderter Onkel hatte schon vor langem resigniert festgestellt: »Cet animal est incorrigible.«[26]

Angesichts derart lockerer Sitten waren Besucher, die zum ersten Mal nach Berlin kamen, von der tiefsitzenden, peinlich genauen bürokratischen Ordnung und den vielen Uniformen im Stadtbild – jeder sechste Berliner war Soldat – um so verblüffter. Karamzin erzählte, wie der Wirt ihm, kaum daß er sein Gastzimmer betreten hatte, einen polizeilichen Fragebogen vorlegte, »mit den selben Fragen ... die ich kurz zuvor am Stadttor beantwortet hatte und mit einer neuen – nämlich durch welches Tor ich die Stadt betreten hätte!«

Goethe hatte bei seinem ersten Besuch in Berlin seiner Freundin Charlotte von Stein mit einiger Verwunderung berichtet, daß es auf den Straßen »von Pferden, Kutschen, Kanonen und Waffen wimmelt« und daß er am Tisch des Prinzen Heinrich »Generalen halbdutzendweise« begegnet sei.[27] Der italienische Dichter Dino Alfieri, der etwas früher zu Besuch war, fand das Spektakel höchst befremdlich und geschmacklos und schrieb nach Hause, er habe »diese riesige preußische Kaserne ... mit dem angemessenen Abscheu« verlassen.[28]

Sogar die Prostituierten und die Freudenhäuser wurden jederzeit genau gezählt, erfaßt und waren natürlich steuerpflichtig. Ärzte untersuchten in regelmäßigen Abständen das Personal, Schwangerschaften wurden genau verzeichnet, und wenn eine Dame guter Hoffnung war, wurde sie bis zur Entbindung aus dem Verkehr gezogen und durfte erst danach wieder für Steueraufkommen sorgen. In Preußen waren eben auch das *laissez-faire* und die Sünde streng geordnet und durchorganisiert.

10

Rahel war in tiefer Enttäuschung und voller Scham aus Berlin geflohen. In ihren Briefen schrieb sie von ihrer Niedergeschlagenheit und völligen Lethargie – was jedoch ein ebenso falsches wie melodramatisches Bild von ihrem Zustand war. Rahel war eine Kämpfernatur, und sich tatenlos in ihr Schicksal zu ergeben paßte nicht zu ihrer rastlosen Persönlichkeit, was immer sie selbst auch glauben mochte. Das war auch in Paris nicht anders als in Berlin, wo sie sich nach weniger als einem Jahr wieder in ihr früheres Salonleben stürzte.

Nach Paris war sie in Begleitung der Gräfin von Schlabrendorf gereist, einer Freundin, die ihre eigenen Gründe hatte, die Stadt zu verlassen. Die Gräfin, eine unorthodoxe Adelige, war nämlich schwanger geworden, eine Folge ihres ausschweifenden Lebens in der Boheme. Als die beiden Frauen sich zur Abreise anschickten, schrieb Rahel ihrer Freundin einen vielsagenden Brief über das bevorstehende Abenteuer. Das uneheliche Kind sei ihr eigenes »Glück«, und sie würden bald zu dritt »eine Familie« bilden. Sie war von dieser Vorstellung begeistert, versicherte Rahel und versprach für die kommende Gemeinsamkeit in Paris ihre Liebe und grenzenlose Unterstützung. Doch fast im selben Atemzug entschlüpfte ihr ein weiterer Gedanke, der ihre ständigen Ängste und Unsicherheiten offenbarte. Sie habe gespürt, meinte sie, daß die Mutter der Gräfin etwas gegen sie habe, und deutete vorsichtig an, der Grund dafür könnte doch sein, daß sie Jüdin sei. Ob die Mutter sie jetzt vielleicht in einem anderen Licht sehe?[29]

Rahel sehnte sich nach Geselligkeit und intensiven Beziehungen zu Menschen, die sie mochte und bewunderte. Sie selbst sagte, es ginge ihr dabei um ihre persönliche Entwicklung, in Wahrheit ging es ihr aber ebensosehr um Anerkennung. Mit ihrem rastlosen gesellschaftlichen Leben kompensierte sie wohl auch eine unterschwellige Unsicherheit als Jüdin. Als sie erkannte, daß aus einer Ehe mit Finckenstein nichts werden würde, mag sie gehofft haben – auch wenn wir ihre turbulenten Gefühle in dieser Zeit natürlich nicht wirklich ergründen können –, die neue Beziehung zu der Gräfin und dem Neugeborenen könnte ihr einerseits über die Verletzung hinweghelfen und sie andererseits bei Frau von Kalkreudt, der Mutter der Gräfin, legitimieren. Man weiß nicht, wieviel Zeit sie in Paris als liebendes Mitglied der Kleinfamilie verbrachte. Ganz vereinnahmt haben kann dieses Engagement sie nicht; jedenfalls war es nur vorübergehender Natur. Als Rahel zurück in Berlin war, verschwanden die Gräfin und ihr Kind schnell aus ihren Briefen.

Sogleich knüpfte sie dort erneut an ihr früheres Leben an, und ihr Kreis war bald größer denn je. Vormittags schrieb sie Briefe, nachmittags und bis spät in die Nacht hatte sie Gäste oder ließ sich im Theater oder in der Oper sehen. Alle ihre vertrauten Besucher kamen wieder, und neue, zum Teil noch prominentere stießen dazu – Romantiker wie Friedrich Schlegel und Ludwig Tieck, die beiden Humboldts, Friedrich von Gentz und Schauspielerinnen und Schauspieler, die nach der Vorstellung kamen. Gentz, ein Intellektueller, dessen jugendlicher Idealismus und Selbsterkundungsdrang bereits realistischer Nüchternheit gewichen war, wurde später Politiker und entwickelte sich zu einem überzeugten Nationalisten und Traditionalisten, wenn nicht zum Reaktionär; auf dem Wiener Kongreß 1815 diente er Fürst Metternich als Berater. In Rahels Salon verkehrte er aufs freundschaftlichste mit ihr, doch hinter ihrem Rücken machte er, wie auch andere Gäste, aus seinem Antisemitismus kein Hehl. An Brinckmann schrieb er einmal: Keine Jüdin – ohne eine einzige Ausnahme – habe je wahre Liebe gekannt. Rahel wußte dies wahrscheinlich, zog es aber vor, seinen Antisemitismus zu ignorieren und ihn weiterhin willkommen zu heißen. Der vornehmste ihrer Gäste war jedoch kein geringerer als Prinz Louis Ferdinand, ein Neffe Friedrichs des Großen. Pauline Wiesel, die er in Rahels Salon kennenlernte, wurde seine Geliebte, und Rahel fungierte gerne als verständnisvolle Vertraute der beiden.

Rahel baute ihr Selbstbewußtsein und ihr Zugehörigkeitsgefühl also wieder einmal mit Hilfe anderer Menschen auf. Persönlich war sie jedoch zu dieser Zeit eher orientierungslos – Wilhelm von Humboldt bemerkte an ihr eine »ziellose Geselligkeit«. Sie beschäftigte sich vorübergehend mit Religion und Spekulationen über Gott, aber nicht jüdischen oder christlichen, sondern mit einer amorphen jenseitigen Vorsehung. Dann verlobte sie sich zum zweiten Mal, obwohl sie nach der Sache mit Finckenstein versichert hatte, dies werde nie wieder passieren. 1802 verliebte sie sich heftig in Don Rafaél d'Urquijo, einen spanischen Diplomaten. An ihrem ersten Verlobten hatte sie vor allem die »blonde Seele« unwiderstehlich gefunden, bei dem spanischen Aristokraten war es das südländische Aussehen. Es begann als leidenschaftliche Affäre, doch ihre Freunde, die diese Verlobung für ebenso aussichtslos hielten wie die erste, sollten recht behalten. Die beiden paßten überhaupt nicht zusammen, der Spanier war wahnsinnig eifersüchtig, es kam zu Streit und Szenen, die Beziehung kühlte ab und zerbrach 1804 ganz. Später sprach Rahel von Urquijo als ihrem »spanischen Fegefeuer« und stellte fest, die Episode habe »gezeigt, wie tief ein Mensch sinken kann«.[30]

Mittlerweile war sie Mitte Dreißig, nach zwei gescheiterten Verlobungen immer noch ledig und allein, immer noch auf der Suche nach Anerkennung und Sozialprestige, und immer noch unglücklich und unerfüllt. Doch 1806 sollte es noch schlimmer kommen. Preußen wurde in einen verheerenden Krieg gegen Napoleon hineingezogen, und die schlecht ausgebildeten und geführten Truppen mußten in der Doppelschlacht bei Jena und Auerstedt eine vernichtende Niederlage hinnehmen. König, Hof und Adel flohen aus Berlin, und die meisten von Rahels Freunden mit ihnen. Ihr guter Freund Prinz Louis Ferdinand lag bei dem Dörfchen Saalfeld begraben, von französischen Husaren getötet und seiner Kleider beraubt.[31] Preußen, gedemütigt und zerrissen, gingen große Gebiete verloren, und am 27. Oktober 1806 um vier Uhr nachmittags ritt Napoleon unter Kanonendonner im Triumph durch das Brandenburger Tor und besetzte die Hauptstadt.

Preußens Niederlage bedeutete auch das Ende von Rahels Salon. Die Zeit, die jetzt für sie begann, nannte sie später ihre »Elendsjahre«.

Im Rückblick erwies sich die Zeit der Salons, als die Avantgarde der reicheren und gebildeteren Berliner Juden langsam im gesellschaftlichen Leben Fuß zu fassen schien, lediglich als kurzes Zwischenspiel – ein falscher Frühling. Der Fortschritt war nur Schein, und eine echte Integration in die deutsche Gesellschaft hatte nie zur Debatte gestanden. Die preußische Niederlage leitete bei der deutschen Intelligenz und im gehobenen Bürgertum eine neue Periode von reaktionärer Gesinnung und Chauvinismus ein. Progressives Gedankengut geriet außer Mode, man gab sich traditionsbewußt, und selbst die wenigen Juden, die eine Zeitlang offene Türen angetroffen hatten, wurden wieder zurückgewiesen und ausgeschlossen. Die latent stets vorhandenen antisemitischen Vorurteile traten erneut offen hervor.

Rahel und die jungen Männer und Frauen aus privilegierten jüdischen Familien, die für den Eintritt in die deutsche Gesellschaft auf ihr eigenes Judentum zu verzichten bereit waren, fühlten sich wieder in die Isolation getrieben und abgewiesen. Einige hatten sich bereits taufen lassen, einige Frauen hatten Adlige geheiratet, doch nur wenige wurden wirklich akzeptiert. Trotz ihrer neu erworbenen Adelstitel und ihres Reichtums blieben die Frauen *mauvaise société*, während der getaufte Baron Arnstein voller Sarkasmus zum *premier baron du vieux testament* avancierte. Hinter ihrem Rücken hörte der Hohn nie auf.

Für die große Mehrheit der preußischen Juden hatte es ohnehin nur geringe Fortschritte gegeben. Ihnen hatte man die Türen nie geöffnet, und sie verkehrten sowieso fast nie mit Christen; in ihrem Leben hatte sich kaum etwas geändert.

Rahel und ihre Freunde mochten sich anderen Illusionen hingeben, doch in Wahrheit waren die Juden in Preußen die unbeliebte Minderheit geblieben, rechtlose Fremde, die man mit Sondersteuern belastete und Einschränkungen unterwarf. Auch ihr Bild in der Öffentlichkeit hatte sich kaum geändert. Der berühmte Freiherr von Knigge, dessen *Über den Umgang mit Menschen* um 1800 in jedem bildungsbürgerlichen Haus Pflichtlektüre war, drückte die gängige Meinung ganz klar aus. Juden seien »geborne Handelsmänner«. »In diesen Fällen nun ist eine von den Ursachen gehoben, weswegen der Charakter dieses Volks so viel nicht vorteilhafte Eigenschaften hat … endlich daß es, ungeachtet aller dieser Umstände, dennoch edle, wohlwollende, großmütige Menschen unter ihnen gibt – das sind bekannte, oft gesagte Dinge. Betrachten wir aber hier die Juden nicht wie sie unter andern Umständen sein könnten, noch wie einzelne Subjekte unter ihnen sind, sondern so, wie wir jetzt ihren Volkscharakter nach der größeren Anzahl beurteilen müssen … Sie sind verschwiegen, wo sie Interesse dabei finden; vorsichtig, zuweilen zu furchtsam, doch fürs Geld bereit, das Ärgste zu wagen; verschlagen, witzig, originell in ihren Einfällen; Schmeichler im höchsten Grade, und finden also Mittel, sich ohne Aufsehn in den größten Häusern Einfluß zu verschaffen und durchzusetzen, was man ohne sie schwerlich erlangen würde … Es wird den Juden gewaltig schwer, sich vom Gelde zu scheiden … Bei dem Handel mit Hebräern gemeiner Art rate ich die Augen oder den Beutel zu öffnen. Es ist sehr natürlich, daß ein Christ sich auf ihre Gewissenhaftigkeit, auf ihre Beteuerungen nicht verlassen darf … Ich rede von dem großen Haufen derselben, nicht von denen, die sich (vielleicht nicht zu ihrem Glücke) nach den Sitten der Christen umgebildet haben.«[32]

11

Auf dem Lande hatte sich in Brandenburg noch weniger geändert. Die Zahl der Juden, denen man erlaubt hatte, sich in Kleinstädten und Dörfern niederzulassen, war nur sehr langsam gewachsen. In ganz Brandenburg gab es kaum mehr als 8000, und die Vorschriften über die Aufnahme weiterer Juden aus dem Osten waren immer noch äußerst restriktiv. In der kleinen Stadt Oranienburg gab es allenfalls ein Dutzend jüdische Familien. Sie lebten ruhig unter ihren christlichen Nachbarn, hatten kleine Tuch- und Textilienläden oder handelten mit Getreide, Vieh und Pferden, wobei einige wenige es nach und nach zu bescheidenem Wohlstand brachten.

Gelegentlich stand ein armer jüdischer Bettler oder Hausierer vor der Tür, eine Unregelmäßigkeit, welche der dortige Stadtschreiber Persch pflichtgemäß verzeichnete und dann Anweisungen von seinen Vorgesetzten erbat. In Perschs Bericht vom 14. Januar 1792 ging es etwa um den beunruhigenden Fall eines vor kurzem in Oranienburg eingetroffenen gewissen Meyer Jakob. »Ein Schuh, ein Stiefel und ein zerrissener Mantel« bildeten seinen ganzen Besitz. Der aus Schlesien gebürtige Jakob, ein »Vagabund und Herumtreiber«, hatte in Kopenhagen als Gerber gearbeitet, sich dann in Stettin, Glogau und Töplitz aufgehalten, war ins Krankenhaus gekommen und aus Berlin ausgewiesen worden; jetzt war er wieder krank, und die Juden von Oranienburg kümmerten sich um ihn. Was er nun mit ihm tun solle, hatte Persch angefragt. Dabei war dieser Fall weniger kompliziert als der des Betteljuden Hirsch Heymann mit seiner Frau Lea und ihren vier Kindern. Perschs Ermittlungen ergaben, daß sie durch Brandenburg gezogen und bei den Juden um Almosen gebettelt hatten. Wie solle er angesichts der Kinder mit dieser Familie verfahren?[33]

Streng nach Vorschrift wurden Perschs Berichte von seinem Vorgesetzten, dem Oranienburger Bürgermeister Bormann, gegengezeichnet. Berichte waren vierteljährlich anzufertigen, auch wenn es nichts zu berichten gab. Dabei wurde kein Aufschub geduldet, Gesetz ist schließlich Gesetz. »Wo bleibt Ihr Bericht?« wurde aus Berlin am 2. September 1795 mit drohendem Unterton angefragt. Bormann antwortete postwendend und zerknirscht: »Hiermit wird Euer Exzellenz schuldigst und gehorsamst berichtet, daß in den Monaten Mai, Juni und Juli kein fremder oder sonst wandernder nicht autorisierter Jude hier erschienen ist.«[34] Bormann sorgte bis weit nach der Jahrhundertwende dafür, daß nie wieder der Termin für seine vierteljährlichen Judenberichte verpaßt wurde.

Die Oranienburger Juden blieben mit Verwandten und Freunden aus der Gegend in Verbindung, man besuchte sich gegenseitig und heiratete untereinander. Auch als die Simons und die Levins ihre Kinder verheirateten, hatte es de facto keines Ehevermittlers bedurft. Levin Simon wurde mit Henriette Isaak verlobt, deren Familie das begehrte Aufenthaltsrecht für die Stadt Brandenburg an der Havel besaß. Zur Formulierung der letzten Klauseln im Ehevertrag hatte man zwar einen Mittelsmann engagiert, doch eher um den Schein und die Tradition zu wahren. Die Väter beider Brautleute waren Tuchhändler und hatten geschäftliche Beziehungen zueinander. Seit Jahren hielten sie in guten und in schlechten Zeiten zusammen und wohnten auf Reisen im Haus des anderen. Die Kinder des Freundes – Levin war 1791 zur Welt gekommen, Henriette ein Jahr später – kannten beide von klein auf, und oft hatten sie, zunächst im Scherz, später schon ernsthafter darüber gesprochen, daß sie mal heiraten sollten. Beide Familien waren religionstreue Juden und stolz auf ihren relativ sicheren Status als anerkannte Landjuden des Königs.

Als anspruchslose Menschen mit bescheidenen Mitteln fuhren die Simons und die Isaaks eher selten nach Berlin – es war eine kostspielige und zeitraubende Reise, und in der Stadt ging es ihnen zu gehetzt und zu weltläufig zu. Sie hatten aber – wie viele Landjuden – Verwandte in der Stadt, von denen einige prominent geworden waren. Auf sie war man stolz und verzeichnete sie in den sorgfältig geführten genealogischen Listen. Die Simons ließen bei anderen gerne durchblicken, daß sie mit der berühmten Rahel Levin verwandt waren, über die ganz Berlin sprach. Als Levin und Henriette Jahre später ihre Tochter dem vor kurzem aus dem nahe gelegenen Wittstock in Oranienburg hinzugekommenen jungen Louis Blumenthal zur Frau gaben, verlieh dieser dem Familienstammbaum zusätzlichen Glanz, war er doch mit Jakob Hertz Beer verwandt, dessen

Frau, die Tochter des sagenhaft reichen Liebmann Meyer Wulff, ihre Ahnenreihe bis zu Jost Liebmann zurückverfolgen konnte. Ihr junger Sohn, Meyer, galt als musikalisches Wunderkind.

Verbindungen zu so prominenten und erfolgreichen Berliner Juden waren für die Isaaks und die Simons eine erfreuliche Bestätigung ihrer Zugehörigkeit zu einer schon lange in Preußen ansässigen Sippe richtiger Deutscher, keiner Staatsbürger zwar, aber doch angesehener Leute von Rang. Wenn sie an ihre Wurzeln in Brandenburg dachten und sich im Ruhm der Berliner Verwandtschaft sonnten, kamen sich diese Oranienburger als etwas Besonderes vor und priesen sich glücklich, sicher zu sein und dazuzugehören – ein Gefühl, nach dem sich jeder Jude sehnte.

Von Rahel hatte man in letzter Zeit wenig gehört; früher sollte sie ja Dichter, Gräfinnen und königliche Hoheiten bei sich zu Gast gehabt haben. Ihr Bruder, hieß es, habe sich taufen lassen und nenne sich jetzt Ludwig Robert – ein Name, den auch Rahel mittlerweile auf Reisen benutze.

Von Liebmann Meyer Wulff hingegen hörte man ständig Neues. Der ehrgeizige Kaufmann mit einer Nase für das gute Geschäft, dessen Tochter Malka Rahel seit ihrer Jugend kannte, war inzwischen sagenhaft reich geworden und bewohnte jetzt ein schönes Haus, das sich mit den Palais Itzig und Ephraim messen konnte. Ein erstes kleines Vermögen hatte Wulff als Getreidelieferant der preußischen Armee verdient, doch seinen großen Coup hatte er gelandet, als er die Konzessionen für die lukrative Postroute Berlin-Potsdam und für die preußische Staatslotterie erhielt.

Schließlich war Wulff so reich geworden, daß er dem Staat Geld vorstrecken konnte und gewisse Kredite Preußens im Alleingang finanziert hatte. Kein Wunder, daß man ihn nun den Krösus von Berlin nannte.

Seine Tochter Malka – ab 1812 sollte sie sich Amalie nennen – war ebenfalls prominent und respektiert. Nun die Frau des reichen Zukkerhändlers Beer, war sie allen zeitgenössischen Berichten zufolge eine außerordentliche Frau. Um die Jahrhundertwende hatte sie einen eigenen Salon eingerichtet, allerdings von ganz anderem Zuschnitt als der von Rahel oder Henriette. Viele der führenden Berliner Persönlichkeiten verkehrten bei ihr, angelockt von dem herrlichen Haus, der exquisiten Gastlichkeit, den auf edelstem Porzellan servierten Speisen und der wunderbaren Musik, die an solchen Abenden zum besten gegeben wurde.

Amalie war zur feinen Dame erzogen worden. Von Jugend auf war neben der Religion die Musik der Mittelpunkt ihres Lebens und des Hauses Beer. Wie die anderen Salongäste spürte auch sie, daß Jüdin zu sein eine Bürde bedeutete, doch für sie war das ein selbstverständlicher Teil ihres Daseins. Den Glauben aufzugeben wäre ihr nie in den Sinn gekommen, und für Rahel und Henriette, »diese hektischen Demoiselles«, die gelegentlich auch zu ihren Abenden kamen und für die Assimilation alles zu geben bereit waren, hatte Malka nur Verachtung übrig.

1791, im selben Jahr wie sein entfernter Vetter Levin Simon, kam unter dramatischen Umständen Malkas ältester Sohn Meyer zur Welt. Der jüdischen Tradition entsprechend reiste die werdende Mutter zur Geburt ihres Erstgeborenen zum Stammsitz der Familie Beer nach Frankfurt an der Oder. Das Baby jedoch, das auch im späteren Leben einen ausgeprägten Sinn fürs Dramatische an den Tag legen sollte, arrangierte für sich ein anderes Debüt: Jakob Liebmann Meyer Beer erblickte das Licht der Welt nicht im Hause Beer in Frankfurt, sondern in einer Pferdekutsche kurz vor der kleinen Poststation Tasdorf. Die Familie gab dem Kleinen den gängigen jüdischen Vornamen Meyer, den er später gar nicht mochte und denn auch ablegte. Sein Großvater, der vier Töchter gezeugt hatte, war über die Ankunft eines männlichen Statthalters so glücklich, daß er diesem sofort einen hohen Betrag aussetzte, der seine lebenslange finanzielle Unabhängigkeit garantierte.

Meyers Kindheit mochte golden sein, müßig war sie jedoch keineswegs. Von klein auf von Musik umgeben, legte er schnell außerordentliche musikalische Begabung an den Tag, die er mit großem Fleiß weiterentwickelte. Schon mit vier verblüffte er seine Familie mit der Fähigkeit, sich komplizierte lange Musikpassagen einzuprägen, schwierige Harmonien zu meistern, und mit dem Verlangen, eigene zu erfinden. Die in ihren Sohn vernarrte Mutter wußte, daß eine solche Begabung eine Ausbildung durch die allerbesten Lehrer verdiente. Da ihre Entschlossenheit und Energie nicht weniger grenzenlos waren als ihre Beziehungen und finanziellen Mittel, engagierte sie aus München Franz Seraphius Lauska, den hervorragenden ehemaligen Hofmusiker des Herzogs von Serbelloni in Rom, und ihren gelegentlichen Hausgast Muzio Clemente, um Meyer Unterricht zu geben. Der Knabe war noch keine sieben, als seine Lehrer zu dem einstimmigen Urteil kamen, es handle sich tatsächlich um ein Wunderkind, vielleicht sogar um einen zweiten Mozart.

1801 gab der von seiner Mutter energisch geförderte zehnjährige Meyer sein öffentliches Debüt, unter anderem mit einem Klavierstück von Mozart, und erntete enthusiastische Kritiken. Alle Berliner Musikliebhaber waren anwesend, und die *Allgemeine Musikalische Zeitung* begeisterte sich für die erstaunliche Begabung von »Liebmann Bär, dem neuen kleinen jüdischen Virtuosen«.

Die ihren Sohn anbetende und von seinem Talent überzeugte Mutter besorgte ihm weiterhin die besten Lehrer, verwöhnte ihn maßlos und kleidete ihn in die feinsten Gewänder. Nach seinem ersten öffentlichen Auftritt ließ sie ihr elegantes Wunderkind von einem beliebten Berliner Porträtmaler auf Leinwand bannen und spielte dann ihre Beziehungen aus, um das Porträt in der Preußischen Akademie der Künste auszustellen. Auf dem Bild trägt der Knabe eine gelbe Seidenhose, ein schwarzes Bolerojäckchen mit Samtkragen, weiße Strümpfe und Lackschuhe. Berlins neuestes Wunderkind mit seinem Porträt in der angesehenen Akademie wurde – aus mehr als einem Grund – schnell zur Sensation.[35]

Der Junge war zweifellos hoch begabt, Berlin war stolz auf ihn, und das Porträt war bemerkenswert; doch das Porträt eines jungen Juden in der königlichen Akademie auszustellen ging eindeutig zu weit. In der Atmosphäre, die damals im konservativ-reaktionären Berlin herrschte, geriet die Angelegenheit schnell zur *cause célèbre*, und die aktiven Antisemiten bliesen unter Führung des preußischen Rats Karl Friedrich Wilhelm Grattenauer zum Angriff. Kein Jude, so Grattenauer, dürfe die heiligen Hallen der Akademie auf diese Weise entweihen. Andere fielen in das Schlachtgeschrei ein, und nach nur zwei Wochen sah Madame Beer sich gezwungen, zum Rückzug zu blasen und das Porträt in die eigene Villa zurückzuholen.

Es war dies das erste Mal, daß der junge Meyer am eigenen Leib erfuhr, daß es genügte, Jude zu sein, um deklassiert zu werden. Der Vorfall hinterließ tiefe Spuren bei ihm – ein lebenslanges, unauslöschliches Gefühl der Unsicherheit und Überempfindlichkeit angesichts tatsächlicher oder eingebildeter Kränkung und Kritik einerseits und eine wilde Entschlossenheit, sich durch Meisterleistungen in der Musik hervorzutun, andererseits.

Den Berliner Juden wurde durch Grattenauers Kampagne wieder einmal schmerzhaft ins Bewußtsein gerufen, daß die Vorurteile gegen sie fortbestanden und eher wieder im Zunehmen waren. Grattenauer führte jetzt seinen Feldzug gegen den Einfluß der Juden in aller Offenheit, während er es vor Jahren noch für klüger gehalten hatte, sein Pamphlet *Wider die Juden* anonym erscheinen zu lassen. Darin hatte er den Juden vorgehalten, sie seien »seit Tacitus' Zeiten« ein schädliches Element in der Gesellschaft gewesen. Religiöse oder individuelle Unterschiede gebe es dabei nicht; alle Juden seien gleich. Gerade die getauften und assimilierten erregten Grattenauers besonderen Zorn. Diese seien eine Untergrundarmee, die sich anders gebe als die anderen, der es in Wahrheit aber nur darauf ankomme, deutsches Leben zu untergraben.

Solche Haßtiraden hatten anfangs nur wenig Beifall gefunden, jetzt stießen sie aber auf offenere Ohren. Rahels Freund Gentz etwa war von Grattenauers Argumenten beeindruckt, und auch viele ihrer ehemaligen Salongäste schenkten ihm ein aufmerksames Ohr. Patriotische Reaktion und die Sehnsucht nach der Rückkehr zu alten Traditionen prägten den Zeitgeist, und selbst Preußens bedeutendste Köpfe, darunter Kant, Fichte und Herder, waren nicht dagegen gefeit. Bald danach gründeten eine Reihe junger deutscher Intellektueller einen eigenen Salon, die »Teutsche Tischgesellschaft«, um »die deutsche geistige Ritterlichkeit und die Wahrheit« zu fördern. Viele Mitglieder hatten früher in Rahels Salon verkehrt. Von dieser neuen Gesellschaft waren aber nun »Frauen, Franzosen, Philister und Juden« per Satzung ausgeschlossen.

So mußte der junge Meyer Beer mitten im Erfolg eine ähnliche Lektion lernen wie Rahel, die in ihren »Elendsjahren« unter diesen antisemitischen Rückschlägen ebenso litt. Die meisten Juden hatten jedoch nichts anderes erwartet. Es war also immer noch fraglich, ob die rechtliche Emanzipation schließlich zu einer Änderung der wahren Gefühle von Nichtjuden führen würde.

12

Rahel war vielleicht zu sehr mit sich selbst beschäftigt, um es zu bemerken, doch eben die Vorgänge, die sie so enttäuscht und isoliert hatten, führten zu einer Reihe von Ereignissen, die den preußischen Juden schließlich die rechtliche Gleichstellung brachten. Einerseits hatte die militärische Niederlage durch Napoleon bei denjenigen, die sich am tröstlichen Idealbild einer angeblich einfacheren und reineren deutschen Vergangenheit aufrichteten, eine nationalistisch-reaktionäre Welle ausgelöst. Andererseits verlieh die Niederlage denjenigen neue Energie, die seit langem meinten, die preußische Verwaltung müsse modernisiert werden, wenn das Königreich seine frühere Stärke wiedererlangen sollte. So kam es zur Konfrontation zwischen zwei aristokratischen Lagern: Reaktionäre und Romantiker, die für ihre Privilegien fürchteten und auf alte »germanische Werte« zurückgreifen wollten, gegen fortschrittlich gesinnte Staatsbeamte, die entschlossen waren, die Gesellschaft durch Reform von oben zu stärken. Am Ende setzten letztere sich durch.

Nicht daß die Reformer große Judenfreunde gewesen wären. Viele hatten ebenso viele Vorurteile gegen die jüdische Minderheit wie ihre Widersacher, und die führende Gestalt unter ihnen, Karl Freiherr vom und zum Stein, 1807/08 Erster Minister des Königs, war ein ausgesprochener Antisemit. Er machte kein Hehl aus seiner Meinung, Juden wie Liebmann Meyer Wulff hätten sich durch Betrug und Ausnutzen der verworrenen Verhältnisse in Preußen – welche er mit seinen Reformen jetzt ordnen wollte – bereichert. Stein ging es bei seinen Reformen überhaupt nicht um die Verbesserung der rechtlichen Stellung von Juden, und wenn es nach ihm gegangen wäre, hätte man die meisten verjagen können. Auch unter seinen Nachfolgern gab es mehrere, die dieselbe tiefverwurzelte Antipathie des Adels gegenüber den Juden zeigten, so Graf Dohma (auch wenn er

Henriette Herz einmal gefragt haben soll, ob sie ihn heiraten wolle) und sein Kollege Freiherr von Altenstein. Nur Wilhelm von Humboldt, Rahels alter Freund, und Karl August von Hardenberg, die letzten in der Reihe der Reformminister, unter deren Ägide es schließlich zur Emanzipation kam, waren in der Judenfrage entschieden fortschrittlich gesinnt.

Es entbehrt daher nicht einer gewissen Ironie, daß es die Städteordnung war, welche Stein 1808 unmittelbar vor seinem Ausscheiden aus dem Amt erließ, die den ersten echten Durchbruch auf dem Weg zur Emanzipation der Juden mit sich brachte. Stein kämpfte für die Selbstverwaltung der Städte, weil er nur dadurch den Einfluß der Ratgeber des Königs auf die Angelegenheiten von Staat und Gemeinden brechen konnte. Unter den geplanten Gesetzen sollten durch Grundbesitz und Einkommen qualifizierte Bürger eigene Vertreter in den Stadtrat schicken, Steuern festsetzen und Gemeindeangelegenheiten selbst verwalten können. Stein demissionierte zwar genau zu dem Zeitpunkt, als das neue Recht in Kraft trat, doch erst jetzt merkte man, daß nach dem Wortlaut des Gesetzes eine beträchtliche Anzahl der in den Städten lebenden Juden plötzlich das Wahlrecht besaßen. Da man nun einmal in Preußen war, bestanden Steins Nachfolger darauf, daß es keine Ausnahmen geben dürfe. Juden, welche die Bedingungen erfüllten, waren jetzt auf Gemeindeebene – wenn auch noch nicht in Preußen – gleichberechtigte Bürger. Und siehe da, bei den allerersten Wahlen wurden so in einigen Orten auch Juden in den Stadtrat gewählt.

Das war für sie eine historisch bedeutsame Entwicklung, und der Damm, der die jüdische Gleichberechtigung bisher verhindert hatte, erwies sich von nun an als brüchig. Wenn sie in den Städten wählen durften, so fragten die Beamten, warum durften sie bei den königlichen Domänen nicht mitbieten, die im Zuge der Landreform zum Verkauf standen? Eine praktische Überlegung spielte dabei auch mit: Würde es nicht den Erfolg der Reformprogramme gefährden, wenn man jüdisches Kapital ausschloß? Zudem hatte im Westen das Königreich Westfalen den Juden unter dem Einfluß Napoleons bereits volles Bürgerrecht gewährt, und dasselbe war im Osten geschehen, nämlich in Polen und in Österreich. Wenn Preußen da zurückstand, würden, das war die Sorge, die Juden dann vielleicht auswandern, und die preußische Wirtschaft hätte so das Nachsehen.

Diesen besorgten Argumenten konnten sich auch die eingefleischten Antisemiten nur schwer entziehen – Preußen konnte nicht als einziger Staat die Juden weiterhin ausschließen. Ein hoher Beamter formulierte die Wahl, vor der man stand, knapp und präzise. »Wenn Juden schädlich sind, verjage man sie; wenn sie dem Wohl des Staates dienen können, gebe man ihnen ihre Rechte.« Halbe Maßnahmen reichten nicht mehr aus.

Trotz der Polemik der Gegner gegen diesen üblen neuen »Judenstaat« gab der König schließlich sein Plazet und bestand lediglich darauf, in recht vagen Formulierungen festzuhalten, daß Einzelheiten über die Zulassung von Juden zum Staatsdienst und zum Militär später ausgearbeitet werden sollten. Dies erwies sich dann als fatales Schlupfloch, welches die Reformfeinde sich bald massiv zunutze machen sollten.

Am 11. März 1812 setzte Hardenberg seine Unterschrift unter das endgültige Emanzipationsedikt. Für die preußischen Juden war es die Magna Charta, »die Verwirklichung eines Traumes, ebenso glühend herbeigesehnt wie die Ankunft des Messias«, wie ein christlicher Beamter es ausdrückte. Ihre Dankbarkeit kannte keine Grenzen, und die Gemeindeältesten griffen sogleich zur Feder, um den Souverän wissen zu lassen, sie seien »tief bewegt ... und wagten es, [ihren] tiefsten Dank zu Füßen den Thrones zu legen« und versprachen dem Herrscher »grenzenlose Treuetaten«, um zu beweisen, daß sie der Staatsbürgerschaft würdig seien.

Hundertfünfzig Jahre lang hatte Preußen die Juden zwar geduldet, aber nicht akzeptiert. Sie hatten schwer unter der Isolierung gelitten und deren Ende herbeigesehnt. Ablehnung und entwürdigende Schikanen hatten sie tief gedemütigt und ein breites Spektrum unterschiedlicher Reaktionen entstehen lassen: Die einen nahmen ihr Schicksal fatalistisch hin, andere ließen sich taufen, wieder andere bemühten sich unentwegt, ihren Wert unter Beweis zu stellen. Jetzt hofften viele auf eine ganz neue Ära. Vielleicht würde die rechtliche Emanzipation nun endlich die Türen aufstoßen und ihre volle Integration in das deutsche Leben beginnen lassen.

Hegten auch Rahel, die sich soeben anschickte, Berlin zu verlassen, und der junge Meyer, das musikalische Wunderkind, der gerade die Münchner Premiere seiner ersten Oper vorbereitete, solche Hoffnungen? Vielleicht – doch sicher nicht ohne eine Beimischung von Skepsis und Zweifel. Beide hatten bereits prägende Erfahrungen gemacht, die sie nie wieder vergessen konnten. Meyer erinnerte sich immer an Gattenauers Angriffe, blieb hinsichtlich der Einstellung von Nichtjuden ihm gegenüber lebenslänglich pessimistisch und überempfindlich, wenn er sich zurückgesetzt fühlte oder eine schlechte Kritik bekam, die er auf antisemitische Vorurteile zurückführte. »Risches [Judenhaß] ist für ewig«, seufzte er oft.

Die zwanzig Jahre ältere und durch persönliche Niederlagen ernüchterte Rahel hatte ihren jugendlichen Enthusiasmus so gut wie ganz verloren. Jetzt war sie in mittlerem Alter und hatte zwar den Kampf noch nicht aufgegeben, beurteilte die Aussichten aber viel nüchterner.

Die Jahre nach 1806 waren für sie die schlimmsten gewesen; ihre frühere Welt war zusammengestürzt, und die Zukunft sah düster aus. Sie stand nicht mehr im Mittelpunkt eines aufregenden Lebens unter Menschen, die sie bewunderten. Wieder fühlte sie sich verlassen und abgewiesen, als Gefangene ihrer verhaßten Herkunft. Mit ihrer Familie hatte sie Streit bekommen, und sie lebte jetzt allein mit einer alten Dienerin, geplagt von Geldsorgen. Eine Zeitlang sah es so aus, als habe sie sich mit ihrem Elend abgefunden. Ihre Briefe aus dieser Zeit sind traurig, ernst und manchmal voller Klagen. Sie sei nichts, schrieb sie, »verletzt, gequält und vernichtet«. Nach dem Tod ihrer Mutter heißt es. »Jetzt bin ich niemandes Tochter, Schwester, Geliebte oder Frau, nicht einmal Bürgerin!«

Doch auch diesmal hielt ihre düstere Stimmung nicht lange an. Als sie 1808 an ihren alten Freund Brinckmann schreibt, hat sich der Ton schon wieder geändert: »Ich sitze alleine hier«, schreibt sie, »und alle meine alten Freunde sind fort, aber … ich bleibe unverändert. Die Rückschläge haben mir eine neue Härte gegeben und meine angeborenen Geister und Kräfte erneuert.« Wieder einmal starke Anzeichen für ihre Entschlossenheit, nicht aufzugeben.

Zwei junge Männer – beide um Jahre jünger als sie selbst – waren erst kürzlich in ihr Leben getreten. Über den einen, Alexander von der Marwitz, urteilte sie, er sei ihr geistig überlegen. Sie führten endlose Gespräche, und später sagte sie, er habe ihr die Augen für die wahren Verhältnisse geöffnet: Sie habe schlechte Karten, die Gesellschaft werde sie niemals akzeptieren, die Schranken gegen ihre »falsche« Geburt seien unüberwindlich. Marwitz riet ihr, der Realität ins Auge zu sehen, zu nehmen, was sie erreichen könne und nicht mehr für Illusionen zu kämpfen. Der andere junge Besucher, liberal, naiv und noch ungeformt, war von der vierzehn Jahre älteren Rahel gefesselt. Es war Karl August Varnhagen; sieben Jahre nach der ersten Begegnung im Jahre 1807 sollte Rahel seine Frau werden.

Varnhagen war zwar von guter Familie, doch mittellos und ohne klare Zukunftsaussichten. Seinem Medizinstudium widmete er sich lustlos, denn Literatur und Poesie interessierten den zum Dilettanten Neigenden viel mehr. Rahel wurde zwar bald seine Geliebte, doch es war von Anfang an eine ungleiche Beziehung, gegen deren Heranreifen zur Leidenschaft Rahel sich zunächst wehrte, während er von Anfang an leidenschaftlich von ihr gebannt war. Sie sah sich mehr in der Rolle des Mentors und Lehrers, titulierte ihn in Briefen häufig als »mein Kind« oder »lieber Sohn« und merkte nur langsam, wieviel ihr bedeutete, was alle ihre früheren Liebhaber hatten vermissen lassen: Varnhagen liebte sie wirklich und war bereit, sie ohne jeden Vorbehalt so zu akzeptieren, wie sie war.[36]

Von Anfang an war die ungewöhnliche und ungleiche Beziehung von Ungewißheit und Auf und Ab gekennzeichnet. Rahel, immer noch ohne Orientierung und Ziel, fragte sich, wie es mit ihr weitergehen solle, und Varnhagen, unsicher und ohne Geld, wußte auch nicht so recht, was er mit seinem Leben anfangen sollte. In den Napoleonischen Kriegen war er zunächst Adjutant eines preußischen Offiziers gewesen, und als Napoleon einige Jahre später auf dem Feldzug gen Moskau durch Preußen marschierte und Preußen Frankreich erneut den Krieg erklärte, brachte er es zum Hauptmann und Adjutanten eines Generals.

Das war im Wendejahr 1812, auch für Rahel und Karl Varnhagen ein persönlicher Wendepunkt. Als die Russen Berlin besetzten, floh Rahel über Breslau nach Prag, wo viele ihrer alten Freunde Zuflucht gesucht hatten. Wieder einmal entdeckte sie einen neuen Daseinszweck. Sie war jetzt preußische Bürgerin, Patriotismus prägte den Zeitgeist, und sie sammelte eine Zeitlang Geld und kümmerte sich um Verwundete. Varnhagen war es mittlerweile gelungen, seine Beziehungen aus der Kriegszeit nun im Frieden in eine Berufung in den diplomatischen Dienst umzumünzen. Außerdem hatte er einen – allerdings unklaren und etwas fragwürdigen – Anspruch auf einen Titel ausfindig gemacht und seinem Namen ein aristokratisches »von« beigefügt.

Als er bei Rahel erneut um ihre Hand anhielt, zögerte sie nicht länger und heiratete ihn am 27. September 1814. Vier Tage vor der Hochzeit ließ sie sich taufen und nahm einen christlichen Namen an. Rahel Robert, geborenen Rahel Levin, hieß jetzt Friederike Antonie Varnhagen von Ense.

Sie sah in Varnhagen ihre letzte Chance bei der Suche nach Identität und Prestige und hoffte nun, durch einen gesellschaftlich akzeptablen Namen endlich von der guten Gesellschaft anerkannt zu werden.

Ob sie sich darin nicht doch täuschte? »Wie ich höre«, kommentierte ihr Freund Wilhelm von Humboldt eisig, »hat Varnhagen jetzt die kleine Levy geheiratet. Es gibt eben nichts, was Juden nicht erreichen können.«

13

1812 war für Preußen, und auch für die Juden, ein Schicksalsjahr. Im März fügte Friedrich Wilhelm III. sich dem Rat seiner reformwilligen Minister und unterschrieb das königliche Edikt, das den Juden volle Bürgerrechte verlieh. Im selben Frühjahr marschierte Napoleon an der Spitze eines mächtigen 500 000-Mann-Heeres durch Preußen und begann im Juni mit der Überschreitung des Njemen die Invasion Rußlands.

Sechs Monate später hatten Schnee, Eis und die riesige Weite Rußlands ihn besiegt. Moskau wurde niedergebrannt, bevor er die Stadt erreichte, und Napoleon selbst entkam nur knapp der Gefangennahme. Am Ende des Jahres war er wieder in Paris; von seinen vielgepriesenen Truppen waren nur 20 000 Mann zerlumpt und erschöpft zurückgekehrt.

Für Preußen war die Zeit der Rache gekommen. Sieben Jahre lang hatte Napoleon das Königreich besetzt gehalten, es um die Hälfte verkleinert und seiner Herrschaft unterworfen. Jetzt hatte das Blatt sich gewendet, Preußen verbündete sich mit Napoleons Gegner Rußland und erhob sich in einem Freiheitskrieg. Bald schlossen sich noch andere europäische Länder zu einem großen Bündnis, der Belle Alliance, mit Preußen und dem Zarenreich zusammen, um den einst unbesiegbaren französischen Kaiser endlich loszuwerden.

Im Februar 1813 rief der König von Preußen dazu auf, sich freiwillig zu seinen Jäger- und Territorialregimentern zu melden, ordnete Generalmobilmachung und allgemeine Wehrpflicht an und forderte seine Untertanen mit einer flammenden Proklamation *An mein Volk* zur Erhebung auf. Besondere Tapferkeit sollte nach dem Krieg belohnt werden, und zur Erinnerung an die mutigen Deutschritter vergangener Tage wurde in Anlehnung an deren Emblem eine prächtige neue Auszeichnung geschaffen, das Eiserne Kreuz.

Alles fieberte vor patriotischer Begeisterung. Binnen weniger Wochen meldeten sich über 50 000 Freiwillige, darunter viele Studenten und junge Intellektuelle. Bei Jahresende standen rund 300 000 Preußen unter Waffen – sechs Prozent der Bevölkerung. Erstmals waren auch junge Juden in beträchtlicher Zahl dabei, begierig darauf, zu den ersten Freiwilligen zu zählen, auf dem Schlachtfeld unter Beweis zu stellen, daß sie ihre Bürgerrechte zu Recht erhalten hatten, und zu zeigen, daß sie nicht weniger als jeder Christ ihre Pflicht für Preußen erfüllten.

Im Oktober war alles vorbei. Napoleon hatte wie ein Löwe gekämpft, die entscheidende Begegnung mit der vereinigten Streitmacht der Belle Alliance, die Völkerschlacht bei Leipzig, jedoch verloren. Er selbst wollte den Kampf nicht aufgeben, doch seine Generale verweigerten das, unterbreiteten im März des folgenden Jahres ein Friedensangebot und übergaben Paris den Feinden. Napoleon wurde auf die Insel Elba verbannt, kehrte zurück und mußte dann in der Schlacht von Waterloo seinen Traum, aus der Niederlage doch noch einen Sieg zu machen, endgültig begraben. Die siegreichen Verbündeten traten 1815 zum Wiener Kongreß zusammen, um den Frieden zu organisieren und die Landkarte Europas neu zu ordnen.

Seit je war es unvorstellbar gewesen, daß Juden Militärdienst leisten könnten. Sie galten allgemein als Feiglinge, zwar gut im Feilschen und Handeln, für den Dienst in der Armee des Königs aber völlig ungeeignet. Auch die Gegner der Judenemanzipation hatten dieses unehrenhafte Klischee ins Feld geführt. Andere hatten vorgebracht, ein Jude könne sowieso kein Soldat sein, da seine Religion ihm das Kämpfen am Sabbat verbiete. Der Hinweis, daß dies nicht stimme und Juden schon im Altertum tapfer gekämpft hätten, was ihnen als Zeugen sowohl Ptolemäus als auch Caesar bescheinigt hatten, und daß sie auch jetzt in anderen europäischen Ländern ehrenhaft dienten, war auf taube Ohren gestoßen. Ein Christ, so hieß es, könne sich auf einen Juden einfach nicht verlassen.

Als die Emanzipation schließlich doch gekommen war, hatten sich die Unbelehrbaren dem Militärdienst von Juden aus Prinzip weiter widersetzt und strenge Sonderregeln für jüdische Soldaten verlangt. Eine Zeitlang erörterte man allen Ernstes, ob jüdischen Gemeinden nicht die kollektive Verantwortung für Deserteure anzulasten sei – man nahm es für selbstverständlich, daß Juden eher aus der Schlacht fliehen als Christen. Letzten Endes wurde jedoch aus all diesen Einsprüchen und Widerreden nichts, und die Reformkräfte setzten sich durch. Das neue Recht sah für Juden die gleichen Rechte und Pflichten wie für alle anderen Bürger vor.

Der Freiheitskrieg, der unmittelbar auf die Emanzipation folgte, bot den Juden die erste Gelegenheit, nachzuweisen, daß ihre Gegner im Irrtum waren – eine Chance, welche die preußischen Juden sich nicht entgehen ließen. Das Wort Vaterland hatte für die jüdischen Gemeinden eine neue Bedeutung gewonnen, und sie übertrafen sich gegenseitig in patriotischem Verhalten. Über tausend junge Juden – Studenten, Handwerker, Kaufleute, Lehrer und Ärzte – drängten als Freiwillige zu den Fahnen, und am Ende des Krieges war die Zahl der Juden, die im Militär dienten, gemessen an ihrem Gesamtbevölkerungsanteil kaum geringer als die der Christen.

Viele jüdische Familien ließen sich ihre Unterstützung des Krieges einiges kosten. »Juden geben ihren ganzen Besitz. … In den Spendenlisten stehen die Juden ganz oben«, berichtete Rahel 1813 ihrem Bruder. Die jüdischen Kaufleute in Berlin spendeten über 700 000 Reichstaler als erste Rate eines viel größeren Betrages, den sie in den folgenden Monaten auftreiben sollten. Die kleine Breslauer Gemeinde brachte fünftausend Reichstaler auf, und die *Vossische Zeitung*, das maßgebliche Blatt der Hauptstadt, meldete, die Juden sammelten in den Synagogen Silberbesteck, Kinder brächten ihre Sparbüchsen und ein Schächter habe zum Dank für die neugewonnenen Bürgerrechte seinen goldenen Ehering gespendet.

Berichte über jüdische Heldentaten auf dem Schlachtfeld wurden in den Gemeinden begeistert weitererzählt. Dutzende jüdischer Ärzte meldeten sich freiwillig ins Lazarett, und eine Reihe von ihnen starben an Typhus oder anderen Infektionen aus der Schlacht. Immer wieder erzählte man, wie der schwerverwundete junge Breslauer Jude Hilsbach sich im Angesicht des Königs nochmals gegen den Feind geworfen hatte und schließlich seinen Verwundungen erlegen war. Einige Dutzend jüdische Soldaten waren in der Völkerschlacht bei Leipzig gefallen, 72 hatten des begehrte Eiserne Kreuz erhalten, und einige waren sogar mit dem St.-Georgs-Orden des Zaren ausgezeichnet worden.

Trotz solchen patriotischen Eifers hörten die Diskriminierung und die Schmähungen aber doch nicht auf. Die meisten Juden spielten jedoch solche Vorfälle als Relikte aus der Vergangenheit herunter, und eine Zeitlang verstummten sogar die Zyniker und Pessimisten unter ihnen. Ein jüdischer Freiwilliger namens Schwarzbraun, ein kleiner Mann mit semitischen Zügen, beantwortete Sticheleien seiner Kameraden damit, daß er freiwillig und vergnügt zusätzlichen Dienst leistete, ihnen gefällig war und seine Vaterlandsliebe durch gelassene Tapferkeit unter Beweis stellte. Ein anderer jüdischer Freiwilliger berichtete, zwei Glaubensgenossen hätten Christen, die sie beleidigt hatten, aufgefordert, mit ihnen in vorderster Reihe anzugreifen und dafür mit schweren Verwundungen bezahlt. Meno Burg, einer der ersten jüdischen Freiwilligen, wurde kurzerhand aus einem Eliteregiment ausgeschlossen, als herauskam, daß er Jude war. Er schimpfte nicht etwa, sondern blieb guten Mutes, und als eine weniger angesehene Einheit ihn aufnahm, führte er dies dankbar als Beweis dafür an, daß man Vorurteile durch Beharrlichkeit, Umsicht und patriotische Taten überwinden könne.[37]

Juden, die keine Soldaten waren, plagten sich oft mit Minderwertigkeits- und Schuldgefühlen. So erging es auch Rahels Bruder Ludwig Robert. »Was soll nur aus mir werden?« fragte er seine Schwester. »Soldat kann ich nicht werden. Ich kann nicht reiten, und zu Fuß würde ich schon in der ersten Woche auf der Krankenstation landen.«[38] Selbst den jungen Giacomo plagten Gewissensbisse. Sein Bruder Wilhelm hatte sich 1813 gemeldet, sich in Schlesien und Sachsen mit dem ersten Husarenregiment auf dem Schlachtfeld ausgezeichnet und war, was nur selten vorkam, zum Leutnant befördert worden. Giacomo war voller Bewunderung für ihn, konnte sich aber nicht dazu überwinden, sich ebenfalls zu melden. Während der Bruder sein Leben riskierte, studierte Giacomo weiter in Wien, stürzte sich ins Gesellschaftsleben und besuchte Bälle, Konzerte und Musiksoireen. In einem Brief an seinen alten Lehrer Aron Wolfsohn bekannte er 1814 jedoch: »Ich kann mir nicht verhehlen, daß ich nicht loyal gehandelt habe, ... und diese Entscheidung wird meine Ehre vergiften.«[39]

Es war für die Juden in Deutschland damals eine Zeit der Hochstimmung und Hoffnung. Sie waren nun emanzipiert, hatten soeben ihre Loyalität bewiesen, und die meisten erwarteten, die Nachkriegszeit werde ihnen die langersehnte volle Anerkennung und einen angeseheneren und sichereren Platz neben ihren christlichen Landsleuten einbringen. In anderen europäischen Ländern war es schon so weit, und in Preußen, so hofften sie, würde es bald ebenso sein. Doch als der Friede kam, sollte auch dies sich wieder einmal als Illusion erweisen.

14

Nicht nur brachte die Nachkriegszeit keine weiteren Fortschritte; sie war sogar der Anfang einer neuen Periode schmerzlicher Rückschläge und weiterer Diskriminierung. In Preußen war man immer noch nicht bereit, jüdische Bürger ins Leben der Nation aufzunehmen.

Friedrich Wilhelm III. hatte seinen Aufruf, sich freiwillig zu melden, mit dem Versprechen verbunden, »denjenigen, die sich auszeichnen, wird sicherer Lohn zuteil werden«.[40] Zwei Jahre später mußten die jüdischen Kriegsheimkehrer feststellen, daß dies für sie nicht galt. Sie waren theoretisch zwar gleichberechtigt, doch Friedrich Wilhelms Minister waren sich einig, daß man weder Verwaltung noch Militär den Juden öffnen solle.

Der Justizminister vertrat nachdrücklich die Auffassung, daß »die Annahme einer minderwertigen Moral durch vorübergehende Tapferkeit nicht widerlegt wird«. Sein Kollege, der Finanzminister, war derselben Ansicht, bediente sich aber einer gewählteren Ausdrucksweise: »Die moralische Verfassung der Juden«, so seine Stellungnahme, »ihre religiösen Vorstellungen, ihre Bräuche und ihre Ausbildung bedürfen greifbarer Verbesserung, bevor ihnen, zusätzlich zur allgemeinen Staatsbürgerschaft, das Recht auf staatliche Anstellung gewährt werden kann.«[41]

Derartige Zurückweisungen waren kein Einzelfall. Die Rabbiner mochten Jahr um Jahr in der Synagoge des großen Sieges bei Leipzig gedenken, die öffentliche Diskussion darüber, ob es doch nicht ein Fehler gewesen sei, den Juden Bürgerrechte zu gewähren, wurde darum nicht weniger heftig geführt.

Das Emanzipationsedikt hatte letzten Endes Bestand, galt aber nur in den preußischen Grenzen von 1812. In den nach dem Krieg zurückgewonnenen Gebieten fand es keine Anwendung; dort galten statt dessen einundzwanzig verschiedene Regelwerke mit unterschiedlicher Strenge – einige davon kaum weniger restriktiv als im Mittelalter. Selbst in Altpreußen wurden die neuen Rechte der Juden systematisch wieder eingeschränkt und untergraben. Das Versprechen, ungetauften Juden den Zugang zur Universitätslaufbahn zu ermöglichen, wurde nicht eingehalten. In der Armee konnten Juden es bestenfalls bis zum Feldwebel bringen, die Offiziersränge waren ihnen jetzt wieder verbaut. In der Entscheidungsschlacht bei Waterloo erworbene Ansprüche auf Offizierspensionen wurden ignoriert, und von nun an durfte kein Eliteregiment mehr einen Juden aufnehmen. Auch das passive Wahlrecht – beispielsweise zum Bürgermeister – blieb ihnen versagt. Ungetaufte jüdische Ärzte durften kein Amt im öffentlichen Gesundheitswesen bekleiden, und Juden konnten weder Apotheker noch Landvermesser werden.

Diese Rücknahme neuer Rechte in Preußen war typisch für die Rückschläge, welche die Juden überall in Deutschland wieder einmal hinnehmen mußten. In manchen Gebieten wurden unter der Napoleonischen Besatzung gewonnene Rechte einfach außer Kraft gesetzt, und in den freien Hansestädten Lübeck und Bremen kam eine Bewegung in Gang, die zum Ziel hatte, alle jüdischen Einwohner schlicht und einfach auszuweisen. Überall – von Österreich, Bayern und Württemberg im Süden bis zu den Königreichen Westfalen und Hannover im Norden – wurden den Juden Grundrechte entweder wieder aberkannt oder eingeschränkt und ihre Berufs- und Niederlassungsfreiheit durch neue Vorschriften begrenzt.

Der Hauptgrund dafür war die Tatsache, daß sich in Preußen und im größten Teil des übrigen Deutschlands nach dem Krieg nicht die reformorientierten Liberalen durchgesetzt hatten, sondern die alten reaktionären Kräfte. Ihnen ging es um die Restauration der absolutistischen Herrschaft und der Adelsprivilegien und die Beseitigung möglichst vieler Spuren der Napoleonischen Reformen und neuen Volksrechte. Die schärfsten Gegner dieser Restauration waren in Preußen die Intelligenz und die Studentenschaft; sie forderten eine alldeutsche Verfassung und die deutsche Einheit. Als Reaktion auf die jahrelange Schwäche und Fremdherrschaft verbanden sie diese Forderungen allerdings mit einer Glorifizierung alles »Germanischen«. Das extrem nationalistische Denken des führenden preußischen Philosophen Johann Gottlieb Fichte fand ihren ungeteilten Beifall und machte ihn zu einem ihrer Helden.

In vielen Fragen gingen die Meinungen der Deutschen damals weit auseinander, doch in einem Punkt blieben sie sich alle einig: Die Juden sollte man am besten wieder auf ihren alten Platz zurückverweisen. Antisemitismus kam wieder in Mode; ein gewisser Rühs, ein angesehener Professor an der vor kurzem gegründeten Universität Berlin, zeichnete sich darin besonders aus. Ganz im Sinne der herrschenden Teutomanie verband er deutsche Tugenden mit den alten Vorstellungen von einem rein christlichen Staat, in dem Juden Außenseiter seien und niemals richtige Bürger werden könnten. Er meinte, ihre neuen Rechte sollten ihnen wieder aberkannt werden, sie sollten wieder Sondersteuern bezahlen, und von keinem Christen dürfe man je wieder verlangen, Seite an Seite mit einem Juden zu kämpfen. Der Heidelberger Professor Fries ging noch weiter und vertrat die Auffassung, alle Juden sollten vertrieben werden, da sie für Wohlergehen und Charakter der Deutschen eine Gefahr darstellten. Zur Bestürzung der Juden wurden derartige Thesen angesehener Universitätsleute nicht etwa rundweg abgelehnt. Im Gegenteil: Auf einmal diskutierten deutsche Wissenschaftler und Intellektuelle Pro und Kontra dieser Thesen ernsthaft in einer wahren Flut von Flugschriften.

Nicht nur bei den Eliten war Antisemitismus deutlich im Vormarsch. 1812 hatte ein arbeitsloser Arzt ein schlechtes Theaterstück geschrieben, *Die Judenschule*, welches obendrein so skurril war, daß man es verboten hatte. Jetzt wurde das Stück unter neuem Titel wiederbelebt und der König dazu gebracht, die Aufführung zu genehmigen. Ein bekannter Schauspieler mit dem zutreffenden Namen Wurm karikierte in der Hauptrolle jedes negative jüdische Klischee, und das stets ausverkaufte Haus applaudierte heftig. Hetzschriften für die Massen tauchten wieder auf und passierten ungehindert die Zensur. Im *Judenspiegel*, so hieß ein solches Blatt, war zu lesen, daß die Lösung des Judenproblems durch Judenmord nicht etwa moralisch falsch sei, sondern bloß gesetzeswidrig. Besser sei es, die Kinder an die Engländer zu verkaufen, die sie in der Karibik als Sklaven einsetzen könnten, die Männer zu kastrieren und die Frauen in Freudenhäuser zu stecken.[42]

Doch es sollte noch schlimmer kommen. 1819 schlug die neue Welle antijüdischer Agitation in offene Gewalt um. In einer deutschen Stadt nach der anderen wurden jüdische Bürger angegriffen und jüdische Geschäfte vom Mob geplündert. Der erste Funke wurde von Würzburger Studenten gelegt. Revolutionär gestimmt, von Deutschtümelei besessen, voller Ressentiments gegen das Wiedererstarken der Adelsprivilegien und kampfeslustig zogen sie gegen Häuser und Geschäfte der Juden und brüllten »Hep-Hep«, eine aus den Anfangsbuchstaben des lateinischen »Hierosolyma est perdita« (Jerusalem ist verloren) gebildete antijüdische Parole aus dem Mittelalter. Zu den Studenten gesellte sich der randalierende Pöbel, jüdisches

Eigentum wurde zerschlagen und verbrannt, und alle Juden, die ihnen über den Weg liefen, wurden mißhandelt.

Die Ereignisse in Würzburg lösten in ganz Deutschland eine wahre Sturzflut von antijüdischen Krawallen aus, und bald hörte man in Bamberg, Karlsruhe, Heidelberg, Frankfurt, Hamburg und schließlich auch in Berlin die Hetzparolen »Hep-Hep«, »Juda verrecke« und »Tod und Untergang den Juden«. Der Obrigkeit wurde angst und bange, als das zunächst anscheinend harmlose Ventil für Unzufriedenheit mit Juden als bequemen Sündenböcken zu einer allgemeinen Revolte zu werden drohte. Als man mit der Unterdrückung der Krawalle begann, versprachen die Studenten von sich aus wieder Ruhe zu geben, doch nicht etwa aus Mitgefühl mit den Juden, sondern, wie die *Vossische Zeitung* betonte, aus Achtung vor Recht und Ordnung.

In Preußen waren die Juden verzweifelt. Jetzt war klar, daß das tiefe Mißtrauen aller Gesellschaftsschichten gegen sie nicht nachgelassen hatte und daß die Christen in Deutschland in ihnen immer noch schädliche Außenseiter sahen. Die formellen Rechte, die man ihnen gewährt hatte, als die Reformkräfte vorübergehend an der Macht waren, hatten daran offensichtlich nicht das geringste geändert. Der Weg zu einer wirklichen Anerkennung und Gleichheit war noch weit.

Auch diesmal gab es mehr als einen Grund, weshalb Juden wieder zum Spielball von unberechenbaren Kräften geworden waren. Zum einen war die Emanzipation ohne breite Unterstützung von oben verfügt worden. Dann gab es die nationalistische Reaktion auf Demütigungen durch fremde Mächte, und hinzu kam, daß die Zeiten überhaupt schlechter wurden. 1816 und 1817 war es nach Mißernten zu Hungersnöten gekommen, und der Getreidepreis hatte sich verdreifacht. In den Jahren danach wurde im Überfluß geerntet, und der dadurch verursachte Preisverfall schadete vielen Bauern. Die Abschaffung der von Napoleon auf dem europäischen Festland eingeführten Schutzzölle schwemmte billige englische Importwaren ins Land und ruinierte viele kleine Erzeuger. Da war es, wie immer in schlechten Zeiten, eine bewährte Tradition, jüdischen Bankiers und Kaufleuten die Schuld in die Schuhe zu schieben.

Schließlich gab es auch noch den wankelmütigen, schwachen König, der leicht dazu gebracht werden konnte, den neuen Druck auf Menschen zu tolerieren, für die er nie etwas übrig gehabt hatte. Ebenso wie Friedrich Wilhelm III. einige Jahre zuvor den Reformkräften nachgegeben hatte, wurde er jetzt ein willfähriges Opfer der reaktionären Ratgeber, die er an ihrer Stelle eingesetzt hatte. Diese Vertreter der Junkerklasse setzten alles daran, die Entwicklung hin zur Demokratisierung umzukehren. Mit diesem Ziel verfolgten sie auch eine Politik zur Einschränkung der Rechte von Juden, und der König war nicht der Mann, sich dem zu widersetzen. Die Intellektuellen und die Studenten unter Kontrolle zu bringen und sich der Freiheitskämpfer und Volksaufwiegler zu entledigen war viel wichtiger. Diese Politik empfahl auch Fürst Metternich von Wien aus mit allem Nachdruck, und die Berater des preußischen Königs widmeten sich dieser Aufgabe zwei Jahrzehnte lang mit ganzer Hingabe. Für die Juden, die sich gezwungenermaßen mit ihrem Status als Bürger zweiter Klasse abfinden mußten, war es wieder einmal eine finstere Zeit voller Enttäuschungen.

15

Nach der Hochzeit war Rahel mit ihrem Mann zunächst nach Wien und dann nach Frankfurt und Karlsruhe gegangen, wo Varnhagen als preußischer Gesandter amtierte. 1819 schied er aus dem diplomatischen Dienst aus, und sie kehrten nach Berlin zurück.

In der mittlerweile auf über 200 000 Einwohner angewachsenen Hauptstadt schien Ruhe zu herrschen, doch unter der Oberfläche brodelten die Gegensätze. Die vielen Anzeichen für die durch die einsetzende Industrialisierung hervorgerufenen Spannungen waren klar zu erkennen. Auf den Straßen wimmelte es von Bettlern und Dieben, in den finsteren Mietskasernen der Fabrikarbeiter, deren oft kaum zehnjährige Kinder sieben Tage in der Woche zwölf Stunden arbeiten mußten, herrschte bittere Armut. Das Militär war nach wie vor allgegenwärtig; immer noch war jeder zehnte Berliner Soldat. Die Bourgeoisie kultivierte indessen das Biedermeier; was für die obrigkeitshörigen Spießer zählte, waren gesellschaftliches Prestige, Häuslichkeit und bürgerliche Bequemlichkeit. Die Intelligenz und die Oberschicht beschäftigten sich, da politische Diskussionen gefährlich waren und aktive Teilnahme am politischen Leben unmöglich, mit frivoleren Dingen. Statt politischen Diskussionen widmete man sich mit Eifer der Musik und dem Theater, dem Tratsch und den letzten Skandälchen an der Oper.

Die über viertausend Berliner Juden befanden sich wieder einmal in einer unangenehmen Position zwischen zwei feindseligen Lagern. Sowohl der Mann auf der Straße als auch die Oberschicht brüsteten sich wieder mit antisemitischen Parolen. Während die Behörden die Bürgerrechte der Juden zurückschraubten und untergruben, meldete sich die nationalistische Opposition lautstark mit der Parole »Ehre, Freiheit, Vaterland« zu Wort; mit Juden, die sie nicht als Deutsche ansahen, wollte man nichts zu tun haben. Manche gingen mit ihren extrem chauvinistischen Ansichten recht weit. Das Idol der Studenten, Turnvater Jahn, der Leibeserziehung als besondere germanische Tugend propagierte, trat beispielsweise dafür ein, das Französischsprechen und alle Auslandsreisen zu verbieten. Um die Deutschen vor fremden Einflüssen zu schützen, schlug er allen Ernstes vor, zwischen Deutschland und Frankreich ein Niemandsland mit wilden Tieren und Schlangen zu schaffen.

Rahel starb 1833. Es ist nicht ohne Ironie, daß sich ihr Verhältnis zum Judentum ausgerechnet in den beiden letzten Jahrzehnten ihres Lebens – sie war zum Christentum konvertiert und trug einen aristokratischen Namen – grundlegend wandeln sollte. Gerade jetzt, gegen Ende ihres Lebens, entwickelte sie angesichts des in der Hauptstadt herrschenden finsteren Chauvinismus und erneuten Antisemitismus wieder Interesse an Juden, Verständnis für ihr schweres Schicksal und einen tieferen Sinn für den Zusammenhang zwischen ihrem eigenen Schicksal und dem der Juden. Die vielen Enttäuschungen, die sie erlebt hatte, und ihre Erfahrungen als Diplomatengattin trugen zu diesem Wandel ebenso bei wie die Freundschaft mit dem jungen Heinrich Heine, der nach seiner Ankunft in Berlin in den frühen zwanziger Jahren ihr Schützling wurde.

Schon in Wien hatte sie zum ersten Mal Juden bewundern können, die nicht »übergewechselt« waren. Ganz besonders schätzte sie einen Freund, »der ganz jüdisch geblieben ist, mit geistigen Gaben, und weil ein reiches Leben über ihn weggegangen ist«.[43]

Wegen ihrer jüdischen Herkunft war es manchmal ratsam gewesen, dem einen oder anderen Diplomatenempfang fernzubleiben. Dort kam sie sich oft deplaziert vor, als eine fremde Betrügerin »wie eine Pute auf fremdem Hof«,[44] wie sie später Heine gegenüber bekannte. Nach außen hin konnte sie nach ihrer Taufe und Hochzeit als eine andere erscheinen, doch in tiefster Seele konnte sie die Wahrheit nicht mehr verleugnen – was die Welt um sie herum ohnehin nicht zuließ. Ihr Judentum war mit ihr verhaftet und ließ sie nicht los. Allmählich wurde ihr klar, daß es nicht reichte, den Namen und die Religion zu wechseln, daß es kein Entrinnen gab und die Selbstverleugnung keine Lösung war. Die Welt mochte sie als Frau von Varnhagen kennen, doch im Herzen war sie Rahel geblieben.

Das wieder herrschende antisemitische Klima in Berlin und insbesondere die Hep-Hep-Krawalle hatten sie tief beunruhigt und aufgerüttelt. Objektiver und analytischer geworden, betrachtete sie Deutschland jetzt kritischer und die Not der Juden verständnisvoller. »Ich bin grenzenlos traurig«, schrieb sie an ihren Bruder, »in einer Art wie ich es noch gar nicht war. Wegen der Juden. Was soll diese Unzahl Vertriebener tun?« In Deutschland sei ihre historische Rolle die des ewigen Sündenbocks, die ihnen vielleicht zugefallen sei, weil es »das gesittetste, gutmütigste, friedliebenste, obrigkeitsehrenste Volk ist«.[45]

Es war Heinrich Heine, der später eine große Rolle dabei spielen sollte, daß sie ihre früheren Auffassungen in neuem Lichte sah. Als er vierundzwanzigjährig nach Berlin kam, um hier, nach Bonn und Göttingen, weiterzustudieren, war ein seltsam gekleideter schmächtiger junger Mann, der mit seinem blassen ovalen Gesicht, mit der hohen Stirn und dem auffällig großen Mund nicht besonders einnehmend wirkte.

Die jüdische Familie, der Heine entstammte, war schon lange in Deutschland ansässig – er war auch ein entfernter Verwandter der Glückel von Hameln –, doch seine Mutter hatte ihren Sohn früh von der jüdischen Schule genommen, ihn in das katholische Lyzeum seiner Geburtsstadt Düsseldorf gesteckt und ihn so gut wie ohne Beziehung zu seinen jüdischen Wurzeln erzogen. Als junger Mann warf der finanziell völlig von einem knauserigen reichen Onkel abhängige Heine das Geld mit beiden Händen zum Fenster hinaus. Sein Auftreten war frech, arrogant, zynisch und respektlos. Die Universität Bonn hatte ihn wegen eines Duells relegiert. Dabei hatte er sich keineswegs zerknirscht gezeigt, sondern ließ bei den Beamten, die ihn eben hinausgeworfen hatten, Visitenkarten abgeben, auf die er *pour prendre congé* (beurlaubt) geschrieben hatte.

Andererseits hatte der junge Heine enormen Geist und Verstand, wollte frei sein und das Leben ohne Einschränkungen auskosten. Wenn er Lust dazu hatte, konnte er charmant und amüsant sein, der einzige Mensch, wie ein Freund feststellte, in dessen Gegenwart es unmöglich war, sich zu langweilen. Theoretisch war er in Berlin, um Jura zu studieren. De facto interessierte er sich viel mehr für Philosophie, Literatur, Poesie und das angenehme Leben in der größten Stadt von Preußen. Dafür hatte er auch Empfehlungsschreiben an die richtigen Leute mitgebracht. Schon bald lud ihn Madame Beer, Giacomos Mutter, zu ihren musikalischen Soireen ein, wo er sich mit ihrem jüngsten Sohn Michael anfreundete, der auch Gedichte schrieb und etwa gleich alt war wie Heine. Bald wurde er auch bei den Varnhagens eingeführt, die nun wieder ein gastliches Haus führten.

Heine, jung und leicht zu beeindrucken, freute sich, in Rahels Salon verkehren zu dürfen, der wieder zum Treffpunkt für einen Teil der geistigen Elite geworden war. Der Kreis war jetzt allerdings kleiner, älter und homogener und die Gespräche weniger freizügig, unkonventionell und schwärmerisch als früher. Rahel und Heine empfanden sofort ihre Wahlverwandtschaft; sie erkannte seinen außergewöhnlichen Geist und seine dichterischen Gaben, und ihm gefiel es, von ihr so intuitiv und spontan verstanden zu werden. Bereitwillig ließ er sich von ihr protegieren, sie nahm ihn unter ihre Fittiche, ermutigte ihn und wies ihn sachte zurecht, wenn er in seinem Hang, sich als Enfant terrible aufzuspielen, zu weit ging. Sie war einer der wenigen Menschen in Heines Leben, mit denen es nicht über kurz oder lang zum Bruch kam, und er hörte nie auf, sie zu bewundern. »Gern ließ ich mir ins Halsband ritzen, ›Rahel Varnhagen thut mich besitzen‹«, schrieb er ihr. Noch Jahre später erinnerte er sich an sie als »die begabteste Frau des Universums«.[46]

Zynisch und klarsichtig zugleich gab Heine sich keinen Illusionen hin und hatte es – im Gegensatz zu Rahel – nicht nötig, sich aufrichtige Motive vorzumachen, als er sich zur Taufe entschloß. Als er den Schritt schließlich vollzog, machte er kein Geheimnis daraus, daß der Taufschein ihm nichts weiter bedeutete als das »Eintrittsbillet« für weitere Pläne – er strebte eine Laufbahn als Professor an. Aus dem Ruf auf einen Lehrstuhl wurde jedoch nichts, und er bedauerte seine Taufe fast sofort. Die Erfahrung, sich mit Vorurteilen und Diskriminierung auseinandersetzen zu müssen, weckte sogar sein Interesse für die Juden und ihre Probleme. Er reagierte mit beißender Ironie, Sarkasmus und vernichtender Kritik – Angriffswaffen und zugleich der Schild, hinter dem er seinen Schmerz verbarg.

Während Heine sich seines Judentums neu bewußt wurde, kaum daß das Taufwasser ihn benetzt hatte, dauerte Rahels Wandlung ein ganzes Leben an und vollendete sich erst in ihren letzten Jahren. Gegen Ende bediente sie sich in Briefen an ihren Bruder manchmal des Hebräischen und nannte ihn gelegentlich »Lieber Religionsbruder« – was auch bitter ironisch gemeint sein mochte, hatten sich doch beide Geschwister zum Christentum bekehrt.

Im Alter war sie nun ersichtlich eine veränderte Rahel, auch wenn sie immer noch charmant und geistreich war. Eine Schönheit war sie nie gewesen, doch schon mit fünfzig war sie gebrechlich und vor der Zeit gealtert, eine unansehnliche dicke Frau mit schlaffem Kinn und krummen Schultern.[47] Am meisten hatten sich jedoch ihre Ansichten gewandelt, auch wenn ihr Wesen unverändert geblieben war. Immer noch suchte sie nach der Wahrheit und neigte sich mit großer Einfühlsamkeit anderen Menschen zu. Nach wie vor bewunderte sie Goethe und Fichte, und vertiefte Religiosität trat jetzt neben ihr lebenslanges Interesse für philosophische Spekulationen. Allerdings war sie nicht mehr die naiv-idealistische Romantikerin, die von persönlicher Entwicklung und dem Austausch mit anderen Erfüllung erwartete. Was sie selbst betraf, so war sie nachdenklicher geworden. Was Deutschland und die Deutschen anging, so hatte sie an tieferer Einsicht gewonnen, und hinsichtlich der historischen Erfahrungen von Deutschen und Juden als Hindernis für den gesellschaftlichen und politischen Fortschritt war sie nun realistischer.

Vor ihrem schmerzhaften Tod 1833 kam sie zu einer Erkenntnis, die für sie besonders unerwartet und überraschend gewesen sein muß, daß nämlich ihr lebenslanger Kampf gegen ihre jüdische Herkunft umsonst gewesen war, daß ihr Judentum im Grunde das wesentliche und sinnstiftende Element ihres Daseins gebildet hatte. Als sie starb, war sie mit ihrer Herkunft versöhnt: »Was mir mein ganzes Leben lang wie die größte Schande vorkam, das Elend und Unglück meines Lebens – als Jude zur Welt gekommen zu sein – das hätte ich auf keinen Fall missen mögen«, sagte sie am Ende.

Rückblickend bekommen diese letzten Gedanken Rahels eine besondere Bedeutung. Sie ist eine Hauptfigur der deutschen Gesellschafts- und Geistesgeschichte, einmal weil ihr Salon Treffpunkt der Berliner Elite war, an dem Politiker, Adlige, Schriftsteller, Philosophen und Reformwillige zusammenkamen, die das Denken der Zeit prägten; dann wegen ihrer bemerkenswerten Persönlichkeit, ihrer magnetischen Anziehungskraft, ihrer Sensibilität und Beobachtungsgabe und der beträchtlichen literarischen Begabung, die sich in ihren vielen überlieferten Briefen ausdrückt. Die Fähigkeit dieser ungewöhnlichen Frau – die weder schön noch reich war und nur eine rudimentäre Schulbildung genossen hatte –, so viele unterschiedliche Vertreter der geistigen Elite Preußens an sich zu ziehen und zu bezaubern, ist der Grund dafür, daß wir uns bis heute für sie interessieren.

Moses Mendelssohn glaubte, Juden würden, besäßen sie erst einmal dieselben Rechte, in Deutschland genauso anerkannt werden wie Christen und dabei doch »mosaischen Glaubens« bleiben können. Rahel war der Prototyp der kultivierten deutschen Juden der Zeit, die sich nach dem Einsturz der Ghettomauern assimilierten und nach einer neuen Identität und individueller Freiheit strebten. Voller Ungeduld hatte sie auf die Gewährung der Bürgerrechte gewartet, ihre Religion für eine nutzlose Bürde gehalten, die man leicht abwerfen könne, und geglaubt, danach würde sie von den Deutschen akzeptiert werden. Doch ebenso wie diejenigen Juden, die an ihrem Glauben festhielten und meinten, die Gleichberechtigung und ihre wirtschaftlichen und geistigen Leistungen würden Fortschritt bedeuten, mußte Rahel feststellen, daß dies erst der Anfang eines langen Kampfes war. Die eigentlichen Probleme waren nicht gelöst. Staatsbürgerschaft und individuelle Leistungen machten weder den Vorurteilen ein Ende, noch waren sie der Anfang einer wirklichen Gleichstellung von Deutschen und Juden.

Rahels Lebensgeschichte spiegelt diese Erfahrungen wieder und nimmt auch Situationen vorweg, mit denen ihre Nachfahren sich konfrontiert sehen sollten. Rahel wollte Vorurteile widerlegen, sich mit der Welt um sie herum arrangieren und ihren Platz darin finden, und folgte dabei vielen Wegen, die auch spätere Generationen beschritten; als eine der ersten stieß sie dabei auf die gewohnten Hindernisse. Ihre sich mit dem Alter wandelnde Einstellung zu ihrer Herkunft und die Prüfungen, die sie durchmachen mußte, nahmen schon die schmerzvollen Erfahrungen vorweg, die viele Juden durchmachen sollten, als Deutschland sich anschickte, in die Moderne einzutreten. In den nächsten Generationen gab es darauf viele ganz verschiedene Reaktionsweisen, die allerdings mit der Zeit immer klarer vorherzusehen waren. Schon Rahel erlebte an sich die Konsequenzen, den Schmerz und die Vergeblichkeit solcher Versuche. Späteren Generationen sollte es nicht besser ergehen.

FÜNFTES KAPITEL

Erfolgreiche Giacomo

Ein jüdischer Componist, den das Glück schon von Geburt an mit großen Geldmitteln ausgestattet, bestach die Theater durch bedeutende Summen, seine mittelmäßigen Opern glänzend aufzuführen.

Der deutsche Literaturkritiker Wolfgang Menzel, 1837

Neun und neunzig Hundertteile der Leser sind Rechoim (*Judenhasser*), deshalb haben und werden sie stets Richess (*Judenhaß*) goutieren, wenn er nur ein wenig geschickt administrirt wird. – Was ist zu tun? Keine Pommade de Lion keine Graisse d'ours (*Bärensalbe*) ja nicht einmal das Bad der Taufe kann das Stückchen Vorhaut wieder wachsen machen, das man uns am 8t. Tage unsres Lebens raubte: und wer nicht am 9t. Tage an der Operation verblutet, dem blutet sie das ganze Leben lang nach, bis nach dem Tode noch.

Giacomo Meyerbeer an Heinrich Heine, 1839

1

Giacomo Meyerbeers Leben verlief völlig anders als das von Rahel. Er war zwar nur zwanzig Jahre jünger, gehörte aber schon der nächsten Generation jener Kinder und Enkel der Pioniere an, für die bereits Türen offen standen, die in Rahels Jugend noch fest verriegelt waren. Ganz anders als Giacomo war Rahel in fast jeder Hinsicht benachteiligt gewesen: Als vernachlässigtes Kind eines schwierigen Vaters und einer charakterschwachen Mutter war sie gezwungen, sich autodidaktisch zu bilden, ohne seelische Anker im Judentum oder auch der nichtjüdischen Welt. Giacomo hingegen war der geliebte älteste Sohn einer Familie, die eng zusammenhielt und ihn in allem bedingungslos förderte. Die Beers gehörten zu den angesehensten und wohlhabendsten Juden von Berlin. Bereits stark assimiliert und in der deutschen Kultur zu Hause, scheuten sie keine Kosten, um ihren Ältesten von den besten Hauslehrern erziehen zu lassen. Der Reichtum der Familie ersparte Giacomo fürs ganze Leben alle Geldsorgen.

Vor allem aber war der Sprößling der Beers ein Wunderkind, dem eine Fülle von Gaben in die Wiege gelegt worden war – höchste musikalische Begabung, ein fotografisches Gedächtnis und Kraft zu großen Energie- und Kreativitätsschüben. Von klein auf stand außer Frage, daß ihm eine brillante musikalische Karriere bevorstand. Was immer ihm später Sorgen machen und seinen Pessimismus schüren sollte – und davon gab es wahrlich genug –, Zweifel an seinem Talent oder seiner Berufung kannte er nicht. Dieses Glück hatte Rahel nicht: Quälende Selbstzweifel und die Suche nach einem Lebensziel raubten ihr viel Zeit.

Dennoch lassen sich auch Gemeinsamkeiten erkennen. Beide stammten aus etablierten jüdischen Familien Berlins, die seit langem in Brandenburg ansässig waren, wobei Giacomos Familie bis auf Jost Liebmann zurückging und die viel angesehenere war. Beide wußten genau, was es hieß, als Juden in Preußen zu leben, und für beide war dies ein prägendes Element ihrer Persönlichkeit. Beide hatten in ihrer Jugend antisemitische Vorurteile zu spüren bekommen. Wie tief sie davon verletzt worden waren, konnten sie niemals vergessen. Sie gingen zwar jeweils ganz anders damit um, doch bei beiden hatte das entscheidenden Einfluß auf ihr ganzes späteres Leben.

Rahel litt jahrelang unter antijüdischen Ressentiments und kämpfte ein ganzes Leben lang gegen sie an. Auch Giacomo hatte sie schon als Kind in aller Wucht erfahren und litt nicht weniger darunter. Die persönlichen Angriffe Grattenauers hinterließen untilgbare Spuren, und andere schmerzvolle Erfahrungen kamen noch hinzu. Als er als junger Mann von »jungen Hübschen« einen Korb erhielt, meinte er, der Grund sei sein Judentum und vertraute seinem Tagebuch an: *Grazien verwundeten mich dort bis ins Innerste meiner Seele und knickten meinen Mut und Frohsinn ... Wann werde ich doch endlich lernen, mich in das Längsterkannte und Unvermeidliche ruhig zu schicken?*[1]

Auch die Hep-Hep-Krawalle und die haßerfüllte Judendarstellung des Schauspielers Wurm verletzten ihn tief. Seinem Bruder gegenüber erinnerte er sich bei dieser Gelegenheit an »das eiserne Wort ›Risches‹«.[2]

Nun war für Giacomo aber auch sein Judentum ein eisernes Gesetz. Später tat er zwar alles, um seine Karriere voranzutreiben, doch er dachte niemals daran, dafür seinen Glauben aufzugeben. Nein, er war stolz darauf, Jude zu sein, stolz darauf, dem auserwählten Volk anzugehören. Seinem Großvater hatte er auf dem Sterbebett versprochen, niemals zu konvertieren – ein Versprechen, welches er nie bedauerte. Seine Eltern, Stützen der jüdischen Gemeinde Berlins und sogar von der königlichen Familie respektiert (1816 hatte der König Madame Beer den begehrten preußischen Luisenorden verliehen)[3], hatten ihm eingeschärft, daß Antisemitismus als Bürde zu betrachten sei, die man mit Anstand auf sich zu nehmen habe. Antijüdische Vorurteile seien das Kennzeichen von Kleingeistern und Ungebildeten, und man begegne ihnen am besten mit Geduld und Höflichkeit. Die Kränkungen mochten noch so schmerzen, man solle sie schweigend hinnehmen, besonders fleißig arbeiten und mit seinem Geld klug umgehen. Die antijüdische Bigotterie müsse man durch Leistungen und gute Taten widerlegen und so Achtung gewinnen. Diese Haltung seiner Eltern machte Giacomo sich von Anfang an zu eigen.

Zu Beginn der zwanziger Jahre – Heine entdeckte eben Berlin, und Rahel überdachte nochmal ihr Leben – weilte Giacomo in Italien, weit entfernt von den Problemen der Juden in Preußen. Natürlich wußte er, daß es zu Hause eine neue Welle von Antisemitismus gab, was ihn zwar tief deprimierte, seinen angeborenen Pessimismus hinsichtlich der tiefsitzenden Vorurteile der Deutschen jedoch nur bestätigte. Zu dieser Zeit hatte er aber nur ein einziges Ziel vor Augen – er wollte seine Musikausbildung abschließen und als Opernkomponist reüssieren. Sohnespflicht und Familientreue bedeuteten ihm einiges, doch selbst die Bitten seines Vaters, er möge nach Hause kommen, stießen auf taube Ohren. »Du weißt von Jahren her, daß ich Paris als den ersten und hauptsächlichsten Punkt für meine dramatisch-musikalische Bildung betrachtet habe, kennst meine leidenschaftliche Vorliebe für die französische Opernbühne, und weißt, wie sehr ich mich dahin gesehnt habe. Ist es meine Schuld, daß der Krieg ein Jahr lang mich daran verhinderte; hast Du selbst mir damals nicht nach Mannheim geschrieben und mich dringend gebeten umzukehren und in Wien den Frieden abzuwarten mit der heiligen Versicherung daß mich dann nichts mehr hindern sollte meine Reise fortzusetzen (ich besitze diesen Brief noch).«[4]

Seine Eltern hatten ihm beigebracht, wie wichtig es ist, etwas Herausragendes zu leisten, im Geschäftsleben oder in der Kunst. Die Lehre war auf fruchtbaren Boden gefallen – nichts konnte Giacomo jetzt von seinem Streben nach Erfolg als Künstler abbringen.

Ursprünglich hatte er als Wunderkind am Klavier auf sich aufmerksam gemacht. Schon den Halbwüchsigen schickten die Eltern in Begleitung seines Bruders Heinrich, eines Hauslehrers und eines Kammerdieners nach Darmstadt, wo ihm Abt Vogler, ein hervorragender Organist und Musiklehrer, Privatunterricht gab. Die Darmstädter Jahre waren für Giacomo eine gute Zeit; er freundete sich herzlich mit dem jungen Carl Maria von Weber und einigen anderen begabten Schülern Voglers an. Sie nannten sich die Harmonische Gesellschaft und ließen es sich – sorgenfrei dank Giacomos großzügigem Wechsel – bei Wein, Weib und Gesang wohl ergehen, während sie gleichzeitig ihrer musikalischen Begabung den letzten Schliff verliehen.

Giacomo interessierte sich jedoch bald mehr für das Komponieren als fürs Piano und schrieb 1811 sein erstes Opus, eine lyrische Rhapsodie mit dem Titel »Gott und die Natur«. Amalie gelang es, das Stück im Königlichen Nationaltheater in Berlin aufführen zu lassen. Es war ein Jugendwerk ohne bleibende Bedeutung, doch die Vorgeschichte, wie es zu dieser öffentlichen Aufführung kam, zeigt erstmals sehr schön das später berühmt-berüchtigte »Meyerbeer-System«, nach welchem die öffentliche Präsentation seiner Werke organisiert wurde. Freunde und Familie wurden mobilisiert, um für größtmögliche öffentliche Aufmerksamkeit zu sorgen. Die Eltern ließen ihre weitläufigen Beziehungen spielen, um die besten Sänger und Musiker zu engagieren, wichtige Leute wurden umworben und umschmeichelt und die Harmonische Gesellschaft eingespannt, damit deren Mitglieder unter Pseudonym positive Kritiken in den wichtigsten Musikblättern schrieben. Giacomo koordinierte die Kampagne persönlich, genau wie er es ein Jahr später tat, als seine erste richtige Oper sich der Vollendung näherte. Als erstes bat er Carl Maria von Weber ganz direkt: »Sprich mit Härte von mir als einem Mann, von dem es sehr wünschenswert wäre, Aufsätze zu haben, denn ich will ihm nächstens Rezensionen über Giustos [= Gottfried Weber] Singquartette und französische Singschule schicken. Wenn Du etwas über die Quartette in der musikalischen Zeitung sagen wolltest, so tue es lieber in einer anderen Zeitung, denn ich kann mich in dieser Rezension sehr ausbreiten und … möchte doch gern bei der Redaktion der M[usikalischen] Z[eitung] recht brillant auftreten, damit ihnen die Verbindung mit mir lieb wird.«[5]

Nach der Premiere informierte er sogleich Johann Gänsbacher, einen seiner Freunde aus der Harmonischen Gesellschaft, der nach Prag gegangen war, über die Aufführung: »In München ward am 23t Dezember 1812 zum ersten Male ›Jephtas Gelübde‹, eine große Oper von der Komposition des Herrn J. Meyerbeer mit großem Beifall aufgeführt. S. M. die Königin beschenkte den Kompositeur nach der zweiten Vorstellung mit einem kostbaren Ring.« Damit ja nichts schiefging, lieferte er Gänsbacher auch gleich das einschlägige Zitat mit.[6]

Von nun an widmete er sich ganz dem Komponieren von Opern. Schnell schrieb er zwei nacheinander, mußte aber bald feststellen, daß nicht einmal erstklassige Öffentlichkeitsarbeit die beiden langweiligen Werke vor Mißerfolg und Verriß retten konnte. Giacomo war zwar enttäuscht, doch er lernte daraus und gab nicht auf. Seine Eltern versahen ihn mit Empfehlungsschreiben an die richtigen Leute in Paris und London – darunter Spontini und Cherubini –, und Giacomo machte sich auf, die Theater- und Musikszene in beiden Hauptstädten kennenzulernen. Danach ging er nach Wien, wo er auch während der Kriegsjahre blieb. Dort lernte er den alternden Hofkapellmeister und Komponisten Antonio Salieri kennen, der ihm riet, die österreichische Hauptstadt zu verlassen und nach Italien zu gehen. Wer sein Handwerk wirklich lernen wolle, sagte ihm der Maestro, der müsse an die Quelle gehen, ins Land der Oper und des Belcanto. Die italienische Oper nahm seit über hundert Jahren den ersten Rang ein, auch wenn sie ihren Höhepunkt mittlerweile überschritten hatte. Ein leuchtender Stern war nur noch Rossini, der Meister der Opera buffa, der allerdings auch bald nach Paris gehen sollte, wo sich jetzt die Trendsetter der neuesten europäischen Oper versammelten.

In Italien erwartete Giacomo eine wahre Flut von neuen Reizen. Jede Stadt hatte ein Opernhaus, und neue Werke, die es in Überfülle gab, spielten stets vor vollem Haus. Giacomo hörte sizilianische Volkslieder und studierte Rossinis neueste Partituren. Die größten Sängerinnen und Sänger wirkten in Italien. Giacomo kam 1816 und blieb acht Jahre.

2

Am 29. Oktober 1824 besuchte Karl Friedrich Schinkel auf einer Italienreise die Oper. In Preußen war Schinkel der bedeutendste Architekt und oberste Autorität in Fragen des Geschmacks. Sein unverkennbarer klassizistischer preußischer Baustil beherrschte die wichtigsten Bauten Berlins auf Generationen hinaus. Schinkel wollte sich die vieldiskutierte neueste Oper seines Berliner Landsmanns Giacomo Meyerbeer anhören. Was er hörte, beeindruckte ihn jedoch recht wenig, und in seinem Tagebuch hielt er fest: »Abends ward eine neue Oper im Teatro della Pergola aufgeführt, ›Kreuzfahrer in Ägypten‹ von dem Juden Meyerbeer, ein tolles, unverdauliches, süßsauer, trivial empfindendes und gemein lärmendes Musikgewäsch.«[7]

Der Ton dieses Kommentars ist ebenso betrüblich wie klar. Für Schinkel war ein Jude erst dann ein Preuße, wenn er dem Vaterland Ruhm eintrug, andernfalls war er eben nur ein Jude. Hatte er an der Oper wirklich etwas auszusetzen, oder lag es doch daran, daß Giacomo Jude war, wie Schinkel festzuhalten sich bemüßigt fühlte? Jedenfalls war der erste Baumeister Preußens mit seinem Urteil diesmal in der Minderheit. *Il Crociato – Die Kreuzritter* – hatte im März in Venedig Premiere und war beim Publikum sofort ein großer Erfolg. Für Giacomo war es der krönende Abschluß seiner acht italienischen Jahre. In den folgenden zehn Jahren wurde die Oper in Paris, London und Dresden wiederholt aufgeführt und praktisch auf jeder

Bühne Italiens, wo das Publikum vor Enthusiasmus völlig außer Rand und Band geriet. Heine, der den *Crociato* später in Florenz hörte, berichtete, er habe eine solchen Begeisterungstaumel sonst noch nie erlebt – ein *furore*, zu dem nur das italienische Publikum imstande ist.

Auch die Kritik war einhellig begeistert, und Giacomo freute sich besonders darüber, daß sogar die Deutschen (wenn auch nicht Schinkel) – bei seinen früheren Werken noch geteilter Meinung – diesmal wirklich beeindruckt waren. Der Korrespondent der *Allgemeinen Musikalischen Zeitung* schrieb aus Venedig, ein Unparteiischer könne diese Oper gar nicht genug preisen. Während Schinkel »dieses Musikgewäsch« schnell als aus der Feder eines Juden stammend identifiziert hatte, stellte dieser Kritiker fest, es sei eine besondere Ehre für Deutschland, daß ein Deutscher hier so begeistert gefeiert werde.

Daß Giacomo Jude war, stand außer Zweifel. Er war klein, schmächtig, kurzsichtig und hatte ausgesprochen semitische Züge mit großer Hakennase und vollen Lippen. Seine dunklen Augen verrieten Sensibilität und Intelligenz, aber auch Schwermut. Sein Auftreten heischte Respekt, er war selbstsicher, und im Gegensatz zu Rahel schien ihm sein Aussehen ganz gleichgültig zu sein. Außerdem hatte er Plattfüße und watschelte beim Gehen. Er sprach leise, war stets höflich und vermied jede Kränkung, war aber stolz darauf, Jude zu sein, und zeigte das ungeniert.

Crociato war die fünfte und letzte Oper, die er in Italien komponierte. Das Werk machte ihn endgültig zu einer bedeutenden Gestalt in der Musikwelt und war auch entscheidend für die Verwirklichung eines langgehegten Traums: Die Académie Royale de Musique, das neue Opernhaus in der französischen Hauptstadt, erteilte ihm einen Kompositionsauftrag. Europäische Operngeschichte wurde nämlich jetzt in Paris geschrieben – Rossini hatte Italien bereits verlassen, um nun in der französischen Metropole die Italienische Oper zu leiten –, und hier, im Mekka der Musik, wollte Giacomo neue Höhen erklimmen. Jetzt bot sich ihm die ersehnte Gelegenheit dazu.

Er hatte fleißig gearbeitet, und sein wachsender Ruf und der Triumph mit *Crociato* in Italien waren kein Zufall. Acht Jahre lang war er durch das Land gereist, hatte an musikalischer Erfahrung soviel wie möglich in sich aufgesogen, konzentriert gearbeitet und dem

Publikum fünf Opern präsentiert. Bei jeder hatte er dazugelernt und sich das Gelernte bei der nächsten Oper zunutze gemacht. Er hatte die besten Sänger engagiert, sich mit Gaetano Rossi, einem der führenden italienischen Librettisten, zusammengetan und die wichtigen Impresarios umschmeichelt. Allen Berichten zufolge waren die Bühnenproben von geradezu fanatischer Intensität und er steigerte sich vor jeder Premiere in eine Art Raserei, wobei er jede Einzelheit von Partitur, Libretto und Inszenierung peinlich genau kontrollierte. Auf beständige Ermutigung und Unterstützung durch Amalie und die Familie konnte er sich dabei unbedingt verlassen. Sie teilten jeden Triumph und beklagten jeden Rückschlag mit ihm. Nicht nur waren sie maßlos stolz auf Giacomos Werk, hier agierte auch so etwas wie ein Familienunternehmen, bei dem sich alle Beers ihren Rollen mit großem Eifer hingaben.

3

1816 war Giacomo in Begleitung seines jüngeren Bruders Wolff – der sich jetzt Wilhelm nannte – nach Italien gekommen. Noch im selben Jahr reiste Amalie selbst gen Süden, um für den Sohn dort nach dem Rechten zu sehen. Darüber hinaus floß in beide Richtungen ein stetiger Strom von Briefen: Amalie lieferte den neuesten Theater- und Musikklatsch von der Heimatfront, der Vater Jakob schrieb übers Geschäft und schickte Wechsel, und die Brüder taten das ihrige mit Nachrichten über Politik und diverse Familienangelegenheiten.

Für Giacomo dürfte es keine Kleinigkeit gewesen sein, bei dieser umfangreichen Familienkorrespondenz mitzuhalten,[8] doch als wohlerzogener und pflichtbewußter Sohn tat er, was er konnte. Schon einige Jahre zuvor hatte er seinen zweiten Vornamen mit dem Familiennamen verschmolzen, doch jetzt – von Italien berauscht und bemüht, seinem Gastland eine Freundlichkeit zu erweisen – gab er sich den Vornamen Giacomo und unterschrieb auch seine Briefe nach Hause mit diesem Namen. Für Amalie blieb er allerdings stets »Mein liebster Meyer«. Geriet er aber mit seiner Familienkorrespondenz in Rückstand, stellte sie ihn sogleich zur Rede: »Seit langer Zeit haben wir kein Schreiben von Dir gehabt, und ich bin deshalb nicht wenig bekümmert. Gott mag Dir Deine Schreibefaulheit verzeihen.« Normalerweise reagierte Giacomo dann sofort, besonders wenn die Mutter ihm leise Vorwürfe machte.

Nach fast zweijähriger Vorarbeit wurde die Aufführung seiner ersten italienischen Oper, *Romilda e Constanza*, im Teatro Nuovo in Padua ein ermutigender Erfolg. Rossi, stets in Geldnöten und durch Giacomos attraktives Honorarangebot überredet, hatte das Libretto beigesteuert, und in den Hauptrollen hörte man Spitzensänger; in Italien normalerweise schlecht bezahlt, konnten sie Giacomos hohen Honoraren ebenfalls nicht widerstehen. Die Kritik in Padua war sehr positiv, und selbst in Deutschland hörte man von dem Erfolg. In Berlin weinte Mutter Amalie so heftig, »daß mir das Herz weh tut«, wie sie sagte.[9] Postwendend forderte sie die Partitur an. Es war ihr höchster Wunsch, die erste italienische Oper ihres Sohnes in der preußischen Hauptstadt aufgeführt zu sehen, doch der Stil entsprach nicht deutschem Geschmack, und das Projekt kam nicht zustande. 1819 folgten zwei weitere Opern, und wieder setzte Madame Beer alle Hebel in Bewegung, um Berliner Aufführungen zustande zu bringen. Sie ermahnte ihren Sohn, die Opern unbedingt dem König zu schicken, und Giacomo gehorchte, obwohl er wegen des italienischen Geschmacks negative Reaktionen und möglicherweise auch antisemitische Ressentiments befürchtete.

Diese Befürchtungen sollten sich bewahrheiten; *Emma di Resburgo*, seine dritte Oper, wurde in Italien freundlich aufgenommen, stieß in Deutschland jedoch auf wenig Begeisterung. Nationalistische Gefühle waren en vogue, und alles Fremde hatte es schwer.

»Mir blutet das Herz, zu sehen, wie ein deutscher Künstler mit eigner Schöpfungskraft begabt, um des leidigen Beifalls der Menge willen, zum Nachahmer sich herabwürdigt. Ist es denn gar so schwer, den Beifall des Augenblicks – ich sage nicht zu verachten, aber doch nicht als Höchstes anzusehen.«[10]

Selbst sein Freund Carl Maria von Weber murrte, Giacomo habe das Andenken an ihren verehrten Mentor Abt Vogler verraten: »Mir blutet das Herz, wenn ich mit ansehen muß, wie ein deutscher Künstler sich mit seinen eigenen schöpferischen Kräften … sich zur

Nachahmung [des Fremden] erniedrigt«, schrieb er an einen Freund und verlieh später in der Dresdener *Abendzeitung* der Hoffnung Ausdruck, daß Meyerbeer, der das Beste studiert habe, was andere Nationen zu bieten hätten, jetzt »ins deutsche Vaterland zurückkehren möge ... und auch mit fortbauen helfen wolle an dem Gebäude einer deutschen Nationaloper«.[11]

Dies waren die ersten gedämpften Trommelwirbel, aus denen schließlich ein nicht enden wollendes Paukenkonzert der Kritik an Meyerbeers Schaffen werden sollte – er sei zu »kosmopolitisch« und nicht deutsch genug. Die Sache entbehrt nicht der Ironie: Einerseits wollte die etablierte deutsche Musikwelt diesen Juden, als er immer berühmter wurde, für sich beanspruchen und überschüttete ihn mit Ehrungen. Anläßlich von *Emma* schickte ihm der König ein eigenhändiges Glückwunschschreiben, und als er in Paris die zweite Vorstellung von *Crociato* gesehen und den riesigen Erfolg miterlebt hatte, forderte er am 27. September 1825 nachdrücklich, Meyerbeer möge die Oper für eine Berliner Inszenierung bearbeiten. Als Giacomo später von der französischen und der brasilianischen Regierung für seine Leistungen mit einem Orden ausgezeichnet wurde, reagierte Preußen schnell mit einem beispiellosen Schritt: Dem Juden Giacomo Meyerbeer wurde die hohe Ehre zuteil, als Vollmitglied in die Preußische Akademie der Künste berufen zu werden.

Andererseits wurden die gegen ihn gerichteten Spitzen mit jedem Erfolg in Italien und Paris nur um so schärfer. Was anderwärts als sein besonderes Genie bei der Verschmelzung der Glanzleistungen der großen Komponisten – von Gluck über Mozart bis Rossini – zu einem einzigartigen Ganzen gepriesen wurde, verurteilten seine deutschen Feinde und Kritiker als bloßen Plagiat. Robert Schumann tat Meyerbeer später als zu »französisiert« und unfähig zur Originalität ab; später hieß es – und hierbei tat sich Richard Wagner besonders hervor –, diese Schwächen seien nicht nur undeutsch, sondern eben typisch jüdisch.

Für den stets vorsichtig ängstlichen Giacomo bedeutete das keine Ermutigung zu einer baldigen Rückkehr nach Deutschland und ließ ihn auch zögern, Aufführungen seiner Opern in Deutschland zu genehmigen. Weil aber Anerkennung in Deutschland vielleicht sein sehnlichster Wunsch war, trafen ihn die Angriffe schwer. Wie dem auch sei, 1823 überhörte er höflich Andeutungen, man überlege sich, ihn als Generalmusikdirektor an die Berliner Oper zu holen. Amalie, die ihren Sohn gut kannte, tat stets ihr Bestes, um ihn gegen weitere zu erwartende Angriffe zu wappnen. »Nun werden aber die Rezensenten kommen, die werden Dich nicht schrecken, darüber hoffe ich aber wirst Du Dich mit Leichtigkeit hinwegsetzen, denn das sind wahre Hunde, die keinen Menschen mehr loslassen ... Sie reißen Spontini und Rossini wie Schulknaben.«[12]

Mit seiner letzten italienischen Oper hatte Giacomo seinen persönlichen Stil gefunden. In der Manier Rossinis geschrieben, war *Crociato* sein größter italienischer Erfolg und die erste Oper mit all den Merkmalen, die Meyerbeers Platz in der Geschichte des Genres ausmachen. Später entwickelte er diesen individuellen Stil in seinen französischen Opern weiter und eroberte sich damit den Olymp der Pariser Musikszene.

Giacomo wollte Opern im großen Stil komponieren. Seine Spezialität war das »optische« Theater, wie es manchmal genannt wurde – ein Spektakel, bei dem Libretto, Musik, Ballett und ein prächtiges Bühnenbild mit viel Bewegung auf der Bühne geschickt zu einem dramatischen Gesamtkunstwerk verbunden werden. Auch bei der Orchestrierung beschritt er neue Wege, indem er das Orchester deutlich vergrößerte und – vor allem für das Saxophon, die Klarinette und das Fagott – noch nie zuvor gehörte Klangeffekte erfand. Er kümmerte sich um jede kleinste Einzelheit der Musik und der Inszenierung und probierte und revidierte bis zum letzten Augenblick. Außerdem bestand er darauf, für die Hauptrollen die besten Stimmen zu bekommen. Er strebte nach dem *éclat* – der Überwältigung des staunenden Publikums durch Pomp und Prunk. Er liebte große Charakterszenen, riesige Chöre, dramatische Vokalpartien und starke, melodische Arien. Vieles davon wirkt heute überzogen und sensationslüstern, doch das zeitgenössische Publikum war begeistert. Seine späteren großen französischen Opern – *Robert le Diable*, *Les Huguenots*, *Le Prophète*, *Dinorah* und *L'Africaine* – waren zu ihrer Zeit unerhört beliebt und erfolgreich.

Crociato, eine Geschichte von in Ägypten in seiner orientalischen

Pracht gestrandeten Kreuzrittern, war ein idealer Stoff für ihn. Da gab es riesige Sklavenchöre, Kreuzritter, Emire, große exotische Tableaus und gefühlvolle Arien mit romantischen Themen – die Tapferkeit der Kreuzritter, der Konflikt der Religionen, Leidenschaft, Liebe und ausweglose Tragödie voller Schmerz. Der Erfolg der *Kreuzritter* ließ ihn später zu ähnlichen Themen greifen – Streit der Religionen, in fremden Ländern gestrandete Reisende, Tugend im Kampf gegen die Übermacht. Solche Themen müssen für Giacomo Meyerbeer von hochsymbolischer Bedeutung gewesen sein. Erzählungen von religiösen Vorurteilen gegen kleine Gruppen ohnmächtiger edler Menschen, die in einer fremden Kultur Zuflucht suchen, spiegelten zweifellos seine eigenen Erfahrungen wider. Vielleicht stimmt es sogar, wie manche später sagten, daß seine Liebe zur großen Oper mit ihren überlebensgroßen Szenen nichts anderes war als das Bestreben, sich eine eigene Welt zu schaffen und damit die Grenzen zu überschreiten, die Vorurteile in der wirklichen Welt gegen ihn und sein Volk errichtet hatten.

Giacomo war von der Jagd nach Erfolg völlig besessen und wollte für seine Leistungen anerkannt und akzeptiert werden. Große Leistungen sollten ihn legitimieren und seinen Wert erweisen – den allgegenwärtigen Hürden, Feinden und Vorurteilen zum Trotz. Sein Leben lang scheute er für dieses Ziel keine Mühen und suchte Genugtuung im Beifall der Öffentlichkeit. Doch weder der Erfolg, der sich schließlich einstellte, noch das Streben nach ihm ließen ihn glücklich werden. Die Freude war stets nur von kurzer Dauer, die Ehrungen bedeuteten keine nachhaltige Befriedigung, und zu einer selbstsicheren Gelassenheit fand er im Grunde nie.

Es lag einfach nicht in seiner Natur, auf Dauer glücklich, zufrieden und erfüllt zu sein. Ständig besorgt, er könne Anstoß erregen, immer in Erwartung des Schlimmsten, hochsensibel auch gegen die kleinste Kränkung, sah er sich von Feinden umgeben und witterte überall Risiko und Gefahr. Er tat sein Bestes, den Kritikern zu schmeicheln und sie zu beeinflussen, doch jede negative Rezension verletzte ihn zutiefst und ließ ihn sogleich vermuten, es sei Antisemitismus im Spiel. Es war, als wäre jahrhundertelanges jüdisches Leid seiner Seele eingeprägt und hielte ihn in beständiger Unruhe gefangen.

Hinter den bombastischen Elementen seiner Opern war seine Angst vor Kritik und Versagen verborgen, und seine Höflichkeit war bis zu einem gewissen Grad die Kehrseite einer angeborenen Schüchternheit. Als Beleg dafür nimmt man gern seine traumatische Begegnung mit Beethoven im Jahre 1813 in Wien. Man hatte den jungen Giacomo gebeten, bei der Uraufführung von *Wellingtons Sieg* mitzuwirken und ihn ans Schlagzeug gesetzt. Er zog sich jedoch den Unmut des großen Meisters zu, weil er einen Augenblick zögerte, bevor er den plötzlichen Kanonendonner der Schlacht auslöste. Er habe die große Trommel zu spät geschlagen, ihm habe sicher der Mut gefehlt, das im richtigen Augenblick zu tun. So soll Beethoven zum allgemeinen Amüsement seiner Freunde hohnlachend erklärt haben.[13]

Giacomo konnte den Spott und die Demütigung nie vergessen. Seine Neigung, in beständiger Sorge zu leben und immer mit dem Schlimmsten zu rechnen, war unausrottbar, und seine Familie war deswegen besorgt. »Lieber Pessimist«, hatte Amalie ihn in einem Brief tituliert, als in Berlin die Proben zu seiner ersten italienischen Oper liefen, und versucht, ihn mit Humor und ausgewählten guten Nachrichten aufzuheitern.[14] Vater Jakob hatte ihn pointierter zurechtgewiesen: Gott habe seine Gaben auf wunderbare Weise ausgeteilt. Er, Giacomo, besitze davon millionenfach. Bei so viel Glück sei es für ihn, den Vater, sehr schmerzlich, solche verdrießlichen Briefe zu bekommen. Wenn seine Krankheit daran schuld sei, dann hätte er eben nach Carlsbad gehen sollen.[15]

Giacomo war von klein auf Hypochonder, und mit den Jahren nahmen seine echten oder eingebildeten nervösen Beschwerden zu. Wenn ein Termin näher rückte oder es mit einem Werk nicht recht vorangehen wollte, wurden sie immer schlimmer und quälten ihn unendlich. »Finalmente ... de' vostri Foruncoli?« (Schließlich, wie steht's mit Ihren Furunkeln?), erkundigte Rossi sich einmal vorsichtig in einem Brief.[16] Im Briefwechsel der Familie geht es häufig um gesundheitliche Krisen. Nach jeder Premiere zwangen ihn nervöse Erschöpfung und alle möglichen Magenbeschwerden, Kopfweh und schmerzhafte Ausschläge, sein Heil in einer Kur zu suchen. Im belgischen Kurort Spa wurde er einer der berühmtesten Stammgäste.[17]

Giacomo schickte sich fatalistisch in das vermeintlich Unvermeidliche. Außerdem neigte er, was Entscheidungen und die Wahl des richtigen Zeitpunkts für wichtige Vorhaben anging, zum Aberglauben. Er glaubte, es bringe ihm Glück, wenn er jeden Tag mindestens einem Bettler oder Mittellosen ein Almosen gab. Der Freitag galt ihm als Unglückstag, an dem er nie einen Vertrag unterschrieb oder eine Entscheidung traf. Jede Premiere bedurfte des feierlichen Segens seiner Mutter. Reisen wurden sorgfältig geplant, um auf keinen Fall freitags unterwegs zu sein, denn da drohten Katastrophen. Selbst wenn eine Opernpremiere ein Riesenerfolg war, sprach er das Wort »Erfolg« frühestens nach der dritten Aufführung aus, da vorher ja alles noch hätte schiefgehen können.[18]

4

Am 28. August 1831 erkrankte in Berlin der Bootsmann Johann Wegner schwer. Die beiden Ärzte, die man abends auf seinen Schleppkahn gerufen hatte, befürchteten das Schlimmste. Am nächsten Morgen war der unglückliche Wegner tot, und als die elf Ärzte, die die Obduktion der Leiche vorgenommen hatten, fertig waren, bestätigten sie die Befürchtungen: Die asiatische Cholera hatte die Hauptstadt erreicht.

Im Vorjahr waren in Moskau 4500 Menschen Opfer der Seuche geworden, und die ganze Stadt war in Panik geraten. Im Frühjahr 1831 erreichte die Cholera Ostpreußen und Posen, und jetzt war ihr trotz Quarantäne und anderer Vorsichtsmaßnahmen auch Berlin zum Opfer gefallen. Bis alles vorbei war, erkrankten 2200 Berliner, von denen über die Hälfte starb, viele davon über Nacht. Ein kräftiger junger Maurerlehrling arbeitete fleißig in der Werkstatt; als er sich um drei Uhr früh etwas unwohl fühlte, stieg er die Treppe hinauf, legte sich ins Bett und war zweieinhalb Stunden später tot. Es hieß sogar, eines der zahlreichen Berliner Straßenmädchen sei eine halbe Stunde nach der Verabschiedung ihres letzten Kunden tot zusammengebrochen.

In Preußen verlegte man sich instinktiv als erstes aufs Organisieren – auch wenn man in diesem Fall nicht mehr tun konnte als die eigene Hilflosigkeit angesichts der Katastrophe zu verwalten. Eine

Sondersanitärkommission wurde eingesetzt, um den Notfall ordentlicher zu managen als im chaotischen Moskau. Man richtete eigene Cholerakrankenhäuser ein und stellte Trupps zusammen, die die Leichen abholten und begruben.

Die Cholera war ein schwerer Schlag. Nach der Not eines ungewöhnlich kalten Winters führte das von der Seuche zusätzlich verursachte Chaos zu einer massiven Preissteigerung – der Kartoffelpreis verdoppelte sich –, und die Stadt war im Würgegriff der Angst monatelang wie gelähmt. Zwei der höchsten preußischen Generale wurden Opfer der Cholera, und auch der Philosoph Hegel, der ursprünglich in Panik in sein abgelegenes Gartenhaus geflohen war und dort alle möglichen Arzneien und angeblichen Heilmittel gehortet hatte, war gestorben. Sein Tod, schrieb Varnhagen, war wie ein Donnerschlag, für Freund und Feind gleichermaßen.[19]

Preußen war zu dieser Zeit noch immer ein rückständiges Land, in vieler Hinsicht weit weniger entwickelt als beispielsweise England und Frankreich. Politisch hatte sich an der autokratischen Herrschaft und der Macht des Adels wenig geändert, und das Bürgertum hatte auf dem Weg zur Macht kaum Fortschritte gemacht. Preußen war immer noch ein Agrarland – sieben von zehn seiner Bürger fristeten ein bescheidenes Dasein auf dem Land, und die industrielle Entwicklung steckte noch in den Kinderschuhen. Moderne Produktionsmethoden, die sich in England schnell ausbreiteten, waren in Preußen noch so gut wie unbekannt.

Seit fast zwei Jahrzehnten war das Land fest im Griff des Militärs und der Bürokratie – nahezu genau das System, welches Friedrich der Große und sein Vater sich vorgestellt hatten. Ausländische Besucher bestaunten dieses »Volk der Exerzierer und Kritzler« und die Sklavengesinnung der Bewohner. Das herrschende Motto war immer noch suum cuique – jedem das Seine, je nach Klasse und Rang, Wohlstand und Stand. Der König herrschte, der Adel beherrschte Militär und Verwaltung, die Bürger bezahlten die Steuern, und die Bauern plagten sich auf dem Land.

Zusammengehalten wurde diese Ordnung nur durch Gehorsam und einen Verhaltenskodex, der so streng war, daß ein Stabschef einmal entlassen wurde, weil er die dreiste Gewohnheit hatte, seinen

Waffenrock aufzuknöpfen, wenn er am Schreibtisch saß.[20] Der König befaßte sich persönlich mit so wichtigen Angelegenheiten wie der Frage, ob eine unverheiratete Frau sich Fräulein nennen durfte (in Ordnung nur, wenn sie adelig war) oder nur Mamsell (wenn sie nur eine Bürgerliche war).[21] Das Militär war allgegenwärtig, überall sah man Uniformen, jedermann erteilte Befehle nach unten und gehorchte Befehlen von oben. Die Berliner klagten darüber, daß ihre sechsunddreißig Briefträger sich in ihrer schmucken Uniform – Gehrock mit den königlichen Insignien auf dem orangefarbenen Kragen – eher wie Oberfeldwebel denn wie Staatsbedienstete aufführten. Soldaten marschierten und exerzierten überall auf den Straßen. Der zu Besuch weilende Komponist Berlioz berichtete voller Staunen, hier gebe es statt Regimentsmusikern ganze »Musikregimenter« mit marschierenden Trommlern und Trompetern.

Trotz der Reglementierung und der Fülle von Verordnungen wirkte Berlin verglichen mit London oder Paris staubig, schmutzig und unhygienisch. Erst vor kurzem hatte man begonnen, die Hauptstraßen zu pflastern und Gaslaternen zu installieren – was die 112 Nachtwächter ärgerte, die durch die Baustellen stolpern mußten, um dafür zu sorgen, daß die Haustüren nachts zugesperrt wurden. Die Stunde wurde jetzt nicht mehr ausgerufen, sondern auf der Trillerpfeife gepfiffen – eine Neuerung, welche nicht gerade zur Beliebtheit der Nachtwächter beitrug. In der Stadt wimmelte es von Ratten, und der Inhalt des Nachtgeschirrs floß nach wie vor durch offene Abwasserkanäle. Jede Nacht sammelte eine Schwadron von »Nachteimerinnen« (auf berlinerisch ›Nachteema‹) 200000 Stück ein, um sie in der Frühe in den Fluß zu entleeren. Der Gestank war so gewaltig, daß die meisten Berliner dazu übergegangen waren, die Fenster auch an heißen Sommertagen fest geschlossen zu halten.

Angesichts von Cholera, Wirtschaftsproblemen und politischer Unterdrückung war 1831 kein gutes Jahr für die Bürger. Obendrein hatte eine Krise in der Textilindustrie die Masse der Armen in der Stadt deutlich anwachsen lassen. Berlin hatte jetzt schon eine Viertelmillion Einwohner, und nicht weniger als zwanzig Prozent waren gezwungen, in den kostenlosen öffentlichen Suppenküchen zu essen. Für die Versorgung der Armen war in diesem Jahr der größte Posten im städtischen Haushalt bereitgestellt worden, Ausgaben, welche die Einkünfte aus einer ständig wachsenden Palette von Steuern und Abgaben strapazierten. Um die Lücke zu schließen, mußten die Berliner jetzt für ihre 6000 Hunde jeweils drei Taler Hundesteuer entrichten, was sie sehr ärgerte, wurden doch schon Bier, Fleisch und andere Nahrungsmittel und das Mahlen von Getreide besteuert. Ein einfallsreicher Beamter hatte sich sogar eine Steuer auf die gern gehaltenen Nachtigallen ausgedacht – eine Abgabe, die schnell wieder abgeschafft wurde, weil sie die Besitzer der Tierchen auf das höchste erboste, dabei aber wenig einbrachte.[22]

Prinz Wilhelm, der zweite Sohn des Königs, der eines Tages deutscher Kaiser werden sollte, war 1831 ebenso übellaunig wie der Rest der Berliner, wenn auch aus anderen Gründen. Für ihn war die Cholera zwar eine besorgniserregende Sache, in seinen Augen gab es aber Schlimmeres.

Wilhelm war groß, blond, blauäugig und sah gut aus, war aber leider langweilig und farb- und ideenlos. Die konservativen Ansichten des Dreiunddreißigjährigen waren ebenso starr wie seine kerzengerade Haltung als Gardeoffizier. Noch fester als sein Vater und der Kronprinz von den Tugenden der militärischen Disziplin und des Gehorsams überzeugt, war er überzeugter Anhänger der von Fürst Metternich in Wien propagierten herrschenden Politik, nämlich jede Tendenz zum Parlamentarismus und allgemeinen Wahlrecht zu unterdrücken. Er meinte, sein Vater habe die Dissidenten nicht energisch genug bekämpft, und hielt es mit Metternich, der dem König geraten hatte, die jüngsten revolutionären Unruhen in Europa als willkommene Gelegenheit zu nutzen, alle liberalen Tendenzen mit Stumpf und Stil auszurotten.

Wilhelm hatte bestürzt mit ansehen müssen, wie im Juli des Vorjahrs Paris von einer von breiten Schichten getragenen Revolution erfaßt wurde. Der Bourbonenkönig Charles X. war ins englische Exil geflohen, an seiner Stelle herrschte jetzt der »Bürgerkönig« Louis Philippe von Orléans, der sich angeblich in höchst unköniglichem Gewand mit grauem Hut und Regenschirm in den Straßen von Paris sehen ließ. Noch schlimmer war, daß der französische Adel entmachtet worden war und der neue König den Thron erst hatte besteigen dürfen, nachdem er einen Eid auf die neue bürgerliche Verfassung abgelegt hatte. Obendrein hatte er anstelle des weißen Lilienbanners der Monarchie die verhaßte Trikolore und den gallischen Hahn als Symbole des neuen Frankreich akzeptieren müssen. Ging hier etwa das Gespenst von 1789 wieder um?

Wie Prinz Wilhelm und die preußischen Herrscher befürchtet hatten, hatte die französische Julirevolution genau wie die Cholera nicht an den Landesgrenzen haltgemacht. Eine Volkserhebung gegen die russische Besatzung im geteilten Polen war bei der preußischen Intelligenz auf Sympathie gestoßen. Ein Grund zur Unruhe. In Brüssel erlaubte die Zensur unklugerweise eine Aufführung von Aubers Oper *La Muette de Portici (Die Stumme von Portici)*, in der es um eine Revolte neapolitanischer Fischer gegen die spanische Herrschaft ging. Diese Geschichte von Menschen, die gegen Unterdrücker für ihre Rechte kämpfen, erregte das Publikum so sehr, daß es zu einem Volksaufstand kam, in dessen Folge Belgien sich vom Königreich der Niederlande loslöste. Dann war der Geist des Aufruhrs noch näher gerückt: In einigen deutschen Staaten war es zu Hungerkrawallen und Protesten gekommen – teils aus politischen Gründen, teils aus wirtschaftlicher Not. Letzten Endes mußten in Braunschweig, Sachsen und Hessen-Kassel die Herrscher abdanken, und in diesen Ländern und in Hannover gab es danach neue Verfassungen.

Selbst in Berlin waren die Schneidergesellen auf die Straße gegangen, um gegen ihre Arbeits- und Lebensbedingungen zu protestieren – eine unerhörte Provokation, auch wenn das loyale Militär Recht und Ordnung schnell wiederhergestellt hatte. Zwar waren die Gefängnisse voll, doch alles in allem blieb Preußen eine Insel der Ruhe und des Gehorsams inmitten des Sturms; dafür sorgten schon die Zensur und die unnachgiebige Verfolgung von Demagogen und Unruhestiftern.

Unruhige Zeiten wie diese zeigten wieder einmal deutlich, wie unsicher das Leben der Juden immer noch war. Theoretisch besaßen sie jetzt volles Bürgerrecht, doch praktisch blieben sie weiter Bürger zweiter Klasse. Solange Preußen und der Großteil der anderen deutschen Länder politisch und gesellschaftlich stagnierten, gab es kaum eine Chance für eine Normalisierung der Beziehungen zwischen

Christen und Juden. Und solange Veränderungen Tabu waren, solange der König und seine Minister eifrig die Vergangenheit neu
erfanden, war eine echte Integration der Juden in die deutsche Gesellschaft ausgeschlossen.

In England und Frankreich, in den Niederlanden und auch in den
Vereinigten Staaten hatten die Einführung konstitutioneller Regierungen und des Wahlrechts für das Bürgertum den Juden neue Türen
geöffnet. In Deutschland hatte dieser Prozeß noch nicht begonnen,
und der Teufelskreis, in dem die Juden so lange gefangen waren, blieb
geschlossen. Immer noch waren sie durch traditionelle Beschränkungen isoliert, und diese Isolation begünstigte und verstärkte weiter die antisemitischen Vorurteile. Solange es so weiterging, war der
Fortschritt zur wirklichen Integration schwierig oder unmöglich,
und die Juden mußten immer wieder erleben, was es heißt, in einem
fremden Volk unbeliebter Außenseiter zu sein und ständig als Sündenbock herhalten zu müssen.

Wenn man sich vor Augen führt, daß die Juden jetzt gebildeter,
weltlicher und wenigstens nominell gleichberechtigt waren, überrascht es nicht, daß es im Zuge der Unruhen von 1830/31 wieder einmal zu antijüdischen Ausschreitungen und neuen Spielarten des
Judenhasses kam.

In Hamburg tauchten mitten in der Stadt Handzettel auf mit dem
Text NIEDER MIT DEN JUDEN, DER POLIZEI UND DEN STEUERN.
Außerdem hörte man dort neuerdings die Klage, daß »Judenjungen,
die unter der Woche hausieren«, sich aufspielten und am Sabbat in
den Kaffeehäusern alle Zeitungen mit Beschlag belegten. In Hessen-
Darmstadt führte im September 1830 eine Hungerrevolte zu spora-
dischen Überfällen auf jüdische Kaufleute, in Karlsruhe wurden die
Fenster einer Synagoge eingeworfen, und in Breslau veranstalteten
Schneider- und Zimmermannsgesellen Hungerkrawalle und demolierten dabei jüdische Geschäfte. In München berichtete der Polizeipräsident, daß das Volk vor allem über »geringen Verdienst, hohe
Lebensmittelpreise, die Polizei, mechanische Druckmaschinen und
... über jüdische Wucherer« klagte. Es war eine schwierige, span-
nungsreiche Zeit, und Juden waren wieder einmal die willkommenen
Sündenböcke. Selbst in Preußen, wo Ordnung herrschte, hatte man

die Fenster ihrer Wohnungen eingeschlagen und gelegentlich sie selbst oder ihr Eigentum angegriffen.[23]

Doch für die Juden gab es neben den alten Gefahren trotzdem neue Chancen. Sogar in der preußischen Welt, einer Welt der Rückständigkeit und Ordnung, der politischen Reaktion und effizienten Verwaltung, der Adelsarroganz und biedermeierlicher Ruhe, war ein gewisser Wandel unausbleiblich, und die Juden hatten eine gute Ausgangsposition, um davon zu profitieren. Die Welt veränderte sich, und die Juden veränderten sich noch schneller. Wieder einmal machten sich die unbeabsichtigten Folgen antijüdischer Beschränkungen bemerkbar.

Unter der alten Denkungsart sprudelten in Preußen neue Ideen hervor, Kunst und Literatur blühten, und es gab wissenschaftliche Fortschritte. Die Hardenbergschen Reformen hatten einen starken Bildungseifer entfacht, und Preußen sollte bald in der ganzen Welt um sein Bildungssystem beneidet werden. Die Juden, schon immer lernbeflissen, strömten in Scharen in die Schulen und Universitäten. In dem Maße, wie sie sich abendländische Werte zu eigen machten, verstärkte sich auch ihre Entschlossenheit, selbst zu dieser größeren Welt zu gehören und den eigenen Wert durch Leistung zu beweisen. Immer mehr glichen sie sich in Gewohnheiten und Weltanschauung den christlichen Deutschen an. So manche waren selbstbewußter und durchsetzungsfähiger geworden und ließen sich den Mund nicht mehr verbieten. Das Grundgefühl jedoch bestimmten aber immer noch Nervosität und Vorsicht sowie die Überzeugung, es sei am besten, in aller Stille den eigenen Geschäften nachzugehen und nur ja nicht aufzufallen. Die Fortschritte in der Wirtschaft boten neue Gelegenheiten, und die historisch bedingte und erzwungene starke Position der Juden in Banken und Handel bedeutete hier Wettbewerbsvorteile gegenüber den Christen. Überdurchschnittlich viele Juden brachten es jetzt zu etwas und stiegen in die Mittelklasse auf.

Nach wie vor hofften sie auf politischen und gesellschaftlichen Fortschritt. Trotz der harten Enttäuschungen in der Nachkriegszeit setzte sich wieder – vielleicht weil es dazu keine Alternative gab – eine optimistische Überzeugung durch, daß nämlich die richtige Reaktion auf die Rückschläge noch größere Anstrengungen und

Assimilationsbemühungen seien und daß man so letzten Endes das Ziel erreichen werde. Selbst der kaum zu Träumereien neigende Heine war während seiner Berliner Zeit in den zwanziger Jahren zu einer Gruppe junger jüdischer Intellektueller gestoßen, deren erklärtes Ziel es war, junge Juden auf eine möglichst schnelle Integration vorzubereiten. Sie ließen sich dabei von der idealistischen Überzeugung leiten, durch eine weltliche Ausbildung – bis hin zum Eintritt in die ihnen bisher verschlossenen Berufe in Landwirtschaft und Handwerk – ließe sich der Widerstand der Deutschen gegen die Juden schneller überwinden, womit sich dann auch die Taufe erübrige.

Während sich in der jüdischen Oberschicht weiterhin viele taufen ließen, kam die Konversion zum Christentum für die meisten trotzdem nach wie vor nicht in Frage. Ihre Assimilationsbestrebungen brachten jedoch eine Bewegung zur Modernisierung der eigenen Religion in Gang; man wollte von der Orthodoxie abrücken und »die Muscheln abkratzen«, wie manche sagten. Giacomos Vater war einer der Anführer dieser Bewegung. Es wurden Chorgesang, deutsche Gebete und Predigten in den jüdischen Tempeln eingeführt, und man veröffentlichte ein deutschsprachiges Gesangbuch und gründete eine moderne weltliche Schule für jüdische Mädchen. Es war der Anfang der Reformbewegung, welche schließlich bei den aschkenasischen Juden zur bis heute bestehenden Abspaltung des Reformjudentums von der Orthodoxie führte und sich über die ganze Welt ausbreitete.

Anfang der dreißiger Jahre des 19. Jahrhunderts war die Zahl der in Deutschland lebenden Juden auf über eine Dreiviertelmillion angewachsen. Über die Hälfte davon lebte im östlichen Teil Preußens, während es im preußischen Kernland Brandenburg kaum mehr als etwa sechstausend gab. Für sie und besonders für die immer noch kleine elitäre Berliner Gemeinde war das Leben voller Widersprüche und unberechenbarer Wechselfälle. Einerseits machten sie Fortschritte im Geschäft und im kulturellen Leben, assimilierten sich zunehmend an die deutsche Kultur, wurden wohlhabender und mußten nicht mehr um Leib und Leben fürchten. Trotz der weiter bestehenden Schranken wirkte Preußen nach wie vor auf ihre weniger glücklichen Glaubensgenossen im Osten wie ein Magnet. Andererseits gab es keine wirkliche Gleichberechtigung. Die größere Sichtbarkeit und der Zustrom der nicht Assimilierten begünstigten alte antisemitische Ressentiments und ließen ein neues Klischee entstehen – der Jude als Angeber. Die Fortschritte, welche die Juden gemacht hatten, und ihr Streben nach Leistung und Anerkennung führten zu neuen Ressentiments gegen sie als Konkurrenten und Parvenüs.

5

Giacomo, der jetzt in Paris lebte, aber regelmäßig seine Berliner Heimat besuchte, jagte weiter nach Anerkennung und erreichte mehr als jeder andere deutsche Jude seiner Generation. Keiner wurde prominenter, keinem wurden so viele Ehrungen zuteil wie ihm. Aber auch kein anderer erlebte die Anomalie der Existenz deutscher Juden und die bittersüßen Früchte des Erfolgs und der neuen Ressentiments am eigenen Leibe intensiver als er.

Für Preußen mochten die Jahre 1830 und 1831 schwer gewesen sein, für ihn waren sie der Beginn seiner größten Triumphe. Dank des Erfolges von *Crociato* war die europäische Opernwelt auf ihn aufmerksam geworden. Rossini, den ganz Paris vergötterte, dirigierte die Premiere im Théâtre Italien selbst, und Giacomos Bruder Michael berichtete Amalie stolz, es habe »noch nie einen einmütigeren Beifallschor gegeben«. Plötzlich war das aufregende neue Talent in aller Munde, und bald gab es in ganz Europa kaum ein Opernhaus, wo man dem *Crociato* nicht Beifall klatschte. Selbst Goethe fragte sich, ob der junge deutsche Jude nicht vielleicht derjenige sein könnte, der aus dem Faust-Thema eine Oper zu machen in der Lage wäre.

Giacomo war jedoch mit eigenen Plänen nach Paris gekommen; er wollte speziell für das vor kurzem fertiggestellte Opernhaus in der rue le Pelletier eine neue Oper komponieren und dabei den italienischen Stil mit dem französischen Geschmack verbinden. Fünf Jahre endloser Verhandlungen, Terminverschiebungen und Krisen und ein Wechselbad aus Hoffnung und Verzweiflung gingen der Premiere von *Robert le Diable (Robert der Teufel)* am 21. November 1831 voraus. Der Erfolg aber war dann so beispiellos und überwältigend, daß die französische Oper nie wieder dieselbe war. Von nun an war Giacomo der unangefochtene König der Pariser Opernwelt. Drei Jahrzehnte lang war es nahezu unmöglich, aus seinem Schatten zu treten; Berlioz meinte, ein wirklicher Erfolg sei »für jeden anderen praktisch unmöglich«.

Giacomo hatte den Zeitpunkt seiner Ankunft in Paris gut gewählt. Das künstlerische Klima war besonders günstig, und bald sollte es auch keine ernsthaften Konkurrenten mehr geben. Cherubini und Spontini, die großen Komponisten der vorigen Generation, wurden alt und verschwanden langsam von der Bildfläche. Rossini, der Favorit der Pariser, von dem Giacomo so viel gelernt hatte, brachte seine letzte Oper *Wilhelm Tell* 1829 an die Öffentlichkeit und zog sich dann abrupt zurück. Keiner der anderen, etwa Auber oder Halévy, konnte Meyerbeer je wirklich gefährlich werden.

Als Giacomo in Paris erschien, ballten sich gerade die Sturmwolken der Julirevolution zusammen, und als die Umwälzung kam, brachte sie ein neues Publikum und ein bürgerliches Regime, das seinem Werk besonders wohlgesonnen war. Der Geschmack des bürgerlichen Publikums, das nach der Revolution in die Oper ging, entsprach genau dem, worin seine besondere Begabung lag. Anstelle der Hofoper und der Verherrlichung des Königshauses wollte man jetzt Themen, die in das neue soziopolitische Klima paßten – Revolution, den Kampf gegen Despoten und Unterdrückung, romantische Geschichten vom Kampf zwischen Gut und Böse. Victor Hugo, die führende Gestalt der bürgerlichen Romantik, und Dumas père behandelten solche Themen literarisch. Auf der Opernbühne hatte Giacomos *Crociato* den Trend vorweggenommen, und Aubers *Muette* hatte gezeigt, welch mächtige Wirkung von diesen Werken ausging.

Giacomo komponierte sein erstes Pariser Werk im gleichen Genre. Das neue Publikum wollte vor allem unterhalten und amüsiert werden, es verlangte aufrührende Themen, aber auch Spektakel, Neues, Spannung und Aktion – und es war durchaus zahlungswillig. Das war wichtig, denn unter dem neuen Regime war die früher vom König subventionierte Oper ein nun weitgehend vom Kartenverkauf abhängiges Wirtschaftsunternehmen geworden. Giacomo, der den Eklat liebte, konnte das nur recht sein, und als Bankierssohn begriff er auch sofort die finanzielle Dimension der Sache.

Vor allem aber hatte er die richtigen Mitarbeiter gefunden: Scribe als Librettisten und Véron, den neuen Operndirektor. Dies war entscheidend, denn der Erfolg von Giacomo Meyerbeers großen Opern, angefangen mit *Robert*, hing nicht nur von seiner Musik ab; es handelte sich um Gemeinschaftsproduktionen, die ein geschickter Direktor mit Blick für die Wünsche des Publikums und professioneller Werbung vermarktete.

In Augustin Eugène Scribe, mit dem er 1827 einen Vertrag über das Libretto zu *Robert* schloß und der auch bei allen späteren Werken sein Librettist bleiben sollte, hatte Giacomo einen idealen Mitarbeiter gefunden. Scribe, ein gelernter Jurist, dem Vaudeville und Oper mehr Spaß machten als die Justiz, verstand sein Handwerk und entwickelte eine geradezu phänomenale Produktivität. Er betrieb eine regelrechte Librettofabrik und lieferte mit seinen Angestellten dreißig Jahre lang für die Hälfte aller an der Opéra Comique aufgeführten Opern das Libretto. Seine besonderen Stärken waren sein Arbeitstempo, sein unheimliches Gespür für den Publikumsgeschmack und die Fähigkeit, seine Libretti Giacomos musikalischem Stil anzupassen. Die Tatsache, daß er auch unerhört geldgierig war, komplizierte die Beziehung zwar, beeinträchtigte sie aber nicht wesentlich. Giacomo konnte sich die hohen Honorare leisten, und obwohl die verzwickten Vertragsverhandlungen viel Energie kosteten, brachten die Opern doch so viel ein, daß alle Beteiligten hübsche Gewinne einstreichen konnten.

Auch der dritte Mann des Triumvirats, Louis Véron, von Hause aus Arzt, war als Partner eine glückliche Wahl. Die Opéra war jetzt ein unabhängiges Wirtschaftsunternehmen, und etwa ein Jahr bevor *Robert* fertig war, hatte Véron sich mit Erfolg um den Posten des Direktors beworben und dafür auch eigene Mittel eingesetzt. Er war ein Finanzgenie und als Manager höchst geschickt. Der eitle und skrupellose Lüstling – einmal offerierte er seinen Soupergästen als »zusätzlichen Gang« eine nackte Tänzerin aus dem Corps de ballet – verstand sich aufs Organisieren und hofierte meisterhaft die Kritiker und die stets präsenten Pariser Claqueure, notfalls auch durch Bestechung. Er bezeichnete sich stolz als den Bourgeois von Paris, wußte, was das Publikum wollte, und investierte sein Geld geschickt, um dem Bürgertum möglichst viel Spannung und Aufregung zu bieten. Im Verein mit Bühnenbildnern und Ballettmeistern machten Scribe und Véron Giacomo Meyerbeers Opern zu rauschenden Erfolgen.[24]

Auf *Robert* hatte Giacomo sich sehr sorgfältig vorbereitet – unter anderem durch den Ankauf einer fünfhundertbändigen Sammlung von Partituren junger Komponisten, die er nach neuen Ideen durchforstete. Er überarbeitete das Werk ständig und geriet an den Rand der Verzweiflung, wenn Richtung und Politik der Opéra Comique sich wieder einmal änderten. Nervös und argwöhnisch wie immer, rechnete er ständig mit Katastrophen, machte sich Sorgen wegen Intrigen und hatte beständige Angst davor, daß andere ihm zuvorkommen könnten oder Scribe ihn eben doch betrügen und seine besten Ideen für eine weitere Oper an Auber verhökern könnte.

Schließlich lebte er praktisch im Theater, arbeitete wie ein Besessener, probierte und revidierte den komplizierten *Robert le Diable*, eine phantasmagorische Geschichte von Rebellion, Gut und Böse, Sünde und Vergebung, deren Hauptfiguren mit dem Teufel im Bunde sind. Um die Inszenierung möglichst dramatisch zu gestalten, wurde kein Bühneneffekt ausgelassen – von Gaslicht auf der Bühne über Rollschuhläufer bis hin zu Figuren, die in Wolken von Schwefeldampf verschwanden.

Monatelang gab es in ganz Europa Presseberichte über den Fortgang der Vorbereitungen, die Kritiker beobachteten die Proben genau, und Véron tat das Seinige und fütterte sie mit sensationellen Einzelheiten. Als nach nicht weniger als sieben Terminverschiebungen der Vorhang endlich aufging, war Giacomo mit den Nerven am Ende, hatte Todesangst vor einem Reinfall und konnte sich nur dank der Pillen und Arzneien auf den Beinen halten, welche die besorgten Beers aus Berlin importierten. Noch nie hatte man auf dem schwarzen Markt so viel für Eintrittskarten bezahlen müssen; ganz Paris war anwesend – Berlioz, Balzac, Dumas, Cherubini und die ganze Elite; schweißgebadet erwartete Giacomo das Urteil.

Er brauchte nicht lange zu warten. Schon nach dem ersten Akt gab es zwanzig Minuten lang donnernde Ovationen, und jede neue Arie wurde mit Entzückensrufen quittiert. Dergleichen hatte Paris noch nie erlebt; *Robert le Diable* und sein Komponist erlebten einen sensationellen Erfolg. In den nächsten drei Jahren wurde die Oper auf 77 Bühnen in 31 französischen und 22 deutschen Städten gespielt. In Wien lief sie in drei Opernhäusern gleichzeitig, und selbst in Kalkutta konnte man sie sehen.[25] Heine kam in seinem Bericht aus der französischen Hauptstadt zu dem Schluß, Giacomo habe das Unmögliche erreicht, nämlich die launischen Pariser eine ganze Saison lang zu faszinieren.[26]

Das sollte sich als krasse Untertreibung erweisen. Allein in Paris wurde *Robert* in den nächsten zehn Jahren 230mal gezeigt, und im nächsten halben Jahrhundert gab es weltweit über 900 gut besuchte Aufführungen.[27]

Giacomo Meyerbeer war über Nacht zur beherrschenden Gestalt der europäischen Opernwelt geworden. Sein Ruhm wuchs ins Unermeßliche. Was immer die Kritiker sagen mochten – und sie waren durchaus geteilter Meinung –, das breite Opernpublikum jedenfalls liebte die Meyerbeerschen Opern, und keine Bühne konnte es sich leisten, keine im Repertoire zu haben. Jedes neue Werk wurde zu einem mit Spannung erwarteten öffentlichen Ereignis, auch wenn manchmal Jahre vergingen, bevor Giacomo eine neue Oper fertigstellte. *Les Huguenots*, seine zweite Pariser Oper und ein ebenso triumphaler Erfolg wie die erste, war wieder eine Tour de force mit allen charakteristischen Elementen, die Giacomo und seine Mitarbeiter bei *Robert* eingesetzt hatten. Berlioz bezeichnete diese Oper als »enzyklopädisch« und war des Lobes voll. Das Thema – religiöser Fanatismus und an einer friedlichen und ohnmächtigen Religionsminderheit verübte Bluttaten – traf wieder genau den Publikumsgeschmack, der nach einer aufregenden Handlung verlangte. Verdi griff später für seinen *Don Carlo* darauf zurück. Für Giacomo hatte die Geschichte von Unrecht und religiöser Intoleranz, daran konnte kein Zweifel bestehen, eine besondere Bedeutung.

1849 folgte *Le Prophète (Der Prophet)*, dann kam ein eigens für Preußen komponiertes patriotisches Werk mit kriegerischem Inhalt und in den fünfziger Jahren zwei weitere Opern. Sein letztes großes Werk, *L'Africaine (Die Afrikanerin)*, an dem er weit über ein Jahrzehnt gearbeitet hatte, wurde kurz nach seinem Tod uraufgeführt.

Nicht lange nach seiner Übersiedelung nach Paris hatte Giacomo im Alter von 35 Jahren seine Kusine Minna Mosson geheiratet. Das war eine risikolose, halb arrangierte, traditionelle Verbindung, in die Giacomo gerne einwilligte: Er war genauso bereit, die Rolle des liebenden Ehemanns und Paterfamilias zu übernehmen wie vorher die des pflichtbewußten Sohnes. Familienbande hatten aber, so warmherzig und fürsorglich sie auch sein mochten, eindeutig ihre Grenzen. Wo es um seinen beruflichen Ehrgeiz ging, stellte niemand seine Prioritäten in Frage. Giacomo blieb ständig in Paris, kam aber, wann immer er konnte, nach Berlin, um Eltern, Frau und Kinder zu besuchen. Als sein Vater starb, steckte er in Paris mitten in den Proben und kam nicht zur Beisetzung. Er blieb also ein Ehemann auf Distanz, selbst nachdem drei Töchter zur Welt gekommen waren, und seine Besuche in Berlin waren meist recht kurz. Minna kam auch hin und wieder nach Paris, im übrigen gab es einen stetigen Strom von Briefen an »mein Idol«, an die »Hüterin meiner Seele« oder »meine angebetete Frau«. In Gesundheitsfragen stets besorgt, bezog er seine Familie jetzt mit ein; einmal schrieb er an seinen Bruder, Minnas Krankheit habe ihn »in die schwärzeste Stimmung« versetzt[28], ein andermal wies er nach der Ankunft eines Neugeborenen einen Diener besorgt an, »ihn in den nächsten vierzehn Tagen mit einem täglichen Bulletin über das Befinden der Mutter und des Kindes zu erfreuen«.[29]

Giacomo hatte allen Grund, mit sich zufrieden zu sein, und mit Anerkennungen aller Art wurde er überhäuft. Frankreich nahm ihn in die Ehrenlegion auf, Österreich machte ihn zum Ritter des Franz-Josefs-Ordens, die angesehensten europäischen Akademien der Künste und der Musik boten ihm die Ehrenmitgliedschaft an, Universitäten verliehen ihm den Ehrendoktor, Minister umschmeichelten ihn, königliche Häupter baten um Privatkonzerte. Die junge englische Königin Viktoria war von seiner Musik verzaubert, und als er über den Ärmelkanal kam, bat sie ihn, für sie zu spielen. Es hieß sogar, sie hätte durch ihre Minister diskret anfragen lassen, ob er sein Domizil nicht näher am Buckinghampalast aufschlagen wolle, was er abgelehnt habe. Doch als Viktoria Mitte der vierziger Jahre zu einem Staatsbesuch nach Deutschland kam, war alles wieder im Lot, und Giacomo leitete das Festkonzert zu ihren Ehren.

Doch Anerkennung aus Deutschland – vor allem aus seiner Heimat Preußen – bedeutete ihm mehr als alles andere, auch wenn er dies sorgfältig verbarg. Es gab Auszeichnungen aus Hannover, und Württemberg wollte ihn sogar in den »persönlichen Adelsstand« versetzen – eine besondere Ehre, die er jedoch ausschlug. Am Abend der Premiere von *Robert* brachte Alexander von Humboldt, der preußische Gesandte in Frankreich und ein alter Freund der Familie Beer, seine Bewunderung zu Papier und setzte patriotisch hinzu, er gehöre zu denen, die »voyent grandir avec cette gloire celle de la patrie commune« (in diesem Triumph auch den des gemeinsamen Vaterlands wachsen sehen).[30] Für Giacomo, der sich noch gut an die ihm in Deutschland zugefügten antisemitischen Demütigungen erinnerte, dürfte dieses Kompliment nicht der Ironie entbehrt haben.

Humboldt war aber nicht der einzige, der ihn für Preußen reklamierte. Der König insistierte erneut, die nächste *Robert*-Premiere habe in Berlin stattzufinden, und tat einen Schritt, der, was einen Juden anbelangte, unerhört war: Er ernannte Giacomo Meyerbeer zum Hofkapellmeister. Später schickte er ihm eine kostbare Porzellanvase und sorgte dafür, daß er in die Preußische Akademie der Künste aufgenommen wurde. Die preußische Zensur hatte zwar *Le Prophète* sechs Jahre lang verboten, doch der Sohn und Nachfolger des Königs, Friedrich Wilhelm IV., hob das Verbot auf, schaute sich die Berliner Aufführung nicht weniger als dreimal selbst an, verlieh Giacomo den Pour le mérite und ernannte ihn 1842 zum Generalmusikdirektor – die höchste und ehrenvollste Stellung in der Welt der Musik, die der König zu vergeben hatte. Das alles war einzigartig und ganz und gar unerhört.

6

Die an Diskriminierung gewöhnten, nach Anerkennung strebenden und leistungsbesessenen Juden in Deutschland mußten wirklich den Eindruck gewinnen, endlich habe einer von ihnen alles erreicht. Ihre höchsten Werte waren Kultur und Besitz – durch beides hofften sie Vorurteile überwinden und ihr gesellschaftliches Ansehen aufwerten zu können. Wer konnte nach mehr streben, als Giacomo erreicht hatte? Seine Opern machten ihn immer reicher, ihre Beliebtheit trug ihm Ehrungen und nie dagewesenes Prestige ein. Und er schämte sich nicht, Jude zu bleiben.

Giacomo selbst mußte jedoch bald die Erfahrung machen, daß es so einfach nicht war. Genugtuung aller Art war ihm zuteil geworden, doch Seelenruhe hatte sie ihm kaum gebracht. Seine Siege bedeuteten keine dauerhafte Erfüllung. Er blieb ruhelos und ängstlich, immer noch von der Furcht gequält, daß Demütigung, Zurückweisung und Niederlage irgendwo auf ihn lauerten. Die nervöse Anspannung wollte nicht nachlassen; der Erfolg zog nur neue Sorgen und Unsicherheiten nach sich.

Auch in den Jahren nach dem Triumph mit *Robert* hörte er nicht auf, sich ständig mit seinem Gesundheitszustand zu beschäftigen. Zweifellos hatte er einige echte Beschwerden, doch das meiste, was ihn ständig quälte, muß psychosomatischer Natur gewesen sein. Ehrungen und Erfolge mochten sich häufen – chronische Beschwerden wie Sodbrennen, Kopfschmerzen, Fieber, Ausschläge und Verdauungsprobleme vergällten ihm das Leben und belegen, daß er kein ausgeglichen-heiterer Mensch war. Die Besuche in vielen Kurorten häuften sich und währten immer länger – bald gab es kaum noch ein Heilwasser, welches der berühmte Maestro nicht probiert hatte. Rossi, sein italienischer Librettist, hatte sich mit den »foruncoli« des jungen Giacomo abfinden müssen; mittlerweile hatte Scribe gelernt, voller Mitgefühl zuzuhören, wenn Giacomo über alle möglichen Beschwerden klagte und sie als Grund dafür nannte, warum es mit der Arbeit nicht vorangehen wollte. Das kalte Wetter sei ihm auf die Gallenblase geschlagen, ließ er ihn wissen, und die Nachricht, eines seiner Kinder sei krank, habe ihn sofort aufs Krankenlager geworfen. Aus Badgastein teilte er seiner Mutter mit, er könne vor Kopfschmerzen nicht arbeiten und der Schnee und die Kälte hätten ihn »schmerztrunken« gemacht.

Zwanzig Jahre nach Meyerbeers Tod schilderte ein Chronist anschaulich die alljährlichen Auftritte und die täglichen Gewohnheiten des berühmten Komponisten mit der »physionomie curieuse« in seinem Lieblingsbad, dem belgischen Spa, wo er seine Gesundheit wiederherzustellen suchte.[31] Beim Eintreffen war er oft »von überwältigenden brennenden Schmerzen zerrissen«, deren Ursache die Sorgen mit seiner Arbeit waren, erinnert sich der Autor und setzt hinzu: »Seine Verdauungsfunktionen waren höchst unregelmäßig, worunter er sichtlich litt.«[32]

Die Kuraufenthalte in Spa hatten schon 1829 begonnen, als die Meyerbeers – Giacomo kam in Begleitung seiner Mutter und seiner jungen Frau – im Hotel du Portugal Logis genommen hatten. Später schleppte er sich ohne die Frauen nach Spa, brachte aber seinen Kammerdiener und seinen Barbier mit, der ihn jeden Morgen rasierte. Stets in Schwarz gekleidet, mit schlechtsitzendem Gehrock und übergroßen Handschuhen, führte er selbst bei strahlendem Sonnenschein einen schwarzen Regenschirm mit sich. In Erinnerung blieb ein Mann mit der Aura eines »melancholischen Vogels«, der stets zur gleichen Stunde *(va-et-vient de pendule)* durch die Straßen watschelte.

Oft war er angespannt, ging aus Angst vor der Kälte in einem dick gefütterten Wintermantel im Zimmer auf und ab und trommelte nervös mit den Fingern gegen die Fensterscheiben. Die Einheimischen wußten seine Art zu schätzen: Er sei »der sanfteste und bescheidenste Mensch, vor den Jahren ernst geworden, von ausgesuchter Höflichkeit, der einem nie widerspricht«, schrieb der Chronist. Auf Spaziergängen wurde der berühmte Mann oft von Bittstellern bedrängt; obwohl sie ihn offensichtlich irritierten, blieb er jedoch stets höflich und gelassen.

Bittsteller gab es jetzt freilich viele, und zwar nicht nur, wenn er in Spa war. Je prominenter er wurde, desto größere Sorgen quälten ihn: Wie sollte er die zur Legion angewachsenen *demandeurs* und die Kritiker, Journalisten und andere aus der Welt der Musik und der Politik zufriedenstellen? Er fürchtete ihre Mißgunst, rechnete stets mit *Risches* als Motiv und wollte keinen Anstoß erregen. Manche nutzten diesen schwachen Punkt, seine extreme Anfälligkeit für Kritik, zu ihrem eigenen Vorteil – und keiner verstand dies wirkungsvoller und schamloser als Heinrich Heine.

Heine war kurz vor der Premiere von *Robert* nach Paris gekommen. Seit seiner Berliner Zeit hatte auch er sich einen Namen gemacht, als Lyriker und brillanter Essayist, der Unwahrheiten, politische Unterdrückung und die Schwächen der guten Gesellschaft gnadenlos ins ironische Visier nahm. Seine Reiseschilderungen und das *Buch der Lieder* hatten ihm die Bewunderung mancher, aber wegen der Angriffe auf die etablierte Ordnung auch den Haß der Herrschenden und der Zensur in Deutschland eingetragen. Mittlerweile war er, wie mehr und mehr andere auch, aus dem Preußen der Hohenzollern nach Paris geflohen, seinem Vaterland noch entfremdeter als Giacomo. Anders als dieser war er aber ein völlig freier Geist, der die Wut, die ihm entgegenschlug, als Auszeichnung empfand und den Schmerz des Außenseiters in wahren Sturzbächen von Ironie und Witz ertränkte, die aus seiner Feder flossen. Anders als Giacomo war er aber arm und ständig in Geldnot.

Heine fand schnell heraus, wie man dem Komponisten schmeicheln, seine Ängste ausnützen und ihm ans Portemonnaie gehen konnte. Giacomo, so versicherte ihm der Dichter, sei der *maestro divino* und »der Triumphierende«, doch wegen seines Reichtums und des allgegenwärtigen *Risches* seien gewiß viele darauf aus, seinen Ruf zu schädigen. Er, Heine, könne ihnen aber einen Strich durch die Rechnung machen, indem er gezielt etwas Geld unter die Leute brächte: Mit fünfhundert oder gar tausend Franc könne er wahre Wunder bewirken.[33]

Heines Protektion sei gefährlicher als seine Feindschaft,[34] warnte Giacomos Bruder Michael aus Berlin. Giacomo wußte aber, daß der Dichter für deutsche Gazetten aus der Pariser Musikszene berichtete. Also schmeichelte er ihm – und zahlte. Heine bekam Freikarten für die Oper, wurde zum Vaudeville und zum Abendessen eingeladen, und Meyerbeer machte ihm sogar das große Kompliment, anzufragen, ob es etwa »musikalisch unverheiratete« Verse gebe, die er, sein Bewunderer, vertonen könne. Immer war Geld im Spiel, und wenn es einmal nicht fließen wollte, verlegte Heine sich auf Andeutungen. Ein kluger Mann wisse schon, wann er zu zahlen habe. Mit Heines Geldsorgen und seinem wachsenden Neid auf Meyerbeers Reichtum und Ruhm nahm auch der Druck auf Giacomo zu. Als Heines Geldforderungen schließlich allzu aufdringlich wurden, lehnte der Komponist weitere Hilfe ab, und Heine schlug in kalter Rache zurück. Wie so oft mußte Giacomo feststellen, daß es ein zweischneidiges Schwert war, sich Wohlwollen erkaufen zu wollen.

Heine war nur einer der vielen Menschen, deren Gunst Giacomo sich bewahren wollte. Ein anderer war ein junger Komponist, der am Hungertuch nagte – Richard Wagner. Als der Vierundzwanzigjährige 1837 zum ersten Mal an Giacomo schrieb, war er so arm, daß er sich für das Billet nach Königsberg – musikalisch ein preußisches Sibirien –, wo er eine Stelle an der Oper gefunden hatte, ein paar Taler borgen mußte. Niemand, der etwas darstellte, hatte zu diesem Zeitpunkt von Richard Wagner gehört, und auch privat hatte er noch nichts erreicht. Er war frustriert und ungeduldig.

Seine erste Oper, *Rienzi*, war im Meyerbeerschen Stil komponiert, und nun träumte er davon, daß Giacomo sich für das Werk einsetzen und es damit zum Erfolg führen könnte. Er schickte ihm einige Entwürfe und legte sich im Begleitschreiben voll ins Zeug: »Soll ich es leugnen, daß gerade Ihre Worte es waren, die mir diese neue Richtung anzeigten?«[35] Weitere unterwürfige Briefe folgten, und als ihm seine Schuldner wieder einmal auf den Leib rückten, floh Wagner bei Nacht und Nebel unter falschem Namen nach Frankreich. Bald danach stellte er sich in Boulogne-sur-Mer ein, wo der reiche Hofkapellmeister, seine große Hoffnung, den Sommer verbrachte.

Die Kluft zwischen den beiden hätte kaum tiefer sein können – der eine war ein kultivierter, emigrierter deutscher Jude, wohlhabend von Geburt, Europas führender Komponist auf der Höhe seiner Karriere, der andere ein junger Kleinbürger bescheidener und unklarer Herkunft, der Deutsch mit starkem sächsischen Akzent sprach, unbekannt, erfolglos, verzweifelt auf der Suche nach finanzieller und beruflicher Unterstützung. Giacomo hielt den jungen Mann für begabt, wenn auch etwas seltsam, und half ihm mit Geld und Empfehlungsschreiben weiter. In seinem Tagebuch erscheint Wagner allein im letzten Vierteljahr 1839 nicht weniger als siebzehnmal. Das ewige Betteln und die sich ständig steigernden Schmeicheleien wollten kein Ende nehmen: »Mein Dankgefühl, das mich gegen Sie, mein hochherziger Protector, beseelt, kennt keine Grenzen.«[36]

Natürlich lief es auch diesmal auf Geld hinaus: Wagner bat um einen «Kredit» von 2500 Franc, und Giacomo ließ sich auch diesmal dazu herbei.

Scribe und Véron konnte Giacomo für den *Rienzi* nicht interessieren, doch schließlich brachte er ihn in Dresden unter, und Wagner war begeistert. Als 1840 eine weitere Empfehlung Meyerbeers zur Uraufführung des soeben fertig gewordenen *Fliegenden Holländers* in Berlin führte, ergoß sich Wagner wieder in einem überschwenglichen Dankesbrief: »Goethe ist tot, – er war auch kein Musiker; mir bleibt niemand als Sie.«[37]

Die Bitten um Geld und Hilfe gingen noch eine Zeitlang weiter, doch allmählich entwickelte Wagner mehr Selbstvertrauen und wurde unabhängiger; mit den geänderten Umständen war es dann auch mit seiner Ehrerbietung gegenüber Giacomo vorbei. In Paris, wo Meyerbeer unangefochten herrschte, hatte niemand Wagner ernst genommen – eine bittere Kränkung, die er sein Leben lang nicht verwinden konnte. Giacomo bekam denn auch Wagners Gift und Galle mehr als jeder andere zu spüren, und obwohl er sich nie große Illusionen gemacht hatte, war er schockiert. »Ich glaube, es geht mit dem Risches wie mit der Liebe in den Theaterstücken und Romanen: wie oft man sich auch deren in allen Formen und Gestalten bedient hat, doch verfehlt das Mittel, geschickt angewendet, nie seine Wirkung.«[38] So schrieb er einmal an Heine.

Risches argwöhnte und fürchtete Giacomo an allen Ecken und Enden. Hatte er einmal Schwierigkeiten oder stieß er auf ein Problem, so vermutete er in einem Reflex sofort, daß Judenhaß hinter der Sache stecke. Als eine fehlerhafte Abschrift einer Partitur zu ärgerlichen Problemen führte, schrieb er seinem Bruder Michael, »es riecht nach Risches«,[39] und als Minna berichtete, in Frankfurt sei Robert reichlich kühl aufgenommen worden, antwortete er, seiner Meinung nach liege das am »Risches-Publikum«.[40]

Dieser extreme Pessimismus schoß auch nicht weiter am Ziel vorbei als die gegenteilige Ansicht, daß Judenhaß ein im Verschwinden begriffener Anachronismus sei. Giacomo hatte insofern recht, als Antisemitismus im deutschen Geist tief verwurzelt war und weder Reichtum noch Ehren Schutz vor seinem schmerzhaften Stachel boten.

Andererseits hatten hart errungene Erfolge, sein Wohlstand und der Reichtum seiner Familie Giacomo viele Türen geöffnet, und seine Kultiviertheit und Großzügigkeit wurden wohlwollend zur Kenntnis genommen. Gleichzeitig hatten eben diese Erfolge und die Auf-

merksamkeit, die ihm zuteil wurde, neue Eifersucht, Neid und Antipathie geweckt. Das war die Kehrseite der Medaille von Reichtum
und Erfolg eines Juden – ein wahrer Teufelskreis.

Es gab durchaus legitime Gründe, Giacomos Musik kritisch gegen-
überzustehen. Felix Mendelssohn Bartholdy sagte, »es hat Effekt
gemacht, aber ich habe keine Musik dafür«.[41]

Ein Urteil aus berufenem Munde. Auch Schumanns Zweifel an
Meyerbeers Opern – sie seien effekthascherisch und nicht wirklich
originell – stellt eine berechtigte Kritik dar. Stendhal schrieb, ihm
mißfalle Giacomos »barbarischer französischer Musikgeschmack«,[42]
und selbst Berlioz, der Meyerbeer eigentlich gewogen war, stellte fest,
seine Erfindungskraft halte sich in Grenzen.

Der übersensible Giacomo witterte hinter solcher Kritik manchmal irrtümlich nichts weiter als antisemitische Vorurteile. Im Grunde
waren solche Ängste ja auch berechtigt, gab es doch in Deutschland bis weit über seinen Tod hinaus so manchen, der ihn nicht nur
wegen seiner Musik beneidete, angriff und haßte, sondern eben wegen
seiner Herkunft. Schumann hatte als einer der ersten indirekt auf
das fremde Jüdische bei Meyerbeer angespielt. Er verabscheue *Les
Huguenots*, schrieb er, weil sich ein guter Protestant empören müßte,
wenn er seine Lieblingsmelodien so profanisiert hören müsse, und
daß tugendhafte deutsche Mädchen die Augen schließen sollten vor
so viel Freveln – Täuschungen, Sittenlosigkeit in Kirchen, Verführung von Nonnen –, und das alles zusammengenäht aus billiger Spekulation auf Profit und öffentlichen Beifall, der auch noch mit Bestechung erkauft sei.

Giacomos Opern seien ein Stilmischmasch, kosmopolitisch und
für die Ohren eines echten Deutschen anstößig. Das einzige »origi-
nelle« Merkmal, das er habe entdecken können, sei der »meckernde
Rhythmus«, das typische Merkmal in allen musikalischen Themen
Meyerbeers.[43]

Schumann konnte damals noch nicht wissen, daß diese beiläu-
fige Bemerkung später zum Kernpunkt antisemitischer Angriffe auf
Giacomos Werk und schließlich auf jüdische Kunstwerke überhaupt
werden sollte. Mehr als zehn Jahre später berief sich eine höchst
skurrile Aufsatzreihe in der *Leipziger Neuen Zeitschrift für Musik*

auf Schumanns Äußerung. Dort konnte man lesen, Giacomos Opern spiegelten eine besondere Eigenschaft wider, die allen jüdischen Komponisten gemeinsam sei – das Meckernde, also melodische Tonfolgen und metrische Strukturen in der Art des Singsangs des Judendeutschen. Beim getauften Mendelssohn Bartholdy fänden sich Spuren davon, meinte der Verfasser, doch besonders deutlich sei es im Werk des Juden Meyerbeer. Es handle sich um eine fremde, »judaistische Musik«. Der Kritiker prägte dafür den Ausdruck »hebräischer Kunstgeschmack«.[44]

Diese Phrase sollte Richard Wagner inspirieren und zum Herzstück seines polemischen Essays *Das Judentum in der Musik* werden, seinem berühmt-berüchtigten Beitrag zur antisemitischen deutschen Literatur, auf den sich seine ideologischen Erben oft beriefen. Für Antisemiten war die Vorstellung, die Juden hätten notwendigerweise einen besonderen »hebräischen« Geschmack, der Beweis dafür, daß sie undeutsch, fremd und also auch minderwertig seien. Hundert Jahre später sollte ein Naziminister namens Goebbels diese Auffassung triumphierend übernehmen und bis ins äußerste Extrem weitertreiben.

7

Als Friedrich Wilhelm III. nach dreiundvierzig Jahren auf dem Thron 1840 starb, sollen seine letzten Worte »ça va mal« (es geht schlecht) gewesen sein. Zweifellos meinte er seinen eigenen Zustand *in extremis*, doch die Bemerkung hätte genausogut auf den ungeordneten Zustand seines Landes, die unruhige Stimmung im Volk und seine Mittelmäßigkeit als Herrscher gemünzt sein können.

Außerdem erteilte er auf dem Sterbebett seiner Frau eine unter den gegebenen Umständen reichlich seltsame letzte Anweisung – sie solle die Uhren stellen. »Paß auf, daß sie nicht vorgehen«, soll er geflüstert haben. Wenn die Anekdote stimmt, hatte auch diese Abschiedsbemerkung etwas durchaus Symbolisches. Es war das Unglück Preußens – und schließlich auch das Unglück ganz Deutschlands, zu dessen Herzstück Preußen heranwuchs –, daß eine starre absolute

Monarchie zu lange an der Macht geblieben war, aber auch, daß die auf Friedrich den Großen folgenden Hohenzollernkönige weder besonders fähig noch ihrer Aufgabe überhaupt gewachsen waren. Außerdem wählten sie sich dazu als Minister und Ratgeber allzu oft engstirnige, reaktionäre Junker und wollten vor allem die Vergangenheit bewahren, statt zeitgemäße Politik zu machen.

Die früheren Hohenzollernherrscher – klug, entschlossen und innovationsfreudig – hatten Preußen zu einem starken Staat mit mächtiger Armee und tüchtiger Verwaltung gemacht. Ihre Nachfolger ließen solche Qualitäten vermissen; sie waren rigide und pedantisch, engstirnig, vergangenheitshörig, inkonsequent und unsicher, und die meisten waren nicht einmal besonders gescheit. Sie klammerten sich an die schlechtesten und veraltetsten Aspekte ihres Erbes – übertriebener Militarismus und bürokratische Trägheit –, beschützten hartnäckig die Feudalprivilegien und lehnten jede sinnvolle parlamentarische Institution von vornherein ab.

In Friedrich Wilhelm IV., dem Sohn des toten Königs, waren alle diese Schwächen versammelt. Von seinem Vater und seinem unbeweglichen Bruder Wilhelm, der sein Nachfolger werden sollte, unterschied er sich nur in einer Hinsicht: Er war nicht der Typus eines Gardeoffiziers, sondern in Auftreten und Interessen ganz und gar unmilitärisch. Er war klein und dick, hatte weiche, eher weibliche Züge und war ein begeisterter Romantiker, der viel lieber Schlösser baute als Kasernen. Seine Ansichten fluktuierten unberechenbar zwischen liberalem Gedankengut und sturer Reaktion. Er war redebegabt, hatte aber meist wenig zu sagen, machte gern leere Versprechungen und sagte jedem, was er hören wollte. Noch stärker als sein Vater und sein Bruder war er felsenfest von seinem Gottesgnadentum überzeugt. Die Revolution war ihm ebenso verhaßt wie ihnen, und unter den christlich-germanischen Junkern, die ihn umgaben, suchte auch er sich besonders reaktionäre, rückwärtsgewandte Ratgeber aus.

Was Preußen dennoch vor Niedergang und Katastrophe rettete und zu etwas Besonderem machte, war die Tatsache, daß es nicht nur diese herrschende Klasse gab. Neben den dubiosen Königen mit ihrer reaktionären Politik gab es in dieser erstarrten soziopolitischen

Landschaft wichtige Gegenkräfte, die dem Land zum Vorteil ge-
reichten – eine willige, fleißige Bevölkerung, dann aber auch Menschen, die den Herrschern zum Trotz im entscheidenden Augenblick
weitsichtige Reformen durchsetzen konnten. Schon Stein, Hardenberg und andere hatten mit einem der besten Verwaltungs- und Bil-
dungssysteme in Europa das Fundament des Fortschritts gelegt. Und
schließlich boten Loyalität und Ehrlichkeit der preußischen Beamten stabile Rahmenbedingungen für ein Aufblühen von Erfindungs-
geist, Wissenschaft und Künsten. Auch die industrielle Entwicklung
profitierte davon und vollzog sich, als sie – verspätet – erst einmal
eingesetzt hatte, mit erstaunlicher Schnelligkeit.

Diese Bedingungen machten Preußen für Juden trotz der unter-
schwelligen Feindseligkeit, die ihnen entgegenschlug, nach wie vor
attraktiv und erleichterte ihnen Vorankommen und Assimilation.
Um die Mitte des 19. Jahrhunderts kam ihr Leistungs- und Erfolgs-
streben richtig in Schwung, und als später ein geschickter neuer
Akteur die politische Bühne betrat und Preußen zur Führungsmacht
eines geeinten Deutschland und zu einer der politisch und wirtschaftlich stärksten europäischen Mächte machte, sollte diese jüdische »Hefe« beim Aufstieg des Landes zur Großmacht eine nicht
unbedeutende Rolle spielen.

Diese Entwicklung lag jedoch noch in der Zukunft. Friedrich Wilhelm IV. herrschte siebzehn Jahre lang. Trotz vieler leerer Worte und
einiger geringfügiger Konzessionen duldete er während seiner Zeit
kein Nachlassen der Repression. Die Zensur wurde unter ihm sogar
noch verschärft. Was dennoch gedruckt wurde, gab Heine von Paris
aus gnadenlos als »Meere von Platitüden« der Lächerlichkeit preis.
In den ganzen vierziger Jahren brodelte unter der Oberfläche die
Unzufriedenheit. Die Liberalen bildeten »Lesezirkel« und applau-
dierten jedem Angriff auf das wankende System Metternichs. In den
Berliner Kaffeehäusern verschlangen sie ausländische Journale und
bejubelten laut die Reportagen über Rebellion – trotz einer Polizei-
verordnung, derzufolge laute Meinungsbekundungen, Applaus oder
Kritik während des Lesens verboten waren.[45] Auch in der Arbeiterklasse wuchs die Unruhe. Ein Aufstand der schlesischen Weber
wurde brutal niedergeworfen, Handwerker sahen sich von den neuen

Fabriken in ihrer Existenz bedroht, 1846 führten Mißernten und ein Jahr später eine Welthandelskrise zu noch mehr Arbeitslosigkeit und Unruhen.

Preußen konnte sich auch nicht von den historischen Kräften isolieren, die damals ganz Kontinentaleuropa erfaßten und zum Pulverfaß machten. Das Bürgertum war nirgends mehr bereit, seine politische Rechtlosigkeit hinzunehmen, und verlangte eine Staatsform mit Volksverantwortung, allgemeinem Wahlrecht, Meinungsfreiheit und Steuerreformen. In Österreich-Ungarn verlangten nationale Minderheiten laut nach Unabhängigkeit. Der Aufstieg der Fabriken schuf eine Front zwischen Handwerkern und Fabrikanten; erstere forderten Sozialreformen, bessere Arbeitsbedingungen und das Recht, Gewerkschaften und Genossenschaften zu bilden. Auf dem Lande litten die Bauern unter der Herrschaft der Großgrundbesitzer und bestanden auf Schutz vor Verelendung durch sich ständig wiederholende Landwirtschafts- und Finanzkrisen.

Schließlich wurde im Februar 1848 in Paris der Funke an die Zündschnur gelegt. Ein einziger Pistolenschuß löste den Aufstand aus, der »Bürgerkönig« Louis Philippe wurde gestürzt und ein Neffe Napoleons zum Präsidenten der Zweiten Französischen Republik gewählt. Drei Jahre später rief er sich als Napoleon III. zum Kaiser aus. Seine Gegner nannten ihn Louis le Petit, doch fürs erste hatte die Republik triumphiert.

Das Feuer der Revolution machte an den Grenzen Frankreichs nicht halt. In Wien kam es zu Erhebungen, das Habsburgische Reich geriet ins Wanken, und Metternich war gezwungen in Frauenkleidung vor der Wut des Volkes zu fliehen. Es gab Aufstände in Ungarn, Böhmen und Italien, und bis Mitte März hatten sich die Unruhen über Süd- und Westdeutschland bis nach Schlesien und Ostpreußen ausgedehnt.

Natürlich blieb auch Preußen selbst nicht davon verschont. In den ersten Jahrzehnten des Jahrhunderts hatten für den Aufbau der Industrie noch die Voraussetzungen gefehlt. Doch seit etwa 1830 kam es zu einem schnellen Bevölkerungswachstum. Unter preußischer Ägide hatte der Zollverein dem innerdeutschen Handel starken Aufschwung verliehen. In der Landwirtschaft stieg die Produktivität, und überall wurden Eisenbahnen gebaut. 1842 fuhr der König stolz in zweiundvierzig Minuten zwanzig Kilometer mit dem Zug von Berlin nach Potsdam. Acht Jahre später waren bereits über dreitausend Kilometer Gleise gelegt: Personen- und Güterverkehr wurden billiger, Eisenverhüttung, Maschinenbau und Zulieferproduktion machten einen explosionsartigen Wachstumssprung. In Berlin gab es jetzt ein großes Arbeiterproletariat. Die Einwohnerzahl hatte sich binnen dreißig Jahren auf 330 000 verdoppelt. Der schnelle Wandel leistete Spekulanten und Betrügern Vorschub, und begleitet wurde er von Hochkonjunktur und Rezession ebenso wie von Fabrikarbeiterelend und Arbeitslosigkeit.

1848 kamen dann Revolutionsmeldungen aus allen Richtungen, und auch in Berlin konnte es jeden Augenblick losgehen. Am 15. März wurden Gardeoffiziere mit Steinen beworfen, und drei Tage danach kostete der Versuch des Militärs, eine Menschenansammlung vor dem Schloß brutal aufzulösen, mehrere Berliner das Leben. Der leicht erregbare, unsichere Friedrich Wilhelm IV. konnte sich zwischen Repression und Beschwichtigung nicht recht entscheiden und geriet in Panik. Um die aufgebrachten Massen zu beruhigen, schickte er seinen Bruder Wilhelm, in dem das Volk noch mehr als in ihm selbst das Symbol der Unterdrückung sah, außer Landes nach London. Wilhelm, der sich den Bart abrasiert und Zivil angelegt hatte, entkam mit knapper Not der wütenden Menge. Der König war danach gezwungen, sich öffentlich durch eine Entschuldigung zu demütigen und an einem Marsch zu Ehren der erschlagenen Opfer der Unruhen teilzunehmen.

Eine Zeitlang sah es so aus, als würde es nun endlich zu grundlegenden Veränderungen kommen, doch binnen eines guten Jahres hatten die Wogen sich wieder geglättet. Die vom König widerstrebend einberufene verfassunggebende Versammlung arbeitete zwar am Entwurf einer neuen Verfassung, doch am Ende trug auch hier die Konterrevolution den Sieg davon: Die letzte Fassung bestätigte die herrschende Rolle des Adels und die absolute Macht des Souveräns. Dieses Dokument war, dessen muß man sich bewußt sein, die Basis, auf welcher Preußen und ganz Deutschland siebzig Jahre lang regiert werden sollten.

Mittlerweile waren 1848 in der Frankfurter Paulskirche in aller Eile achthundert Abgeordnete zu einer alle deutschen Staaten repräsentierenden Nationalversammlung zusammengetreten; in langen Debatten entstand der Entwurf eines Grundrechtekatalogs – politische Freiheit, Gleichberechtigung aller Bürger, Pressefreiheit, Geschworenengerichte und der Schutz der Arbeiter. Das Parlament wollte die einzelnen deutschen Staaten unter dieser Verfassung vereinen und trug zu diesem Zweck dem preußischen König die deutsche Kaiserkrone an, welche dieser jedoch verächtlich zurückwies. Eine vom Volk verliehene Krone war ihm nichts wert. Letzten Endes löste sich die Paulskirche dann nach langem Streit der Fraktionen ohne greifbares Ergebnis wieder auf.

Weitere zwanzig Jahre lang sollte die Reaktion herrschen, bis es unter Otto von Bismarck schließlich starke Führung, echten Wandel und Fortschritt in Richtung auf die deutsche Einheit gab. Dennoch waren 1848/49 und die Folgen ein wichtiger Meilenstein, und Deutschland und Preußen sollten danach nie wieder sein wie vorher. Es begann eine Zeit explosiven Wirtschaftswachstums, mit dem weitreichende politische und wirtschaftliche Veränderungen Hand in Hand gingen. Große Fortschritte in Wissenschaft und Technik und deren Anwendung in der Industrie trieben den wirtschaftlichen Aufschwung voran und begründeten Deutschlands Aufstieg zur europäischen Großmacht. Die Bevölkerung – gut ausgebildet, diszipliniert und gehorsam – arbeitete fleißig an diesem erstaunlichen Marsch in die Zukunft mit, der jedoch auch nachhaltige Veränderungen im Leben des einzelnen bedeutete.

Am stärksten wirkten sich die Veränderungen auf die Juden aus. Ganz Preußen hatte Ende der vierziger Jahre etwa sechzehn Millionen Bewohner; rund 1,3 Prozent von ihnen, also etwas über 200 000, waren Juden. Die meisten lebten nach wie vor in Posen und anderen östlichen Gebieten des Königreichs. In Brandenburg war die Zahl der Juden auf dem Lande nur langsam gewachsen, doch in der Hauptstadt hatte ihre Zahl sich in weniger als zwanzig Jahren auf über achttausend verdoppelt. Über zwei Prozent aller Berliner waren jetzt schon Juden, und weil die blühende und wachsende Hauptstadt sie weiterhin anzog, sollte sich die Berliner jüdische Gemeinde in den nächsten zwanzig Jahren nochmals verdreifachen. Ende der sechziger Jahre des 19. Jahrhunderts war fast jeder zwanzigste Berliner Jude.[46]

Die Zeiten, als die Behörden vergeblich darum kämpften, die Zahl der jüdischen Zuwanderer zu begrenzen, waren jetzt vorbei. Die Geburtenziffer war hoch – die Juden neigten noch zu großen Familien –, und ständig gab es Neuankömmlinge, die im geordneten Preußen ihre Chance suchten. Als Unternehmer waren sie besonders dynamisch und risikofreudig, und jüdische Fabrikanten und Kaufleute trugen jetzt maßgeblich zu Hochkonjunktur und Wachstum bei. Ihre lange Erfahrung im Finanzwesen hatte ihnen zu Schlüsselstellungen bei der Kapitalbeschaffung verholfen, und jetzt, da die Tore sich weiter geöffnet hatten, strömte die junge Generation in überproportionalem Maße an die Universitäten und in die akademischen Berufe. Ein bemerkenswerter Vorstoß in die Moderne war im Gange, und die Assimilation beschleunigte sich.

Auch in den anderen deutschen Staaten und Städten kamen die 400000 Juden voran, obwohl ihre Lage noch immer weder sicher noch normal war. Ihr Bild als Gruppe war bei den Christen durch jahrhundertealte Vorurteile verzerrt, die, manchmal unsichtbar, tiefe Wunden hinterlassen hatten. Während des schnellen Fortschritts und der Assimilation im 19. Jahrhundert wurde den Juden ihr unsicherer Status und ihr negatives Image deutlich bewußt. Jeder versuchte, sich auf seine Art davon zu distanzieren, und bemühte sich, seinen Ort in der Gesellschaft als ehrenwertes Individuum zu finden, den man aufgrund persönlicher Eigenschaften und Leistungen anerkennen und achten konnte; »der Jude« als Sammelbegriff evozierte dabei ein negatives Kollektivbild, mit dem keiner identifiziert werden wollte.[47]

Es gab immer auch solche, die sich wie Rahel das verzerrte Bild der Christen zu eigen machten und ihm durch Verdrängung und Taufe zu entkommen suchten. Das war aber eine kleine Minderheit. Die meisten Juden wollten sich – ob im Geschäft oder in der Kultur – durch Leistung beweisen, wie Giacomo es so meisterhaft vorexerziert hatte. Mit wachsendem Selbstbewußtsein taten einige sich auch als Vorkämpfer für soziale Gerechtigkeit hervor und rebellierten lautstark nicht nur gegen Judenhaß, sondern gegen Ungerechtigkeit in der Gesellschaft überhaupt. Heine hatte die Rolle des politik- und gesellschaftskritischen Schriftstellers übernommen. Andere junge Juden gingen in der 1848er Revolution auf die Barrikaden oder ins Parlament in der Paulskirche oder kämpften für bessere Bedingungen für Arbeiter und Arme. Wer verstand die Lage der Erniedrigten und Mißhandelten auch besser als ein Jude? Manche standen in der gerade entstehenden sozialistischen Bewegung an vorderster Front, einige wenige auf dem radikalsten Flügel. Ein aus seiner Heimat verbannter getaufter junger Jude aus Deutschland, der jetzt in London lebte, schickte sich gerade an, zur Korrektur dieser Ungerechtigkeiten zu nichts weniger aufzurufen als zur Weltrevolution. Es war dieser Karl Marx, der die Juden gar nicht mochte, der das Fundament für eine völlig neue Religion baute, welche die Welt einmal verändern sollte.

In den Kleinstädten auf dem flachen Land in Brandenburg, wo kleine jüdische Gemeinden im stillen gediehen, war von all dem wenig zu spüren. Dort brauchten Veränderungen ihre Zeit, und manchmal sah es so aus, als habe sich eigentlich kaum etwas verändert. Trägheit und alte Gewohnheiten der Provinzbürokraten trugen das Ihrige zum Erhalt des Status quo bei. Trotz nominell voller Gleichberechtigung blieben die Landjuden Gegenstand endloser Berichte, und Unmengen von Papier wurden hin- und hergeschoben. Noch 1846 plagten sich die Gemeindeschreiber mit ihren »Judentabellen«, den Statistiken über die Juden im Ort. In diesem Jahr endlich nahm in Freienwalde in der Nähe von Oranienburg ein Beamter seinen ganzen Mut zusammen und stellte seinen Potsdamer Vorgesetzten die kühne Frage, ob es wirklich immer noch nötig sei, diese Berichte in achtzigfacher Ausfertigung einzureichen.

Die Beamten in den Gemeinden wurden nach wie vor ständig angewiesen, das Verhalten der Juden zu überwachen und der Verletzung von Vorschriften gewärtig zu sein. Am 27. Juni 1844 etwa kam ein Rundschreiben, das angesichts des alten Problems mit den jüdischen Hausierern zur Wachsamkeit anhielt. Insbesondere solle man polnische Nichtseßhafte genau im Auge behalten, die am Ort heimlich Zimmer mieteten, um von dort aus ihre Waren an den Mann zu bringen. Offensichtlich ging es dabei besonders um den Einnahmeverlust aus entgangenen Gewerbesteuern. Besonders interessierte Potsdam sich auch dafür und fragte häufig nach, ob die rechtmäßig

ansässigen Juden die Gesetze einhielten und wirklich »ehrliche Geschäfte« führten. Ab und zu kam eine besondere Warnung, es gebe
eine »gespannte antijüdische Stimmung« woanders im Königreich,
und man solle besonders achtgeben: »Die Erfahrung früherer Zeiten
lehrt, daß eine solche Stimmung eine ansteckende Kraft hat und das
Alles vermieden werden muß, was ihr Nahrung geben könnte.« So
lautete 1844 eine strenge Anweisung eines leitenden Beamten aus
Potsdam an die Städte.[48]

Im allgemeinen lebten die Juden in den brandenburgischen Kleinstädten friedlich und brachten es langsam zu bescheidenem Wohlstand. In Oranienburg gab es 1849 noch weniger als zwanzig jüdische Familien, insgesamt nicht ganz hundert Menschen – sieben
Kaufleute, vier Besitzer eines Trödelladens, einen Viehhändler und
einige Handwerker; der Rest waren Alte und Gemeindediener.

Doch eben damals kam ein neuer Jude hinzu. Levin Blumenthal
aus Wittstock, der sich vor kurzem den deutschen Namen Louis zu-
gelegt hatte, hatte Regine, die Tochter der Familie Simon in Brandenburg an der Havel geheiratet. Seine Brautwerbung war allgemein
begrüßt worden, kannten die Simons doch sowohl seine Eltern als
auch seine Großeltern. Zippora, seine Großmutter väterlicherseits,
hatte seit 1756 Aufenthaltsrecht in der Gegend, und mütterlicherseits
gab es einerseits eine entfernte Verwandtschaft zu Rahel Levin, andererseits zu den Berliner Beers und ihrem berühmten Sohn Giacomo.

Als das alte Haus der Blumenthals in Pritzwalk 1821 nieder-
brannte, war die ganze Familie – Louis war gerade zwei Jahre alt –
nach Wittstock gezogen, wo sein Vater und sein Onkel Isaac Nathan
immer noch lebten. Onkel Nathan galt als fromm und produktiv,
wovon nicht nur sein erfolgreiches Textilgeschäft zeugte, sondern
auch seine zehn Kinder.

Louis hingegen war ein ruhiger, friedlicher Mensch. Das Textilgeschäft lief gut – noch gab es in Oranienburg keine Konkurrenz –, und
die Stadt war nicht besonders judenfeindlich. Hier konnte ein fach-
kundiger und ehrlicher Textiljude seine Chance ergreifen, und die
Simons waren sicher, daß ihr junger Schwiegersohn Erfolg haben
würde. Sie sollten nicht enttäuscht werden.

8

Giacomos ganzes Leben war von einer unerwiderten leidvollen Liebe zu seinem Geburtsland geprägt. Trotz der vielen Ehrungen im Ausland und trotz seines internationalen Ruhms konnte er die Angriffe nie vergessen, die er als Kind in Deutschland erdulden mußte. Anerkennung in Deutschland ging ihm über alles, und die tiefsten Wunden schlugen ihm Deutsche, wenn sie seine Musik kritisierten und sein Talent herabsetzten. Paris nahm ihn mit offenen Armen auf, bot ihm Zuflucht und vergötterte ihn, doch seine gefühlsmäßige Bindung an sein Geburtsland Deutschland blieb ungebrochen. Mochten seine Landsleute ihn noch so enttäuschen, er konnte ihnen nicht einfach den Rücken kehren. Auch sie ließen ihn nicht einfach gehen, sondern erhoben nach wie vor Anspruch auf ihn als einen der ihren.

Diese gegenseitige Haßliebe hörte nie auf. Giacomo und Deutschland hielten sich in einer zweideutigen, unbequemen Mischung aus Respekt, Antipathie und Neid fest umarmt. Nicht einmal Giacomos Tod konnte daran etwas ändern. Louis Napoleon wollte ihn neben den Helden Frankreichs im Pantheon beisetzen lassen – die höchste Ehre, die Frankreich zu vergeben hatte, doch Giacomo lehnte höflich ab. Testamentarisch verfügte er, er wolle nach seinem Tod in Berlin zur letzten Ruhe gebettet werden, in der Stadt, die er trotz allem immer noch als seine Heimat betrachtete.

Krank und schwach erschöpfte er seine schwindende Energie bei den Vorbereitungen für seine neue Oper, *L'Africaine*. Er wollte unbedingt einen letzten großen Erfolg und schlug die Warnungen seiner Familie und der Ärzte in den Wind. Schließlich war er zu schwach, das Bett zu verlassen, doch noch auf dem Sterbebett blieb er höflich und vermied es ängstlich, irgend jemanden zu kränken. Seine letzten Worte waren ein Dank an alle, die sich um ihn kümmerten. Dann wünschte er ihnen eine gute Nacht, um in den frühen Morgenstunden des 2. Mai 1864 seinen letzten Atemzug zu tun.

Paris verkündete den Tod seines Lieblings mit riesigen Schlagzeilen: »Meyerbeer n'est plus«. Der Kaiser ordnete Staatstrauer an, Nachrufe kamen von allen Seiten, und die Elite der Académie – an ihrer Spitze der achtzigjährige Auber, hinter ihm Gounod und andere

Mitglieder des Direktoriums – geleitete den Leichenwagen durch die Straßen von Paris zur Gare du Nord, die man aus diesem Anlaß schwarz verhüllt hatte. Rossini – in seiner Niedergeschlagenheit und Trauer wollte er nicht am Leichenzug teilnehmen – wanderte untröstlich im Parc Monceau umher und schickte »meinem lieben Freund Giacomo Meyerbeer« eine religiöse Meditation hinterher. Schwarze Banner mit Giacomos Initialen in Gold flatterten im Wind. Der Kaiser und die Kaiserin schickten Kränze, und als der Sonderzug, der die Leiche nach Berlin überführte, langsam aus dem Bahnhof rollte, spielte die kaiserliche Garde Auszüge aus Meyerbeerschen Kompositionen. Es war feierlich und imposant, auch wenn die Arrangements nicht der Ironie entbehrten. Giacomo hätte sich zweifellos dagegen verwahrt, daß der Zug ausgerechnet an einem Freitag losfuhr – freitags wäre er ja zu Lebzeiten unter keinen Umständen gereist. Seinem tiefsitzenden Pessimismus wäre das Paradox nicht entgangen, daß nun der Termin für seine letzte Reise auf seinen Unglückstag gelegt worden war.

Es gab auch noch andere Widersprüchlichkeiten. In Frankreich war die Trauer echt, allgemein und frei von dissonanten Zwischentönen. In Deutschland war die Reaktion gemischter. Offiziell war man entschlossen, den berühmten Komponisten für sich zu beanspruchen und aus seinem internationalen Ruhm Kapital zu schlagen. Der preußische Botschafter erschien als einer der ersten zum Kondolenzbesuch und bestand darauf, die Arrangements für die Überführung des Sarges selbst in die Hand zu nehmen. Als der Zug bei Aachen über die Grenze fuhr, wurden alle französischen Insignien, Fahnen und Kränze entfernt und durch deutsche ersetzt. Bei der Ankunft in Berlin wollte man durch das aufwendige Zeremoniell sogar noch die Pariser Veranstaltung übertreffen. Der König schickte nebst diversen Ministern ein Mitglied des Königshauses, und ein halbes Dutzend königliche Karossen bildeten die Spitze des Trauerzugs. Zehntausend Berliner säumten die Straßen.[49]

Doch während Berlins führendes Musikjournal devot über diese königlichen Ehrungen berichtete, verstummten die Stimmen, die dem lebenden Giacomo so viel Kummer bereitet hatten, auch nach seinem Tode nicht. In Dresden begrüßten Richard Wagner und seine Freunde die Nachricht vom Tod des verhaßten Juden mit einem schadenfrohen Trinkspruch. In Leipzig konnte die *Allgemeine* es sich nicht verkneifen, Giacomo Meyerbeer ein letztes Mal dafür zu kritisieren, daß er »das Negative im Leben« herausgestellt habe, statt sich erbaulichere heroische und patriotische Themen zu suchen. Er sei zwar in Deutschland geboren, hieß es im Nachruf, sei aber kein echter Deutscher gewesen, sondern ein Kosmopolit ohne die Fähigkeit zu Originalität oder echter Kunst in seinem Werk.[50] Daß er Jude war, wurde nicht offen ausgesprochen, doch die Andeutung war klar. In Deutschland dämpften selbst im Tod die üblichen Vorbehalte gegen einen Angehörigen der jüdischen Minderheit die fällige Hommage für ein berühmtes Landeskind. Trotz aller Leistungen blieb Giacomo Meyerbeer in den Augen der Deutschen ein Außenseiter – ohne Charakter, andersartig, nicht ganz akzeptabel. Schließlich war er nicht nur Deutscher, sondern Jude.

Für die Tausende Berliner, die seiner letzten Reise zusahen, war der dabei zur Schau gestellte Prunk etwas Neues. So viel offiziellen Aufwand für einen Toten, der weder Soldat noch Aristokrat war, sondern Opernkomponist – allerdings auch ein berühmter Hofkapellmeister –, waren sie nicht gewohnt. Georg Prinz von Preußen war anwesend, man konnte die Hofkutschen bewundern, und die gedämpften Klänge eines Elitemusikkorps machten die Angelegenheit feierlich. Die Berliner waren erschienen, weil sie Paraden aller Art liebten, auch wenn ihnen ein Militärdefilee mit Soldaten und Kavallerie in schmucken Uniformen und vielen ans patriotische Herz rührenden Kanonen, Blaskapellen und Fahnen sehr viel lieber gewesen wäre. Nun gut, der Leichenzug des jüdischen Komponisten bot auch einiges. Bald aber sollten sie reichlich Gelegenheit haben, sich an der eigentlichen Sache zu erfreuen und die martialischen Spektakel zu bejubeln, die ihnen wirklich zu Herzen gingen.

SECHSTES KAPITEL

Patrioten
Louis

Unser deutsches Vaterland muß gesellschaftspolitisch vor der
Verjudung geschützt werden.

Wilhelm Marr, 1880

Die Juden sind unser Unglück.

Heinrich v. Treitschke, 1879

Seit ich auf deutsche Erde trat,
Durchströmen mich Zaubersäfte –
Der Riese hat wieder die Mutter berührt,
Und es wuchsen ihm neu die Kräfte.

Heinrich Heine,
Deutschland. Ein Wintermärchen, Caput I

1

Anfang der fünfziger Jahre des 19. Jahrhunderts fand sich Wilhelm I.
in einen anscheinend aussichtslosen Streit mit dem preußischen
Landtag verwickelt. Der Landtag, zwar bestenfalls ein Pseudoparla-
ment mit geringen Machtbefugnissen, konnte dem König aber durchaus Schwierigkeiten bereiten. Genau dies tat die gemäßigt reformi-
stische bürgerliche Mehrheit jetzt: Sie verweigerte den Plänen des
Monarchen zur Reform und Stärkung seines Heeres hartnäckig die
Zustimmung. Der König war am Ende seines Lateins, und weil sich
nichts mehr bewegte, dachte er in seiner Frustration und Verzweiflung sogar daran, zugunsten seines Sohnes abzudanken. Schließlich
ergriff er die letzte Möglichkeit und wandte sich an die überragende
Persönlichkeit unter seinen Beamten, einen Mann, den er eigentlich

nicht besonders schätzte und dem er auch nicht ganz traute, der jetzt aber seine letzte Hoffnung war.

Otto von Bismarck war ein typischer Vertreter des in Preußen herrschenden Adels, ein pommerscher Junker mit entschiedenen Ansichten und eindeutig konservativer Weltanschauung; außerdem galt er als willensstark und entscheidungsfreudig. Er war seit kurzem preußischer Gesandter in Frankreich, als der verzweifelte König ihm das Amt anbot, welches Bismarck sich seit langem gewünscht hatte – Ministerpräsident, Außenminister und preußischer Regierungschef.

Für das Land und den König war die Ernennung Bismarcks eine glückliche Wahl, für Europa war es eine schicksalhafte Entscheidung. In den nächsten zwanzig Jahren sollte dieser Junker – groß und breit gewachsen, mit einem Schnauzbart, der das Gesicht beherrschte, und einem kalten, durchdringenden Blick – die kontinentaleuropäische Politik dominieren, Deutschland vereinigen und das nur mittelgroße Königreich Preußen zur stärksten Macht Europas machen. Dazu bedurfte es dreier schnell geführter Kriege, doch Bismarck war hart und entschlossen und ein Meister in der Wahl des richtigen Zeitpunkts. Er hatte außerdem das Glück auf seiner Seite, und er plante umsichtig. Unter Bismarck sollten sich die Berliner nicht über Mangel an Siegesparaden zu beklagen haben.

Bismarck hatte zwei große Stärken: Er war ein kühler Realist, der sich nicht leicht von Emotionen leiten ließ, und er verlor seine beiden Hauptziele nie aus den Augen – angesichts des Vordringens des Parlamentarismus den Herrschaftsanspruch der Monarchie, koste es, was es wolle, zu behaupten und Deutschland unter Ausschaltung des angeschlagenen Österreich unter preußischer Führung zu vereinen. Bismarck besaß eine brillante Intelligenz und war ein ausgezeichneter Menschenkenner. Rücksichtslos manipulierte er die Menschen, bis sie taten, was er wollte, konnte aber auch abwarten und scheute nicht vor Gewalt zurück, wenn die Zeichen günstig für ihn standen.

Seine größten Triumphe feierte er in den sechziger Jahren. Die verfahrene Situation im Konflikt um die Heeresreform löste er schnell: Nach einem Verwirrspiel versöhnlicher Kompromißangebote entzog er sich weiterer Argumente, indem er den Landtag schlicht und einfach zwang, sich zu vertagen, was der König nach der preußischen Verfassung anordnen durfte. Ehe der Streit erneut ausbrechen konnte, veränderte er die Voraussetzungen nachhaltig, indem er Preußen in drei schnelle, überraschend erfolgreiche Kriege führte – erst gegen Dänemark, dann gegen Österreich und schließlich gegen Frankreich. »Die großen Fragen der Zeit werden nicht durch Reden und Mehrheitsbeschlüsse entschieden«, sondern »durch Eisen und Blut«, erklärte er 1862 vor dem Landtag.

Diese Worte, die man von da an immer mit seinem Namen verband, sollte er noch bedauern. In Preußen protestierten seine Gegner lautstark, der »Blut-und-Eisen-Junker« habe jetzt sein wahres Gesicht gezeigt, und im Ausland wurde man wachsam. Doch als er die preußischen Soldaten fürs Vaterland in die Schlacht schickte und die extrem nationalistisch gesinnte Landtagsmehrheit die Verwirklichung ihres langersehnten Traumes, eines unter preußischer Führung geeinten Deutschen Reiches, herannahen sah, wollte keiner mehr abseits bleiben. Selbst die Opposition ließ sich von der patriotischen Begeisterung mitreißen, und andere Überlegungen wurden zumindest eine Zeitlang zurückgestellt.

1864 nahm Bismarck Dänemark in einem kurzen Krieg die Herzogtümer Schleswig und Holstein weg, um sie dann zwei Jahre später nach dem Sieg über Österreich dem von Preußen beherrschten Norddeutschen Bund einzuverleiben. Als die nominelle Führungsrolle Österreichs in deutschen Angelegenheiten erst einmal beendet war, fehlte also nur noch ein letzter Schritt, um Preußens Machtposition in Europa zu sichern und die süddeutschen Staaten unter preußische Herrschaft zu bringen.

Die Gelegenheit dazu ergab sich 1870, und Bismarck ergriff sie, ohne Zögern. Unter Ausnützung eines erbitterten Streits mit Frankreich um die spanische Thronfolge manipulierte er den schwachen, unsicheren französischen Kaiser in eine Kriegserklärung gegen Preußen, das besser gerüstet und organisiert und kampfbereiter war. Die entscheidende Schlacht wurde am 2. September 1870 bei Sedan geschlagen. Die Franzosen erlitten eine schwere Niederlage, und so war ihr Schicksal besiegelt. Binnen weniger Monate nahmen preußische Soldaten Paris ein und marschierten im Triumph über die großen Boulevards. Bismarck forderte und erhielt für den Friedensschluß einen hohen Preis in Geld und Land. Die französische Hegemonie auf dem europäischen Kontinent war zu Ende. Preußen hatte triumphiert, und Bismarck verlieh dem Sieg dadurch, daß er Wilhelm I. ausgerechnet im Spiegelsaal von Versailles zum Kaiser des neuen Deutschen Reiches ausrufen ließ, eine besondere Bedeutung.

Das geschah am 18. Januar 1871. Das unter preußischer Führung vereinte Deutschland stand jetzt auf der Höhe seiner Macht in Europa. Es war auch Bismarcks größter Augenblick. Von nun an verkörperte der schlaue mächtige Junker in der Uniform des Siebten »Gelben« Grenadierregiments die mit Armeestiefeln erkämpfte preußische Vormacht. Auf Jahre hinaus fürchtete und respektierte man in den Kabinetten Europas den harten, geschickten Preußen, der mit traurigen Augen durch ein altmodisches Lorgnon schaute und mit seltsam hoher Stimme sprach.

Als Wilhelm I., Bismarcks Souverän, sein Schloß in Richtung Versailles verlassen hatte, war er König von Preußen gewesen, Herrscher in einem Königreich von mittlerer Größe mit 24 Millionen Untertanen. Als der alternde Monarch aus Versailles zurückkehrte, war er Kaiser des zweiten Deutschen Reiches, eines Gebildes aus 25 Einzelstaaten unter preußischer Herrschaft – vier Königreiche, sechs Erzherzogtümer, fünf Herzogtümer, sieben Fürstentümer und drei Freie Städte. Sein eigener Staat war um die Hälfte angewachsen, beherbergte eine Bevölkerung von über vierzig Millionen Menschen und war in fast jeder Hinsicht die stärkste und bedeutendste Macht auf dem europäischen Festland.

Die seltsame neue Reichsverfassung war unvorstellbar kompliziert. Von Bismarck zusammengeschustert, stellte sie einen ausgeklügelten Kompromiß zwischen preußischem Zentralismus und den separatistischen Tendenzen Bayerns und anderer süddeutscher Staaten dar. Auf dem Papier waren alle Wünsche nach föderativer Teilung der Macht berücksichtigt worden, doch dies war nur schöner Schein.

Im Prinzip lag die innenpolitische Souveränität nicht beim Kaiser, sondern bei den 22 herrschenden Monarchen und den Senaten der drei Freien Städte. Tatsächlich aber hatte Preußen dank Bevölkerungszahl und territorialer Größe eine solche Übermacht, daß der Kaiser und der Reichskanzler – die ja in Personalunion gleichzeitig preußischer König und Ministerpräsident waren – den anderen im allgemeinen ihren Willen aufzwingen konnten, wenn sie dies wollten. Die Verfassung sah zwar vor, daß die Außenpolitik in den Händen des Kaisers lag, doch mindesten vier deutsche Staaten behielten das Recht auf eigene diplomatische Vertretungen im Ausland – ein Privileg, welches Bayern auch ein halbes Jahrhundert lang in Anspruch nahm. Daneben gab es noch viele andere Paradoxien. Obwohl der Kaiser nominell auch in Friedenszeiten Oberbefehlshaber der Streitkräfte des Reiches war, wurde das Heer nur im Kriegsfall vereinigt. Außerdem garantierte die Verfassung zwar eine Reihe von Grundrechten, doch deren Praktizierung oblag den Einzelstaaten, und unterschiedliche Interpretationen wurden lange toleriert.

Bis hin zu einer Demokratie war in diesem Kaiserreich noch ein weiter, beschwerlicher Weg. Der Kaiser konnte den Regierungschef nach eigenem Gutdünken ernennen, und dieser Reichskanzler mußte sich mit einem aus zwei Kammern bestehenden Landtag mit zwar begrenzten, doch wichtigen Befugnissen auseinandersetzen, war aber nur dem Kaiser verantwortlich. Die zentrale Verwaltung blieb fest in den Händen derselben dünnen, aus dem Landadel rekrutierten Schicht von Bürokraten und Militärs, die in Preußen seit langem an den Schalthebeln der Macht saßen und deren engstirnige Ansichten und Vorurteile sich kaum gewandelt hatten. Sollten Intelligenz und Bürgertum nur nach mehr parlamentarischen Rechten rufen! Die konservativen Berater des Königs unter Bismarcks Führung ignorierten sie einfach, vereint in der Entschlossenheit, die Macht des Souveräns und so ihre eigene von niemandem antasten zu lassen.

2

Ein entscheidender Krieg war gewonnen, und der Erbfeind Frankreich mußte bluten. Die Reparationszahlung wurde auf den enormen Betrag von fünf Milliarden Goldfranc festgesetzt, und Frankreich mußte das Elsaß und Lothringen an das Reich abtreten – ein harter Friede, der für beide Seiten die Saat künftiger Schwierigkeiten in sich trug. Dem preußischen Volk war es fürs erste egal, daß die neue Verfassung voller Widersprüche war, daß die Hoffnung auf mehr parlamentarische Demokratie unerfüllt geblieben war, daß die Erzkonservativen sehr viel Macht behielten und daß die Zukunft neue Probleme bringen konnte. Das Volk berauschte sich am Sieg über den Erbfeind, größer, als jeder Sieg Friedrichs des Großen es einst gewesen war. Deutschland war geeint und europäische Großmacht; es herrschten Nationalstolz und patriotische Inbrunst.

Die Berliner zeigten besonderen Enthusiasmus und fieberten der Siegesparade entgegen, mit der die Hauptstadt den neugekrönten Kaiser am 16. Juni 1871 bei seiner Ankunft aus Versailles begrüßen wollte. Es sollte die größte Parade werden, die man in Berlin je gesehen hatte. 150 000 Taler, ein beachtlicher Betrag, waren für die Feierlichkeiten bewilligt worden; außerdem sollte jeder der Tausenden von Soldaten, die mitmarschieren würden, einen Taler auf die Hand bekommen. Alles sah nach einem nationalen Fest aus, von dem man noch den Enkeln erzählen würde.

Seit Wochen arbeiteten Berliner Künstler und Handwerker an den Dekorationen entlang der Marschroute, die von den Tempelhofer Feldern durchs Brandenburger Tor in die Stadtmitte führte. Drei Triumphbögen, nicht weniger als fünf Denkmalensembles, Dutzende von Siegessäulen und mehrere an strategischen Stellen aufgespannte Riesenleinwände zierten die Strecke. Tausende von Fahnen, Bannern und Girlanden sollten die Marschierenden grüßen, und praktisch jedes Haus und Geschäft war mit allen möglichen Ornamenten des Patriotismus herausstaffiert worden. Das überall sichtbare Motiv war Preußens glorreiche Vergangenheit und sein Aufstieg zur Macht, mit allegorischen Darstellungen früherer Könige, Generäle und Helden zur Feier der Einigung Deutschlands unter dem preußischen Monarchen.

Drei Tage vor der Siegesparade löste ein Wolkenbruch die Dekorationen aus Gips und Papiermaché teilweise auf, doch in fieberhafter Arbeit wurde alles rechtzeitig wiederhergestellt. Berlin platzte aus allen Nähten: Tausende waren aus der Provinz gekommen und erwarteten auf eigens entlang der Paraderoute errichteten Tribünen den Festzug. Die Sitzordnung ging streng nach Rang und Stand – der Adel und die hohen Beamten hatten die besten Plätze nahe am Kronprinzen-Schloß, etwas weiter entfernt saßen die tonangebenden Kaufleute und das Großbürgertum und noch weiter ab Handwerker, kleine Händler und Arbeiter, alle in ihrer typischen Kleidung mit eigenen Insignien und Blaskapellen.

In Preußen war das Volk an Paradeuniformen und martialische Spektakel gewöhnt, aber dergleichen hatte man noch nie gesehen. Jubel brandete auf, als die Spitze des Zuges erschien, allen voran der ehrwürdige 87jährige Feldmarschall Wrangel zu Pferde, Held längst vergangener preußischer Siege; man hatte ihn aus dem Ruhestand geholt, weil er die Ehre haben sollte, die Parade anzuführen. Begleitet von einem Crescendo von Hurra-, Hoch- und Heilrufen, ritten die Hauptfiguren ins Blickfeld – Generalstabschef Helmuth Graf von Moltke, der vor kurzem in den Fürstenstand erhobene Architekt der kriegerischen Triumphe Preußens, dann Bismarck, Kriegsminister von Roon und schließlich alleine reitend der Kaiser, gefolgt von einer Schar von preußischen Prinzen und Fürsten. Danach folgten endlose Marschkolonnen von Garde-, Kavallerie- und Infanterieregimentern aller Art. Selbst die neuorganisierten Feldeisenbahner wurden laut bejubelt.[1]

Es war ein unvergeßlicher Anblick; Oranienburgs Bürgermeister Kahlbaum und Louis Blumenthal, einem seiner Stadträte, und deren Familien sah man die Begeisterung an. Vor Wochen schon hatte Louis seine Frau Regine und die fünf Kinder mit dem Vorschlag überrascht, nach Berlin zu fahren, um Augenzeuge des historischen Ereignisses zu werden. Er hatte auch die Kahlbaums eingeladen und ließ als erfolgreicher Oranienburger Geschäftsmann seine guten Beziehungen zur wachsenden Berliner jüdischen Gemeinde spielen, um einige der hart umkämpften guten Plätze zu ergattern. Jetzt thronten der Bürgermeister und seine Familie auf erstklassigen Plätzen, waren ihren jüdischen Nachbarn für die Einladung dankbar und sichtlich beeindruckt.

Unter den über 800 000 Einwohnern der ständig wachsenden Hauptstadt waren die Juden eine kleine – allerdings wohlhabende und wichtige – Minderheit. In den letzten zehn Jahren hatte es einen starken Zuzug von Juden aus der Provinz gegeben. Die Gemeinde war auf gut 36 000 Mitglieder angewachsen, und fast in jeder Woche kamen neue dazu. Über drei Viertel der preußischen Bevölkerung lebten noch auf dem Land oder in Kleinstädten mit weniger als fünftausend Einwohnern. Die Industrialisierung war jedoch in den fünfziger Jahren endlich auch in Preußen kräftig in Gang gekommen. Sie hatte hier relativ spät eingesetzt, sie brachte aber schnellere und dramatischere Veränderungen der gewohnten Lebensweise mit sich als in Ländern, in denen sie früher angefangen hatte und weniger stürmisch verlaufen war. Eisenbahnnetze breiteten sich schnell über das ganze Land aus, aus den 3500 Gleiskilometern, die es 1850 gegeben hatte, waren mittlerweile 17 500 geworden, und ständig kamen weitere dazu. Insgesamt gab es im Reich bereits fast 30 000 Kilometer. Der Eisenerz- und Kohlebergbau profitierte massiv davon, Aktiengesellschaften schossen wie Pilze aus dem Boden und wurden an der Berliner Börse notiert.

Es ist nicht ohne Ironie, daß die traditionelle, seit Frühzeiten bestehende berufliche Diskriminierung den preußischen Juden jetzt zum Vorteil ausschlug und sie in großer Zahl in die Hauptstadt lockte. Grundbesitzer, Staatsdiener und Handwerker hatten es mit der Umstellung auf das Industriezeitalter relativ schwer, während die aus diesen Bereichen jahrhundertelang ausgeschlossenen Juden ihren in dieser langen Zeit erworbenen Sachverstand und ihre Erfahrung in Handel und Finanzen jetzt zu ihrem großen Vorteil nutzen konnten. Ein Unternehmer, der Ideen hatte, ging nach Berlin, denn hier konnte er sich auf lohnende Risiken einlassen, fand Partner, gründete und finanzierte neue Unternehmen. Hier konnte ein strebsamer, fleißiger und geschickter Mensch mit etwas Glück Erfolg haben und auch seinen Kindern eine gute Ausbildung zuteil werden lassen. Noch vor einer Generation hatten die meisten Berliner Juden sich am unteren Ende der ökonomischen Skala abgestrampelt. Jetzt strömten sie aus der Provinz herbei, die vielen Chancen vor Augen, welche die Stadt bot, bis hin zum Aufstieg in die Mittelklasse oder gar zum Wohlstand.

Überall im Reich übten die Großstädte auf die Juden eine noch größere Anziehungskraft aus als auf die übrige Bevölkerung. Dies war auch der Hauptgrund dafür, daß die Oranienburger Juden auch weiterhin nur eine Gemeinde blieben, in der es den meisten allerdings recht gut ging. Louis' und Regines Familien waren ein gutes Beispiel. Minna, die älteste Tochter, war schon mit einem jungen Berliner verlobt, und auch ihre beiden jüngeren Schwestern hielten nach einem passenden Bräutigam dort Ausschau und sollten bald nachziehen. Berlin war voll von ehrgeizigen jungen Juden im heiratsfähigen Alter: Die einen arbeiteten an der Börse, andere in einer der vielen Privatbanken in jüdischem Besitz, wieder andere machten selbst ein Geschäft auf. Jetzt, da die Zulassung zum Universitätsstudium auf keine Hindernisse mehr stieß, strebten viele nach dem begehrten Doktortitel und einer Karriere als Arzt, Anwalt oder Wirtschaftsprüfer. Weil der Staatsdienst Juden immer noch verschlossen war, stürzten sie sich auf die zweitbeste Alternative, und das waren die freien Berufe. Akademische Grade bedeuteten bei den Assimilierteren Sozialprestige. Einmal waren sie greifbares Zeugnis dafür, daß man über deutsche Bildung verfügte, dann aber verschafften die freien Berufe auch Aussicht auf wirtschaftliche Sicherheit. Es war auch en vogue, die Kinder aufs humanistische Gymnasium zu schicken. Der fünfzehnjährige Emil, der ältere der beiden Blumenthal-Söhne, war schon in einem Internat am Stadtrand von Berlin. Martin, der jüngere, blieb zu Hause und sollte eines Tages das elterliche Geschäft übernehmen. Zur Zeit interessierte der dreizehnjährige Junior sich aber noch mehr für Blaskapellen und Militärspektakel als für seinen zukünftigen Beruf.

Die Kahlbaums hatten Louis' Einladung zur Parade sogleich angenommen, wollten sie doch den großen Tag auf keinen Fall verpassen. Der Bürgermeister wußte auch, daß sein jüdischer Bekannter dank seiner Beziehungen zu Berliner Juden schon die richtigen Arrangements treffen würde. Normalerweise hatte Kahlbaum ja – wie die meisten Nichtjuden in Oranienburg – nur wenig gesellschaftliche Kontakte zu Juden, auch wenn die Beziehungen freundlich waren. Gelegentlich trank man im Gasthaus ein Bier miteinander, und an Feiertagen schaute der Bürgermeister vorbei, um der jüdischen Gemeinde und ihren führenden Mitgliedern die Glückwünsche der Stadt zu überbringen.

Louis aber war, so sah es Bürgermeister Kahlbaum, eine besondere Persönlichkeit. Er war mit seiner jungen Frau Mitte der vierziger Jahre in die Stadt gekommen und hatte es bald nicht nur zum erfolgreichen Geschäftsmann gebracht, sondern auch zu einem geachteten Bürger, den die Stadt in finanziellen Fragen gern zu Rate zog. Mit der

Zeit war er zu einem der engsten Berater des Bürgermeisters in städtischen Angelegenheiten geworden. Kahlbaum bewunderte vor allem sein Wissen und sein umsichtiges Urteil in Geldfragen. Damit kannten die Juden sich ja besonders gut aus, und der Bürgermeister sah keinen Grund, sich der Fähigkeiten dieses nüchternen und ehrbaren Mitbürgers nicht zu bedienen.

Das Besondere – in einer Kleinstadt wie Oranienburg allerdings nichts ganz Ungewöhnliches – war, daß sich zwischen den beiden Männern eine Art behutsame Freundschaft entwickelt hatte, die über das rein Geschäftliche hinausging. Es war keine enge gesellschaftliche Beziehung, welche die traditionelle Kluft zwischen Christen und Juden überbrückt hätte, doch immerhin hatten sie vor kurzem angefangen, Donnerstag abends miteinander kegeln zu gehen, und manchmal erzählten sie einander Vertrauliches über Familie und persönliche Finanzen. Als Kahlbaum einmal sondiert hatte, was man im Ort von einer Kandidatur Louis Blumenthals für den Stadtrat halte, hatten zwar manche die Stirn gerunzelt – Juden würden normalerweise nicht in solche Positionen gewählt, und früher sei so etwas ohnehin undenkbar gewesen –, doch die Zeiten hatten sich geändert. Juristisch gab es keine Hindernisse mehr, und Louis war zwar Jude, aber doch ein geschätzter Bürger, der schon einiges für Oranienburg geleistet hatte. Er wurde schließlich mit deutlicher Mehrheit gewählt, und zwar als eines der fünf Mitglieder des Magistrats, des entscheidenden Gremiums der Stadtverwaltung.

Als an diesem Morgen General Wrangel und die Vorhut der Parade ins Blickfeld kamen, merkte der Bürgermeister, daß unverhohlene Begeisterung und patriotischer Stolz seine jüdischen Gastgeber erfaßten. Wie die meisten Christen hatte Kahlbaum nur sehr vage Vorstellungen von den Problemen der Juden, und hätte Louis ihm nicht auf dem Weg nach Berlin ausführlich über die Bedeutung der jüngsten politischen Entwicklungen für sein Volk erzählt, hätte man es Kahlbaum wohl nachsehen müssen, wenn er diese Begeisterung für etwas übertrieben gefunden hätte. Doch der sonst so nüchterne und reservierte Louis hatte mit starker Emotionalität erzählt, und der Bürgermeister mußte wohl von dieser Begegnung mit jüdischer Denkweise gefesselt gewesen sein.

Der sparsame Louis zeigte sich an diesem Tag so extravagant, wie es gar nicht seiner Art entsprach. Für die vier- bis fünfstündige Reise nach Berlin hatte er statt der billigeren, aber unzuverlässigen Oranienburger Postkutsche eine große Privatkutsche gemietet. Unterwegs – es ging oft langsam, weil in Richtung Berlin starker Verkehr herrschte – hatte er von den Hoffnungen der Juden gesprochen, im zweiten Deutschen Reich endlich eine sichere Zukunft zu gewinnen, und erläutert, weshalb die neue Verfassung für seine über 500 000 Glaubensgenossen in den Grenzen des neuen größeren Reiches einen geschichtlichen Wendepunkt bedeutete.

Gewisse Formulierungen in der neuen Verfassung seien Musik in ihren Ohren, sagte Louis. Sie garantierten jedem Bürger unabhängig von seiner Konfession volle bürgerliche Gleichberechtigung ohne die früher geltenden Restriktionen und indirekten Einschränkungen. Schon zweimal in der preußischen Geschichte – erst zur Zeit Napoleons und dann nach 1848 – hätten die Juden geglaubt, das Ziel der vollen Gleichberechtigung sei erreicht, nur um dann feststellen zu müssen, daß die Interpretation des Kleingedruckten als juristische Ausrede für fortgesetzte Diskriminierung diente, insbesondere wenn es um den Eintritt in den Staatsdienst ging. Auswendig zitierte er den trotzigen Kommentar, den die *Allgemeine*, das wichtigste jüdische Blatt in Preußen, 1850 gebracht hatte, als vor der uneingeschränkten Gleichberechtigung aller Bürger wieder einmal die Hürde der Religion errichtet worden war: »Ihr emanzipiert die Juden nicht, sie selbst haben sich emanzipiert, Ihr vollendet nur die äußere Emanzipation. Von der Zeit an, wo die Juden aus dem Ghetto herausgetreten, wo sie Teil nehmen an allen industriellen und intellektuellen Strebungen der Menschheit, wo ihre Kinder Schulen, Gymnasien, Universitäten besuchen, wo ihre Männer in Wissenschaft, Kunst, Industrie und Gewerk sich beteiligen, wo ihre Frauen der allgemeinen Bildung sich befleißigen – von dem Augenblicke an sind sie emanzipiert und brauchen nicht erst auf einige Worte einer Verfassung zu warten.«[2]

Louis fügte zum Schluß hinzu: »Wir leben seit Jahrhunderten hier und sind so deutsch wie ihr. Wir sprechen dieselbe Sprache und haben dieselben Werte. Unsere Soldaten sind für Preußen in den Krieg gezogen, und viele sind gefallen ... und unter unseren Truppen, die die Franzosen bei Sedan geschlagen haben und in Paris einmarschiert sind, waren mehrere Tausend junge Juden. Und doch hat es seit 1850 zwei weitere Jahrzehnte gedauert, bis Bismarcks Verfassung endlich klargestellt hat, daß die Religion in Zukunft kein Hindernis für volle Gleichberechtigung sein wird. Der Zugang zum Staatsdienst und zu den Offiziersrängen ist jetzt für uns alle ein verfassungsmäßig garantiertes Recht. Assimilation und Emanzipation gehen Hand in Hand. Von nun an werden wir als vollgültige Deutsche akzeptiert und behandelt werden wie jeder andere auch!«

Der Bürgermeister hatte – leicht erstaunt über die von starkem Gefühl getragenen, optimistischen Zukunftsvisionen seines sonst so nüchternen jüdischen Freundes – aufmerksam zugehört. Ob die Juden mit ihren sonderbaren Gewohnheiten und besonderen Merkmalen wirklich hohe Beamte und Offiziere werden würden? Das war doch das ausschließliche Vorrecht des Adels. Kahlbaum konnte es kaum glauben, behielt das aber für sich. Er war ja nicht engstirnig, aber solche Visionen waren mit seinen Vorstellungen vom Platz der Juden in der Gesellschaft unvereinbar. War das wirklich der zukünftige Weg, fragte er sich, oder nur ein Hirngespinst?

Daß Louis ausgerechnet den Blut- und Eisen-Kanzler respektierte und bewunderte, hatte Kahlbaum kaum weniger überrascht. Jetzt wurde ihm klar, warum viele Juden ihre frühere Ansicht über Bismarck geändert hatten. Als Sprecher des reaktionärsten Flügels der Junkerklasse hatte der junge Bismarck die weitere Emanzipation der Juden laut und deutlich bekämpft, war sie doch in seinen Augen mit einem christlichen Staat, als den er Preußen betrachtete, unvereinbar. Für die jüdische Minderheit war es daher eine angenehme Überraschung, als Bismarck – einmal an die Macht gekommen – eine andere Tonart anschlug. Als Regierungschef erwies er sich außen- wie innenpolitisch als Realpolitiker par excellence. An den Juden interessierte ihn jetzt vor allem, was sie zum Erreichen seines Hauptziels – ein starkes Preußen und ein geeintes Deutschland – beitragen konnten. Gerson Bleichröder, der reiche jüdische Bankier, der in enger Verbindung zu den mächtigen Rothschilds stand, war in Finanzfragen Bismarcks wichtigster Agent und engster Berater geworden. Von Ludwig Bamberger, einem hochintelligenten jüdischen Reichstagsabgeordneten, ließ er sich fachkundig über das französische Recht beraten und versicherte sich seiner Dienste in seinen Beziehungen zur National-liberalen Partei. Auch in anderer Hinsicht war sein Verhältnis zu den Juden flexibler geworden. Bismarcks Gegner griffen ihn jetzt sogar wegen seiner Beziehung zu Bleichröder an, was dem Kanzler jedoch offensichtlich gleichgültig war. Die Juden andererseits reagierten mit Erstaunen, Dankbarkeit und Bewunderung für den Reichskanzler.

Louis hatte freilich deutlich gemacht, daß er sich, wie die meisten nachdenklichen deutschen Juden, nicht der Illusion hingab, Bismarck und seine Klasse hätten ihre grundsätzlichen Vorurteile aufgegeben. Es würde seine Zeit dauern, bis die alten Einstellungen und gesell-schaftlichen Schranken verschwinden würden, und Louis wußte auch, daß selbst sein Freund Kahlbaum immer noch viele Bedenken gegen Juden hatte. Aber er versicherte dem Bürgermeister, jetzt, da die rechtliche Grundlage für volle Gleichbehandlung geschaffen sei, könne der Tag nicht mehr weit sein, an dem auch die letzten Schran-ken fielen.

3

In Oranienburg gab es unter den 3500 Einwohnern nach wie vor nur eine Handvoll Juden. Sie waren jetzt aber wohlhabender und spiel-ten eine größere Rolle als in der Vergangenheit.

Es hatte zehn gute Jahre mit vielen wirtschaftlichen Chancen ge-geben, und die meisten waren gut vorangekommen. In den 22 Fami-lien, die zur jüdischen Gemeinde gehörten, gab es keine Armen oder Bedürftigen. Herr Lebin, der wohl erfolgreichste Anwalt im Ort, hatte zwanzig Jahre zuvor als frischgebackener Absolvent der Uni-versität hier eine Kanzlei eröffnet und hatte jetzt die zweifelhafte Ehre, unter den 350 Steuerzahlern an dritthöchster Stelle zu stehen. In Oranienburg und Umgebung wurde kaum eine juristische Frage von Belang entschieden, ohne daß er die Hand im Spiel gehabt hätte. Man raunte sich zu, das b in seinem Namen sei früher ein v gewesen – eine Vermutung, auf die Dr. Lebin, ohne sie abzustreiten, nie ein-ging. Sein Vater war ein brandenburgischer Händler gewesen, der nur die rudimentärste Schulbildung besaß und Deutsch immer noch mit dem jiddischen Akzent seiner Kindheit sprach. Der Sohn jedoch hatte die Universität nicht ohne die Zierde beim Duell erworbener Schmisse verlassen und verfiel gelegentlich auch in die zackige Ausdrucksweise, deren preußische Offiziere und Adelige sich gern bedienten. Jetzt erteilte Levin-Lebin eben den Bauern und Kleinstädtern, bei denen sein Vater einst als Hausierer aufgetaucht war, juristischen Rat, und Lebin senior war unendlich stolz, wenn sie seinen Sohn respektvoll als »Herr Doktor« titulierten.

Lebin war nicht der einzige prominente Jude in der Stadt. Salomon Neisser, der als Steuerzahler an fünfter Stelle lag, besaß eine Branntweinfabrik. Hennoch Ehrlich und Moses Crohn waren wohlhabende Kaufleute – sie gehörten zu den fünfundzwanzig wichtigsten Steuerzahlern –, und Dr. Bernhard Weiss, der vielbeschäftigte praktische Arzt, lag in dieser Rangliste auch nicht weit zurück. An achter Stelle lag Louis Blumenthal, der Vorsitzende der jüdischen Gemeinde. Sein wirtschaftlicher Aufstieg war typisch für viele preußische Juden. Als er zur Welt kam, lebte seine Familie bescheiden und ohne große Zukunftserwartungen. Er selbst aber hatte trotz aller Kriege, Schwierigkeiten und Einschränkungen und trotz des wechselhaften Kampfes um die Rechte der Juden seinen Weg gemacht. Noch 1857, mehr als zehn Jahre nachdem er mit Regine nach Oranienburg gekommen war und sein Kurzwarengeschäft aufgemacht hatte, beliefen sich seine Steuern auf recht bescheidene neunundvierzig Taler. Doch während der guten Konjunktur der sechziger Jahre hatte er das Geschäft ausweiten können, und aus einer kleinen Nebeneinnahme – er gewährte seinen Kunden auf Wunsch Kredit – war eine ansehnliche zusätzliche Verdienstquelle geworden. Dabei war er mit den vielen jüdischen Privatbanken in Berlin in Verbindung getreten, und dank seines Rufes als zuverlässiger, fleißiger Kaufmann hatte die angesehene Berliner Handelsgesellschaft ihn zu ihrem offiziellen Vertreter in Oranienburg ernannt. Die Berliner Handelsgesellschaft war kurz zuvor mit Unterstützung des mächtigen Bankhauses Bleichröder und anderer großer jüdischer Banken, wie der von Mendelssohn & Co., als Aktiengesellschaft gegründet worden; es gab eine ganze Reihe derartiger Gesellschaften, die sich das fieberhafte Tempo der Gründerzeit und den Börsenboom zunutze machten. Auch in Oranienburg und Umgebung wollte jeder dabeisein, und Louis mußte feststellen, daß seine Nebenbeschäftigung als Finanzier nach Umsatz und Gewinn bald mehr abwarf als sein eigentliches Geschäft.

Im Unterhaus des preußischen Landtags hatte Bismarck die Unterstützung der Nationalliberalen, der gemäßigten Partei des patriotisch gesinnten aufsteigenden Bürgertums. Wie die meisten Juden war auch Louis ein glühender Nationalliberaler. Seine besondere Bewunderung galt Eduard Lasker und Ludwig Bamberger, den beiden prominentesten jüdischen Reichstagsabgeordneten, die sich für Liberalismus, Fortschritt und die Rechte der Juden stark machten.

Louis und seine Freunde nahmen ihr hart erkämpftes Stimmrecht sehr ernst. Sie führten politische Gespräche miteinander und verfolgten die Debatten im preußischen Landtag und im Reichstag genau, auch weil sie eventuelle neue antisemitische Agitation nicht überhören wollten. Sorgen machten ihnen auch die protzigen neureichen Berliner Juden, die mit Geld um sich warfen und um jeden Preis Eindruck schinden wollten. »Wir Juden sollten nicht zu sehr auffallen«, sagte Louis oft im kleinen Kreis.

Schließlich gab es einiges, wofür man dankbar sein konnte. Ihre Lage hatte sich deutlich gebessert, sie führten das Leben der Mittelklasse, hatten die Wertvorstellungen des deutschen Bürgertums übernommen und verinnerlicht und waren in der deutschen Kultur zu Hause. Außerordentlich stolz waren sie auf die Bildung, die ihre Kinder sich auf deutschen Schulen und Universitäten angeeignet hatten. Zu ihrer Genugtuung und Zufriedenheit trugen auch die guten Beziehungen zu ihren Nachbarn bei und die Rolle, die sie in der Lokalpolitik spielten. Bedauerlich war nur, daß gleichzeitig ihr Engagement und Interesse für die eigene Gemeinde, die Oranienburger »Synagogengemeinschaft«, dabei entschieden vernachlässigt wurden.

Für Louis, der sich nur zögernd dazu bereit erklärt hatte und dreimal hintereinander zum Vorsitzenden der Gemeinde gewählt worden war, wurde die Sache langsam ärgerlich. Das letzte Mal, 1869, als Polizeiwachtmeister Schulz die amtliche Wahlbenachrichtigung versandt hatte – alle Religionsangelegenheiten waren Amtssache –, wurden insgesamt nur klägliche sechs Stimmen abgegeben. Schließlich trat ebendiese kleine Gruppe von »Freiwilligen« wie immer zur Wiederwahl an, und Louis sah sich gezwungen, als Vorsitzender weiterzumachen.

Es war nicht etwa so, daß die Juden sich von ihrer Religion abgewandt hätten. Bindungen gab es immer noch, auch wenn sie für viele Jüngere inzwischen eher sentimental als wirklich religiös waren. Zwanzig Jahre früher, als Louis seinen verwitweten Vater aus Wittstock nach Oranienburg geholt hatte, war das noch anders. Der alte Mann war praktizierender Jude und versäumte es nie, freitagabends und samstags zu Fuß zur Synagoge zu gehen; Regine hatte aus Rücksicht auf ihn ihr Bestes getan, die Speisevorschriften einzuhalten. Selbst für die jüngeren Oranienburger Juden, deren Interesse an strenger Einhaltung der Vorschriften ihrer Religion nachgelassen hatte, war die 1837 mit großem Pomp eingeweihte Synagoge noch ein zentraler Ort der Gemeinschaft. Aber die meisten waren jetzt eifrig dabei, sich wirtschaftlich hochzuarbeiten. Für sie war es nun mindestens so wichtig und lohnend, ein guter Deutscher zu sein, wie sich am jüdischen Gemeindeleben zu beteiligen. Es war schon schwierig geworden, sie am Freitagabend in genügend großer Zahl in die Synagoge zu bringen, und ein Haushalt mit koscherer Küche war in Oranienburg mittlerweile nicht mehr die Regel, sondern eine Ausnahme.

Louis und Regines Kinder besuchten christliche Schulen, und vor einiger Zeit hatten die Eltern sogar ihren dringenden Bitten nachgegeben, neben den jüdischen Festen jetzt auch Weihnachten und Ostern zu feiern. Das erste Mal war Louis der Christbaum im Wohnzimmer reichlich seltsam vorgekommen, und er war froh, daß seine eigenen Eltern das nicht mehr miterleben mußten. Doch inzwischen hatte er sich daran gewöhnt, und die Kinder bestanden darauf. Ihm lag noch daran, Emil und Martin dazu zu bringen, den Hebräischunterricht zur Vorbereitung auf die Bar-Mizwa ernst zu nehmen. Das war in vielen emanzipierten jüdischen Familien ein Problem, und Louis erörterte es oft mit seinen Freunden in Berlin, wo das Sichlösen von den traditionellen jüdischen Bindungen noch schneller vonstatten ging als bei ihm in der Kleinstadt.

Dem Judentum eng verbunden blieben nur die Neuankömmlinge aus dem Osten. Die bereits etablierten Juden interessierten sich mehr für ihren wirtschaftlichen und gesellschaftlichen Status als Deutsche. Sie hatten zwar noch gefühlsmäßige Bindungen an ihr jüdisches Erbe, drückten dies aber eher materiell als in religiösen Formen aus. Die Wohlhabenderen spendeten reichlich für die prächtig geschmückte neue Synagoge mit der imposanten vergoldeten Kuppel, die vor kurzem im alten Berliner Judenviertel an der Oranienburger Straße eingeweiht worden war. Sie spendeten auch für arme Juden und sammelten Hilfsgelder für Pogromopfer im Osten, doch die alten religiösen Bindungen an die Gemeinde waren nicht mehr besonders stark.

4

Technischer Fortschritt, grenzenloser Optimismus und Finanzspekulation heizten im Reich und in großen Teilen der westlichen Welt eine Hochkonjunktur an.

Die industrielle Revolution hatte England von Grund auf verwandelt. Die Eisen- und Stahlproduktion wuchs explosionsartig, und es kam zu einem anhaltenden Wirschaftswachstum. Gladstone meinte, der Wohlstand wachse »sprunghaft«[3], und Benjamin Disraeli sah in diesem Phänomen nichts Geringeres als »Wohlstandsspasmen«[4]. Auf der anderen Seite des Atlantiks befand sich Amerika mitten im Gründerboom der Zeit nach dem Bürgerkrieg; Eisenbahnlinien drangen quer über den Kontinent nach Westen vor, Einwanderungswellen brachten neue Energien ins Land und schufen neuen Wohlstand.

Beim Nachbarn Österreich verfünffachte sich bei dem schnellen Wachstum binnen fünf Jahren der Bierkonsum, und in Erwartung weiteren Wachstums nach der für 1872 geplanten Wiener Weltausstellung stiegen die Aktienkurse in schwindelerregende Höhen.[5] 1869 verkürzte der gerade eingeweihte Suezkanal die Schiffahrtsrouten und stimulierte den internationalen Handel. Überall erweiterten neue Technologien den Horizont der Menschen und ließen ihren Zukunftsoptimismus ins Grenzenlose wachsen. Gleichzeitig stiegen die Preise schnell an, was manche in Bedrängnis brachte, andere reich machte und die Spekulation anheizte. Natürlich gab es Sieger und Verlierer, und früher noch stabile gesellschaftliche Verhältnisse gerieten zwangsläufig ins Wanken.

Im Deutschen Reich führten besondere Bedingungen zu einem enormen Spekulationsboom und überhitztem Wachstum. Zum einen brachte der späte Beginn der industriellen Revolution besonders schnelle und dramatische Veränderungen mit sich, zum anderen trugen die fünf Milliarden Franc Reparationen, zu welchen Bismarck das besiegte Frankreich genötigt hatte, zu den manischen Investitionen und der beispiellosen Börseneuphorie der Jahre 1870-73 bei, die schon den Keim des anschließenden Zusammenbruchs in sich bargen. Es ist eine Ironie der Geschichte, daß dieses Geld zur unbeabsichtigten Rache Frankreichs für die Demütigung der Krönung des deutschen Kaisers 1871 in Versailles wurde – eine Rache, die im nächsten halben Jahrhundert noch viel blutigere Formen annehmen sollte.

Das Problem war, daß Frankreich riesige Staatsanleihen aufnahm und die Reparationszahlungen in nur drei statt der vereinbarten fünf Jahre leistete. Dank einer unsinnigen Geldpolitik gelangte diese Flut von Goldfrancs größtenteils in die Hände der deutschen Wirtschaft, der Verbraucher und der Spekulanten und löste somit einen unvernünftigen Investitions- und Kaufrausch aus. Die Sache wurde dadurch noch verschlimmert, daß neue Goldmünzen in Umlauf gebracht worden waren, bevor die alten Silbermünzen eingezogen wurden. Dieses Mißmanagement bei den Reparationszahlungen und die törichte Verdreifachung der Geldmenge schürte Spekulation und übertriebene Geldausgaben und führte schnell zur Inflation.

Louis' Geschäfte jedoch profitierten ordentlich von dem ganzen Geld, das durch Preußen flottierte. Als Vertreter der Berliner Bank spielte er eine – wenn auch kleine – Rolle in dem schnell wachsenden Netz großer und kleiner Banken im ganzen Reich, die das Kapital für die industrielle Expansion und die neuen Eisenbahnlinien beschafften. Gelegentlich bot er per Inserat in der Lokalzeitung Aktien oder die Einlösung von Coupons oder Anlageberatung an, und sein kleines Unternehmen profitierte dabei in ständig wachsendem Maße, denn die Oranienburger wollten beim schnellen Reichwerden auch nicht hinter den Großstädtern zurückstehen. Er selbst – von Natur aus vorsichtig und konservativ – investierte klug und umsichtig. Als die Stadtväter, von der allgemeinen Begeisterung mitgerissen, dafür stimmten, für 10 000 Taler Aktien der Nordbahn zu erwerben und dafür die keineswegs reichen Oranienburger zur Kasse zu bitten, gab Louis seiner Skepsis deutlichen Ausdruck. Er wurde aber vom Rest des Magistrats überstimmt, und die Investition wurde dennoch gemacht.

Louis war ein Bewunderer von Ludwig Bamberger und Eduard Lasker, den beiden prominentesten jüdischen Nationalliberalen im Reichstag. Vielleicht beeinflußten ihn die Warnungen Bambergers, eines Bankiers und ausgewiesenen Finanzfachmanns. Selbst Sohn eines Bankiers, an der Universität ausgebildet und engagierter Liberaler, gehörte Ludwig Bamberger zur ersten Generation wirklich assimilierter junger Juden, die um die Jahrhundertmitte politisch aktiv geworden waren. Sein finanzwirtschaftliches Wissen, sein Fachwissen über französisches Recht und ein beträchtliches Vermögen hatte er nach dem Scheitern der 48er-Revolution als Flüchtling in Paris und London erworben. Wegen seiner revolutionären Betätigung in Abwesenheit zum Tode verurteilt, war er ins Ausland geflohen, kehrte aber nach seiner Begnadigung nach Preußen zurück und arbeitete mit Bismarck zusammen. Das Bündnis zwischen dem liberalen Juden und dem konservativen Junker war etwas seltsam, doch der Kanzler war bereit, mit jedem zusammenzuarbeiten, der seiner Sache dienen konnte, und schätzte die Fähigkeiten des Juden und seine politische Glaubwürdigkeit bei den Liberalen. Bamberger seinerseits war als deutscher Patriot für Bismarcks Einigungspolitik und hoffte als Jude, daß die Einheit seinem Volk im ganzen Reich die volle und gesicherte Gleichberechtigung bringen würde.

Als Bismarck Bamberger im Deutsch-Französischen Krieg in sein Hauptquartier holen ließ, um sich in Fragen der finanziellen Aspekte des Friedensschlusses seines fachkundigen Rates zu versichern, hatte Bamberger vor dem Risiko gewarnt, Deutschland mit den Reparationsgeldern zu überschwemmen. Auch seine Empfehlung, die letzte Ratenzahlung keinesfalls vor Ablauf der vereinbarten fünf Jahre zu akzeptieren, wurde unglücklicherweise ignoriert, und nahezu das ganze Geld kam in Umlauf. Offiziere und Verwaltungsbeamte erhielten großzügige Geschenke, Schulden, die man im Krieg gemacht hatte, wurden auf einen Schlag zurückbezahlt, und fast die ganzen fünf Milliarden Franc gerieten in die Hände eines Publikums, welches das Geld nur allzu bereitwillig mit beiden Händen ausgab oder in dubiosen Investitionen anlegte.

Die Wirtschaftsgeschichte kennt viele Beispiele dafür, daß Spekulationswahn periodisch einen Boom auslöst, dem dann Panik und Firmenzusammenbrüche auf dem Fuße folgen. Spekuliert wurde schon mit allem möglichen – mit Gold, Silber und Wertpapieren, mit Land und Immobilien und im 17. Jahrhundert in Holland sogar mit schlichten Tulpenzwiebeln. Bei jedem derartigen Boom kommt es zu Hysterie und dem massenpsychologischen Phänomen des unglaubhaften, aber für todsicher gehaltenen Finanztips. Dabei ist es in der Regel auch so, daß diese Seifenblase Spekulation auch jedesmal nicht nur ehrliche Geschäftsleute anzieht, sondern auch Schwindler und Betrüger.

So geschah es auch beim deutschen Boom von 1870 bis 1873. Im Mittelpunkt des Interesses standen die neuen Gebilde, die Aktiengesellschaften. In rasendem Tempo wurden ständig neue Unternehmen gegründet, und die Gründerzeit, wie man diese Jahre später nannte, weist alle klassischen Merkmale und Exzesse eines Booms auf. Allein im Jahre 1871 wurden in Norddeutschland 256 Aktiengesellschaften mit einem Gesamtkapital von über einer Milliarde Mark neu gegründet. Im folgenden Jahr beschleunigte sich das Tempo nochmals, und an der Berliner Börse wurden fast fünfhundert neue Firmen mit einem Nennkapital von eineinhalb Milliarden Mark erstmals notiert. Im ersten Quartal 1873 kamen dann weitere zweihundert Neugründungen hinzu. Auch später im Jahr, als sich die Anzeichen für einen bevorstehenden Crash bereits häuften, gingen noch Dutzende von neuen Unternehmen an die Börse.[6]

Besonders hektisch war die Expansion im Bankgeschäft und beim Eisenbahnbau. Damals entstanden auch die beiden bis heute größten deutschen Banken, die Deutsche Bank und die Dresdner Bank. Einige andere große Universalbanken – die Berliner, die Darmstädter und die Disconto – waren schon etwas früher gegründet worden und wurden im Boom der Gründerzeit noch sehr viel größer. Diese Banken finanzierten das Industriewachstum und die vielen neuen Eisenbahnstrecken im Deutschen Reich, die das Rückgrat für die hektischen wirtschaftlichen Aktivitäten bildeten.

Die Großbanken waren entscheidend wichtig, doch den stärksten Boom erlebten die Hunderte von kleineren Kreditinstituten und Privatbanken. Sie wurden die wichtigsten Kapitalgeber für Konsum und Spekulation. In Berlin und im ganzen Reich spekulierte der größte Teil der Bevölkerung auf die eine oder andere Weise heftig an der Börse. Gleichzeitig aber wuchsen durch die Landflucht in Berlin und den anderen Großstädten auch Obdachlosigkeit und katastrophale Wohnungsenge. Die steigenden Preise brachten große Not mit sich, und wer von einem festen Einkommen leben mußte, hatte es schwer. Das Bürgertum beklagte dabei den offensichtlichen Sittenverfall, das Erscheinen der vielen zwielichtigen Gesellen, Schwindler und Betrüger und die Angeberei und Prunksucht der Neureichen. Doch selbst diejenigen, die am lautesten murrten – vor allem Adelige und Bürokraten –, hatte das Spekulationsfieber erfaßt, und sie konnten es nicht lassen, ihren Namen als Vorstandsmitglieder herzugeben, ihre gesamten Ersparnisse zu investieren und auf Pump an der Börse mitzuspekulieren.

Es überrascht nicht, daß in der überschäumenden Konjunktur der Gründerjahre Juden eine prominente und deutlich sichtbare Rolle spielten. Gesetze und alte Gewohnheiten hatten viele von ihnen früher stets zu einem bescheidenen Dasein gezwungen. Jetzt waren sie gleichberechtigt, und die expandierende Wirtschaft bot ihnen neue Chancen. Wenn sie sich bei der Jagd nach geschäftlichem Erfolg und Reichtum besonders hervortaten, wollten sie damit auch demonstrieren, daß sie zum Wirtschaftswachstum im Deutschen Reich das Ihrige beitrugen und endlich die ersehnte Anerkennung verdienten, die man ihnen jahrhundertelang verweigert hatte.

Daß die Juden ihre traditionell dominierende Rolle im deutschen Bankwesen in den Jahren des Wachstums weiter ausbauen konnten, dürfte an sich kaum überraschen, doch die nackten Zahlen sind schon verblüffend. 1860 gab es in Preußen bereits doppelt so viele jüdische wie nichtjüdische Banken. Zehn Jahre später war die Gesamtzahl der Banken im Deutschen Reich auf 580 angewachsen; davon waren erstaunliche vierzig Prozent in rein jüdischem Besitz, ein weiteres starkes Drittel in gemischt nichtjüdischer und jüdischer Hand, und nur ein Viertel gehörte ausschließlich Nichtjuden.[7]

Bei der Gründung der Großbanken spielten bedeutende jüdische Bankiers eine führende Rolle. Als diese Banken ihr Netz weiter bis hinein in die Provinz spannten, suchten sie sich als Geschäftspartner am liebsten andere Juden, wie beispielsweise in Oranienburg Louis Blumenthal; dies war damals ein wichtiger Faktor beim schnellen Wachstum der vielen kleinen jüdischen Banken auf dem flachen Land.

Zum Neid und Ärger vieler Traditionalisten war der Jude Gerson Bleichröder, Enkel eines Totengräbers, in der Gründerzeit unbestritten der führende und mächtigste Bankier überhaupt. Sein Vater hatte sich in weiser Voraussicht eifrig um die mächtigen Rothschilds bemüht und war schließlich ihr Favorit und Repräsentant in Berlin geworden. Seine kleine Wechselstube mutierte denn auch schnell zu einer bedeutenden Bank. Auch Gerson kamen diese Beziehungen zugute, als er – genau im richtigen Moment – die Bank von seinem Vater übernahm: Die Konjunktur kam in Preußen eben langsam wieder in Gang, und Bismarck war der wichtigste Politiker im Königreich. Nun waren Kriege und neue Unternehmungen zu finanzieren, einem tüchtigen Bankier boten sich also viele Gelegenheiten.

Die Wahl des richtigen Zeitpunkts ist im Geschäftsleben entscheidend, und Bleichröder war nicht nur klug, er hatte auch Glück; er war zur richtigen Zeit der richtige Mann am richtigen Ort. Noch bevor Bismarck an die Regierungsspitze gelangte, hatte Baron Meyer Carl von Rothschild in Frankfurt seinem mächtigen preußischen Freund Gerson Bleichröder als zuverlässigen und verschwiegenen Finanzberater empfohlen. Damit begann eine lange, profitable und doch stets zwiespältige Beziehung zwischen dem ehrgeizigen und begierigen Junker und dem nicht weniger aggressiven und unternehmungslustigen Juden. Bismarck mochte Bleichröder hinter seinem Rücken durchaus als prätentiösen Aufsteiger und »Geldjuden« verspotten. Er respektierte ihn jedoch wegen seines Scharfsinns in Finanzfragen, behandelte ihn höflich und verließ sich – ob es nun um die Staatskasse oder um seine persönlichen Finanzen ging – in finanziellen Fragen ganz auf seinen Rat. Für Bleichröder bedeutete die Verbindung zu Europas führendem Politiker psychologisch eine tiefe Genugtuung, und er war – ganz abgesehen von der Chance auf mehr Macht und Profit – sehr stolz darauf.[8]

Anfang der siebziger Jahre löste der Kanzler kaum ein finanzielles Problem und tätigte kaum ein Geschäft, ohne vorher den Rat Gerson Bleichröders eingeholt zu haben. Gelegentlich zog er ihn auch bei allgemeineren politischen Fragen ins Vertrauen. Die Beziehung war für beide wichtig, auch wenn Bismarcks vertrauter Umgang mit dem reichen Juden Wasser auf die Mühlen der allgegenwärtigen ewigen Antisemiten und seiner politischen Gegner und Feinde war, von denen es nun immer mehr gab. Bleichröder hatte Bismarck bei der Finanzierung seiner Kriege geholfen und ihn bei den Friedensvereinbarungen mit den Franzosen in Versailles beraten. Er spielte nun auch eine führende Rolle in den meisten großen Finanzsyndikaten der öffentlichen Hand und war fast immer bei der Gründung der wichtigsten Eisenbahn- und Industrieunternehmen im Deutschen Reich als prominenter Finanzier dabei. In einem gewissen Sinne war er der klassische »Hofjude« im engsten Umkreis der Macht. Bleichröder brachte es zu Reichtum und Macht, und je größer seine Prominenz und sein Einfluß in Berlin wurden, desto mehr hofierte und fürchtete man ihn; für viele war er auch das sichtbarste Symbol für die Exzesse des neuen kapitalistischen Zeitalters.

Schon früher hatte man einmal erwogen, Giacomo Meyerbeer wegen seiner Verdienste für Preußen in den erblichen Adelsstand zu erheben, was es bei einem Juden mit noch lebenden Erben noch nie gegeben hatte. Doch daraus war nichts geworden. 1872 wurde Bleichröder auf Bismarcks Empfehlung hin als erstem diese Ehre zuteil. Von nun an war er Baron von Bleichröder und versuchte, stolz wie ein Pfau, der Rolle gerecht und beim Adel akzeptiert zu werden. Doch das war nicht so leicht. Für die preußische Gesellschaft blieb er ein unangenehmer Parvenü und ein abstoßendes Beispiel für die Position und die Ehren, zu denen Angehörige der jüdischen Minderheit es in dieser instinktiv gehaßten und gefürchteten kapitalistischen Welt bringen konnten. Man würde Bleichröder und andere seines Schlages niemals als seinesgleichen akzeptieren.

Natürlich spielten auch andere in der Wirtschaft der Boomjahre eine prominente Rolle, etwa die jüdischen Bankiers in den wichtigsten Großstädten der Provinz – in Köln die Oppenheims, in Hamburg die Warburgs und in Dresden die Arnholds – und ebenso Adolph Hansemann, Sohn eines christlichen Pastors, der Bleichröders wichtigster Partner in der Berliner Bankenszene war. Diese Männer gründeten die großen Banken, finanzierten die Eisenbahnen und hatten ihre Finger in jedem nennenswerten Deal. Auch beim Eisenbahnbau und in der Textil-, Brauerei- und chemischen Industrie waren jüdische Unternehmer nicht weniger erfolgreich als nichtjüdische. Dominierend waren sie bei der Gründung neuer Modehäuser, als Großhändler und Vermittler, als Bankiers in der Provinz und – was besonders sichtbar war – als Makler an der florierenden Berliner Börse.

In allen diesen Branchen agierten Juden und Nichtjuden, doch da erstere überproportional vertreten waren, fielen ihre Aktivitäten, ihr Reichtum und ihr Erfolg für die Öffentlichkeit besonders ins Auge. Bis vor kurzem noch hatte es in Berlin nur eine kleine jüdische Gemeinde gegeben; jetzt wuchs sie noch schneller als die Gesamtbevölkerung. Jeden Tag trafen Neuankömmlinge aus den Ostprovinzen ein und mischten sich unter die schon lange in Berlin ansässigen etablierteren und assimilierteren Juden, von denen sie sich auch in Kleidung, Sprache und Sitten deutlich unterschieden. Angehörige dieser Gruppe fielen auf allen Ebenen der hektischen wirtschaftlichen Expansion in der Stadt besonders auf.

Die Juden wurden so für die Öffentlichkeit schnell zum Symbol für die Veränderungen und Verwerfungen der gewohnten Lebensweise und für die Schattenseiten des Hochkapitalismus. Einerseits konnte man nicht umhin, ihren Unternehmungsgeist und ihre Erfolge zu bewundern und sie zu respektieren, andererseits war es für diejenigen, die den materialistischen Zeitgeist ablehnten und sich auf ihn nicht einstellen wollten oder konnten, schwer, ihre Ressentiments und ihren Neid zu verbergen.

5

Berlin, der zentrale Schauplatz dieser Entwicklungen, war in den sechziger und siebziger Jahren eine Stadt krasser Kontraste. Am Stadtrand schossen Zeltstädte aus dem Boden, in denen arbeitsuchende Landflüchtige und polnische Emigranten in beengten Verhältnissen hausten. Daneben hatte man »Mietskasernen« aus dem Boden gestampft, armselige Gebäude, in denen man die Arbeiter zusammenpferchte, die für einen kläglichen Lohn unter meist unerträglichen Bedingungen viele Stunden in den Fabriken schufteten. Für diese Unterklasse bedeutete die neue Zeit Elend, wachsende Kriminalität und Sittenverfall. Bettler – oft invalide Kriegsveteranen in Uniform – waren auf den Straßen allgegenwärtig.

Am anderen Ende der Skala warfen die Menschen das Geld mit beiden Händen zum Fenster hinaus. Die Mieten stiegen ins Unermeßliche, ein Theaterbillet konnte mehr kosten, als ein Arbeiter im Jahr verdiente, und der Champagner floß in Strömen. Am Wochenende flanierten die Reichen auf den großen Boulevards – herausstaffiert und begierig zu demonstrieren, wie gut es ihnen ging.

Die wenigen superreichen Nichtjuden und Juden lebten in unvorstellbarem Luxus mit einem Lebensstil, der alles bisher gekannte übertraf. Der Eisen- und Stahlmagnat Krupp baute sich in Essen die Villa Hügel mit nicht weniger als zweihundert Zimmern, während der Bankier Hansemann in Berlin ein Schloß mit Dutzenden von Livrierten bewohnte.

Diese vulgäre Zurschaustellung neuen Reichtums widerte die Traditionalisten zutiefst an. Viele hatten von der Hochkonjunktur nicht profitiert und standen wirtschaftlich unter großem Druck. Handwerker waren durch neue Technologien verunsichert, kleine Ladenbesitzer litten unter den großen Kaufhäusern, und der Adel, dessen wirtschaftliche Basis der Grundbesitz war, hatte bei sinkenden Erträgen in der Agrarproduktion mit steigenden Steuern und Lebenshaltungskosten zu kämpfen. Vor allem für diese Gruppen stellten die protzenden Neureichen einen schweren Affront dar, und sie waren nun für antisemitische Agitation besonders empfänglich.

Die bekanntesten Akteure und Symbole in dieser neuen Welt waren

Gerson Bleichröder und der »Eisenbahnkönig« Henry Bethel Strousberg, ein getaufter Jude und die prominenteste und schillerndste Gestalt unter den neuen Unternehmern. Diese ehrgeizigen, sagenhaft reichen Plutokraten legten es darauf an, aller Welt mit ihrem Geld und ihrer Macht zu imponieren. Ganz Europa sprach über den Luxus, den sie sich leisteten. Der frischgebackene Baron von Bleichröder bewohnte an der Behrenstraße 63, nicht weit vom Schloß des Kronprinzen, zwischen den schönsten Berliner Herrenhäusern eine herrliche Villa und besaß vor den Toren der Stadt einen Landsitz, der das Anwesen jedes Junkers übertraf. Seine Einladungen und Bälle waren große Ereignisse und lukullische Zeremonien.[9] Der britische Premier Disraeli berichtete nach einem Besuch bei Bleichröder Königin Viktoria in einem Brief, ihm habe es die Sprache verschlagen angesichts seines »Schlosses, seines herrlichen Bankettsaals ... riesig und hoch, wie überhaupt das ganze Haus ... gebaut aus allen möglichen Marmorsorten, und wo es kein Marmor ist, ist es Gold ... mit ... prächtigen Salons und Gemäldegalerien und einem märchenhaften Ballsaal«.[10]

Für den stolzen und ehrgeizigen Bleichröder waren Reichtum, Einfluß, Prominenz und Wohltätigkeit, über die man auch redete, der Schlüssel zu Ansehen und Sozialprestige. Dieser Ansicht waren auch andere deutsche Juden, auch wenn sie nicht im gleichen Stil auftrumpfen konnten. Doch wie Bleichröder mußten auch sie feststellen, daß sie sich nur um so mehr Ressentiment und Widerstand einhandelten, je mehr Erfolg sie hatten und mit Leistungen und Reichtum imponieren wollten.

Auch Henry Bethel Strousberg, der eine Zeitlang als der reichste Mann Deutschlands galt, sollte dies am eigenen Leibe erfahren. Als er in Ungnade fiel und sein Imperium zusammenbrach, verfluchten ihn nicht nur die Investoren als typischen jüdischen Dunkelmann, sondern auch alle, die ihm geschmeichelt und als großzügigen und freigebigen Mann angebettelt oder um eine Gefälligkeit gebeten hatten. Auch er lebte im »Gründerprunk«, und eine Zeitlang konnten nicht einmal Bleichröder und sein Kreis mit der ostentativen Opulenz seiner Villa an der Wilhelmstraße mithalten. Manche sagten, er halte dort hof wie ein orientalischer Potentat. Es hieß, das Haus mit der Renaissancefassade und der üppigen Ausstattung habe den unerhörten Betrag von einer Million Mark gekostet. Im Foyer fiel das Tageslicht von oben auf einen zwischen korinthischen Säulen plätschernden Springbrunnen. Im kunstvoll gestalteten Wintergarten fand sich ein künstlicher See, und wer als Besucher über Gänge mit prächtigen Teppichen zu Strousbergs Privaträumen geleitet wurde, passierte eine Galerie mit einer der schönsten Gemäldesammlungen von Berlin.

Strousberg liebte Landsitze und erwarb ständig weitere Immobilien. Nach und nach kaufte er für jedes seiner sieben Kinder ein großes Landgut und einige weitere für sich selbst, darunter ein Gut in Böhmen mit 25 000 Hektar, vierhundert Einzelgebäuden und einem Schloß in der Mitte. Manche nannten es ein Königreich en miniature.[11] Auf Reisen benützte er einen Privatzug oder fuhr vierspännig mit livrierten Kutschern und reichlich Dienerschaft. Weil er publizitätssüchtig war, kaufte er sich in Berlin eine eigene Zeitung und sorgte dafür, daß über seine Coups berichtet wurde. Der *Kladderadatsch*, die humoristische Berliner Zeitschrift, verlieh ihm zum Spott die »Bürgerkrone«, und Engels schrieb spöttisch an Marx, Strousberg sei Europas größter Mann. Demnächst werde der Bursche wohl Kaiser aller Deutschen. Wohin man sich auch wende, überall würden die Leute über ihn reden.[12]

Strousbergs extravaganter Lebensstil lieferte endlosen Gesprächsstoff. Auch Louis Blumenthal war – wie die meisten Deutschen und viele seiner jüdischen Bekannten – vom Erfolg dieses überlebensgroßen jüdischen Magnaten beeindruckt, fand seinen Publicityrummel aber geschmacklos und auch besorgniserregend. Der Mann war laut und vulgär, und das, so fürchtete Louis, könnte Probleme geben. In dieser Zeit des schrankenlosen Kapitalismus war Strousberg ein klassisches Schlitzohr, dessen Geschäftsmoral einiges zu wünschen ließ. Louis hatte natürlich recht, doch Strousbergs Bedeutung lag letzten Endes nicht in seinem Lebensstil, nicht in seiner zweifelhaften Geschäftsmoral oder seinem spektakulären Bankrott, sondern in seiner nachhaltigen Wirkung auf die Entwicklung der Industrie in Deutschland. Denn abgesehen von seinen vielen Schwächen und Fehlern war Strousberg auch ein weitsichtiger Neuerer, der zur deutschen Wirtschaft Beiträge von bleibendem Wert leistete – und insofern einen faszinierenden Gegenpol zu zwei anderen Deutschen jüdischer Herkunft darstellt – zu Ferdinand Lassalle, dem Begründer der deutschen Arbeiterbewegung, und Karl Marx, dem Vater des Kommunismus, den beiden stimmgewaltigsten Kritikern der kapitalistischen Gesellschaft.[13]

Baruch Hirsch Strausberg war 1823 in Ostpreußen als Kind einer verarmten jüdischen Familie zur Welt gekommen. Mit zwölf Jahren Waise geworden, schickte man ihn zu einem Onkel nach England. Schon in Deutschland hatte er die deutschen Vornamen Barthel Heinrich erhalten, die jetzt zu Bethel Henry anglisiert wurden. Was er in England und Amerika trieb, bis er ein Vierteljahrhundert später in Berlin auftauchte, bleibt im dunkeln. Die einzige Quelle für diese Jahre ist sein eigener – keineswegs stets zuverlässiger – Bericht.[14] Der anglikanisch getaufte Autodidakt war, so erzählt er, Händler, Journalist, Zeitungsverleger und Statistiker, will politische Ökonomie studiert haben und nannte sich nun schlicht Dr. Strousberg.

Bei seiner Rückkehr in sein Geburtsland Deutschland war er voller Tatendrang auf der Suche nach dem richtigen Platz im Leben. Zu seiner wahren Berufung als Organisator, Finanzier und Erbauer von Eisenbahnstrecken fand er fast durch Zufall, nämlich durch eine glückliche Verbindung zu englischen Investoren, die am Boom in Deutschland teilhaben wollten.

In den sechziger Jahren des 19. Jahrhunderts wollten die meisten Städte an das Eisenbahnnetz angeschlossen werden, doch mangelnde Geldmittel und ein kompliziertes Gefüge finanzieller Vorschriften hatten den Streckenbau nahezu zum Stillstand gebracht. Der wendige und einfallsreiche Strousberg ließ sich aber davon nicht abschrecken und fand eine Lösung, die Innovation und kreatives Finanzgebaren brillant miteinander verband. Erstens führte er mit dem von ihm erfundenen »System Strousberg«, welches er selbst als Geheimrezept pries, das neue englische Konzept des »General Contractor« ein, der für alle Aspekte eines Projekts – von der Planung über die Finanzierung bis zur schlüsselfertigen Errichtung – die Verantwortung übernimmt. Zweitens kaufte er, um die Kosten zu senken, Land früh und billig und praktizierte als erster die vertikale Integration und nutzte Größenvorteile, indem er Bergwerke, Fabriken und Zulieferbetriebe erwarb und zur Reduzierung des Overhead mehrere Projekte gleichzeitig betreute. Drittens umging er, um die Finanzierungshürden zu überwinden, die Banken als Kreditgeber und verkaufte Anteile direkt an Investoren; dabei hielt er sich zwar an den Buchstaben, kaum aber an den Geist des Gesetzes und lancierte immer wieder auch verwässerte Aktien, deren Nennwert weit über dem wirklichen Wert lag.

Einige Jahre lang eilte er damit von Erfolg zu Erfolg. Ganz Europa sprach über ihn, und seine Erfolge beim Ergattern von Konzessionen und sein Bautempo waren Legende. Binnen acht Jahren trieb er 84 Millionen Mark als Kapital auf und stellte für sieben verschiedene Eisenbahnprojekte von Ostpreußen bis Brandenburg und Hannover insgesamt 1700 Gleiskilometer fertig, die bis heute zum deutschen Streckennetz gehören.

Mit zunehmendem Erfolg wurde sein Geschäftsgebaren aber immer hektischer und waghalsiger. In fieberhaftem Tempo kaufte Strousberg Landgüter und Industrieanlagen. Als er auf dem Gipfel des Erfolgs stand, gehörten ihm Bergwerke von Böhmen bis an die Ruhr, Lokomotivfabriken in Hannover und Maschinenbaufabriken, Eisen- und Stahlwerke in ganz Deutschland. Er kaufte sogar den Berliner Großmarkt und einen Teil des Hafens von Antwerpen.

Strousberg, der Psychologie und Erfolg im Geschäftsleben intuitiv verstand, wußte auch, daß schon der pure Anschein von Sieg nicht weniger Wunder wirken und das Tor zu weiteren Erfolgen öffnen kann als wirklicher Erfolg. Je größer sein Wirkungsfeld wurde, desto mehr drängten sich die Großen und Mächtigen aus ganz Europa in den Vorzimmern seines Stadtpalais an der Behrenstraße im Wettstreit um sein Geld und seine Investitionen. Preußischen Beamten dürften seine Methoden teilweise suspekt vorgekommen sein, doch da er Erfolg hatte – und sich ihnen gegenüber als großzügig erwies –, drückten sie ein Auge zu. Außerdem sorgte er dafür, daß Grafen, Herzöge und einflußreiche Adelige die Vorstände seiner Unternehmen zierten.

Bei den vielen Risiken, die er einging, während er sich von einem Projekt ins nächste stürzte, konnte das Straucheln eigentlich nicht ausbleiben. Schon der Krieg hatte ihm schweren Schaden zugefügt, und nach dem spektakulären Bankrott eines Eisenbahnprojekts in Rumänien wendete sich sein Glück endgültig. Tief verschuldet sah er sich gezwungen, nach und nach sein Eigentum zu verkaufen, und bald war seine Lage immer prekärer. Laskers Enthüllungen über Strousbergs Verfilzung mit der preußischen Beamtenschaft und über seine fragwürdigen Finanzierungsmethoden brachten das Faß zum Überlaufen. Der Kursverfall seiner überbewerteten Eisenbahnaktien ruinierte viele Investoren, und plötzlich war aus dem Eisenbahnkönig ein Pleitekönig geworden.

Nun war er nicht mehr der brillante Investor mit dem goldenen Händchen, sondern der für den Zusammenbruch des Booms verantwortliche Jude. Auf einer Geschäftsreise nach Rußland wurde er – wahrscheinlich zu Unrecht – des Betrugs bezichtigt und in Moskau über ein Jahr ins Gefängnis gesteckt. Nach seiner Rückkehr nach Berlin erholte er sich nie wieder von diesen Schlägen. Sein Besitz, seine Villen und Landgüter waren dahin, und er hauste möbliert in zwei Zimmern und starb arm und seines Ansehens beraubt.

6

Im Oktober 1873 waren die fetten Jahre abrupt zu Ende. Die Spekulationsblase platzte, die Aktienkurse krachten nach unten, die Pleiten häuften sich, die Arbeitslosigkeit stieg, und für Deutschland begann eine längere Periode wirtschaftlicher Depression. Viele, die sich vermeintlich auf Dauer im Wohlstand eingerichtet hatten, erlebten jetzt harte Zeiten und den Ruin. Für die Unzufriedenen und die Skeptiker war dieser Zusammenbruch der Beweis dafür, daß das System von Anfang an verderbt gewesen war und Leute, die man dessen schon lange verdächtigt hatte, die soliden Werte früherer Zeiten untergraben hatten.

Louis' schlimmste Alpträume hatten sich bewahrheitet; 1874 legte er den Stadtvätern von Oranienburg schonungslos seine Befürchtungen und Enttäuschungen dar:

»Die Lage der Berliner Nord-Eisenbahn ist meiner Ansicht derart, daß ein Concurs unvermeidlich ist. Die Stadt besitzt noch 10 000 Tlr. Stamm Aktien. Der Cours genannter Aktien schwankt zwischen 20-22 Tlr. Ich bin nun der Ansicht, man tut gut, wenn man die Aktien oder ein Teil zu 20 verkauft, dadurch würden 2000 gerettet. Sehr fraglich ist es, ob bei einem Concurs genannte Papiere überhaupt noch einen Wert behalten. Große Eile kann ich nur empfehlen.«[15]

In den Jahren des Booms hatte sich Louis wegen der überbewerteten Eisenbahnpapiere Sorgen gemacht und von einer Investition abgeraten. Als man ihn überstimmte, hatte er sich geweigert, den Kaufbeschluß mit zu unterzeichnen. Jetzt fielen die Kurse ins Bodenlose, doch die Stadt war immer noch nicht bereit, das Handtuch zu werfen. Keiner wollte glauben, daß der Traum wirklich aus war. Die finanzielle Katastrophe wurde von Tag zu Tag schlimmer, doch statt schleunigst zu verkaufen, schickte man Kahlbaum nach Berlin, um vielleicht doch noch etwas zu retten. Die Dienstreise des Bürgermeisters war dieses Mal ein Musterbeispiel der Sparsamkeit – er gab nur zwei Taler, zwei Groschen für einen billigen Platz in der Kutsche aus und begnügte sich in der Hauptstadt mit einer einzigen Droschkenfahrt für sieben Groschen[16] – doch das nützte alles nichts. Niemand war bereit, Oranienburg aus der Patsche zu helfen, und selbst die vom Stadtkämmerer penibel festgehaltenen minimalen Reisekosten erwiesen sich als Fehlinvestition: Man hatte schlechtem Geld gutes hinterhergeworfen. Die Stadt hätte besser daran getan, auf die Warnungen ihres skeptischen Finanzberaters zu hören.

In Deutschland war dem großen Boom der große Crash gefolgt. Der Börsenkrach im Oktober 1873 entwertete die Eisenbahnobligationen, und die Nordbahn war keine Ausnahme. Als die Stadt Oranienburg ihre Anteile schließlich doch verkaufte, war der Kurs auf elfeinhalb Taler gefallen, etwa ein Zehntel der ursprünglichen Investition.[17]

Für die Stadt war der Verlust schon schlimm genug, doch zu Louis' Bestürzung schob man die Schuld am Börsenkrach jetzt den beiden bekanntesten, selbstgerechtesten und nach öffentlichem Ansehen begierigsten Berliner Juden in die Schuhe. Der eine war Eduard Lasker, der Kämpfer für die liberale Sache im Reichstag. Daß er den Vorwurf erhob, es habe bei der Vergabe von Eisenbahnkonzessionen Korruption gegeben, hatte dazu beigetragen, daß die Spekulationsblase platzte und die Kurse an der Berliner Börse steil nach unten stürzten. Noch schlimmer war, daß es Bethel Henry Strousbergs Aktivitäten waren, die im Mittelpunkt von Laskers Enthüllungen standen. Jetzt, da Tausende ruiniert waren, die Arbeitslosigkeit anstieg und überall Not herrschte, lastete man diesen beiden prominenten Juden – dem Ankläger und dem Angeklagten – einen Großteil der Schuld an. Was Louis und viele seiner Bekannten befürchtet hatten, war eingetreten: Wenn ein einziger Jude, geschweige denn zwei, sich aus dem Fenster lehnte, gerieten alle Juden in Gefahr.

Dies war die Kehrseite der Medaille der Fortschritte, welche die Juden in Deutschland erzielt hatten. Ihr Erfolg bedeutete, daß sie prominenter wurden, im Licht der Öffentlichkeit standen und ihr Status sich normalisierte. Dennoch blieben sie etwas »Besonderes«, und die alten Klischees und Vorurteile herrschten nach wie vor. Wenn ein Nichtjude in die Bredouille kam, war es ein Einzelfall. Kam ein Jude in Schwierigkeiten, dann waren alle gefährdet.

In Wirklichkeit waren die Panik des Jahres 1873 und die anschließende Wirtschaftskrise ein weltweites Phänomen, und Lasker und Strousberg waren gewiß nicht der entscheidende Grund für den Zusammenbruch. Angesichts technischer Fortschritte und intensiverer Handelsbeziehungen war es zu engeren Verbindungen zwischen den verschiedenen Weltfinanzzentren gekommen, und die Gründe für Aufstieg und Niedergang waren nicht mehr nur im eigenen Land zu suchen. Deutsche hatten begeistert an der boomenden Wiener Börse spekuliert und in den Bau der Eisenbahnen in Amerika investiert. Hinter der Anfälligkeit der Börse für einen Crash steckten also viele Aspekte, nicht einzelne lokal begrenzte Faktoren wie Laskers Enthüllungen oder Strousbergs Waghalsigkeit.[18]

Die Gewitterwolken hatten sich schon seit einiger Zeit zusammengezogen. Im Sommer 1872 fielen in Wien die Kurse der Eisenbahn- und Textilaktien, und nur eine konzertierte Rettungsaktion der Regierung konnte das Schlimmste verhüten. Als etwa um dieselbe Zeit Strousbergs weitgestreutes Imperium gefährlich zu wanken begann, bedurfte es eines komplizierten Rettungsmanövers von Bleichröder und Hansemann, um die Investoren vor größeren Verlusten zu bewahren. Laskers anschließende Angriffe auf Korruption in höchsten Kreisen und auf Strousbergs Geschäftsgebaren hatten das Vertrauen weiter erschüttert, auch wenn die deutschen Börsen die Enthüllungen zunächst mit einem Achselzucken abtaten und die Kurse eine Zeitlang weiter stiegen.

Im Mai 1873 brach der Markt in Wien völlig zusammen, und nachdem ein großes amerikanisches Investitionshaus den Bankrott erklärt hatte, wurde die New Yorker Börse geschlossen; dies alles zwang auch die Berliner Börse in die Knie, und als die Berliner Quistorp-Bank sich für zahlungsunfähig erklärte, ließ sich die Panik nicht mehr aufhalten.

Binnen weniger Wochen stellten siebenundzwanzig Banken ihre Zahlungen ein, brachen Industriebetriebe zusammen, sackte die Produktion ab, stürzten Preise und Löhne nach unten, gab es Straßenkrawalle von Arbeitslosen und wurden kleine Sparer zu Tausenden ruiniert. Deutschland erlebte eine verheerende Wirtschaftskrise. Unseriöse Unternehmen verschwanden schnell von der Bildfläche, und einige dubiose und skrupellose Geschäftemacher erhielten ihre Quittung, doch sehr viel mehr im Grunde solide kleinere Firmen wurden ruiniert, und Tausende ehrbarer Bürger verarmten. Manche der größten in den Gründerjahren entstandenen Unternehmen überlebten jedoch und bildeten das Fundament der zukünftigen deutschen Industriemacht. Bei den Eisenbahnen erlitten die Anleger schwere Verluste, doch das Streckennetz blieb erhalten; nach einer späteren Neuorganisation, der Übernahme durch den Staat und einer längeren Latenzzeit kam es zu erneutem Wachstum, und das deutsche Eisenbahnsystem entwickelte sich zu einem der besten in Europa.

Der Konflikt zwischen der alten Welt des Feudalismus und dem emporkommenden Liberalismus des neuen kapitalistischen Zeitalters hatte eine Ära des dynamischen Wandels heraufgeführt. In vielen anderen europäischen Ländern führte dieser Prozeß zur politischen Stärkung des Bürgertums, der Expansion des privaten Unternehmertums und der Vermehrung demokratischer Institutionen. Nicht so in Deutschland. Hier steckte 1873 die bürgerliche Gesellschaft noch in den Kinderschuhen, während Junker, Adelige und Ultrakonservative stark geblieben waren, auch wenn sie den Verlust mancher Privilegien zu beklagen hatten.

In der Folge des Börsenkrachs gewannen die Konservativen wieder die Oberhand und setzten anstelle des bürgerlichen Liberalismus ein vom Staat streng kontrolliertes, sehr autoritäres und nationalistisches politisches und wirtschaftliches System durch. Der demokratische Liberalismus war durch die vom schnellen Wachstum der Industrie verursachten Verwerfungen und die anschließenden schweren Zeiten auf Jahre hinaus diskreditiert. Wieder dominierten die Wertvorstellungen der Junkerklasse, und die Evolution einer liberalen bürgerlichen Gesellschaft verzögerte sich deutlich. Deutschland wurde, wie Ralf Dahrendorf sagt, eine Art industrielle Feudalgesellschaft, von Großunternehmen mit starkem staatlichen Einfluß dominiert, politisch autoritär und sozial intolerant.[19]

Die konservative Machtelite sehnte sich nach der alten Ordnung zurück und verabscheute die unübersichtliche und oft chaotische Welt, die an ihre Stelle getreten war. Sie haßte die Emporkömmlinge und Neureichen und war feindselig gegen jede Minderheit – Ausländer, Gewerkschafter und Sozialisten und sogar Katholiken. Gegen alle diese Gruppen wurden neue Zwangsgesetze verabschiedet. Doch der stärkste Haß richtete sich auf die Juden. Eine neue, heftigere und aggressivere Variante des uralten antisemitischen deutschen Erbes tauchte auf; sie sollte – mit schließlich katastrophalen Folgen – bis ins 20. Jahrhundert beherrschend werden.

7

Die Börsenpanik von 1873 läutete ein halbes Jahrzehnt des Rückgangs und der Stagnation ein, bevor die wirtschaftliche Lage sich langsam wieder zu bessern begann. Diese erste schwere Krise der bürgerlichen Gesellschaft bildete den Kristallisationspunkt für tiefe Ängste und Ressentiments. Man fragte sich, was eigentlich passiert war und wer die Schuld trug.

Bald meldeten sich diejenigen zu Wort, die davon überzeugt waren, daß die Juden an allem schuld seien. Für die Judenfeinde war es praktisch und naheliegend, auf Bleichröder, Strousberg, prominente jüdische Bankiers und reichgewordene Kaufleute als Symbolfiguren für jüdische Macht und Korruption hinzuweisen. Die Angriffe richteten sich aber auch gegen jüdische Nationalliberale wie Lasker und Bamberger, die ein gutes Verhältnis zum Reichskanzler hatten und sich gleichzeitig für die bürgerliche Demokratie einsetzten. Eigentlich zeigte man schon mit dem Finger auf alle Juden und warf ihnen vor, sie seien auf nationaler Ebene zu einer mächtigen und zersetzenden Kraft geworden. Wenn man sie jetzt nicht entschlossen bekämpfe, hieß es, gebe es kaum Aussicht auf ein starkes, moralisches und gesundes Reich.

Einer der ersten im immer größer werdenden Chor dieser antijüdischen Polemik war Wilhelm Marr, ein geschickter politischer Agitator, der bald nach dem Börsenkrach mit einem Pamphlet die Aufmerksamkeit der Öffentlichkeit erregte, welches binnen sechs Jahren nicht weniger als zwölf Auflagen erleben sollte. Marr erlangte in der Politik nie größere Bedeutung, ist aber als Pionier in die Geschichte des Antisemitismus eingegangen. Man schreibt ihm die Erfindung des Wortes Antisemitismus und einiger Schimpfwörter zu, die zum Standardvokabular zukünftiger Generationen deutscher Judenhasser gehören. Das Diffamierungswort »Verjudung« etwa, eines der Lieblingswörter Hitlers und der Nazis, ging auf ihn zurück.

Vor allem aber verlagerte der bekennende Atheist Marr als einer der ersten die antijüdische Agitation auf eine neue Ebene, und das hatte fundamentale Konsequenzen: Er griff die Juden nicht aus religiösen Gründen an, sondern aus politisch-rassischen. Er diffamierte sie nicht als unchristlich, sondern als undeutsch. In dem Pamphlet *Der Sieg des Judenthums über das Germanenthum* und einigen späteren Schriften behauptete er, als im Abendland gestrandete Orientalen lebten die Juden in einer Welt, die »ihnen so fremd ist wie sie ihr«. Tausend Jahre der Diskriminierung, schrieb er, hätten ihre angeborenen Rassenmerkmale verstärkt, ihre rücksichtslosen Überlebensfertigkeiten verfeinert und sie zu einem machtvollen Block geformt. Marr behauptete auch, unter Bismarck sei die Macht der Juden überwältigend geworden, und ging dazu über, das Zweite Reich als ein »Neues Palästina« zu bezeichnen, welches von Juden beherrscht werde, die die sittlichen Normen verderben und keinerlei Ideale haben. Die Frage sei, ob die Deutschen sich in Notwehr erheben würden; andernfalls würde das Judentum sie besiegen und für immer siegreich bleiben.

Marr blieb einige Jahre lang im Blickfeld der Öffentlichkeit. 1879 gründete er einen »Bund der Antisemiten«, um die bereits zahlreichen antijüdischen Gruppen und diverse Agitatoren zu einer einzigen Kraft zu Bekämpfung der Juden zu bündeln. Natürlich gab es neben Marr auch andere einflußreiche Stimmen, die gegen die Juden agitierten und sie zum Sündenbock stempeln wollten. 1874 brachte die *Gartenlaube*, eine vielgelesene bürgerliche Zeitschrift, eine Serie von Hetzartikeln mit der These, hinter dem räuberischen Kapitalismus steckten in erster Linie die Juden. Im Jahr danach brachte die *Kreuzzeitung*, das Organ der erzkonservativen Opposition, die Juden mit Bismarcks Politik der Sozialreformen in Verbindung.

Mitte der siebziger Jahre war diese antisemitische Kampagne bereits ein unentwirrbarer Teil der politischen Intrigen gegen den Kanzler. Die schlechte Wirtschaftslage und die soziale Verunsicherung leisteten der Ausbreitung des Antisemitismus Vorschub, und alle möglichen politischen Fraktionen hatten gelernt, bei ihrem Kampf gegen einen bestimmten Aspekt der Bismarckschen Politik Kapital daraus zu schlagen.

Bismarcks Hauptziel war es stets gewesen, die Autorität des Staates zu stärken und die staatlichen Institutionen zu modernisieren, ohne dabei die Vorrechte der Krone zu beeinträchtigen oder Macht ans Parlament abzutreten. Auf der Rechten leisteten ihm die Erzkonservativen erbitterten Widerstand, weil sie jeden Wandel ablehnten und überhaupt nichts aufgeben wollten, auf der Linken bekämpften ihn die Progressiven und die Sozialisten, die mehr Demokratie und das Ende der Adelsprivilegien anstrebten. Unterstützt wurde Bismarck vor allem von den Nationalliberalen, die auch im Kulturkampf – seiner Kampagne, um die katholische Kirche in Deutschland unter weltliche Kontrolle zu bringen – im Reichstag hinter ihm standen.

Dieses Thema barg viel Sprengstoff in sich. Die empörten deutschen Katholiken gingen so weit, mit Bismarcks Opposition auf dem rechten Flügel gemeinsame Sache zu machen – eine Allianz, die unter anderem auch durch die Behauptung zusammengehalten wurde, die Juden hätten unangemessen großen Einfluß auf den Reichskanzler. Die Erzkonservativen gaben den Juden die Schuld am Verlust ihrer wirtschaftlichen Macht; ihre katholischen Verbündeten behaupteten, die Juden wollten die deutsche Gesellschaft säkularisieren und der Kulturkampf sei ihre Idee gewesen. Selbst Papst Pius IX. protestierte in einer Enzyklika gegen Bismarcks Politik und pflichtete indirekt denen bei, die den Juden die Schuld daran gaben.

Mittlerweile gab es weitere politische Entwicklungen zum Schaden der Juden. 1878 kam es zu zwei Attentatsversuchen auf den alten Kaiser; man sah darin Anzeichen des Zerfalls der öffentlichen Ordnung, was manche wiederum den Juden zuschrieben. Eine weltweite Rezession brachte Agrar- und Industrieprodukte zu Dumpingpreisen ins Land, und das von den Nationalliberalen favorisierte Freihandelssystem kam unter schweren Beschuß. Landwirtschaft und Schwerindustrie opponierten gemeinsam gegen Bismarcks Freihandelspolitik und verlangten lautstark nach Schutzzöllen. Als die Liberalen bei den Parlamentswahlen Verluste hinnehmen mußten, folgerte der realistische alte Pragmatiker Bismarck alsbald, die Zeit für eine Wende sei nun gekommen. 1878 rückte er von den Liberalen ab, verbot als Konzession an die Rechte die immer stärker werdenden Sozialisten, erhob Schutzzölle und schaltete im Reichstag auf eine Mitte-Rechts-Koalition um. Die liberale jüdische Minderheit sah sich dadurch isoliert und exponiert, der Schutz des Kanzlers blieb vorübergehend aus, und die antijüdische Agitation wurde noch greller. Damit war Anfang der achtziger Jahre die Judenfrage wieder einmal ein Hauptthema der öffentlichen Diskussion geworden.

Viele stürzten sich nun ins Getümmel – von primitiven Volksverhetzern, die auf der Klaviatur der Ängste und Sorgen der Öffentlichkeit spielten, über demagogische Redner bis hin zu denen, deren Position und Prominenz ihnen von vornherein eine große Zuhörerschaft garantierten. Der bekannteste unter ihnen war der Hof- und Domprediger Adolf Stoecker in Berlin, ein einflußreicher, monarchistischer, antidemokratischer Theologe. Er verabscheute vor allem die Sozialisten und wollte ihnen durch die Gründung der Christlichsozialen Arbeiterpartei Konkurrenz machen und die Massen mit einem amorphen Programm sozialer Reformen ins konservative Lager ziehen. Mit schwankendem Erfolg verstärkte sich sein Antisemitismus, er schob den Juden die Schuld für den Aufstieg des Sozialismus zu, gründete die »Berliner Bewegung« als Sammelbewegung aller Antisemiten und vertrat die Auffassung, Deutschland sei ein christlicher Staat, in dem kein Jude eine Machtposition innehaben sollte; auch »die Hauptstadt des Deutschen Reiches ... [darf nicht] in demokratischen, jüdischen, undeutschen Händen bleiben«.[20]

Stoecker war zwar unüberhörbar und wichtig, da er von der Kanzel des Berliner Doms sprach und dabei manchmal den Segen des Hofes zu haben schien, doch weniger radikal als andere, denen die Religion gleichgültig war und die aus rassistischen Gründen auf die Juden losgingen. Einer davon war Otto Böckel, der unter den Bauern agitierte, die Emanzipationsgesetze wieder aufheben wollte und dafür plädierte, die »zähe, alte, fremde Rasse, die auch durch Taufe oder Heirat nicht zu unterdrücken ist«,[21] vollständig auszuschließen. Mit diesem Programm wurde er in den Reichstag gewählt, wo er mit der »Antisemitischen Volkspartei« die erste offen antisemitische Fraktion bildete und die anderen Abgeordneten mit phantastischen statistischen Projektionen verblüffte, um zu beweisen, daß es eines Tages in allen Großstädten mehr Juden als Deutsche geben werde, allein in Berlin eine Million.[22] Da wollte ein anderer Polemiker nicht hintanstehen und anhand der Kriminalstatistik schlüssig nachweisen, daß Juden viel mehr als Nichtjuden zum Verbrechen neigen. In puncto hemmungslos-wüster Haßausbrüche wurden sie jedoch alle von einem anderen Agitator übertroffen, Eugen Dühring, einem verbitterten Mann, der alle Erfolgreichen und Mächtigen haßte und den Juden die Schuld dafür gab, daß er als Journalist nicht hatte reüssieren können und ihm als Privatdozent die Lehrerlaubnis entzogen worden war.[23]

Im Laufe der Jahre schlossen sich immer mehr Leute mit ganz unterschiedlichen Ansichten und Motiven dieser Haßkampagne an – christliche Eiferer und Konservative, Grundbesitzer und Vertreter des frustrierten Kleinbürgertums oder auch nur Unzufriedene und Volkstribune, denen es Spaß machte, Öl ins Feuer zu gießen. Manche waren Randfiguren ohne großes Echo, andere riefen politische Bewegungen ins Leben, hielten öffentliche Vorträge oder veranstalteten »Antisemitentage«, bei denen sie sich gegenseitig in antijüdischen Hetzreden zu übertreffen suchten. Doch alles in allem genossen die Vertreter dieser besorgniserregenden lautstarken Minderheit nicht genug Sozialprestige und Achtung, um zur wirklichen gesellschaftlichen Kraft zu werden.

Mit einer Ausnahme allerdings. Ein prominenter Professor brachte sein hohes Ansehen in die antisemitische Bewegung ein und bescherte ihr Ansehen, intellektuelle Legitimierung und einen Teil des Wortschatzes, der auf Generationen hinaus fester Bestandteil deutscher Denkweise und antijüdischer Agitation bleiben sollte. Es war dies Heinrich von Treitschke, einer der bekanntesten und meistgelesenen Historiker seiner Zeit, ein Gelehrter mit beträchtlichem Einfluß in den herrschenden Kreisen. Treitschke war Ordinarius für Geschichte an der Universität Berlin und bei den Studenten, die dem Zeitgeist gemäß in romantischem Nationalismus schwelgten, außerordentlich beliebt. Seine Vorlesungen hatten enormen Zulauf, und das Gedankengut, das er in Wort und Schrift leidenschaftlich vortrug, sollte bis weit über seinen Tod hinaus Bestandteil der deutschen antisemitischen Theorien bleiben.

Ebensosehr politischer Publizist und aktiver Politiker wie reiner Hochschullehrer – er war einige Jahre Reichstagsabgeordneter –, war Treitschke vor allem eingefleischter Nationalist mit zutiefst undemokratischer Weltanschauung und übertriebenen Vorstellungen von der Überlegenheit deutscher Tugenden. Außerdem war er Rassist und davon überzeugt, es sei die schicksalhafte Bestimmung der überlegenen germanischen Rasse, über die unterlegenen Slawen und baltischen Völker zu herrschen. Er befürwortete aggressive koloniale Expansion und bezeichnete den Krieg als gerechtfertigtes Mittel zu diesem ruhmreichen Zweck. In seinen Darstellungen der deutschen Geschichte glorifizierte er die Vorrechte Preußens, seine Waffenstärke und die Flagge seiner mächtigen Flotte,[24] bejubelte Eroberungen als die herrlichsten Augenblicke der Nation und prophezeite, daß die weiße Rasse über die Erde herrschen werde.[25]

Der junge Kaiser Wilhelm war für ihn eine »blonde germanische Reckengestalt«.[26] Daß bei der letzten Krankheit des alten Kaisers auch englische Ärzte hinzugezogen wurden, verurteilte er als Beleidigung für die Nation und als Gefährdung des siechen Monarchen.

Die Sozialisten waren Treitschke besonders unsympathisch, meinte er doch, die Ungleichheit der Klassen in Deutschland sei gerecht und unvermeidlich. Manche seien zum Führen geboren, andere zum Dienen, verkündete er und stellte fest: Es gibt keine Kultur ohne Dienstboten.[27]

Treitschke veröffentlichte sehr viel; seine theoretischen Argumente und Ansichten waren komplex und entwickelten sich mit der Zeit weiter. Auf den heutigen Leser wirken sie absonderlich und extrem, und man hat Mühe zu verstehen, weshalb er so populär war, warum seine Studenten ihn vergötterten und wieso er im zeitgenössischen Geistesleben eine so herausragende Rolle spielte.

Fast von Anfang an mischte sich in seine nationalistischen Töne Kritik an den deutschen Juden, von denen er meinte, sie seien als Gruppe mit seinen heroischen deutschen Idealen unvereinbar, von Natur aus zu individualistisch, zu arrogant und ein negatives zersetzendes Element in der deutschen Kultur. Für ihn war die einzige Lösung ihr völliges Aufgehen unter den Deutschen. Es gebe allerdings »gute« und »schlechte« Juden. Besonders unsympathisch waren ihm die undeutschen Neuankömmlinge, die er »Kaftanjuden« nannte. Was das Geistesleben anging, warf er Juden, etwa Heinrich Heine, vor, sie trügen »wurzellose, radikale und abstrakte Gedanken ins deutsche Leben«.

Gegen Giacomo Meyerbeer brachte er die gängige Kritik vor, er sei ein Kosmopolit, der »die einfache deutsche Kunst« nicht erkennen lasse, während Felix Mendelssohn Bartholdy eine seltene Ausnahme sei, nämlich ein Deutscher im besten Sinne.[28]

Jüdische Geschäftsleute, so erklärte er, verstünden sich hauptsächlich aufs Feilschen und Wuchern, und vor der Finanzmacht des internationalen Judentums gelte es auf der Hut zu sein.

Es gebe, schrieb er, eine verständliche »stille Wut der Massen« darüber, daß ein so großer Teil des deutschen Kapitals Juden in die Hände gefallen sei. Er mokierte sich sogar darüber, daß Berlins »größtes und prächtigstes Gotteshaus eine Synagoge« war, und attackierte jüdische »Pressebarone« dafür, daß sie die Aufdeckung jüdischer Sünden verhinderten. Deutsches »Ariertum«, behauptete er, sei die Antithese zum die deutsche Kultur zersetzenden Judentum, und er prägte ein Schlagwort, das zu einem Lieblingssatz aller zukünftigen

deutschen Antisemiten werden sollte: »Die Juden sind unser Unglück.«[29]

Die Juden waren wie vor den Kopf geschlagen. Sie hatten geglaubt,
die Frage nach ihrem Platz in Deutschland sei erledigt. Jetzt wurde
zu ihrer Bestürzung die »Judenfrage« erneut diskutiert, und diesmal
sahen sie sich Widersachern gegenüber, die die antijüdische Karte mit
neuen Argumenten ausspielten: internationale wirtschaftliche Macht,
kulturelle Subversion und eine unüberbrückbare rassische und »völ-
kische« Kluft.

Was sollten sie davon halten? Die Polemik der Agitatoren war
schmerzhaft, Treitschkes Haltung rätselhaft und höchst unselig –
aber handelte es sich dabei um durch die schwierige Wirtschaftslage
verursachte vorübergehende Verirrungen oder doch um etwas Grund-
sätzlicheres und Dauerhafteres? Der Sachverhalt war keineswegs
eindeutig. Nur eine – allerdings lautstarke – Minderheit der Nichtjuden schien die Haßtiraden zu begrüßen, und auch Treitschkes intellektuelle Argumente überzeugten nur eine Minderheit. Zwar erhoben
nicht allzu viele Nichtjuden ihre Stimme zur Verteidigung der Juden,
doch immerhin trat der angesehene Historiker Theodor Mommsen
seinem Kollegen Treitschke mit starken Argumenten energisch entgegen, und fünfundsiebzig Hochschullehrer unterzeichneten zusammen mit ihm einen öffentlichen Aufruf zur Verteidigung der Juden.
Wie also sollte man reagieren?

Da dem jüdischen Establishment nichts Besseres einfiel, rieten sie
zur Vorsicht und schlugen vor, nicht in die Debatte einzugreifen. Die
führende jüdische Zeitung meinte, offizielle Beschwerden würden
den Ansichten der neuen Fanatiker nur breiteres Gehör verschaffen,
und in Erfurt verabschiedete eine Gruppe führender Juden den Be-
schluß, »ein geringschätziges Schweigen zu wahren«.[30] Die meisten
Juden waren derselben Meinung. Als Heinrich Graetz, ein Gelehrter, dessen Thesen zur jüdischen Geschichte Treitschke besonders
scharf kritisiert hatte, sich energisch und aggressiv zur Wehr setzte,
kam es zu einer bitteren Polemik. Graetz blieb aber ein Einzelfall
und wurde seinerseits dafür kritisiert, daß er zurückschlug. Bamberger nannte ihn einen Eiferer, ein jüdisches Pendant zu dem maßlosen
Stoecker, und andere entschuldigten sich für Graetz' Ausfälle. Ein

jüdischer Historiker ging sogar so weit, sich bei Treitschke zu erkundigen, welche Richtlinien es für seine Idee gebe, die jüdische Minderheit durch völlige Absorbierung in die Deutschen zum Verschwinden zu bringen.

Als die Angriffe nicht aufhörten, gab es dann doch einige zaghafte Versuche, dagegen anzugehen. Hermann Cohen, der angesehene Marburger Philosophieprofessor, legte in einem offenen Brief an Treitschke dar, daß die Treue zur jüdischen Religion keineswegs die Verpflichtung des Bürgers gegenüber dem Staat beeinträchtige. Die etablierten Juden bildeten einen Ältestenrat, der dazu aufrief, an sich selbst zu arbeiten, die Menschen über jüdische Wertvorstellungen aufzuklären und die Treue zu Deutschland tatkräftig unter Beweis zu stellen. Ein oder zwei Studentengruppen versuchten, der antisemitischen Propaganda an den Universitäten entgegenzutreten, und die größte Gemeindeorganisation schickte Bismarck ein Ersuchen um Hilfe, welches jedoch unbeantwortet blieb.

Doch dies waren Einzelaktionen; die Mehrheit der Juden schwieg und blieb angesichts der Angriffe passiv. Sie konnten nicht begreifen, wieso ihre Zugehörigkeit zur deutschen Kultur nicht zählte und weshalb man meinen konnte, die Tatsache, daß sie Juden waren, sei mit ihrem Status als Bürger unvereinbar. Schließlich waren Tausende von ihnen fürs Vaterland in den Krieg gezogen und gefallen, und wo man auch hinschaute, sah man Beweise für die Leistungen der Juden für Deutschland zu Friedenszeiten.

Die neue Welle der Angriffe war zwar ein Schock, doch es gab auch Zeichen des Fortschritts. Die deutschen Juden hatten ihre staatsbürgerlichen Rechte, und der Mehrzahl ging es wirtschaftlich gut. Ihre Kinder strömten auf die Gymnasien und Universitäten und machten dann Karriere in den freien Berufen. Hier und dort erhielt ein Jude einen Ruf auf einen Lehrstuhl, was früher undenkbar gewesen wäre, und die Justiz hatte zumindest in den unteren Instanzen schon einige Juden zu Richtern ernannt. Wenn weiterhin Juden aus dem Osten nach Deutschland strömten, so lag das eben daran, daß das Leben hier im Vergleich zu den schrecklichen Pogromen in Galizien voll lohnender und reicher Aussichten war.

Die meisten assimilierten deutschen Juden – ob in Berlin oder in einer Kleinstadt wie Oranienburg – fühlten sich Deutschland und der deutschen Kultur eng verbunden. Es war in Wahrheit eine Romanze mit Deutschland – stärker als die Angriffe und Beschimpfungen ihrer Gegner. Heine, der die Schwächen der Deutschen gnadenlos kritisiert hatte, hatte in seiner Lyrik auch diese Liebe ausgedrückt, die die meisten assimilierten deutschen Juden jetzt stärker empfanden als je zuvor. Sie fühlten sich diesem ihrem Land tief verbunden und waren entschlossen, dies durch Leistungen und Taten zu beweisen.

Die sechziger und siebziger Jahre des 19. Jahrhunderts waren in doppeltem Sinne eine wichtige Wasserscheide. Einerseits hatten die Juden schnell bedeutende Fortschritte gemacht und waren voller Zukunftsoptimismus. Andererseits war in dieser Ära eine gefährliche neue Form des Antisemitismus entstanden, eine Mixtur aus extremem Nationalismus und einer auf pseudowissenschaftliche Rassentheorien gestützten neuartigen Argumentation und Propaganda.

In den folgenden Jahren sollten diese Elemente in den Beziehungen zwischen Deutschen und Juden eine zentrale Rolle spielen.

SIEBTES KAPITEL

Träumer
Arthur

Wir stehen fest auf dem Boden patriotischer deutscher Ideologie ...
unser Bund ist untrennbar mit dem deutschen Vaterland vereint!

> Gründungsmanifest des Jüdischen Nationalen
> Studentenbunds, 1896

Unser Wunsch ist es, daß die Rassen homogen werden und fremde Elemente ausstoßen.

> Gründungsmanifest des Alldeutschen Verbandes,
> 1893

1

Am 25. Juni 1888 warf der dritte Kaiser des zweiten Deutschen Reiches im großen weißen Saal seines Berliner Schlosses seinen scharlachroten Umhang zurück, erhob sich und eröffnete mit leiser Stimme und sichtlich nervös den neuen Reichstag. Um dem Ereignis Glanz und Dramatik zu verleihen, hatte Wilhelm II. die prächtige Uniform eines Ritters vom Schwarzen Adler angelegt. Die Pagen trugen schwarze Kniehosen mit Kreppverzierungen, und die Palastwache war eingekleidet wie zu Zeiten Friedrich des Großen. Wilhelm wollte demonstrieren, wie verbunden er sich seinem berühmten Vorfahren fühlte.

Der neue Kaiser stand gern im Mittelpunkt und liebte theatralische Posen in militärischem Ambiente und in Paradeuniform. Jetzt war sein großer Auftritt gekommen, der Augenblick, in dem die Welt ihn zum ersten Mal als mächtigen neuen Souverän des Reiches sehen würde. Er hatte befohlen, daß er in hofinternen Mitteilungen stets als

»Der Höchste« oder »Der Allerhöchste« zu bezeichnen sei; seine Befehle waren auf einem besonderen blauen Papier weiterzugeben, so daß man sofort erkennen konnte, daß sie vom Allerhöchsten stammten. Gab er einen Befehl, so duldete er keine Widerrede; man hatte sich zu verbeugen und zu sagen: »Wie Euer Majestät befehlen.«

Wilhelm II. war unerwartet und ganz plötzlich auf den Thron gelangt. Er war noch jung, einseitig gebildet und von der Persönlichkeit her für die Aufgabe als Herrscher wenig geeignet. Aktivität und Bewegung lagen seinem Temperament näher als Umsichtigkeit und abwägende Klugheit; er war launisch und neigte zu Weitschweifigkeit und bombastischen Reden und Gebärden. Jahrelang hatte der älteste Sohn die Eltern mit seinem Gehabe und seiner unglücklichen Art, seiner Selbstgefälligkeit, seinem Gardeoffizierston und seinem Kasernendenken zur Verzweiflung gebracht. Erst vor kurzem hatte sein Vater festgestellt, Wilhelm sei noch »unerfahren, unreif und angeberisch«.[1]

Wie dem auch sei, der kaum Dreißigjährige, der in der Thronfolge erst an dritter Stelle gestanden hatte, war jetzt Kaiser einer Kontinentalmacht. Umringt von Angehörigen des Königshauses, geringeren deutschen Königen, Fürsten und Erzherzögen, seinen Ministern, ausländischen Würdenträgern und dem Adel, stand er stolz und aufrecht da, als jetzt der vierundvierzig Jahre ältere Kanzler vortrat und sich zum Handkuß verbeugte. Es war eine Gehorsamsgeste, die Bismarck bereits zweimal einem neuen Kaiser bei dessen Thronbesteigung entboten hatte. Beide Male hatte der Kaiser ihn schnell zu sich emporgezogen und umarmt, zum Zeichen gegenseitiger Herzlichkeit und des Respekts. Wilhelm II. jedoch blieb unbeweglich aufrecht stehen, als sich der Ältere vor ihm verneigte. Er glaubte an sein Gottesgnadentum und machte vor niemandem ein Hehl daraus.

Für seine erste öffentliche Proklamation hatte er charakteristischerweise ein Treuegelöbnis der Truppen zum Anlaß genommen. Er und die Armee, verkündete er, »… wir sind aneinander gebunden, und daher werden wir unzertrennlich zusammenhalten, ob wir nun nach Gottes Willen Frieden haben werden oder Stürme.« In den Ohren des Auslandes klang diese seltsam kriegerische erste Erklärung, wie vorherzusehen war, recht irritierend. Wilhelm II. ließ ihr zwar schnell eine friedfertigere Proklamation folgen, doch auf die Regierungen in Sankt Petersburg, Paris und London machte die Sache keinen guten Eindruck, und man fragte sich, was er eigentlich hatte sagen wollen. Es war das erste, doch keineswegs das letzte Mal, daß unbedachte Worte aus dem Mund Wilhelms II. die Europäer aufschrecken sollten. Erst nach und nach wurde diesen klar, daß man von dem neuen deutschen Kaiser eher Prahlereien als sorgsam formulierte Botschaften mit klaren Absichtserklärungen zu erwarten hatte. In einer Zeit, als Europa darum bemüht war, den gefährdeten Status quo auf dem Festland aufrechtzuerhalten, handelte Wilhelm II. sich bald den Ruf ein, er rede gern aggressiv und sei unberechenbar.

Die Eltern hatten ihrem »Fritz« eine breite Allgemeinbildung angedeihen lassen wollen und ihn erst auf ein normales Gymnasium und dann kurz auf die Universität Bonn geschickt, wo er jedoch nur wenig gelernt hatte. Der Großvater, Kaiser Wilhelm I., hatte allerdings kein Hehl daraus gemacht, daß er ohnehin nichts davon hielt, Fritz mit all diesem modernen Gedankengut vertraut zu machen. Bismarck seinerseits argwöhnte, die englische Mutter des jungen Mannes wolle dieselben abscheulichen Vorstellungen von parlamentarischer Demokratie ins Reich einschleusen, mit denen seine Großmutter, Königin Viktoria, in England herrschte. Der Kaiser und der Kanzler hatten deshalb darauf bestanden, Wilhelm schon in jungen Jahren zum Leutnant in einem Potsdamer Garderegiment zu ernennen, wo man sich darauf verlassen konnte, daß seine Gefährten frei von liberalen Gedanken waren. Letzten Endes prägten so nicht die öffentlichen Schulen, sondern dieses urpreußische Milieu mit seiner martialischen Atmosphäre und dem gedankenlosen Gardeoffiziersgehabe Wilhelms Charakter. Er konnte charmant sein, wenn ihm danach war, doch normalerweise trat er herrisch und arrogant auf, redete unbedacht, laut, bellend, geschraubt und nasal, eben im bevorzugten Stil der preußischen Offiziherselite.

Er war im Grunde ein zutiefst unsicherer Mann und kompensierte seine Selbstzweifel durch herrisches Auftreten und bombastische Selbstinszenierungen. Von Geburt an konnte er den linken Arm kaum gebrauchen, was zu seinen Minderwertigkeitskomplexen und seinem Imponiergehabe beitrug. Die Rolle als oberster Befehlshaber und die schmeichlerische Ehrerbietung seiner Untergebenen nahm er genußvoll entgegen. Die Armee gab ihm das Gefühl der Macht; knappe Prozeduren, schnelles Handeln, blinder Gehorsam, Uniformen und zackige Grüße gaben ihm Sicherheit. Als Kaiser wollte er jetzt den Hof streng nach militärischem Vorbild organisieren, und so ließ er denn auch verlauten, daß jedermann in seiner Umgebung stets Uniform zu tragen habe.

Wilhelm II. zeigte sogleich, wie er zu herrschen gedachte. Ohne auch nur eine kurze Trauerzeit zu Ehren seines Vaters einzuhalten, reiste er wenige Tage nach der Berliner Zeremonie nach Kiel, um eine Flottenparade abzunehmen. Dann ging es zur Begrüßung Zar Alexanders III. über die Ostsee nach Sankt Petersburg, wo er sich in der Uniform eines nach ihm benannten russischen Regiments zeigte. Wieder zu Hause legte er seine Lieblingsuniform an, einen engsitzenden Husarenrock, und machte sich daran, den innen- und außenpolitischen Angelegenheiten des Reiches seinen persönlichen Stempel aufzudrücken. Das tat er in einem unter seinen Vorgängern unbekannten Maß – mit oft unbeabsichtigten und teilweise unglücklichen Folgen. Selbst der damals bedeutendste europäische Staatsmann, sein listiger alter Kanzler Bismarck, merkte bald, daß Wilhelm II. nicht zu bremsen war.

Viele Deutsche hatten gehofft, nach dem Tod Wilhelms I. werde sich die Politik liberalisieren, doch 1888, das Todesjahr des alten Kaisers, sollte zu einem ganz anderen Wendepunkt der deutschen Geschichte werden. Dieses »Dreikaiserjahr«, wie man bald sagte, brachte zwar zunächst Friedrich III. auf den Thron, den liberalen Sohn Wilhelms I., doch nach dessen schnellem Tod folgte ihm Wilhelm II., der konservative Enkel. Die Chance des Übergangs von einer autoritären zu einer demokratischeren Gesellschaft war vertan. Es war Deutschlands Unglück, daß der erste Kaiser zu lange lebte und der zweite nicht lange genug – und daß der dritte, der dreißig Jahre herrschte, der Aufgabe nicht gewachsen war.

1888 war das Deutsche Reich die stärkste Macht auf dem europäischen Festland. Deutsche Wissenschaft und deutsche Industrie wurden auf der ganzen Welt bewundert. Das Aufblühen von Wissenschaft und Kunst geschah jedoch in einem stur antidemokratischen und militaristischen System. Man liebte die Kultur, doch man verehrte die Soldaten – der Geist des klassischen Weimar stand neben dem Geist von Potsdam.

Das Reich hatte als einziger größerer Staat (mit Ausnahme Rußlands) eine Revolution und die Forderung des Volkes nach individueller Freiheit und mehr Demokratie abgewehrt. Während der langen Herrschaftszeit Wilhelms I. und unter Bismarcks Führung blieb Deutschland ein autoritärer Obrigkeitsstaat; oben gab man Befehle, unten hatte man zu gehorchen. Die von Bismarck ausgearbeitete Verfassung verlieh dem Souverän in allen entscheidenden Fragen absolute Autorität und delegierte nur begrenzte und genau umrissene Zuständigkeiten an den Reichstag. In Preußen galt das an Einkommen und Besitz orientierte Dreiklassenwahlrecht, und die politischen Eliten kamen in dieser traditionellen Klassengesellschaft nach wie vor ausschließlich aus der Oberschicht. Servilität, Gehorsam und Respekt vor der allgegenwärtigen Uniform waren die Norm.

Nicht wenige Angehörige des Bürgertums und der Intelligenz opponierten gegen diesen Zustand und warteten ungeduldig auf einen Wechsel an der Spitze. Seit Jahren hatten sie davon geträumt, Kronprinz Friedrich würde nach dem Tod seines Vaters Bewegung in die politische Landschaft bringen und die politischen Institutionen aus ihrer Zwangsjacke befreien. Es war ein offenes Geheimnis, daß Friedrich Bismarcks autoritären Stil ablehnte, und man wußte seit Jahren, daß er in vielen innenpolitischen Fragen gemäßigtere Ansichten vertrat. Die liberal und fortschrittlich Gesinnten konnten kaum verbergen, wie ungeduldig sie auf seine Thronbesteigung warteten. Sie wußten, daß Friedrich ein ungewöhnlicher Hohenzollern war und ganz anders dachte als seine Vorgänger. Den Konservatismus seines Vaters lehnte er offen ab, denn er hatte demokratische Instinkte. Wie seine Vorfahren war auch er Soldat und hatte auf dem Schlachtfeld seinen Mann gestanden. Er war aber auch ein Mann der Kultur und des Friedens, der bereits klargemacht hatte, daß er größere Freiheit für das Volk, mehr demokratische Institutionen und eine Lockerung der gesellschaftlichen Zwänge anstrebte. Später sagte man, Friedrichs Vorfahren väterlicherseits stünden für den Potsdamer Militarismus, während seine Mutter die Weimarer Kultur verkörpere und zusammen mit seiner willensstarken Gattin Viktoria, einer Tochter der englischen Königin, seine Ansichten entscheidend geprägt habe.

Er war jedoch ein auf tragische Weise vom Unglück verfolgter Monarch, dem das Schicksal an mehreren entscheidenden Punkten nicht freundlich gesonnen war. Schon 1862 hatte sein frustrierter, rigider Vater ihm angeboten, zu seinen Gunsten abzudanken. Doch Friedrich, der den Präzendenzfall fürchtete, hatte es ihm damals ausgeredet. Neun Jahre später – er war inzwischen vierzig – kehrte er als Held aus dem Deutsch-Französischen Krieg zurück, bereit, den Thron zu besteigen, und entschlossen, Deutschland in ein liberaleres Fahrwasser zu steuern. Sein Vater war schon weit über siebzig, für damalige Zeiten ein reifes Alter. Aber wieder war das Schicksal Friedrich nicht gewogen: Der alte Kaiser lebte allen Statistiken zum Trotz noch siebzehn Jahre länger, und der Sohn mußte ohnmächtig mit ansehen, wie der Eiserne Kanzler außenpolitisch ein kompliziertes realpolitisches Spiel spielte und innenpolitisch alle Liberalisierungsversuche abwehrte.

Der dritte und schlimmste Schicksalsschlag ereilte Friedrich jedoch, als Wilhelm I. im März 1888 mit einundneunzig endlich starb. »Warum sind die Himmel so grausam zu mir?« klagte der unglückliche Friedrich, der im Januar des Vorjahres erkrankt war. Zunächst schien es nur eine Heiserkeit zu sein, die man auf die vielen Redetermine und das Winterwetter zurückführen konnte. Mit dem alten Kaiser ging es sichtlich abwärts, und das ganze Land rechnete mit einem reibungslosen Übergang. Bei der Feier zum 90. Geburtstag seines Vaters hatte Friedrichs Stimme ganz versagt, doch man maß dem wenig Bedeutung bei. Das kommende Frühjahr und etwas Ruhe in einem wärmeren Klima würden den Thronfolger schon kurieren, hieß es. Kamen hier und da doch Gerüchte auf, es könnte sich um etwas Ernsteres handeln, so tat man sie schnell ab. Eine liberale Zeitung beruhigte seine Anhänger mit folgenden Versen:

> Und ist der Fritz auch heiser,
> So wankt das Reich noch nicht;
> Man hört den deutschen Kaiser,
> Auch wenn er leise spricht.[2]

Bei Königin Viktorias goldenem Jubiläum im Sommer in London machte Friedrich auf seinem Schimmel immer noch eine glänzende Figur und stach nach der Meinung vieler alle ihre vielen anderen Schwiegersöhne aus. Nur ein paar aufmerksame Beobachter bemerkten die eingefallenen Augen und die fahle Gesichtsfarbe. Im Herbst ließen sich die Gerüchte, er sei ernsthaft erkrankt, nicht mehr eindämmen, und am 12. November wurde es amtlich. Der Hof bestätigte in einem Bulletin das Schlimmste: »Die Krankheit ist Folge eines bösartigen krebsartigen Tumors.«[3] Der Mann, der Großes für sein Land hatte tun wollen, sah nun unmittelbar dem eigenen Tod durch Kehlkopfkrebs ins Auge. Der Sechsundfünfzigjährige überlebte seinen Vater um nur neunundneunzig Tage.

Die Aussichten auf ein offeneres und demokratischeres Deutschland hatten sich mit einem Schlage verringert. Schon die Industrialisierung hatte hier viel später als anderswo begonnen, und nun sah es so aus, als ob es immer noch nicht zu einer Demokratisierung kommen würde. Liberal und fortschrittlich Gesinnte waren verzweifelt, während die Erzkonservativen jubelten. Für die Mitte schien alles ungewiß: Der Kaiser ein Greis, der Kronprinz todkrank und Entscheidungen von schicksalhafter Bedeutung stünden an, so notierte ein dem Hof nahestehender hoher preußischer Diplomat in seinem Tagebuch.[4]

Niemand war nun aber verzweifelter als die deutschen Juden, für die Friedrich und seine Frau das Licht am Ende eines sehr langen Tunnels bedeutet hatten. Man wußte, daß beide den Antisemitismus zurückgewiesen hatten und bei Hofe die einzigen gewesen waren, die sich auch öffentlich entsprechend geäußert hatten. Der begeisterte Freimaurer Friedrich hatte darauf bestanden, daß die preußischen Logen, die keine Juden aufnahmen, jüdische Freimaurern, die aus England zu Besuch kamen, ihre Türen öffneten.[5] Um zu zeigen, wie sehr er Treitschkes Angriffe mißbilligte, hatte er demonstrativ in der vollen Montur eines preußischen Feldmarschalls einem Gottesdienst in einer Synagoge beigewohnt und den Antisemitismus öffentlich als »Schandfleck unserer Zeit« gebrandmarkt.[6] Als die »Judenfrage« wiederum im Brennpunkt der öffentlichen Diskussion stand, hatte er in Wiesbaden mit seiner Gattin ein Konzert in einer Synagoge besucht.

Die Juden hatten sich große Hoffnungen gemacht, als Kaiser werde er für ihre Sache eintreten.

Sie hatten erwartet, Friedrich werde die letzten ihrer vollen Gleichberechtigung noch entgegenstehenden Hindernisse aus dem Weg räumen. Doch nun saß statt seiner sein unerfahrener Sohn auf dem Thron, der für das liberale Gedankengut des Vaters wenig übrig hatte. Wie würde es Deutschland unter diesem unberechenbaren jungen Monarchen ergehen? Würde das Land noch autoritärer und militaristischer werden? Gab es noch eine Chance für liberale Ideen, oder würden die Reaktionäre an der Macht bleiben? Und würde die Integration der Juden in die deutsche Gesellschaft weitergehen, oder würden die Konservativen um Wilhelm II. sie aufhalten oder gar zurückschrauben?

Bange Fragen, die keiner beantworten konnte. Als Wilhelm II. 1888 unerwartet Kaiser wurde, konnte man allenfalls hoffen, doch niemand wußte zu sagen, wohin das alles führen würde.

2

Als Arthur Eloesser das Bulletin über die tödliche Erkrankung des Kronprinzen las, wußte er sofort, daß dies für den Liberalismus in Deutschland und besonders für die Juden nichts Gutes bedeutete. Er war noch keine achtzehn, Oberprimaner am Berliner Sophiengymnasium und sah optimistisch in die Zukunft. Es galt zwar noch das Abitur zu meistern, doch als guter Schüler machte er sich deswegen keine Sorgen. Arthur war das jüngste und geistig begabteste der fünf Eloesser-Kinder. Im Herbst wollte er sich an der Universität Berlin immatrikulieren; was ihm vorschwebte, war die Universitätslaufbahn.

Die Eloessers waren seit langem in Preußen etablierte Juden, und Arthur war überzeugter Nationalist. »Wir wurden nach den drei Kriegen und Siegen in einem lauten Patriotismus aufgezogen.«[7]

Er gab auch zu, daß er sich geradezu kindisch über die Tatsache freute, daß er ausgerechnet einige Monate vor dem Krieg gegen Frankreich und der Geburt des Zweiten Reiches zur Welt gekommen war,

»worauf ich mir als Kind nicht wenig einbildete«,[8] wie er später sagen sollte. Er schätzte sich glücklich, Bürger eines mächtigen und wichtigen Landes zu sein, Angehöriger eines »Kulturvolkes« mit reicher literarischer und künstlerischer Tradition, in dem Bildung und Kultur mehr zählten als in jedem anderen Land.

Arthur betrachtete sich zuerst als Deutscher und erst danach als Jude oder, wie man inzwischen gern sagte, als »mosaischen Glaubens«. Durch Stoeckers Berliner Bewegung und die anderen antisemitischen Hetzkampagnen hatte das Wort »Jude« in den Ohren der assimilierten deutschen Juden einen unangenehmen Beigeschmack bekommen; »mosaisch« traf die Sache ebensogut, klang aber eleganter. Arthur gab sich nicht der Illusion hin, es gebe nichts Schöneres, als in Deutschland als Jude zur Welt zu kommen. Die offizielle Diskriminierung und die gesellschaftlichen Vorurteile einiger Lehrer und Klassenkameraden trafen auch ihn sehr tief. Aber er war nun einmal als Jude geboren und dachte gar nicht daran, dies zu leugnen oder zu konvertieren, auch wenn man in seiner Familie dem Glauben nicht mehr besonders nahe stand, geschweige denn ihn praktizierte. Einige seiner Freunde hatten sich taufen lassen, doch wie viele Juden hielten Arthur und seine Familie diesen Schritt für nutzlos und unehrenhaft. Außerdem sah Arthur den Fortschritt als unausweichlich an, und er war voll jugendlicher Zuversicht, daß es nur eine Frage der Zeit sei, bis die letzten Beschränkungen und antisemitischen Vorurteile verschwinden würden.

Zu Arthurs Freundeskreis in Berlin gehörten Juden gleichermaßen wie Nichtjuden. In der Volksschule waren die meisten seiner Spielkameraden keine Juden gewesen, und als Kind hatte er das als ganz normal empfunden. Später erinnerte er sich mit offensichtlichem Vergnügen daran, wie lange es gedauert hatte, bis er überhaupt begriff, daß er zu einer Minderheit zählte.[9]

Arthur gehörte zu der im Zweiten Reich geborenen Generation junger Leute, deren Familien gebildete, finanziell gesicherte, assimilierte, bürgerliche Berliner Juden waren. Seine eigenen Eltern waren Anfang der zwanziger Jahre im Zuge der großen Einwanderung aus dem Osten in die Stadt gekommen – die Mutter aus Pommern, der Vater aus Ostpreußen. Die Vorfahren väterlicherseits hatten seit der

Mitte des 16. Jahrhunderts bei Ortelsburg in Ostpreußen als Gerber gearbeitet, und Arthur war sicher, daß er dank dieser Abstammung ein richtiger Preuße war, sozusagen ein Urpreuße. Die ostpreußischen und brandenburgischen Juden betrachteten sich als echte Deutsche und fühlten sich den Juden aus der ehemals polnischen Provinz Posen überlegen, denen deutsche Bildung und Kultur nicht so vertraut waren. Für Arthur war es von klein auf selbstverständlich, daß er tiefreichende deutsche Wurzeln hatte. Auch der Zufall, daß sein Vater irgendwo in Posen zur Welt gekommen war, als Arthurs Großmutter dort zu Besuch war, konnte daran nichts ändern. Die Familie tat das als einen bedauerlichen Betriebsunfall der Geschichte ab, ein kleiner Makel, den man Dritten gegenüber am besten gar nicht erwähnte.

Theodor Eloesser, Arthurs Vater, war ursprünglich mit ein wenig Kapital nach Berlin gekommen, welches er, wie viele Juden, in der jüdisch dominierten Textilindustrie investierte, zu der er familiäre und freundschaftliche Beziehungen unterhielt. Die Eloessers hatten sich am Prenzlauer Berg niedergelassen, einem bescheiden gutbürgerlichen Viertel in Berlins Mitte. Es war einer der ältesten Bezirke in der Hauptstadt, eine ruhige Gegend, in der Christen und Juden einträchtig nebeneinander wohnten. Arthur fiel allerdings einmal auf, daß die Juden im allgemeinen die besseren Wohnungen nach vorne hinaus bewohnten. Ende der achtziger Jahre, als Arthur sein Abitur machte, ging es der Firma Eloesser ausgesprochen gut; die Familie war ins solide Bürgertum aufgestiegen. Für Arthur blieb die Prenzlauer Straße 26, wo er seine Jugend und Kindheit verbracht hatte, immer das eigentliche Berlin; hier begann seine lebenslange Liebe zu dieser Stadt. Später, als er älter und weiser geworden war und der Erste Weltkrieg viele Illusionen seiner Jugend zerstört hatte, erinnerte er sich immer noch oft und gern an das Leben in den Straßen am Prenzlauer Berg.

Seine Eltern waren unendlich stolz auf ihren achtzehnjährigen begabten Sohn. Seit Generationen hatte die Familie Händler hervorgebracht – für die meisten Juden der einzige Beruf, der ihnen offenstand –, von intellektuellen Errungenschaften und einem diesen angemessenen Leumund hatten sie nur geträumt. Schon Arthurs

Großvater, der um 1800 in Ostpreußen Pelze aus Rußland gerbte, hatte Opfer gebracht, um seinen Sohn in Insterburg auf die höhere Schule schicken zu können; mit sechzehn allerdings hatte Arthurs Vater zu arbeiten anfangen müssen, was er sein Leben lang bedauerte. Um so mehr Grund, die höhere Bildung zu bewundern, die ihm selbst versagt gewesen war, und sich über alle Maßen darüber zu freuen, daß sein jüngster Sohn begabt und ehrgeizig genug war, um die Universitätslaufbahn einschlagen zu wollen.

Arthur wollte Geschichte studieren; in der Oberprima besprach er seine Pläne mit dem Rektor seines Gymnasiums, der ihm Wohlwollen und Interesse entgegenbrachte. »Wieso Geschichte?« fragte der Ältere seinen frühreifen Schüler. Aus Arthurs Antwort sprach die Selbstsicherheit eines Achtzehnjährigen, den noch keine Zweifel plagen. Die Naturwissenschaften hätten große Fortschritte gemacht und überhaupt wisse man immer mehr, erwiderte er, und Deutschland habe davon sehr profitiert. Andererseits liege es auf der Hand, daß es mit der Fähigkeit, weise und gerecht zu regieren, auf der ganzen Welt nicht weit her sei. Gewiß könne man aus der Geschichte, wenn man sie nur richtig verstünde, Lehren zur Verbesserung der Lage und für den Fortschritt der Menschheit ziehen. Ob es nicht ein ausgezeichneter Grund sei, fragte Arthur, sich für das Studium der Geschichte zu entscheiden, um zum Fortschritt Deutschlands beizutragen.

Am Sophiengymnasium waren wie an praktisch jeder höheren Schule für Jungen in Berlin über ein Viertel der Schüler Juden, an den entsprechenden Mädchenschulen fast die Hälfte – erstaunliche Zahlen, wenn man bedenkt, daß die jüdische Minderheit in Berlin nur vier Prozent der Gesamtbevölkerung ausmachte. Für über Vierzehnjährige mußte man Schulgeld bezahlen, doch die Eloessers gehörten zu den gesellschaftlich nach oben strebenden Juden, die sich die höhere Bildung ihrer Kinder gerne etwas kosten ließen.

Der Rektor des Sophiengymnasiums war ein aufgeklärter, toleranter Nichtjude. Er bewunderte die Juden wegen ihres lobenswerten Engagements für die höhere Bildung, machte sich aber Sorgen wegen der ungleichen Einschreibungsstatistik und wegen des Murrens und der Ressentiments, die die unverhältnismäßig hohe Zahl jüdischer

Gymnasiasten in manchen nichtjüdischen Kreisen hervorrief. Im herrschenden Klima – antijüdische Agitation und des Hofpredigers Stoecker antisemitische Tiraden – war das durchaus ein Problem. Auch einige von Arthurs Lehrern machten aus ihren antisemitischen Ansichten kein Hehl. Die beste Laufbahn für einen Deutschen mit Universitätsausbildung war jedenfalls im Staatsdienst – einschließlich einer Professur –, und hier waren die höheren Positionen ungetauften Juden nach wie vor fest verschlossen. Die historische Fakultät der Universität Berlin, wo Heinrich von Treitschke gegen die Juden als »Deutschlands Unglück« vom Leder zog, war für Juden besonders ungastlich.

Arthurs Ernst und Ehrgeiz rangen dem Rektor ein Lächeln und ein Kompliment ab, doch gleichzeitig meinte er ihn warnen zu müssen. Er wählte seine Worte sorgfältig. Ob sein junger Schützling die »besonderen Schwierigkeiten« einer Universitätslaufbahn als Historiker bedacht habe, wollte er wissen. Solche Codes waren gängig, und Arthur wußte sofort, wohin die Frage zielte. Von den »besonderen Schwierigkeiten« ließe er sich nicht abschrecken, erwiderte er selbstsicher; er sei vielmehr entschlossen, sich ihnen zu stellen und sie zu überwinden. Mit einigem guten Willen dürfte dergleichen im modernen Deutschland ohnehin bald der Vergangenheit angehören! Schon gut, meinte der Rektor, dennoch sehe er Arthurs Zukunft eher im Journalismus. Arthur insistierte mit Nachdruck: »Ich werde Geschichtsprofessor.«[10]

Jugendliche Naivität, Hartnäckigkeit und Hoffnung verbanden sich hier zu einem unerschütterlichem Optimismus. Zwei Jahrzehnte nach dem Wegfall aller offiziellen Schranken waren die Juden von den höheren Positionen im Staatsdienst und im Militär praktisch immer noch ausgeschlossen. Kein ungetaufter Jude war je auf einen Lehrstuhl berufen worden, und seit Jahren hatte es im preußischen Militär keiner auch nur bis zum Reserveoffizier gebracht.[11] Ein paar Glückliche waren in der niederen Gerichtsbarkeit zu Richtern ernannt worden, doch insgesamt wurden die Juden gesellschaftlich nicht akzeptiert und bei der Besetzung öffentlicher Ämter systematisch übergangen. Selbst die nachhaltigen Bemühungen des mächtigen Barons Bleichröder, seinen Sohn im diplomatischen Dienst unterzubringen, waren fehlgeschlagen. Die meisten Diplomaten hatten einen Adelstitel und waren nicht bereit, einen konvertierten Juden, geschweige denn einen nicht getauften, in ihrer Mitte zu dulden. In dieser Sache vertrat sogar Bismarck die Auffassung, den Juden fehlten einfach die Würde und die guten Manieren, die im diplomatischen Dienst unerläßlich seien.[12]

Arthur wußte das alles, hegte aber wie die meisten Juden die Hoffnung, nach dem Tod des alten Kaisers würde die Diskriminierung unter der Herrschaft seines Sohnes nach und nach aufhören. Dementsprechend schockiert war auch er, als er von Friedrichs Krankheit erfuhr, auch wenn ihm erst später wirklich klar wurde, was das bedeuten könnte. Im folgenden Januar besuchte er nämlich Ida, die ältere seiner beiden Schwestern, in Oranienburg, wo die Juden über nichts anderes sprachen. Auf die Situation am Hof reagierte Arthur mit Besorgnis und Unruhe.

Die beiden Eloesser-Schwestern hatten sich in den Augen der Familie gut verheiratet – Fanny, die jüngere, mit einem wohlhabenden jungen Mann, der einen eigenen Sitz an der Börse hatte und im bei Maklern üblichen Zylinder eine imposante Erscheinung abgab. Ida hatte es noch besser getroffen. Ihr Mann war der Sohn des gut situierten Oranienburger Bankiers Blumenthal. Der einzige Nachteil war, daß diese Heirat den Umzug aus Berlin in die provinzielle Enge der Kleinstadt bedeutete. Martin und Louis Blumenthal, ihr Ehemann und ihr Schwiegervater, bewohnten in der Nähe des Schlosses, welches der Große Kurfürst seiner heimwehkranken niederländischen Gemahlin einst gebaut hatte, eines der stattlichsten Häuser im Ort.

Louis Blumenthal und Theodor Eloesser standen in geschäftlichen Beziehungen zueinander, und die Ehe ihrer Kinder war, wie früher bei allen jüdischen Eheschließungen üblich, hinter den Kulissen sorgfältig vorbereitet worden, auch wenn man gerne so tat, als hätte sich aus der ersten Begegnung Martin und Idas während einer Landpartie eine Liebesheirat ergeben. In Wahrheit hatten die Eloessers die Blumenthals genau überprüft und für würdig befunden – als solide, wohlhabende, etablierte preußische Juden. Beide Familien wählten traditionell nationalliberal und tendierten neuerdings zu den »Freisinnigen«, einer vor kurzem gebildeten linksliberalen Splittergruppe, die noch nachdrücklicher für die volle Gleichberechtigung der Juden eintrat. Daß die Blumenthals, wenn auch nur ganz entfernt, mit der berühmten Familie Beer verwandt waren, war auch kein Nachteil. Idas Mutter erwähnte diese imponierende Nebensächlichkeit oft und gern, wenn sie über die neue Familie ihrer glücklich und gut nach Oranienburg verheirateten Tochter sprach.

Arthur hatte die Oranienburger Juden in einer Stimmung ernster Besorgnis angetroffen. Man war sich einig, daß Friedrichs drohender Tod ein Unglück sei und eine schwere Gefahr für die Weiterentwicklung der Rechte der Juden darstelle. Die Pessimisten meinten, jetzt werde es bis zur vollen Gleichberechtigung ein weiteres Vierteljahrhundert dauern. Andere waren optimistischer und hofften, die innere Logik der Moderne, die Entwicklung der Industrie, deutscher Anstand und deutsche Gesetzestreue würden auch unter einem Kaiser Wilhelm II. unweigerlich zur Liberalisierung führen. Man hatte heftig hin und her diskutiert, und Arthur hatte – wie schon bei seinem Gespräch mit dem Rektor – leidenschaftlich die Partei der Optimisten ergriffen.

Auf der Heimfahrt nach Berlin versank er ins Nachdenken. Er mochte diese Besuche in Oranienburg nicht besonders gern und vermied sie nach Möglichkeit, doch diesmal hatte er sich unmöglich drücken können. Der Anlaß war das fünfzigjährige Jubiläum der Errichtung der Oranienburger Synagoge – ein großes Ereignis unter der Leitung Martin Blumenthals, der vor kurzem Nachfolger seines Vaters als Gemeindevorsteher geworden war. Man hatte aufwendig gefeiert, mit einem feierlichen Gottesdienst, einem Festmahl und vielen patriotischen Reden. Auch sämtliche nichtjüdischen Stadtväter waren erschienen, selbst wenn ihnen nicht alles ganz geheuer war.

Auch Arthur fühlte sich in Oranienburg normalerweise nicht wohl; die Atmosphäre kam ihm bieder, provinziell und leicht befremdlich vor, und auch diesmal war es ihm nicht anders ergangen. In Berlin bekam er es nur selten mit Religion oder jüdischen Gemeindeangelegenheiten zu tun, und wenn er jetzt mit der immer noch klaren gesellschaftlichen Doppelorientierung der Oranienburger Juden konfrontiert wurde, fühlte er sich schuldbewußt und unbehaglich. Hier, so spürte er, trat die separate Identität der Juden als

Minderheit und gesellschaftliche Gruppe – die, wie er hoffte, bald der Vergangenheit angehören würde – noch deutlich zutage. In Berlin konnte Arthur sich in jeder Hinsicht als echter Deutscher fühlen. In Oranienburg war eine derartige Assimilation noch nicht so klar vollzogen, und Arthur war erleichtert, als er zur Heimfahrt wieder in die Nordbahn steigen konnte. Die politischen Diskussionen beunruhigten ihn immer noch, doch er war nach wie vor fest entschlossen zu zeigen, daß die Pessimisten – und sein Schulrektor – sich geirrt hatten.

3

1888 gab es in Deutschland über eine halbe Million Juden. Erste Anzeichen deuteten darauf hin, daß die Welle der antisemitischen Agitation ihren Höhepunkt überschritten haben könnte. Nach den Reichstagswahlen 1887 waren die Nationalliberalen mit den Konservativen ein Bündnis eingegangen und unterstützten jetzt die Politik Bismarcks. Auf dem rechten Flügel dieser sogenannten Kartellkoalition war zwar kein Mangel an Antisemiten, doch aus Rücksicht auf den politischen Partner hielten diese sich vorübergehend zurück und zeigten ihre Aggressivität nicht offen. Auch Stoeckers schrille Demagogie war so peinlich geworden, daß er von der politischen Bühne verschwinden und anschließend auch alle offiziellen Ämter bei Hofe aufgeben mußte.

Die Hoffnung, die Antisemiten hätten endgültig den kürzeren gezogen, erwies sich jedoch als verfrüht. Wilhelm II. ertrug es nicht, als Herrscher im Schatten Bismarcks zu stehen, und entließ ihn 1890 kurzerhand. Gleichzeitig erlitt das Kartell eine schwere Wahlniederlage, und Leo von Caprivi – schwächer und gefügiger als Bismarck und in der Judenfrage ein unbeschriebenes Blatt – bildete eine neue Regierungskoalition. Bismarcks Abgang bedeutete für die Deutschen Zukunftsangst und Verlust an Selbstvertrauen. Zudem erwies sich die Politik des Kaisers, die Arbeiterschaft durch das Gewähren von Sozialleistungen zum Stillhalten zu bringen, als Fehlschlag. Die jetzt nicht mehr verbotene Sozialdemokratische Partei, Anathema der Krone und der Konservativen, erhielt eineinhalb Millionen Stimmen;

erschrocken suchte die Rechte nach einem Thema, mit dem sie die Arbeiter für sich gewinnen konnten. Obendrein kam es zu einem Konjunkturabschwung, die Industrie stagnierte, und Caprivis Abbau landwirtschaftlicher Schutzzölle erschwerte die Lage der Bauern und empörte die Agrarinteressen.

Die Gesamtlage war wieder einmal wie geschaffen für eine neue antisemitische Welle. In schlechten Zeiten tauchten stets Agitatoren auf, die für alle Probleme den Juden die Schuld gaben, und auf dem rechten Flügel gingen Politiker mit dem Thema auf Stimmenfang. Auch jetzt kam es zu erneuter und womöglich noch stärkerer antijüdischer Agitation. 1887 kam erstmals ein Abgeordneter in den Reichstag, der wegen seines offen bekundeten Antisemitismus aus der Konservativen Partei ausgetreten war. Bei der nächsten Wahl kamen vier weitere Abgeordnete seiner Couleur dazu, und wiederum drei Jahre später brachten eine Viertelmillion Wählerstimmen nicht weniger als sechzehn Abgeordnete aus antisemitischen Parteien in den Reichstag – genug, um eine eigene Fraktion zu bilden.

Historisch gesehen gingen Antisemiten aus ganz verschiedenen Richtungen und aus ganz verschiedenen Gründen zur öffentlichen Judenhetze über. Manche waren religiöse Eiferer, andere politische Opportunisten, und manche witterten einfach nur eine Chance, sich zu bereichern. Am unerbittlichsten und extremsten waren jedoch stets die monomanen Fanatiker und Judenhasser am Rande der Psychose, die die Welt durch einen Zerrspiegel sahen, in dem sich alles auf angebliche Verbrechen der Juden konzentrierte und in dem hinter jedem gesellschaftlichen Übel die Bosheit und Niedertracht der Juden zum Vorschein zu kommen schien.

Der rassistische Antisemitismus trat von Anfang an mit solchen Parolen auf. Anfang der neunziger Jahre war Hermann Ahlwardt einer der aktivsten und giftigsten Prediger des Rassenhasses. Er hatte zehn Jahre im Parlament gesessen und unter dem Titel *Der Verzweiflungskampf der arischen Völker gegen das Judentum* eine dreibändige Schmähschrift verfaßt.

Berlin habe nun zwar keine Bordelle mehr, dafür aber seine Konfektion,[13] hatte er mit Blick auf die weitgehend in jüdischer Hand befindliche Kleiderindustrie verkündet. Seine Propaganda war brutal und extrem, und er verband, wie es für die Rassisten typisch war, den Vorwurf sexueller Unmoral mit dem des ausbeuterischen Geschäftsgebarens. In Ahlwards fiebervernebeltem Geist war »der Jude« eine mythische Gestalt des Bösen und die einzelnen Juden Betrüger und Wucherer, die das reine deutsche Blut rassisch besudelten.

Eine Zeitlang hatte Ahlwardt mit solchen Parolen und dem Aufruf, rechtschaffene Arier sollten sich der Bastardisierung durch die Juden widersetzen, viel Zulauf gehabt, doch dann ebbte das Interesse wieder ab, vor allem als sich die wirtschaftliche Lage besserte und Ahlwardt seine Angriffe auf die Spitze trieb. Wenige Jahre später war er ebenso von der Bildfläche verschwunden wie sein Gesinnungsgenosse Otto Böckel, der unter dem Pseudonym »Dr. Capistrano« schrieb und mit seinen extremen Diffamierungen vor allem die unruhigen Bauern erreichen wollte. Nach 1893 waren somit fast alle antisemitischen Agitatoren, die im Reichstag und außerhalb wieder einmal eine Zeitlang Furore gemacht hatten, zur Bedeutungslosigkeit herabgesunken.

So war Mitte der neunziger Jahre diese jüngste Krise für die deutschen Juden vorbei. »Theodor Eloesser, Leinen en gros« an der Heiliggeiststraße 40 florierte und warf genug ab, so daß die Familie Arthur am Beginn seiner erhofften Universitätslaufbahn finanziell unterstützen konnte. Der Vater, der sich über die Berufsaussichten seines idealistischen Sohnes weniger Illusionen hingab als dieser selbst, brachte Arthur immerhin dazu, den Rat eines Freundes der Familie anzuhören, der selbst ein mit Preisen geehrter bedeutender Wissenschaftler war.[14] Dieser meinte, Arthur solle unbedingt auch öffentliches Recht und Verfassungsrecht belegen. Sollte es sich als unmöglich herausstellen, einen Lehrstuhl als Historiker zu bekommen, so könne er immer noch als Jurist in einem der den Juden zugänglichen freien Berufe Karriere machen. Arthur wollte zwar unbedingt Professor werden, doch um des lieben Friedens willen und als pflichtbewußter Sohn fügte er sich.

Sein erstes Jahr als Student der Geschichte an der Universität Berlin brachte gemischte Erfahrungen, und Arthur begriff bald, daß es doch ratsam war, sich nicht zu weit vorzuwagen. Einerseits war er jetzt endlich Student, worauf er sich so lange gefreut hatte. Andererseits erlebte er etwas ganz Neues und Unerwartetes – die durch und durch reaktionäre und antisemitische Atmosphäre bei den meisten Professoren und Studenten. Die Mitglieder der Fakultät traten als Beamte ohne Vorbehalte für die offizielle Regierungspolitik ein und waren also strikt gegen Sozialdemokraten, Progressive und jede Art von liberalem Gedankengut.

Im öffentlichen Recht machten die beiden angesehensten Professoren aus ihrem Antisemitismus kein Hehl. Bei den Historikern dominierte immer noch der alternde, nahezu taube Treitschke, der in der Vorlesung große Reden schwang und dabei die Macht des Staates, den Nationalismus und als Ultima ratio des deutschen Volkes das Schwert propagierte. Nach wie vor haßte er das englische »Manchestertum« und verachtete Königin Viktoria – die »alte Dame, die auf Schloß Windsor ihren Tee trinkt« und die Frechheit besessen hatte, die englisch-deutschen Beziehungen durch den jüdischen Premierminister Benjamin Disraeli zu belasten. Vor allem verabscheute Treitschke die Sozialdemokraten; bald wetterte er gegen die deutschen Juden als »orientalische Anführer dieses Revolutionärschors«, bald beschimpfte er sie als fleischgewordene Vertreter des verhaßten Manchester-Liberalismus. Besonders zornig machten ihn die jüdischen Einwanderer aus dem Osten, die er für unrettbar fremdartig hielt.

Für Juden wie Arthur muß es höchst unangenehm und beunruhigend gewesen sein, mitten zwischen Treitschkes begeisterten Zuhörern im Hörsaal sitzen zu müssen. »Man muß das hinnehmen, wenn man von solcher Autorität etwas lernen will.«[15]

Arthur hielt es nur ein Jahr lang aus, dann sattelte er von Geschichte auf Literatur um. Vielleicht trug die freundlichere Atmosphäre eines Sommersemesters an einer Schweizer Universität am Genfer See zu dieser Entscheidung bei, vielleicht hatte der patriotische junge Idealist mit Treitschke und seinen Anhängern aber auch eine ganz andere Wirklichkeit erlebt und unerträglich abstoßend gefunden. Den entscheidenden Anstoß zum Wechsel des Studienfachs gab jedoch die Begegnung mit einem unwiderstehlichen jüngeren Literaturwissenschaftler, einem liberalen Professor – eine Seltenheit an der Berliner Universität –, der weder soziale noch rassistische Vorurteile kannte, seine Studenten nach ihren Fähigkeiten beurteilte und sie zum selbständigen Denken ermunterte.

Erich Schmidt war erst sechsunddreißig, als Arthur bei ihm zu studieren begann. Er war kurz zuvor als vielversprechender Romantikforscher an die Universität gekommen und wurde bald auch Mitglied der Akademie der Wissenschaften. Arthur und andere junge Liberale strömten in seine Vorlesungen und vergötterten ihn. War ein Student erst einmal in sein Seminar aufgenommen, behandelte Schmidt ihn als seinesgleichen; außerdem ermunterte er, was eine weitere Rarität war, zur offenen Diskussion wichtiger gesellschaftlicher Fragen und ihrer Darstellung in der Literatur. In seinem Kreis waren antisemitische Tiraden, unterschwellige Vorurteile und mangelnde Aufgeschlossenheit für kritisches Denken und progressive Ideen undenkbar. Schmidts Humanismus und seine Begeisterung für die Literatur als Mittel der Erkenntnis waren mitreißend. Endlich hatte Arthur gefunden, wonach er gesucht hatte – deutsche Kultur und Bildung auf höchstem Niveau in Verbindung mit einem tolerant-progressiven Bewußtsein von der Gesellschaft. Es war herrlich, Literatur bei Erich Schmidt und Philosophie und Soziologie bei ähnlich gesinnten jungen Dozenten aus seinem Kreis zu studieren. Schmidt seinerseits erkannte Arthurs Begabung sogleich. Arthur hatte seine endgültige Berufung gefunden.

Er war jedoch voll mit der entmutigenden zweifachen Realität konfrontiert worden, die selbst für die begabtesten und assimiliertesten jüdischen Studenten einer Universitätslaufbahn entgegenstanden – der unausrottbare Antisemitismus an der deutschen Universität überhaupt und die bürokratische Starrheit einer geschlossenen Gesellschaft.

Viele Professoren und Studenten zeigten ihre Opposition gegen die vielen Juden in ihrer Mitte ganz unverblümt, und die angesehensten Studentenverbindungen schlossen Juden systematisch aus. Die Aussichten eines Juden, der nach dem Examen eine Professur oder eine andere Stellung im Staatsdienst anstrebte, waren praktisch gleich null. Für Nichtjuden stellte der Schuldienst eine gute Alternative dar – ein Studienrat war zwar weniger als ein Professor, genoß aber auch Sozialprestige. Doch auch hier hatten ungetaufte Juden mit Universitätsabschluß fast keine Chancen. Die Statistik spricht Bände: 1890 gab es in Preußen 6247 Lehrer an höheren Schulen, doch nur 62 von ihnen waren Juden. An den Volksschulen war der Prozentsatz noch geringer.

Trotz dieser Schwierigkeiten ließen die Juden sich nicht davon abbringen, zu studieren und nach akademischen Weihen zu streben. Ihr zahlenmäßiger Anteil nahm an den Universitäten überproportional zu; etwas mehr als ein Prozent der Gesamtbevölkerung waren Juden, an der Universität waren es über zehn Prozent. 1890 kamen auf 100 000 männliche Protestanten 58 Studenten, bei den Katholiken waren es 33, bei den Juden aber 518.[16] Beliebte Studienfächer waren Mathematik, Naturwissenschaften, Recht, Technik und Medizin, denn auf diesen Gebieten gab es als Alternative zum Staatsdienst den »freien Beruf«. Wer wie Arthur Gesellschafts- oder Geisteswissenschaften studierte, hatte viel eingeschränktere Berufsaussichten – Journalismus, Theater und Kunst beispielsweise. Dennoch stellte auch in diesen Fächern ein akademischer Grad eine große Verlockung dar, selbst wenn eine Promotion in Philosophie oder Literatur sich für einen Juden selten bald auszahlte. Die ältere Generation war trotzdem bereit, die jungen Akademiker zu unterstützen, und stolz auf das höhere Sozialprestige, welches der Doktortitel ihnen garantierte.

Das Universitätsstudium aber fand Arthur herrlich. Am Ende des Studiums winkte der Doktorhut, und unterwegs genoß er die Freude an intellektuellen Entdeckungen und das Vergnügen am Berliner kulturellen Leben. Sein zwiespältiger und unsicherer Status als Universitätsbürger zweiter Klasse wurde ihm eher außerhalb der Hörsäle vor Augen geführt, vor allem durch die Studentenverbindungen, die das Leben der Universität dominierten und den engstirnigen, vorurteilsbeladenen Konservatismus des wilhelminischen Deutschland wie keine andere Institution verkörperten.

Ihr ausdrücklicher Zweck war es, vor der Verweichlichung der männlichen Gefühle zu schützen,[17] und ihre Lieblingsbeschäftigungen waren grölender Gesang und Raufereien in den Studentenkneipen, Biertrinken und Duelle, bei denen nach einem komplizierten Ritual ihre Ehre verteidigt werden sollte, was offiziell zwar verboten war, aber weithin praktiziert wurde. Sich zu duellieren war eine bizarre, rein deutsche Studententradition, und die Schmisse eines Akademikers galten als Zeichen von Tapferkeit. Außerhalb Deutschlands sah man in dieser Praxis jedoch eher einen weiteren Beweis für die Eigentümlichkeiten des teutonischen Charakters.

Das Duell kam im frühen 19. Jahrhundert in Mode, als die deutschen Studenten zu ihrem Bedauern erkennen mußten, daß sie keine Gelegenheit mehr hatten, ihren Mut auf dem Schlachtfeld zu beweisen; es war also ein Nebenprodukt des in der deutschen Gesellschaft allgegenwärtigen Militarismus.

Was sich in den meisten Studentenverbindungen abspielte, war nichts für Arthur, der für Gegröle, Duelle, militaristische Rituale und ähnliche Albernheiten wenig übrig hatte. Sein Patriotismus nahm weniger aggressive Formen an und manifestierte sich in seiner Liebe zur deutschen Sprache, seinem Stolz auf die Leistungen der deutschen Wissenschaft und seiner Begeisterung für das deutsche Theater und die deutsche Musik. Wie viele andere jüdische Studenten auch hatte er in der Familientradition einer allgemeinen Achtung für »höhere Kultur« und der besonderen deutsch-jüdischen Neigung zu Literatur und Kunst gelebt.[18]

Die Verbindungen bildeten aber das Herzstück des deutschen Studentenlebens, und wenn Juden sich abseits hielten oder abgewiesen wurden, wurde vielen von ihnen auch hier schmerzlich bewußt, daß sie »anders« waren. Dies führte dazu, daß auch die Frage, wie man sein Leben nach den Vorlesungen gestalten und wie man sich zu den Corpsstudenten stellen sollte. »Ich geriet fast in dieselbe Ratlosigkeit wie der Wissenschaft gegenüber.«[19]

Viele Verbindungen, vor allem die mit dem höchsten gesellschaftlichen Prestige, nahmen überhaupt keine Juden auf. Einige reservierten ein paar Plätze für eine Handvoll Auserwählter – im allgemeinen Kommilitonen, die besonders »unjüdisch aussehen«. Dann gab es noch die »Reformverbindungen«, die Juden ohne weiteres aufnahmen, aber nicht als besonders erstrebenswert galten und von vielen Juden gemieden wurden. Manche Juden gingen zum Gegenangriff über und gründeten eigene schlagende Verbindungen, die es sich zur Ehrensache machten, jeden Nichtjuden zum Duell zu fordern, von dem sie sich auch nur im geringsten provoziert glaubten. Damit reagierten sie nicht nur auf Beleidigungen, sondern wollten auch beweisen, daß das Klischee vom unmännlichen Juden, dem sein Geldbeutel wichtiger ist als seine Ehre, nicht stimmte. Sie verfolgten dieses Ziel mit solchem Eifer, daß proportional viermal so viele Juden wie Christen wegen verbotenen Duellierens verurteilt wurden.[21]

»Verhauenere Gesichter als bei dieser Makkabäergarde ... habe ich in meinem Leben nicht gesehen.« So erinnerte sich Arthur später.[20]

Die Alternative zu den schlagenden Verbindungen waren reine Berufsverbände. Manche nichtjüdische und sehr viele jüdische Studenten traten ihnen bei, sei es aus echtem Interesse, sei es aus Ermangelung einer besseren Alternative, obwohl dieser Schritt natürlich ihren Status als »Fink« bestätigte, das Schimpfwort der Corpsstudenten für solche, die keiner Verbindung beitraten oder nicht aufgenommen wurden. Christen mochten dabei die Wahl haben; den Juden blieb meistens nichts anderes übrig. Arthur blieb während seines ganzen Studiums ein Fink.

4

Fink zu sein mochte peinlich sein, doch Arthur wollte sein Leben genießen, und Berlin war dafür genau die richtige Stadt. In Kunst, Literatur, Musik und Architektur spiegelte das rege kulturelle Leben der Hauptstadt in den neunziger Jahren die Auseinandersetzung zweier im Grunde völlig entgegengesetzter deutscher Kulturen.[21]

Einmal gab es die Kultur des Kaiserreichs mit seiner streng konservativen, nach Klassen geschiedenen und nationalistisch gesonnenen Gesellschaft, mit Hof und Adel an der Spitze einer exklusiven, eingefleischt militaristischen und implizit antisemitischen Elite. Künstlerischen Ausdruck fand diese Schicht in der »Knackfuß-Kultur«, wie ein Historiker sie nach einem Hofmaler genannt hat,[22] der die wilhelminischen Werte auf reichlich häßlichen Riesenleinwänden mit pangermanischen, historischen und volkstümlichen Sujets verewigte. Auf dem Theater war ihr führender Vertreter ein illegitimer Enkel eines preußischen Prinzen, in dessen platten Stücken Heldentaten, patriotische Gesänge, fromme Protestanten und feierliche öffentliche Gebetsszenen eine große Rolle spielten.[23] Während der Kaiser die Stücke seines Lieblingsschriftstellers bewunderte, machten sich die meisten Kritiker über das bescheidene Niveau lustig. Selbst die *Vossische Zeitung*, die man kaum der Gegenkultur zurechnen konnte, stellte trocken fest: »Psychologie und Logik sind und werden niemals seine Sache sein.«[24]

Das andere Deutschland war das der gebildeten progressiven Intelligenz, die der traditionellen deutschen Gesellschaft kritisch gegenüberstand, das Elend der Arbeiterklasse mit Besorgnis sah und das moderne Leben begeistert begrüßte, ohne seine inneren Widersprüche zu übersehen. Diese Leute hatten liberalere Ansichten, waren weltoffener, interessierten sich mehr für zeitgenössische gesellschaftliche Probleme und erkannten die Notwendigkeit von Wandel und Reform. Die Künstler unter ihnen suchten das Neue und experimentierten mit unkonventionellen Ausdrucksformen. Das sprühende, lebendige kulturelle Leben in Berlin war vor allem diesem anderen Deutschland zu verdanken; seine größten Namen waren Theodor Fontane in der Literatur, Gerhart Hauptmann im Theater und Max Liebermann in der Malerei. Die meisten jüdischen Intellektuellen fühlten sich zu dieser Gruppe hingezogen, die nach Herkunft und Konfession bunt gemischt war: Fontane beispielsweise stammte von französischen Hugenotten ab, Hauptmann von schlesischen Protestanten, und Liebermann kam aus einem wohlhabenden jüdischen Elternhaus mit tiefen Berliner Wurzeln.

Viele der zeitgenössischen Schriftsteller und Künstler waren vom Naturalismus fasziniert, der statt pseudoidealistischer mythischer und romantischer Themen das gewöhnliche Leben und die modernen gesellschaftlichen Bedingungen realistisch darstellen wollte. Viele interessierten sich auch für die Anwendung der Darwinschen Evolutionstheorie auf die Gesellschaft, und Liebermann und andere experimentierten mit einer deutschen Spielart des Impressionismus.

Im Frühjahr 1892 wurde Hauptmanns neues Stück, *Die Weber*, in dem es um das Elend der schlesischen Weber und ihren Aufstand im Jahre 1844 ging, als zu radikal verboten. Die naturalistischen Rebellen reagierten auf das Verbot, indem sie Privatvorstellungen organisierten, auf welche die Zensur keinen Zugriff hatte, und zwar in einem eigenen Theater, das sie Freie Bühne nannten. Ein preußischer Abgeordneter, der die Sache mit den Augen des Kaisers sah, meinte,

»Intellektuelles Bordell« wäre ein treffenderer Name gewesen. Im Umkreis des Kaisers tauchte der Vorschlag auf, Hauptmann hinter Gitter zu bringen.[25] Aber die Rebellen setzten sich durch, und vier Jahre später gab ein Richter das Stück wieder für öffentliche Aufführungen frei, und *Die Weber* liefen vor ausverkauftem Haus am Deutschen Theater. Der Kaiser war empört, übte öffentlich Richterschelte und stornierte die Königliche Loge. Über den öffentlichen kaiserlichen Tadel völlig verzweifelt, legte der Richter, der die Verfügung unterschrieben hatte, am Ende des Jahres sein Amt nieder.[26]

Noch größeren Tumult gab es in den bildenden Künsten. Wilhelm II., der sich für einen Kunstkenner hielt, liebte »erhabene Themen« aus Geschichte und Legende und die Darstellung des »Edlen, Schönen und Wahren«.[27] Die öffentliche Darstellung der Nacktheit in der Kunst wurde verboten. Besonders stolz war der Kaiser auf die »Siegesallee« hinter dem Brandenburger Tor mit ihren zweiunddreißig Monumentalstatuen deutscher Helden. Für den Platz vor dem Schloß gab er ein zehn Meter hohes Standbild Wilhelms I. in Auftrag.

Die avantgardistischen Maler und Bildhauer in Berlin hatten auch hier gänzlich andere Visionen. 1892 erregte eine Ausstellung des norwegischen Expressionisten Edvard Munch unter den Auspizien des offiziellen Kunstvereins das besondere Mißfallen der Zensur, und die umgehende Schließung wurde angeordnet. Der Kaiser hielt Munchs Werke für nichts weiter als »gewagte Klecksereien« und die Gemälde der Impressionisten und Expressionisten für nichts weniger als »sozialistisch-anarchistische Agitation«: Doch auch diesmal konnte die Obrigkeit sich nicht durchsetzen. Die Dissidenten gründeten eine private Künstlervereinigung, in der sie ihre Werke weiter ausstellten. Daraus entwickelte sich die Sezessionsbewegung, an deren Spitze Max Liebermann, Max Slevogt und Lovis Corinth standen; besonders aktive Mitglieder waren auch Heinrich Zille und Käthe Kollwitz, die in Berlin besonders große Popularität genossen.

Für Arthur, der sich mittlerweile der Literatur verschrieben hatte, war es herrlich, ausgerechnet in einer Zeit so aufregender Auseinandersetzungen in Berlin zu studieren. Besonders spannend waren das neueste Theater und zeitgenössische gesellschaftliche Themen in der Literatur überhaupt. Leidenschaftlich diskutierte er bis spät in die

Nacht mit gleichgesinnten Freunden über den Naturalismus, über Zola und Ibsen und Dostojewski. Doch auch Klassik und Romantik interessierten ihn, und 1893 legte er eine vielbeachtete Dissertation über die ersten deutschen Molière-Übersetzungen vor, welche den Glauben seines Mentors an seine besondere Begabung mehr als rechtfertigte.[28]

Da Arthur nach wie vor eine Universitätslaufbahn anstrebte, galt es nun, sich zu habilitieren. Vier Jahre arbeitete er unermüdlich an seiner Habilitationsschrift über das bürgerliche Drama.[29] Als sie 1898 erschien, fand sie in Fachkreisen ungewöhnliche Beachtung; der Siebenundzwanzigjährige galt jetzt als vielversprechender jüngerer Wissenschaftler. Trotz mancher Warnsignale glaubte Arthur immer noch, dieser Erfolg würde ihm an der Universität die Türen öffnen. Doch er sollte bald schrecklich enttäuscht werden. Statt des erhofften Rufs auf einen Lehrstuhl kam nun doch die Einsicht, daß er als ungetaufter Jude nie auch nur die geringste Chance gehabt hatte, seinen sehnsüchtigsten Traum zu verwirklichen.

Viele Jahre später konnte Arthur den entscheidenden Vorfall immerhin mit leicht gequältem Humor erzählen: »Als ich das Buch nach vierjähriger Arbeit meinem Gönner Erich Schmidt endlich überreicht hatte, nahm er es wohlwollend auf und mich selbst in ein freundschaftliches Verhör ... Die ganze Angelegenheit wäre vereinfacht – und ich muß schon die Frage an Sie stellen –, wenn Sie sich entschließen könnten ... Nein, Herr Professor, sagte ich, ich kann mich nicht entschließen! Darauf drückte er mir die Hand. Und mit der Professur war es vorbei.«[30]

Die Ablehnung war ein schmerzhafter Schlag, und Arthur war tief enttäuscht. Er hätte eigentlich damit rechnen müssen, denn ein wissenschaftliches Debüt konnte noch so brillant sein – angesichts der ebenso strikt eingehaltenen wie gesetzeswidrigen antisemitischen Personalpolitik der Hochschulen war es bedeutungslos. Nicht einmal ein Nobelpreis hätte Arthur einen Ruf auf einen Lehrstuhl eingebracht.[31]

Kaum hatte er sich mit dem Unabänderlichen abgefunden, stellte sich ihm die gleiche Frage, mit der sich jeder junge jüdische Akademiker damals auseinandersetzen mußte: Wie sollte es weitergehen?

Hatte sein alter Gymnasialdirektor doch recht gehabt? War die einzige Lösung ein freier Beruf – Journalist oder freier Schriftsteller ohne gesichertes Einkommen? Es war keine leichte Entscheidung, doch die moralische und finanzielle Unterstützung durch die Eltern ließ ihm wenigstens Zeit, in Ruhe darüber nachzudenken.

In dieser Situation verfiel Arthur auf denselben Gedanken wie viele andere begabte deutsche Juden vor ihm, als sie den Antisemitismus im eigenen Land richtig zu spüren bekamen – er ging auf Reisen, »als literarischer Handwerksbursche, der gewiß ist, Papier und Tinte überall zu finden«.[32]

Sein erstes Ziel war Frankreich. Von dort wollte er nach London, Amerika und Japan weiterreisen. Die Reise sollte lange dauern, ihm vielleicht dabei helfen, die Berliner Erfahrungen zu vergessen, ihn auf andere Gedanken bringen und neue Eindrücke vermitteln.

Was als Weltreise gedacht war, endete jedoch abrupt schon am ersten Aufenthaltsort, einem baskischen Dorf in den französischen Pyrenäen. Dort erreichte ihn ein bedeutungsvolles Telegramm der *Vossischen Zeitung*. Die Position des ersten Theaterkritikers dieses einflußreichen Blattes, die früher Theodor Fontane innegehabt hatte, war frei geworden, weil der bisherige Inhaber gerade zum Intendanten des Wiener Burgtheaters ernannt worden war. Arthur hatte mit seinem Buch doch größeren Eindruck bei den Intellektuellen gemacht, als ihm bewußt war. Man bot ihm, der noch keine dreißig war, diesen einflußreichen Kritikerposten an! Welche Ehre und was für eine Chance! Er griff sofort zu. »Ich ›habe mich habilitiert‹«, schrieb er triumphierend an seinen Vater, »nicht an der Universität, sondern stattdessen bei der *Vossischen*!«

5

Am 25. Oktober 1899 brachte die *Vossische* eine Kritik von Alphonse Daudets *L'Arlésienne* an der Königlichen Oper, die erste aus der Feder ihres neuen Theaterkritikers. Das Berliner Theaterpublikum merkte bald, daß hinter den Initialen A. E., die vierzehn Jahre lang unter dieser Rubrik stehen sollten, ein nachdenklicher und urteilssicherer neuer Beobachter der Berliner Bühnen steckte. Arthur, aus Berlin erst vor wenigen Monaten bedrückt und voller Ungewißheit über seine Zukunft geflohen, war als wichtige Figur im kulturellen Leben der Hauptstadt zurückgekehrt.

Jahre später erinnerten sich seine Freunde an diese seine Anfänge – ein frühreifer, aufrichtiger, unbestechlicher Dreißigjähriger, theaterbegeistert, von deutscher Kultur durchdrungen, ein sensibler Ästhet, gereift und weise schon über sein Alter hinaus.[33]

An dem schmächtigen, glattrasierten kleinen Herrn mit dem schütteren dunklen Haar fielen vor allem die lebhaften sanften braunen Augen und die typische Eloessersche Knollennase auf. Der stets konservativ-korrekt in einen dunklen Anzug gekleidete »Elo« war bald eine bekannte Figur bei den Theaterpremieren und in den Lieblingslokalen der Literaten – im Restaurant Schwarzes Ferkel in Berlin Mitte, im Victoria Ecke Friedrichstraße und Unter den Linden mit seinen Marmorböden und einem Dutzend schöner Gemälde und im Romanischen Café im Westen, wo sich Schauspieler, Schriftsteller und Künstler trafen, um über die neuesten Kunst- und Theatertrends zu reden oder von ihrem letzten Streit mit der Zensur zu erzählen, die immer noch die verknöcherten kulturellen Normen des Kaisers durchzusetzen versuchte. Man redete angeregt, aß und trank, und Arthur genoß seine Zigarren, obwohl die Lungenkrankheit, die ihm sein Leben lang zu schaffen machte, sich bereits bemerkbar machte.

Berlin war mittlerweile eine Weltstadt mit zweieinhalb Millionen Einwohnern. Das Leben hier war von hektischer Betriebsamkeit, die Stadt war sehr schnell gewachsen, und neue technische Errungenschaften beschleunigten das Tempo. Jedes Jahr kamen etwa eine Million auswärtige Besucher in die Stadt, stiegen in den vielen neuen Hotels und kleinen Pensionen ab und mischten sich auf den eleganten Einkaufsstraßen der Innenstadt und in den nahe gelegenen Cafés und Restaurants unter die Einheimischen. Letzter Schrei waren die neumodischen Stehrestaurants, wo bis spät in die Nacht reger Betrieb herrschte. Der Straßenverkehr war dicht und chaotisch. Anfang der neunziger Jahre waren fast 17 000 private Pferdekutschen und Fuhrwerke, 3178 Pferdedroschken und 255 Pferdeomnibusse amtlich registriert. Im Jahr vor Arthurs Rückkehr beförderte die Pferdebahn die Rekordzahl von 250 Millionen Passagieren durch die belebten Berliner Straßen; die Umstellung der öffentlichen Verkehrsmittel auf elektrische Straßenbahnen hatte allerdings bereits begonnen. Die Berliner Untergrundbahn war im Bau, und die ersten Automobile tauchten auch schon auf.[34]

Ein neues Jahrhundert dämmerte herauf, und Deutschland befand sich mitten in einer anhaltenden Wachstumsphase. Man zählte 56 Millionen Einwohner, das Streckennetz der Eisenbahn hatte sich in den letzten dreißig Jahren verdreifacht, und die Industrieproduktion expandierte rasch. Im Reich wurde jetzt mehr Stahl produziert als in England und mehr Kohle gefördert als in Frankreich und Belgien. Die deutsche Elektroindustrie gehörte ebenso wie die chemische und die feinmechanische zu den führenden der Welt. Von 1870 bis 1890 und im letzten Jahrzehnt des Jahrhunderts verdoppelte sich jeweils das Außenhandelsvolumen. Um die Jahrhundertwende lag es über dem Frankreichs, und als Exportnation machte Deutschland jetzt schon England auf dessen traditionellen Überseemärkten aggressiv Konkurrenz.

Der wirtschaftliche Fortschritt bedeutete für viele neuen Wohlstand. Im vergangenen halben Jahrhundert waren fast fünf Millionen Deutsche auf der Suche nach einem besseren Leben außer Landes gegangen, doch jetzt verebbte der Auswandererstrom zu einem kleinen Rinnsal. Das Pro-Kopf-Einkommen stieg, das städtische Bürgertum wurde zahlenmäßig immer stärker, und eine neue Klasse reicher Unternehmer und Fabrikanten florierte auf Kosten des verarmenden Landadels.[35]

Der Kaiser hatte »volle Fahrt voraus« als Parole für das nächste Jahrhundert ausgerufen. Das Schlagwort sollte unter anderem den Anspruch Deutschlands anmelden, jetzt auch als Seemacht anerkannt zu werden. Jedermann verstand die seemännische Metapher als nicht gerade versteckte Anspielung auf das soeben aufgelegte Schiffsbauprogramm. Denn der »Allerhöchste« wollte der mächtigen britischen Flotte unbedingt Konkurrenz machen und neue Kolonien in Übersee gewinnen.

Der politische Einfluß des Bürgertums war jedoch nicht seinem zunehmenden Reichtum und demographischem Anteil entsprechend gewachsen. Die Sozialstruktur blieb von rigiden Klassenunterschieden geprägt, und Deutschland war nach wie vor eine militarisierte Gesellschaft, in der traditionell eine kleine Gruppe von Adligen und hohen Verwaltungsbeamten die Macht ausübte. Die Verfassung war nach wie vor bestenfalls pseudodemokratisch.

Immer noch dominierte das Militär das öffentliche Leben. Das Hofprotokoll kannte fünfzig Rangstufen: Ein Feldmarschall hatte Vortritt vor einem Fürsten, ein Oberst vor dem Oberbürgermeister von Berlin, und ein schlichter Hauptmann rangierte immer noch vor dem Rektor der Universität, der auf der drittletzten Stufe stand.[36] Niemand genoß mehr Prestige und Ansehen als ein Gardeoffizier in seiner schmucken Uniform. Dem Kaiser waren Uniformen – seine eigene und die seiner Leute – überhaupt das Allerwichtigste; in den ersten sechzehn Jahren seiner Regierungszeit ließ er die Gardeuniformen nicht weniger als 37mal ändern.[37] Berlin war Sitz des Kriegsministeriums und des Generalstabs und Standort einer Garnison mit 22 000 Soldaten, darunter vierzehn Garde- und diverse andere Regimenter, Bataillone und Sondereinheiten. Uniformen waren allgegenwärtig. Ein Gardeoffizier, der außer bei genau festgelegten Anlässen in Zivil angetroffen wurde, hatte Bestrafung zu erwarten.

Den Berlinern wurde zwar zu Recht eine Neigung zur Respektlosigkeit nachgesagt, doch das herrschende Ethos – eine Mischung aus Militarismus, Patriotismus und Servilität – war auch hier klar zu erkennen. Bei einer Meinungsumfrage um die Jahrhundertwende wählten sie Feldmarschall von Moltke vor Kant und Schopenhauer zum »größten deutschen Denker«. Bei der Wahl des größten Deutschen des Jahrhunderts erhielt Bismarck siebenmal mehr Stimmen als jeder andere. Größter deutscher Held wurde Kaiser Wilhelm I., unter dem Deutschland zur führenden Kontinentalmacht aufgestiegen war. Zum größten Komponisten der Nation wurde Richard Wagner erkoren; der Herold deutscher Überlegenheit lief Beethoven, Mozart und Liszt den Rang ab, auf den fünften Platz kam Giacomo Meyerbeer.[38] Cosima, die Witwe des 1883 gestorbenen Richard Wagner, die Meyerbeer womöglich noch mehr verabscheute als ihr Mann, dürfte es geschaudert haben, als sie hörte, daß der kosmopolitische Jude immer noch als großer Deutscher galt.[39]

In der Silvesternacht 1899/1900 ließen sich die Berliner vom Streit über die Frage, ob das neue Jahr das letzte des alten oder das erste des neuen Jahrhunderts sei, nicht vom Durchfeiern abhalten. Die offiziellen Feiern waren wie üblich militärisch geprägt. Zur Begrüßung des neuen Jahrhunderts schoß die kaiserliche Feldartillerie massiv Salut, und am Neujahrsmorgen folgte einer Parade vor dem Zeughaus eine feierliche Fahnenweihe. Der Feldkaplan rief die Truppen dazu auf, auf »Schwert und Schild unter dem Kreuz« zu vertrauen, und der Kaiser seinerseits versprach der Marine feierlich seine bedingungslose Unterstützung im neuen Jahrhundert, auf daß das Deutsche Reich seinen ihm gebührenden Platz neben den anderen Nationen nun einnehmen könne.[40]

Für Arthur und die meisten Berliner Juden waren Soldaten, Paraden und Uniformen ein ganz alltäglicher Anblick. Sie selbst hatten mit dem Militär unmittelbar zwar weniger zu tun als andere Deutsche, waren aber genauso patriotisch und zufrieden damit, daß Deutschlands Stärke und Leistungen weithin anerkannt wurden.

Nur ein Prozent der deutschen Bevölkerung waren Juden; wie seit eh und je war ihr Anteil in den Großstädten höher, und Berlin zog sie seit langem ganz besonders an. Im ersten Jahrzehnt unseres Jahrhunderts gab es in Berlin 150 000 jüdische Einwohner, fünf Prozent der Gesamtbevölkerung. Sie spielten eine überproportional wichtige Rolle im Leben der Stadt; nirgendwo sonst im Reich waren die Juden so sichtbar und einflußreich wie in Berlin. Viele zogen wie die nichtjüdische bürgerliche Mittel- und Oberschicht in die neuen Wohngebiete im Westen der Stadt, und bald gab es in »Berlin W« ganze Viertel, in denen auffällig viele gutsituierte jüdische Geschäftsleute oder Freiberufler wohnten. Auch in den traditionell jüdischen Vierteln von Altberlin war das weniger assimilierte jüdische Proletariat nicht zu übersehen, das durch den stetigen Zustrom aus dem Osten laufend Zuwachs erhielt.

Der Antisemitismus war abgeebbt, als sich die Zeiten gebessert hatten, und viele Juden kamen jetzt deutlich voran. Für jedermann gab es viele Chancen, die ehrgeizigen und gut ausgebildeten unter ihnen hatten eine gute Ausgangsposition, und viele griffen entschlossen und erfolgreich zu. Die kommenden Jahre wurden nun die besten, die die Juden in Deutschland je erlebt hatten; das Land blühte, und die Juden prosperierten mehr als der Durchschnitt. In praktisch allen Bereichen außer im Staatsdienst brachten Juden es zu angesehenen Positionen. Im Rückblick sollten sie diese Jahre sehnsüchtig als ihre glücklichste Zeit bezeichnen: Die Welt schien friedlich, und es sah so aus, als hätten auch Juden und Christen endlich Frieden geschlossen.

Bei den Eloessers in Berlin, den Blumenthals in Oranienburg und in Arthurs intellektuellem Umkreis herrschte Optimismus. Der Religion entfremdet, vergaßen oder ignorierten viele nur allzu gern, daß es in Deutschland immer noch eine Judenfrage gab; allenfalls meinte man, sie würde sich bald in Wohlgefallen auflösen.

Vorläufig schien das aggressive Motto des Kaisers für das 20. Jahrhundert durchaus treffend. Man lebte in Wohlstand und Bequemlichkeit, Deutschland wurde immer moderner, und die Juden wirkten bei der Modernisierung mit und gehörten dazu. Im kulturellen Leben waren sie überdurchschnittlich stark vertreten, und viele spielten – wie Arthur – eine einflußreiche Rolle. In ihrem Selbstverständnis waren sie keine Außenseiter mehr; Jude zu sein, bedeutete jetzt eine Normalität, so meinten sie.

Unter den begeistertsten Kunstfreunden der Stadt waren viele Juden, und man sah auffallend viele im Konzert und im Theater. In den Medien, der Literatur, der bildenden Kunst und auf der Bühne spielten Juden ein aktive und prominente Rolle. So prägte die meist liberale und avantgardistische jüdische Elite das kulturelle Leben Berlins viel stärker, als ihre Zahl erwarten ließ.

Dabei handelte es sich um eine zwar unbeabsichtigte, aber logische Konsequenz aus früherer Diskriminierung. Arthur – hoch gebildet, doch immer noch von der Welt der Universität ausgeschlossen – war einer der vielen Juden, die in die freien Berufe gedrängt worden waren, wo die Begabtesten jetzt Schlüsselpositionen innehatten. Auch bei der *Vossischen Zeitung* war Arthur nicht der erste Jude in dieser einflußreichen Position. Sein Vorgänger war sein Freund Otto Brahm, der seinen ursprünglichen Namen Abrahamsohn verkürzt und die Freie Bühne gegründet hatte. Jetzt war er am Lessing-Theater, wo einst ein anderer Jude, der »Eiserne Oskar« Blumenthal geherrscht hatte, einer der bekanntesten Berliner Intendanten. Brahm seinerseits holte den jungen Juden Max Reinhardt nach Berlin, und es gab niemanden, der größeren Einfluß auf das Berliner Theater hatte als er. Auch unter den Gründern des Deutschen Theaters waren Juden, und jüdische Theaterkritiker aus Arthurs Kreisen hatten in Berlin durchaus ein Wörtchen mitzureden.

Noch präsenter waren die Juden im kräftig aufstrebenden Presse- und Verlagswesen. Die Zeiten, als es nur eine Handvoll langweiliger halbamtlicher Organe gegeben hatte, die überwiegend die Interessen des Adels vertraten, waren längst vorbei. In den letzten dreißig Jahren hatte sich die Zahl der Zeitungen verdreifacht, und die Berliner hatten jetzt die Wahl zwischen nicht weniger als dreißig Morgen- und zehn Abendzeitungen; rund fünfzig weitere Blätter gab es in den Vororten.[41] Berlin war zur Zeitungsstadt par excellence geworden, und jüdische Unternehmer hatten als erste erkannt, daß sich Geld verdienen und Einfluß gewinnen ließ, wenn man den Nachrichten- und Unterhaltungsbedarf der gebildeten Hauptstädter befriedigte.

Der Journalismus war für Juden wie geschaffen, konnte man hier doch Geschäftssinn und Risikobereitschaft mit intellektuellen Interessen verbinden. Juden hatten anscheinend ein besonderes Geschick dabei, Zeitungen am Publikumsgeschmack auszurichten. Einer der Pioniere war Rudolf Mosse, der Sohn eines Landarztes aus der Provinz Posen und ein engagierter Liberaler. Er hatte als Verleger bereits ein kleines Vermögen gemacht, als er 1871 auf den Gedanken kam, das Nachrichten- mit dem Anzeigengeschäft zu verknüpfen, und mit dem *Berliner Tageblatt* seine erste Zeitung gründete. Bis zur Jahrhundertwende hatte Mosse dank seines Organisationsgenies beim Anzeigenverkauf und seiner glücklichen Hand bei der Einstellung von Mitarbeitern ein riesiges Familienimperium aufgebaut, zu dem ein halbes Dutzend Morgen- und Abendzeitungen sowie mehrere Edelpublikationen gehörten, darunter auch die jüdische *Allgemeine Zeitung*. Mosse wurde ungeheuer reich; 1911 war er nach dem Kaiser und dem geadelten jüdischen Geschäftsmagnaten Fritz von Friedländer-Fuld der drittreichste Mann in Berlin.[42]

Ein anderer politisch engagierter Jude war Leopold Ullstein, der ein nicht weniger bedeutendes Presse- und Verlagsimperium schuf.

Er besaß schließlich sogar mehr Zeitungen als Mosse – darunter auch Berlins wichtigste bebilderte Wochenzeitung, die *Berliner Illustrirte* – und expandierte dann auch ins Druckerei- und Buchgewerbe. Wie Mosse war Ullstein nicht nur ein begabter Geschäftsmann mit großem Organisationstalent, sondern auch ein engagierter Liberaler. Als die nie profitable *Vossische Zeitung* in ernsthafte finanzielle Schwierigkeiten geriet, kaufte Ullstein das Prestigeblatt – was Arthur Eloesser gar nicht gefiel, fürchtete er doch, nun werde die Qualität Ullsteins Interesse an den Bilanzen geopfert werden.

Tatsächlich war nur einer der »Großen Drei«, der Berliner Medienzaren, kein Jude, nämlich August Scherl. Er kontrollierte eine Reihe wichtiger Tageszeitungen, darunter den auf den Massengeschmack ausgerichteten *Lokalanzeiger*. Die drei Zeitungsimperien machten einander heftig Konkurrenz, wobei Scherls Blätter konservativer und weniger politisch waren. Viele Journalisten, Autoren, Kommentatoren und Kritiker waren Juden mit eher liberalen politischen und gesellschaftlichen Ansichten.

Die Tatsache, daß in den unabhängigen Zeitungen so viele Juden tätig waren, war dem Kaiser und dem Establishment ein Dorn im Auge. Wilhelm II. selbst las selten etwas anderes als eine Wochenzeitung, die über das Militär und die Fürstenhäuser berichtete.[43] Natürlich herrschte auch kein Mangel an speichelleckerischen Journalisten, die den Kaiser mit Schmeicheleien überschütteten und auch noch seine dubiosesten Äußerungen in ein möglichst gutes Licht rückten. Der Monarch fand das ebenso herrlich, wie er die liberale Presse fürchtete und verabscheute. Deren Journalisten, sagte er einmal, seien nichts weiter als »Hungerleider« und »degenerierte Gymnasiasten«.[44] Alles, was sich nach Kritik an seiner allerhöchsten Person anhörte, war tabu. Jahr für Jahr wurden wegen angeblicher Majestätsbeleidigung – eine unverzeihliche Sünde – bis zu 600 Personen vor Gericht gezerrt. Die Grenzen des noch Erlaubten waren unscharf; manchmal konfiszierte die Zensur eine ganze Auflage, und es kam auch gar nicht so selten vor, daß Redakteure und Autoren kollektiv festgesetzt wurden. Wurden sie dann nicht verurteilt, so tobte der Kaiser; einmal sorgte er für die umgehende Entlassung eines Richters, der einen Angeklagten freigesprochen hatte.

Gardeoffizieren war es streng verboten, die liberale Presse zu lesen. Gegenüber seinem Onkel, dem englischen König Edward VII., prahlte Wilhelm II. einmal: Die Presse habe hier keinen Einfluß, denn er sei der alleinige Herr der deutschen Politik.[45] Das war bestenfalls nur die halbe Wahrheit, denn seine Beamten konnten die Journalisten zwar schikanieren oder ignorieren, sie aber ebensowenig wirklich zum Schweigen bringen, wie sie die Kunst- und Theaterszene durchgreifend kontrollieren konnten. Den Prahlereien des Kaisers zum Trotz hatten nämlich einige Zeitungen und einzelne Journalisten einen ganz beträchtlichen Einfluß. Keiner war unbezähmbarer, keiner wurde mehr gelesen als Maximilian Felix Ernst Harden (eigentlich Witkowski), der in keiner Darstellung des Berliner Journalismus dieser Zeit fehlen darf.

Harden war der bedeutendste Polemiker der wilhelminischen Zeit, hoch begabt und völlig unabhängig, ein geborener Redner und politischer Essayist. Mit seinen gnadenlosen Attacken auf die Monarchie und Kaiser Wilhelms Freunde, trieb er den Kaiser zu Wutanfällen. Einmal beschimpfte er Harden als einen ekelhaften, dreckigen jüdischen Teufel, als eine giftige Kröte, herausgekrochen aus dem Schlamm der Hölle.[46]

Die Zukunft, Hardens vielgelesene Zeitschrift – er war Herausgeber, Chefredakteur und wichtigster Autor in einem –, nahm die Schwächen und Marotten der Entourage des Kaisers in gnadenlosem Hohn aufs Korn. So wichtig Hardens Rolle als Journalist auch war, noch interessanter ist seine Erscheinung als typischer assimilierter Jude seiner Zeit.

Seine Familie wollte einen Geschäftsmann aus ihm machen, doch wie Heine hatte er dagegen rebelliert und war seinen eigenen Weg gegangen, zunächst mit einer Schauspielergruppe. Später ließ er sich taufen und nahm mit einem neuen Namen auch eine andere Identität an. Seine Liebe zum Theater ließ ihn eine Zeitlang Theaterkritiker werden, und auch bei der Gründung der Freien Bühne und des Deutschen Theaters hatte er seine Hand im Spiel. Weil er gerne eine Rolle in der Politik gespielt hätte, bot er dem Kaiser seine Dienste an, wurde aber brüsk zurückgewiesen. Daraufhin begann er als Vertrauter des entlassenen Bismarck einen lebenslangen Kampf gegen die Privilegien der Monarchie und für das parlamentarische System.

In seiner 1892 gegründeten Zeitschrift, die ihn schließlich auch zum reichen Mann machte, griff er alle und jeden an – nicht nur die erzkonservative Oberschicht, sondern auch die Liberalen, darunter auch viele Juden, von denen er meinte, sie seien dem Establishment gegenüber zu versöhnlich und anpasserisch. Auch Sozialdemokraten, Zionisten und alle möglichen anderen verschonte er nicht mit Kritik. Manche erhoben sogar den Vorwurf des Antisemitismus gegen ihn. Wegen seiner Angriffe auf die Krone kam er mehrmals ins Gefängnis, doch einschüchtern ließ er sich nie. Den Höhepunkt seines Ruhms erreichte er, als er bei einigen der engsten Freunde des Kaisers laxe Sitten und homosexuelle Eskapaden aufdeckte.

Unter den Journalisten, die den Mut hatten, das Establishment zu bekämpfen, war Harden viele Jahre lang der prominenteste, unerbittlichste und exponierteste. Die einen feierten ihn als Helden und furchtlosen, unabhängigen Kämpfer gegen den Mißbrauch von Privilegien, für die anderen symbolisierte sein Name die Übermacht der Juden in der Presse, diesem als Ärgernis beargwöhnten Medium, in dem die Tradition nicht verherrlicht, sondern in den Schmutz gezogen werde.

6

Selbst in diesen guten Zeiten waren die Führer der Juden weiterhin voller Besorgnisse und Befürchtungen. »Woher kommt Risches?«[47] fragte die *Allgemeine*, kaum daß die heftige antisemitische Welle der frühen neunziger Jahre abgeklungen war, wieder einmal in einem Leitartikel – eine altbekannte, endlos erörterte Frage, die in dem Blatt öfters zur Sprache gebracht wurde.

Antisemitismus, so meinte der Verfasser, werde nicht dadurch ausgelöst, daß Juden ihren Glauben frei und offen praktizieren. Wer sich vom Glauben distanziere oder wem es peinlich sei, sein Judentum zuzugeben, der sei ebenso auf dem falschen Weg wie derjenige, der zuviel Angst habe, um üblen antijüdischen Verleumdungen energisch entgegenzutreten. Etwas ganz anderes sei es dagegen, sich im Alltag aufzuspielen. Die *Allgemeine* warnte ihre Leser vor »aufdringlichem

Verhalten« und Angeberei; ein etwas bescheideneres Auftreten sei am besten. Maximilian Harden war in dieser Hinsicht sicher kein Vorbild, dem man nacheifern sollte.

Eine Generation früher hatte auch Louis Blumenthal immer wieder gesagt, ein Jude sei gut beraten, nicht allzuviel Aufmerksamkeit zu erregen. Diese Ansicht wurde von vielen geteilt, doch praktisch war es für Angehörige der jüdischen Minderheit auch beim besten Willen gar nicht so einfach, unauffällig zu leben. In den Städten wuchs ihre Zahl, in der Kunst, auf dem Theater, in der Publizistik und im Wirtschaftsleben war ihre herausragende Stellung mittlerweile offensichtlich. Um 1870 hatten noch vier von fünf Juden auf dem Land oder in der Kleinstadt gelebt, doch nur dreißig Jahre später lebten sechzig Prozent bereits in den Großstädten. In Berlin hatte sich der jüdische Bevölkerungsanteil in vierzig Jahren verdreifacht. Die früher geltenden Einschränkungen hatten dazu geführt, daß es in einigen wenigen, aber wichtigen und sichtbaren Bereichen besonders viele Juden gab, was wiederum die Öffentlichkeit in der Meinung bestärkte, sie hätten große Macht und Einfluß, und Neid und Ressentiments auslöste. Ein Historiker spricht hier zutreffend von ihrer »Last des Erfolges«.[48]

Arthurs Karriere war ein gutes Beispiel. Seine Berichte über die Berliner Theaterszene wurden viel gelesen, und der Name Eloesser galt etwas in der intellektuellen Szene. Er schrieb zwar über alle Neuinszenierungen, doch es war klar, daß sein Herz den neueren, progressiveren Stücken gehörte, die sich mit den Problemen des modernen Lebens befaßten und der Obrigkeit ein Dorn im Auge waren. Und der Mann war obendrein noch Jude! Das Berliner Theater übe einen bösen Einfluß auf die Moral der Stadt aus. Es sei in Mode gekommen, alles, was dekadent und pervers sei, zu bejubeln, klagte ein Konservativer in der *Berliner Illustrirten* und wies darauf hin, daß das Stück *Die Herren vom Maxim*, das derzeit in Otto Brahms Lessing-Theater gegeben wurde, in einem Freudenhaus spiele. Schlimmer noch, lamentierte er, es habe schon über hundert Aufführungen gegeben, alle vor ausverkauftem Haus![49]

Traditionalisten und Progressive lagen im Streit, und Arthur war nicht der einzige Jude, den erstere aufs Korn nahmen. Von den dreizehn besten und einflußreichsten Berliner Theaterkritikern waren nicht weniger als elf Juden. Ein Grund dafür ist wohl darin zu sehen, daß in manchen jüdischen Familien die jungen Leute dazu ermutigt wurden, nicht »das einzige zu tun, wofür man die Juden früher ausgebildet hatte«, wie Arthur einmal sagte, also Geschäftsleute zu werden. Es ist überhaupt nicht verwunderlich, daß angesichts solcher Zahlen und der vielen – häufig liberal gesinnten – jüdischen Zeitungsbesitzer in offiziellen Kreisen immer häufiger von der Berliner »Judenpresse« die Rede war.

Bei den Anwälten und den Ärzten war die Lage ganz ähnlich. In diesen beliebten akademischen Berufen waren Juden so überrepräsentiert, daß die *Allgemeine* sich immer wieder zu dem Hinweis bemüßigt fühlte, schließlich handle es sich dabei um den »einzigen sicheren Hafen für die jüdische Intelligenz«.[50] Die Zahlen waren erstaunlich. Jeder zehnte deutsche Jurastudent war Jude, und da Juden immer noch nicht auch nur die geringste Chance hatten, außer auf der untersten Ebene Richter oder Staatsanwalt zu werden, ließen immer mehr sich als Anwälte nieder. Waren zu Beginn der achtziger Jahre noch sieben Prozent aller Anwälte in Preußen Juden gewesen, so waren es fünfundzwanzig Jahre später bereits 27 Prozent und in den Großstädten noch mehr. Als Hitler an die Macht kam, war in Berlin fast jeder zweite Anwalt Jude, und in Frankfurt am Main und Breslau war es ähnlich.[51]

Da die Geburtenrate bei den Juden niedriger war als bei den Christen, ging der jüdische Bevölkerungsanteil in Deutschland sogar zurück und fiel nach der Jahrhundertwende auf weniger als ein Prozent – was den überproportional hohen Anteil jüdischer Juristen und Mediziner nur um so auffälliger machte. Zehn Prozent der deutschen Ärzte waren Juden, doch in Berlin war schließlich mehr als jeder dritte praktizierende Arzt Jude. Einige von ihnen wurden weltberühmt. Zwar brachten nur sehr wenige es zu einer Professur an einer medizinischen Fakultät, doch viele leisteten in Laboratorien und Forschungsinstituten einen wichtigen Beitrag zum Fortschritt der deutschen Medizin, die vor dem Ersten Weltkrieg Weltgeltung besaß,[52] nicht ohne sich damit auch Neid und Ressentiments des einen oder anderen nichtjüdischen Kollegen einzuhandeln.

Unternehmungsgeist und Energie der Juden manifestierten sich unübersehbar auch auf anderen Gebieten. Vor allem im Einzelhandel und in der Bekleidungsbranche, der größten Industrie der Stadt, spielten Juden eine tonangebende Rolle. In beiden Bereichen gab es revolutionäre Neuerungen, und Juden standen dabei in vorderster Front. Der letzte Schrei im Handel waren riesige Kaufhäuser – glitzernde Wunderwerke der Architektur, zu denen die Berliner zu Tausenden strömten, um einzukaufen oder die aufwendigen Schaufensterdekorationen zu bestaunen. Für Wertheim an der Leipziger Straße oder das imposante Kaufhaus der Gebrüder Tietz am Alexanderplatz war Unauffälligkeit natürlich ebenso undenkbar wie für das Kaufhaus N. Israel. Dessen Gründer hatte schon in den Tagen Friedrich Wilhelms III. mit Seide, Stickereien, Spitzen und französischen Tuchen gehandelt, und seine Erben hatten aus dem Betrieb mittlerweile eines der größten und bekanntesten Kaufhäuser in Berlin gemacht; für N. Israel nähten über zweitausend Schneiderinnen und Schneider!

Höchstwahrscheinlich wußten viele Berliner gar nicht, daß die Eigentümer der wichtigsten Kaufhäuser in der Stadt Juden waren, und es dürfte ihnen auch ziemlich egal gewesen sein. Doch Tausende kleiner Ladenbesitzer und Kaufleute, die in Schwierigkeiten geraten waren, wußten es sehr wohl oder wurden von Agitatoren darauf hingewiesen, die den jüdischen Häusern die Schuld an der schwierigen wirtschaftlichen Lage der kleineren Geschäfte gaben.

Die Berliner Konfektionsbranche war fast vollständig in jüdischer Hand. In den Straßen der Innenstadt, wo auch das florierende Geschäft der Eloessers lag, gab es Hunderte größerer und kleinerer jüdischer Fabrikanten und alle möglichen Groß-, Einzel- und Zwischenhändler, die die Kaufhäuser und den großen Exportmarkt belieferten.[53] Allein im Mantelgeschäft waren der *Berliner Illustrirten* zufolge in dreihundert Fabriken 50 000 Arbeitskräfte beschäftigt; es hieß, daß jedes Jahr über zweitausend Einkäufer aus dem Ausland zu Geschäften nach Berlin kamen.[54] Der Berliner Stil sei ja schön, hieß es in dem Artikel, und die Geschäfte liefen glänzend, aber man frage sich doch, weshalb in dieser Branche einige wenige reich würden, während die vielen Arbeiter für so wenig Lohn so lange schuften müßten. Daß die meisten Eigentümer Juden waren, wurde zwar diesmal nicht ausgesprochen, doch andere taten das oft und gerne.

Auch in anderen alten und neuen Branchen war die prominente Rolle der Juden unverkennbar. Fast die Hälfte der deutschen Privatbanken war in jüdischer Hand, und bei den meisten anderen Banken hielten Juden größere Anteile oder saßen zumindest im Vorstand. Eine Handvoll Juden gehörten zu den prominentesten und einflußreichsten Industriellen des Kaiserreichs: Emil Rathenau, der mit Thomas Edison befreundet war und mit seiner Allgemeinen Elektricitäts-Gesellschaft, der AEG, Deutschland elektrifizieren half; Albert Ballin, auf dessen Werft ein Teil der Flotte des Kaiserreichs gebaut wurde; James Simon, ein reicher Bankier, Kunstmäzen und Philanthrop; Carl Fürstenberg, der Bankier, der in mehr Aufsichtsräten saß als irgendein anderer, und einige andere. Dies waren die »Kaiserjuden«, deren Leistungen und Wissen sogar Wilhelm II. anerkannte und respektierte. Gelegentlich bat er sie auch zu sich, um ihren Rat einzuholen.

Der Lebensstandard in Deutschland stieg zwar, lag aber immer noch unter dem englischen. Landarbeiter und Proletarier in den Berliner Arbeitervierteln führten ein armseliges Leben und lebten oft im Dreck, während Handwerker, Kleinbürger und kleine Beamte jeden Pfennig umdrehen mußten. Auch bei den Juden gab es Armut, doch im Durchschnitt ging es ihnen ersichtlich besser. In Berlin und anderen Großstädten bildeten die neue jüdische Akademikerschicht und erfolgreiche Geschäftsleute einen wichtigen Teil der oberen Mittelklasse. In Hamburg gehörten 27 Prozent der jüdischen Steuerzahler zur obersten Steuerklasse, in Breslau 15 Prozent, und in Berlin stammte ein Drittel des gesamten Steueraufkommens von Juden. Immer mehr Juden, die es zu etwas gebracht hatten, zogen in die schönen neuen Mietshäuser, die um die Jahrhundertwende im grünen Westen Berlins gebaut wurden. Da sie oft nah beieinander wohnten, war die konzentrierte Anwesenheit der Juden in Berlin nun nicht nur finanziell, sondern auch topographisch leicht zu erkennen.

Viele Juden lebten also jetzt sorgenfrei im Wohlstand, und einige waren außerordentlich reich geworden. Zusammen mit den Erben des »alten« jüdischen Geldes aus vorindustriellen Tagen gehörten diese superreichen Juden eindeutig zu den reichsten Deutschen der Vorkriegszeit. In Hessen-Nassau waren zwölf der zwanzig größten

Steuerzahler Juden. In Berlin hatten die Mosses mit ihrem Verlagsimperium ein fabelhaftes Vermögen von fünfzig Millionen Mark angehäuft, und die Tietz und die Wertheims brachten es auf jeweils knapp zehn Millionen. Man schätzt, daß um 1910 elf der 25 reichsten Deutschen jüdische Vorfahren hatten, und daß von den reichsten Bürgern Preußens über ein Viertel, nämlich 55, Juden waren.[55]

Oberflächlich gesehen war der Fortschritt, den viele Juden gemacht hatten, ein Grund zum Optimismus. Doch unter der Oberfläche wuchsen bereits die Kräfte heran, die eine Gefahr für die Juden darstellten – der seltsame Reiz, den abstruse Rassentheorien auf Deutsche ausübten, aber auch der deutsche Imperialismus, der dem Militarismus und Chauvinismus Vorschub leistete.

7

Zum stärkeren Selbstbewußtsein der Juden hatte aber auch eine andere neuere Entwicklung beigetragen – die Tatsache, daß sie gelernt hatten, sich zur Wehr zu setzen. Als sich Anfang der achtziger Jahre die Angriffe gegen sie verschärft hatten, waren die meisten Juden zu verstört und zu verängstigt gewesen, um reagieren zu können, und das jüdische Establishment war weitgehend passiv geblieben. Eine jüdische Zeitung hatte zu »verächtlichem Schweigen« geraten, mit der Begründung, daß öffentliche Reaktionen nur Öl ins Feuer gießen würden. Schließlich jedoch gingen die Führungspersönlichkeiten der Juden dazu über, ihre Interessen aktiver zu vertreten. 1893 gründeten sie den »Centralverein deutscher Staatsbürger jüdischen Glaubens«. Der C.V., wie man ihn nannte, wurde zum offiziellen Sprachrohr der deutschen Juden, bezog Stellung und betonte oft und energisch ihre Staatstreue: Wir wollen Deutsche sein und doch Juden bleiben, erklärten die Gründer: wahre und loyale Bürger und unerschütterlich in unserem jüdischen Glauben.[56]

Parallel dazu schlossen sich die jüdischen schlagenden Verbindungen 1896 zum »Kartell-Convent der Verbindungen deutscher Studenten jüdischen Glaubens« (K. C.) zusammen, einem Dachverband, der es sich zum Ziel setzte, den Patriotismus der Studenten unter Beweis zu stellen und ihre Ehre gegen den Vorwurf zu verteidigen, Juden seien zum Kämpfen zu feige. Wir stehen fest auf dem Boden eines deutschen Patriotismus. Wir sind untrennbar mit dem deutschen Vaterland verbunden. Wir werden allzeit bereit und fähig sein, die politischen und gesetzmäßigen Rechte der Juden zu verteidigen – so versprach der K. C. Angesichts der Behauptung, sie seien fade Schwächlinge, waren die Studenten bereit zu zeigen, daß in körperlicher Tüchtigkeit und Tapferkeit jedes Mitglied ihrer Verbindung jedem christlichen Kommilitonen nicht im geringsten nachstehe.[57]

Die Gründung eines «Vereins zur Abwehr des Antisemitismus« durch eine Gruppe nichtjüdischer politischer Aktivisten war eine weitere willkommene Entwicklung. Dennoch gelang es den meisten Juden nicht, ihre tiefsitzende Nervosität und Unsicherheit ganz zu überwinden. Die jahrelangen Schmähungen hatten ihnen seelische Wunden geschlagen, die nicht so schnell verheilten. Obwohl es ihnen wirtschaftlich gutging, ihr Selbstbewußtsein wuchs und jeder seine individuelle Strategie verfolgte, um Status und Ansehen zu gewinnen, waren sich die meisten doch ihrer Identität nicht wirklich sicher.

Im ersten Jahrzehnt des neuen Jahrhunderts ließen sich nur relativ wenige Juden taufen; die Zahl der Mischehen nahm jedoch zu. Dies beunruhigte die Führung, die die Frage immer wieder thematisierte. Wir können nicht gewinnen, beklagte sich die *Allgemeine* bitter: Abtrünnige aus dem jüdischen Lager schadeten gleich doppelt, weil ihr Beitrag zum deutschen Leben nicht länger als jüdisch betrachtet werde, während ihre angeblichen Missetaten nach wie vor als jüdisch verurteilt würden.[58]

Offizielle Austritte aus der Gemeinde wurden bei den jungen Leuten häufiger, doch auch bei vielen, die weder »die Seiten wechselten« noch aus der Gemeinde austraten, wurde die Bindung ans Judentum schwächer. Gelegentlich mußten Rabbiner und Lehrer entlassen werden, weil die Mittel nicht mehr ausreichten und es zu wenige Schüler gab. Zum Trost gab es immer noch die vollen Herzen edelmütiger Juden, die zum Wohlstand beitrügen und für Waisenhäuser, Hospitäler und alte Menschen sorgten. [59]

Dennoch klagte die *Allgemeine*: »Am Sonnabend sind die Synagogen leer.«[60]

Die große Mehrzahl der Juden blieb jedoch zumindest nominell ihrem Glauben treu, auch wenn ihr Interesse an der Religion gering war. Manchen war ihr Judentum peinlich, manche waren stolz darauf, viele ignorierten das Problem überhaupt und bemühten sich, wie Deutsche zu leben. Sie machten sich nichtjüdische Einstellungen und Wertvorstellungen zu eigen, paßten sich in Auftreten und Ausdrucksweise ihren christlichen Nachbarn an und gingen sogar so weit, wie diese gewisse »unglückliche« jüdische Züge und Angewohnheiten zu beklagen. Manche beispielsweise stellen besorgt fest, sie sähen zu jüdisch aus. Ihr Schönheitsideal war der blonde, blauäugige nordische Typ, und semitische Züge galten ihnen als weniger wünschenswert. Die meisten vermieden es, ihren Kindern jüdische Vornamen zu geben und nannten sie lieber Siegfried, Hellmuth oder Werner, Elfriede oder Ursula. Die Kinder wurden angehalten, »jüdische Manieren« zu vermeiden; darunter verstand man Angeberei, lautes Reden, heftiges Gestikulieren und Mangel an Selbstbeherrschung.

Eben deshalb fürchteten und verachteten die deutschen Juden auch ihre erst vor kurzem zugereisten polnischen und russischen Glaubensgenossen, deren Auftreten und Ausdrucksweise den negativen Klischees allzu nahe kamen, die zu vermeiden sie selbst sich so große Mühe gaben. Wenn im *Simplicissimus* verzerrte Karikaturen des »typischen Juden« erschienen – unattraktiv und aufdringlich, mit semitischen Gesichtszügen, geldgierig und gesellschaftlich ambitioniert –, dann stimmten viele Juden in das allgemeine Gelächter ein, während sie innerlich zusammenzuckten. Gar nicht so selten übernahmen sie dieses Bild und rissen selbst bemüht Witze über diese »typischen Juden«, während sie es gleichzeitig darauf anlegten, möglichst nicht mit ihren undeutschen, nicht assimilierten Vettern in Verbindung gebracht zu werden.

Daß sie damit in eine Falle gegangen waren, war den meisten überhaupt nicht bewußt. Als Arthur, diesem sensiblen und intelligenten Mann, klar wurde, daß die Juden nichts anderes gelernt hatten, als Geld zu verdienen, ergriff er einen nicht kommerziellen Beruf, bei dem es um deutsche Kultur ging. Diese Abwendung von einem »jüdischen Beruf« basierte auf dem Widerhall nichtjüdischer Wertvorstellungen und Vorurteile in den Tiefen seiner Psyche. Selbst als er später von den Nazis Berufsverbot erhielt, nirgends mehr publizieren konnte außer in einem jüdischen Blatt und sich seines Judentums viel bewußter war, erinnerte er sich immer noch an seinen Lieblingsonkel: »Schön wie der bayerische König« sei der gewesen, stolz, ritterlich und ein tapferer Kämpfer, der nach bester ostpreußischer Art bravourös »raufen und saufen« konnte – eine herzliche und bewundernde Charakterisierung, die aber immer noch dieselbe Einstellung zeigt.[61]

Wertvorstellungen und Ansichten waren eine Sache, spezifische Verhaltensweisen, um in der Welt der Christen akzeptiert zu werden, eine andere. Viele deutsche Juden gaben sich große Mühe – manche zu viel Mühe –, es richtig zu machen. Ganz oben auf der Sozialskala gab es die reiche Elite, die durch die üppige Bewirtung prominenter christlicher Gäste Zutritt zu den höchsten Kreisen der Gesellschaft zu erlangen suchte. Manche Nichtjuden akzeptierten diese Gastlichkeit aus wirklicher Freundschaft oder echtem Interesse, andere eher, weil sie sich davon nützliche finanzielle Verbindungen versprachen oder sich Einfluß und Macht des Gastgebers zunutze machen wollten. Manche waren wohl einfach nur neugierig und genossen das gute Essen, den Champagner und die Kunstwerke an den Wänden. Das hieß aber noch lange nicht, daß sie Juden als ihresgleichen akzeptierten. Schließlich fand sogar der Kaiser es nützlich, seine »Kaiserjuden« ab und zu zum Tee einzuladen, und fand auch nichts dabei, sie um eine Spende für eines seiner Lieblingsprojekte anzugehen.

Die gesellschaftliche Kluft und die Widersprüche blieben aber auch in den guten Zeiten erhalten, ob die Juden sich darüber nun im klaren waren oder nicht. So wie der Kaiser Umgang mit den Kaiserjuden pflegte, sich aber gleichzeitig an Traktaten begeisterte, in denen die germanische Rasse verherrlicht und die Juden diffamiert wurden, ebenso besuchte der Adel leicht verlegen, aber neugierig jüdische Salons, ohne deshalb seine grundsätzlichen antijüdischen Vorurteile abzulegen. »Man muß sich bei anderen Nichtjuden entschuldigen, wenn man eine jüdische Einladung annimmt«, zitierte Charles Huret, ein französischer Journalist, in einem Bericht über das gesellschaftliche Leben in Berlin einen deutschen Adligen. Ein anderer erklärte ihm, er gehe zwar hin, ziehe aber dort niemals die Handschuhe aus.[62]

Nichts zählte in Deutschlands hierarchischer Gesellschaft, besonders in Preußen, mehr als ein Titel. Da die Erhebung eines Juden in den erblichen Adelsstand praktisch undenkbar war, waren die Titel Kommerzienrat oder gar Geheimer Kommerzienrat – KR oder GKR – bei prominenten jüdischen Bankiers und Geschäftsleuten besonders begehrt. Diese Ehrentitel konnten im Geschäftsleben manche Türen öffnen, signalisierten sie doch, daß der Träger ein beträchtliches Vermögen angehäuft hatte, seine Anliegen ernst zu nehmen waren und weniger ausgezeichnete Geschäftspartner und normale Sterbliche – Hotelbesitzer und Oberkellner beispielsweise – ihm gebührende Hochachtung schuldeten. Vor allem aber bedeuteten diese Titel Anerkennung und Prestige, was viele Juden mehr als alles andere ersehnten, weshalb sie auch alle Hebel in Bewegung setzten, um einen dieser Titel zu bekommen. Das ging so weit, daß Minister und hohe Beamte mit schöner Regelmäßigkeit darüber klagten, der stärkste und unnachgiebigste Druck, auf die offizielle Liste gesetzt zu werden, komme von Juden. Anfang des Jahrhunderts wurde jeder fünfte bis sechste KR und GKR an einen Juden verliehen – was nicht nur ihren Hunger nach Anerkennung, sondern auch ihre Prominenz auf einer Reihe von Gebieten beweist.

So gab es in den Jahren vor dem Ersten Weltkrieg viele äußere Anzeichen dafür, daß die deutschen Juden nun endlich in das Leben der Deutschen integriert wurden, doch unter der Oberfläche blieben sie immer noch Außenseiter. »Der deutsche Antisemitismus«, meinte Huret, ein sehr genauer Beobachter, in einem seiner Berichte aus Berlin, werde zwar nicht mehr offiziell gebilligt, sei jetzt »indirekt, passiv und unter der Oberfläche – bleibt aber nicht weniger real«. Er kam zu dem Schluß, das alte Ghetto sei ersetzt worden durch »›moralische Schranken‹, die sich auf jeder Ebene anders manifestieren, je nachdem gegen welche Gruppe [von Juden] sie errichtet wurden«.[63]

Politischen Antisemiten ging es vor allem um den Gegensatz zwischen deutschem Nationalismus und jüdischem Internationalismus. Preußische Agrarier begegneten jüdischen Kapitalisten und Bankiers mit einer wirtschaftlich motivierten Feindseligkeit, während Kleinbürger sich über die Konkurrenz aufregten, die jüdische Kaufleute ihnen machten. Huret fiel auf, wie breit die Palette der Klagen war.

Die eine sagten, Juden würden schlecht riechen, hätten dunkle Haut und eine zweifelhafte Moral. Andere waren darüber verbittert, daß sich so viele Juden in den freien Berufen betätigten und warfen ihnen Mangel an Takt und Stilgefühl vor. Einige behaupteten, die Juden seien geizig und habgierig, während andere ihnen Protzerei und Verschwendungssucht vorwarfen.

Huret meinte, die Antipathie gegen die Juden gehe in Deutschland viel tiefer und sei weiter verbreitet als in England und Frankreich. Er fand das besonders unverständlich und widersprüchlich, weil die jüdische Minderheit im deutschen Leben eine so erkennbar nützliche und wichtige Rolle spielte. Würde man die Juden aus ihren einflußreichen Positionen entfernen, wie manche Deutsche forderten, dann »wären neun Zehntel des Wohlstands von Berlin verloren«, bemerkte er abschließend.[64]

8

Nichts deutet darauf hin, daß Arthur eingehend über die »Judenfrage« nachgedacht oder die Gefahren begriffen hätte, die den Juden drohten. Während der Spielzeit brachte die *Vossische* zwei- bis dreimal pro Woche seine Artikel über das Neue und Beachtenswerte auf dem Theater; das ließ ihm genug Zeit für eigene literaturwissenschaftliche Arbeiten. 1904 erschien sein zweites Buch, *Literarische Portraits aus dem modernen Frankreich*, ein Jahr später eine Kleist-Biographie. Gleichzeitig machte er sich an ein größeres Projekt, nämlich eine fünfbändige Ausgabe der Stücke Kleists und an eine Biographie des Dramatikers Otto Ludwig.

Inzwischen hatte Arthur die elf Jahre jüngere Margarethe Nauenberg geheiratet, eine junge Jüdin, die wie er kulturelle Interessen hatte und gerade anfing, Stücke für das Kinder- und Jugendtheater zu schreiben. Max, der älteste Sohn, kam zur Welt, als das Paar sich gerade dem Exodus in den Berliner Westen anschloß, wo einige Jahre später auch ihr zweites Kind, Elisabeth, geboren wurde. Arthur hatte eine Wohnung in einem Neubau in der Dahlmannstraße 29 gemietet, in der Nähe des jetzt eleganten Kurfürstendamms. Mehrere andere jüdische Familien, die wie die Eloessers aus den alten jüdischen Vierteln weggezogen waren, wohnten im selben Haus. Die Miete war zwar hoch und Arthurs Gehalt bei der *Vossischen* bescheiden, doch er liebte seine Arbeit und konnte sich ab und zu durch einen Vortrag oder einen Artikel ein Zubrot verdienen. Wurde es wirklich einmal knapp, konnten die Eheleute mit Zuschüssen ihrer Familien rechnen, die auf Arthurs Leistungen und seine Prominenz sehr stolz waren.

Ab und zu fuhr er noch nach Oranienburg, wo seine Schwester längst Wurzeln geschlagen hatte und über eine wachsende Familie wachte. Ida lebte zwar recht angenehm, klagte aber immer noch darüber, daß ihr die Lichter der Hauptstadt und ihre kulturellen Anregungen fehlten. Sie tröstete sich mit Lektüre – es war eine Familie leidenschaftlicher Leser –, und jeden Monat kam ein Bücherpaket mit ihren Bestellungen aus Berlin. Auch wenn ihr Bruder zu Besuch kam, brachte er jedesmal eine eigene Auswahl von Büchern mit. Diesmal – es war im Herbst 1906 – hatte er Sudermanns *Frau Sorge* und das Textbuch für Hauptmanns neuestes Stück *Elga* dabei sowie, um der Sache etwas Würze zu verleihen, Schnitzlers gewagten *Reigen*.

Der Hauptpreis aber, um den Ida auch ausdrücklich gebeten hatte, war ein neuer Roman, über den ganz Berlin sprach, Georg Hermanns *Jettchen Gebert*. Das Buch spielte in der Welt des Judentums – es war die Geschichte eines jüdischen Mädchens im Berlin der vierziger Jahre des 19. Jahrhunderts. Jettchen liebte einen Nichtjuden, wurde aber gezwungen, eine traditionelle Ehe mit einem Juden einzugehen. Ihr Dilemma – gefangen zwischen Liebe und Pflicht, verzweifelt bemüht, in ein modernes Leben auszubrechen – erinnerte die ältere Generation an Konflikte in der eigenen Jugend. Das behandelte Problem interessierte Juden und Christen gleichermaßen; jedermann las *Jettchen Gebert*, die *Vossische* druckte das Werk als Fortsetzungsroman ab, und Arthur hatte es eben besprochen.

Louis und Regine Blumenthal waren gestorben, und Martin war – nicht nur in der Bank – in die Fußstapfen seines Vaters getreten. Wie dieser war er in den Stadtrat gewählt worden und beriet die Stadt in finanziellen Fragen. Die Konjunktur war gut, die Blumenthal-Bank florierte, und die Familie lebte recht angenehm. Martin spielte sogar mit der Idee, einen Chauffeur einzustellen und eines der neumodischen Automobile zu kaufen – es wäre eines der ersten in der Stadt gewesen. Andererseits fürchtete er, damit dem Antisemitismus in Oranienburg Vorschub zu leisten. Was Arthur davon halte, wollte er wissen.

Auf dem Höhepunkt der antijüdischen Agitationswelle hatten auch die Oranienburger Juden einiges abbekommen; in der Kleinstadt war es unmöglich, den äußerst unangenehmen Peinlichkeiten zu entgehen. Ein paar ewig unzufriedene Bauern und Händler hatten – im Verein mit einigen Sympathisanten, mit denen niemand gerechnet hatte – Böckels Pamphlete unter die Leute gebracht und abfällige Sprüche über jüdische Bankiers und Anwälte von sich gegeben. Tröstlich war immerhin, daß die Stadtväter sich von diesen Umtrieben distanziert hatten, wie Ida Arthur erzählte, einige allerdings nicht so entschieden, wie man es sich gewünscht hätte. Jetzt aber sei Gott sei Dank anscheinend alles vorbei.

Ida war in den Vaterländischen Frauenverein eingetreten, dessen Mitglieder sich mit preußischer Geschichte befaßten und zu Kaisers Geburtstag und anderen nationalen Feiertagen Feste inszenierten. Sie war schließlich sogar zur Vorsitzenden gewählt worden. Während der antisemitischen Agitation ließen einige der Damen sich nicht mehr im Hause Blumenthal blicken, doch die meisten kamen auch damals zur allmonatlichen Vereinssitzung. Insgeheim mochten sie ja Antisemiten sein, doch »sie inspizieren ganz gerne unsere Einrichtung, und mein Kuchen schmeckt ihnen«, meinte Ida. »Ein paar haben auch einen Ehemann, der der Bank noch Geld schuldet«, setzte Martin mit ironischem Lächeln hinzu.

Herausgeputzt warteten die drei Sprößlinge der Blumenthals darauf, ihrem Onkel Arthur vorgeführt zu werden. Ewald, der älteste, war 1906 bereits siebzehn und der Liebling der Mutter. Hellmuth war acht und Edith, die kleine Schwester der beiden, drei. Ewald hatte gerade am Gymnasium des Ortes die Sekundareife erlangt und war zum Kummer der Mutter drauf und dran, das Elternhaus zu verlassen. Sein Vater hatte ihm für die nächsten drei Jahre eine Lehrstelle bei einer kleinen jüdischen Privatbank in Berlin besorgt, wo er die Grundlagen des Familiengeschäfts erlernen sollte. Ida, die ihn vergötterte, hatte den Jungen sehr verwöhnt; in der Schule war er nur recht und schlecht mitgekommen, jetzt hoffte man, daß er erwachsen würde. Nach den Berliner Lehrjahren – die Mutter zählte auf Arthur und die Eloessers, um dort ein Auge auf ihn zu haben – sollte Ewald in die väterliche Bank eintreten.

Dem jungen Mann mochte es noch an Reife fehlen, doch er sah gut aus und gab mit dem dunklen Haar, den freundlichen braunen Augen unter den dichten Augenbrauen und dem glattrasierten, blassen Gesicht eine gute Figur ab. Die weichen Züge hatte er unverkennbar von der Familie mütterlicherseits. Schlank und mittelgroß, hatte Ewald ungewöhnlich kleine Füße und einen seltsamen Gang: Er drehte die Zehen nach außen auf eine Art, die auf unheimliche Weise an das auffällige Watscheln seines Vorfahren Giacomo Meyerbeer erinnerte.

In Berlin erlebte Ewald das nicht enden wollende Getöse und Gewimmel der Großstadt, die von Pferdekarren verstopften Straßen, den Lärm, zu dem auch die Automobile und elektrischen Straßenbahnen beitrugen, die Trottoirs voller Geschäftsleute, Börsenmakler mit Melone, Straßenhändler, Verkäuferinnen, Soldaten und Berliner Typen aller Art. Abends ging es in den Cafés, den Bars und Kneipen hoch her, die Mädchen zierten sich nicht lange, und die Tanzmusik kam vom Grammophon, einer sensationellen neuen Erfindung.

In jüdischen Angelegenheiten und Problemen wußte Ewald kaum Bescheid, und sie interessierten ihn auch nicht. Die Generation seiner Mutter mochte Jettchen Geberts Konflikt zwischen jüdischem Erbe und deutscher Moderne ernst nehmen, ihm bedeutete er nichts. Außerdem hatte Ewald eine angeborene Tendenz, die sich auch in seinem späteren Leben oft zeigen sollte: Er verstand es, unangenehmen Dingen aus dem Wege zu gehen. Natürlich war ihm durchaus bewußt, daß er Jude war – im kleinen Oranienburg war das unvermeidlich. Doch seine Eltern hatten ihn zu einem Deutschen erzogen, er war mit Christen zusammen auf die staatliche Schule gegangen, hatte sich mit Nichtjuden angefreundet und über preußische Geschichte mehr gelernt als über jüdische Traditionen. Die »Judenfrage«, von der manche sprachen, fand er schlicht und einfach langweilig.

Wenn man ihn fragte, waren diese alten Probleme für ihn bereits Geschichte oder würden es bald sein. Sein Kaiser war Wilhelm II., überlebensgroß und unerreichbar, doch ein Souverän, den man bewundern, dem man folgen und über den man Witze reißen konnte. Wie bei den meisten Deutschen beschränkte Ewalds Interesse an öffentlichen Angelegenheiten sich weitgehend auf den Kaiser, seine Familie und das Geschehen bei Hofe. Auch die vielen Militärparaden in Berlin schaute er sich gerne an. Die interessanten neuen Waffen, für die der Kaiser sich einsetzte, machten ihn stolz auf das technische Können der Deutschen. Erst vor kurzem war in Kiel das erste Unterseeboot vom Stapel gelaufen, und die neumodischen Zeppelin-Luftschiffe schienen unbegrenzte Möglichkeiten zu eröffnen. Ewald wußte, daß auch er eines Tages Militärdienst leisten mußte. Mit den richtigen Beziehungen konnte er vielleicht als einjähriger Freiwilliger in einem der schicken Garderegimenter dienen, dachte er, wenn auch natürlich nicht als Offizier.

Militärparaden und prächtige Uniformen waren eine feine Sache, doch manche meinten trotzdem, die allgemeine Begeisterung fürs Militär habe auch ihre Schattenseiten. Im wilhelminischen Preußen vertrat ein Mann in Uniform eine höhere Autorität, und die Öffentlichkeit war es gewöhnt, seinen Befehlen blind Gehorsam zu leisten. Manche hielten das für töricht und gefährlich, andere lachten darüber, aber alle gehorchten. Warnungen und Klagen darüber, diese Einstellung könne auch einmal Schwierigkeiten nach sich ziehen, bewirkten nichts. Bis sich ein erstaunlicher Vorfall ereignete.

Ein gewisser Wilhelm Voigt, ein siebenundvierzigjähriger arbeitsloser Schuhmacher – wie sich später herausstellte, war er schon dreimal vorbestraft –, hatte die Uniform eines Hauptmanns des Ersten Kaiserlichen Garderegiments angelegt und »namens höherer Autorität« den Befehl über sieben Soldaten und einen Feldwebel übernommen, die vom Wacheschieben vor einem militärischen Schwimmverein in die Kaserne zurückmarschierten. Er fuchtelte mit einer angeblichen Kabinettsorder herum, transportierte den ganzen Trupp in zwei beschlagnahmten Pferdedroschken zum Rathaus von Köpenick, verhaftete den völlig verdatterten Bürgermeister und konfiszierte die Stadtkasse. Über deren Inhalt stellte er eine Quittung aus, befahl den Soldaten, den Gefangenen zu bewachen und löste sich samt der erbeuteten viertausend Mark in Luft auf.

Der Hauptmann habe in einem ganz authentischem Soldatenton

gesprochen, führte der unglückliche Bürgermeister zu seiner Verteidigung an; auch seine Frau habe ihm unter diesen Umständen geraten zu gehorchen – wie übrigens auch die Köpenicker Polizisten ge-
horcht hatten, als Voigt ihnen befahl, während der Festnahme für
Ordnung zu sorgen, und auch die Droschkenkutscher, die sich nur
darüber beklagten, daß niemand sie entlohnt hatte. Den Soldaten
paßte es zwar nicht, daß sie um ihr Mittagessen kamen, doch der
falsche Hauptmann hatte die richtigen Befehle herausgebellt, und
auch seine Uniform wirkte tadellos – bis auf die kleine Ungereimt-
heit, daß er statt der vorschriftsmäßigen Pickelhaube eine Mütze auf-
hatte. Später stellte sich heraus, daß in dem Altkleidergeschäft, in dem
der Hochstapler sich ausstaffiert hatte, kein Helm für seinen seltsam
geformten Kopf groß genug gewesen war.

Der Vorfall machte tagelang Schlagzeilen. Die *Berliner Zeitung*
schrieb, weder die Ernennung Clemenceaus in Frankreich noch ein
weiteres fehlgeschlagenes Attentat auf den Zaren sei bei den Berlinern auf vergleichbares Interesse gestoßen. Alle seien sich einig, daß
es sich um einen peinlichen Witz und einen ins Schwarze treffenden
Kommentar auf die Uniformhörigkeit der Deutschen handle. Unter
Berufung auf den italienischen *Corriere della Sera* hieß es weiter, daß
man auch im Ausland lache, und abschließend zog die *Berliner Zeitung* das Fazit, für den Durchschnittsbürger sei die Uniform eines
Mannes offensichtlich doch wichtiger als seine Leistungen oder seine
Intelligenz.

Die Köpenicker Farce war in einem tieferen Sinne nicht nur zum
Lachen. Die hierarchische deutsche Gesellschaft, in der ein erteilter
Befehl ohne alles Nachfragen blind befolgt wurde, wurde zunehmend preußischer, und in Preußen war die Verehrung der Uniform
nur sichtbarer Ausdruck einer fortschreitenden Militarisierung und
eines Gehorsamskults, die tiefe historische Wurzeln und unselige
Folgen hatten.

Bismarcks wenig flexible Verfassung paßte schlecht ins 20. Jahrhundert. Sie verlieh dem Souverän eine außerordentliche Macht und
sah kaum eine gegenseitige Kontrolle der Gewalten vor. Der Kaiser
allein bestimmte den Kanzler, und der war nur dem Kaiser Rechen-
schaft schuldig. Wilhelm II. hatte nacheinander vier Kanzler, unbe-

deutende, schwache Figuren, die er nicht wegen ihrer Klugheit und ihres Urteilsvermögens ausgesucht hatte, sondern weil sie sich den Wünschen ihres Herrn widerspruchslos beugten.

Bis zum Ersten Weltkrieg herrschte das alte Kastenwesen, und die konservativen Militärs und Bürokraten, die davon profitierten, standen loyal hinter der Politik des Kaisers. Auch das komplizierte System von Titeln und Ehren – fester und typischer Bestandteil der deutschen Gesellschaft – trug zur Festigung und Legitimation bestehender Strukturen bei. Für die Männer war der dreijährige Militärdienst, bei dem jedem Rekruten blinder Gehorsam eingedrillt wurde, ein verbindendes Schlüsselerlebnis. Der unbedingte Gehorsam, den man als Soldat gelernt hatte, bestimmte auch im Zivilleben das Verhalten – ein ganzes Volk war autoritätsgläubig.

Für die schlimmsten Exzesse des Systems war vor allem der Kaiser selbst verantwortlich – ein Mann, hinter dessen starkem Auftreten sich ein schwacher Charakter verbarg. Unter seiner Führung verfolgte Deutschland in der Vorkriegszeit in einem Teufelskreis aus Säbelrasseln und diplomatischen Patzern eine Politik, die seinen Nachbarn angst machte und das Land immer mehr isolierte. Das wiederum weckte in Deutschland selbst Nationalismus und das Gefühl, angesichts eingebildeter Bedrohungen durch das Ausland gefährdet zu sein. Der Kaiser prahlte von einem Deutschland auf dem Weg zur Weltmacht, das Ausland hielt dagegen, bei der deutschen Führung und im Volk kam die Angst auf, eingekreist zu werden, was wiederum dem Militär eine noch stärkere Stellung in der Gesellschaft sicherte. Eine gefügige, ans Gehorchen gewöhnte Öffentlichkeit ließ sich in einen allgemeinen Begeisterungstaumel versetzen: Militärische Stärke sei der Garant dafür, daß Deutschland selbst angesichts feindseliger Kräfte einen »Platz an der Sonne« einnehmen könne. Noch war niemandem klar, daß dies letzten Endes zum größten Krieg führen sollte, den die Welt je erlebt hatte.

Bismarck, ein Meister der internationalen Politik, hatte Schritt für Schritt umsichtig ein komplexes System von Verträgen und Bündnissen aufgebaut mit dem Ziel, jede Kränkung Englands zu vermeiden und gleichzeitig Rußland und Frankreich davon abzuhalten, sich gegen Deutschland zu verbünden. Seine Nachfolger zerstörten dieses

System mit Billigung des Kaisers fast von Anfang an. Deutschland war in einem Dreibund mit Italien und Österreich-Ungarn, dessen Balkaninteressen oft mit denen Rußlands kollidierten. Reichskanzler Caprivi lehnte die Verlängerung des geheimen deutsch-russischen »Rückversicherungsvertrags« ab, der die Russen beruhigt hatte, und trieb damit den Zaren in einen Pakt mit den Franzosen, deren revanchistische Gefühle nach der Niederlage gegen Preußen die Deutschen fürchteten. Die deutsche Hoffnung auf britische Unterstützung wurde durch die Haßliebe des Kaisers zum Geburtsland seiner Mutter und seine prahlerischen, unbedachten Reden und Vorstöße zunichte gemacht, und es kam zu zunehmender Entfremdung. Mitten im südafrikanischen Burenkrieg übermittelte Wilhelm II. dem Burenführer »Ohm« Krüger telegrafisch seine Unterstützung, und über die von den Deutschen gebaute Bagdadbahn jubelte er so lautstark, daß sowohl England als auch Rußland, die ihre Interessen im Nahen Osten bedroht sahen, Anstoß nehmen mußten. Was das Verhältnis zu Frankreich anging, so erhöhten die beiden törichten und letzten Endes vergeblichen Versuche, Frankreichs Vormacht in Marokko zu brechen, die Spannungen und Ressentiments zwischen den beiden Ländern.

Wilhelm II. war so viel unterwegs, daß seine Untertanen ihn bald den »Reisekaiser« nannten.[65] Bedauerlicherweise neigte er dazu, im falschen Moment am falschen Ort aufzutauchen und sich dann in törichten und schädlichen Reden zu ergehen. Eines der übelsten Beispiele ist seine berüchtigte »Hunnenrede«, die ihn – und die deutschen Soldaten – eine ganze Generation lang verfolgen sollte. »Habt kein Mitleid! Nehmt keine Gefangenen!« rief er Soldaten zu, die sich gerade zur Niederschlagung des Boxeraufstands nach China einschifften. »Genau wie die Hunnen sich vor tausend Jahren einen Namen gemacht haben, so muß der Name der Deutschen so bekannt werden, … daß tausend Jahre lang kein Chinese es wagen wird, einen Deutschen auch nur anzusehen!«

Es gab aber nicht nur prahlerische Reden und den regelmäßigen Tritt ins Fettnäpfchen, es gab auch massive politische Ambitionen: Deutschland wollte Kolonien in Afrika und in Asien und tastete Englands Vormachtstellung zur See an – ein drastischer und äußerst riskanter Bruch mit der Vergangenheit, durch den England sich bedroht fühlen mußte. Der Kaiser war seit langem eifersüchtig auf die Royal Navy, und ab 1900 forderte das Reich Großbritannien durch ein hemmungsloses Flottenbauprogramm heraus. Wilhelm ernannte Admiral von Tirpitz, den enthusiastischsten Verfechter der Aufrüstung zur See, zum Staatssekretär des Reichsmarineamts und hielt ihm begeistert die Stange, als Tirpitz den Druck zunehmend erhöhte. Zunächst wollte man zwei Geschwader mit sechzehn Kriegsschiffen in Dienst stellen; letzten Endes bewilligte der Reichstag auch Schlachtschiffe und Schwere Kreuzer, insgesamt nicht weniger als sechzig Kriegsschiffe, was auf eine direkte Herausforderung der britischen Politik hinauslief, doppelt so viele Schiffe zu haben wie jeder potentielle Feind.

Das Wettrüsten zur See trieb Deutschland zunehmend in die Isolation; die Nachbarstaaten fühlten sich bedroht und festigten ihre Bündnisse. In Deutschland selbst gewann die Ansicht, das Reich sei von feindlichen Kräften umzingelt, immer mehr an Boden, und das Feuer einer trotzigen nationalistischen Begeisterung breitete sich aus.

Dieser Enthusiasmus erfaßte auch die deutschen Juden, auch wenn er für sie ganz andere Folgen hatte. In der herrschenden Stimmung entwickelten sich die patriotischen Verbände zu Schlüsselelementen des deutschen Imperialismus. Je einflußreicher sie wurden, desto mehr verwiesen sie zur Rechtfertigung imperialistischer Gelüste auf die Überlegenheit der germanischen Rasse. Schritt für Schritt kam es zur Verschmelzung von Rassismus und Nationalismus – für die Juden eine gefährliche Mischung.

9

1906 schürte Reichskanzler von Bülow den nationalen Verfolgungswahn der Deutschen weiter und verstärkte damit den Griff, mit dem das Militär die deutsche Gesellschaft bereits gefangenhielt. Er ließ das Volk wissen, daß gegen das Vaterland ganz bewußt eine Einkreisungspolitik betrieben werde. Um dieser Bedrohung zu begegnen, müsse Deutschland militärisch stark sein und seine nationalen Ziele – den Erwerb von Kolonien und die Stärkung seiner Macht zur See – »mit freier Hand« verfolgen.[66] Das Publikum jubelte, doch auch diese Politik erwies sich lediglich als weiterer Schritt in der zunehmenden internationalen Isolierung des Reiches.

Acht weitere Jahre sollten vergehen, bis ein verheerender Krieg Deutschland und einen großen Teil der Welt erfaßte. Noch sahen nur wenige den Zusammenhang zwischen der Stimmung im Lande, dem Militarismus und dem Gehorsamskult einerseits und der bedingungslosen Unterstützung der Öffentlichkeit für eine Politik, die zum bewaffneten Konflikt führte, andererseits. Die Mehrheit der Staatsbürger – Juden, Adel, Bürgertum und Proletariat – standen auf der Seite der Obrigkeit, begeisterten sich für die kolonialen Ansprüche Deutschlands und waren bereit, allen Befehlen Folge zu leisten.

Für die Juden aber bedeuteten der deutsche Imperialismus und fieberhafte Nationalismus ernste Probleme, stärkten sie doch besonders den Einfluß eben jener Kreise und Institutionen, denen antisemitische Vorurteile besonders nahe lagen.

Die wichtigste einschlägige Organisation war der 1893 gegründete Alldeutsche Verband. Mit der Forderung nach einer imperialistischen Politik wuchsen schnell auch der Mitgliederstand des Verbandes und seine Macht. Ein Drittel der Mitglieder waren konservative Universitätsleute, der Rest prominente Reaktionäre aus der Wirtschaft und den oberen Etagen der Staatsverwaltung; viele der führenden Mitglieder waren unverfroren rassistisch und offen antisemitisch. Erklärtes Hauptziel der Liga war es, die öffentliche Meinung zugunsten massiver imperialistischer Expansion zu beeinflussen. Dabei berief man sich auf germanische Werte, forderte engere Bindungen zwischen allen Menschen »germanischer Herkunft« und »Rassensolidarität«. In dieser aggressiv vorgetragenen Rassenideologie war für Juden kein Platz; das ausdrückliche Ziel, »die Rassen sollten homogen werden und fremde Elemente ausstoßen«, hatte einen eindeutig antijüdischen Unterton.[67] »Unsere Zukunft liegt in unserem Blut«, war die Parole.

In der Vorkriegszeit florierten auch die Kolonialgesellschaft, der Heeresbund und vor allem der Marinebund – ähnlich autoritätsgläubige patriotische Organisationen mit sich teilweise überschneidender

Mitgliederschaft.[68] Juden konnten nicht Mitglied werden und waren oft ratlos, wie sie nun ihren Patriotismus unter Beweis stellen sollten. Ein besonderes Problem war dies für die Kaiserjuden, von denen einer, Albert Ballin, das Problem auf seine Weise löste. Der mit Reichskanzler von Bülow befreundete Monarchist und Großreeder spielte im Schiffsbauprogramm des Kaisers eine hervorragende Rolle und trat einfach in den Marinebund ein, obwohl die Marine selbst nach wie vor keine Juden in ihren Reihen duldete.[69]

Die Rhetorik dieser einflußreichen patriotischen Vereine kam derjenigen der Rassenantisemiten äußerst nahe. Die deutschen Juden hätten gewarnt sein müssen, daß gefährliche antisemitische Ressentiments immer noch weit verbreitet waren, doch viele beschäftigten sich lieber mit der Dreyfus-Affäre in Frankreich, verfolgten den Prozeß genau und gratulierten einander dazu, daß dieser gefährliche Vorfall sich in einem anderen Land ereignet hatte. Gleichzeitig trösteten sie sich angesichts der Meldungen über blutige Pogrome in Kiew und Odessa damit, daß sie selbst in Sicherheit lebten.

Für die wenigen, die bereit waren, die Wirklichkeit mit offenen Augen zu sehen, gab es viele Indizien dafür, daß der antisemitische Virus keineswegs besiegt war. Noch 1899 wurde berichtet, in der westpreußischen Stadt Konitz seien mehrere Juden eines Ritualmordes angeklagt, später allerdings freigesprochen worden. Bei anderer Gelegenheit tauchten in Berlin Flugblätter auf, auf denen behauptet wurde, ihre Religion erlaube es den Juden, Christen zu betrügen; außerdem stünden sie als Rasse »tiefer als das Vieh«. Aus anderen Orten wurde berichtet, mehrere Gymnasien hätten jüdische Bewerber zurückgewiesen, und ein Armeehauptmann ließ eine Liste zirkulieren, auf der achtunddreißig Fälle angeblicher Feigheit jüdischer Soldaten aufgeführt waren.[70] Ominös war auch, daß die Gerüchte, der Kaiser habe während eines Besuchs in London im Jahre 1907 offen feindselige Bemerkungen gegen Juden gerichtet, sich als zutreffend erwiesen. »Es gibt in Deutschland viel zu viele, und sie müssen ausgemerzt werden«, sagte er zu Sir Edward Grey, dem britischen Außenminister.[71]

Die meisten Juden schauten lieber weg. Sie glaubten an den Fortschritt und an ihren Platz in der Gesellschaft und wollten ihren Patriotismus demonstrieren. Nur wenige waren offen für die zionistische Idee des österreichischen Journalisten Theodor Herzl; seine Behauptung, außerhalb eines jüdischen Heimatlands wären die Juden nie wirklich ganz sicher, fanden die meisten falsch. Die von Herzl vorgeschlagene Lösung – Auswanderung und Rückkehr in einen jüdischen Staat in Palästina – kam ihnen abwegig und nicht praktikabel vor. Für die Eloessers und Blumenthals und die vielen seit Generationen in Deutschland tief verwurzelten assimilierten Juden war das nicht nur undenkbar, sondern ganz und gar unangemessen und gefährlich. Sie fürchteten, derartige Vorschläge aus dem Mund eines Juden könnten Wasser auf die Mühlen derjenigen sein, die seit eh und je behauptet hatten, die Juden seien eine ganz besondere Rasse und ein eigenes Volk, dem man nicht trauen könne.

Den immer noch vorhandenen Antisemitismus zu ignorieren oder zu bagatellisieren war ein schwerer Fehler dieser assimilierten Juden. Sie erkannten einfach nicht, wie gefährlich die in der Rhetorik der Judenfeinde bereits alltäglichen Rassentheorien waren und wie stark sie sich bereits im Denken der Deutschen festsetzten. Freilich handelte es sich um eine relativ neue Entwicklung; die erste moderne Rassentheorie stammte von dem Franzosen Joseph Arthur Gobineau, der Mitte des 19. Jahrhunderts behauptet hatte, blonde, blauäugige Arier, die Teutonen seien eine überlegene, Juden hingegen eine eigene, weit unterlegene Rasse. Wilhelm Marr, Eugen Dühring, Hermann Ahlwardt und andere hatten diese Theorie eifrig nach Deutschland importiert und dort popularisiert.

Weshalb solche Gedanken in Deutschland auf so viel fruchtbareren Boden fielen als anderswo, bleibt ein Rätsel. Vielleicht ließen die Deutschen sich leichter als andere Völker durch die pseudowissenschaftliche Kostümierung blenden, in der diese Theorien daherkamen. Jedenfalls entfaltete rassistisches Denken seine größte Wirkung in Deutschland. Niemand übertraf bei der Verherrlichung der germanischen Rasse Richard Wagner, niemand vertrat begeisterter die Gobineausche Auffassung von der jüdischen Minderwertigkeit. Wagner spielte bei der Verbreitung der Rassendoktrin in Deutschland eine nicht unerhebliche Rolle, und sein Schwiegersohn Houston Stewart Chamberlain, ein in England geborener eingedeutschter

Schriftsteller, trug die Fackel weiter. Mit der Zeit entwickelte sich aus diesem antijüdischen Rassismus eine systematische, angeblich wissenschaftliche Theorie zur Untermauerung der These, ein Jude könne auf keinen Fall ein Deutscher sein. Juden seien eine Bastardrasse, die für alle Zeit ihren Bastardcharakter behalten werde, behauptete Chamberlain lapidar.[72]

Wagner, Chamberlain und ihre Vorläufer und Nachfolger brachten eine wahre Flut antijüdischen Rassenhasses zu Papier. Seriöse Wissenschaftler taten ihre Behauptung, es lasse sich eine Minderwertigkeit der Juden biologisch nachweisen, als Unsinn in den Köpfen von Verrückten ab. Die Antisemiten aber ließen sich dadurch nicht davon abhalten, immer noch weitere Traktate zu publizieren, und es gab genug Menschen – eingefleischte Judenhasser oder auch Unzufriedene auf der Suche nach einer Mission, die ihrem Leben einen Sinn geben würde –, die diese Ideen aufgriffen und ihnen einen hohen Stellenwert im eigenen Leben gaben. Öffentlich in Erscheinung traten vorläufig nur wenige; die meisten waren noch unbekannte Außenseiter ohne Bedeutung.

Einer von diesen war ein gescheiter, aber nur wenig gebildeter junger Mann, der zu der Zeit, als es den Juden in Deutschland besser ging als je zuvor, ohne feste Arbeit in Wien lebte. Durch persönliche Enttäuschungen frustriert, voller Haß auf die bürgerliche Gesellschaft, verschlang er *Ostara*, eine belanglose Zeitschrift, die sich wie eine ganze Reihe anderer auf Theorien der Überlegenheit der germanischen Rasse spezialisiert hatte und verkündete, die Juden verunreinigten und bastardisierten deutsches Blut. Bei Adolf Hitler, der noch keine dreißig war, entfachten die *Ostara*-Geschichten einen Funken, der ihn zu weiteren Büchern und Pamphleten des selben Genres führte und schließlich dazu, daß für ihn »die Zeit der größten Umwälzung gekommen (war) … Ich war vom schwächlichen Weltbürger zum fanatischen Antisemiten geworden.«[73] Jetzt sei ihm alles klargeworden, und das dank der in Wien im Übermaß vorhandenen rassistischen und antisemitischen Literatur. Diese habe ihm die Wahrheit gezeigt, sagte er, daß die Deutschen nämlich ihr Heil im echten Pangermanismus suchen müßten. Das sei die Lösung – und das Problem seien lediglich die jüdischen Schmutzfinken und Rassenschänder. »Indem ich mich des Juden erwehre, kämpfe ich für das Werk des Herrn«, erklärte er.[74]

Beim Ausbruch des Ersten Weltkriegs war Hitler in München, ein überzeugter rassistischer Antisemit, den dieselbe Kriegsbegeisterung erfaßte wie das Gros der Deutschen. Alle glaubten, es werde ein kurzer und glorreicher Krieg. Und Hitler schwärmte, »daß ich, überwältigt von stürmischer Begeisterung, in die Knie gesunken war und den Himmel aus übervollem Herzen dankte«.[75]

Die pangermanische Wahnvorstellung von einem historischen Auftrag der Menschen mit germanischem Blut war in seiner Phantasie auf fruchtbaren Boden gefallen.

Er war damit nicht allein. In einem Dorf bei Düsseldorf empfand der sechzehnjährige katholische Sohn eines Buchhalters, kränkelnd und für den Militärdienst auch noch zu jung, dieselbe nationale Euphorie. Eines Tages sollte dieser Joseph Goebbels denselben Rassenhaß predigen wie Hitler und bei der Verbreitung der Theorien Gobineaus, Marrs, Ahlwardts, Wagners und Chamberlains der eifrigste Propagandist seines Herrn werden. In der Vorkriegszeit tat man ihn und andere Fanatiker seines Schlages als belanglose Randgruppe ab. Als die Nazis an die Macht kamen, wurden ihre Ansichten zur herrschenden Lehre, und allen Deutschen wurden sie als reine Wahrheit verkündet. Im Gefolge der Enttäuschungen eines verlorenen Krieges und der anschließenden Notjahre sollte es nicht schwer sein, für diesen wahren Glauben neue Anhänger zu gewinnen.

So wurde schon in den Jahren, als es den Juden in Deutschland gutging, durch Militarismus, Nationalismus und das Gefühl, die Deutschen hätten mit ihrer besonderen Rasse und ihrem Blut eine historische Aufgabe zu erfüllen, ein spezifischer deutscher Judenhaß geboren. Immer öfter war nun von einem kommenden Krieg die Rede, und Arthur Eloesser war zu intelligent, um nicht zu begreifen, welches Unheil es bedeutete, einen Konflikt mit Waffen auszutragen. Doch er war auch Patriot, und auch er war des festen Glaubens, es werde ein kurzer Krieg, das Reich sei im Recht und Deutschland werde auf alle Fälle den Sieg davontragen.

So dachten auch viele Juden. Ewald, Arthurs Neffe, zweifelte nicht im geringsten am Sieg. Er hatte seinen Wehrdienst 1912 als einjähriger Freiwilliger geleistet, dank der guten Beziehungen seines Vaters im Zweiten Garderegiment, einem der angesehensten in Berlin. Ein Jahr lang war er im Parademarsch vor Kaiser und Kronprinz vorbeigezogen oder hatte am Brandenburger Tor Wache gestanden und vor den vorbeikommenden Mitgliedern des Königshauses salutiert. Er war stolz auf dieses Freiwilligenjahr, und das Soldatenleben war gar nicht so übel gewesen.

1913 kehrte Ewald in die Bank zurück. Bei Kriegsausbruch im August 1914 eilte er zu seiner Einheit und marschierte mit ihr ins Feld. Einige Zeit später schlüpfte auch sein viel älterer Onkel Arthur in eine deutsche Uniform und folgte ihm.

ACHTES KAPITEL

Überlebende
Ewald

Gäbe es einen Nobelpreis für deutsche Gesinnung. Die deutschen Juden würden ihn gewinnen.

Alfred Wiener, 26. Juni 1930

Man halte sich die Verwüstungen vor Augen, welche die jüdische Bastardisierung jeden Tag an unserem Volke anrichtet.

Adolf Hitler, *Mein Kampf*

1

Die sensationelle Nachricht von der Ermordung des österreichischen Thronfolgers in Sarajewo am 28. Juni 1914 schlug in Berlin wie eine Bombe ein. Das *Berliner Tageblatt* erinnerte seine Leser an das unglückliche Ende Julius Caesars von der Hand eines Meuchelmörders und kommentierte, sinnlose Gewalttaten habe es in der Menschheitsgeschichte ja immer gegeben, doch auf dem Balkan, diesem Pulverfaß von heute, geschähen sie besonders häufig. Erst vor kurzem war König Georg I. von Griechenland einem Attentat zum Opfer gefallen; vor ihm hatten Fanatiker bereits Alexander I. von Serbien, den bulgarischen Ministerpräsidenten Stambolow und den türkischen Führer Mahmud Schewket Pascha umgebracht.[1]

Das Attentat auf Erzherzog Franz Ferdinand und Erzherzogin Sophie sei jedenfalls eine ernste Angelegenheit, hieß es im *Berliner Tageblatt*, und man könne schwerwiegende politische Konsequenzen nicht ausschließen: Österreich-Ungarn sei bekanntlich neben Italien Deutschlands Hauptbündnispartner im Dreibund, und die serbischen Nationalisten dürften wohl kaum ohne heimliche Billigung durch die von Rußland unterstützten Panslawisten gehandelt haben. Jetzt komme es zunächst auf die Reaktion Rußlands und seines Verbündeten Frankreich an und natürlich darauf, wie sich Deutschlands Unterstützung für Österreich konkret auswirken werde.

Das Attentat machte zwar riesige Schlagzeilen und verursachte große Aufregung, doch zunächst rechnete niemand ernsthaft mit einem großen Krieg. Der Balkan war weit entfernt, und die Probleme dieser Region erschienen abstrus und nur schwer durchschaubar. Man rechnete damit, daß Österreich mit den Serben schon in angemessener Weise verfahren werde, und hielt die Krise im Grunde für eine lokale Affäre. Und anfangs gab es auch durchaus Indizien dafür, daß man die Sache in den Griff bekam. Der Kaiser versicherte den österreichischen Emissären noch, Deutschland werde jeden Schritt Österreichs unterstützen, begab sich dann aber, wie in jedem Sommer, an Bord eines Kriegsschiffs, um in nördlichen Gewässern zu kreuzen. Auch die meisten Minister und hohen Beamten gingen in ihren üblichen Sommerurlaub.[2] Wegen eines Atlantiktiefs herrschte über weiten Teilen Westeuropas seit Tagen ungewöhnliche Hitze; viele Berliner flohen aus der Stadt in die umliegenden Wälder und an die Seen, wo die neuesten Nachrichten sie nicht unbedingt jeden Tag erreichten. Am 3. Juli erfuhr man, die Uniformen des Heeres würden wieder einmal geändert – ein Zeichen für Normalität, so nahm man an. Als aus Paris gemeldet wurde, die französische Infanterie nehme Abschied von ihren traditionellen roten Hosen und man habe einer Kommission von Parlamentsabgeordneten bereits neue graue Uniformen für die Fußsoldaten und gelbe für die Jäger vorgeführt, damit die Parlamentarier sich in dieser wichtigen Frage eine Meinung bilden könnten, witzelten die Berliner, inzwischen hätten sich anscheinend auch die Franzosen angesteckt.[3] Wenn beiden Seiten die Farbe der Hosen und Waffenröcke ihrer Soldaten wichtiger sei als Rüstung und Mobilmachung, gehe die Kriegsgefahr offensichtlich zurück, meinte das Volk.

Im Laufe des Juli schwand dieser anfängliche Optimismus allerdings schnell dahin. Die politischen Spannungen wuchsen an, und die serbische Affäre drängte die Großmächte unaufhaltsam in eine bewaffnete Konfrontation hinein. Am 23. Juli warnte Österreich Serbien mit einem strengen Ultimatum, und in den nächsten Tagen mobilisierte ein Land nach dem anderen seine Streitkräfte. Plötzlich waren die Berliner Zeitungen sich einig, daß ein Krieg praktisch unausweichlich geworden sei. Die Sozialisten organisierten zwar ihre Protestdemonstrationen, doch die Konservativen forderten jetzt offen, Deutschland solle zu den Waffen greifen. Es würde ein kurzer und glorreicher Krieg werden, sagten sie, und höchstens sechs bis acht Wochen dauern. Das verbündete Österreich-Ungarn verdiene volle Unterstützung, das Reich sei stark und gut gerüstet; seinen Feinden, die es rücksichtslos einzingeln wollten, könne es jetzt beweisen, daß Deutschland sich seinen rechtmäßigen Platz unter den Großmächten nicht streitig machen lasse.

Die Stimmung in der Öffentlichkeit schwankte wild hin und her. An manchen Tagen war sie geradezu sorglos, Gruppen zogen durch die Straßen und sangen begeistert patriotische Lieder; dann wieder, als die Minister eilig aus dem Urlaub zurückkehrten und man jeden Augenblick mit der Mobilmachung rechnen mußte, wich der übermütige Jubel ängstlichem Schweigen. Die Spannung wurde fast unerträglich.

Am 1. August 1914, einem Sonnabend, herrschte in Berlin schönes warmes Sommerwetter. Ewald Blumenthal, mittlerweile fünfundzwanzig Jahre alt, hatte wegen der drohenden Mobilmachung und der Kriegsgefahr keineswegs auf seine allwöchentliche Fahrt nach Berlin verzichtet. Unter der Woche arbeitete er pflichtbewußt in der familieneigenen Bank in Oranienburg, doch am Wochenende zogen ihn die Berliner Theater, Kabaretts und Nachtcafés unwiderstehlich an. Außerdem gab es für Ewald noch einen anderen Grund, häufig nach Berlin zu fahren. Er hatte allerdings noch nicht den Mut aufgebracht, seiner Familie zu erzählen, daß er sich in eine junge Frau verliebt hatte, die keine Jüdin war. Lucy war blond und sehr attraktiv und hatte eben das Abitur gemacht. Sie war gerade neunzehn geworden – was eines der Probleme war. Außerdem war ihr Vater ein geadelter preußischer Offizier. Welche der beiden Familien sich einer Heirat massiver widersetzen würde, war eine offene Frage – ihre Eltern angesichts der Aussicht auf einen jüdischen Schwiegersohn oder seine wegen einer Ehe mit einer Christin. Mischehen waren zwar nicht mehr ungewöhnlich, aber immer noch eine heikle Sache. Vorläufig jedenfalls waren weder er noch sie bereit, zu Hause etwas zu erzählen.

An diesem Wochenende zogen Lucy und Ewald wie Abertausende andere durch die Straßen von Berlin. Die Kriegsvorbereitungen lösten in der ganzen Stadt hektisches Treiben aus. Am Freitag saßen die beiden gerade im »Kranzler«, ihrem Lieblingscafé, als Offiziere in offenen Autos vorbeifuhren und offiziell den »Zustand drohender Kriegsgefahr« ausriefen. Später war das Paar mit einer aufgeregten Menge zum Schloß gezogen, wo um sechs Uhr nachmittags der Kaiser auf dem Balkon erschien und verkündete, Deutschlands Feinde hätten »uns das Schwert in die Hand gedrängt«; falls es zum Krieg käme, würden sie schon bald erfahren, »was es heißt, Deutschland anzugreifen«. Die Menge brach in Jubelrufe und Gesang aus, und auch Lucy und Ewald, denen durchaus bewußt war, daß Krieg kein Zuckerlekken war, wurden vorübergehend von der Begeisterung mitgerissen.[4]

Am Samstagvormittag meldeten Extrablätter die Generalmobilmachung in Österreich, Rußland und Belgien; Frankreich versetzte seine Grenztruppen in höchste Alarmbereitschaft. In Deutschland fehlte nur noch ein letzter Schritt zum Krieg – die Mobilmachung.

Gerüchte rasten durch die Stadt. Als mittags eine Gardeabteilung mit wehenden Fahnen und Marschmusik Unter den Linden entlang zum Schloß marschierte, brach die gespannte Menschenmenge erneut in Hochrufe und Gesang aus, weil alle meinten, der entscheidende Moment sei gekommen. Die Soldaten gehörten zufällig zu Ewalds eigenem Zweiten Garderegiment; er wußte, daß im Augenblick der Mobilmachung auch er dazustoßen würde. Natürlich würde er einrücken, auch wenn der Gedanke, mit seinem Regiment in den Krieg zu ziehen, ihn nicht begeisterte. In Oranienburg hieß es, junge Juden hätten einen zweifachen Grund zum Kämpfen – erstens aus Patriotismus, dann aber vor allem, um die Antisemiten zu widerlegen und zu demonstrieren, daß Juden ebenso treu und tapfer zu Kaiser und Vaterland standen wie jeder andere auch. Ewald wollte dem zwar nicht widersprechen, doch schon die Vorstellung, wieder in die Uniform schlüpfen zu müssen, deprimierte ihn; dann auch noch sein Leben zu riskieren, um die Judenhasser zu widerlegen, machte die Sache auch nicht verlockender. Doch tröstete er sich – und Lucy – damit, daß der Krieg schnell vorbei sein würde; Deutschlands Feinde, so glaubte er fest, seien einem langen Kampf nicht gewachsen.

Gewißheit kam am 1. August um fünf Uhr nachmittags. Stabsoffiziere eilten durch die Straßen und schwenkten Taschentücher, und vor dem Schloß verkündete ein Gendarm von Amts wegen die Mobilmachung. Das Deutsche Reich hatte Rußland den Krieg erklärt, eine riesige Menschenmenge vor dem Schloß rief nach dem Kaiser, und um halb sieben trat dieser wiederum auf den Balkon. »Ich kenne keine Parteien mehr«, rief er, »ich kenne nur noch Deutsche.« Die versammelte Menschenmasse brüllte vor Begeisterung. »Die Herzen waren voll«, hieß es am nächsten Tag in der *Frankfurter Zeitung*, »und die Ekstase grenzenlos!«[5]

Angesichts der dann folgenden verheerenden, blutigen vier Kriegsjahre ist die Begeisterung, die bei Kriegsausbruch in den meisten europäischen Hauptstädten herrschte, nur schwer zu begreifen. Praktisch in allen Ländern jubelten die Menschen, als Freiwillige die Rekrutierungsbüros stürmten und Soldaten an die Front abmarschierten. In Deutschland war der Begeisterungstaumel besonders heftig, Spruchbänder wurden geschwenkt, die Musik spielte und die Massen feierten in tumultartigen Szenen den bevorstehenden sicheren Sieg. Ein fieberhafter Patriotismus erfaßte das ganze Volk und löste eine Hochstimmung aus. Niemand schien gegen den Rausch des Augenblicks gefeit. Selbst der Schriftsteller Stefan Zweig, der den Konflikt eigentlich fürchtete, gab später zu, daß es etwas Majestätisches, Begeisterndes, ja, sogar Verführerisches in diesem Aufbruch des Volkes gegeben habe und daß er trotz all seines Hasses und Widerwillens gegen Krieg die Erinnerung an diese ersten Tage keinesfalls missen möchte.[6]

Der Kaiser hatte einen »Burgfrieden« gefordert – die Parteien sollten ihre politischen Streitigkeiten beenden und alle gesellschaftlichen Gruppierungen die Reihen schließen. Sogar den verhaßten Sozialdemokraten bot der Kaiser die Hand, und vorübergehend schenkte man ihm auch Glauben. Linke wie Rechte, Nord- und Süddeutsche, Protestanten, Katholiken und Juden überboten sich in Patriotismus und Kooperationsbereitschaft. Wildfremde Menschen fielen sich auf der Straße in die Arme, Klassen- und Rangunterschiede schienen plötzlich keine Rolle mehr zu spielen. Streiks und Aussperrungen waren über Nacht vorbei, und auch die Sozialdemokraten unterstützten jetzt den Krieg. Eine rechtsextreme Zeitung, die erst wenige Tage zuvor mit kaum verhülltem Antisemitismus die Sozialistenführer als »diese jetzt zu Deutschen gewordenen ehemaligen Galizier« angegriffen hatte, beendete mit einem Schlag ihre Polemik, und im Reichstag meldete sich der Fraktionsführer der Sozialdemokraten, der vor kurzem noch gegen die Kriegsanleihen protestiert hatte, zu Wort, um die volle Unterstützung seiner Partei kundzutun. Selbst der eigensinnige Maximilian Harden verkündete, daß es in einer solchen Stunde die Pflicht von jedermann sei, mit jeder Kritik aufzuhören. Nun gehe es allein um Macht und Vaterland.[7]

Später stellte man sich bohrende Fragen, wie es zu dieser anfänglichen Kriegsbegeisterung kommen konnte, doch jetzt fragte niemand nach dem möglichen Preis und den Gefahren eines Krieges. Man dachte positiv, und in den Köpfen der Menschen war die Vorstellung von einem Krieg noch von den Schlachten des 19. Jahrhunderts geprägt – und das hieß: ein kurzer Kampf mit Kavallerieangriffen, flatternden Fahnen, Trompetenschall und Heldentaten in einem kathartischen Stahlbad. Nur wenigen war klar, daß technische Entwicklungen auch der modernen Schlacht ein ganz anderes Gesicht geben würden – ein blutiger Kampf ohne echten Sieger, mit riesigen Geschützen, Flugzeugen, Panzern, Giftgas und Maschinengewehren, nicht hoch zu Roß, sondern im Schlamm und im Elend der Schützengräben.

Der Kaiser hatte den 5. August zu einem Tag des Gebets für das »schuldlos angegriffene Deutschland« ausgerufen. In den Synagogen beteten die Rabbiner, der Herr möge das Vaterland segnen, und riefen die Gemeindemitglieder dazu auf, sich bei der Verteidigung deutscher Ehre und deutscher Kultur von niemandem übertreffen zu lassen. »Besonders wir Juden wollen zeigen«, hieß es in der *Allgemeinen*, »daß Heldenblut in unseren Adern fließt.«[8] Selbst das kleine Grüppchen deutscher Zionisten, die stets Theodor Herzls Auffassung propagiert hatten, daß die Juden in ein eigenes Land gehörten, unterzeichneten einen donnernden Aufruf:

»Deutsche Juden! In dieser Stunde gilt es für uns aufs neue zu zeigen, daß wir stammestolzen Juden zu den besten Söhnen des Vaterlandes gehören. Der Adel unserer vieltausendjährigen Geschichte

verpflichtet. Wir erwarten, daß unsere Jugend freudigen Herzens freiwillig zu den Fahnen eilt. Deutsche Juden! Wir rufen Euch auf, im
Sinne des alten jüdischen Pflichtgebots mit ganzem Herzen, ganzer
Seele und ganzem Vermögen Euch dem Dienste des Vaterlandes hin-
zugeben.«[9]

Wartet nicht, bis man euch ruft, rieten sie, geht und meldet euch
freiwillig!

Die Hoffnungen der Juden auf echte Gleichberechtigung waren
schon oft aufgeflammt, nur um allzu oft gleich wieder enttäuscht zu
werden.

»Deutsche Juden! ... Ein in der Weltgeschichte beispielloser Krieg
einigt unser bedrängtes Vaterland, schafft mit einem erlösenden
Schlage für alle seine Bürger gleiches Recht, zwischen allen Schichten den Gottesfrieden. Da ist selbstverständlich auch unser Kampf um
das bisher verkümmerte Recht eingestellt. Hoffentlich für alle Zeit.«[10]

2

Kein Kriegsplan war jemals sorgfältiger über Jahre hinweg in allen
Einzelheiten ausgearbeitet worden als der Schlieffen-Plan des deutschen Oberkommandos, mit dem Frankreich und Rußland in einem
Doppelschlag überrascht und dank großer Übermacht besiegt werden sollten – und keiner ging jemals gründlicher schief.

Stufe eins war ein Blitzkrieg im Westen – ein schneller Vorstoß
durch Belgien, um Paris von Norden her einzuschließen und die
Franzosen in längstens acht Wochen in die Knie zu zwingen. Das
schwächere Rußland sollte währenddessen von Österreich und geringeren deutschen Kräften in Schach gehalten und dann, Stufe zwei,
in einem kurzen, entscheidenden Krieg besiegt werden. Daheim, bevor die Blätter fallen, so hatte der Kaiser versprochen, und auf dieses
Versprechen wollte man sich verlassen.

Zunächst schien alles planmäßig abzulaufen. Wie Millionen anderer Reservisten besaß Ewald eine Karte mit genauen Anweisungen,
was er binnen vierundzwanzig Stunden nach dem Mobilmachungs-
befehl zu tun habe, wohin er gehen müsse und wie er dort hin-

komme; jetzt meldete er sich bei der Siebten Kompanie des Zweiten Bataillons seines Garderegiments. Kaum eine Woche später bestieg seine Einheit am Charlottenburger Bahnhof einen Truppentransportzug, um in Belgien zu Generaloberst von Bülows Zweiter Armee zu stoßen. 11 000 solcher Transporte brachten drei Millionen Mann und 860 000 Pferde in Rekordzeit an die Westfront.

Drei Tage später drang Ewalds Regiment – anscheinend immer noch planmäßig – in Gewaltmärschen in Belgien vor; aus der Ferne war der Geschützdonner der Belagerung von Lüttich zu hören. Trotz ihrer Müdigkeit, trotz drückender Sommerhitze und wundgelaufener Füße waren die Männer bei guter Stimmung. Am 22. August beklagte das Regiment seinen ersten Gefallenen – einen Fahrradmelder, der den Befehl überbrachte, den Feind, der sich auf Namur zurückzog, ins Gefecht zu verwickeln. Vom nächsten Tag an sah sich das Regiment in eine nahezu ununterbrochene Reihe blutiger Schlachten mit den Franzosen verwickelt, die heftige Gegenwehr leisteten. Bei so erbitterten Kämpfen und schweren Verlusten dauerte es nicht lange, bis die anfängliche Hochstimmung der Ernüchterung wich. Entlang der ganzen Front ging es nur noch im Schneckentempo voran. Mühsam kämpfte Ewalds Einheit sich über die Marne und erreichte am 1. September Epernay, knapp hundertdreißig Kilometer vor Paris. Ausgerechnet jetzt – die Truppen waren vollkommen erschöpft, die Versorgungslage schwierig – starteten die Franzosen einen heftigen Gegenangriff durch eine Lücke in den deutschen Linien. So mußte sich Ewalds Regiment nach der viertägigen Marneschlacht mit mörderischen Nahkämpfen über den Fluß zurückschleppen und in schnell ausgehobenen Gräben in der Nähe von Reims in Deckung gehen.[11]

In weniger als drei Wochen hatte das Regiment über 3000 Offiziere und gemeine Soldaten verloren. Aus dem Angriff war ein verzweifelter Stellungskrieg geworden, man wartete dringend auf Entsatz, von einer baldigen Siegesfeier in Paris war keine Rede mehr, und auch vom überlegenen Kampfgeist der deutschen Soldaten war nicht mehr viel zu spüren. Der Regimentsschreiber, der bisher Zuversicht und Begeisterung vermittelt hatte, änderte seinen Ton. Er sprach von allgemeiner Erschöpfung und von Mangel an Brot und vermeldete –

trocken und leicht unterkühlt: Die Truppen hätten dank der Verluste durch Hitze, Schlamm und Regen etwas von ihrer Frische eingebüßt.[12] Irgend etwas war schrecklich schiefgelaufen. An der gesamten Westfront war der deutsche Vormarsch erst verlangsamt und dann zum Stehen gebracht worden. Der Schlieffen-Plan war gescheitert, und die Zuversicht der Deutschen war schwer angeschlagen. Die detaillierten Pläne des Oberkommandos hatten sich als unflexibel erwiesen, sobald der wirkliche Kampf mit modernen Waffen eine unvorhergesehene Richtung nahm. Die Koordination war schlecht, Nachschub kam nicht rechtzeitig an, die Belgier hatten länger ge-kämpft und den Deutschen größere Verluste beigebracht als erwar-tet, und auch die Franzosen waren nicht unter dem ersten Ansturm zusammengebrochen. Noch schlimmer war, daß England unerwar-tet schnell in den Krieg eingetreten war und Österreich sich als zu schwach erwies, um einen überraschend starken russischen Angriff aufzuhalten. Im September mußten zwei deutsche Armeekorps un-vermittelt an die Ostfront verlegt werden, um in Ostpreußen und Galizien eine Niederlage zu verhindern.

Schon in den ersten Kriegswochen gab es schwerste Verluste an Menschen und Material, doch später sollte es noch viel schlimmer kommen. Der Traum von deutscher Überlegenheit und schnellen Siegen war ausgeträumt. Es folgte die grausame Wirklichkeit eines Stellungskrieges an zwei Fronten – vier Jahre, in denen die Frontsol-daten in den Schützengräben verbluteten, während die Zivilbevölke-rung Not und Elend litt. Anfangs hätte die Moral an der Heimatfront besser nicht sein können. Jedermann beteuerte Einigkeit, Opferbe-reitschaft und den Willen zur Zusammenarbeit. Wie durch Zauber hörten alle Schmähungen von Juden von einem Tag auf den anderen auf, und selbst von den extremen Antisemiten war nichts mehr zu hören. Die deutschen Juden waren in Hochstimmung; endlich war ihre Zeit gekommen, und ihr Eifer, ihre Vaterlandsergebenheit unter Beweis zu stellen, kannte keine Grenzen mehr.

Beim Zeichnen von Kriegsanleihen standen Juden ebenso in vor-derster Front wie bei der Demonstration vaterländischer Treue zu Deutschlands gerechter Sache. Ein gewisser Ernst Lissauer ließ sich von der Begeisterung so mitreißen, daß er einen »Haßgesang auf

England« komponierte, der so populär wurde, daß der Kaiser den jüdischen Komponisten alsbald mit dem Schwarzen Adlerorden dekorierte. Ein jüdischer Junge namens Ernst Schleyer, noch keine fünfzehn Jahre alt, schaffte es, in ein Königsberger Regiment aufgenommen zu werden, und war dabei, als fünfhundert Russen gefangengenommen wurden.[13] In Bayern meldete sich ein gewisser Paul Spiegel mit zweiundsechzig Jahren noch als Freiwilliger. Ludwig Stern, ein Veteran des 70er-Krieges, bestand darauf, wieder in seinem alten Regiment zu dienen; die Anstrengung trug ihm allerdings einen Herzanfall ein, bevor er den Feind zu Gesicht bekam. Ludwig Frank, ein prominenter jüdischer Reichstagsabgeordneter, meldete sich freiwillig und gehörte im August zu den ersten Gefallenen. Sein letzter Brief von der Front erntete bei den Juden höchste Bewunderung:

Er gehe in die Schlacht wie alle anderen – voller Freude und siegesgewiß, froh, sein Blut für das Vaterland zu vergießen.

Ein anderer jüdischer Freiwilliger schrieb kurz und bündig in sein Tagebuch, unmittelbar bevor er fiel: «Für hundert zu sterben – wunderbar.«[14]

In Oranienburg half Stadtrat Martin Blumenthal, der schon seinen ältesten Sohn in den Krieg geschickt hatte, ein Hilfskomitee für bedürftige Familien zu organisieren, und bei der ersten Sammlung fürs Rote Kreuz spendete er noch großzügiger als die anderen Juden in der Stadt.[15]

Doch als die schweren Kämpfe nicht enden wollten, die Listen der Gefallenen und Verwundeten länger und viele Waren knapp wurden, kam es nach einigen Monaten langsam zur Ernüchterung. Die Realität eines anhaltenden Weltkrieges erreichte den Alltag der Menschen. Angefangen hatte es mit Preiskontrollen für Mehl und Salz und der unweigerlichen Verknappung. Dann wurden Schritt um Schritt auch andere Lebensmittel knapp, es kam zu Rationierungen, die Preise stiegen, und die Schlangen vor den Lebensmittelgeschäften wurden länger. Die Menschen murrten, wurden verbittert und grob. Wer war schuld an den Verlusten und an der Not? So fragten sich jetzt die Deutschen.

Vielleicht hätten die Juden damit rechnen können, daß man angesichts von Rückschlägen und Enttäuschungen wieder einmal ihnen die Schuld in die Schuhe schieben würde. Doch in den ersten Wochen der Begeisterung hatte kaum einer von ihnen mit dieser Möglichkeit gerechnet, und auch jetzt klammerten sie sich noch an den proklamierten Burgfrieden und beschwerten sich bei der Obrigkeit, als Stimmen laut wurden, die ihnen die Schuld an den Problemen des Landes gaben. Die ersten antisemitischen Angriffe wurden denn auch von der Zensur noch rigoros unterbunden, doch nach und nach wurden die alten Judenhasser trotzdem immer aktiver, die Behörden legten ihnen immer weniger Hindernisse in den Weg, und immer breitere Schichten der zunehmend desillusionierten Öffentlichkeit hörten der Propaganda bereitwillig zu.

Der Krieg hatte allen Glanz verloren, und wieder einmal machte man die Juden zum Sündenbock; es war ja auch eine bequeme Art, die Unzufriedenheit von denen abzulenken, die wirklich an der sich abzeichnenden Katastrophe schuld waren. Die Juden waren tief enttäuscht, als sie einsehen mußten, daß alle Mühen und Opfer ihren Feinden nicht das Geringste bedeuteten. Als Ende 1914 berichtet wurde, bereits 710 jüdische Soldaten seien mit dem Eisernen Kreuz ausgezeichnet und einige Dutzend auf dem Schlachtfeld zu Offizieren befördert worden, wurden vereinzelte Versuche, die Leistungen der Juden an der Front dennoch herabzusetzen, von der Zensur noch unnachgiebig unterdrückt. Doch eineinhalb Jahre später, als schon fast 7000 Juden das Eiserne Kreuz hatten und knapp 3000 gefallen waren, konnte die antisemitische Presse schon wieder viel freier agieren. Bei den Juden gebe es auf dem Schlachtfeld mehr als doppelt so viele Auszeichnungen wie Gefallene, bei den anderen sei es genau umgekehrt, höhnte man; das sei doch der Beweis dafür, meinte eine pangermanische Organisation, daß in der Etappe die Juden herrschten und ihren Einfluß geltend machten, um anderen Juden unverdiente Ehren zuzuschanzen.[16]

Vor allem zwei Behauptungen trafen jetzt auf offene Ohren – die Juden seien Feiglinge, die sich vor dem Dienst im Schützengraben drückten, und Kriegsgewinnler, die von künstlich herbeigeführter Knappheit profitierten. In Wahrheit hatte an der Front die militärische Führung versagt und zu Hause die Verwaltung, weil beide keine Vorsorge für einen längeren Krieg getroffen hatten. Doch statt dafür die Verantwortung zu übernehmen, war es beiden Gruppen recht, daß man mit dem Finger auf die Juden zeigte. Nach dem Ausbruch des Krieges kritisierte Walther Rathenau, der Sohn des Gründers der AEG, der Allgemeinen Elektricitäts-Gesellschaft, als einer der ersten die fehlende Planung für eine Kriegswirtschaft. Als sich herausstellte, wie recht er hatte, wurde er zum Leiter der Kriegsrohstoffabteilung ernannt. In dieser Funktion koordinierte er die Kriegsproduktion verschiedener Aktiengesellschaften und organisierte den Nachschub an die Front und die Versorgung der Zivilbevölkerung. Der Jude Rathenau war ein absolut loyaler deutscher Nationalist, der sein Organisationstalent ganz in den Dienst der deutschen Sache stellte. Er hatte die volle Unterstützung der militärischen Führung, die sogar dafür sorgte, daß Männer, die Rathenau ihrer Fähigkeiten wegen als Mitarbeiter haben wollte, von der Front zurückbeordert wurden. Darunter waren auch einige Juden, und auch andere jüdische Geschäftsleute und Wissenschaftler arbeiteten freiwillig für Rathenaus Organisation; alles in allem waren etwa zehn Prozent seiner Mitarbeiter Juden, einige davon in führender Position.

1916 zog eine britische Seeblockade die Schlinge um das Reich noch enger; die Lebensbedingungen verschlechterten sich weiter, und die Hungersnot wurde größer. Rathenau arbeitete unermüdlich weiter, doch den Antisemiten bot die wachsende Not eine willkommene Gelegenheit, um seine Versorgungsorganisation anzugreifen. Sie behaupteten, Juden versteckten sich hinter Rathenau, um sich vor dem Fronteinsatz zu drücken, und seien auch für den allgemeinen Notstand verantwortlich. Andere rechte Konservative stimmten in das Geschrei ein, um ihr eigenes Süppchen zu kochen. Sie fürchteten, Reichskanzler Bethmann-Hollweg strebe einen Verhandlungsfrieden an, und hatten Angst, nach einem unentschiedenen oder verlorenen Krieg ihre traditionellen Privilegien einzubüßen. Um Bethmann-Hollweg öffentlich zu diskreditieren, spielten sie die antijüdische Karte aus, nannten ihn »Kanzler der Juden« und ließen durchblicken, Juden wie Rathenau, denen ihre Geschäfte wichtiger seien als die deutsche Ehre, hätten ihn in der Hand.

Unter dem Druck eines langen Krieges kehrte so der alte Antisemitismus stärker denn je zurück. Vereinzelt hatte es allerdings von

Anfang an Berichte gegeben, in denen Juden der Preistreiberei und Schieberei bezichtigt wurden. Gegen Ende 1914 führte eine jüdische Zeitung eine »Kriegsantisemitismus« betitelte Kolumne ein, in der über derartige Vorfälle berichtet wurde. Einmal war von Schulen die Rede, die es immer noch ablehnten, statt der als Reservisten eingerückten Lehrer Juden einzustellen, ein andermal wurde Juden Spionage vorgeworfen,[17] dann wieder gab es Geschichten von verwundeten jüdischen Kriegsteilnehmern, die sich im Heimaturlaub mit dem Vorwurf der Feigheit konfrontiert sahen. Wenn sie das Eiserne Kreuz hatten, hieß es einfach, es sei wahrscheinlich gekauft.[18]

Die jüdische Gemeinde reagierte hilflos, bestürzt und manchmal geradezu panisch. Die Zionisten sagte, jetzt sehe man, daß sie immer schon recht gehabt hätten – der Antisemitismus sei unausrottbar und ohne ein eigenes Land gebe es für Juden keine Hoffnung. Am anderen Ende des Spektrums riefen die zur Assimilation um jeden Preis Entschlossenen zu noch größeren Opfern und Beweisen der Vaterlandsliebe auf. Die meisten anderen schwiegen einfach – sie sagten wenig, nahmen die Demütigungen und Diffamierungen hin, schauten weg und hofften auf bessere Zeiten.

Am 1. Juli 1916 war Ewald schon fast zwei Jahre an der Front. Im Vorjahr hatte der Kaiser ihm und anderen persönlich nach blutigen Kämpfen in der Champagne am Nachmittag des 13. März 1915 das Eiserne Kreuz verliehen. Jetzt starteten die Alliierten eine Großoffensive, um an der Somme die deutschen Linien zu durchbrechen, und bei Maurepas-Cléry wurde Ewalds Siebte Kompanie wieder einmal in die Schützengräben geschickt. Die feindliche Offensive begann mit einem Artillerieangriff, bei dem allein in der ersten Stunde eine Viertelmillion Schuß abgegeben wurden. Gewaltiges Geschützbombardement pflügte die Erde auf, Maschinengewehre mähten alles nieder, und der Kampf um minimalen Bodengewinn ging vier Monate lang Tag für Tag weiter. Als er Ende Oktober vorbei war, waren 165 000 Deutsche und 146 000 Franzosen und Engländer gefallen. Nach diesem »Totentanz« – so nannte Rathenau die Sommeschlacht in seinem Tagebuch – konnte keine der beiden Seiten einen entscheidenden Vorteil verbuchen.[19]

Für die Soldaten ging es auf beiden Seiten nur noch ums Überleben. Niemand freute sich mehr auf die Schlacht, es herrschte Angst oder Langeweile, für die Politik in der Heimat interessierte sich kaum noch einer. Als Ewald erfuhr, daß sein Onkel Arthur sich mit vierundvierzig freiwillig gemeldet hatte, konnte er es kaum fassen – ungeachtet aller Argumente, die für den besonderen Eifer der Juden sprachen. Als er ein Jahr später hörte, Arthur sei wegen einer Lungenkrankheit aus dem Elsaß nach Hause geschickt worden, war Ewald bloß noch neidisch auf das Glück seines Onkels. In seiner Einheit dienten einige Juden, doch abgesehen von einem gelegentlichen dummen Witz gab es in den Schützengräben kaum offenen Antisemitismus. Man war gemeinsam in Gefahr, und die jüdischen Soldaten bluteten und starben auch nicht anders als die Christen. Victor Cohen, der jüdische Feldchirurg des Bataillons, wurde allgemein bewundert, und als sein jüdischer Assistent Sally Beer in der Schlacht fiel, trauerten alle ehrlich um ihn.

Als die Einheit Ende Oktober 1916 vom Hauptquartier den Befehl erhielt, unter den Frontsoldaten eine »Judenzählung« vorzunehmen, um die Frage der eventuellen Drückebergerei statistisch zu untersuchen, waren Ewalds Vorgesetzte peinlich berührt, während die jüdischen Mannschaften halb empört, halb resigniert reagierten. Die Sache war, gelinde gesagt, eine Unverschämtheit. Tag für Tag sahen sie dem Tod ins Auge, doch immer noch waren sie »anders«. Die meisten reagierten stoisch, einige schrieben wegen der Beleidigung Protestbriefe in die Heimat. Doch Befehl war Befehl, und am festgesetzten Tag wurden überall in den deutschen Streitkräften die Juden gezählt.

Hätte die Verschlimmerung der Lage der Juden noch eines Beweises bedurft, so zeigte die »Judenzählung« an der Front nun klar, daß der Krieg dem Antisemitismus in Deutschland beunruhigenden neuen Auftrieb beschert hatte. Die Verfügung des Kriegsministers war ohne Umschweife formuliert: »Fortgesetzt laufen beim Kriegsministerium aus der Bevölkerung Klagen darüber ein, daß eine unverhältnismäßig große Anzahl wehrpflichtiger Angehöriger des israelitischen Glaubens vom Heeresdienst befreit sei oder sich vor diesem unter allen nur möglichen Vorwänden drücke ... Um die Klagen nachzuprüfen und ihnen gegebenenfalls entgegentreten zu können, ersucht das Kriegsministerium ergebenst um gefällige Aufstellung einer Nachweisung nach dem anliegenden Muster 1 und 2.«[20]

Während die jüdischen Soldaten im Felde verbittert oder mit fatalistischem Schweigen reagierten, waren die Juden in der Heimat zutiefst bestürzt. Ihre Führer protestierten, der Befehl sei eine offiziell gebilligte üble Diffamierung. Die Vorwürfe, die Juden seien Schwindler und Kriegsgewinnler, seien ja schon schlimm genug, doch jetzt würden auch noch ihre Soldaten beleidigt und an den Pranger gestellt, obwohl doch Tausende schon ihr Leben geopfert hätten.

Trotz aller Proteste wurde die Zählung durchgeführt. Am 1. November 1916 zählte auch das Zweite Bataillon seine Juden – Ewald, die anderen jüdischen Soldaten und Dr. Victor Cohen wurden pflichtgemäß registriert. Einen Monat später fiel der Feldchirurg. In der offiziellen Regimentsgeschichte heißt es, das Regiment verdanke seiner hingebungsvollen Treue sehr viel.[21]

Dann kam der Winter 1916/17, der härteste Kriegswinter, der den Deutschen noch lange als »Steckrübenwinter« in Erinnerung bleiben sollte. Nach schlechten Ernten stiegen die Getreidepreise, Brot und selbst Kartoffeln wurden knapp. Es gab nicht genug Kohle zum Heizen, die Kinder gingen nicht mehr in die Schule, sondern suchten nach Brennholz, die öffentlichen Badeanstalten wurden geschlossen, und in Berlin wurden die Straßenlampen nicht mehr angezündet. Das neue Jahr wurde auch nicht besser: Der U-Boot-Krieg brachte Deutschland nichts, sondierende Kontakte mit Blick auf einen Friedensschluß verliefen im Sande, und – was am schlimmsten war – Amerika trat in den Krieg ein. Der Friedensschluß mit Rußland weckte vorübergehend einige Hoffnungen, doch im Westen blieb es beim Blutvergießen und einer Patt-Situation.

Innenpolitisch vertieften sich die Gräben. Immer mehr Menschen wurden des Krieges müde, und die politische Mitte und die Linke suchten nach Möglichkeiten, die Kämpfe ehrenhaft zu beenden. Die Rechte sah ihre Hoffnung auf territorialen Zugewinn schwinden, fürchtete um ihre Privilegien und wollte »bis zum bitteren Ende« weiterkämpfen; wer für den Frieden eintrat, wurde als feiger Defätist und Verräter beschimpft. Die Rechtsextremen heizten ihre Kampagne gegen die Juden als die eigentlich Schuldigen, die Deutschland verkaufen wollten, noch weiter an und fanden in der verbitterten Bevölkerung damit immer mehr Anklang.

Wieder einmal waren die Hoffnungen der deutschen Juden enttäuscht worden. Die Wurzeln des deutschen Antisemitismus hatten sich als stärker und tiefer erwiesen, als man geglaubt hatte. Der Krieg hatte die Deutschen in ihren Ressentiments gegen die Juden bestärkt, und weder das Verstreichen der Zeit noch die Leistungen der Juden für die deutsche Gesellschaft hatten etwas bewirkt. Im Frieden hatte ihr schneller Aufstieg in Wirtschaft, Kultur und in den freien Berufen unerwartete neue Ressentiments ausgelöst. Im Krieg zogen sie durch ihre führende Rolle in der Politik und im öffentlichen Leben nur um so mehr Schuldzuweisungen auf sich. Die Hoffnung, ihre christlichen Landsleute würden ihnen endlich eine gleichberechtigte Stellung zugestehen, hatte sich wieder einmal als Illusion erwiesen.

3

Am Morgen des 9. November 1918 fanden Feldmarschall Paul von Hindenburg, Generalstabschef General Wilhelm Gröner und einige weitere Herren sich im Konferenzraum der Villa Franeuse im belgischen Badeort Spa ein, um dem Kaiser zu eröffnen, daß die Truppen ihm den Gehorsam verweigerten und seine Abdankung unumgänglich sei.

Es war ein düsterer und spannungsgeladener historischer Augenblick. Hindenburg war äußerst erregt und schon auf dem Weg zum Kaiser mehrmals in Tränen ausgebrochen. Als er schließlich vor seiner Majestät stand, versagte ihm die Stimme, und es blieb General Gröner überlassen, dem Kaiser die schlimme Nachricht zu überbringen. Der Krieg sei verloren, in Kiel hätten die Matrosen gemeutert, das Land stehe kurz vor dem Aufruhr und angesichts des bevorstehenden Waffenstillstands sei ein Wechsel des politischen Regimes unvermeidlich. Deutschland winke bereits das Gespenst einer Revolution wie in Rußland. Der Kaiser müsse sofort abtreten, damit die Soldaten heimkehren und das Land vor dem Bolschewismus retten könnten. Es gebe keinen anderen Ausweg.

Am nächsten Tag überschritt Wilhelm II. bei Eysen die belgisch-holländische Grenze und überreichte einem etwas ratlosen Grenzwächter sein Schwert.[22] Der dritte und letzte Kaiser des zweiten Deutschen Reiches und mit ihm die Hohenzollerndynastie waren nun Vergangenheit. Deutschland, besiegt und vollständig erschöpft, war seinen Feinden auf Gedeih und Verderb ausgeliefert. Um elf Uhr vormittags unterzeichneten die deutschen Vertreter im Wald bei Compiègne die bedingungslose Kapitulation. Eine Stunde später verstummten an der ganzen Westfront die Geschütze.

Die Niederlage hatte sich schon seit Monaten abgezeichnet. Die beiden großen deutschen Offensiven des Jahres 1918 – im Frühjahr an der Somme und im Sommer an der Aisne – waren unter schweren Verlusten auf beiden Seiten zusammengebrochen. Am 8. August hatten die Streitkräfte der Entente, verstärkt durch frische amerikanische Einheiten, die Gegenoffensive gestartet und die Truppen des Kaisers zum Rückzug auf der ganzen Linie gezwungen. Die Mittelmächte standen vor dem Zusammenbruch, die Türkei und Bulgarien lagen am Boden, und das österreichische Heer war in Auflösung begriffen. Im September gestanden schließlich auch Hindenburg und Ludendorff die Niederlage ein und drängten auf sofortigen Waffenstillstand. Der Kaiser jedoch blieb bis zum bitteren Ende außerstande, der Katastrophe wirklich ins Auge zu sehen und die Hoffnungslosigkeit der eigenen Lage zu begreifen. Fast vom ersten Kriegstag an hatte der Druck des Konfliktes seine Charakterschwäche und Labilität bewiesen und deutlich gemacht, daß ihm das Bild, das er abgab, mehr bedeutete als Standhaftigkeit und Führungskraft. Als die ersten Schüsse fielen, hatte er stolz das Haupt gereckt und sich als Oberster Kriegsherr eines geeinten Volkes geriert, doch schon beim ersten Vordringen der Russen in Ostpreußen reagierte er hilflos und beschuldigte seinen Stab, insgeheim ihm die Schuld zu geben und ihm aus dem Wege zu gehen.[23] Je länger der Krieg dauerte, desto stärker schwankten seine Stimmungen. Nach jedem Erfolg prophezeite er, der Sieg stehe unmittelbar bevor, nach jedem Rückschlag war er völlig verzweifelt. Zu klaren Entscheidungen oder konsequenten

Handlungen unfähig, entpuppte sich Wilhelm II. als Oberkomman-
dierender als eine Null, und Hindenburg hatte sich schon längst gezwungen gesehen, einzuschreiten und das Vakuum zu füllen.

Auch dem Volk war sein Kaiser mittlerweile egal. Für viele war er
längst zu einer leicht lächerlichen traurigen Gestalt geworden. Die
Menschen waren mit der Unbill des täglichen Lebens vollauf beschäftigt, und bis auf die extremen Nationalisten ersehnten sich die
meisten nichts dringlicher als das Ende des Krieges. Dennoch waren
sie, als es dann kam, auf die totale Niederlage, die Demütigung und
das anschließende Chaos ebensowenig vorbereitet wie der Kaiser auf
seinen Sturz.

1918 hatte auch in Oranienburg die Kriegsverdrossenheit stetig
zugenommen. Schon allzu lange waren Martin Blumenthal und die
anderen Mitglieder des Lebensmittelrationierungsausschusses der
Stadt gezwungen, ständig neue unangenehme Vorschriften zu unterzeichnen. Da die meisten Barbiere im Krieg waren, war es sogar nötig
gewesen, fürs Rasieren einen Höchstpreis festzusetzen. Schlimm genug, daß es nicht einmal zu Neujahr die beliebten Berliner Pfann-
kuchen gab, schlimmer noch, daß am 27. Januar die wöchentliche
Fleischration auf 250 Gramm herabgesetzt werden mußte, bei gleich-
zeitiger weiterer Rationierung von Marmelade und Käse. Als die Stadtväter auch noch mitteilen mußten, daß es praktisch keine Milch mehr
gebe und die Mütter ihre Kleinkinder statt dessen mit Griesbrei füt-
tern sollten, wäre es fast zu Krawallen gekommen.

Die Aussichten waren düster, die Stimmung gereizt, und die Vorwürfe, die Juden machten Geschäfte auf dem schwarzen Markt, häuf-
ten sich in besorgniserregendem Ausmaß. Seit Monaten beunruhigte
Martin vor allem die Flut empörter Beschwerden, das Mehl aus der
Oranienburger Mühle sei praktisch ungenießbar, während gleichzeitig gutes Mehl unter der Hand zu enormen Preisen angeboten werde.
Der Lieferant war als »Cohns Mühle« bekannt, und obwohl das
Gerücht nachweislich falsch war, murrte man nun selbst im an sich
friedlichen Oranienburg über angebliche jüdische Kriegsgewinnler.
Wenn es hieß, ein Schieber sei festgenommen worden und es handle
sich um einen Juden, war das Wasser auf die Mühlen derjenigen, die
am liebsten den Juden die Schuld an jedem Übel gaben.

Nicht nur war der Alltag von Not gezeichnet, auch die schrecklichen Verluste an der Front betrafen immer mehr Familien. Ständig kamen neue und immer längere Listen mit den Namen Gefallener. Am Anfang des Krieges war Oranienburg oft wochenlang verschont geblieben, doch das war jetzt vorbei. Am 9. Juni 1918 berichtete die Lokalzeitung zwar triumphierend, in Frankreich seien die feindlichen Angriffe unter schweren Verlusten zurückgeschlagen worden, doch gleichzeitig zeigte die Verlustliste Nr. 1175, wie hoch der Preis dafür war.[24] Zwanzig Oranienburger – mehr als je zuvor – waren gefallen oder verwundet worden, und diesmal traf es auch die Blumenthals. Ewald war vorübergehend dienstlich in Berlin und daher außer Gefahr, doch sein jüngerer Bruder Hellmuth war im Januar zur Armee gegangen und im Frühjahr an die Front gekommen. Jetzt hieß es, er sei schwer verwundet worden, man habe ihm das rechte Bein abnehmen müssen und er liege dem Tode nahe in einem Feldlazarett in Frankreich. Für Ida und Martin war diese Nachricht ein schwerer Schlag.

Es war höchste Zeit, den Krieg zu beenden. Deutschland hatte bereits 1,6 Millionen Gefallene und über vier Millionen Verwundete zu beklagen. Als im Oktober Max von Baden Reichskanzler wurde, stieg die Hoffnung, das entsetzliche Blutvergießen würde bald ein Ende finden. Das hofften zwar die meisten, doch nur wenigen war klar, wie total die Niederlage sein würde. Auf Enttäuschungen war man zwar jederzeit gefaßt, doch praktisch bis zum Tag des Waffenstillstands kamen von der Front neben schlechten auch gute Nachrichten über eigene Siege und über Schwächen des Feindes. Mit einer militärischen Katastrophe rechnete niemand.

Dann war plötzlich alles vorbei; der Zusammenbruch und die anschließenden Wirren waren ein Schock. Auf einmal tat sich in Deutschland eine tiefe politische Kluft auf. Die Monarchie und ihre Anhänger waren diskreditiert, linke und rechte Gruppierungen kämpften um die Macht. Überall herrschte Chaos.

4

Nun war also der Kaiser fort, und seine Paladine waren entmachtet. Der bis dahin blutigste Konflikt in der europäischen Geschichte war zu Ende. Millionen deutscher Soldaten waren tot oder verstümmelt, eine Dreiviertelmillion Zivilisten waren verhungert. Der Krieg hatte über fünfzig Milliarden Mark gekostet – der Preis, den die Menschen zahlen mußten, ließ sich nicht beziffern. Am 9. November um drei Uhr nachmittags – der Kaiser hatte noch nicht einmal die holländische Grenze überschritten – eilte der Vorsitzende der Sozialdemokraten, Philipp Scheidemann, auf den Balkon des Reichstags in Berlin, um die erste deutsche Republik auszurufen. Er wollte den Spartakisten zuvorkommen, einer rivalisierenden Gruppe von Kommunisten und linken Dissidenten, die praktisch gleichzeitig vom Balkon des nahe gelegenen Schlosses aus eine eigene »Freie Sozialistische Republik« ausriefen. In München errichteten linke Idealisten mittlerweile die »Räterepublik« mit einer Räteregierung im sowjetischen Stil. Um die Verwirrung komplett zu machen, forderte der dreiundvierzigjährige katholische Oberbürgermeister von Köln, ein gewisser Konrad Adenauer, einen von Berlin unabhängigen Rheinstaat. Chaos herrschte auch in anderen Städten und Regionen, und in der Hauptstadt kam es ständig zu Zusammenstößen und Straßenschlachten zwischen konkurrierenden politischen Gruppen, die das durch die Flucht des Kaisers entstandene Vakuum für sich besetzen wollten.

Den durchschnittlichen Deutschen plagten allerdings ganz andere Sorgen. Die Waffenstillstandsbedingungen sahen eine Fortsetzung der Blockade vor, und die Hungersnot wurde immer schlimmer. Die landwirtschaftliche Produktion war praktisch zum Stillstand gekommen; für das Vieh – soweit es überlebt hatte – gab es kein Futter, und Zugpferde gab es auch nicht mehr. Millionen Soldaten kehrten aus dem Feld zurück und mußten versorgt werden.

Neben allem anderen Elend war, als die Kämpfe gerade zu Ende gingen, in ganz Europa die Spanische Grippe ausgebrochen. In Großbritannien forderte die Epidemie 150 000 Opfer, in Budapest 100 000, und in Paris und Wien war es ähnlich. Sogar die amerikanische Armee verzeichnete mehr Grippetote als Gefallene – 20 000 in einem Zeitraum von zwei Monaten[25] –, und in Deutschland verstärkte die allgemeine Unterernährung die Wirkung dieser Geißel. Mitte Oktober waren in München 25 000 Grippefälle gemeldet, während in Breslau bereits rund 15 000 Menschen gestorben waren. In Hamburg brach das Telefonnetz zusammen, weil auch das Fräulein vom Amt nicht verschont blieb, und in Berlin verzeichnete man einmal an einem einzigen Tag 3000 Neuerkrankungen.[26]

Die politischen Wirren gingen noch wochenlang weiter, doch nach und nach gewann die von den Resten des Militärs gestützte junge Novemberrepublik die Oberhand. Die Spartakisten wurden nach blutigen Kämpfen und der brutalen Ermordung ihrer Führer durch Angehörige der Freikorps – von rechtsextremen ehemaligen Offizieren geführte Banden – ausgeschaltet. Ähnlich erging es in München der Räterepublik und ihren Führern. Schließlich verabschiedete im Sommer des Jahres 1919 eine Nationalversammlung gewählter Abgeordneter die erste demokratische deutsche Verfassung und wählte Friedrich Ebert, einen gelernten Sattler und den Führer der Sozialdemokraten, zum Präsidenten.

Berlin war im Frühjahr 1919 weder besonders sicher noch als Herz des preußischen Militarismus und des Hohenzollernstaates der ideale Versammlungsort, um ein neues Kapitel der deutschen Geschichte zu beginnen und etwas völlig Neues zu schaffen, nämlich ein echte parlamentarische Demokratie. Weimar hingegen bot als die Stadt von Goethe, von Philosophen und Humanisten die passende Symbolik; also versammelte man sich hier und verabschiedete auch die Verfassung in Weimar.

Die Anfangsjahre der Weimarer Republik waren am schwierigsten. Die Wirtschaftslage war katastrophal, und gescheiterte Revolutionen und politische Attentate spalteten das Land. Die parlamentarische Staatsform besaß in Deutschland nicht die geringste Tradition, und die neue Regierung, die im Umgang mit dem enormen politischen und wirtschaftlichen Druck keinerlei Erfahrung hatte, tat sich sehr schwer dabei, sich gegen die Feinde von links und von rechts zu behaupten. Links standen die Kommunisten und die Unabhängige Sozialdemokratische Partei Deutschlands – Marxisten, die, die russische Oktoberrevolution vor Augen, eine echte proletarische Revolution wollten und den Pragmatismus der weniger an der reinen Lehre als an Gewerkschaftsorganisation, Löhnen und Sozialleistungen interessierten Sozialdemokraten erbittert bekämpften. Auf dem rechten Flügel standen die Reaktionäre aus dem Kaiserreich, die nicht wahrhaben wollten, daß sich die Dinge grundlegend geändert hatten. Diese Rechtsextremen verabscheuten die neue Republik, sahen in ihr nur ein kurzes Zwischenspiel und agitierten gegen sie, wo immer sie konnten. Zwischen den beiden Extremen fischten noch alle möglichen anderen im Trüben und arbeiteten gegen Staat und Regierung – ehemalige Offiziere, enttäuschte Nationalisten, ewig Unzufriedene, arbeitslose Spinner und Abenteurer aller Art.

Die schwerste Belastung aber war die unerbitterliche Härte der Sieger. Ohne Rücksicht auf alle Vernunftappelle beorderten sie die Vertreter der Republik im Juni 1919 nach Versailles und zwangen sie, ihre Unterschrift unter den Entwurf eines Vertrags zu setzen, der in Deutschland enormen wirtschaftlichen und politischen Schaden anrichtete – und den Keim eines noch unheilvolleren Weltkriegs zwei Jahrzehnte später in sich barg. Für die Franzosen bedeutete dieser Vertrag die Rache für die ihnen zugefügte Demütigung in Versailles ein halbes Jahrhundert zuvor; in Deutschland sprach man dagegen nur vom Versailler Diktat. Dieser Vertrag war für die Weimarer Republik eine beständige schwere Bürde und untergrub letzten Endes ihre Lebensfähigkeit.

Die großen territorialen Verluste und die erdrückende Last der Reparationszahlungen, die man Deutschland aufbürdete, waren schlimm genug, doch psychologisch gesehen war der ominöse Artikel 231, der Deutschland die alleinige Kriegsschuld zuwies, noch schlimmer. Jahrelang hatte man den Deutschen eingeschärft, sie würden von den anderen Mächten eingekreist und tätlich bedroht; auf die totale Niederlage unvorbereitet und überzeugt, daß alle Kriegsparteien an der Katastrophe ihren Anteil hatten, empfanden sie Artikel 231 als Entehrung. Wer nationale Empörung, Ressentiments und Haß schüren und Mitstreiter für den Kampf der Rechten gegen die Weimarer Republik gewinnen wollte, hatte mit den Parolen »Novemberverbrecher« und »Verräter von Versailles« ein leichtes Spiel;

damit konnte man diejenigen diskreditieren, die – angesichts der Androhung von Besetzung und Schlimmerem – die schwere Last auf sich genommen hatten, den Vertrag zu unterzeichnen.

Zwischen den Extremen standen jedoch die Anhänger der Republik – Sozialdemokraten, Liberale, Politiker der Mitte und gemäßigte Konservative –, die sich für das erste Experiment der Deutschen mit einer parlamentarischen Demokratie engagierten. Sie nahmen die Sache ernst und arbeiteten unermüdlich; es grenzt schon an ein Wunder, daß sie die ersten Jahre und insgesamt immerhin vierzehn Jahre überstanden. Nicht weniger bemerkenswert ist die Tatsache, daß die Weimarer Jahre trotz des ständigen politischen und wirtschaftlichen Drucks kulturell ungewöhnlich lebendig und kreativ waren.

Es war, als hätten das Kriegsende und der Abschied vom wilhelminischen Zeitalter lange unterdrückte Energien und einen Hunger nach künstlerischen Experimenten und neuen intellektuellen Abenteuern freigesetzt. Sehr viele Menschen hielten die Vergangenheit für unsäglich, die Gegenwart für verrückt und die Zukunft für vermutlich hoffnungslos. Dieser Zeitgeist löste – obwohl schon das tägliche Leben Kraft genug kostete – fieberhafte Aktivität und unbändige Lebenslust aus. Man war gierig auf Neues und Unkonventionelles und verwarf das Alte. Die wirtschaftlich schwierigsten Jahre zwischen 1919 und 1923 wurden so für Maler, Komponisten, Architekten und Schriftsteller auch die produktivsten.

Das kulturelle Herz der Weimarer Republik schlug in Berlin, und fast über Nacht wurde die Hauptstadt zum Mekka für Gleichgesinnte aus der ganzen Welt. Das Theater war quicklebendig und vielfältig, von Erwin Piscators »Proletarischem Theater« bis zum 1919 eröffneten neuen Großen Schauspielhaus mit seinen 5000 Plätzen. Ernst Lubitsch und Fritz Lang drehten sensationelle Stummfilme mit Pola Negri und der jungen Marlene Dietrich in den weiblichen Hauptrollen. In der bildenden Kunst gaben die Expressionisten den Ton an, während die Dadaisten sich über Rationalismus und bürgerliche Werte lustig machten. Walter Gropius und das Bauhaus revolutionierten die Architektur, die Romanliteratur war sozialkritisch – man denke an Heinrich Manns Bestseller *Der Untertan* – oder antimilitaristisch wie bei Stefan Zweig. Else Lasker-Schüler schrieb expressionistische Gedichte, Dramatiker verfaßten pazifistische Stücke, Arnold Schönberg komponierte atonal, und virtuose Musiker wie Fritz Kreisler und Artur Schnabel entzückten das Publikum.

Für Ausländer war die Mark billig und wurde von Tag zu Tag billiger, und das hektische Berliner Nachtleben wirkte nicht weniger magnetisch auf sie als die höhere Kultur. Streiks waren an der Tagesordnung, und auch sonst war die öffentliche Ordnung keineswegs garantiert. Die Straßen waren dunkel, die im Krieg vernachlässigten Häuser verfielen, die Menschen waren hungrig, unterernährt und aggressiv. Manchmal konnte man sich des Eindrucks kaum erwehren, die Hauptstadt sei völlig übergeschnappt. George Grosz, der vom Dadaisten zum Expressionisten mutierte Maler und Zeichner, der in diesen Jahren seine besten Werke schuf, nannte die Stadt das »verrückte, degenerierte, phantastische Berlin«.[27]

Politische Kabaretts schossen wie Pilze aus dem Boden, die Nachtclubs und Spelunken schienen nie zu schließen, amerikanischer Jazz war der letzte Schrei, und man tanzte nonstop Tango, Foxtrott und Shimmy. Nichts war mehr heilig, und es gab auch keine moralischen Tabus mehr. Pornographie überflutete die Stadt, es gab freie Liebe, Strichjungen und Huren, schrille Homosexuelle, Transvestiten und offenen Drogenkonsum.

Der Krieg hatte die Menschen aller Illusionen beraubt. Die Nachtclubbesucher sagten sich, wie Grosz festhielt: »Der Krieg ist vorbei, und die Welt geht zugrunde. Je m'en fous. Jetzt leben wir erst mal.« Man trank Champagner, den man sich nicht leisten konnte, handelte mit Gerüchten und Drogen und hielt nur gelegentlich inne, um sich zu erkundigen, wieviel die Mark, die rapide an Wert verlor, noch wert war.

Die Kunstszene und das Amüsierangebot rund um die Uhr lockten Ausländer in hellen Scharen nach Berlin, doch es war nicht alles Gold, was glänzte. Für viele Deutsche signalisierten das hektische Durchfeiern und teilweise auch der Kulturbetrieb weniger Lebensfreude als Pessimismus und Verzweiflung. Es war, wie Grosz feststellte, eine »in bunten Schaum verpackte negative Welt«, und die Dadaisten waren ihr perfektes Symbol. Ihre nihilistischen Auftritte und ihr Hang, alles niederzumachen, was einst heilig war, wirkten wie ein Witz, waren in Wirklichkeit aber verzweifelte Schmerzensschreie. Und die Nachtschwärmer tanzten und tranken, weil sie sowieso meinten, alles sei kaputt und die Welt ein schwarzes Loch ohne Grund und ohne jeden Sinn.

Nachkriegsdeutschland befand sich in einer tiefen psychischen Krise. Es gab ein lebendiges kulturelles Leben, doch die Berliner Exzesse und die Avantgarde empörten die Traditionsbewußten, verwirrten die Massen und waren Wasser auf die Mühlen der Konterrevolutionäre, die den Führern der verhaßten Republik laut die Schuld am Zusammenbruch der öffentlichen Ordnung gaben, während sie insgeheim selbst weitere Unruhe stifteten. Die meisten Deutschen hatten den Schock des totalen militärischen Desasters noch nicht überwunden und litten unter der Demütigung des Vaterlandes. Das politische Chaos erschreckte sie, und die Auflösung der vertrauten und stabilen Lebensformen der Vorkriegszeit beunruhigte sie zutiefst. Mitten im verzweifelten täglichen Kampf um die Lebensnotwendigkeiten fragten sich die Menschen, wie es so weit hatte kommen können und wer die Schuld daran trug. Die Straßenredner hatten darauf viele Antworten. Die Linken gaben natürlich den Kapitalisten die Schuld und die Rechten den Kommunisten; andere meinten, es seien die Junker, das Militär, die Politiker, die Kaufhäuser, die Alliierten oder die Atheisten. Das lauteste und gehässigste Geschrei aber erhoben diejenigen, die alle Schuld den Juden gaben. Die konfuse Nachkriegsstimmung erwies sich als fruchtbarer Nährboden für die Ausbreitung stärkster antijüdischer Emotionen. Zur Bestürzung der Juden kam es nach dem Ersten Weltkrieg zu einer wahren Flut antisemitischer Agitation, die bald zum festen und unausweichlichen Bestandteil ihres Lebens wurde.

5

Bei seiner Heimkehr nach Oranienburg fand Ewald eine gedämpfte und bittere Stimmung und eine angespannte Atmosphäre vor. Mit traurigem Gesicht standen schwarzgekleidete Frauen Schlange vor den Geschäften, in denen es zu hohen Preisen nur wenig zu kaufen gab. Die Straßen boten ein schäbiges Bild, Brennstoff war knapp, und

Stromausfälle waren an der Tagesordnung, die Menschen zitterten vor Kälte. Beim Anstehen und im Wirtshaus erregten die Bürger sich über die schlechte Wirtschaftslage, die politische Unordnung und das »Diktat« von Versailles. Der frühere Gemeinsinn schien verschwunden, und wenn es darum ging, die für Deutschlands Elend Verantwortlichen auszumachen, stritt man sich heftig.

Viele Jahre lang hatten Christen und Juden in Oranienburg friedlich nebeneinander gelebt. Offene Agitation gegen Juden war selten gewesen, und selbst die angespannten Kriegszeiten hatten den traditionell freundlichen Beziehungen zwischen den beiden Gruppen kaum etwas anhaben können. Doch jetzt war die unfreundliche, nervöse Stimmung mit Händen zu greifen. Manche sagten ganz offen, »der Jude« sei der Grund für die Schwierigkeiten, andere wiederholten die unflätigen Hetzparolen der in neuem Eifer entbrannten pangermanischen Judenhasser und nationalistischen Extremisten. Es waren zwar nur wenige, doch in Oranienburg hatte es so etwas bisher überhaupt nicht gegeben, und es machte den Juden angst. Manche meinten, es sei nur eine vorübergehende, aus der schwierigen Lage herrührende Zeiterscheinung und es sei am besten, die Agitatoren einfach zu ignorieren. Andere jedoch meinten, es handle sich um eine ernste Angelegenheit, die nichts Gutes verheiße und auf die man mit Nachdruck reagieren müsse. Ewald machte bald nach seiner Rückkehr seine eigenen Erfahrungen. Den Frontheimkehrer hatten seine Klassenkameraden und alten Freunde im Gasthaus herzlich begrüßt. Eine kleine Gruppe hielt sich allerdings abseits, und nach ein paar Bieren hörte er, wie sie sich lautstark über jüdische Feiglinge und wucherische Bankiers unterhielten. Wie immer in solchen Situationen tat Ewald, als hätte er die offensichtlich für seine Ohren bestimmten Sprüche nicht gehört, doch der Vorfall hatte ihn verstört, und er ging danach nur noch selten dorthin.

Den Oranienburger Juden ging es zwar in der Regel besser als dem Rest der Stadt, doch unter den Folgen des Krieges hatten auch sie zu leiden. Der Krieg war weder an Christen noch an Juden vorbeigegangen, und Schicksalsschläge waren auch bessergestellten Bürgern wie seiner eigenen Familie nicht erspart geblieben. Zum einen war die Lage der Bank höchst prekär. Die Geschäfte gingen schlecht, die

Landwirte waren in Schwierigkeiten und viele Gläubiger konnten ihre Schulden nicht mehr bezahlen. Überall in Deutschland machten kleine Privatbanken Bankrott oder wurden zwangsweise übernommen. Die Familienbank der Blumenthals konnte sich nur noch mühsam halten. Die finanziellen Sorgen waren schlimm genug, doch der schreckliche Gesundheitszustand von Ewalds Bruder war noch viel schlimmer. Im Lazarett hatten Hellmuths Wunden zunächst überhaupt nicht heilen wollen. Als er schließlich nach Hause kam, war er in übler Verfassung – er war hoffnungslos schmerzmittelsüchtig geworden. Noch Monate später ging er nicht aus seinem Zimmer und lehnte es ab, das lästige Holzbein zu tragen. Er hatte ständig Schmerzen, war morphiumsüchtig, demoralisiert und außerstande, ein normales Leben zu führen.

Ewald war zwar unversehrt aus dem Krieg zurückgekehrt, war aber dennoch nicht ganz verschont geblieben: Wenige Tage vor dem Ende der Kämpfe war Lucy, seine Verlobte, schwer an der Spanischen Grippe erkrankt, die in Berlin, wo die Krankenhäuser überfüllt und die Medikamente knapp waren, Tausende von Opfern forderte. Wie viele andere war auch Lucy so geschwächt, daß ihr Körper dem hohen Fieber wenig entgegensetzen konnte; knapp eine Woche nach dem Ausbruch der Krankheit starb sie elendiglich.

Während der ganzen langen Kriegsjahre hatte das junge Paar gehofft, es könnte heiraten, sobald wieder Frieden wäre und beide Familien sich mit dem Gedanken an die unorthodoxe Verbindung abgefunden hätten. Für Ewald war Lucys Tod ein schwerer Schlag und der erste gravierende persönliche Verlust in seinem Leben. Er gehörte zu der Generation, die in der Bequemlichkeit der ruhigen Vorkriegsjahre erwachsen geworden war, in der »guten Zeit«, wie viele Juden sagten. Seinen Eltern ging es damals gut, das Leben verlief in geordneten Bahnen, und vom Antisemitismus spürte man nur wenig. Dank der überwiegend harmonischen Beziehungen zwischen Christen und Juden in Oranienburg und des privilegierten Status seiner Familie hatte der junge Ewald von den massiven Vorurteilen vieler Deutscher gegen Juden so gut wie nichts mitbekommen. Soweit es noch Barrieren gegen die Juden gab, hatte er diese als unvermeidliche Relikte aus einer noch unaufgeklärten Zeit betrachtet. Er kannte per-

sönlich kein einziges Opfer eines Pogroms oder unmittelbarer körperlicher Gewalt. Solche Ausschreitungen waren für ihn unglück-
selige Vorkommnisse in primitiven Ländern oder allenfalls in den
ostjüdischen Armenvierteln deutscher Großstädte.

Seine Wertvorstellungen waren genau wie bei seinen Eltern tief in
Deutschland verwurzelt, und von sich selbst machte er sich eben das
Bild, das auch das Selbstverständnis der meisten anderen gebildeten,
gutbürgerlichen deutschen Juden ausmachte: Vor allem anderen hielt
Ewald sich für einen loyalen und patriotischen Deutschen. Er liebte
sein Vaterland, achtete dessen Institutionen und war besonders stolz
auf die deutsche Kultur. Seine jüdischen Wurzeln bedeuteten ihm
weniger als seine Identität als Angehöriger des deutschen Volkes. Die
jüdische Religion war ihm fremd, und jüdische Traditionen waren
ihm gleichgültig; seine jüdische Herkunft war für ihn lediglich eine
sekundäre historische Tatsache, ein kleiner Nachteil, den man auch
beiseite schieben konnte. Jüdischen Organisationen trat er nicht bei,
antisemitische Sticheleien und Provokationen überhörte er am liebsten; war dies nicht möglich, so ertrug er sie resigniert und spielte ihre
Bedeutung herunter. Wichtig waren ihm geschäftlicher Erfolg und
die Annehmlichkeiten des Lebens. Politisch vertrat er gemäßigte Ansichten; Radikalismus gleich welcher Art lag nicht in seiner Natur.

Wie viele bürgerliche Deutsche dachte Ewald voller Nostalgie ans
Kaiserreich und empfand für Königshaus und Oberschicht Achtung
und Interesse; daß es sich um eine höchst elitäre und exklusive Gesellschaft mit unüberwindbaren Barrieren und Vorbehalten gegen
Juden gehandelt hatte, nahm er als gegeben hin. Andererseits begrüßte
er – wie die meisten Juden – die neue Verfassung mit allgemeinem
Wahlrecht und dem Versprechen völliger Gleichberechtigung und
auch die herrschende Koalition aus gemäßigten Parteien, die sich der
parlamentarischen Demokratie verpflichtet fühlten.

Der antijüdische Extremismus der Pangermanen nach dem Krieg
erfüllte Ewald mit Sorge und Abscheu. Er fürchtete die grobschläch-
tigen Sprüche dieser Leute, ärgerte sich über die ständigen Vorwürfe,
die Juden seien Feiglinge gewesen, und ihn schauderte, wenn sie die
Weimarer Republik eine »Judenrepublik« nannten. Besonders verhaßt war ihm der Ausdruck »der Jude«, beschwor er doch ein Zerr-

bild, in dem zwischen längst assimilierten Deutschen wie ihm und den Ostjuden, die auf der Flucht vor Pogromen oder im Krieg als Arbeitskräfte nach Deutschland gekommen waren, kein Unterschied gemacht wurde. Diesen nicht assimilierten Glaubensgenossen war Ewald erstmals als Soldat während des Feldzugs in Galizien begegnet; sie waren ihm fremd, unkultiviert und, ehrlich gesagt, leicht unappetitlich vorgekommen. Ihre Not tat ihm natürlich leid, doch verwandt fühlte er sich ihnen eigentlich nicht. Weder ihrem unangenehmen jiddischen Jargon noch ihrer seltsamen mittelalterlichen Kleidung konnte er irgend etwas abgewinnen. Sie waren einfach keine Deutschen, und Ewald fürchtete, sie seien einer der Gründe dafür, daß der Antisemitismus in Deutschland zunahm. Man mußte ihnen natürlich helfen, wenn sie arm waren, aber gewiß lag es in jedermanns Interesse – darin war sich Ewald mit vielen seiner jüdischen Freunde einig –, den Zustrom zu begrenzen, bevor ihre Anwesenheit die Atmosphäre für alle vergiftete.

Der Klimawandel in Oranienburg war nur ein schwaches Echo auf die Woge antijüdischer Emotionen, die plötzlich das Land überflutete. Schon im ersten Monat nach dem Waffenstillstand hatte der C. V. beunruhigt festgestellt, daß in Deutschland Pogrome in der Luft liegen.[28] Die Juden waren zum Lieblingssündenbock für die Niederlage geworden – angefangen beim Kaiser, der gedonnert hatte, hundert Juden und tausend Arbeiter hätten ihn den Thron gekostet.[29] Vorreiter der antisemitischen Propaganda waren die Pangermanen, die im Februar 1919 einen »Deutsch-Völkischen Schutz- und Trutzbund« gründeten, um »die moralische Wiedergeburt des einzigartigen deutschen Volkes« zu fördern, was, wie sie kundtaten, die »Ausmerzung des repressiven, zersetzenden jüdischen Einflusses« voraussetzte. Der Bund hatte großen Zulauf und konnte schließlich dreißig- bis vierzigtausend Mitglieder aufweisen, wobei allein in Berlin in den beiden ersten Jahren mehrere tausend Mitglieder aufgenommen wurden. Man rühmte sich, in einem einzigen Jahr 7,6 Millionen Flugblätter und ebenso viele Flugschriften und Propagandazettel verteilt zu haben, um die deutsche Öffentlichkeit auf die jüdische Gefahr aufmerksam zu machen.[30]

Alle möglichen Gruppen, Parteien und politischen Bewegungen

bekämpften die Republik und wollten zurück zur Gesellschaft der Vorkriegszeit. Der Schutz- und Trutzbund war besonders groß und populär; viele waren klein, schlecht organisiert und innerlich zerstritten, doch alle warben sie unter anderem mit antisemitischen Parolen für ihre Sache. Um die Verantwortung für die militärische Niederlage abzuwälzen, schlugen sich antirepublikanische und offen antisemitische Generäle wie der skrupellose ehemalige Generalstabschef Erich Ludendorff auf die Seite derer, die mit der »Dolchstoßlegende« operierten – die also den Juden vorwarfen, sie hätten an der Heimatfront Defätismus verbreitet und die Revolte geschürt. Extrem chauvinistische Studenten und Professoren – auf die jüdische Konkurrenz an der Universität und in den freien Berufen eifersüchtige Gegner der Demokratie – machten mit den reaktionären Militärs gemeinsame Sache und beschimpften die Juden als »Novemberverbrecher« und »Verräter von Versailles«. Auch die Rassenideologen tauchten wieder auf und warnten unter Berufung auf Houston Stewart Chamberlain, Richard Wagner und die übrige rassistische Vorkriegsliteratur vor der Bastardisierung deutschen Blutes. Gern zitierten sie auch die *Protokolle der Weisen von Zion*, eine weithin für echt gehaltene plumpe Fälschung, in der den Juden eine Verschwörung zur Errichtung der Weltherrschaft vorgeworfen wurde.

Das Zentrum der Agitation war die Hauptstadt, doch eine wichtige Rolle spielte auch München: Dort war die Räterepublik nach kurzer Herrschaft gestürzt worden, dort gediehen alle möglichen obskuren Vereine und Parteien, die zum Kampf gegen Weimar und die Juden aufriefen. Eine konspirative Gruppe rechter Rassisten nannte sich Thulegesellschaft; Mitglieder mußten »arisches Blut« nachweisen, und zum Programm gehörte der Vorschlag, die verhaßten Ostjuden in Konzentrationslager zu sperren oder, besser noch, aus dem Lande zu peitschen.[31] Mitglieder waren unter anderem ein junger Mann namens Rudolf Heß, Alfred Rosenberg, ein deutscher Student aus dem Baltikum und fanatischer Rassist, sowie ein ehrgeiziger antisemitischer Jura-Student namens Hans Frank.

Die Thulegesellschaft unterhielt auch Kontakte zu einem ehemaligen Volksschullehrer und Exleutnant namens Julius Streicher, der eifrig die antisemitischen Schriften von Mehring und Dürr studierte und in der Zeitung seiner winzigen Partei seine brutale Hetze mit pornographischen Bildern würzte. Ein anderes Grüppchen nannte sich Deutsche Arbeiterpartei; bei den unregelmäßigen Zusammenkünften im Keller einer heruntergekommenen Gaststätte machte man seinem Haß auf die Weimarer Republik Luft und schimpfte über angebliche jüdische Missetaten. Ein unbekannter Gefreiter namens Adolf Hitler war im September 1919 in diese Partei eingetreten, in der er sich als Redner hervortat, aktivere öffentliche Agitation forderte und an die Spitze drängte.

Deutschlands Niederlage beklagte Hitler als »das größte Gaunerstück«.[32] Er war überzeugter Antisemit, und der Krieg hatte ihn in der Ansicht bestärkt, die Juden seien eine minderwertige Rasse und außerstande, nach »Höherem« zu streben, da sie sich nur für Geld und Macht interessierten. 1920 wurde die Partei in Nationalsozialistische Deutsche Arbeiterpartei umbenannt, und 1921 wählte die NSDAP Hitler zu ihrem Vorsitzenden. Als »Führer« der Nazis setzte Hitler später ein 25-Punkte-Programm durch, welches auch die Forderung enthielt, alle Juden aus dem öffentlichen Leben in Deutschland zu entfernen, und organisierte die SA, die »Sturmabteilung« für den Straßenkampf mit dem politischen Gegner. Vorläufig jedoch blieben Hitlers Partei und die Thulegesellschaft Lokalerscheinungen, die außerhalb eines relativ kleinen Münchner Kreises kein Mensch in Deutschland kannte.

Die jüdische Führung mußte sich nun der schockierenden Tatsache bewußt werden, daß Antisemitismus in seinen schlimmsten Formen jetzt zum ersten Mal in der deutschen Geschichte zum eingewurzelten Bestandteil der politischen Öffentlichkeit geworden war. »Die Reaktion ist in vollem Schwung«,[33] warnte eines ihrer Organe Ende 1919, doch bei der Frage, wie man reagieren sollte, gingen die Meinungen weit auseinander. Die jüdischen Kriegsheimkehrer waren besonders darüber entsetzt, daß die Vorwürfe, die Juden seien Feiglinge und Drückeberger gewesen, einfach nicht aufhören wollten. Fast hunderttausend Juden hatten gedient, zwei Drittel davon an der Front, zwölftausend waren gefallen und noch mehr wegen erwiesener Tapferkeit dekoriert oder befördert worden. Doch ein völkischer Propagandist hatte eine Statistik in Umlauf gebracht, bei der es sich angeblich um unveröffentlichte Befunde der infamen Judenzählung aus dem Kriegsjahr 1916 handelte und mit der er zu beweisen versuchte, daß nur wenige Juden einen wirklichen Fronteinsatz mitgemacht hätten.[34]

Da es um ihre Ehre ging, waren einige jüdische Soldaten entschlossen, diesen Vorwürfen entgegenzutreten, und gründeten 1919 den Reichsbund jüdischer Frontsoldaten; Ziel des RJF war es, für eine korrekte Kriegsstatistik zu sorgen, der Gefallenen zu gedenken und sich zur Verteidigung eventuell vom Mob bedrohter jüdischer Wohnviertel bereitzuhalten. Ewald trug zwar bei Besuchen in Berlin für alle Fälle sein Eisernes Kreuz, lehnte es aber ab, dem in seinem Freundeskreis äußerst umstrittenen RJF beizutreten. Er war geradezu instinktiv für Assimilation und hatte für eine rein jüdische Organisation wenig übrig, auch wenn er ihren Zweck gut fand. Sein Onkel Arthur und er waren sich einig, daß man durch einen solchen Schritt Gefahr lief, die Kluft zwischen Christen und Juden eher zu vertiefen, als sie zu überbrücken; im derzeitigen erhitzten politischen Klima, meinten sie, könnte es als Provokation empfunden werden, wenn Juden sich in politischen Fragen allzu deutlich zu Wort meldeten. Das war eine weitverbreitete Ansicht, und der Reichsbund jüdischer Frontsoldaten tat sich schwer, aktive Mitglieder anzuwerben. In Berlin waren ihm nach zwei Jahren erst tausend ehemalige Soldaten beigetreten.[35]

Es war eine schwierige Zeit, und der richtige Weg war nicht leicht zu finden. Selbst Ewald war verärgert, als Hindenburg der Dolchstoßlegende mit ihrem antisemitischen Unterton im Reichstag seinen offiziellen Segen gab. Jahrelang hatte er im Schützengraben gelegen, viele jüdische Kameraden waren gefallen, und sein eigener Bruder lag zu Hause – ein zum Krüppel geschossenes seelisches Wrack. Wer anders als die kriegsbegeisterten Generäle hatte denn das ganze Elend in die Welt gebracht, die militärische Niederlage verursacht und sofort auf einen Waffenstillstand gedrängt, als die Front vor dem Zusammenbruch stand? Und jetzt wollten ebendiese Männer die Geschichte neu schreiben, Ursache und Wirkung verdrehen, die eigene Verantwortung abstreiten und den angeblich defätistischen Juden die Schuld in die Schuhe schieben! War es nicht unglaublich, fragte sich Ewald, daß die breite Masse nach so viel Blutvergießen ihren Helden Hindenburg immer noch dermaßen bewunderte und verehrte? Als der Feldmarschall am 18. November 1919 durch Berlin fuhr, um einem Ausschuß der Nationalversammlung Rede und Antwort zu stehen, hatte ihm unterwegs eine große Menschenmenge zugejubelt. Der Zeugenstand war mit Chrysanthemen und Bändern in den kaiserlichen Farben geschmückt, und als Hindenburg erneut vom Dolchstoß sprach, von »Versagen und Schwäche« (hinter der Front) und von einem »unbesiegten Heer«, gab es lauten Applaus. Daß der Ausschuß, dem auch zwei jüdische Mitglieder angehörten, diese Thesen in Zweifel zog und Hindenburg mit Gegenbeweisen konfrontierte, führte nur zur Verhärtung der Fronten. Ewald mußte miterleben, daß die nationalistische Presse den »Judenausschuß« verhöhnte, von »jüdischer Inquisition« sprach und sich darüber empörte, daß Ausschußmitglieder mit Namen wie Cohn und Sinzheimer die Frechheit besaßen, die Integrität eines sakrosankten Volkshelden Deutschlands in Frage zu stellen.

6

Die deutsche Krise verschärfte sich. Im März 1920 setzte eine Verschwörung von Offizieren und Rechtsextremisten die Republik einer ersten schweren Belastungsprobe aus. Es sah zunächst gefährlich aus, die Reichsregierung floh aus Berlin, doch der von dem Alldeutschen Wolfgang Kapp angeführte Umsturzversuch war dilettantisch und schlecht organisiert. An einem von den Gewerkschaften ausgerufenen Generalstreik beteiligten sich sogar die Beamten, der Kapp-Putsch brach zusammen, und die Regierung kehrte nach Berlin zurück. Die Juden atmeten auf, doch die inneren Wirren gingen weiter. Die riesigen Reparationszahlungen, die an die Alliierten zu leisten waren, lasteten schwer auf den Bürgern und den vielgeplagten Hütern der Republik. Die Protestmärsche und Straßenkämpfe eskalierten, und bei einer besonders blutigen Auseinandersetzung vor dem Reichstag kamen nicht weniger als zweiundvierzig Arbeiter ums Leben.

Zur weiteren Destabilisierung trugen bei den Reichstagswahlen im

Sommer 1920 die Stimmengewinne der Links- und Rechtsradikalen auf Kosten der SPD-geführten gemäßigten Koalition bei. Danach kam – einmal von den Linken, einmal von den Rechten gestützt – eine schwache sozialdemokratische Regierung nach der anderen. Die Polarisierung der politischen Kräfte verschärfte sich, und die Gesamtlage geriet immer mehr aus dem Gleichgewicht.

Die Wähler wandten sich von der Mitte ab. Unter der Inflation leidend, empört über die Unnachgiebigkeit der Alliierten und abgestoßen von der Unmoral und dem Chaos in den großen Städten, machten immer mehr bürgerliche Wähler gemeinsame Sache mit Chauvinisten, Erzkonservativen und republikfeindlichen Studenten. Am anderen Ende des politischen Spektrums liefen die unter Arbeitslosigkeit und steigenden Preisen leidenden Arbeiter den gemäßigten Sozialdemokraten davon und wählten radikalsozialistisch oder kommunistisch.

Diese Schwächung der politischen Mitte war für die Juden eine große Gefahr. Der Krieg hatte viele von ihnen in prominentere Positionen gebracht und ihnen bis dahin verschlossene Türen geöffnet. Die Weimarer Verfassung bestätigte und kodifizierte ihre Bürgerrechte und bedeutete zum ersten Mal das Ende jeder offiziellen Diskriminierung. Der Staatsdienst stand ihnen jetzt offen, und manche wurden auch auf einen Lehrstuhl berufen. In der Kultur, den Medien, der Wirtschaft und den freien Berufen spielten viele Juden nun eine führende Rolle, und einige wenige hatten sogar ein hohes Staatsamt erreicht oder waren Spitzenpolitiker. Knapp ein Drittel der deutschen Juden war arm geblieben, doch die große Mehrheit gehörte inzwischen dem Bürgertum an und stand so wirtschaftlich besser da als der Durchschnitt der deutschen Bevölkerung. Die offen agitierenden Antisemiten waren rein zahlenmäßig nur eine Minderheit und fanden bei den meisten Wählern kein Gehör; die großen Parteien verurteilten die antisemitischen Hetzkampagnen, und auch einige prominente Christen traten ihnen immer wieder öffentlich entgegen.

Paradoxerweise erschwerten diese eigentlich hoffnungsvollen Umstände die Lage der Juden. Daß sie so sichtbar und prominent geworden waren, machte es den Judenhassern leichter, den jüdischen Einfluß zu übertreiben und »den Juden« zum Symbol der in den

Augen vieler Deutscher unheimlichen Modernität und der problematischen und ungeliebten parlamentarischen Demokratie zu machen.

Besonders unheilvoll war es, daß in diesem widrigen Klima die übelsten rassistischen Antisemiten neue Anhänger bei denen fanden, deren Motive wirtschaftliche Not, Neid oder uralte religiöse oder auch soziale Vorurteile waren. Diese ganz unterschiedlichen Gruppen hatten nur eine einzige Gemeinsamkeit – die Bereitschaft, für die Niederlage im Krieg und die Probleme der Weimarer Republik »den Juden« verantwortlich zu machen und ihm ein langes Sündenregister vorzuhalten. Im Krieg habe »der Jude« sich als vaterlandsloser Feigling erwiesen, hieß es, er habe sich bereichert und in dunklen Machenschaften dem Militär den Dolch in den Rücken gestoßen. Die Chauvinisten behaupteten, erst unter dem Einfluß der Juden sei es zur Unterzeichnung des unehrenhaften Friedens von Versailles gekommen, die Gegner der republikanischen Verfassung polemisierten, Weimar sei eine »Judenrepublik«, in der die Juden alle Fäden in der Hand hielten, und die Rassisten wurden nicht müde zu verkünden, der Jude sei von Natur aus böse und verräterisch und könne gar nicht anders, als Dekadenz zu verbreiten, das deutsche Blut zu verseuchen und die deutsche Seele zu verführen.

Zu behaupten, »der Jude« sei ein linker Revolutionär, der die deutsche Gesellschaft untergraben und destabilisieren wolle, war völlig lächerlich. Das Gegenteil traf zu; zwei Drittel der deutschen Juden waren Bankiers, Geschäftsleute oder bürgerliche Akademiker wie Ewald und Arthur, die sich politisch der gemäßigten Mitte zuneigten. Als Provokateure dazustehen war das letzte, was sie wollten. Gutgehen konnte es ihnen nur bei stabilen Verhältnissen; Extremismus machte ihnen angst.

Eine völlig homogene Gruppe war die jüdische Minderheit allerdings nie. Die meisten waren liberal und gemäßigt, doch manche trieb die nationalistische Überkompensation auf den rechtsextremen Flügel, während andere ihr Heil bei den Linksradikalen suchten. Daß sich unter den Idealisten, die für die gesellschaftlich Benachteiligten und gegen jede Ungerechtigkeit kämpften, auch Juden fanden, dürfte nicht weiter verwundern, waren sie selbst doch lange Zeit Opfer von Unterdrückung und Ausgrenzung gewesen.

Die jüdischen Radikalen waren zwar immer nur eine kleine Minderheit, doch das störte die Antisemiten nicht. Von den beiden nach dem gescheiterten Aufstand ermordeten Führungsgestalten des Spartakusbundes war die eine, Rosa Luxemburg, Jüdin, während Karl Liebknecht kein Jude war. Der idealistische Sozialist Kurt Eisner, Führer der kurzlebigen bayerischen Räterepublik, war Jude, ebenso wie einige Kommunisten und Anarchisten aus seinem Umfeld, doch viele andere prominente Figuren der Räterepublik waren keine Juden. Die Antisemiten hinderte das allerdings nicht daran – auch unter Verweis auf die Rolle von Juden bei den kommunistischen Revolutionen in Rußland und Ungarn –, alle Juden als Revolutionäre zu verunglimpfen und ihren Einfluß in linken Bewegungen zu übertreiben.

Die Rolle, welche Juden wie Walther Rathenau und Albert Ballin im Weltkrieg gespielt hatten, bewies für die Antisemiten den jüdischen Verrat an der Heimatfront – ungeachtet der Tatsache, daß Ballin aus Verzweiflung über die Niederlage an einer Überdosis Schlaftabletten gestorben war.[36] Die Tatsache, daß zur deutschen Delegation in Versailles auch die beiden jüdischen Bankiers Warburg und Melchior gehört hatten, genügte, um den Vertrag als »jüdischen Verrat« zu bezeichnen. Daß Reichspräsident Ebert auch einen Juden zum Mitglied der provisorischen Regierung ernannt hatte und in Preußen und in Sachsen jüdische Sozialdemokraten Ministerpräsident waren, reichte schon aus, um Weimar als »Judenrepublik« zu diffamieren. Als weiterer Beweis dafür galt die Tatsache, daß der Staatsrechtler Hugo Preuß, der am Entwurf der Verfassung mitgewirkt hatte, ebenfalls Jude war. In Wahrheit waren die meisten Juden von Grund auf loyale Bürger und nur wenige linksradikal. Wegen Schiebereien und Preistreiberei waren sehr viel mehr Christen als Juden verurteilt worden. In der Kultur und im Geistesleben spielten Juden zwar eine wichtige Rolle, doch ihren bedeutendsten Beitrag leisteten sie nicht als Exzentriker und Avantgardisten, sondern in ganz traditionellen bürgerlichen Bereichen. In der Weimarer Republik gewannen deutsche Juden dreimal den Nobelpreis für Physik und dreimal für Medizin und trugen dadurch ebenso zum Ruhm Deutschlands bei wie jüdische Komponisten und Schriftsteller.

Die deutschen Juden unternahmen höchste Anstrengungen im

Dienste ihrer Heimat, konnten sich aber gegen das antisemitische Geschrei kaum Gehör verschaffen. Jetzt wurde deutlich, wie tief verwurzelt der Antisemitismus in Deutschland war; die Angriffe auf die Juden waren nun brutaler und nachhaltiger als je zuvor.

<h1 style="text-align:center">7</h1>

Dann ereignete sich gegen Ende des Jahres 1922 die Katastrophe – die galoppierende Inflation. Zu ihr gibt es zahlreiche Anekdoten: Ein Berliner Bestsellerautor hebt verzweifelt seine ganzen Ersparnisse ab – einen sechsstelligen Betrag – und kauft sich dafür ein U-Bahn-Ticket für eine letzte Fahrt durch Berlin. Dann schließt er sich zu Hause ein und verhungert.[37] Der Pianist Artur Schnabel trägt nach einem Konzert seine Gage – einen Koffer voller Banknoten – nach Hause. Weil der Koffer so schwer ist, bleibt er stehen und kauft sich für die Hälfte des Geldes ein Paar Würstchen; am nächsten Tag muß er feststellen, daß die andere Hälfte nicht einmal mehr für eine Wurst reicht.[38] Mitte 1923 kostet eine Tasse Kaffee »nur« 300 000 Mark, doch wenn man eine Stunde später die Rechnung verlangt, kann der Preis schon auf das Doppelte gestiegen sein. Gegen Ende dieses Irrsinnstanzes von wertlosem Papiergeld und explodierenden Preisen kostete in Berlin die Tageszeitung 10 Milliarden und ein Ei 320 Milliarden!

Am Ende des Krieges konnten sämtliche neuen Banknoten des Landes noch auf einer einzigen Druckerpresse in der Reichsbank gedruckt werden. Auf dem Gipfel der Inflationsspirale Ende 1923 liefen in 132 Privatunternehmen 1723 Druckmaschinen rund um die Uhr, und dreißig Papierfabriken arbeiteten mit voller Kapazität, um das nötige Papier zu liefern, welches übrigens wertvoller war als die Banknoten selbst. Ein Angestellter verzeichnete gewissenhaft die Verluste der Reichsbank – unglaubliche 32 776,9 Billionen Mark.[39]

1922 und 1923 erlebte Deutschland einen Inflationstaumel vorher ungekannten Ausmaßes. Der Verfall der Währung begann bereits im Krieg und beschleunigte sich danach, doch erst gegen Ende des Jahres 1922 führte das Zusammentreffen mehrerer innenpolitischer Fehler mit internationalen Ereignissen dazu, daß die Geldmaschine außer

Kontrolle geriet. Auf dem Höhepunkt der galoppierenden Inflation wurden die Löhne zweimal am Tag ausbezahlt, und Arbeiter und Angestellte bekamen mittags frei, um für das wertlose Geld einkaufen zu können, wenn auf den ewig leeren Regalen der Geschäfte überhaupt einmal etwas zu finden war – für die Kaufleute war das Auffüllen der Lager nämlich unweigerlich ein Verlustgeschäft. Die Menschen aber waren ganz wild aufs Kaufen, denn wenn man das Geld auch nur einige Stunden behielt, wurde es fast sofort wertlos. Ganz normale Arbeitslöhne rechneten sich – ebenso wie die Preise – schließlich nach Milliarden und Billionen.

Wer Devisen besaß, war fein heraus, und der Wechselkurs des Dollars wurde zur Fieberkurve der Inflationskrankheit. 1914 war ein Dollar vier Mark zwanzig wert, und bis Kriegsende verlor die Mark knapp die Hälfte ihres Vorkriegswertes. Mitte 1923 bekam man für einen Dollar schon den erstaunlichen Betrag von 414 000 Mark, aber dann beschleunigte sich der Wertverfall rasant in den Millionen- und schließlich in den Milliardenbereich. Am 20. November 1923 hätte man einem ausländischen Besucher für einen einzigen Dollar unvorstellbare 4,2 Billionen Mark über den Tresen geschoben! Für diesen katastrophalen Währungsverfall gab es mehr als einen Grund. Der allmähliche Wertverlust der Mark während des Krieges stand in engem Zusammenhang mit einer falschen Geldpolitik: Der Krieg wurde durch Kredite statt durch Steuern finanziert, und die Geldmenge wurde nicht der in einer Kriegswirtschaft unvermeidlichen Güterverknappung angepaßt. Als wieder Frieden herrschte, finanzierte die labile Republik aus Angst vor sozialen Unruhen mit billigen Krediten und hohen Staatsdefiziten zur Erhaltung der Arbeitsplätze einen trügerischen Aufschwung. Eine Zeitlang funktionierte das auch, und in der ersten Nachkriegszeit lag die Arbeitslosigkeit in Deutschland paradoxerweise deutlich niedriger als in den Siegerländern. Der Preis dafür war allerdings eine hohe Inflation; noch schlimmer kam es, als eine Reihe von Schicksalsschlägen, auf die Deutschland keinen Einfluß hatte, den steilen Absturz einleitete.

Die »reduzierten« Reparationsforderungen der Alliierten beliefen sich auf die untragbare Summe von 132 Milliarden Goldmark und untergruben das nach dem Krieg ohnehin geringe Vertrauen in die deutsche Wirtschaftskraft noch weiter. Im Januar 1923 nahmen Frankreich und Belgien unausweichliche Zahlungsrückstände zum Vorwand, um das Ruhrgebiet zu besetzen, eine Industrieregion von zentraler Bedeutung für die deutsche Wirtschaft. Das ganze Volk war empört, und die Regierung rief zum passiven Widerstand gegen die Besatzung auf. Stahl- und Kohleproduktion ging zurück, auf die Verknappung reagierte die Regierung mit dem hemmungslosen Drukken von noch mehr Papiergeld, was das Unheil nur noch weiter vorantrieb.

Die galoppierende Inflation hatte enorme soziale und politische Folgen und grub tiefe Kerben ins Bewußtsein der Deutschen. Nun gab es allerdings nicht nur Verlierer. Billiges Geld und billige Exporte lösten einen großen, aber weitgehend uneffektiven Investitionsschub aus; große Fabrikanten wurden reicher, und die Konzentration in der Wirtschaft beschleunigte sich. Schuldner konnten ihren Verpflichtungen praktisch über Nacht nachkommen, Hypotheken ließen sich für einen Apfel und ein Ei tilgen, und Immobilienbesitzern ging es teilweise ausgezeichnet.

Spekulanten großen und kleinen Stils, skrupellose Glücksritter und Devisenbesitzer waren beim Volk zwar als »Raffkes« verschrien, konnten aber glänzende Geschäfte machen. Luxus und Verschwendungssucht prägten den Lebensstil derer, denen es gutging. In Berlin waren Oper und Theater gefüllt, die elegante Damenwelt trug Juwelen und Pelz, teure Automobile waren unterwegs, doch an den Straßenecken standen ausgemergelte Gestalten und bettelten um ein Almosen. Den wenigen Gewinnern standen sehr viel mehr Verlierer gegenüber. Viele büßten ihre gesamten Ersparnisse ein, die Rentner hungerten sich durch, und die Reallöhne der Lohnabhängigen fielen in den Keller. Ein guter Teil des Bürgertums verarmte über Nacht, und da ihre Ersparnisse wertlos geworden waren, mußten viele Sozialhilfe in Anspruch nehmen. Nur wenige konnten verstehen, wie es so weit hatte kommen können. Das Volk war voller Ressentiments und Wut, haßte jeden, dem es gutging, und empörte sich über ein System, das es für das allgemeine Elend verantwortlich machte.

Die Situation war wie geschaffen für politische Demagogen, und die rechtsextremen Gegner der Weimarer Republik hetzten jetzt fast ohne Unterlaß gegen den Schandvertrag von Versailles und forderten einen neuen Aufbruch, um Deutschland zu seiner ersehnten alten Größe zu verhelfen. Von Chaos und Unmoral umgeben und von wachsender Armut zermürbt, schenkten immer mehr Menschen diesen Demagogen ein offenes Ohr. Und diese schrien: »Der Jude ist schuld!« 1922 zählte der Schutz- und Trutzbund offiziell schon über 2000 Mitglieder. In München hatte die ursprünglich winzige NSDAP mittlerweile 6000 Mitglieder, und Adolf Hitler, der neue Parteivorsitzende, machte sich allmählich auch außerhalb Bayerns mit Massenkundgebungen und schrill antijüdischen Parolen einen Namen.

In der jüdischen Presse häuften sich die Berichte über antisemitische Vorfälle. In der Kleinstadt Zippnow blieben auf einer Gedenktafel für die Kriegsgefallenen des Ortes die Juden unerwähnt, weil die Einheimischen nichts mit ihnen zu tun haben wollten.[40] In Oldenburg wurden Juden von Straßenbanden überfallen, und in Nürnberg und Breslau wurden jüdischen Geschäftsleuten die Schaufenster eingeschlagen. In München fielen SA-Männer über italienische Obstverkäufer her, weil sie »jüdisch aussahen«, und ein Amerikaner beschwerte sich bei der Polizei, ihn habe man bei hellichtem Tage aus demselben Grund zusammengeschlagen.[41] Selbst Albert Einstein, 1921 mit dem Nobelpreis ausgezeichnet und einer von Deutschland bedeutendsten Physikern, wurde wegen seiner »jüdischen Wissenschaft« angegriffen. Viele Deutsche waren auf seine Leistungen außerordentlich stolz, doch für die ultranationalistischen Studenten war Einstein in erster Linie ein »internationalistischer, pazifistischer Wissenschaftsjude«. Er erhielt so viele Todesdrohungen von Rechtsextremisten, daß er sich von Leibwächtern beschützen lassen mußte.[42]

Derartige Drohungen waren nicht nur leere Worte. Radikale Nationalisten riefen immer wieder zur Gewalt gegen ihre verhaßten Gegner auf, und es gab denn auch zahlreiche politisch motivierte Attentate. Reichsfinanzminister Matthias Erzberger wurde erschossen, weil er den Waffenstillstand unterzeichnet hatte, und auch in der Provinz wurden eine Reihe von Politikern ermordet. Auf Philipp Scheidemann, den prominenten Sozialdemokraten und ersten Ministerpräsidenten der Weimarer Republik, wurde ebenso wie auf Maximilian Harden ein Säureattentat verübt.

Besonders heftig griffen die Rechtsextremisten Walther Rathenau an, den Mann, der die Kriegswirtschaft organisiert hatte und im Januar 1922 Außenminister geworden war. Für die Völkischen war er gleich in doppelter Hinsicht der Teufel in Person – einmal als Architekt einer Aussöhnungspolitik mit den Alliierten und Unterzeichner des Vertrags von Rapallo, des Friedensvertrags zwischen dem Deutschen Reich und der kommunistischen Sowjetunion, dann aber vor allem als Jude. Am 24. Juni 1922 verließ Rathenau um halb elf Uhr vormittags seine Villa im Grunewald, um ins Auswärtige Amt zu fahren. Rathenau – ein stolzer, eitler Mann, der aber auch unter Anfällen von Melancholie litt und zu brütendem Pessimismus neigte – hatte es stets abgelehnt, sich von Leibwächtern beschützen zu lassen. Als sein Fahrer an diesem Morgen um eine Kurve bog, tauchte ein offener Sportwagen neben ihm auf, in dem drei junge Männer saßen. Einer erhob sich und feuerte aus nächster Nähe mit dem Gewehr auf Rathenau, ein anderer warf noch eine Handgranate hinterdrein. Der deutsche Außenminister war fast sofort tot. An diesem Abend feierten im ganzen Land die Völkischen, reaktionäre Studenten zündeten Freudenfeuer an und sangen »Deutschland, erwache«. Die Welle des Abscheus und der Empörung, die durch Deutschland lief, war allerdings noch größer. Rathenau erhielt ein Staatsbegräbnis, und der Reichstag verabschiedete ein neues Gesetz, das gegen die Verschwörer und ihre Gesinnungsfreunde gerichtet war.

Rathenau ist für das Dilemma, vor dem die assimilierten deutschen Juden in den zwanziger Jahren standen, charakteristisch. Als Erbe eines Industrieimperiums nahm er in der deutschen Wirtschaftselite eine führende Stellung ein. Als Unternehmer verfügte er über enorme, weitgespannte Macht, und in der offenen Atmosphäre von Weimar stieg er auch politisch höher, als je ein Jude hatte hoffen können. Doch gesellschaftlich blieb er ein Außenseiter – hofiert und umschmeichelt, wenn man ihn brauchte, doch wegen seiner Herkunft verachtet, ein Bürger zweiter Klasse, gedemütigt durch eine unsichtbare Mauer, mit der sich diejenigen, die Rathenau am wichtigsten waren, den Juden vom Leibe hielten.

Selbst dieser Schriftsteller, Wirtschaftskapitän und Staatsmann, dieser hochintelligente Intellektuelle schaffte – so prominent er auch sein mochte – nicht den Durchbruch in eine Welt, der er unbedingt angehören wollte, obwohl er wußte, wie ungerecht und brutal sie war. Das Dilemma hatte er von klein auf erlebt. Einerseits fühlte er sich unwiderstehlich zu denen hingezogen, die ihn zurückwiesen, andererseits war er hartnäckig und stolz auf sein Judentum. Er dachte gar nicht daran, es zu verleugnen oder aufzugeben. Man ließ es ihn sowieso nie vergessen. Dank der guten Beziehungen seiner Familie hatte er in einem Garderegiment gedient, doch als Jude war er nicht befördert worden und hatte sehr darunter gelitten, daß die blauäugigen deutschen Offiziere, die er bewunderte, ihn links liegenließen. Wie viele seiner Glaubensgenossen fühlte Rathenau sich durchaus als Deutscher. Einmal schrieb er: »Ich bin ein Deutscher jüdischen Stammes. Mein Volk ist das deutsche Volk, meine Heimat ist das deutsche Land, mein Glaube der deutsche Glaube, der über den Bekenntnissen steht.«[43] Wie viele andere brauchte auch er Zeit, um sich mit seinem Judentum auseinanderzusetzen; seine Einstellung wandelte sich mit den Jahren und wurde toleranter. Radikal germanophil, hatte er als junger Mann einen kritischen Traktat verfaßt, in welchem er die Juden dazu aufrief, sich die »typisch jüdischen« Angewohnheiten und Züge ihrer »dunkelhäutigen, versklavten und ängstlichen Rasse« bewußt abzugewöhnen und es der »blonden und tapferen« Rasse gleichzutun, die er so sehr bewunderte. »Seht Euch in den Spiegel! ... Habt Ihr erst Euren unkonstruktiven Bau, die hohen Schultern, die ungelenken Füße, die weiche Rundlichkeit der Formen, als Zeichen körperlichen Verfalls erkannt, so werdet Ihr einmal ein paar Generationen lang an Eurer äußeren Wiedergeburt arbeiten.«[44] Später sollte er diese maßlosen Worte voller Selbsthaß bedauern, doch sein unermüdlicher Kampf um Ehre und Anerkennung hörte ebensowenig auf wie das Leiden an der Feindseligkeit, die seine Landsleute ihm entgegenbrachten. Es entbehrt nicht der tragischen Ironie, daß die Verschwörer, die ihn ermordeten, ebendiese von ihm vergötterten blonden Offiziere mit blauen Augen waren.

Rathenau war einer der wenigen Juden, die sich in ihren Schriften und Reden ihren inneren Dämonen stellten; andere – weniger mutig oder weniger nachdenklich – ignorierten sie einfach. Auch Ewald Blumenthal ging lieber seinen Geschäften nach und schaute weg. Arthur

Eloesser war zwar intellektueller als die meisten und in der Welt des Theaters recht prominent, doch auch er verhielt sich ähnlich. Die antisemitischen Wellen gingen schon sehr hoch, als er ein Buch über das Berlin seiner Jugend schrieb, voll liebenswerter Erinnerungen an eine idealisierte Welt, in der deutsche Juden ohne Spannungen in Harmonie mit ihrer Umgebung lebten. Auch in seinen Artikeln in der *Frankfurter Zeitung*, für die er in den frühen zwanziger Jahren aus Berlin berichtete, kommt der Antisemitismus einfach nicht vor. Für seine Leser war Eloesser der ideale deutsche Bildungsbürger, mäßig konservativ mit monarchistischen Neigungen, voller Sehnsucht nach den verlorenen Werten einer anderen Zeit. Alles Kontroverse vermied er geflissentlich und schilderte lieber seine Liebe zu allem Deutschen und »die alten Viertel und die Kastanien, unter denen man lesen und träumen konnte«, als noch Friedrich Wilhelm IV., »der letzte Romantiker«, auf dem Thron saß. Seine »schwarzweiße [monarchistische] Seele« beklagte den Niedergang von Recht und Ordnung und den »republikanischen Mangel an Disziplin«[45] – ohne auch nur den geringsten Hinweis auf den allgegenwärtigen Judenhaß.

So hatte beispielsweise Arthur Schnitzlers *Reigen* in einem Berliner Theater einen antisemitischen Krawall ausgelöst. Nationalistische Störtrupps waren da erschienen, hatten Stinkbomben geworfen und herumkrakeelt, das Stück strotze von »jüdischer Dekadenz und Obszönität«. Die Behörden beriefen daraufhin einen Sachverständigenausschuß ein, um ein Gutachten erstellen zu lassen. Arthur gehörte diesem Ausschuß an und erläuterte seine Auffassung später in einem Artikel in aller Ausführlichkeit – *Der Reigen* sei ein mittelmäßiges Stück, aber nicht obszön –, ohne auch nur mit einem einzigen Wort auf die antijüdischen Aspekte des Skandals einzugehen. Man mußte den Eindruck gewinnen, daß nichts, aber auch gar nichts ihn davon abbringen konnte, vor dem Unangenehmen, das auch ihn selbst durchaus betraf, die Augen zu verschließen.

Das Jahr 1923 ging dem Ende zu, und die Krise hatte sich verschärft. Rathenau war tot, an der Ruhr saßen französische und belgische Besatzer, politische Agitation war an der Tagesordnung, die Inflation war außer Kontrolle geraten. Das im Gefolge der Gewalttaten und Attentate verabschiedete antiterroristische Gesetz zum

Schutz der Republik wurde gegen Extremisten angewandt, die zur Gewalt aufriefen. Sogar in München gab es Druck auf die schwache konservative Regierung, die Massenkundgebungen und die wilden Sprüche der Extremisten einzudämmen; selbst Adolf Hitler mußte sich in acht nehmen.

Die NSDAP war mit 55 000 Mitgliedern – von denen die Hälfte in nur zwei Monaten beigetreten waren – mittlerweile zu einer beachtlichen Organisation herangewachsen; die SA hatte 15 000 Mitglieder, eine imponierende Zahl. Die Partei war inzwischen die größte und aktivste der zahlreichen rechtsgerichteten Organisationen, doch die drohenden Einschränkungen machten Hitler Sorge, und er hatte sich deshalb mit anderen gleichgesinnten nationalistischen und paramilitärischen Gruppen zum »Deutschen Kampfbund« zusammengeschlossen. Anfang November sah man den Augenblick gekommen, und am Abend des 8. November 1923 kam es vom Münchner Bürgerbräukeller aus zum Putschversuch des Kampfbunds mit der Geiselnahme von Regierungsmitgliedern und dem Aufruf zur Machtergreifung in Bayern. Am Morgen des 9. November setzte man sich Richtung Rathaus in Marsch, um die Regierung zu übernehmen und dann auch in Berlin die Macht zu ergreifen.

Hitler führte den Marsch an, umgeben von Heß, Göring, Streicher und anderen Mitgliedern der Thulegesellschaft sowie ehemaligen Offizieren, darunter der allgegenwärtige Ludendorff. Doch die Putschisten hatten die Lage falsch eingeschätzt: An der Feldherrnhalle traten ihnen bayerische Truppen und loyale Polizeikräfte entgegen, und die Revolte brach im Kugelhagel und im Chaos zusammen.

Weimar hatte sich nochmals erfolgreich zur Wehr gesetzt. Die Inflation sollte alsbald durch eine verblüffend erfolgreiche Währungsreform beendet werden. Hitler und die meisten seiner Mitverschwörer saßen hinter Gittern. Die Lage in Deutschland entspannte sich – vorübergehend.

8

Es folgte eine Zeit der relativen Ruhe mit wirtschaftlichem Aufschwung und Fortschritten auf internationaler Ebene. Später sprachen manche von den »goldenen Jahren«, sicher eine Übertreibung, denn unter der Oberfläche gab es ungelöste Probleme in Hülle und Fülle. Viele Deutsche gaben sich trotz der vorübergehenden Entspannung keinen Illusionen hin, kämpften mit wirtschaftlichen Schwierigkeiten und lebten ohne Zukunftsorientierung.

Zunächst jedoch entspannte sich die Lage, und das Jahr 1924 ließ sich gut an. Rathenaus Mörder wurden aufgespürt und begingen Selbstmord, als sie keinen Ausweg mehr für sich sahen. Hitler und den anderen Putschisten wurde der Prozeß gemacht, und sie kamen – bis auf Ludendorff, der unerklärlicherweise freigesprochen wurde – ins Gefängnis. Die Gefahr weiterer Militärputsche schien vorüber, und die Macht lag in den Händen einer Koalitionsregierung der bürgerlichen Mitte. Wie durch ein Wunder gab es eine stabile neue Währung, und es war auch beruhigend, daß ihr maßgeblicher Schöpfer, Reichswährungskommissar Dr. Hjalmar Schacht, soeben zum Reichsbankpräsidenten ernannt worden war. Seine neue Rentenmark war an den Goldpreis gebunden und wurde zuletzt zum unvorstellbaren Kurs von 1 zu 4,2 Billionen gegen alte Mark eingetauscht. Mit einem rhetorischen Trick – Deutschland verbürgte sich mit seinem gesamten Besitz für die neue Währung – erreichte Schacht das nahezu Unmögliche: Die Rentenmark blieb stabil, die Wirtschaft normalisierte sich, man richtete sein Augenmerk wieder auf Wachstum und Handel. Neue Arbeitsplätze entstanden, die Produktivität stieg an, und 1925 fiel die Arbeitslosenquote auf fünf bis sechs Prozent. Die Importe stiegen, und in den Geschäften füllten sich die Regale wieder.

Sogar der plötzliche Tod von Reichspräsident Ebert und die Wahl des greisen Hindenburg zu seinem Nachfolger verursachten nur vorübergehend etwas Unruhe. Als der Kaiser im Krieg mehr und mehr von der Bildfläche verschwand, hatten sich viele Deutsche an den Feldmarschall in seiner vertrauten Uniform als Ersatzkaiser und tröstliche Vaterfigur gewöhnt. Vor die Wahl zwischen dem verehrungswürdigen, stockkonservativen alten Soldaten und einem Zivilisten aus der politischen Mitte gestellt, hatten die Wähler intuitiv der Uniform den Vorzug vor Frack und Zylinder gegeben.

Die Linke und die Liberalen befürchteten, als Reichspräsident könnte Hindenburg zusammen mit Reaktionären des rechten Flügels zum Angriff auf die Weimarer Verfassung blasen. Ein Beobachter stellte sarkastisch fest, wenn der Krieg die »Fortsetzung der Politik mit anderen Mitteln« sei, dann bedeute Hindenburgs Wahl für die Republik die »Fortsetzung des Kaiserreichs mit anderen Personen«.[46] Zur allgemeinen Erleichterung erwiesen sich diese Befürchtungen jedoch als unbegründet; der Feldmarschall hatte als Staatsoberhaupt sogar einen eher beruhigenden Einfluß auf die allgemeine Atmosphäre.

In Berlin erlebte das künstlerische und geistige Leben eine nie dagewesene Blüte. Das Angebot war groß und das Niveau hoch, man war respektlos und begierig auf Neues. Es war alles sehr aufregend, es gab ein großes, sachkundiges Publikum, und die Juden waren – ob als Künstler, als Kritiker oder als Kenner – prominenter denn je. Berlin galt in den zwanziger Jahren während einiger kurzer Jahre der Freiheit kulturell als eine der lebendigsten und vielfältigsten Metropolen der Welt – ein Ruf, der ohne die vielen dort wirkenden Juden undenkbar gewesen wäre.

Auch musikalisch war die Hauptstadt ein Mekka für Stars aus der ganzen Welt. Es gab die Berliner Philharmoniker und drei große Opernhäuser unter der Leitung von musikalischen Größen wie Bruno Walter, Otto Klemperer und Erich Kleiber. Als der siebzehnjährige Rudolf Serkin mit den Goldberg-Variationen von Johann Sebastian Bach sein Berliner Debüt gab, spielte er nur vor kleinem Publikum – doch Albert Einstein und Artur Schnabel waren im Saal, und deren Beifall reichte aus, um Serkins Ruf zu begründen. Auch für andere aufstrebende junge Solisten wie Claudio Arrau und Wladimir Horowitz war ihr Berliner Debüt das große Ereignis, und als das zwölfjährige Wunderkind Yehudi Menuhin mit den Philharmonikern unter Bruno Walter debütierte, galt sein triumphaler Erfolg als Ereignis von Weltrang.[47]

In den zahlreichen Berliner Literatencafés traf man sich zum Gedankenaustausch, aber auch, um gesehen zu werden, das Neueste zu hören und Geschäfte zu machen. Sogar der Bürgermeister schaute wegen des »einzigartigen Milieus«[48] gelegentlich im berühmten Romanischen Café vorbei, denn er wußte genau, wie wichtig die Cafés für den Ruf seiner Stadt als kulturelles Zentrum waren. Nachmittags hätte er dort in der einen Ecke leicht den exzentrischen George Grosz antreffen können, das Berliner Enfant terrible, das im Cowboyanzug seinen Freunden seine neuesten Karikaturen von feisten preußischen Spießern und Adligen mit Monokel zeigte. In einer anderen Ecke wäre vielleicht Max Reinhardt, der unbestrittene König der Berliner Bühne, in ein ernstes Gespräch mit Elisabeth Bergner vertieft gewesen, seiner neuesten Entdeckung, über die ganz Berlin sprach. Womöglich wäre auch Erwin Piscator dagewesen, der Chef des Proletarischen Theaters, und hätte mit einem der zahlreichen Berliner Theaterkritiker diskutiert. Der bekannteste von ihnen war Alfred Kerr, dessen bissige Kommentare für die Theaterkenner ebenso Pflichtlektüre waren wie die gnädigeren, nachdenklichen Kritiken seines Freundes und Konkurrenten Arthur Eloesser, der für die *Blauen Hefte* der *Weltbühne* schrieb.

Für Arthur war das Berlin der zwanziger Jahre ein Lebenselexier. Im Gegensatz zur spitzen Feder Kerrs oder zum Sarkasmus Kurt Tucholskys, der ebenfalls für die *Weltbühne* schrieb, vermieden Arthurs Artikel jede offene politische Parteinahme. Offenbar empfand er seine besondere Verwundbarkeit als Jude stärker als seine Kollegen und war entschlossen, dem Gegner keine Angriffsfläche zu bieten. In der politischen Labilität der Weimarer Republik war auch die »Judenfrage« allgegenwärtig, doch als Theaterkritiker und Autor tat Arthur so, als gäbe es sie nicht. Vom Temperament her konservativ, glaubte er fest an die deutsche Kultur, ihre moralische Wirkungskraft und an sein Vaterland, in dem die Juden den ihnen gebührenden Platz hatten. Er schätzte die Meisterwerke der Weltliteratur, doch das größte Vergnügen bereitete ihm die deutschen Literatur, auf die er auch besonders stolz war. Das war seine Welt – er schrieb seine allwöchentliche Theaterkolumne und arbeitete an seinen Buchprojekten, einer Thomas-Mann-Biographie, die 1925 erschien, und einer Biographie Elisabeth Bergners, die drei Jahre später herauskam.[49]

Danach machte er sich an sein Magnum opus – eine zweibändige kritische Gesamtdarstellung der deutschen Literatur seit der Romantik.[50]

Unerschütterlich hielt er der etablierten Ordnung und allem Deutschen die Treue, was manche Kollegen zur Verzweiflung trieb. Der Theatermann Erwin Piscator klagte ihn an, Sprachrohr einer reaktionären Clique zu sein, versessen darauf, politisches Theater als schädlich abzutun oder nur eines technischen Kommentars wert erscheinen zu lassen. Leute wie Arthur sehnten sich nach der unbekümmerten Verschwommenheit des Theaterlebens einer Vorkriegsgeneration, deren Feigheit aber gerade dazu geführt habe, daß wir in die Schützengräben des Krieges gestoßen wurden[51] – eine harte Kritik, an der aber etwas Wahres war. Mitte der zwanziger Jahre lebten die Juden in Deutschland ruhiger und besser als seit langem; Arthur – nur allzu bereit, die gräßliche Vergangenheit zu vergessen – hütete sich wohlweislich, neue Flammen zu entfachen.

Die üble und beängstigende antisemitische Haßkampagne der frühen Nachkriegsjahre war abgeebbt, und unter den Juden gaben wieder einmal die Optimisten den Ton an. In Oranienburg hatte sich die wirtschaftliche Lage deutlich gebessert, Landwirte und Geschäftsleute hatten wieder zu tun, und es gab weniger Arbeitslose. Angesichts höherer Liquidität und einer stabilen Währung erlebte die Blumenthal-Bank nun ihre besten Jahre.

Ein Jahr nach Lucys Tod – früher, als man hätte erwarten können – hatte Ewald die zweiundzwanzigjährige Valerie Markt geheiratet, die Tochter einer mit den Blumenthals bekannten Familie. Wie seine erste große Liebe war auch Valerie eine hübsche Berlinerin vom blonden germanischen Typ, der ihm so gut gefiel. Diesmal gab es allerdings keine aus der Herkunft herrührenden Komplikationen, denn Valerie war Jüdin – auch wenn sie mit dem jüdischen Glauben ebensowenig im Sinn hatte wie er – und daher für die Familie ganz und gar akzeptabel. Voll unbändiger Energie nahm sie sogleich ihren Platz an der Seite des Erben der Oranienburger Bank ein. Sie stammte aus bescheidenen Verhältnissen – die Familie war erst vor kurzem aus Posen eingewandert und daher den Blumenthals gesellschaftlich nicht ebenbürtig –, doch Ewald störte diese Herkunft kaum, die ja auch durch Valeries hübsches Aussehen und Charme leicht zu kompensieren war. Als 1921 eine Tochter zur Welt kam, war Valeries Platz in der Familie endgültig gesichert; fünf Jahre später wurde den beiden ein Sohn geboren. Man bewohnte ein geräumiges Haus, hatte Personal und konnte nicht klagen.

Das Leben verlief angenehm, und Ewald und Valerie gehörten nicht zu den Menschen, die in guten Zeiten nach Vorzeichen einer drohenden Verschlimmerung forschten. »Was wir uns heftig wünschen, glauben wir auch bald.« Anders als Arthur, dessen Liebesaffäre mit Deutschland romantisch und intellektuell war, war Ewald kein nachdenklicher Typus. Doch beide empfanden stärkere Bindungen ans Deutsche als an das Judentum, und beide neigten zu einer optimistischen Sicht der Dinge. Ein skeptischerer Beobachter hätte sich wohl selbst während dieser »goldenen Jahre« seine Gedanken über bedrohliche Entwicklungen gemacht, doch alles in allem war es für die Juden in Deutschland damals nicht allzu schwer, sich behaglich zurückzulehnen. Das galt ja nicht nur für die Juden, doch für sie ging es um besonders viel, und für sie sollten die Folgen mangelnder Wachsamkeit besonders unglückselig sein.

Unter der Oberfläche nämlich fraß der Kampf der Ideologien am Fundament der Republik, deren brüchige politische Struktur schweren Belastungen ausgesetzt war. Die überwiegend antisemitischen, am Ende des Krieges nur vorübergehend diskreditierten antidemokratischen Reaktionäre erlebten jetzt einen schnellen Wiederaufstieg. Hindenburgs Wahlsieg hatte ihnen Oberwasser gegeben. Der Feldmarschall war über achtzig, ein Nachfolger war nirgends in Sicht, und der Anblick seiner Entourage aus lauter Republikgegnern war alles andere als beruhigend. Auch insgesamt war die politische Struktur keineswegs gefestigt. Keine Partei der Mitte hatte eine so solide Wählerbasis, daß sie allein regieren konnte, und eine schwache Koalition folgte auf die andere. Bis 1928, also in weniger als zehn Jahren, hatten die Deutschen fünfzehn Kabinette kommen und gehen sehen.

Beunruhigend war auch die zunehmende Polarisierung bei den Wählern; die Schwächung der Mitte isolierte und gefährdete auch die Juden. Die einzige Partei der Mitte, die jede Form von Antisemitismus kategorisch bekämpfte, war die DDP, die Deutsche Demokratische Partei; und so wählten denn auch die meisten Juden diese Partei. 1919 war die DDP mit 75 Sitzen im Reichstag noch drittstärkste Partei geworden, doch schon ein Jahr danach hatte sie mehr als die Hälfte ihrer Sitze eingebüßt. Als sie dann vollends zur Bedeutungslosigkeit herabsank, hatten die meisten Juden ihre politische Heimat verloren.

Das grundsätzliche Problem war, daß große Teile des deutschen Bürgertums verbittert waren, weil die Inflation sie verarmen ließ. Mit wachsender Unzufriedenheit mit der parlamentarischen Demokratie rückten sie politisch immer weiter nach rechts. In den rechten Parteien waren, selbst wenn sie nicht offen antisemitisch waren, Juden alles andere als willkommen. Die Linke hingegen war zerstritten, schlecht geführt, ideologisch borniert und politisch ungeschickt. Auch gab es keine Partei, die sich für jüdische Geschäftsleute und Akademiker wie von selbst anbot, die DDP geriet mehr und mehr in den Ruf einer »Judenpartei«, was weder ihr selbst noch ihrer jüdischen Klientel besonders förderlich war.

Wer bereit war, die Augen zu öffnen, fand also nach wie vor reichlich Belege für den tiefsitzenden deutschen Antisemitismus in vielen Teilen der Gesellschaft oder für die Bereitschaft, Antisemitismus zu tolerieren, auch wenn man sich selbst nicht an Schmähungen gegen die Juden beteiligte. Daß in Justiz, Armee und Polizei Antisemitismus gang und gäbe war, war ein offenes Geheimnis. Auch in der Studentenschaft war die Rechte stark vertreten; 1927 stimmten in Preußen 77 Prozent aller Studenten gegen die Aufnahme von Juden in Studentenorganisationen.[52] Der Reichsbund jüdischer Frontsoldaten dokumentierte weiterhin antijüdische Vorfälle wie beispielsweise in Liegnitz, wo die Kriegsveteranen per Abstimmung ihre jüdischen Kriegskameraden von einem Gedenkgottesdienst für die Gefallenen ausgeschlossen hatten.[53]

Die Juden trösteten sich oft damit, daß die meisten Deutschen solche Vorfälle nicht weiter beachteten und daß ihre eigenen Beziehungen zu Deutschen durchaus freundlich und harmonisch waren. Zwar wählten jetzt immer mehr Deutsche rechts, doch es gab eigentlich kaum Anzeichen dafür, daß bei dieser Entscheidung Antisemitismus eine Hauptrolle spielte. Dabei wußte jeder Jude, daß es trotz persönlicher Freundschaften nach wie vor eine weitverbreitete gutbürgerliche Animosität gegen den stereotypen »schlechten« Juden gab. Andererseits versicherten die Christen ihren jüdischen Freunden, die Ansichten des Pöbels seien belanglos – ein beruhigendes Urteil, dem die Juden nur allzu bereitwillig vertrauten. Sie hätten sich lieber klarmachen sollen, daß es letzten Endes kaum noch eine Gruppe und kaum einen prominenten Nichtjuden gab, die bereit gewesen wären, Juden notfalls ohne Wenn und Aber in Schutz zu nehmen.

9

Diese guten Zeiten erwiesen sich nur als die Ruhe vor dem Sturm und fanden ihr abruptes Ende im Herbst 1929. Auf die katastrophale Weltwirtschaftskrise, die nun anbrach und ihre verheerenden Folgen war niemand vorbereitet. Sie brachte allen schwersten Schaden, doch niemandem mehr als den ohnehin stark gefährdeten Juden.

1925 lebten in Deutschland 63 Millionen Menschen – 568 000 von ihnen waren Juden. Rein zahlenmäßig war das nicht viel, doch sie waren ein sehr sichtbarer Teil der Bevölkerung, besonders in Berlin und einigen anderen Großstädten, in denen sie sich konzentrierten. Sozioökonomisch lag ihr Status im Durchschnitt deutlich über dem der meisten Deutschen; viele waren reich und hatten eine angesehene Stellung.[54] Sie lebten gerne in Städten – jeder dritte in Berlin, die Hälfte in den sieben größten Städten, zwei Drittel in Großstädten mit über 100 000 Einwohnern. Preußen war für besonders viele die Heimat; in Berlin machten sie 4,3 Prozent der Bevölkerung aus, wobei sie sich in einigen wenigen Stadtteilen konzentrierten. Wilmersdorf, ein vornehmes Viertel im Westen, war zu vierzehn Prozent jüdisch, und in den besten Gegenden am Kurfürstendamm und Umgebung gab es einzelne Wohnhäuser, in denen überwiegend reichere jüdische Familien lebten. Charlottenburg, ein Viertel der gehobenen Mittelschicht, war zu zehn Prozent jüdisch, und in gewissen Teilen des ärmeren Zentrums von Berlin waren die vielen orthodoxen Juden aus Osteuropa aus dem Straßenbild nicht wegzudenken.

Doch nicht nur geographisch, sondern auch in bestimmten Berufen gab es viele Juden. Jeder sechste deutsche Rechtsanwalt und jeder neunte Arzt war Jude; in Berlin waren es in diesen Berufen und im Journalismus sogar noch deutlich mehr.

In der Wirtschaft dominierten Juden die Textilbranche, die Kaufhäuser und den Einzelhandel, die Privatbanken und bestimmte Bereiche des Handels. Es gab viertausend jüdische Textilfirmen, sechzig Prozent des Textilgroßhandels waren in jüdischer Hand. Praktisch alle großen Kaufhäuser und jede zweite deutsche Privatbank gehörten Juden. Die Hälfte aller erwerbstätigen Deutschen waren lohnabhängig beschäftigt; bei den Juden waren es nur neun Prozent. Bei den Selbständigen und in den freien Berufen war es praktisch umgekehrt. Diese Konzentration der jüdischen Minderheit in bestimmten Wohnvierteln und Berufen förderte Neid und Ressentiments und sollte in dieser unruhigen Zeit, in der die Juden politisch isoliert waren und keine mächtigen Fürsprecher hatten, zur großen Gefahr werden.

Der Börsenkrach an der New Yorker Wall Street am 25. Oktober 1929, dem »Schwarzen Freitag« des internationalen Finanzsystems, machte auch in Deutschland Schlagzeilen, mochte die Öffentlichkeit auch nicht gleich begriffen haben, was hier geschehen war. Anzeichen für wirtschaftliche Schwierigkeiten gab es schon seit geraumer Zeit. Im Frühjahr hatte die Arbeitslosenzahl die Dreimillionengrenze überschritten, und im Lauf des Sommers kam es vermehrt zu Firmenpleiten. Auch auf dem Land wuchs die Unruhe, und in der Zeitung wurden die Listen, mit denen die Zwangsversteigerung von Bauernhöfen angezeigt wurde, immer länger. Doch nur wenige beachteten diese Warnzeichen. Im Grunde besaß die deutsche Wirtschaft in den goldenen zwanziger Jahren keine gesunde Struktur. Der Wohlstand war künstlich und beruhte auf ausländischem Kapital und kurzfristigen Krediten – »Prosperität auf Pump« nannten es die Spötter. Die Auslandsverschuldung war in einem einzigen Jahr um sieben Milliarden Goldmark gestiegen und belief sich jetzt auf nahezu 30 Milliarden – hauptsächlich handelte es sich um Geld aus Amerika. Zum Teil flossen diese Dollars sofort als Reparationszahlungen wieder zurück, doch der Rest diente zur Finanzierung eines ungesunden Investitionsbooms oder als Sicherheit für faule Kredite. Viele Landwirte waren hoch verschuldet und hatten bei sinkenden Preisen für ihre Produkte große Schwierigkeiten, Zinsen und Steuern zu bezahlen.

Ein bedenkliches strukturelles Ungleichgewicht gab es auch auf dem Arbeitsmarkt und bei den Löhnen. Unter dem Druck der Gewerkschaften und der SPD hatte sich die materielle Lage der Arbeiter mehrmals verbessert – eine Entwicklung, von der die Mittelklasse und die Bauern kaum profitierten, obwohl sie sie durch eine höhere Steuerlast überhaupt erst ermöglichten. Schließlich hatte eine Rationalisierungswelle in der Industrie zu beträchtlichen Überkapazitäten geführt und traditionelle Arbeitsplätze gekostet, was vor allem bei Frauen und Jugendlichen zu hohen Arbeitslosenquoten führte. Der Zusammenbruch der amerikanischen Aktienbörse bedeutete auch das Ende des Dollarflusses nach Deutschland; Kapital wurde knapp, Investitionen gingen zurück, der Export schrumpfte, Banken wurden zahlungsunfähig, und die Verbrauchernachfrage sackte drastisch ab, während die Arbeitslosigkeit nach oben schnellte. Innenpolitische Lösungen für die Strukturprobleme waren nicht in Sicht; von Monat zu Monat verschärfte sich die Krise.

Anfang 1929 hatte die Arbeitslosenquote in Deutschland unter sechs Prozent gelegen. Im Dezember waren es acht, ein Jahr später 16 Prozent. 1932, im schlimmsten Jahr der Wirtschaftskrise, waren 6,3 Millionen Deutsche arbeitslos gemeldet; unzählige andere hatten die Arbeitsuche längst aufgegeben. Fast jeder vierte Lohnempfänger war arbeitslos, und für viele andere gab es nur Kurzarbeit zu Reallöhnen, die bis zu einem Drittel niedriger waren als zuvor.

Deutschland steckte wirtschaftlich in einer tiefen Krise. Die sozialen und politischen Folgen der Weltwirtschaftskrise waren hier besonders gravierend, weil praktisch niemand verschont blieb – weder Arbeiter noch Bankiers, die Mittelklasse ebensowenig wie die Geschäftsleute – und die demokratischen Strukturen und Überzeugungen noch nicht gefestigt waren. Besonders schwer getroffen und dementsprechend demoralisiert war die Mittelklasse. Als der Arbeitslosenversicherung 1932 die Mittel ausgingen, lebte bald fast jeder dritte Deutsche von der Sozialhilfe, und die Zahl der Selbstmorde wuchs dramatisch. Am Stadtrand von Berlin gab es Zeltstädte für die Obdachlosen, die Arbeitslosen marschierten auf der Straße, und zwischen Links- und Rechtsradikalen kam es zu blutigen Straßenschlachten. Für Demagogen und Extremisten war die verzweifelte Situation ein gefundenes Fressen. Sie traten massenhaft auf, suchten Schuldige in allen Himmelsrichtungen und gingen mit ihrer jeweiligen Lieblingstheorie für eine Radikallösung hausieren. Auf dem linken Flügel hatten die Kommunisten zwar Zulauf, doch sehr viel mehr Deutsche aus allen sozialen Schichten waren jetzt bereit, auch den Rechtsradikalen zuzuhören. Unter diesen waren Hitlers Nazis die aktivsten und redegewaltigsten; sie waren besser organisiert, propagandistisch geschickter, rücksichtsloser und entschlossener als alle anderen, sich die Situation zunutze zu machen.

Niemand hatte damit gerechnet, daß sich die NSDAP regenerieren und Hitler in wenigen Jahren vom abgehalfterten Putschisten zu einer wichtigen Figur auf der politischen Bühne aufsteigen könnte. Als er Ende 1924 in niedergeschlagener Stimmung aus dem Gefängnis entlassen wurde, hatte er feststellen müssen, daß seine Partei auf klägliche 700 Mitglieder geschrumpft war. Im Reichstag verfügte der ganze völkisch-rassistische Block nach einer schlimmen Wahlniederlage nur noch über vierzehn Sitze. Die »goldenen Jahre« fingen eben an, Hitler waren öffentliche Auftritte verboten, seine Geschicke standen auf dem Tiefpunkt. Die meisten hielten ihn für erledigt.

Doch schon 1926 hatte er die Partei wieder gefestigt, sie in dreiundzwanzig »Gaue« gegliedert, 27 000 neue Mitglieder geworben und sich zu ihrem unbestrittenen Führer aufgeschwungen. In den folgenden drei Jahren ging es mit viel Auf und Ab nur langsam voran, doch Hitler kämpfte mit messianischer Besessenheit weiter. Bei den Reichstagswahlen 1928 – dem letzten guten Jahr – erhielt er 800 000 Stimmen. Auch das war noch relativ wenig, und es ist fraglich, ob es ohne den wirtschaftlichen Zusammenbruch sehr viel mehr geworden wären. Doch schon ein Jahr später – die Wirtschaft stagnierte – kam es bei mehreren Landtagswahlen zu den ersten eindrucksvollen Erfolgen der Nazis, und zum ersten Mal wurde ein Nationalsozialist in einer Landesregierung Minister.

Daß sich das Blatt so schnell und so vollständig zu seinen Gunsten wenden sollte, hatte nicht einmal Hitler selbst vorausgesehen. Während der Haft war er zu dem Schluß gekommen, der Putschversuch sei ein Fehler gewesen und es sei erfolgversprechender, über die Wahlurne an die Macht zu kommen als durch Gewalt. Seine neue Strategie wurde es also jetzt, sich der demokratischen Institutionen zu bedienen, um die Demokratie zu vernichten.

Ohne Geld und mit nur wenigen Anhängern schien er keine sehr guten Aussichten zu haben. Er legte auch weder ein umfassendes Programm noch konkrete Vorschläge zum Umgang mit den Problemen des Landes vor. *Mein Kampf*, das Buch, das er in fieberhaftem Tempo im Gefängnis geschrieben hatte, war wirr und konfus. Nur wenige seiner Wähler hatten das Buch gelesen oder verstanden, und wer es doch gelesen hatte, nahm den Inhalt selten ernst. Hitlers Reden zeichneten sich vor allem dadurch aus, daß er zwar in seinen Angriffen ganz präzise war, in seinen Forderungen und Zielen aber recht allgemein blieb. Voller Haß schimpfte er auf Versailles, den Internationalismus, die Bolschewisten, die Bankiers, die Demokratie und – unweigerlich – auf die Weltverschwörung der Juden. An Positivem gab es allenfalls Beschwörungen der schicksalhaften Überlegenheit Deutschlands und ritualisierte Appelle an Patriotismus, Führung und Stärke.

Andererseits verfügte Hitler über Eigenschaften, die ihm in der politisch schwachen Weimarer Republik von großem Nutzen waren: Er war gerissen, hatte ein feines Gespür für die Stimmung des Publikums und beherrschte die Kunst der rhetorischen Verführung. Außerdem hatte er einen straff organisierten Parteiapparat mit fanatischen Gefolgsleuten hinter sich, und schließlich besaß er – immer im richtigen Moment – außerordentliches Glück. Im Gegensatz zu anderen Parteien schleppten die Nazis keine ideologische Last mit sich herum. Opportunistisch und flexibel in der Propaganda, rücksichtslos und brutal bei der Verfolgung eigener Interessen, richteten sie ihre Appelle an alle, die bereit waren, ihnen zuzuhören – Arbeiter und Bauern, Alte und Junge, Bürger, Studenten und Akademiker. Die inneren Widersprüche ihrer Parolen waren ihnen gleichgültig; logische Fehler ließen sich durch entsprechende Lautstärke leicht übertönen.

Solange die Konjunktur gut war, hatten die Nazis nur geringe Fortschritte gemacht. Doch in der verzweifelten wirtschaftlichen Situation nach dem Börsenkrach war Hitlers Formel genau das richtige; Millionen Deutsche waren plötzlich bereit, auf seine Linie einzuschwenken. Hitler nannte die Schuldigen und plausible Gründe für den Haß, Hitler versprach Arbeit sowie Ruhe und Ordnung (während gleichzeitig die SA auf den Straßen für Unruhe sorgte), Hitler sprach von der Erneuerung der deutschen Gesellschaft und appellierte damit an den Idealismus der Jugend.

Im Mittelpunkt seiner Wahlkampfreden jedoch stand stets sein unversöhnlicher Haß auf die Juden, und die Aufmerksamkeit, die ihm diese Diffamierungen eintrugen, paßte ihm ausgezeichnet ins Konzept. Schon in seiner allerersten Rede nach der Entlassung aus dem Gefängnis hatte er diese Töne angeschlagen und behauptet: »Alles Schöne ist arisch, alles Häßliche jüdisch.«[55] In *Mein Kampf* heißt es über das Kriegsende: »Wenn wir all die Ursachen des deutschen Zusammenbruchs vor unserem Auge vorbeiziehen lassen, dann bleibt als die letzte und ausschlaggebende das Nichterkennen des Rassenproblems und besonders der jüdischen Gefahr übrig.«[56]

Für Hitler war der Jude ein Marxist, der die Arbeiter in die Irre führte, um sie auszubeuten, und gleichzeitig ein internationaler Kapitalist mit dem ehrgeizigen Drang zur Weltherrschaft. Politisch war die Demokratie das trojanische Pferd des Juden, im Wirtschaftsleben war er ein Betrüger. »Kulturell verseucht er Kunst, Literatur, Theater, vernarrt das natürliche Empfinden, stürzt alle Begriffe von Schönheit und Erhabenheit, von Edel und Gut und zerrt dafür die Menschen herab in den Bannkreis seiner eigenen niedrigen Wesensart.«[57] Vor allem aber kehrte Hitler immer wieder zum Juden als Rassenschänder zurück und bediente sich dabei nahezu pornographischer Bilder: »Der schwarzhaarige Judenjunge lauert stundenlang, satanische Freude in seinem Gesicht, auf das ahnungslose Mädchen, das er mit seinem Blute schändet.«[58] Alles in allem war das Ringen um eine Erneuerung Deutschlands laut Hitler vor allem ein Kampf gegen das Judentum; wenn man die Juden nicht aus dem deutschen Leben eliminierte, war Deutschland nicht zu retten.

In den ersten Jahren hatten die Juden Hitler ebensowenig Beachtung geschenkt wie die anderen Deutschen. Extremistische Randgruppen hatte es immer gegeben, und um mehr schien es sich bei

Hitlers fanatischer kleiner Bande auch nicht zu handeln. In Berlin war die NSDAP eine Splitterpartei, die von einem Hinterzimmer aus operierte. Als Joseph Goebbels am 7. November 1926 in Berlin eintraf, um hier die Führung zu übernehmen, war er empört über die mangelnde Organisation und tief enttäuscht über das Desinteresse der Medien an seiner Person; schließlich hatte Hitler ihn soeben zum Gauleiter der NSDAP von Berlin und Propagandachef der Partei ernannt. »Eine Judengazette, die mich in späteren Jahren so oft noch tadelnd erwähnen mußte, nimmt als einziges Organ in der Reichshauptstadt von dieser Jungfernrede überhaupt Notiz ... ›ein gewisser Herr Göbels [sic] ... produzierte sich und verzapfte die altgewohnten Phrasen‹.«[59] Als Hitler im folgenden Mai zum ersten Mal nach Berlin kam, wurde dies unter »Vermischtes« berichtet, und seine Rede war der Redaktion am nächsten Tag auch nicht mehr als zwei Zeilen wert.

Hitler hatte Goebbels erst vor kurzem für sich gewonnen, doch inzwischen war der neunundzwanzigjährige frischgebackene Gauleiter ein fanatischer Anhänger seines Helden geworden. Goebbels war mittellos mit einem einzigen Koffer in Berlin eingetroffen, doch er war intelligent, zynisch und unerbittlich und hatte einen klaren Plan im Kopf, wie aus der Berliner Parteiorganisation eine Kraft zu machen war, mit der man zu rechnen hatte. Er bezog ein auffälliges neues Hauptquartier, konzentrierte sich auf die Mitgliederwerbung und bestand auf strenger Disziplin und auf Gehorsam. Vor allem jedoch war Goebbels ein hochtalentierter Redner und skrupelloser Propagandist. »Alles, was funktioniert, ist gut«, das war, was zeitgenössische Propaganda anging, sein Leitsatz.[60] Für ihn imponierte den Massen nicht das geschriebene Wort, sondern das durch die Tat und das gesprochene Wort vermittelte dramatische Bild. Die Wahrheit war dabei zweitrangig – je größer die Lüge, desto eher werde sie geglaubt. Goebbels gründete 1927 das Nazi-Kampfblatt *Der Angriff*, setzte aber auch auf den Straßenkampf zwischen SA und Kommunisten, um die Aufmerksamkeit der Berliner zu erregen. »Die Schlacht findet auf der Straße statt« und »Angreifer sind stärker als Verteidiger« waren seine obersten Prinzipien.[61] Sein Hauptfeind war der Berliner Polizeipräsident, doch schoß er sich vor allem auf dessen jüdischen

Stellvertreter Bernhard Weiß ein. Goebbels nannte ihn »Isidor« und stilisierte sein Aussehen zum Klischeebild des Juden als eines Parasiten, der im Sumpf einer sterbenden Kultur blühe und gedeihe.[62]

Hitler nutzte die Gelegenheit, die das wirtschaftliche Elend der Menschen ihm bot, mit großer Entschlossenheit und hatte damit spektakulären Erfolg. Von einem Jahr aufs andere wuchs die Zahl der NSDAP-Wähler explosionsartig: 1930 erhielten die Nazis erstaunliche 6,4 Millionen Stimmen und damit 107 Sitze im Reichstag. Die NSDAP wurde damit zur zweitstärksten Partei und Hitler zum unumstrittenen Führer der deutschen Rechten. Selbst als er zu hoch pokerte und bei der Wahl zum Reichspräsidenten gegen den verehrten Hindenburg verlor, konnte er seinen Stimmenanteil nochmals steigern – auf 11,3 Millionen. Das war im März 1932; die Wirtschaftskrise war dramatischer denn je, das deutsche Volk sehnte sich nach entschlossener Führung, und Hitler hatte ebendies versprochen.

Auch die Juden waren jetzt aufgeschreckt – schockiert vom Ausmaß des Wahlerfolgs der Nazis und von der Vehemenz ihres Hasses. Zwar wollte man der Gefahr mit allen Kräften entgegentreten, doch gab es von Anfang an Streit über die richtige Strategie und Taktik. Es fehlte eine starke Unterstützung von außen, es fehlte aber auch eine intellektuelle Strategie, die angesichts des allgemeinen Elends, der Orientierungslosigkeit und der brutal die Emotionen aufhetzenden Nazipropaganda hätte wirksam werden können.

Die Hauptrolle in der Kampagne zur politischen Aktion und Öffentlichkeitsarbeit fiel dem »Centralverein deutscher Staatsbürger jüdischen Glaubens« zu. Mit 60 000 Mitgliedern war der C. V. die älteste, größte und aktivste jüdische Organisation; Goebbels bezeichnete ihn als »jüdischen Generalstab« und »Oberkommando der jüdischen Verschwörung«. Der C. V. vertrat die Auffassung der meisten assimilierten deutschen Juden, die sich ganz entschieden als Deutsche sahen und ihren Platz in der deutschen Gesellschaft behaupten wollten. Die Führung des C. V. verwandte in ihrer Zeitung und in ihren Reden alle Energie darauf, die Vaterlandstreue der Juden zu beteuern. »Gäbe es einen Nobelpreis für deutsche Gesinnung, so müßten die Juden ihn gewinnen«, schrieb ein Mitglied der C. V.-Führung 1930.[63] Der C. V. reagierte auf die antisemitischen Schmähungen mit der Verbreitung von Statistiken, die belegten, wieviel die Juden für die deutsche Gesellschaft geleistet hatten. Warf man den Juden Feigheit vor, so publizierte der C. V. Zahlenmaterial über jüdische Gefallene, und gelegentlich klügelte man spitzfindig, die Vorurteile gegen die Juden beruhten ähnlich wie die Vorurteile der restlichen Welt gegen die Deutschen nicht auf etwaigen Fehlern der Angeprangerten, sondern auf dem Neid auf ihre Talente.

Diese verstärkte »Aufklärungs«-Kampagne wurde mittels einer Fülle von Büchern, Broschüren, Zeitungen, Flugblättern und öffentlichen Reden geführt. Man betonte den Patriotismus und die Vaterlandstreue der Juden, trat Kollektivschuldbehauptungen entgegen, widerlegte pseudowissenschaftliche Rassentheorien und zeigte auf, was Juden für Deutschland geleistet hatten. Doch das alles war von geringer Wirkung: Nur wenige Deutsche nahmen die Kampagne überhaupt zur Kenntnis, und die vorgetragenen Argumente erreichten die Wähler kaum, weil die liberalen Parteien schwach waren und die deutschen Juden keine eigene politische Basis hatten. Außerdem gab es im C. V. Meinungsverschiedenheiten und internen Streit, weil die einen für direkte politische Aktion plädierten, andere dagegen vor allem auf Aufklärung setzten, und eine dritte Fraktion meinte, es sei das beste, die Antisemiten einfach zu ignorieren. Einige jüdische Gruppen waren mit den Methoden des C. V. überhaupt nicht einverstanden. Die Zionisten – damals noch eine Minderheit, die aber schon Zulauf verzeichnen konnte – interessierten sich weniger für ihre deutsche als für ihre jüdische Identität. Sie waren aus Prinzip gegen die Bemühungen des C. V., dem Antisemitismus entgegenzutreten, meinten sie doch, dieser sei in der Diaspora unvermeidlich, und die einzige Lösung liege in einem klaren Selbstverständnis in Verbindung mit einem Nationalstaat in Palästina. Dem Reichsbund jüdischer Frontsoldaten ging es seit langem in erster Linie um die Verteidigung der Ehre ehemaliger Soldaten. Schließlich gab es noch eine kleine Gruppe chauvinistischer jüdischer Rechtsextremer, die die völkisch-germanische Ideologie gar nicht so übel fanden und eine Verständigung mit den Nazis nicht für ausgeschlossen hielten.

Angesichts der rapiden Verschlechterung der Position der Juden hatte es vor den wichtigen Reichstagswahlen 1930 einen kurzlebigen

Versuch gegeben, die unterschiedlichen Kräfte in einem gemeinsamen Arbeitsausschuß zu vereinigen, doch dieser Versuch zur Zusammenarbeit endete in Meinungskonflikten und – nach dem katastrophalen Wahlergebnis – in gegenseitigen Vorwürfen.

Danach kämpfte jede Gruppe wieder für sich. Der C. V. richtete ein eigenes Büro zur Bekämpfung der Nazipropaganda ein, man produzierte ein Weißbuch über Naziterror und eine Reihe von Veröffentlichungen, in denen dargelegt wurde, daß einige gängige Rassentheorien jeder wissenschaftlichen Grundlage entbehrten. Die Titelseiten der jüdischen Presse waren voll von Berichten über empörende Angriffe und Verfolgung; dazwischen standen dann Aufrufe, die zur Ruhe mahnten, denn es werde sich schon noch alles zum Besten wenden. Jede Wahl war Anlaß, neue Anstrengungen zu fordern. Die jüdische Führung war tief besorgt, aber immer noch fest vom guten Willen der Mehrheit ihrer christlichen Mitbürger überzeugt.

10

»Wer ist Adolf Hitler?« fragte eine Berliner Tageszeitung im Sommer 1930 – zu diesem Zeitpunkt noch eine durchaus sinnvolle Frage. Viele Deutsche nahmen ihn jetzt zum ersten Mal ernsthaft wahr. Am Schluß des Artikels hieß es optimistisch, Hitlers glühender Nationalismus lasse sich vielleicht konstruktiv in gemeinsame Bemühungen der Mitte und des gemäßigten rechten Flügels einbinden.[64]

Vier Monate später, nach dem gewaltigen Wahlsieg der Nazis, erübrigte sich die Frage, und die Vorstellung von friedlicher Kooperation zwischen Nazis und politischer Mitte wäre mittlerweile sehr naiv gewesen. Über sechs Millionen Deutsche hatten Hitler gewählt, und in den zweieinhalb Monaten zwischen Wahltermin und Jahresende vervierfachte sich die Mitgliederzahl der NSDAP auf nahezu 400 000. Auf der Straße waren Hitlers Braunhemden allgegenwärtig, lieferten sich Straßenschlachten mit den Linken und verprügelten Juden. Heß, Göring, Goebbels und der Rest der 107 Naziabgeordneten zogen aufsässig in brauner Uniform in den Reichstag ein, wo das Tragen von Uniform ausdrücklich verboten war.

Juden und besorgte Demokraten fragten jetzt nicht mehr, wer die Nazis waren, sondern wer die Millionen waren, die ihnen ihre Stimme gegeben hatten. Der Berliner Oberbürgermeister Lange fand es »grotesk«, daß arbeitslose Akademiker und Studenten haufenweise die Nazis wählten.[65] Eine Analyse des Wahlergebnisses zeigte, daß weniger die traditionell linksorientierten Arbeiter sie gewählt hatten als vielmehr die »kleinen Leute«, Friseure und Chauffeure, kleine Angestellte, Ladenbesitzer und Händler – die klassenbewußten Kleinbürger also, die in der Inflation schon einmal alles verloren hatten und auch jetzt wieder in ihrer Existenz gefährdet waren. Das System lehnten sie ab, sie wollten etwas anderes, die äußerste Linke kam für sie nicht in Frage, und vor der jüdischen Konkurrenz hatten sie Angst. Kein Wunder, daß sie für die antisemitischen Parolen der Nazis besonders anfällig waren.[66]

Die wirtschaftliche Situation wurde inzwischen immer schlimmer. Mitte 1931 gab es bereits fünfeinhalb Millionen Arbeitslose. Einige Monate später hatten allein in Berlin 600 000 Menschen keine Arbeit. Jeden Tag gab es im Durchschnitt sieben Selbstmorde, und 300 000 Familien lebten von der Sozialhilfe.[67] Überall in Deutschland machten große und kleine Banken Bankrott, was in der Öffentlichkeit für wachsende Unruhe sorgte. Am spektakulärsten war der Zusammenbruch der Danat-Bank, der zweitgrößten deutschen Bank; wer ihr sein Geld anvertraut hatte, stand vorübergehend vor verschlossenen Türen. Daraufhin wollten Tausende ihre Ersparnisse bei anderen Banken abheben, was wiederum viele von diesen in den Konkurs trieb.

Die von Amerika ausgehende weltweite Finanz- und Bankenkrise hatte Europa erreicht, wo der erste spektakuläre Zusammenbruch die größte österreichische Bank traf, die Creditanstalt. Ende des Jahres folgte in Deutschland die große Bank für Handel und Immobilien. Kleinere Banken auf dem Land waren schon seit einiger Zeit in Schwierigkeiten und gehörten zu den ersten, die Konkurs anmelden mußten.

In Oranienburg kam die Katastrophe früh und gnadenlos. Die mit wenig Eigenkapital ausgestattete kleine Bank der Blumenthals am Luisenplatz hatte in den optimistischen guten Jahren großzügig Kredite gewährt. Jetzt gerieten Landwirte mit der Rückzahlung in Verzug, und es ließen sich auch keine anderen Kreditquellen mehr erschließen. Dringliche Appelle an die großen Banken in Berlin fruchteten nichts, die Bank wurde zahlungsunfähig und schloß endgültig ihre Tore. Für Martin und Ewald war der Bankrott nicht nur eine persönliche Tragödie, sondern auch Anlaß zu größter Scham. Eigenkapital und Vermögen waren verloren, doch noch schlimmer war die Schande, zumal man ihnen auch Mißmanagement vorwarf. Die Bank existierte seit drei Generationen, und seit mindestens zweihundert Jahren lebten Blumenthals in oder bei Oranienburg. Sie hatten sich emporgearbeitet und sich Ansehen und die Achtung ihrer Mitbürger erworben. Das war jetzt alles dahin; was blieb, waren Schimpf und Schande.

Ähnliches passierte in Deutschland natürlich an allen Ecken und Enden, doch für Juden in einer Kleinstadt war es besonders schlimm. Die Stimmung in Oranienburg war angespannt, einheimische Nazis konnten ihre ersten Stimmengewinne verzeichnen, und die Feindseligkeit gegen Juden nahm persönliche Formen an. Selbst untereinander machten die Oranienburger Juden sich Vorwürfe, weil sie Repressalien gegen alle fürchteten.

Martin blieb in Oranienburg, weil er keine andere Wahl hatte, doch Ewald und Valerie nahmen ihre beiden Kinder und flohen nach Berlin. Dort gab es allerdings weder Arbeit noch Startkapital für einen Neubeginn. Niemand hatte Geld übrig, jeder dritte Jude in Berlin war arbeitslos, und die jüdischen Selbsthilfeorganisationen hatten alle Mühe, den Bedürftigen das Lebensnotwendigste zu beschaffen. Wie immer in Zeiten der Not rückten die Juden enger zusammen und schlossen die Reihen. In der jüdischen Presse fanden sich zwischen Berichten über die jüngsten antisemitischen Übergriffe dringende Spendenaufrufe – zur Umschulung oder Unterstützung von Arbeitslosen oder auch für einen guten Zweck wie etwa die Finanzierung eines Heims für »gefährdete junge Jüdinnen«.[68]

Vielen Juden erging es wie Ewald und Valerie. Angesichts des wirtschaftlichen Ruins und der politischen Drohungen waren sie hilflos und gänzlich verstört. Außer im Krieg hatte Ewald sich persönlich und materiell immer sicher gefühlt; doch jetzt stellte man seine Rechte als Deutscher offen in Frage, und Geld hatte er auch keines mehr. Pogrome hatten sich doch immer nur in weiter Ferne ereignet. Sein ganzes Leben hatte er den Judenhaß gewohnheitsmäßig ignoriert oder heruntergespielt; jetzt war das kaum mehr möglich.

Auf dem noblen Kurfürstendamm attackierten Nazischläger in aller Öffentlichkeit jüdisch aussehende Passanten und demolierten am jüdischen Neujahrsfest jüdische Geschäfte. Im Theater und im Café wurden Juden geschmäht und angespuckt. In ganz Deutschland veranstalteten Nazis mehr und mehr Pogrome. In mehreren Orten in Schlesien wurden Bomben in jüdische Geschäfte geworfen, und in Ortelsburg in Ostpreußen, wo die Eloessers, Ewalds Vorfahren mütterlicherseits, einst gelebt hatten, hatte man in zwei jüdischen Kaufhäusern Feuer gelegt. In Berlin-Mitte marschierten SA-Männer ins Judenviertel, fielen über die Einwohner her und steckten ihre Häuser in Brand. Einmal wurden an einem einzigen Tag sechzig SA-Leute festgenommen und vor Gericht gebracht; sie kamen jedoch – wie das oft der Fall war – ebenso schnell wieder frei.[69]

Viele Juden konnten einfach nicht glauben, daß Hitler und seine Schlägerbanden wirklich an die Macht kommen würden oder daß gesetzestreue aufrechte Bürger in Gefahr gerieten, sollte es doch passieren. Für alle Fälle trug Ewald jetzt ständig sein Eisernes Kreuz. Er war schließlich »Frontkämpfer«, sein Bruder war schwer verwundet aus dem Krieg zurückgekehrt, und mit dem Stammbaum der Familie ließ sich nachweisen, daß die Blumenthals seit Hunderten von Jahren in Preußen ansässig waren. Wenn Hitlers SA-Männer auf der Straße »Juda verrecke!« brüllten, so war das bestimmt nichts weiter als eine maßlose Parole. Die Nazis mochten ja die stärkste Partei geworden sein, aber immerhin hatten 1932 mehr als die Hälfte der Wähler ihnen ihre Stimme verweigert. Das war für Ewald ein gutes Zeichen und ein Grund mehr, nicht zu heftig zu reagieren und sich auf die Frage zu konzentrieren, womit er seine Familie ernähren sollte.

Die jüdische Führung setzte ihre fieberhafte Kampagne gegen die Bedrohung durch die Nazis fort, doch viele Juden neigten wie Ewald eher dazu, in Passivität zu verharren und sich herauszuhalten. Obwohl es nicht leicht war, die unheilvolle Entwicklung zu ignorieren, waren sie entschlossen, auf ihre deutschen Mitbürger zu vertrauen. Sie erklärten die schlimmsten Befürchtungen anderer für überzogen und versuchten wie bisher weiterzuleben. Der Oberbürgermeister war bei einem Besuch bei jüdischen Freunden reichlich überrascht, daß sie sich anscheinend so wenig Sorgen machten.[70]

Führende Juden hatten zu »Einfachheit und Bescheidenheit« im Auftreten aufgerufen, doch im Berliner kulturellen Leben war von einer Weltwirtschaftskrise wenig zu spüren. Ob Jude oder Christ – wer es sich noch leisten konnte, amüsierte sich gern und vergaß am liebsten das ganze Gerede vom drohenden Untergang. »Der Untergang der Nation geschieht in aller ›Gemütlichkeit‹«, berichtete die Korrespondentin des *New Yorker* Ende 1931 aus Berlin. »Banken sind manchmal wochenlang geschlossen, aber die Kabaretts schließen selten vor Morgengrauen. Der Jockeyclub an der Lutherstraße ist nach wie vor der amüsanteste Nachtclub Europas; Konkurrenz machen kann ihm allenfalls die Edenbar mit ihrer Atmosphäre extremer Lässigkeit und semitischen Schicks … [wo] der Wein gelb und alt ist, die Damen jung und blond, die Gänseleber eines Gargantua würdig und die ganze Szene sehr zivilisiert.«[71] Anders gesagt: Nicht alle Juden befolgten den Rat zur Zurückhaltung.

Arthur Eloesser war schon zweiundsechzig, und in den Berliner Nachtclubs und Kabaretts hätte man ihn vergeblich gesucht, doch wie sein Neffe machte er sich zwar Sorgen, unternahm aber nichts und versuchte ein ganz normales Leben zu führen. Er schrieb seine wöchentlichen Kolumnen, Anfang 1931 erschien seine große Gesamtdarstellung der neueren deutschen Literatur,[72] und noch zwei Jahre später erörterte er lieber das Leben eines Dramaturgen als die bedrohliche politische Szene.[73]

Marlene Dietrich füllte mit *Der Blaue Engel* die Kinos, und auch Fritz Langs *M* mit Peter Lorre war ein großer Erfolg. Nazischläger hatten die Uraufführung von Brechts Dreigroschenoper-Film gestört, doch man mußte den Film einfach gesehen haben. Im Theater war eine Bühnenfassung von Hemingways *A Farewell to Arms* zu sehen, und an der Staatsoper gab es die Wiederaufnahme von Meyerbeers *Die Afrikanerin*. Max Reinhardts Operetteninszenierungen wurden bejubelt, und die Korrespondentin des *New Yorker* schrieb lakonisch, angesichts der Armut und Arbeitslosigkeit draußen seien die Theater doch überraschend voll.

Im Wirbel und Tumult der letzten Monate der Weimarer Republik war es schwer, die politischen Entwicklungen genau zu begreifen. Die parlamentarische Demokratie – für die Juden wichtigster Garant ihrer Sicherheit – war de facto schon 1930 abgeschafft worden, als Heinrich Brüning als Reichskanzler einer Minderheitsregierung mit Notverordnungen zu regieren begonnen hatte. Insgeheim planten Hindenburg und die Armeeführung, mit Hilfe Brünings bei der ersten sich bietenden Gelegenheit zu einer autoritären monarchistischen Staatsform zurückzukehren, die geltende Verfassung außer Kraft zu setzen und der Macht der SPD ein für allemal ein Ende zu bereiten.

Doch während Brüning noch zögerte, überschlugen sich die Ereignisse. General von Schleicher, graue Eminenz des Militärs, verlor die Geduld, und Mitte 1932 wurde Brüning zum Rücktritt gezwungen. Als nächster sollte Franz von Papen die Sache erledigen, ein Reaktionär alter wilhelminischer Schule, doch auch für ihn war es bereits zu spät. Die Wirtschaftskrise war auf dem Höhepunkt, und Hitler hatte sich mit Wirtschaftskapitänen und rechtsextremen Nationalisten verbündet. Im Sommer 1932 war die NSDAP stärkste Partei in Deutschland, und Hitler war so im Aufwind, daß auch Papens und Schleichers Versuche, ihn doch noch auszumanövrieren, nichts mehr fruchteten. Schließlich wurde auch Papen abgelöst, es gab eine weitere Wahl, bei der die Nazis sogar zwei Millionen Stimmen weniger bekamen, doch die Illusion, Hitler könne noch ausgetrickst werden, ließ sich nicht mehr lange aufrechterhalten. Am 30. Januar 1933 ernannte Hindenburg Hitler zum Reichskanzler und erteilte ihm den Auftrag zur Regierungsbildung.

In den zwölf Monaten davor war der Reichstag mehrmals aufgelöst worden, und bei allen Neuwahlen hatte die jüdische Führung neue Energien mobilisiert, Appelle verfaßt und die Politiker zu Taten aufgerufen. Nun war das Schlimmste eingetroffen. Als letzte Hoffnung blieb, daß Hindenburg die Rechte der Juden schützen würde und daß Hitler sich jetzt, da er an der Macht war, verantwortungsbewußter und weniger aggressiv als befürchtet erweisen würde.

Es war der Augenblick, um die jüdischen Menschen zu beruhigen und sich nichts anmerken zu lassen. »Wir sind von der Unverletzlichkeit unserer verfassungsmäßigen Rechte überzeugt, die niemand anzutasten wagen wird«, verkündete der C. V., als Hitlers Ernennung zum Reichskanzler feststand. Nach Meinung ihrer Führung sollten die deutschen Juden jetzt ein Bild der Würde und Ruhe abgeben. Die Parole des Tages lautete: »In Ruhe abwarten«.

NEUNTES KAPITEL

Nachfahren
Michael

… ein feiger, in der Geschichte der zivilisierten Welt höchstwahrscheinlich beispielloser Angriff auf eine hilflose Minderheit.
David Buffum, Konsul der Vereinigten Staaten in Leipzig, in
seinem Bericht über das »Kristallnacht«-Pogrom
November 1938

Ich möchte kein Jude in Deutschland sein.
Hermann Göring nach dem »Kristallnacht«-Pogrom
November 1938

1

An Oranienburg, wo ich 1926 das Licht der Welt erblickte, habe ich
so gut wie keine Erinnerung mehr. 1929 übersiedelte unsere Familie
nach Berlin, und vier Jahre später kam Adolf Hitler an die Macht. Da
hatte ich gerade meinen siebten Geburtstag gefeiert. Seither ist weit
über ein halbes Jahrhundert vergangen, und ich habe nur noch spo-
radische, vage Erinnerungen an das Leben in Nazideutschland.

Ewald, mein Vater, gab nur ungern seine Gefühlsregungen preis
und sprach selten über die Vergangenheit. Das betraf besonders seine
Oranienburger Jahre. Das ist nicht weiter verwunderlich, wenn man
bedenkt, daß er mit Schimpf und Schande der Stadt den Rücken kehren mußte. Trotzdem war Oranienburg für ihn stets das Symbol für
»die guten alten Zeiten« geblieben – die Stadt, in der drei Generationen der Blumenthals begraben liegen und sein Vater und Großvater geachtete Bürger waren und hohe Ämter bekleidet hatten. Darin
unterschied er sich nicht von den meisten seiner jüdischen Alters-

genossen, die voller Wehmut an die Jahre vor dem Ersten Weltkrieg zurückdachten – als eine glückliche Zeit, in welcher der Antisemitismus gemäßigt, das Leben geordnet und die Zukunft verheißungsvoll war.

Viele Jahre später lernte ich Oranienburg recht gut kennen. Heute ist das Bemerkenswerteste an dieser Stadt mit ihren knapp 30 000 Einwohnern am Rande der sandigen Niederungen Brandenburgs ihre Normalität und Gewöhnlichkeit. Nach Nazismus, Kriegszerstörung und vier Jahrzehnten kommunistischer Mißwirtschaft macht der Ort einen ziemlich düsteren Eindruck. Die Arbeitslosigkeit ist hoch, und weil Berlin immer größer wird und immer näher kommt, unterscheidet sich Oranienburg immer weniger von den anderen eintönigen Vororten der Hauptstadt. Der Name der Stadt allerdings hat weit über die Grenzen Deutschlands hinaus traurigen Ruhm erlangt – genießt die Stadt doch die zweifelhafte Ehre, schon 1936 zum Standort eines der ersten Konzentrationslager gemacht worden zu sein. Wenn heute überhaupt ein Tourist hierherkommt, so nur, um das ehemalige KZ Oranienburg-Sachsenhausen und das Museum auf dem Gelände zu besuchen, wo in vielen, langen Jahren Juden und andere Opfer Hitlers mißhandelt, gefoltert und ermordet wurden.

Soviel ich weiß, lebt in Oranienburg heute kein einziger Jude mehr. Die meisten verließen die Stadt in den frühen dreißiger Jahren, als für Juden das Leben in den Kleinstädten – viel früher als in den Großstädten – unerträglich wurde. Mitte der dreißiger Jahre wurde die Gemeinde aufgelöst und die Synagoge geschlossen. Die wenigen Juden, die noch zurückgeblieben waren, wurden später festgesetzt und nach Osten deportiert. Nie wieder hat man etwas von ihnen erfahren. Der kleine jüdische Friedhof, an dessen Bau Louis Blumenthal beteiligt war und auf dem er begraben liegt, ist noch erhalten, in erstaunlich gutem Zustand. Die Nazis waren nicht dazu gekommen, ihn zu zerstören – eine historische Anomalie, für die ich einmal folgende Erklärung hörte: »Tote Juden interessierten sie nicht besonders ... Sie waren nur hinter den lebenden her.«

Die Synagoge, in der Louis und Martin als Gemeindevorsteher wirkten, wurde geplündert und niedergebrannt. Heute befindet sich dort ein Gedenkstein. Von den heutigen Oranienburgern weiß praktisch keiner mehr, daß einmal Juden mitten unter ihnen lebten; der einzige Beweis dafür, daß es hier einst ein blühendes jüdisches Leben gab, ist eben dieser kleine jüdische Friedhof mit Dutzenden von Grabsteinen.

Ich war mehrmals zu Besuch in Oranienburg und wurde jedesmal höflich und zuvorkommend behandelt. Der Lokalzeitung bin ich einen Bericht wert – als das interessante Kuriosum eines ehemaligen Oranienburgers, der es in Amerika »zu etwas gebracht« hat und den die Stadtväter gerne einen Sohn der Stadt nennen. »Wie erinnern uns gerne an unsere Juden«, versicherten mir verschiedene Leute, aber es klang nicht ganz überzeugend. »Übrigens«, sagte der Bürgermeister zu mir, »hatten wir noch nie einen Finanzminister von hier, auch wenn er es in einem anderen Land wurde!«

Die Nazizeit war für die deutschen Juden von Anfang an eine Zeit des Schreckens. Die wenigstens hatten damit gerechnet, daß Hitler wirklich an die Macht kommen würde, und als es dann doch geschah, reagierten die meisten mit völliger Fassungslosigkeit. In den folgenden Jahren, als die Nazis die Schlinge immer enger zogen, wurde den Juden Schritt für Schritt alle Lebenssicherheit geraubt – wirtschaftlich, aber auch psychologisch, indem man das Fundament ihres Selbstverständnisses als Mitglieder der deutschen Gesellschaft zerstörte. Anfangs hofften noch viele, die schlimmsten Befürchtungen würden sich letzten Endes doch nicht bewahrheiten und es ließe sich eine Basis finden, auf der Juden und deutsche »Arier« gemeinsam existieren könnten. Der C. V. empfahl, Ruhe und Würde zu bewahren und sich auf »Innerlichkeit, Geistigkeit, Bindung an die Heimaterde, Religiosität und Bildung« zu konzentrieren.[1] Bei manchen, denen ihr Judentum nichts mehr bedeutet hatte, erwachte ein neues Bewußtsein für ihre Wurzeln und die eigene Geschichte. Das Interesse am Zionismus wuchs – vor allem bei der Jugend. Anfangs kam es zu einer Auswanderungswelle, die aber bald wieder abebbte; danach versuchten die in Deutschland Gebliebenen die bange Zeit möglichst gut zu überstehen und ein möglichst normales Leben zu führen.

Das aber wurde zunehmend schwieriger. Die Naziführung war unerbittlich in ihrem pathologischen Judenhaß. Der Druck stieg immer weiter, und langsam, aber sicher wurde den deutschen Juden die Kehle zugeschnürt. Mitte der dreißiger Jahre erkannten die meisten, daß nach zweitausend Jahren auf deutschem Boden das Leben hier für sie immer unerträglicher und aussichtsloser wurde. Nach den furchtbaren Pogromen in der sogenannten »Kristallnacht« 1938 gab es kaum noch einen Juden, der nicht verzweifelt versuchte, sich durch Flucht zu retten. Jetzt war klar, daß die schlimmsten Schrecken aus der Zeit des Mittelalters sich wiederholten. Es setzte eine zweite große Auswanderungswelle ein, bis vor denjenigen, die nicht fliehen konnten, die Tore endgültig zugeschlagen wurden.

In diesen Jahren der immer härter werdenden Verfolgung wuchs ich in Berlin heran. Kinder sind kaum imstande, politisch bewußt zu empfinden, aber irgendwie spürte ich schon, wie ohnmächtig, angstgepeinigt und verzweifelt die Erwachsenen waren. Trotzdem hatte ich, um ehrlich zu sein, keine unglückliche Kindheit. Ich war immer noch ein deutscher Junge, wenn auch – aus Gründen, die ich noch nicht begriff – ein zweitklassiger. Ich erinnere mich an ein Berlin in Bewegung und Aufregung, an Massenkundgebungen und Marschierende in Uniform, an viele Fahnen und Lieder und daran, wie stark und überzeugend sich die politischen Redner anhörten. Dauernd wurde uns eingeschärft, daß wir als deutsche Jungen auf alles mögliche stolz sein konnten: Unsere Rennwagen – die Spitzenmodelle von Mercedes und Auto Union – waren die besten der Welt; unsere Autobahnen würden bald jede andere Straße übertreffen; unser Max Schmeling war Weltmeister im Schwergewicht (jedenfalls bis Joe Louis ihn in der ersten Runde k. o. schlug), und wir waren sicher, daß unsere Sportler bei der Berliner Olympiade 1936 die Goldmedaillen einheimsen würden (bis der schwarze amerikanische Sprinter Jesse Owens ihnen die Show stahl).

Meine Eltern waren voller Befürchtungen und nervös und flüsterten hinter verschlossenen Türen. Aber ich war jung und ließ mich dadurch in meinem sorglosen Leben nicht stören. Eine Zeitlang ging ich auf die normale deutsche Volksschule; da gab es natürlich auch die üblichen Rabauken, die die anderen Kinder schikanierten, doch ich kann mich nur an einige wenige antisemitische Zwischenfälle erinnern. Als 1936 Juden unter »Ariern« nicht mehr willkommen waren, kam ich – ich war inzwischen zehn – auf eine ganz wunderbare Schule nur für jüdische Kinder, die in einem ruhigen Viertel im Berliner Westen im Grünen lag. Es war ein angenehmer, geschützter Ort mit engagierten Lehrerinnen und Lehrern, die alles taten, um uns Kinder vom Druck der Außenwelt abzuschirmen. 1939 ließen die Nazis die Schule schließen. Die Schüler, denen die Flucht noch gelang, wurden in aller Herren Länder zerstreut; wem das nicht mehr gelang, der ließ in Auschwitz oder Bergen-Belsen, in Birkenau oder Lodz oder an einem anderen Ort des Grauens sein Leben.[2]

Wie die meisten meiner Klassenkameraden aus assimiliertem Elternhaus kam ich hier, in der Privaten Waldschule Kaliski, zum ersten Mal im Leben mit jüdischer Religion und mit Traditionen in Berührung, die in meiner Familie keinerlei Rolle mehr spielten. Meinen Eltern hätte eine derartige Betonung »des Jüdischen« als Zeichen dafür gegolten, daß es mit der Assimilation haperte und man eben doch noch nicht deutsch genug war. Jetzt lernte ich am Freitagabend Kerzen anzünden, hebräische Lieder singen und den Sabbat feiern. Zwei- oder dreimal in der Woche hatten wir Hebräischunterricht. Einmal berichtete ich zu Hause stolz, beim Gebet sei die Wahl zum Vorsingen auf mich gefallen – wahrscheinlich nur, weil ich lauter singen konnte als die anderen Kinder. Ich erinnere mich noch genau an die nachdenkliche Verlegenheit, die ich mit dieser Triumphmeldung auslöste. Meine Eltern wußten einfach nicht, was sie davon halten sollten. Sie hatten den ungezwungenen Umgang mit den Ritualen und Symbolen des Judentums – falls sie ihn überhaupt je gekannt hatten – längst verlernt.

Vieles aus meinen Berliner Jahren habe ich inzwischen vergessen, doch einige Ereignisse haben sich mir unauslöschlich eingeprägt. Sehr lebhaft erinnere ich mich an den Fackelzug am Abend der Machtergreifung der Nazis und an den Boykott jüdischer Geschäfte am 1. April 1933 – eine Woche, nachdem die Nazis durch das Ermächtigungsgesetz die totale Staatsgewalt in ihre Hand gebracht hatten. Das Bild der beiden SA-Männer – Kampfstiefel, entschlossener Gesichtsausdruck, fest ums Kinn geschlossener Sturmriemen der Mütze – vor dem Laden, den meine Eltern ein Jahr vor Hitlers Machtergreifung aufgemacht hatten, werde ich niemals vergessen können.

»Juden-Geschäft« stand auf einem ihrer Schilder, »Deutsche – kauft nicht bei Juden« auf dem anderen.

Im Sommer 1935 erließen die Nazis die Nürnberger Rassengesetze. Damit waren ihre rassistischen Theorien geltendes Recht geworden, und die letzte Schwelle war überschritten: Die vor vielen Jahrzehnten erlangte bürgerliche Gleichberechtigung der Juden war damit aufgehoben – ein erster Riesenschritt auf das Ziel hin, sie in aller Form aus dem deutschen Leben zu verbannen. Das neue »Gesetz zum Schutze des deutschen Blutes und der deutschen Ehre« verbot es Juden unter anderem, nichtjüdische weibliche Hausangestellte zu beschäftigen, weil sie angeblich der sexuellen Gier männlicher Juden ausgesetzt wären.

Unser Kindermädchen wohnte auch bei uns; sie war viele Jahre vorher, kurz nach der Geburt meiner älteren Schwester, zu uns gekommen und gehörte längst zur Familie. Ihretwegen erinnere ich mich an die Zeit, als die Nürnberger Rassengesetze in Kraft traten, denn sie war wie eine zweite Mutter, und mit meinen neun Jahren konnte ich mir ein Leben ohne sie überhaupt nicht vorstellen. Ich hatte schreckliche Angst, sie würde gehen müssen – von den viel ernsteren Folgen der Nürnberger Gesetze konnte das Kind nichts ahnen –, und weiß noch, wie erleichtert ich war, als sich herausstellte, daß sie bleiben durfte. Sie war nämlich mit sechsundvierzig Jahren knapp über der in den Nazigesetzen festgelegten Altersgrenze, jenseits derer arische Frauen als sicher vor den wollüstigen Absichten jüdischer Männer galten ...

Am deutlichsten erinnere ich mich natürlich an die »Kristallnacht« – an die brennende Synagoge in der Nähe, an den demolierten und ausgeplünderten Laden der Familie, die eingeschlagenen Schaufenster jüdischer Geschäfte und die Festnahme meines Vaters, der später gebrochen, bis auf die Knochen abgemagert und bis zur Unkenntlichkeit verändert aus dem Konzentrationslager Buchenwald zurückkam.

Ich war damals zwölf und bekam von der Außenwelt schon dies und das mit – die Isolation, die Zerstörung unserer Existenzgrundlage, die Angst und die hektische Suche meiner Eltern nach einem Aufnahmeland, getrieben vom Zwang, Deutschland sofort zu verlassen. Ich erinnere mich an die Barbarei auf der Straße und an die Ohnmacht meiner Eltern, an die stumpfen, triumphierenden Gesichter der Braunhemden, die unser demoliertes Geschäft bis zur Enteignung bewachten. Ich erinnere mich auch an die Menge, die schweigend zuschaute, als die Synagoge an der Fasanenstraße in Flammen stand – ebenjene, in der man einst stolz den deutschen Kaiser willkommen geheißen hatte. Auch die Tränen habe ich nicht vergessen, die meine Mutter vergoß, als die Scharen gieriger Billigkäufer sich durch unsere Zimmer drängten – ein Ritual, daß sich damals in ganz Berlin in den Wohnungen von Juden abspielte. Schließlich erinnere ich mich auch noch, wie Angehörige und Freunde schweigend Abschied nahmen, als wir in den Zug stiegen, mit dem wir endgültig fortfuhren. Damals wußten wir noch nicht, daß von denen, die uns zum Bahnhof brachten, die meisten verloren waren und daß wir sie nie wiedersehen sollten.

Es ist wohl gar nicht verwunderlich, daß mir besonders jene Ereignisse im Gedächtnis geblieben sind, denen beim Niedergang und der Zerstörung des deutsch-jüdischen Lebens eine Schlüsselbedeutung zukam. Jeder Vorfall war ein Meilenstein auf dem Marsch der Nazis, die deutschen Juden erst zu erniedrigen und zu isolieren und sie schließlich zu vernichten. Es dauerte lange, bis die Juden das volle Ausmaß der Gefahr erkannten. Keiner begriff ganz die Gewalt des erbarmungslosen, unversöhnlichen Judenhasses der Nazis; keiner konnte vorhersehen, daß sie entschlossen waren, sie auf barbarische Weise zu vernichten.

Die einzelnen Maßnahmen erfolgten zwar weniger nach einem konsequenten Gesamtplan als zum jeweils opportun erscheinenden Zeitpunkt. Jeder Schritt erwies sich dann aber als Etappe auf dem Weg zur »Endlösung«. Ich sah die Ereignisse mit den Augen eines Kindes, doch die Erwachsenen – darunter Ewald und Valerie Blumenthal und Arthur Eloesser – litten unmittelbar und erlebten mit wachsender Verzweiflung, wie Schlag auf Schlag auf sie niederging.

2

Bis zum letzten Augenblick glaubte keiner, daß es wirklich geschehen würde. Das ganze Wochenende wurde hinter verschlossenen Türen über eine neue Regierung verhandelt. Berlin war eine einzige Gerüchteküche, und die ganze Welt wartete gespannt auf das Ergebnis. »Sollten die Verhandlungen scheitern, wird vermutlich von Papen eine Präsidialregierung führen«, spekulierte die *New York Times* am 29. Januar 1933; gemeint war der reaktionäre Politiker Franz von Papen, der schon einmal Reichskanzler gewesen war.

Der französische Botschafter, ein Kenner der deutschen Politik und scharfer Beobachter, hielt von Papen für »oberflächlich, stümperhaft, unehrlich, ehrgeizig, eitel, gerissen und für einen Intriganten«, eine drittklassige Gestalt, »an der das einzig Bemerkenswerte war, daß weder seine Freunde noch seine Feinde ihn ernst nahmen«.[3] In den letzten Tagen der Weimarer Republik spielten viel zu viele kurzsichtige Egoisten dieses Schlages ihr machtpolitisches Spiel. Von Papen hatte aber das Ohr Hindenburgs; mit seiner Hilfe wollte der alte Feldmarschall die Weimarer Demokratie aushöhlen, den Reichstag Stück für Stück entmachten und zu einer autokratischen Staatsform zurückkehren. Diesen »nationalen Zusammenschluß« betrieben die beiden mit den ausgeklügeltsten Intrigen, denen von Papen letzten Endes selbst zum Opfer fiel. Er wollte Hitler als Werkzeug für seine eigenen Zwecke gebrauchen, ohne ihm die Vollmachten zu geben, die dieser verlangte. Hindenburg zögerte, denn er mochte den groben Naziführer nicht, der es im Krieg nur zum Gefreiten gebracht hatte.

Hitler war der Siegespreis schon einmal entgangen; das sollte ihm diesmal nicht wieder passieren, und entsprechend zielstrebig verhandelte er. Er erklärte sich bereit, im Falle seiner Ernennung zum Reichskanzler den Eid auf die Verfassung zu leisten; die *New York Times* meldete, Hitler sei diesmal »gefügiger«. Nicht nur die Verfassung werde ihn bändigen, heiße es in Berlin, sondern auch die Mehrheit der nicht nationalsozialistischen Minister, die von Papen mit ins Kabinett bringen wollte. Es gebe Stimmen, die sagten, es sei vielleicht einen Versuch mit Hitler als Reichskanzler wert, solange dieser »auf die Duldung durch demokratische Kräfte angewiesen« sei.[4]

Schon die bloße Möglichkeit einer von Hitler geführten Reichsregierung ließ die Juden erschaudern. Für sie ging es um sehr viel, auch wenn die *New York Times* in ihren Berichten aus Berlin auf dieses Thema nicht einging. Voller Angst und Spannung warteten sie auf das Verhandlungsergebnis dieses schicksalhaften Wochenendes; daß ihr unversöhnlichster Feind als Sieger daraus hervorgehen könnte, wollten sie immer noch nicht glauben.

Am 30. Januar kam dann die endgültige Bestätigung. Jahrelang hatten die deutschen Juden Hitler als ehemaligen Wiener Rumtreiber, Polizeispitzel und Bierkellerredner abgetan. Selbst als die NSDAP bei Wahlen dramatisch viel Stimmen gewann, hieß es, dieser wilde Antisemit und fanatische Wirrkopf vom äußersten Rand der politischen Rechten sei viel zu extremistisch, um eine echte Gefahr werden zu können. Und jetzt war er Reichskanzler – für seinen jubelnden Bewunderer, den Berliner Gauleiter Joseph Goebbels, ein »traumhafter« Glücksfall.[5] Für die Juden war es die denkbar schlimmste Nachricht, doch die übrige Welt trug es mit Fassung. Die Wall Street reagierte so gut wie gar nicht, und in einem Leitartikel der *New York Times* hieß es, angesichts von Hitlers Koalitionsregierung mit nur drei Nazis im Kabinett gebe es »keinen Grund zu unmittelbarer Sorge. Es könnte durchaus sein, daß wir jetzt den gezähmten Hitler erleben.«[6]

Am selben Abend noch zog, während die Naziführung feierte und die Juden vor Angst zitterten, ein riesiger Fackelzug uniformierter SA-Männer durch Berlin. Endlose Kolonnen von Braunhemden marschierten noch diszipliniert mit Fackeln zum Klang von Militärmusik und gedämpften Trommelwirbeln durch die Straßen und sangen die für Juden besonders entsetzlichen, blutrünstigen Nazilieder. Die jüdische Führung hielt es für das Beste, zur Vorsicht zu raten und den Ängstlichen Mut zuzusprechen. »Wir begegnen der neuen Regierung mit großem Argwohn«, ließ der Centralverein die Leser am 1. Februar wissen, verwies aber auch auf Hitlers Versprechen, sich an die Verfassung zu halten; sein feierlicher Eid wurde im Wortlaut abgedruckt. »Wir setzen unser Vertrauen jetzt in Reichspräsident Hindenburg«, hieß es in dem Artikel weiter; die Juden seien loyale Deutsche und würden ihre schwer erkämpften Bürgerrechte entschlossen verteidigen.[7] Während der ganz auf Assimilierung zielende C. V. also wieder einmal herausstrich, daß die Juden gute Deutsche seien, sahen die Zionisten die Sache anders. »Der Nationalsozialismus ist eine feindliche Bewegung«, hieß es klipp und klar, sei jetzt aber unbestreitbar zur entscheidenden Kraft in Deutschland geworden. Zwar rieten auch die Zionisten dazu, sich ruhig und würdevoll zu verhalten, doch sie kamen zu völlig anderen Schlußfolgerungen: Die Entwicklung zeige deutlicher denn je, daß es gelte, sich seines Judentums und der eigenen Identität bewußt zu werden und einen Judenstaat zu errichten.[8]

Für Goebbels war es bereits belanglos, was in der jüdischen oder in der nicht nationalsozialistischen Presse stand: »Die Judenpresse tritt wild im Rückwärtsgang«, höhnte er in seinem Tagebuch. »Wir tun nichts. Wir wollen sie in Sicherheit wiegen …, um sie später nur um so besser greifen zu können.«[9]

Von Papen und seine reaktionären Gesinnungsgenossen hatten Hitler benutzen wollen, um ein autokratisches Regime unter ihrer eigenen Kontrolle zu errichten. Zu ihrer großen Überraschung drehte Hitler den Spieß sofort um, drängte sie beiseite und errichtete eine Einmann-Diktatur und einen Einparteienstaat. Kaum hatte er den Amtseid abgelegt, trat er eine wahre Lawine fieberhafter Aktivitäten los, um sich die totale Herrschaft zu sichern und die Opposition auszuschalten. Binnen weniger Monate erlangte er durch eine Reihe blitzschneller Manöver, bei denen Kühnheit sich mit Täuschung, glatten Lügen und brutaler Gewalt paarte, die totale Macht. In kürzester Zeit gelang es ihm, das föderative System zu zerstören, alle demokratischen Institutionen auszuschalten, die anderen Parteien zu verbieten und Deutschland vollständig zu nazifizieren.

Weder von der Verfassung noch von den Gepflogenheiten einer Kabinettsregierung ließ Hitler sich aufhalten. Zwei Tage, nachdem er Kanzler geworden war, manövrierte er die Opposition in eine Pattsituation. Dann brachte er mit der Behauptung, es sei nicht mehr möglich, die notwendigen Entscheidungen zu treffen, Hindenburg dazu, den Reichstag aufzulösen und bis zu Neuwahlen ihm selbst das Regieren durch Notverordnungen zu gestatten. Als nächstes redete Hitler dem Reichspräsidenten ein, ein kommunistischer Aufstand stehe unmittelbar bevor, und brachte ihn dazu, eine weitere Verordnung »zum Schutze von Volk und Staat« zu unterzeichnen. Kommunisten und Sozialdemokraten erhielten Versammlungsverbot, ihre Parteizentralen wurden gestürmt und ihre Publikationsorgane verboten; die Macht der Regierungen der Einzelstaaten wurde eingeschränkt. Im kommenden Wahlkampf durften ab sofort nur noch Nazis Kundgebungen abhalten und demonstrieren. »Wo bleibt die Gleichheit?« fragte das *Berliner Tageblatt* am 2. Februar. Es sollte das letzte Mal sein, daß eine derartige Frage öffentlich gestellt werden konnte.

Für Hitler waren die beiden anderen Nazis im Kabinett durchaus genug. Wilhelm Frick fungierte als Innenminister und Hermann Göring, der gleichzeitig preußischer Innenminister wurde, als Minister ohne Geschäftsbereich. Beide waren altgediente Parteimitglieder; Göring, äußerlich der joviale Dicke, war in Wirklichkeit besonders zynisch und brutal. Als Innenminister für die Polizei zuständig, vereidigte er sofort 50 000 SA- und SS-Männer als »Hilfstruppen« der Sicherheitskräfte. Während Hitler zwar das Kabinett ignorierte, auf der politischen Ebene aber den Schein der Legalität zu wahren bemüht war, schickte Göring seine Leute auf die Straße. Die reguläre Polizei war angewiesen, nicht einzugreifen, als Kommunisten und Sozialisten gejagt, überfallen und festgenommen wurden. »Rette sich, wer kann!«, das wurde die Devise der Opposition; ihre Zeitungen wurden verboten, Goebbels beherrschte die Medien und überflutete die Öffentlichkeit mit Propaganda.

Der Straßenterror der Nazis wuchs explosionsartig. Die Partei hoffte auf Anzeichen von Aufruhr oder offenem Protest der Kommunisten; ein Aufstand wäre der perfekte Vorwand gewesen, um endgültig die absolute Macht zu ergreifen. Doch zu ihrer Enttäuschung passierte nichts Spektakuläres – bis zum Abend des 27. Februar. Hitler verbrachte gerade ein paar ruhige Stunden im Haus seines Berliner Gauleiters, »machte es sich gemütlich, spielte Musik auf dem Grammophon und erzählte Geschichten«,[10] als die Nachricht eintraf, der Reichstag stehe in Flammen. Selbst heute ist nicht eindeutig geklärt, wie es dazu kam; jedenfalls eilten Hitler und Goebbels an den Ort des Geschehens, wo der äußerst erregte Göring bereits den Polizeieinsatz leitete. Dies sei, so schrie er, der Beginn der kommunistischen Revolution. Es werde nun keine Gnade mehr geben. Jeder kommunistische Funktionär müsse nun erschossen, jeder kommunistische Abgeordnete müsse noch in dieser Nacht gehängt werden. Und auch für die Sozialisten dürfe es keine Gnade geben.[11]

Das waren keine leeren Drohungen. Binnen Tagen überzeugte Hitler den müden greisen Hindenburg davon, daß es sich um einen Notstand handle, und brachte ihn dazu, eine weitere Notverordnung zu unterzeichnen – eine von insgesamt 33 in einem einzigen Monat. Mit dieser Verordnung wurden die Bürgerrechte bis auf weiteres außer Kraft gesetzt: Meinungsfreiheit, Schutz der Privatsphäre, Unverletzlichkeit der Wohnung und Verhaftung nur auf richterliche Anordnung. Die Reichsregierung wurde ermächtigt, alle Entscheidungsbefugnisse der Einzelstaaten an sich zu ziehen. Damit war alles für die »Gleichschaltung« vorbereitet, die nächste Stufe der Machtübernahme der Nazis, die es Hitler ermöglichte, in Deutschland völlig nach Belieben zu schalten und zu walten.

Am 5. März 1933 hatten die Deutschen zum letzten Mal Gelegenheit, an einer Veranstaltung teilzunehmen, die noch eine gewisse Ähnlichkeit mit einer freien Wahl hatte. Trotz Inhaftierung der Führer der Kommunisten und Sozialdemokraten und massiver Einschüchterung der Opposition erhielt die NSDAP nur 43,8 Prozent der Stimmen – was inzwischen aber schon gleichgültig war. Am 24. März verabschiedete der Reichstag, in dem keine Kommunisten und Sozialdemokraten mehr saßen, brav das »Ermächtigungsgesetz«, welches Hitler in aller Form das Recht gab, vier Jahre lang mit Verordnungen zu regieren, ihn also de facto mit diktatorischen Vollmachten ausstattete. Später hieß es, es sei alles völlig legal gelaufen, was aber keineswegs der Wahrheit entspricht. Hitler hatte den Rumpfreichstag durch Täuschung und Gewalt zur Räson gebracht und dazu gezwungen, ihm die totale Macht zu übertragen. Das Ermächtigungsgesetz hatte eine Terrorherrschaft zur Folge, wie Deutschland sie noch nie gesehen hatte. Nazibanden – zu keinerlei Zurückhaltung mehr gezwungen – tobten sich auf der Straße aus, trieben Kommunisten, Sozialdemokraten und Mitglieder der anderen Oppositionsparteien haufenweise zusammen, ermordeten sie auf offener Straße oder verschleppten sie in schnell eingerichtete »wilde« Konzentrationslager, um sie dort zu foltern und alte Rechnungen zu begleichen. Bücher wurden verbrannt, Intellektuelle und oppositionelle Journalisten schikaniert und verjagt. Auch die verhaßten Juden vergaß man nicht – sie wurden jetzt zum Hauptangriffsziel.

»Am 18. März wurde unser geliebter Sohn und Bruder, der Bäckergeselle Siegbert Kindermann, achtzehnjährig Opfer eines tragischen Schicksals«, lautete eine Todesanzeige im *Tageblatt*. Das »tragische Schicksal« Kindermanns war es, als Jude von Nazis erschlagen zu werden, über die er sich bei der Polizei beschwert hatte. Ebenfalls in Berlin starb ein Folteropfer der Nazis, der jüdische Rechtsanwalt Günther Joachim, am 22. März im Krankenhaus. Zwei Berliner Juden mit Namen Leibel und Vollschläger und der Zahnarzt Philippstal wurden am hellichten Tage auf offener Straße so schwer mißhandelt, daß auch sie ihren Verletzungen erlagen. Der jüdische Notar Kurt Lange wurde erschlagen und in einen See geworfen.[12] Niemand weiß genau, wie viele solche Überfälle es in Berlin gab, doch ging die Zahl der Opfer in ganz Deutschland in die Hunderte.

In Kiel kam es zum offenen Mord an einem sozialistischen jüdischen Anwalt, in Magdeburg traf es einen prominenten Stadtrat.[13] Die *New York Times* berichtete, in München sei ein Rabbiner »aus dem Bett geholt [und] zu einem Schießplatz geschleppt worden, ... wo man ihm ein schußbereites Maschinengewehr zeigte, ihm die Augen verband und sagte, seine letzte Stunde habe geschlagen. Als er immer noch nicht den gebührenden Respekt an den Tag legte, verprügelte man ihn und ließ ihn laufen.«[14] In Breslau war es ein Lieblingssport der SA, jüdische Richter und Anwälte aus ihren Beratungszimmern zu holen und sie dazu zu zwingen, sich auf der Straße nackt auszuziehen.

Überall in Deutschland entfesselten die Braunhemden eine beispiellose Jagd auf Juden. Mit zunehmendem Terror wurde auch die ausländische Presse aufmerksam, und in vielen Ländern reagierte die Öffentlichkeit mit Entsetzen. Zu einer Protestkundgebung im Sportpalast Madison Square Garden kamen 20 000 empörte New Yorker, und weitere 35 000, die wegen Überfüllung keinen Einlaß mehr gefunden hatten, demonstrierten auf der Straße. Die amerikanischen Gewerkschaften versprachen Unterstützung, und führende amerikanische Juden wandten sich mit einer Petition an Präsident Roosevelt. In Warschau schlossen polnische Juden aus Protest ihre Geschäfte, in Whitechapel, einem jüdischen Viertel in London, kam es zu anti-deutschen Kundgebungen. In Paris prangerten Intellektuelle die brutale Gewalt der Nazis an, und überall hörte man von Boykottdrohungen gegen deutsche Produkte.

Deutschland selbst stand kurz vor dem völligen Zusammenbruch von Recht und Ordnung. In vielen Orten nahmen SA-Horden die Dinge selbst in die Hand. Ohne zentrale Steuerung und Kontrolle und ohne jeden Versuch, auch nur den Anschein von Legalität zu wahren, wurden Juden ermordet, erpreßt, ausgeraubt und bestohlen. Vereinzelt kam es zu Zusammenstößen zwischen SA und Polizei, und hier und da mußte sogar die SS mobilisiert werden, um die Öffentlichkeit vor den Übergriffen der SA zu schützen. Natürlich war Hitler jedes Mitgefühl mit den Juden fremd, und zunächst kamen ihm die Sturm-Abteilungen als Instrument des Terrors und der Einschüchterung auch durchaus zupaß. Göring dachte genauso; als ihm die ersten Beschwerden wegen der Übergriffe vorgetragen wurden, meinte er gut gelaunt: »Wo gehobelt wird, da fallen Späne.«[15] Doch jetzt drohten sogar Hitler die Zügel zu entgleiten, die Wirtschaft fürchtete um ihre Exportmärkte und um die ohnehin schwache Konjunktur. Es mußte etwas geschehen, um die SA zur Räson zu bringen.

Nachdem er eine Zeitlang gezögert hatte, rief Hitler am 26. März Goebbels zu sich und teilte ihm mit, was er vorhatte – einen landesweiten Boykott jüdischer Geschäfte und jüdischer Anwälte und Ärzte.[16] Mit einem kühnen Schlag würde man die Juden wirtschaftlich treffen und gleichzeitig die Aggressivität der SA kanalisieren und unter Kontrolle bringen. Die Juden selbst müßte man unter Druck setzen und durch Drohungen dazu bringen, sich gegen den Boykott deutscher Waren im Ausland einzusetzen. All das müßte systematisch und ordentlich durchgeführt werden. Gegenüber der Außenwelt würde man den Boykott als legitime Reaktion auf die Lügen des Weltjudentums über deutsche Gewalttätigkeit rechtfertigen.

Pflichteifrig wie stets entfesselte Goebbels einen gigantischen Propagandafeldzug zur Vorbereitung des Boykotts als »Vergeltung für die Schauergeschichten und Greuelmärchen des internationalen Judentums über Deutschland«. Die Parteiorganisationen bekamen den Befehl, am Sonnabend, dem 1. April, pünktlich um zehn Uhr mit dem Boykott zu beginnen; vor jedem jüdischen Geschäft sollten SA-Männer Posten beziehen und »Arier« vor dem Betreten warnen. Die Aktion sollte fortgesetzt werden, bis im Ausland die »Lügen« über Deutschland aufhörten. Um auf die Juden Druck auszuüben, befahl Göring ihre Führer zu sich, diffamierte sie und verlangte dann, sie sollten die Auslandspresse und ihre ausländischen Glaubensgenossen dazu auffordern, ihre Anschuldigungen zu unterlassen. Wenn das nicht sofort aufhöre, so drohte er, »werde ich nicht mehr in der Lage sein, für die Sicherheit der deutschen Juden zu garantieren«.[17] In der *New York Times* wurde Hitler mit der Äußerung zitiert, »die Juden müssen begreifen lernen, daß sie die vollen Auswirkungen des Protests im Ausland zu spüren bekommen«. Die erpresserischen Drohungen der Nazis erzielten die gewünschte Wirkung. Die verängstigte jüdische Führung wirkte auf ihre Glaubensgenossen im Ausland ein, die Nazis nicht weiter zu kritisieren, um ihre Lage nicht noch weiter zu verschlimmern. Das Organ des C. V., die *Centralverein Zeitung*, titelte auf der ersten Seite 565 000 DEUTSCHE JUDEN PROTESTIEREN FEIERLICH[18] und brachte pflichteifrig die offensichtliche Falschmeldung, die Geschichten von Nazigreueln seien nichts als Lügen und Propaganda.

Am 1. April selbst befolgten die Deutschen im großen und ganzen den Boykottaufruf; viele Juden blieben zu Hause und öffneten einfach ihre Geschäfte, Kanzleien und Praxen nicht, vor denen SA-Männer patrouillierten und Plakate die Menschen davor warnten, bei Juden zu kaufen. Das alles sah verhängnisvoll und bedrohlich aus, doch Hitlers Befehle wurden befolgt, und die ungezügelte Gewalt hatte ein Ende. Nach einem Tag wurde der Boykott beendet, und bald normalisierte sich das Geschäftsleben wieder.

In nur wenigen Monaten war die Weimarer Republik mit ihrer schwachen politischen Struktur unter dem Druck der Nazis zusammengebrochen. Das Experiment der Deutschen mit der Demokratie hatte nur vierzehn Jahre gedauert, und die Stellung der Juden hatte sich von Grund auf geändert. Ihre schlimmsten Feinde waren an der Regierung; die Früchte eines Kampfes um Gleichberechtigung, der über ein Jahrhundert gedauert hatte, waren dahin.

3

Nach dem Boykott hörte der wahllose Straßenterror auf, und es kehrte eine gewisse Ruhe ein. Die erste Phase der Machtergreifung der Nazis war zu Ende, und Hitler brauchte eine Ruhepause, um seine Macht zu konsolidieren.

Wollte er Institutionen und Verbände fest in den Griff bekommen, so galt es, erst einmal einige ungelöste Probleme zu bewältigen. Die Kirchen – von der Gesetzlosigkeit der ersten Wochen abgestoßen – widersetzten sich der Nazifizierung. Auch die Beziehungen der Nazis zum Militär und zum »Stahlhelm«, seinem nationalistischen Flügel, waren nicht gefestigt. Noch war nicht entschieden, ob bei den Streitkräften die SA oder der Stahlhelm die dominierende Rolle spielen würde. Des weiteren mußte Hitler sich auch mit der massiven Kritik und dem Mißtrauen des Auslands auseinandersetzen. Der Völkerbund rügte Deutschland offiziell wegen der Gewalttaten gegen Juden in Oberschlesien, und die deutsche Wirtschaft machte sich Sorgen wegen der Auswirkungen auf Handel und Investitionen. Die Konjunktur war immer noch schwach und die Arbeitslosigkeit nach wie vor hoch. Wenn Hitler sein Versprechen einlösen konnte, die Arbeitslosigkeit abzubauen, würde das sein Ansehen heben.

Er mußte bei der Verfolgung seiner eigentlichen Ziele, ohne sie aufzugeben, den momentanen Gegebenheiten Rechnung tragen. Selbst aus dem Boykott hatte er etwas Wichtiges gelernt: Die Passivität der breiten Masse, ihre mangelnde Begeisterung für die von Goebbels mit massiver Propaganda angetriebenen Aktionen, mit denen es den Juden einmal gezeigt werden sollte, waren für die Juden ein Schock und für Hitler aber eine Enttäuschung. Offensichtlich brauchte man noch Zeit, um die Bevölkerung zur aktiven Unterstützung von Maßnahmen gegen Juden zu bewegen. Außerdem wurde langsam klar, daß man nicht einfach überstürzt und wahllos Juden aus dem Wirtschaftsleben entfernen konnte, ohne dieses zu gefährden. Ein gutes Beispiel war der Fall des in Schwierigkeiten geratenen Kaufhauses Tietz, das nur durch staatliche Hilfe vor dem Ruin zu retten war. Die Nazipropaganda hatte sich seit langem auf jüdische Kaufhäuser und Einzelhandelsketten eingeschossen, und für die Fanatiker, die am liebsten sofort zugeschlagen hätten, kam ein Staatskredit überhaupt nicht in Frage. Doch angesichts des drohenden Verlustes von Tausenden von Arbeitsplätzen konnte man Tietz nicht einfach Bankrott machen lassen. Die Ideologie mußte fürs erste dem Realitätssinn geopfert werden; man mußte, wie unangenehm es auch sein mochte, dem jüdischen Kaufhaus doch einen Kredit bewilligen.[19]

Auf der Straße hatte die Gewalt aufgehört, doch die Not der Juden war damit nicht zu Ende. Der Antisemitismus war nun offizieller Bestandteil der Regierungspolitik; das Volk verhielt sich zwar eher passiv, schien aber bereit, »dem Juden« – dieser künstlichen Abstraktion der Nazipropaganda – zumindest einen Teil der Schuld an den Problemen des Landes zuzuschieben. Die fanatischen Nazis, die darauf brannten, wieder über Juden herfallen zu können, mochten nur eine Minderheit sein – doch noch weniger Deutsche waren bereit, ihnen entgegenzutreten. Die große Mehrheit des Volkes nahm die Lage einfach hin, fügte sich und schwieg.

In den folgenden Wochen und Monaten wurden die Juden durch einen stetigen Fluß von Verordnungen mehr und mehr aus dem öffentlichen Leben hinausgedrängt; zuerst nahm man die freien Berufe, Beamten, Künstler und Journalisten aufs Korn. Im April wurden aufgrund neuer Gesetze die meisten jüdischen Richter und Beamten entlassen. Dann wurde jüdischen Ärzten die kassenärztliche Zulassung entzogen, und die Zahl der Juden an den Universitäten – sowohl auf Lehrstühlen als auch in der Studentenschaft – wurde begrenzt. Ein Gesetz, das Juden die Betätigung in der Landwirtschaft untersagte, hatte keine allzu große Auswirkung, doch das Verbot, frei als Arzt, Anwalt oder Notar tätig zu sein – Berufe, in denen es viele Juden gab –, beraubte viele ihrer Existenzgrundlage. Schließlich wurden sie auch von der Börse ausgeschlossen und aus dem Militärdienst entfernt.

Sobald Goebbels die Medien und kulturellen Einrichtungen fest im Griff hatte, wurden alle Juden aus diesen Bereichen ausgeschlossen – ein weiterer schwerer Schlag. Schon 1934 wurden die großen Medienimperien der Familien Mosse und Ullstein zwangsweise »arisiert«. Die *Vossische* stellte ihr Erscheinen ein, das *Berliner Tageblatt* verbreitete jetzt Nazitöne, und die Familie Ullstein wurde gezwungen, ihren Besitz für ein Zehntel des Wertes herzugeben.[20]

Gegen Ende des ersten Jahres der Naziherrschaft schien die Flut der gegen die Juden gerichteten Gesetze endlich nachzulassen. Viele Juden waren finanziell schon ruiniert, an die 40 000 hatten Deutschland verlassen. 23 000 weitere wanderten 1934 aus; in den ersten drei Jahren des Dritten Reiches waren es insgesamt über 100 000. Hindenburg, ihre letzte Hoffnung, war inzwischen gestorben, und Hitler herrschte unangefochten als Diktator. Doch knapp 400 000 Juden lebten – wie ihre Vorfahren schon seit Generationen – immer noch in Deutschland. Ausgewandert waren in erster Linie besonders Gefährdete, jüngere Zionisten, Abenteuerlustige und besonders Weitsichtige. Die meisten anderen hatten noch nicht begriffen, wie prekär ihre Lage eigentlich war, und viele waren immer noch echte deutsche Patrioten.

Das Abebben der antisemitischen Aktionen gegen Ende des Jahres 1933 faßten viele fälschlicherweise als Zeichen der Hoffnung auf. Unter Berufung auf eine Äußerung des Fanatikers und notorischen Lügners Goebbels – »was im Hinblick auf die Judenfrage zu lösen war, ist gelöst worden« – meinte die *Jüdische Rundschau* noch im Spätherbst 1934 ihren Lesern sagen zu können, trotz aller Härten scheine die zukünftige wirtschaftliche Existenz der Juden, wenn auch eingeschränkt, garantiert zu sein.[21] Das war es wahrscheinlich auch, was die meisten hören wollten.

Arthur Eloesser hatte in seinem Leben viele Anpassungen leisten müssen. »Lieber Meister Thomas Mann«, schrieb er 1934 an seinen berühmten Freund, der Deutschland verlassen hatte, »... Diese Lektüre [*Joseph und seine Brüder*] hat mich eigentlich wieder zum Leser gemacht, nachdem ich mich in den letzten Jahren nur noch auf die Bibel und Bibelstudien zurückgezogen hatte. ... Nach Beendigung der Trilogie hoffe ich mich nach Bedarfnis in einer jüdischen oder ausländischen Zeitung darüber äußern zu können; die deutschen sind

mir nach meinem Ausschluß aus den Organisationen der Kultur-
kammer nicht mehr zugänglich. Indessen gegen Schicksale kann man
nicht böse sein, und ich bin sogar leichtsinnig genug, etwas Geschmack daran zu finden als an Gelegenheiten, die verjüngend wirken. Im Frühjahr war ich in Palästina, wo wir einen Sohn haben, und
bin trotz allen innerjüdischen Stänkereien mit einem großen Eindruck von dem dort geleisteten Kolonisationswerk zurückgekom-
men, mit einem erschütternden von dem alten Lande. Es war wie eine
Rückkehr nach 2000 Jahren. Nach Ihrem Joseph muß ich doch annehmen, daß Sie sogar hebräisch gelernt haben, was ich seit vorigem
Jahr zum ersten Mal und nicht ohne Mühe treibe. Dazu ist man wohl
nicht mehr jung genug.«[22]

Arthurs Brief an Thomas Mann verrät sowohl alte Bindungen
als auch neue Gefühle und den Versuch, damit zurechtzukommen.
Eloesser war einer der ersten, die man zum Schweigen gebracht hatte;
die *Vossische* gab es nicht mehr, und keine andere Zeitung in Deutschland konnte ihn publizieren. Auch seine Bücher hatten die Nazis verbrannt; da er nichts mehr verdiente, war er gezwungen, seine umfangreiche, geliebte Privatbibliothek zu versteigern, was ihm sehr
schwer fiel. Sein Sohn Max war als Zionist nach Palästina gegangen,
und seine Tochter trug sich mit dem Gedanken, nach Lateinamerika
auszuwandern.

Sein ganzes Leben lang war Arthur Patriot gewesen; er schätzte die
deutsche Kultur über alles und hätte für sein Vaterland alles getan.
Er war wirklich der Prototyp eines nachdenklichen assimilierten
deutschen Juden. Doch jetzt hatte man ihn zum Schweigen gebracht,
gesundheitlich ging es ihm wegen seiner schwachen Lungen auch zunehmend schlechter, und nun mußte er auch noch sein vergangenes
Leben in Frage stellen und sich mit einer völlig veränderten Gegenwart und Zukunft auseinandersetzen. Er war jetzt Mitte Sechzig; was
ihm blieb, waren – wie ein Freund später in einer bewegenden Grab-
rede sagen sollte – »Geist, Haltung und Hoffnung«.[23]

Er mußte der Tatsache ins Auge sehen, daß er als Deutscher nicht
mehr erwünscht war – selbst der Bund der Kriegsblinden hatte seine
jüdischen Mitglieder als unwürdig ausgeschlossen.[24] Ebensowenig
ließ sich leugnen, daß die Assimilation und zunehmende Integration

der jüdischen Gemeinde gescheitert war; wieder einmal waren die Juden Ausgestoßene im eigenen Land.

Es gab aber noch eine weitere, ebenfalls unerwartete und ihm unbekannte Realität: Er entdeckte ein Judentum wieder, welches er längst abgetan oder vergessen hatte. Aber noch konnte er nicht ganz zurücklassen, was er einst gewesen war; ein beredtes Zeugnis davon legt die bewegende Artikelreihe ab, die er unter dem Titel »Erinnerungen eines Berliner Juden« im Herbst 1934 in der *Jüdischen Rundschau* veröffentlichte. Dieser verklärte Blick in die Vergangenheit dürfte vor allem seine älteren jüdischen Leser angesprochen haben, weil er sie an glücklichere Tage erinnerte.

Beim Rückgriff auf sein lange ignoriertes Judentum wandte Arthur Eloesser sich der Bibel zu, schlug sich mit dem Hebräischen herum und entdeckte bei einem Besuch bei seinem Sohn in Palästina seine Bewunderung für den Zionismus. Auch über diese Reise berichtete er in der *Jüdischen Rundschau* und beschrieb dabei die jungen Pioniere, die Kinder gutbürgerlicher deutscher Juden, nicht ohne Neid mit einer Mischung aus Freude und fast ehrfürchtigem Staunen.

Sie waren »fertig mit Europa«, stellte er fest und meinte wehmütig, wenn er dreißig oder vierzig Jahre jünger wäre, wäre er selbst gern einer von ihnen, statt sie nur aus der Ferne zu bewundern. Es war, als hätte er eine neue Welt entdeckt, von deren Existenz er bis zur Ankunft Hitlers kaum etwas wußte.

»Ich sah zum ersten Male unser Volk, das sich in so viele Sprachen übersetzte, sich an so viele alte und junge Kulturen ansetzte, und das jetzt in dem Schmelztiegel Palästina aus allen fremden Legierungen herausgeläutert werden soll.«[25]

Arthur hatte Nazideutschland verlassen, die Luft Palästinas geatmet und dort eine neue Wirklichkeit entdeckt und bewundern gelernt. Und doch war er zurückgekehrt. Warum packte er nicht einfach zusammen, was ihm noch geblieben war? Warum nahm er nicht seine Frau und verließ Deutschland nicht auf immer? Wahrscheinlich deshalb, weil er in diesen ersten Jahren der Hitlerzeit in derselben Gemütsverfassung war wie viele andere Juden mit tiefen deutschen Wurzeln. Er war zerrissen und befand sich in einem schweren inneren Konflikt. Für einen Neubeginn war er zu alt, und seine Bindung an Deutschland und seine Erinnerungen an dieses Land, wie es einmal gewesen war, waren wohl zu stark. Sein eigenes Judentum war sein ganzes Leben lang in weite Ferne gerückt gewesen. Es war ja schön und gut, die eigenen Wurzeln wiederzuentdecken, doch alles aufzugeben, wofür er gelebt hatte, das Ende des Traums von der Assimilation des Jüdischen in die deutsche Kultur als Faktum zu akzeptieren, statt es für einen Alptraum zu halten, aus dem man bald erwachen würde – das war immer noch zu schwer. Er wußte, daß es nie wieder ganz so werden würde wie früher, doch er war nicht bereit, alle Hoffnung fahren zu lassen. Deuteten denn die Abnahme neuer Vorschriften und offener Überfälle nicht darauf hin, daß die Lage in Deutschland sich wieder stabilisieren könnte? Hatte Goebbels nicht gesagt, es komme »garantiert« dazu?

Manche Juden hatten sich tatsächlich schon wieder beruhigt. In Bad Saarow in der Nähe von Berlin stellte der amerikanische Journalist William Shirer zu seiner Überraschung fest, daß das Hotel voller Juden war, »denen es gutgeht und die anscheinend gar keine Angst haben«.[27] Natürlich war es nur eine kurze Ruhepause, und Goebbels' beruhigende Worte waren auch nichts weiter als eine Lüge, um Zeit zu gewinnen.

1934 ließ Hitler den SA-Stabschef Ernst Röhm und alte Feinde vom rechtsradikalen Flügel der Partei ermorden. Doch was man mit den Juden tun sollte, war innerhalb der Partei immer noch heftig umstritten. Seit fünfzehn Jahren schon predigte der Führer Rassenreinheit und tobte gegen die Verunreinigung »arischen« Blutes. Warum, so fragten die Anhänger der reinen Lehre, gab man den Juden dann überhaupt noch Freiräume? Wieso durften sie bei der Arbeit und in der Öffentlichkeit immer noch mit Ariern zusammentreffen, mit ihnen Umgang pflegen und sie vielleicht sogar heiraten?

Die Fanatiker forderten schärfere Maßnahmen, und gelegentlich gab es Anzeichen dafür, daß sie kurz davor standen, die Sache selbst wieder in die Hand zu nehmen. Einer der aggressivsten unter ihnen, der Herausgeber des Hetzblattes *Der Stürmer*, Julius Streicher, nannte Kontakte zwischen Deutschen und Juden »Rassenschande«. In Berlin kam es wieder zu Gewalttätigkeiten auf der Straße und in den Cafés, und auch ohne amtliche Anordnung wurden Juden immer häufiger von öffentlichen Plätzen und aus Parks vertrieben. In Magdeburg verbot man den Juden die Benützung der städtischen Straßenbahnen, und in Franken, wo Streicher als Gauleiter herrschte, kursierten Horrormärchen über Rassenschande. Doch wer war eigentlich Arier und wer nicht? War ein halber oder ein Viertel-Arier immer noch Jude? Solche Fragen mußten entschieden werden; besonders die Juristen drängten darauf, während die Beamten alten Schlages im Innenministerium sich einigelten und von neuen Vorschriften nichts wissen wollten.

1935 wurde das Murren in der Partei, die Juden kämen viel zu glimpflich davon, wieder lauter, und Hitler sah den richtigen Zeitpunkt zum Handeln gekommen. Für September war der Reichsparteitag nach Nürnberg einberufen. Dort wurde der nächste Schlag gegen die Juden geführt: Aberkennung der deutschen Staatsbürgerschaft – von nun an waren die Juden nur noch deutsche Untertanen ohne Wahlrecht –, genaue Definition eines »Ariers«, Verbot der Heirat und geschlechtlicher Beziehungen zu »Ariern« bei schwerer Strafe. Ein Jude durfte keine weibliche »arische« Hausangestellte unter Fünfundvierzig beschäftigen. Halbjuden waren keine Arier, für sie galten besondere Regeln. Zeigte ein Jude die Hakenkreuzfahne, machte er sich eines schweren strafbaren Vergehens schuldig. Der Nationalsozialismus, so erläuterten die Nazijuristen, widerspreche allen Theorien von der Gleichheit der Menschen. Er beruhe, im Gegenteil, auf der harten, aber unausweichlichen Erkenntnis von Unterschieden aufgrund von Naturgesetzen.[28]

Diese Nürnberger Gesetze waren der nächste Schritt bei der systematischen Entrechtung und Isolierung der Juden. Manche, doch keineswegs alle, sahen in ihnen die letzte Bestätigung, daß ihre Lage in Deutschland hoffnungslos geworden war; andere wollten, so unglaublich es auch scheinen mag, immer noch nicht aufgeben. Jetzt, da diese Dinge »klargestellt« seien, meinte der C. V., könne man vielleicht zu einem »erträglichen Arrangement« kommen.[29]

4

Bis etwa 1937 war in meiner Familie kaum davon die Rede, Deutschland eventuell zu verlassen, und auch dann näherte man sich diesem Gedanken nur sehr langsam und zögernd. Schließlich war auf jede Phase verstärkter antijüdischer Aktivitäten eine Periode relativer Ruhe gefolgt – ein trügerisches Signal für diejenigen, die darauf aus waren, sich zu arrangieren, und immer noch hofften, das Unwetter werde schon wieder abziehen. Im ersten Jahr der Naziherrschaft wanderten nur etwa sieben Prozent der 520 000 deutschen Juden aus, und danach nahm der jährliche Exodus sogar wieder ab.

Aus dem Umkreis meiner Eltern emigrierte in den ersten Jahren fast niemand, mit Ausnahme des jüngsten Bruders meines Vaters, Theodor, der mit seiner jungen Frau nach Brasilien ging. Mich faszinierten die Abenteuer meines Onkels und meiner Tante tief unten in Südamerika, doch meine Eltern legten wenig Interesse an den Tag. »Die sind jung und haben nichts zu verlieren« – damit war die Sache abgetan. Gegen das Auswandern sprach auch, daß die meisten Länder jüdischen Flüchtlingen die Einreise nicht gerade leicht machten. Anfangs verließen junge Zionisten Deutschland, um in Palästina das Land zu kultivieren, oder ältere Idealisten, die einen jüdischen Staat errichten wollten. Für meine Eltern allerdings kam Palästina überhaupt nicht in Frage. »Wir sind doch keine Zionisten«, sagten sie abschätzig, »wir sind Europäer und gehören nicht in den Orient.« Manchmal sagte mein Vater dann noch – halb ernst, halb scherzend –, ein Leben unter »lauter Juden« könne er sich nicht vorstellen.

Eine Handvoll früher Auswanderer floh in europäische Nachbarländer, die zwar prinzipiell eine Alternative zu bieten schienen, in denen man sich aber ohne Geld oder gute Beziehungen nur schwer niederlassen konnte. Außerhalb Europas war Amerika die erste Wahl, doch es war bekannt, daß es schwer war, ein Visum zu bekommen. Die Freiheitsstatue mochte ja Amerika als traditionellen Zufluchtsort der Getretenen und Unterdrückten symbolisieren, doch die Arbeitslosigkeit war hoch, um die Einwanderungspolitik wurde heftig gestritten, und im Außenministerium gab es genug Beamte, die in ihrem Antisemitismus alles verzögerten und verschleppten.

Berichte, daß Neuankömmlinge sich in New York als Tellerwäscher oder Putzfrauen durchschlagen mußten, waren natürlich auch nicht dazu angetan, Juden, denen es – wie meinen Eltern in Berlin – noch relativ gutging, die Auswanderung schmackhaft zu machen. Zunächst hatte der Laden ja nicht viel abgeworfen, doch dann hatte Hitler durch Staatsaufträge die Konjunktur angekurbelt, die Arbeitslosigkeit sank, die Menschen hatten wieder Geld in der Tasche, und das Blumenthalsche Geschäft lief erstaunlich gut. Die jüdischen Freiberufler, die nicht mehr praktizieren durften, hatten es schwer, doch für kleine Geschäftsleute wie meine Eltern waren die Aussichten gar nicht übel.

Bei Hitlers Machtergreifung hatten die Pessimisten gemeint, jetzt seien tausend Jahre deutsch-jüdischen Zusammenlebens zu Ende, und die Zionisten, sie hätten das schon immer gesagt. Doch eingefleischte Verfechter der Assimilation, wie meine Eltern es waren, empfanden auch dann noch ein Gefühl tiefer Verbundenheit mit Deutschland. Sie klammerten sich an Wertvorstellungen von gestern und waren nicht so schnell bereit, das Handtuch zu werfen und Deutschland für immer aufzugeben.

Auch wir Kinder wurden jetzt mehr und mehr vom normalen Leben der Deutschen ausgeschlossen. Ich hatte keine nichtjüdischen Freunde mehr, und meine Eltern sahen es auch nicht gern, wenn ich mit »arischen« Kindern spielte, konnte doch selbst ein harmloser Kontakt gefährlich werden. Mir wurde streng befohlen, fremden Kindern aus dem Weg zu gehen und auf der Straße vor allem die allgegenwärtigen braunen Uniformen zu meiden. In der Volksschule hatte ich meine Klassenkameraden manchmal ein bißchen um ihre schicke HJ-Kluft beneidet; jetzt wußte ich es besser. »Geh auf die andere Straßenseite, wenn du sie siehst«, warnte mich meine Mutter; »provozier sie nie, lauf weg, wenn sie dich angreifen, und vor allem – wehr dich nicht!«

Zu Hause vermieden die Erwachsenen es, vor den Kindern über Politik zu sprechen. Über so heikle Themen flüsterte man lieber hinter verschlossenen Türen. »Die Wände haben Ohren«, wurde uns eingebleut. Die Welt da draußen war offensichtlich auch für ein Kind riskant, aber ich gewöhnte mich daran und kam schon zurecht. Wirklich frei fühlte ich mich in der Schule – da waren wir unter uns und sicher vor der feindseligen Welt, da hatten wir wunderbare Lehrer, die alles taten, um uns zu beschützen und uns das Rüstzeug für eine ungewisse Zukunft zu geben.

Nach und nach aber wurde die Lage schlimmer, und Anfang 1938 konnten auch meine Eltern die Augen nicht mehr vor der Wahrheit verschließen. Vom normalen Leben waren sie fast vollständig isoliert, Demütigungen und wirtschaftlicher Druck nahmen zu, die Vorzeichen wurden immer bedrohlicher. Hitler, auf dem Höhepunkt seiner Macht, triumphierte: Im März erfolgte der »Anschluß« Österreichs, der in Wien antisemitische Krawalle auslöste, die selbst die schlimmsten Ausbrüche des Judenhasses in Deutschland übertrafen, und im Herbst marschierte Hitler im Sudetenland ein. Die geheimen Kriegsvorbereitungen waren in vollem Gange; alle Leute, die zur Vorsicht geraten hatten, waren aus den Schlüsselpositionen entfernt worden.

Jahrelang hatten die radikalen Parteigenossen sich darüber geärgert, daß die NSDAP keine klare Strategie zur völligen Vernichtung der verhaßten Juden verfolgte. Sie waren empört, wenn Hitler wieder einmal auf den Rat derer hörte, die vor dem wirtschaftlichen Risiko eines Frontalangriffs auf die Juden warnten. Doch jetzt waren die übelsten und maßlosesten Judenhasser selbst am Ruder und ließen sich nicht mehr bremsen. Hermann Göring, zynisch und raffgierig, kontrollierte die Wirtschaft; die deutsche Aufrüstung finanzierte er unter anderem durch Raub und Enteignung jüdischen Eigentums. Göring zögerte auch nicht, sich persönlich zu bereichern. Heinrich Himmler, listig und böse, war unbestrittener Herr des Terrrorinstruments SS. Den Propagandaapparat der Nazis leitete Hitlers fanatischster Vasall, Joseph Goebbels.

Als erbitterte Gegner im Kampf um Gunst und Einfluß am Hofe von Hitler waren diese Männer sich wenigstens in einem völlig einig: dem Wunsch, die Juden auszurauben und zu züchtigen. »Den Juden« bestehlen und erniedrigen, ihn der Öffentlichkeit als »Untermenschen« präsentieren, ihn entrechten und letzten Endes beseitigen wollten alle drei; nur in puncto Rachsucht und Einfallsreichtum gab es Gradunterschiede.

1938 war die sogenannte »Arisierung« – die Enteignung der Juden

433

und ihre Vertreibung aus der Wirtschaft – bereits in vollem Gange. Als erstes hatte man den Juden den Geflügelhandel und das Betreiben von Apotheken und Buchhandlungen verboten. Dann kamen jüdische Immobilienhändler und Kaufleute an die Reihe und schließlich sogar Zeitungsverkäufer und Lumpensammler.

Jüdische Eigentümer großer Betriebe hatte man längst dazu gezwungen, ihren Besitz für eine lächerliche Summe zu verkaufen, und sie selbst aus der Firma geworfen; jetzt waren die kleineren Betriebe und Geschäfte dran. Persönlicher Besitz im Wert von mehr als 5000 Mark mußte gemeldet und erfaßt werden, die Sondersteuern nur für Juden wurden weiter erhöht, und jüdische Geschäfte mußten sichtbar gekennzeichnet werden. Anfang 1938 waren noch 40000 Betriebe in jüdischer Hand; im Laufe des Jahres wurden fast achtzig Prozent davon liquidiert oder zwangsweise verkauft.

Mitte des Jahres stand auch meinen Eltern das Wasser bis zum Hals. Verzweifelt verhandelten sie mit unserer einzigen Verkäuferin, einer »Arierin«, die meine Mutter persönlich angelernt und seit Jahren beschäftigt hatte. Sie war bereit, das Geschäft für einen Bruchteil seines wirklichen Wertes zu übernehmen. Es täte ihr schrecklich leid, versicherte die junge Dame, ihr Freund habe zwar Geld, sei aber Parteimitglied und dürfe einfach nicht mehr bezahlen. Meine Mutter hatte sehr viel Mühe und Arbeit in den Aufbau unseres Geschäfts gesteckt; natürlich war sie jetzt traurig und verbittert, aber wenigstens würden wir genug Geld bekommen, um die Ausreise vorzubereiten und unseren Lebensunterhalt zu bestreiten, bis wir ein aufnahmebereites Land gefunden hatten.

Dem einen oder anderen Christen mochten die gequälten Juden ja leid tun, doch keiner protestierte wirklich. Wer wollte sich schon die Gelegenheit entgehen lassen, ein jüdisches Geschäft für einen Apfel und ein Ei übernehmen zu können?

Wirtschaftlich gesehen war bei den verschärften Angriffen auf die Juden die »Arisierung« das wichtigste Instrument. Dazu kamen Schikanen und Demütigungen, und die wurden immer aggressiver. *Der Stürmer*, Streichers widerwärtiges, pornographisches antisemitisches Hetzblatt hing jetzt in jedem Ort in Deutschland an den Straßenecken. Im Park mußten die Juden auf eigenen gelben Bänken sitzen,

bei immer mehr Restaurants und Cafés hieß es »Juden sind hier un-
erwünscht«, und jeden Tag gab es neue Schikanen. Im Juni 1938
wurde in München die Hauptsynagoge in Brand gesteckt, einige Wochen später geschah dasselbe in Nürnberg. Auf Anordnung von
Goebbels bekamen alle Juden einen zweiten Vornamen – die männlichen Israel, die weiblichen Sara –, und im Oktober wurde jedem
von uns ein großes rotes »J« in den Paß gestempelt – was die Einreise
in ein fremdes Land noch schwieriger machte. Die Welt behauptete
zwar, die Juden, die jetzt in Deutschland immer massiver unter Druck
gerieten, täten ihr leid, doch die meisten Länder hielten die Türen fest
geschlossen oder öffneten sie bestenfalls nur einen kleinen Spalt. Bei
einer internationalen Konferenz in Evian am Genfer See gab es zwar
viele schöne Worte, doch nichts Konkretes. »Wenn ihr unsere Juden
so liebt«, verhöhnte Goebbels die Kritiker im Ausland, »warum
nehmt ihr sie dann nicht alle?« – ein Vorschlag, den kein Land auf-
greifen wollte.

Jeden deutschen Juden quälte inzwischen vor allem die Frage, wohin er fliehen sollte und wer ihn aufnehmen würde; es war schon
reichlich spät, und es gab fast keine Möglichkeiten mehr. Amerika
hatte Quoten und Wartelisten, und vor allem brauchte man ein besonders kostbares Stück Papier – die eidesstattliche Erklärung eines
Verwandten oder eines anderen guten Menschen, der sich dafür verbürgte, daß der Flüchtling dem Staat nicht zur Last fallen würde.
Doch die Quoten waren niedrig, die Wartelisten lang, und eine der
wunderwirkenden eidestattlichen Erklärungen konnte man sich nur
selten beschaffen. Man hörte von Juden, die in amerikanischen Tele-
fonbüchern nach Namensvettern suchten und diese beschworen, für
sie zu bürgen – was selten von Erfolg gekrönt war. In anderen Ländern brauchte man ein »Zertifikat« oder »Permit« und in Lateinamerika eine »Llamada«; wir Kinder sagten »Schamada« dazu. Nach
einiger Zeit hatte ich eine Fülle von Dokumenten und Zufluchtslän-
dern im Kopf – hierarchisch geordnet als mehr oder weniger erstrebenswert: Amerika, Kanada und Australien – Hauptgewinne, aber da
hast du keine Chance. Brasilien – gut, aber die wollen auch keine Juden
mehr. Argentinien und Chile – nicht schlecht, haben aber auch die
Grenzen praktisch dichtgemacht. Bolivien und Paraguay – schlecht,

aber es heißt, man kann den Konsul bestechen. Gelegentlich hörte man auch, ein paar besonders Verwegene seien nach Schanghai geflohen, einer verrückten Stadt in China, die mit Abstand als schlimmster aller Fluchtorte galt. Ich weiß noch, daß ich schaurige Geschichten über Neuankömmlinge hörte, die sich schreckliche Krankheiten holten und nicht genug zu essen hatten. Schanghai – da war man sich einig – stand ganz unten auf der Liste.

Juden lebten jetzt gefährlich und in ständiger Nervenanspannung. Wer meinte, schlimmer könne es nicht mehr kommen, wurde bald eines Besseren belehrt, denn kein deutscher Jude, der die Novemberpogrome 1938 erlebt hat, wird sie je vergessen. Für diejenigen, denen noch vor dem Holocaust die Flucht gelang, dürfte es das traumatischste Ereignis ihres Lebens gewesen sein. Die gängige, viel zu milde Bezeichnung »Kristallnacht« ist – auch wenn viel Glas zerschlagen wurde – dazu angetan, über die Brutalität, die rasende Gewalttätigkeit und den schieren Terror der von oben sanktionierten, mehrere Tage dauernden Angriffe hinwegzutäuschen. Der Deutschlandkorrespondent der *New York Times*, Tollschuss, der es klarer aussprach, sprach von einer »Woge der Zerstörung, Plünderung und Brandstiftung, die in der deutschen Geschichte seit dem Dreißigjährigen Krieg ohne Beispiel ist«.[30] Die Nazis schlugen in den frühen Morgenstunden des 10. November los, und bei Einbruch der Dunkelheit gab es, wie Tollschuss weiter berichtet, »im ganzen Land kaum noch ein jüdisches Geschäft, Café oder Büro und kaum eine Synagoge, die nicht beschädigt, demoliert oder ausgebrannt« waren; jüdische Männer wurden massenhaft verhaftet und »zum eigenen Schutz« nach Buchenwald, Dachau oder Oranienburg ins KZ gebracht, wo viele die Torturen nicht überlebten.

David Buffum, der Konsul der Vereinigten Staaten in Leipzig, berichtete empört von einem »in der Geschichte der zivilisierten Welt höchstwahrscheinlich beispiellosen Angriff auf eine hilflose Minderheit«.[31] Sein Stuttgarter Amtskollege sprach davon, daß den Juden »auf eine für Menschen in einem aufgeklärten Land im 20. Jahrhundert unfaßliche Weise mitgespielt wurde«.[32] Im Londoner *Daily Telegraph* berichtete Hugh Carleton Greene, in Berlin habe vorübergehend der Mob die Herrschaft übernommen: »Ich habe in den letzten fünf Jahren in Deutschland mehrere Ausbrüche des Judenhasses erlebt, aber so etwas Abstoßendes noch nie.«[33] Der Erzbischof von Canterbury schrieb im Namen aller englischen Christen einen Hirtenbrief, »um dem Gefühl der Empörung ... angesichts der Grausamkeiten und der Zerstörung ... unmittelbaren Ausdruck zu geben«.[34] Die Vereinigten Staaten beriefen ihren Botschafter ab, und in der *Washington Post* hieß es, das letzte ähnlich hemmungslose und blutrünstige Massaker sei die Bartholomäusnacht im Jahre 1572 gewesen.[35]

Die brutale Gewalt der Angriffe demoralisierte die deutschen Juden; bei vielen hinterließen die Novemberpogrome unheilbare Wunden, für alle bedeuteten sie das Überschreiten einer Schwelle. Ein neues Kapitel ihrer Verfolgung hatte begonnen – die letzte Phase ihres vollständigen gesellschaftlichen und wirtschaftlichen Ausschlusses aus dem deutschen Leben. Jetzt gab es wirklich keine Hoffnung mehr; jetzt wollten alle weg.

Auch für Hitler, der die Angriffe persönlich angeordnet hatte, war es eine entscheidende Schwelle, der Übergang zur hemmungslosen Umsetzung von drei lang gehegten Wünschen – den Juden alles zu rauben, was sie besaßen, sie zu »Untermenschen« zu erklären, die nicht mit menschlichen Maßstäben zu messen waren und keinerlei Mitleid verdienten, und möglichst viele über die Reichsgrenzen davonzujagen und den Rest zu isolieren.

Während die geheimen Kriegsvorbereitungen bereits auf Hochtouren liefen, hatte Hitler für den Großangriff auf die Juden nur auf den richtigen Augenblick gewartet. Die Schikanen hatten stetig zugenommen; gegen Ende Oktober wurden etwa 17 000 staatenlose, ehemals polnische Juden festgenommen und mit der Bahn – teilweise in Viehwaggons – an die deutsch-polnische Grenze geschafft. Die Polen wollte sie nicht aufnehmen und blockierten die Grenze; die verzweifelten Menschen saßen im Niemandsland fest und wurden von Hunger und Durst gequält.

Am Montag, dem 7. November, war das Wetter in Paris ungewöhnlich mild, doch Herschel Grynszpan, ein siebzehnjähriger Jude, hatte dafür keinen Gedanken. Er war in Hannover zur Welt gekommen, wo seine Eltern jahrelang gelebt hatten. Jetzt aber vegetierten sie mit den anderen abgeschobenen Juden auf freiem Feld an der polnischen Grenze dahin. Herschel hatte die niederschmetternde Nachricht über seine Eltern auf einer Postkarte erhalten und entschloß sich jetzt zum Handeln. Der nur 1,54 Meter große, schmächtige junge Mann fuhr mit der Metro zur deutschen Botschaft in der rue de Lille 78. Der Botschafter sei nicht zu sprechen, sagte man ihm, doch Legationssekretär Ernst vom Rath empfing ihn in seinem Büro im zweiten Stock. »Sale boche« (deutsches Schwein) schrie Grynszpan voller Wut und Verzweiflung, zog eine Pistole aus der Tasche seines Regenmantels und gab aus nächster Nähe fünf Schüsse auf den unglücklichen Diplomaten ab.

Schon zwei Jahre früher hatte ein Jude einen schweizerischen Naziführer bei einem Attentat ermordet, doch wegen der gerade laufenden Olympiade hatte Hitler sich zurückgehalten. Jetzt brauchte er keine derartigen Rücksichten zu nehmen und zögerte nicht, die Schüsse von Paris zum Vorwand für einen totalen Angriff auf die Juden zu nutzen. »Sorgen Sie dafür, daß es spontan aussieht«, wies er Goebbels an, der darauf brannte, die Sache in die Hand zu nehmen. Niemand dürfe Uniform tragen, befahl der Führer, doch »die SA soll ihren Spaß haben«.[36] Unter den Augen der SS, der Polizei und der Feuerwehr, die tatenlos zusahen, ging die SA denn auch zur Sache. In zwei Tagen wurden mindestens 7500 jüdische Geschäfte und Tausende von Wohnungen demoliert und die meisten Synagogen entweiht und niedergebrannt oder auf andere Weise zerstört. Dutzende Juden wurden umgebracht, Hunderte verletzt, 30 000 Männer verhaftet und verschleppt.[37]

Vom Rath hatte in Paris zwei Tage zwischen Leben und Tod geschwebt; ich erinnere mich noch an die Angst der Erwachsenen vor neuen Repressalien, falls er sterben sollte. Und prompt wurde auch gleich nach seinem Tod am 9. November das erbarmungslose Pogrom ausgelöst. Unser Geschäft wurde noch in der Nacht demoliert; meine Mutter ging gleich in der Frühe los, um zu retten, was vielleicht noch zu retten war. Ich blieb allein zu Hause und hatte strikte Anweisung, das Haus nicht zu verlassen. Aber ich war zu aufgeregt und mußte einfach sehen, was los war.

Ich war noch nicht ganz dreizehn und bot mit meinen blauen Augen und dem blonden Wuschelkopf das perfekte Bild eines »arischen« Jungen. Ein Werbefotograf hatte mein Konterfei – mit zahn-lückigem Lächeln – einmal als Vorlage für ein Plakat benützt, das dann in Berlin an allen Ecken hing; der Text lautete: »Der deutsche Junge trinkt nur Katreiner Kaffee.« Das war 1935 – später hätte der Fotograf kaum gewagt, dafür einen Juden als Modell zu nehmen, und wenn er noch so germanisch aussah. Jetzt also rannte der kleine Junge, den jeder für einen deutschen Nichtjuden halten mußte, den Kurfürstendamm entlang zur Synagoge an der Fasanenstraße. Daß ich keine HJ-Uniform anhatte, verriet mich auch nicht, denn weit und breit war keine einzige Naziuniform zu sehen. Überall standen Neugierige und starrten auf die unvorstellbare Verwüstung. Jedes jüdische Geschäft war demoliert worden, die Bürgersteige waren mit Glasscherben übersät, Geschäfte waren geplündert und einige in Brand gesteckt worden. Aus der Richtung der Synagoge sah man Rauchwolken aufsteigen.

Den Anblick, der mich dort erwartete, habe ich nie vergessen. Der schönste Tempel von Berlin war nur noch eine rauchende Ruine, Schutt lag auf der Straße, und die Feuerwehr sorgte bloß dafür, daß das Feuer nicht auf die benachbarten Gebäude übergriff. Eine große Menschenmenge stand hinter den Polizeiabsperrungen und schaute stumm zu. Der Anblick war sogar für ein Kind meines Alters un-heimlich; ich hatte zum ersten Mal richtig Angst, machte kehrt und rannte nach Hause. Vor einigen jüdischen Geschäften versuchten die Eigentümer, Schutt und Glasscherben zusammenzukehren. Niemand half ihnen, die Menschen schauten hin und gingen weiter; sie schie-nen angesichts dessen, was sie sahen, ebenso sprachlos und verstört zu sein wie ich selbst.

Am Kurfürstendamm war die Stimmung der Menge an diesem Morgen gedämpft, doch anderswo in Deutschland kam es bei den Pogromen zu brutaler Gewalt. Torarollen wurden öffentlich ver-brannt, Juden wurden gezwungen, ihre Gebetmäntel in den Dreck zu treten, laut aus Hitlers *Mein Kampf* vorzulesen oder Nazilieder zu singen. Viele wurden übel zugerichtet und sadistisch gequält. »In einem jüdischen Viertel wurde ein achtzehnjähriger Junge aus dem zweiten Stock aus dem Fenster geworfen«, berichtete der amerikani-sche Konsul Buffum schockiert aus Leipzig; andere warf man in einen Bach, und den entsetzten Zuschauern wurde befohlen, »sie anzuspucken, mit Schlamm zu bewerfen und sie zu verhöhnen. ... Einige Opfer flüchteten sich mit blutig verschwollenem Gesicht zu uns ins Konsulat.«[38]

Als alles vorbei war, sichtete die Naziprominenz auf einer langen Sitzung das Ergebnis. In der Zeitung war von einem »Führungsgipfel zur Erörterung der dringenden Notwendigkeit der Lösung der Judenfrage« die Rede, bei dem man sich in allem einig gewesen sei.[39] Göring führte den Vorsitz, Goebbels, Himmler, Frick und praktisch alle anderen führenden Nazis waren anwesend. Man beschloß, jüdische Geschäfte und Büros zu schließen, alle Handelsgeschäfte von Juden zu unterbinden und ihnen zu befehlen, die Schäden umgehend zu beseitigen.

Bei der Sitzung gab es mehr Schadenfreude über das Elend der Juden als ernsthafte Diskussion. Die Besorgnisse der Versicherungen waren leicht auszuräumen – man befahl einfach den Juden selbst, aufzuräumen und für die Schäden aufzukommen. Schadensersatz sollten die Versicherungen direkt an den Staat leisten. Für Grynszpans Tat mußten die Juden eine Milliarde Mark »Strafe« bezahlen; hinzu kam eine lange Liste neuer Vorschriften. Goebbels erklärte, Juden könnten im Theater und im Kino nicht mehr neben Deutschen sitzen, Göring wollte sie auch aus den Parkanlagen verbannen und träumte davon, ihnen kleine Waldgebiete zuzuweisen, in denen man auch Tiere aussetzen könnte, »die den Juden verdammt ähnlich sehen – der Elch hat zum Beispiel eine krumme Nase.« »Im Augenblick ist [der Jude] klein und häßlich«, teilte Dr. Goebbels den Anwesenden mit demonstrativer Genugtuung mit. Göring meinte, im Kriegsfall würde man mit Juden, die nicht geflohen seien, »endgültig abrechnen« – ein drohender Hinweis auf Kommendes. Das sadistische Vergnügen der Naziprominenz am Elend der Juden schien keine Grenzen zu kennen: »Ich möchte kein Jude in Deutschland sein«, meinte Göring aufgeräumt. Goebbels, Himmler, Frick und die anderen sahen keinen Grund, ihm zu widersprechen.[40]

5

Acht Kilometer nördlich von Weimar liegt, umgeben von einem großen Buchenwald, der Ettersberg. Einst eine Domäne der Fürsten von Thurn und Taxis mit einem prächtigen Herrenhaus, war der Ort auch ein beliebtes Ausflugsziel für Lucas Cranach den Älteren, Goethe, Schiller, Wieland, Liszt und die anderen großen Dichter, Maler und Komponisten, die der kleinen Stadt im Thüringischen ihren Stempel aufdrückten und den Namen Weimar zum Synonym für deutsche Kultur werden ließen.

Schiller brachte Goethe nach Schloß Ettersberg, um ihm im Westflügel das Eckzimmer zu zeigen, in dem er *Maria Stuart* fertiggestellt hatte. Goethe erinnerte sich später an den Gang durch die vielen Räume mit schönen Tapisserien und Gemälden. Spaziergänge mit Freunden im Ettersberger Wald bereiteten Goethe besonderes Vergnügen; an eine große Eiche, an deren Fuß er saß, um nachzudenken und den Anblick zu bewundern, erinnert ein Denkmal. »Ich war sehr oft an dieser Stelle … und dachte in späteren Jahren sehr oft, es würde das letzte Mal sein, daß ich von hier aus die Reiche der Welt und ihre Herrlichkeiten überblickte … Hier fühlt man sich groß und frei.«[41]

Für die 238 000 Häftlinge jedoch, die zwischen 1937 und 1945 hier gequält wurden, war Goethes Lieblingswald die Hölle. Viele überlebten sie nicht. 33 462 Todesfälle im Krankenhaus wurden ganz offiziell registriert, doch die zu Tode Geprügelten, die Hingerichteten, die »auf der Flucht Erschossenen« und die auf dem Transport hierher Umgekommenen sind in dieser Zahl nicht enthalten. Genau wird es sich nie mehr feststellen lassen, doch man schätzt, daß mindestens 60 000 Menschen hier ermordet wurden. Ewald hatte Glück – er war nur sechs Wochen hier und kam lebend wieder heraus.

1936 hatte Heinrich Himmler, stets der effiziente Bürokrat, in weiser Voraussicht den Bau eines neuen »geräumigen Konzentrationslagers für bis zu 6000 Insassen« angeordnet, welches »dem Reich nicht nur im Frieden, sondern auch im Krieg dienen könnte«. Gauleiter Fritz Sauckel, ein weiterer »alter Kämpfer«, bewarb sich um die Ehre, das Lager bei sich in Thüringen einrichten zu dürfen; ein Jahr später feierte er voller Stolz die Eröffnung dieses Orts des Grauens.[42]

Die Ortsansässigen hatten dabei nichts mitzureden, konnten aber wenigstens durchsetzen, daß das Lager nicht, wie ursprünglich geplant, nach ihrem berühmten Ettersberg benannt wurde. Eine passende Alternative fanden Himmlers Bürokraten im üppigen Baumbestand; daher ist der Ort als »Konzentrationslager Buchenwald« ins Gedächtnis der Menschheit eingeschrieben.[43]

Ewald wurde am Morgen nach dem Kristallnachtprogrom kurz vor sechs Uhr früh abgeholt. Valerie Blumenthal, meine Mutter, ging an die Tür. Ich wurde geweckt, als ich sie immer wieder laut und unaufhörlich fragen hörte: »Warum nehmen Sie ihn mit? Wo bringen Sie ihn hin? Was hat er denn getan? Was, um Gottes willen, ist hier los?«

Meine Mutter – eine sehr energische, mutige und entschlossene Frau – brauchte in den nächsten Wochen und Monaten ein Höchstmaß an innerer Kraft, um ihren Mann zu retten und uns sicher durch diese letzte schwere Prüfung in Deutschland zu bringen. Sie war damals gerade vierzig und immer noch eine sehr attraktive Frau. Schon seit zehn Jahren hatte sie die Zähigkeit und die Klugheit bewiesen, die auch der Schlüssel zu unserem Überleben als Flüchtlinge werden sollten.

Als ganz junge Frau hatte sie einen wohlhabenden Mann mit anscheinend gesicherter Zukunft geheiratet, doch in den letzten Jahren hatte sich alles von Grund auf geändert. Der erste Schicksalsschlag war die Schande des Zusammenbruchs der Bank und die plötzliche Verarmung der Familie. Damals hatte sie die Dinge in die Hand genommen, die Übersiedelung nach Berlin durchgesetzt und durch Mut, Willensstärke und Hartnäckigkeit den Neubeginn geschafft. Sie hatte das Kapital aufgetrieben, um den Laden zu eröffnen, und hatte daraus binnen weniger Jahre ein blühendes Geschäft gemacht. Zuletzt war wieder sie es gewesen, die über die »Arisierung« verhandelt, ihre Kinder im Berlin der Nazis beschützt und alle möglichen Konsulate abgeklappert hatte, um Ausreisevisa für uns aufzutreiben.

Jetzt standen ihr – was sie zunächst noch nicht wissen konnte – ungleich größere Herausforderungen bevor. Wie Tausende anderer jüdischer Frauen mußte sie plötzlich Dinge tun, die die meisten nie erwartet und sich auch niemals zugetraut hätten. Manche waren dem allen nicht gewachsen, andere – darunter auch Valerie – schafften das schier Unmögliche: Sie retteten Mann und Kinder, hielten die Familie zusammen und leisteten auch in der Emigration Entscheidendes.

Die beiden Herren, die meinen Vater verhaften kamen, waren Kriminalbeamte vom Polizeirevier unseres Viertels. In ihren dunklen Ledermänteln sahen sie aus wie Detektive aus dem Bilderbuch. Bis mein Vater sich angezogen hatte, standen sie eine Viertelstunde im Flur – höflich und recht schweigsam; die Angelegenheit war ihnen offensichtlich unangenehm. »Packen Sie doch ein Köfferchen für den Fall, daß es ein paar Tage dauert«, riet einer der beiden hilfsbereit. Auf die ständig wiederholten Fragen meiner Mutter erwiderten sie nur, sie befolgten bloß ihre Anweisungen und wüßten nichts. Ich erinnere mich noch an den Gesichtsausdruck meines Vaters, als er sich ein letztes Mal zu uns umdrehte, und auch an den versteinerten Blick meiner Mutter, als er im Treppenhaus verschwand. Ich glaube, sie wußte schon Bescheid.

Ewald wurde fast den ganzen Tag auf der Polizeiwache festgehalten. Da er als einer der ersten gebracht worden war, ergatterte er auf dem Flur noch einen Stuhl. Da saß er nun und sah zu, wie immer mehr verängstigte Juden aus dem Viertel eintrafen und sich, den Koffer fest unterm Arm, auf den Bänken zusammendrängten oder sich auf den Boden hockten. Abgesehen von dem gelegentlichen barschen Befehl, still zu sein – doch es wurde ohnehin nicht viel geredet –, ließ man sie in Ruhe. Ein Wachtmeister erkannte Ewald und steckte ihm mit verlegenem Lächeln und einem gemurmelten »Hier, essen Sie das« eine Tafel Schokolade zu. Es war das einzige, was er an diesem Tag zu essen bekommen sollte, und auf lange Zeit die letzte freundliche Handlung.

Am Abend fuhren zwei »grüne Minnas« auf den Hof, die berühmten dunkelgrünen, geschlossenen Transporter der Berliner Polizei. Jetzt übernahm die Gestapo die Gefangenen und brachte sie zu der zentralen Sammelstelle im riesigen Polizeihauptquartier am Alexanderplatz. Hier war die Atmosphäre viel feindseliger als auf dem Revier; einige Tausend, teilweise bei der Festnahme schon übel zugerichtete Juden aus allen Teilen Berlins wurden eingeliefert. Einige stöhnten und schluchzten, manche waren in Panik, viele waren verwirrt und alle verbrachten eine Nacht voller Angst.

Inzwischen war es allen klargeworden, daß sie Opfer einer größeren »Aktion« waren. Erst später erfuhren sie, daß im Zuge der »Kristallnacht« in Deutschland alles in allem 30 000 jüdische Männer zwischen sechzehn und sechzig (manche waren auch noch älter) festgenommen wurden. Man wollte ihnen ganz bewußt den letzten Besitz wegnehmen und sie das KZ schmecken lassen; der Schock sollte sie dazu bewegen, Deutschland schleunigst zu verlassen. Ewald war einer von 10 000, die für Buchenwald bestimmt waren, damals wahrscheinlich das brutalste aller Konzentrationslager.

Um sechs Uhr früh bekamen die Gefangenen etwas zu essen, wurden dann auf Lastwagen zum Bahnhof gebracht und dort von SS-Männern unter Tritten und Flüchen in hoffnungslos überfüllte Zugabteile gepfercht. Die Gestapo war schon schlimmer gewesen als die Polizei, doch die SS, die die Gefangenen jetzt übernommen hatte, war noch übler. Im Gedränge auf dem Bahnsteig waren ein paar alte Männer gestolpert und hingefallen; sie waren brutal geschlagen worden und lagen jetzt blutend im Zug auf dem Boden. Als ein Arzt, der sich unter den Gefangenen fand, ihnen beistehen wollte, wurde er von zwei SS-Wachen gnadenlos mit Fausthieben bearbeitet und getreten. »Verdammte Judenbengel«, brüllte einer der beiden, »ihr seid jetzt KZler und keine Sanatoriumspatienten. Wir werden euch schon noch beibringen, Befehlen zu gehorchen und richtig zu arbeiten.«

Der versiegelte und schwer bewachte Zug hatte mittlerweile Leipzig passiert und fuhr in südöstlicher Richtung weiter. Die Flüche der SS-Wachen bestätigten die schlimmsten Erwartungen der Gefangenen: Es ging nach Buchenwald.

Die wahre Hölle begann aber, als sie Weimar erreichten. Angehörige der Totenkopf-SS – Himmlers eigens für die Arbeit in den Konzentrationslagern ausgewählte Schergen – hatten auf dem Bahnsteig zwei Reihen gebildet, zwischen denen die Juden Spießruten zu bereitstehenden Lastwagen laufen mußten. Manche hatten Hunde dabei, die an der Leine zerrten, während ihre Herren laut fluchend und schimpfend mit Gürteln, Schulterriemen, Peitschen und Stöcken auf die Juden einschlugen. Das Gebrüll, das Chaos und das Entsetzen der Menschen waren nicht zu beschreiben. Kein Gefangener entging den Schlägen, einige stürzten und wurden von den Nachdrängenden niedergetrampelt, und es gab die ersten Toten. Einer der Gefangenen lag schwer verletzt am Boden und konnte nicht mehr aufstehen; ein junger SS-Mann zog in aller Ruhe die Pistole und schoß ihn aus nächster Nähe nieder. Ein anderer Jude erlitt anscheinend einen Nervenzusammenbruch und wollte davonlaufen; er wurde rücklings erschossen. Gefangene mußten die beiden Leichen zu den Lastwagen schleppen. Die KZ-Wärter hatten sich schon längst ein besonders mörderisches Ritual als »Ankunftszeremonie« ausgedacht, um die Moral der Neuen zu brechen, ihnen einen Vorgeschmack auf das Kommende zu geben, ihnen möglichst schnell alle Menschenwürde zu nehmen und sie zu willfährigen Zwangsarbeitern zu machen. Die Gefangenen wurden von den Lastwagen getrieben und einer nach dem anderen gezwungen, in halsbrecherischem Tempo durch eine enge Tür neben dem Haupteingang zu rennen, über dem die Inschrift »Ob Recht oder Unrecht, mein Vaterland« prangte. An einem anderen Tor verkündeten eiserne Buchstaben »Jedem das Seine«. Drinnen warteten schon Wärter, die mit Eisenstangen und Peitschen auf sie einschlugen, Steine nach ihnen warfen und jeden im Gedränge zu Fall Gekommenen verstümmelten oder erschlugen. Koffer platzten auf, und die Wärter stahlen schamlos alle Wertgegenstände, ohne die Prügelorgie zu unterbrechen. Manche Gefangene wurden gezwungen, im Dreck zu kriechen, oder bekamen Befehl, einander zu prügeln, während die SS-Männer belustigt zuschauten oder sie mit eiskaltem Wasser übergossen. Wenn die makabre, alptraumartige Szene vorbei war, mußten sich die Opfer auf dem großen Appellplatz in der Mitte des Lagers aufstellen, um weitere Stunden der Torturen und Erniedrigungen über sich ergehen zu lassen.

Dutzende überlebten diesen ersten Tag nicht. Achtundsechzig Neuankömmlinge verloren den Verstand und wurden im Lagergefängnis auf dem nackten Fußboden angekettet. Dieses Gefängnis unterstand dem »Henker von Buchenwald«, SS-Scharführer Martin Sommer, einem der viehischsten Sadisten im Lager. Mit den achtundsechzig neuen Juden, die man ihm brachte, machte er nicht viel Federlesens; im Laufe der nächsten Tage nahm er sie – jeweils zu viert – beiseite und ermordete sie.

Ewald war einmal ein stolzer, selbstbewußter Deutscher gewesen, Gardesoldat und Träger eines ihm vom Kaiser persönlich überreichten Eisernen Kreuzes. Jetzt war er der Häftling Nr. 5349, ein jüdischer Untermensch. Man hatte ihn kahlgeschoren, alle Knochen taten ihm weh, er hatte blutige, aufgerissene Hände und im Gesicht einen häßlichen Wulst vom Peitschenhieb eines Wärters. Seit vier Wochen war er jetzt in Buchenwald. Richtig gepaßt hatte ihm die gestreifte Sträflingskleidung mit dem gelben Dreieck für Juden links auf der Brust und am rechten Hosenbein noch nie; jetzt hing sie nur noch schlotternd an seiner ausgemergelten Gestalt. Bei der unmenschlich schweren Arbeit – zwölf bis vierzehn Stunden am Tag im Steinbruch – und dem schlechten Essen hatte Ewald fast zwanzig Kilo abgenommen.

Es war noch gar nicht so lange her, daß sein Vater und sein Großvater Stützen der Gesellschaft gewesen waren, vor denen die Oranienburger auf der Straße respektvoll den Hut zogen. Jetzt war Ewald Abschaum und wurde auch so behandelt. In der Hackordnung des Konzentrationslagers standen die Juden an allerunterster Stelle und waren selbst für die anderen Gefangenen vogelfrei. Jehovas Zeugen, Homosexuelle und politische Gefangene, ja sogar die »Grünen«, die Berufsverbrecher, standen über den jüdischen Untermenschen.

Ewald hatte geglaubt, der deutsche Antisemitismus sei im Abflauen, seine Gleichberechtigung sei gesetzlich verankert und in Deutschland seien – ganz anders als in den primitiveren Gesellschaften im Osten – Christen und Juden durch die gemeinsame Liebe zu Kultur und Bildung verbunden. Die deutsche Kultur und den Respekt vor Recht und Ordnung hatte er für die sicherste Garantie für weitere Fortschritte gehalten. Doch hier in Buchenwald galt das Recht der Peitsche, und statt Ordnung herrschten Willkür, Tyrannei und Korruption. Eine kleine Gefälligkeit eines Wärters kostete hundert Mark, und schon mehrmals war mit dem Lautsprecher durchgegeben worden, daß »reiche Juden« auf Vergünstigungen hoffen dürften, wenn sie ihre Motorräder, Autos oder Häuser der SS überschrieben. Man munkelte, dies sei der Weg zu einer frühzeitigen Entlassung.

Ewald hatte die entsetzlichen und chaotischen ersten Tage in dem überfüllten KZ überlebt, wo man auf die plötzliche Einlieferung von

10 000 »Aktionsjuden« nicht im geringsten vorbereitet war. Inzwischen war er in eine Baracke in Block 34 eingewiesen worden und schlief jetzt auf einer der vierstöckigen Pritschen, wo es so eng war, daß er sich in seinen primitiven Schlafplatz nur seitwärts hineinzwängen und dort den Kopf kaum heben konnte. Aus dem Fenster der Baracke konnte er mitten im Lager die Goethe-Eiche sehen – als Denkmal deutscher Kultur hatte man sie sorgsam erhalten. Von der Goethe-Eiche war es nicht weit zu dem Prügelbock auf dem Appellplatz, auf dem Häftlinge zu Brei geschlagen wurden. Auch das Krematorium, in dem im Dauerbetrieb die Toten verbrannt wurden, lag ganz in der Nähe.

Jetzt eben waren die Häftlinge zum Appell angetreten – was viermal am Tag geschah, vor, während und nach der Arbeit und endlos dauern konnte. Der SS-Mann Hackmann – ein gefürchteter, brutaler und zynischer Sadist, den sie Jonny nannten – leitete diesmal den Appell.[44] Eine halbe Stunde zuvor hatte er den »sächsischen Gruß« befohlen, eine seiner Spezialitäten. Die Häftlinge mußten kerzengerade stehen und die Arme hinter dem Kopf übereinanderlegen. Je länger es dauerte, desto unerträglicher wurden die Schmerzen. Wer nicht durchhielt, wurde brutal geschlagen. Es konnte einen auch das Leben kosten, wenn man die Arme sinken ließ.

Ewalds Arme waren schon taub vor Schmerzen, und er fragte sich, wie lange er noch durchhalten könnte. Er konnte kaum noch einen Gedanken fassen, war fast gelähmt vor Angst und wußte kaum noch, wer er war. Wortlos verfluchte er sein Elend, seine jüdische Geburt und die Peiniger, die ihn so erniedrigten und quälten. Doch am heftigsten verfluchte er die eigene Dummheit, im Vertrauen auf seine deutschen Mitbürger mit der Flucht zu lange gewartet zu haben.

6

Erst nach sechs Wochen hatte Valerie die Gewißheit, daß ihr Mann noch am Leben war – als Häftling im Konzentrationslager Buchenwald.

Tausende von jüdischen Frauen und Müttern versuchten verzweifelt zu erfahren, was aus ihren verhafteten Männern und Söhnen geworden war. Die Polizei behauptete, sie wisse von nichts, und bei der Gestapo wurden sie kalt abgefertigt.

Ein Jude brauchte viel Mut und starke Nerven, um das gefürchtete Gebäude der Geheimen Staatspolizei aus freien Stücken zu betreten. Valerie hatte es zweimal riskiert, und beide Male hatte man sie kurzerhand hinausgeworfen. Doch aufzugeben war nicht ihre Art, und beim dritten Mal ließ ein Gestapo-Mann, von ihrer Hartnäckigkeit und ihrer Attraktivität beeindruckt, sich auf ein längeres Gespräch ein und versprach schließlich, sich der Sache anzunehmen. Spät am Abend rief er an und bestätigte, daß Ewald in Buchenwald saß: »Er muß Deutschland verlassen. Besorgen Sie ihm ein Visum irgendwohin, und ich sorge dafür, daß er entlassen wird.« Zwei Tage danach traf auch der erste Brief von Ewald ein. »Schutzhäftling Nr. 5349, Block 34, KZ Buchenwald« stand als Absender auf dem scheußlichen graugrünen Umschlag, auf dem auch unübersehbar diese Warnung aufgedruckt war:

»Jeder Häftling darf monatlich zwei Briefe und zwei Postkarten absenden und empfangen. Post ist einfach und leserlich zu schreiben, ... andernfalls wird sie nicht befördert. Pakete sind nicht erlaubt, doch Geld kann überwiesen werden. ... Nationalsozialistische Zeitungen dürfen ebenfalls geschickt werden. – Der Lagerkommandant.«

Jetzt wußte Valerie wenigstens, daß Ewald noch lebte, auch wenn sein Brief erschreckend knapp war: »Liebe Wally«, schrieb er, »Es geht mir gut, und ich fühle mich wohl. Grüße die Kinder von mir. Wir müssen sofort weg. Ich mache alles. Dein Ewald.«

Valerie brauchte nicht erst zwischen den Zeilen zu lesen. Ihr war sofort klar, wie verzweifelt ihr Mann war und daß nicht mehr viel Zeit blieb. Die große Frage war jedoch, was man tun sollte und welches Land sie aufnehmen würde.

Jede Botschaft und jedes Konsulat in Deutschland – selbst die der kleinsten und aussichtslosesten Staaten – erlebte einen Ansturm verzweifelter Juden auf der Suche nach einem Visum. Je mehr sie sich bemühten und je flehentlicher sie baten und bettelten, desto schwieriger machte man es ihnen. Und auch wenn man Aussicht auf ein Visum hatte, waren die Probleme noch lange nicht vorbei. Um ausreisen zu dürfen, mußte man einen Hindernislauf durch die Behörden überstehen, ein wahrer bürokratischer Alptraum. Wochen und Monate konnten vergehen, bis man alle erforderlichen Unterlagen beisammen hatte. Voraussetzung für ein Visum war ein Reisepaß, einer dieser Pässe mit dem roten J. Um einen Paß zu bekommen, mußte man viele Dokumente vorlegen: Erstens einen Nachweis, daß man alle Steuern bezahlt hatte, zweitens eine beglaubigte Bankauskunft (die Nazis wollten sichergehen, daß nichts mehr zu holen war), drittens ein Gesundheitszeugnis, viertens ein polizeiliches Führungszeugnis – eine Liste also, die kein Ende nahm. Oft bekam man eine Bestätigung, von der wieder eine andere abhing, nur wenn man eine dritte vorlegte, deren Voraussetzung allerdings wieder ein anderes Papier war. Der Gestapo ging es nur darum, die Juden loszuwerden – die Bürokraten spielten trotzdem ihr altgewohntes Spiel, das hieß, jede Behörde bestand erst einmal auf peinlichster Einhaltung der eigenen Vorschriften. Niemand drückte ein Auge zu, es gab endlose Schlangen, Hindernisse und Probleme, und alles dauerte ewig.

Geldmangel war ein weiteres, fast unlösbares Problem. Allen Juden war klar, daß sie Deutschland völlig mittellos verlassen würden, mit zehn Mark in der Tasche und aller Wertgegenstände beraubt. Wovon man dann jenseits der Grenzen leben sollte, blieb völlig ungewiß – eine quälende Angstvorstellung. Auch jetzt schon hatte man kaum genug Geld, um die Ausreise vorzubereiten, denn auch dabei war jeder Schritt mit Kosten verbunden. Aufgrund von Görings Anordnung im Zuge des Kristallnacht-Pogroms waren Valeries Verhandlungen wegen des Verkaufs des Geschäfts mit einem Federstrich null und nichtig geworden. Keine Geschäfte mit Juden mehr!, verkündete am 15. November eine Schlagzeile im *Tageblatt*. In dem Artikel wurden die Pläne der Nazis für eine »judenfreie« Wirtschaft vorgestellt; unter anderem sollten bei der »Arisierung« von Eigentum Nazigutachter den Kaufpreis festsetzen.[45] Selbst ein kleines Geschäft durfte nicht mehr einfach im gegenseitigen Einvernehmen verkauft werden. Auch bei uns war ein solcher amtlicher Gutachter im Geschäft erschienen, hatte den mühsam ausgehandelten Kaufvertrag zerrissen und einen Preis festgesetzt, der nur ganz geringfügig über dem Betrag lag, der zur Begleichung unserer Schulden ausreichte.

Valerie würde also mit leeren Händen zurückbleiben. Zusätzliche Zahlungen unter der Hand seien strengstens verboten, warnte der Nazibeamte noch. Die »arische« Angestellte, die unser Geschäft übernahm, bedauerte das zwar, schien es aber ganz gut verkraften zu können. Sie könne ja auch nichts daran ändern, meinte sie, als sie das Geschäft praktisch geschenkt bekam. Nun konnte meine Mutter nur noch alte Erbstücke, Möbel und Hausrat verkaufen, um Geld für die Auswanderung aufzutreiben. Ob es ausreichen würde, war bis zum letzten Moment ungewiß.

Die entscheidende Frage war, welches Land uns aufnehmen würde. Im Sommer 1938 lebten immer noch 350 000 Juden in Deutschland – die 200 000, die im Frühjahr nach dem »Anschluß« Österreichs dazugekommen waren, gar nicht eingerechnet. Die meisten waren inzwischen verarmt, die Männer waren in Haft und wurden von der Gestapo nur dann entlassen, wenn der Nachweis erbracht wurde, daß sie sofort ausreisen würden. Unter den Juden herrschte völlige Verzweiflung. Das Ausland empörte sich über ihre grausame Behandlung und bekundete tiefes Mitleid mit ihrer Not, es nahm sie deshalb aber auch nicht bereitwilliger auf als zuvor. Nicht einmal befristet wurden die strengen Einwanderungsvorschriften gelockert.

Es ist eine Tragödie und ein Skandal, daß sich damals die ganze Welt weigerte, jüdischen Flüchtlingen zu helfen.[46] Selbst die Vereinigten Staaten sind da keine Ausnahme. Der amerikanische Kongreß hatte zwar jährlich maximal 27370 Visa für deutschgebürtige Flüchtlinge bewilligt, doch außer im Jahre 1939 wurde diese Quote nie erreicht. 1933, im ersten Jahr der Naziherrschaft, ließen die Behörden nur 1450 deutsch-jüdische Einwanderer ins Land, etwa fünf Prozent der zulässigen Zahl. 1935, im Jahr der folgenschweren Nürnberger Rassengesetze, waren es auch nur zwanzig Prozent, und selbst 1938, im Jahr der »Kristallnacht«, wurde ein Drittel des Kontingents nicht ausgeschöpft. Dabei war die Einwanderung in die USA von 1933 bis 1935 per Saldo sogar rückläufig, weil mehr Einwanderer das Land wieder verließen als neu ankamen. Doch selbst auf dem Höhepunkt der Pogrome 1938/39 traf die Bitte, ein paar Kindertransporte außer der Reihe zuzulassen, trotz intensiven Drucks von seiten jüdischer Gruppen auf taube Ohren.

Die Vereinigten Staaten versagten kläglich, doch die meisten anderen Länder unternahmen noch weniger. In Kanada hielt man sich genauestens an äußerst restriktive ethnische und wirtschaftliche Einwanderungskriterien, die den meisten deutschen Juden keine Chance ließen, und in Australien war man auch nicht großzügiger. Brasilien wies seine Konsulate insgeheim an, alle Visumsanträge von Juden abzulehnen; in zehn Jahren gelang dort nur etwa zwölf- bis fünfzehntausend Flüchtlingen die Einwanderung. Auch im Nachbarland Argentinien waren es nicht viel mehr. Einreisepapiere für Mexiko und praktisch alle anderen lateinamerikanischen Länder bekam man nur illegal durch Bestechung, was oft zur tragisch-katastrophalen Folge hatte, daß auf diese Weise »gekaufte« Visa an der Grenze nicht anerkannt und ganze Schiffsladungen jüdischer Flüchtlinge zurückgewiesen wurden.[47] Je mehr Zeit verging, desto schrecklicher wurde die Verzweiflung der deutschen Juden; Selbstmorde stiegen auf das Zwei- bis Dreifache des Durchschnitts an. Wohin sie sich in ihrer Not auch wandten, sie stießen auf verschlossene Türen, bedauerndes Ablehnen, lange Wartelisten, endlose Verzögerungen, haltlose Gerüchte und Ratschläge, die sich meistens als wertlos erwiesen.

Der Schlüssel zu Ewald Freilassung war ein Visum, jedes beliebige Visum irgendwohin. Morgen für Morgen zog Valerie los, um das ersehnte Papier aufzutreiben, jeden Abend kam sie mit leeren Händen nach Hause. Mal kursierte das Gerücht, Bolivien hätte die Tür einen Spalt weit geöffnet, und alle rannten zur bolivianischen Vertretung, um ihr Glück zu versuchen. Dann wieder hieß es, in Hamburg könne man den kostbaren Stempel für ein relativ bescheidenes Sümmchen vom Vizekonsul eines kleinen Landes kaufen, und Valerie setzte sich in den Zug, um auch noch diesem kläglichen Hinweis nachzugehen. Unter der Hand war auch zu hören, man könne sich von allen möglichen Unterweltsgestalten ganz ohne Papiere nach Holland oder Belgien einschleusen lassen; das sei allerdings sehr teuer und sehr riskant. Vor allem die Schweiz war dafür bekannt, daß illegale Emigranten unbarmherzig zurückgewiesen wurden.

Eine einzige Ausnahme war da. Es gab auf der ganzen Welt nur noch einen Ort, für den man überhaupt kein Visum brauchte. Hinzukommen, das war das Problem – es war eine lange Schiffsreise –, doch wenn man das schaffte, konnte man auch als Jude einfach an Land gehen, denn dort standen die Türen weit offen. Dieser Ort war Schanghai.

Eigentlich wollte trotzdem niemand nach Schanghai. Die Stadt hatte einen höchst zweifelhaften Ruf – ein Völkergemisch ohne richtige Regierung. »Schanghait zu werden« war selbst für einen verzweifelten Flüchtling eine schreckliche Vorstellung. Schanghai war eine Insel, um die herum der Chinesisch-Japanische Krieg tobte, es gab dort kaum Gesetze und noch weniger Arbeit, das Klima war ungesund, es herrschten Willkürjustiz, Verbrechen und unvorstellbare Armut. Ein einigermaßen normales Leben konnte man dort bestimmt nicht führen. Kurzum, Schanghai war das Exil letzter Wahl, aber jetzt, wo es um das Überleben ging, immer noch besser als das KZ Buchenwald. Seit Ewalds Brief waren schon wieder Wochen vergangen, in denen alle Kämpfe Valeries um ein Visum für ein anderes Land verloren schienen. Sie durfte keine Zeit mehr verlieren und entschied sich für Schanghai. Nun hieß es, auf den Wartelisten der Schiffahrtsgesellschaften für eine vierköpfige Familie eine Passage nach China zu erkämpfen.

Nach vielen Intrigen und mit Hilfe einer beträchtlichen Bestechungssumme hatte sie die erste Fahrkarte und konnte damit bei der Gestapo ein Gesuch einreichen, um Ewald freizubekommen. Dann trieb sie eine zweite auf und nach mehreren abenteuerlichen und nervenaufreibenden Wochen mit überraschenden Wendungen und Verhandlungen bis tief in die Nacht die dritte und vierte für meine Schwester und mich. Sie hatte es geschafft, die Familie zusammenzuhalten, und nun waren die Würfel gefallen: Wir würden nach Schanghai fliehen. Vielleicht mußten wir dort ja nicht allzulange warten, bis ein zivilisiertes Land bereit sein würde, uns aufzunehmen.

Ich erinnere mich noch gut an unsere letzten Wochen in Berlin. Mein Vater kam nach sechs Wochen in Buchenwald als Schatten seiner selbst und als gebrochener Mann zurück. Eines Tages saß er in seinem alten Sessel im Wohnzimmer, eine ausgemergelte, elende Gestalt, um fünfundzwanzig Kilo abgemagert; er umarmte mich schweigend, denn er konnte kaum noch sprechen. Ich erinnere mich auch an die beiden Sonntage, an denen die Schnäppchenjäger durch unsere Wohnung am Kurfürstendamm zogen. Der ganze Hausrat mußte weg, egal um welchen Preis. »1a Eßzimmer, Schlafzimmer massiv Mahagoni, Teppiche, viele Einzelstücke, Kaffeeservice, Lampen, Geschirr, Bettzeug, gesamtes Mobiliar – zu jedem Preis.« Es gab lange Spalten mit solchen Annoncen in der Zeitung.

Bei den Juden war Ausverkauf, und allen Deutschen war klar, daß ihr Besitz jetzt günstiger denn je zu haben war. Meiner Mutter kamen zwar manchmal die Tränen, aber es mußte restlos alles weg. Wir brauchten das Geld für die Schiffspassage.

Am Donnerstag, am 6. April 1939, herrschte in Berlin ungewöhnlich mildes Wetter. In der Staatsoper, zu der Juden keinen Zutritt mehr hatten, gab man vor ausverkauftem Haus Wagners *Lohengrin*. In der Scala, einem Varieté, waren der berühmte Clown Grock und ein neuer Hochseilakt mexikanischer Artisten die Hauptattraktionen des neuen Programms. Im größten Filmtheater am Kurfürstendamm lief *Broadway Melody*, ein amerikanischer Hit.

Für uns war das nun alles Vergangenheit. Unser Zug fuhr um 21.15 Uhr; eine halbe Stunde vorher standen wir still in einer Ecke des Anhalter Bahnhofs. Abschied. Auf dem Bahnhof wimmelte es von Soldaten – die einen fuhren in den Osterurlaub, andere zu ihren Einheiten im Sudetenland, das Hitler unter Bruch aller früheren Zusagen erst vor kurzem annektiert hatte. Ich freute mich auf das bevorstehende Abenteuer, aber meinen Eltern standen die Tränen im Gesicht.

Wir verließen Deutschland so, wie unsere Vorfahren gekommen waren – als arme Juden ohne ein Land, das unsere Heimat war.

ZEHNTES KAPITEL

Epilog

1

Am Morgen des 7. April 1939 passierten wir am Brenner die deutsch-italienische Grenze. Für die Nazis war es die letzte Gelegenheit, um uns noch einmal zu erniedrigen; noch einmal machte man uns unmißverständlich klar, daß wir aus Deutschland vertrieben wurden – erniedrigt, vogelfrei und unserer ganzen Habe beraubt.

SS-Grenzwachen brüllten dem kleinen Emigrantengrüppchen mit bellender Stimme zu, den Zug zu verlassen; dann nahmen sie mit sadistischem Vergnügen jedes ihrer noch so kleinen Gepäckstücke auseinander. Männer und Frauen wurden einer Leibesvisitation unterzogen, um sicherzustellen, daß auch nicht die geringsten Wertgegenstände außer Landes gebracht wurden. Eine schreckliche Stunde lang ließen die Nazis die zitternden Juden ihre Macht noch einmal spüren. Dann war es vorbei. Der Zug fuhr über die Grenze nach Italien, und jetzt waren wir wirklich auf dem Weg nach Süden, zu dem Schiff, das uns nach Schanghai bringen sollte.

Ich weiß noch, daß für kurze Zeit Hochstimmung und Erleichterung herrschten: Wir waren mit dem Leben davongekommen, und wir waren frei. Aber dieses Gefühl hielt nicht lange an. Noch bevor wir in Neapel eintrafen, verstummten meine Eltern wieder, und Nervosität und Anspannung angesichts der Ungewißheit der Zukunft gewannen wieder die Oberhand.

Für mich war es der Anfang eines großen Abenteuers: neue Erfahrungen, ungewohnte, exotische Bilder und Geräusche; keine braunen Uniformen, keine Hakenkreuze mehr. Zwar spürte ich die Angst der Erwachsenen, aber mit meinen dreizehn Jahren hatte ich noch das kindliche Vertrauen darauf, daß meine Eltern schon mit der Situation fertig werden würden. Sie hatten immer einen Weg gefunden, und das würde zweifellos auch diesmal so sein.

Mir fehlte das Verständnis dafür, wie schwierig es für sie war. Ihr

Mut sank, als ihnen die Unwiderruflichkeit des Abschieds und die drohend bevorstehende Unsicherheit bewußt wurden. Jetzt gab es kein Zurück mehr. Man hatte sie vertrieben, sie waren arm und heimatlos; alles, was sie besaßen, war eine einfache Fahrkarte ans andere Ende der Welt, an einen Ort, der ihnen Angst einjagte, weil er die Fremde bedeutete und weil sie nicht wußten, was sie dort erwartete. Diese quälenden Gedanken waren es, die ihnen durch den Kopf gingen. Was sollte nun aus ihnen werden? Sie waren keine Deutschen mehr. Aber was waren sie jetzt?

Es war eine tiefe Existenzkrise, die lange anhalten sollte. Die Vorstellung, nichts als Juden zu sein, war fremd und beunruhigte sie; aber waren sie nun eigentlich Deutsche gewesen? Die deutschen Machthaber waren ihnen verhaßt, aber sie blieben der deutschen Kultur weiter stark verbunden. Sie waren sich darüber im klaren, daß ihre Identität als Deutsche zerstört worden war, aber sie konnten noch nicht recht begreifen, was das bedeutete. Es sollte lange dauern, bis es ihnen gelang, mit der Vergangenheit zu brechen. Damals jedenfalls fühlten sie sich leer und kraftlos und wußten nicht, wie es ohne Deutschland weitergehen sollte.

Es ist nicht leicht, die Vergangenheit zu vergessen. Sie lebt in uns weiter und hält uns im Griff. Immer wieder spielen die guten Erinnerungen unseren Gefühlen einen Streich. Der Ablösungsprozeß ist für jeden Menschen schmerzhaft, der emigrieren und anderswo eine Heimat finden muß. Selbst derjenige, der das Glück hat, in ein Land zu gehen, in dem er neue Wurzeln schlagen kann, braucht eine gewisse Eingewöhnungszeit. Er muß eine neue Sprache lernen und sich eine neue, fremde Kultur einverleiben. Die meisten Menschen empfinden zunächst den Verlust des Alten und sehnen sich nach dem gewohnten Leben, das sie zurückgelassen haben.

Bei den 18 000 traumatisierten deutschen und österreichischen Juden, die in Schanghai Zuflucht suchten, dauerte der psychische Ablösungsprozeß ungleich länger und gestaltete sich sehr viel schwieriger. Einigen gelang es nie, den Bruch mit der Vergangenheit wirklich zu bewältigen. Schanghai war kein normaler Ort, sondern ein Wartesaal, in dem sie acht Jahre lang in Ungewißheit verharrten und davon träumten und darauf hinarbeiteten, sich irgendwo anders eine

dauerhafte Heimat zu schaffen. An diesem ungastlichen Zufluchtsort, wo man acht bis zehn Jahre ausharren mußte – davon zweieinhalb Jahre in einem Ghetto während der japanischen Besetzung im
Krieg, waren die Lebensbedingungen und die Suche nach einer neuen
Identität äußerst schwierig.

Die Flüchtlinge – in der Fremde ausgesetzt und sich selbst überlassen, offiziell »staatenlos« und nach 1941 ohne Pässe – wurden Tag
für Tag daran erinnert, was sie verloren hatten. Anstelle von Stabilität
herrschte Chaos, es gab nichts Verläßliches, was den Platz des Alten
hätte einnehmen können, keine Hoffnung auf neue Zugehörigkeit,
und wenig, was ihre Energien bündeln und ihnen die Übergangszeit
zu erleichtern vermocht hätte. Mit der Vergangenheit abzuschließen
war für die ältere Generation ein Prozeß, der mit quälender Lang-
samkeit vor sich ging und erst zu Ende war, als sie Jahre später nach
Kriegsende China verließen. Wenn ich daran zurückdenke, wie die
Generation meiner Eltern in Schanghai gelebt hat, fällt mir vor allem
ein, daß sie vollkommen in der Luft hingen. Nur langsam und widerstrebend – und nachdem alte Gewohnheiten längst ihre Bedeutung
verloren hatten – legten sie ihr eingefleischtes Deutschtum ab.

Am 10. Mai 1939 um sechs Uhr abends liefen wir im Hafen von
Schanghai ein. Die heiße Jahreszeit hatte gerade begonnen, und um
neun Uhr morgens lag die Temperatur bereits bei 27 Grad Celsius und
die Luftfeuchtigkeit bei 75 Prozent. Der Abend war heiß und schwül.
The North China Daily News, Schanghais wichtigste englischspra-
chige Tageszeitung, berichtete am nächsten Tag, daß die McLeans, die
Van Burens und Reverend Boynton mit dem Schiff von ihrem Heimaturlaub zurückgekehrt seien. Als hier ansässige Briten zählten sie
automatisch zur Oberschicht der europäischen Elite in der Stadt. Die
Ankunft von fast einhundert mittellosen jüdischen Flüchtlingen
wurde zwar an anderer Stelle ordnungsgemäß erwähnt, aber unsere
Namen waren ohne Bedeutung und nicht wert, in der veröffentlichten Passagierliste aufgeführt zu werden. In Schanghai gab es kaum Regeln, aber wer etwas zählte, und wer nicht, war trotzdem eindeutig.

Schanghai war seit 1842 ein sogenannter Vertragshafen, in dem
die verschiedensten europäischen Staaten für sich selbst schalten und
walten konnten, also ein anachronistisches Überbleibsel aus der Kolo-

nialzeit. Die Stadt liegt im Flachland unweit der Stelle, wo der Jangtse-kiang ins Ostchinesische Meer mündet; hundert Jahre zuvor, während der Opiumkriege, war die Stadt als privilegierte europäische Handels-niederlassung gewaltsam eingenommen worden. Ende der dreißi-ger Jahre lebten in der dichtbesiedelten Metropole, die durch den Chinesisch-Japanischen Krieg von ihrem Hinterland abgeschnitten wurde, mehr als vier Millionen Chinesen. Unzählige Menschen waren vor den japanischen Invasoren aus den ländlichen Gebieten nach Schanghai geflohen. Eine Handvoll britischer, französischer, ameri-kanischer und japanischer Kolonialbeamten, die die »exterritorialen« Rechte der Mutterländer verwalteten, gaben in der Stadt den Ton an. Davon profitierten vor allem ihre Geschäftsleute, Händler und Kom-missionäre, die mit ganzen Legionen von Bediensteten in riesigen Villen hinter hohen Mauern ein fürstliches Leben führten.

Diese ausländischen Magnaten stellten in Schanghai die herrschen-de Klasse. Ihnen unterstanden der Zoll, die Stadtverwaltung und die Polizei; sie regierten nach ihren eigenen Gesetzen und lösten ihre rechtlichen Probleme in einem privaten Justizsystem. In der »Conces-sion Française« waren alle Straßennamen französisch, und das ganze Viertel wirkte bis ins kleinste Detail wie eine französische Kolonie, ein Stückchen Frankreich. In einem benachbarten Stadtteil regierte ein Stadtrat unter angelsächsischer Kontrolle eine sogenannte »Inter-nationale Niederlassung«, und es gab woanders ein von der japani-schen Besatzungsmacht beherrschtes Chinesenviertel.

Ganz unten in der Hackordnung der Nichtchinesen rangierten etwa fünfzehntausend »Weißrussen, die es in den zwanziger Jahren nach Schanghai verschlagen hatte, nachdem sie im russischen Bür-gerkrieg auf der Verliererseite gekämpft hatten. Die meisten hatten es hier zu nichts gebracht und schlugen sich mühsam mit den niedrig-sten Arbeiten durch, die ein Europäer überhaupt annehmen konnte. Nicht wenige waren drogen- und alkoholsüchtig, und man sah sie oft in abgerissener Kleidung herumtorkeln. Die herrschende Oberschicht befürchtete, ihretwegen könnten alle »weißen Menschen« das Ge-sicht verlieren. Das Eintreffen europäischer Juden verstärkte diese Besorgnis noch.

Alle anderen Europäer waren zwischen dieser Unterschicht und der elitären Oberschicht angesiedelt: russische Juden aus Harbin, sephardische Juden aus Indien und dem Irak, Schweizer, Portugiesen, Italiener, Koreaner und eine bunte Mischung aus Missionaren, Romantikern, Abenteurern, Glücksrittern und Betrügern mit nebulösen Stammbäumen und zwielichtiger Vergangenheit aus aller Herren Länder. Alles war in Schanghai zu finden. Es gab sogar eine relativ große Kolonie von Deutschen, die die Hakenkreuzfahne hißten und deren Kinder in HJ- und BdM-Uniformen herumliefen.

Schanghai war eine chinesische Stadt, aber die Millionen von Chinesen, die dort lebten, hatten nur wenig zu sagen. Die Regierung herrschte über einen vielsprachigen Ort, an dem es praktisch keine Steuern und nur ein Mindestmaß an Gesetzen gab. In diesem Wirrwarr sich widersprechender Gerichtsbarkeiten war fast alles erlaubt, und es wurden kaum Fragen gestellt. Man konnte über Nacht ein Vermögen machen – und es ebenso schnell wieder verlieren. Alles war möglich, jeder war Freiwild, und ein Menschenleben zählte nicht viel.

Schanghai war eine Stadt der Extreme. Das ungesunde subtropische Klima bringt schwül-heiße Sommer und oft feucht-kalte Winter. Es kann schier unerträglich sein, besonders, wenn man nicht über eine Klimaanlage, geeignete Kleidung und eine intakte Heizung verfügt. Die sanitären Einrichtungen waren erbärmlich. Die Abwasserentsorgung funktionierte bestenfalls sporadisch. Wenn der Taifun kam, standen die Straßen einen halben Meter tief unter Wasser; dann brach die Kanalisation gänzlich zusammen, und die daraus entstehende Mixtur konnte tödlich wirken.

Entlang des Huangpu-Flusses konnten die Besucher die berühmten Gebäude am Bund bewundern, der prachtvollen Uferstraße, doch hinter den Fassaden lebten die Menschen zusammengepfercht wie Kaninchen in unvorstellbarer Enge und Armut. In den verwinkelten Straßen und Gäßchen standen jeden Tag die Eimer mit dem Inhalt des Nachtgeschirrs zur Abholung bereit. Marmeladentöpfe nannten wir sie, doch der Geruch war alles andere als süß. Tausende von Menschen verhungerten, und Dutzende von Leichen wurden täglich in den Straßen eingesammelt. Nonnen und Missionare betrieben selbstlos Schulen, Waisenhäuser und Krankenhäuser und bekehrten die Armen. Aber in unmittelbarer Nähe florierte die Kinderprostitution; kleine Mädchen und Jungen von acht bis zehn Jahren wurden offen zum Kauf angeboten. Choleraepidemien, Typhus, Pocken, Ruhr und durch Parasiten verursachte Erkrankungen waren gang und gäbe. Als Polizei setzten die Ausländer aus Pandschab importierte Sikhs und indo-chinesische Annamiten ein, aber diese waren korrupt und roh. Glücksspiel, Drogen, Prostitution, Entführung und Lösegelderpressung, Bandenkriege und politische Morde waren an der Tagesordnung.

In Schanghai konnte ein Fremder mit ausländischer Währung leben wie ein Fürst. Aber Arbeit war für einen Europäer rar, und für einen Menschen, der kein Geld hatte und es nicht verstand, sich mehr oder weniger ehrlich durchzuschlagen, war es einer der schwierigsten Elendsorte der Welt.

2

In diesen Hexenkessel geworfen zu werden, bedeutete für so gut wie alle ankommenden Flüchtlinge eine tiefe seelische Erschütterung. Für die Mehrheit jedoch, vollkommen mittellos, wie sie war, war es eine besonders traumatische Erfahrung. Nachdem sie den schützenden Kokon des einigermaßen zivilisierten Lebens auf dem Schiff verlassen hatten, wurden sie auf offene Lastwagen verladen und von Hilfsorganisationen in die Heime gebracht – primitive Massenunterkünfte in Hongkew, einem der schlimmsten und im Krieg von 1937 stark zerstörten Viertel des japanisch besetzten Teils der Stadt. Die Menschen bekamen ein Bett im Schlafsaal, Decken, Leintücher und ein Eßgeschirr aus Blech zugewiesen, ihr Essen erhielten sie aus einer Sammelküche. Außerdem gab man ihnen einige gute Ratschläge mit auf den Weg. Da hieß es:

Trinken Sie kein Wasser.
Trinken Sie niemals Milch und essen Sie kein rohes Obst und Gemüse.
Halten Sie Abstand zum japanischen Militär.
Tragen Sie keine Wertgegenstände bei sich.

Trauen Sie der Polizei nicht.

Gehen Sie nicht ohne Tropenhelm in die Sonne.[1]

Wir selbst zählten zunächst zu den Glücklicheren. Brasilianische Verwandte hatten ein wenig Geld für uns zusammengekratzt – ich glaube, es waren hundert englische Pfund. Davon konnte man nur mühselig eine Weile leben und brauchte nicht ins Heim. Also machten wir uns in einem Konvoi von Rikschas, gezogen von schwitzenden, keuchenden und lärmenden Kulis, auf den Weg in ein billiges, dreckiges Hotel im besseren Teil der Stadt. Meine Eltern lebten in einem anhaltenden Schock, und in dieser Nacht machten wir erste Bekanntschaft mit den in Schanghai allgegenwärtigen Moskitos, Wanzen, Kakerlaken und mit riesigen Ratten, die uns die nächsten acht Jahre unablässig quälen sollten.

Fünf Tage später zogen wir in zwei winzige Zimmerchen im bescheidenen Haus einer weißrussischen Familie in der Route Grouchy, der »Concession Française«. Das Familienoberhaupt, ein eleganter Mann mit Monokel, der behauptete, in Sibirien als Oberst mit den Weißen gegen die Bolschewisten gekämpft zu haben, trank tagsüber Tee und abends Wodka; viel mehr tat er nicht. Die Familie lebte im wesentlichen vom Einkommen seiner Frau, die expatriierte Damen besuchte und ihnen ihre tägliche Massage verabreichte. Jeden Morgen konnte ich beobachten, wie sie auf russisch und gassenchinesisch lautstark mit Rikschafahrern über den Fahrpreis zu ihrem ersten Termin verhandelte, wobei ihr ständig eine lange Zigarette aus dem Mundwinkel hing. Die Familie hatte außerdem zwei interessante Töchter. Die eine hatte eine schier endlose Reihe von Liebhabern, was jeder mitbekommen konnte, und arbeitete als Friseuse in der Rue Cardinal Mercier. Die andere war Prostituierte; sie stand am späten Nachmittag auf und ging abends in einer kleinen Russenbar ihrem Beruf nach.

Ich ging zur Schule, lernte Englisch und gebrochen Chinesisch und übte mein Schul-Französisch. Meine achtzehnjährige Schwester bekam einen Job als Kindermädchen für ein kleines englisches Mädchen; dadurch gab es bei uns einen Esser weniger. Meine Eltern begannen sich nach einer Arbeit umzusehen.

Wir hatten Deutschland gerade noch rechtzeitig verlassen. Im September 1939 marschierte Hitler in Polen ein. In Europa herrschte jetzt Krieg. Überall auf der Welt wurden die Grenzen nun ganz geschlossen. Es gab kein Land mehr, das gewillt gewesen wäre, uns aufzunehmen. Selbst Schanghai schränkte die Aufnahme weiterer Flüchtlinge ein. Wir lebten, mehr schlecht als recht, von der Hand in den Mund und machten uns auf eine lange Wartezeit gefaßt. Langsam wurden die Nachrichten von Verwandten, die in Deutschland zurückgeblieben waren, immer spärlicher, um schließlich ganz zu versiegen.

In Hongkew waren fünf Heime bis auf den letzten Platz belegt. Um sie herum hatten die Flüchtlinge ihre eigene kleine Stadt geschaffen – zwar unter primitivsten Bedingungen, da keiner Geld hatte, aber der gemeinsame Wille, das Leben einigermaßen erträglich zu machen, war überraschend stark und setzte enorme Kräfte frei. Man räumte die Trümmer beiseite und machte die Häuser wieder bewohnbar. Kleine Läden und Restaurants schossen wie Pilze aus dem Boden. Es gab Synagogen, Schulen, ein Krankenhaus, Theater, Konzerte und Sportmöglichkeiten für die Jugend. Alle sprachen Deutsch, und es herrschte eine Atmosphäre wie in einem jüdischen Viertel, irgendwo zwischen Wien und Berlin.

Hongkew war immer noch der schäbigste und bedrückendste Teil der Stadt, und wir schätzten uns glücklich, nicht dort gestrandet zu sein, bis am 8. Dezember 1941 unsere »heile Welt« zusammenbrach. Am frühen Morgen hatten japanische Soldaten die Grenzen ihres Sektors verlassen und im Handstreich die gesamte Stadt besetzt. Der amerikanische Stützpunkt Pearl Harbor war von den Japanern bombardiert worden. Der Krieg im Pazifik hatte begonnen.

Schanghai war nun militärisch besetzt, die Exterritorialität gehörte der Vergangenheit an und sollte niemals wiederkehren. Briten, Amerikaner und deren Alliierte wurden repatriiert oder unter den wachsamen Augen des Internationalen Roten Kreuzes und der neutralen Schweden und Schweizer interniert. Wir Juden jedoch waren durch die Maschen geschlüpft. Wir waren ein Nichts – staatenlose »Unpersonen«, Strandgut des Krieges. Wir lebten am Ende der Welt, uns selbst überlassen, und unsere Lebensverhältnisse verschlechterten sich drastisch. Geschäfte mußten schließen, Arbeit wurde rar, und die Lebensmittelknappheit nahm zu, da nichts mehr importiert wurde.

Eine Zeitlang wurden wir von unseren neuen Herren in Ruhe gelassen; dann jedoch begann plötzlich und fast ohne Vorwarnung die schwierigste Phase unseres Zwangsexils. Am 18. Februar 1943 erhielten alle Flüchtlinge den Befehl, innerhalb von neunzig Tagen in eine »Designated Area«, eine bestimmte Zone, in Hongkew umzuziehen. Wer einen triftigen Grund nachweisen konnte, das Areal tagsüber zu verlassen, würde dazu einen Passierschein benötigen. Die Erklärung der Japaner war weitschweifig, ihr Wortlaut vage und alles andere als direkt. Als Begründung wurde »militärische Notwendigkeit« angeführt. Das Wort »Jude« kam in dem undurchsichtigen Text nicht ein einziges Mal vor, über den Zweck der Übung bestand jedoch nicht der geringste Zweifel. Unter den in Schanghai verbliebenen Ausländern wurden nur die jüdischen Flüchtlinge ausgesondert und in nichts anderes als ein klassisches Ghetto gesperrt. Es war ein Wiederaufleben mittelalterlicher Zustände, und die Flüchtlinge waren wieder einmal nah an der Panik. Was hatte all das zu bedeuten?

All die vielen Theorien und an den Haaren herbeigezogenen Gerüchte, die damals kursierten, erwiesen sich als falsch. Aber die Wahrheit sollten wir erst nach dem Krieg erfahren. In Wirklichkeit hatte die Gestapo wieder einmal ihren langen Arm nach uns ausgestreckt. Wir seien gefährliche Staatsfeinde, hatten sie ihren Achsen-Partnern erklärt; gleichzeitig hatten sie ihnen hilfreiche Ratschläge gegeben, wie wir aus dem Weg zu räumen seien, und ihnen organisatorische Unterstützung angeboten. Himmler hatte eigens einen Spezialisten nach Schanghai geschickt – und das sogar im U-Boot.[2]

Die Japaner hatten die Deutschen höflich angehört, und es war zu einer lebhaften internen Debatte gekommen; dann hatten sie sich jedoch für einen weniger radikalen Kurs entschieden. Es erschien ihnen unklug, uns umzubringen, aber um die Deutschen zu besänftigen, hatten sie beschlossen, uns zumindest in ein Ghetto zu schließen. Das dafür ausersehene Gebiet umfaßte knapp 2,5 Quadratkilometer; dort wohnten außer den Hongkewer Juden schon 10 000 Chinesen. Uns alle auf derart engem Raum zusammenzupferchen warf große Probleme auf, aber die Japaner machten klar, daß es an uns war, sie zu lösen.

Befehl ist Befehl, und die disziplinierten exdeutschen und exösterreichischen Juden waren es gewohnt, sich der Autorität zu beugen. Also packten wir das wenige ein, was wir besaßen, und drängten uns auf engstem Raum zusammen. Wir lebten jetzt in einem einzigen kleinen Zimmer – es glich eher einem Holzkäfig oder einem Hühnerstall –, das an ein baufälliges Haus angebaut und über eine schmale Außentreppe zu erreichen war. Mehrere Familien teilten sich eine einzige Küche und Toilette; zum Waschen gab es einen Kaltwasserhahn im Freien. Anfangs bekam man relativ leicht einen Passierschein zum Verlassen des Ghettos, aber später wurden die Bestimmungen so verschärft, daß die meisten von uns nicht einmal mehr versuchten, einen zu erhalten.

Wir hatten kein Geld, und das Essen war knapp und wenig abwechslungsreich. Immer mehr Flüchtlinge wurden von den zentralen Sammelküchen ernährt. Viele Menschen verkauften ihre Wertsachen und sogar ihre Kleider; Stände mit Gebrauchtkleidung schossen aus dem Boden. Die Schneider hatten alle Hände voll zu tun: Hemdkragen und Hosen mußten gewendet, Löcher in abgetragenen Kleidern und Mänteln gestopft werden. Im Winter polsterte ich meine Schuhe mit Zeitungspapier aus, um das Wasser abzuhalten und die Löcher in den abgelaufenen Sohlen abzudecken.

Wir befanden uns in einer seltsamen Situation. Sie entbehrte – wenn ich etwa an meine Eltern denke – nicht einer gewissen Ironie. Jahrelang hatten sie zu denjenigen gehört, die behaupteten, sie könnten sich nicht vorstellen, »unter lauter Juden« zu leben. Und genau dazu waren sie jetzt gezwungen: Zum ersten Mal in ihrem Leben lernten sie ein breites Spektrum ihrer Glaubensbrüder aus allen Teilen Europas sehr genau kennen. Darunter waren assimilierte Deutsche und Österreicher – Journalisten, Intellektuelle, Ärzte, Rechtsanwälte und Kaufleute – aus den gehobenen Vierteln von Berlin, Wien und anderen Großstädten. Aber es gab auch weniger »germanisierte« »kleine Leute«, von denen sie eigentlich nie Notiz genommen hatten – Arbeiter, Kellner, Schneider, Gemeindediener –, und andere Menschen aus bescheideneren sozialen Schichten, mit denen sie früher praktisch nichts zu tun gehabt hatten. Zu dieser bunten Mischung zählten auch die unbequemen Ostjuden und sogar eine Gruppe ultraorthodoxer Jeschiwa-Studenten aus Polen mit Bart und Schläfenlocken, die Jiddisch sprachen und breitkrempige schwarze Hüte und lange Mäntel trugen. Ihnen war mein Vater bis dahin nur ein einziges Mal begegnet – im Krieg als deutscher Soldat –, und ihr seltsam altertümliches, uneuropäisches Gehabe hatte ihn damals abgestoßen.

Die Identitätskrise war schlimmer denn je. Als »staatenlose Juden« saßen zwar alle in einem Boot, aber viele klammerten sich nach wie vor an eine Vergangenheit, die sie nicht aufgeben wollten, und versuchten statt dessen, sie ausgerechnet inmitten eines Ghettos in China wiederaufleben zu lassen. Die Menschen bewahrten sich ihre Liebe zu vielem, was deutsch war – zu den Büchern, der Musik, der Kultur und all den alten Manieriertheiten, Gepflogenheiten und Vorurteilen. Viele hielten starr an ihren früheren Titeln fest und bestanden darauf, sich gegenseitig mit »Herr Doktor« oder »Herr Professor« anzureden. Bei den Österreichern war vor allem »Herr Ingenieur« sehr beliebt. Ehemalige Deutsche kritisierten ehemalige Österreicher wegen ihrer saloppen Art, und umgekehrt machten die Österreicher sich über das preußische Getue lustig. Die Orthodoxen fühlten sich beiden Gruppen überlegen und mißbilligten die unjüdischen Sitten der assimilierten Juden.

Das Leben in der Gemeinschaft war jedoch erstaunlich aktiv und reich; bei vielen wuchs das Bewußtsein dafür, was es heißt, Jude zu sein. Mancher entdeckte die Synagogen wieder, und es herrschte großes Interesse am Zionismus und der Palästina-Frage. Die meisten jedoch blieben trotzdem der Kultur ihrer Vergangenheit stark verbunden. Die Österreicher führten Operetten von Lehár auf, Leihbüchereien machten ein gutes Geschäft mit deutschen Klassikern, und in den kleinen Cafés erzählten Komiker Witze, die Berlin und Wien zum Thema hatten. Im »Wirtshaus zum weißen Roß« gab es den traditionellen Vier-Uhr-Tee, und Elsas Naturgarten warb mit einer beruhigenden Atmosphäre »wie auf Kur in Bad Nauheim«.

Die nostalgische Sehnsucht nach der Vergangenheit und die Weigerung, sie aufzugeben, waren zwar verständlich, aber hier, mitten im Schanghai der Kriegsjahre, auch ein wenig seltsam, um nicht zu sagen absurd. Immer noch schwelgten viele in Erinnerungen und sehnten sich insgeheim nach ihrem früheren Leben in Berlin oder Wien zurück; allerdings nahm die Zahl derer, die in sich die schwache Hoffnung nährten, in dieses Leben zurückkehren zu können, wenn die Nazis erst den Krieg verloren hätten, immer mehr ab. Die Realität ließ sich langsam nicht mehr leugnen: Der Traum war vorüber, und die Geschichte des deutschen Judentums war für immer zu Ende; es war alles umsonst gewesen, und selbst wenn man sie irgendwann einladen würde, wiederzukommen – es war vorbei; sie konnten und wollten nicht mehr zurück.

3

Endlich ging der Krieg zu Ende. Wir hatten es kommen sehen und gewußt, daß es nur noch eine Frage der Zeit war. Die Sowjetunion hatte Japan bis zum Schluß nicht den Krieg erklärt; darum versammelten wir uns jeden Abend um das Radio, hörten die russischen Nachrichten und verfolgten gespannt das Vordringen der Roten Armee nach Deutschland und den Vormarsch der von Westen kommenden Alliierten. Inzwischen war es auch nicht mehr weiter schwierig, zwischen den Zeilen der optimistischen japanischen Kriegsberichte die Wahrheit über ihre eigene Lage zu erkennen.

Manche von uns waren nun schon seit fast sieben Jahren in Schanghai, wobei die letzten Jahre die härtesten gewesen waren. Die dürftige finanzielle Unterstützung aus Übersee, die uns über neutrale Länder erreicht hatte, war fast vollkommen versiegt. Die meisten lebten von der Wohlfahrt, und daß uns im Schnitt nur 1200-1300 Kalorien pro Tag zur Verfügung standen, zehrte an unseren Kräften.

Und dann kam die deutsche Kapitulation. Hitler, Himmler und Goebbels waren tot, und Göring war in Gefangenschaft der Alliierten. Deutschland lag in Schutt und Asche. Man war sich klar, daß Japan in Kürze ebenfalls die Waffen strecken würde, und wir wurden mit jedem Tag optimistischer. Dann gab Japan ebenso plötzlich auf, wie es in den Krieg eingetreten war, und unsere japanischen Gefängniswärter verschwanden. Der Krieg im Pazifik war vorüber, und unser Ghetto gab es auch nicht mehr. Wir waren außer uns vor Freude und Erleichterung. Jetzt konnten wir endlich hoffnungsvoll in die Zukunft blicken und wieder anfangen zu leben.

Binnen weniger Tage liefen Schiffe der amerikanischen Kriegsmarine im Hafen ein, Transportflugzeuge landeten und setzten Truppen ab, und im Nu wimmelte es in der Stadt von vor Gesundheit strotzenden, ausgelassenen amerikanischen Soldaten und Matrosen. Sie spendierten uns ihre unvorstellbar luxuriösen Essensrationen und die Schätze aus ihren Militärläden. Jeder von uns verschlang amerikanische Schokolade, rauchte Lucky Strike und kaute Kaugummi.

Gleich danach richteten die Amerikaner ihre Militärstützpunkte ein und gaben uns Jobs, die sogar in Dollar bezahlt wurden. Ich fand eine Stelle als Lagerarbeiter in einem Luftwaffenstützpunkt und verdiente 60 Dollar im Monat. Ich war nun reich! Nun würde sicher alles wieder in Ordnung kommen. Bald würde man uns endlich gehen lassen.

Jene, deren Kontakt zu ihren Verwandten in Deutschland abgebrochen war, warteten verzweifelt auf eine Nachricht und hofften auf ein Wiedersehen. Schon vor Kriegsende waren uns sowjetische Berichte über den Massenmord an den Juden zu Ohren gekommen, aber was wir hörten, war derart grauenhaft und entsetzlich, daß kaum jemand diesen Berichten Glauben schenkte. Anfänglich versicherten die Menschen einander, daß die sowjetische Propaganda bekanntermaßen zu Übertreibungen neige. Greuelgeschichten über Tausende von toten Juden, deren Leichen an einem Ort namens Treblinka ausgegraben worden waren, und Berichte über eine millionenfache Menschenvernichtung erschienen uns einfach unglaubwürdig.

Es dauerte noch mehrere bange Wochen, bis der Holocaust in seinem ganzen Ausmaß offenbar wurde. Tag für Tag scharten sich angsterfüllte Flüchtlinge um die erbärmlich kurzen Listen mit den Namen von Überlebenden, die in Hongkew an Mauern angeschlagen waren, und allmählich wurde klar, daß die schlimmste Version der Geschehnisse eben doch der Wahrheit entsprach. Eltern, Brüder und Schwestern, Alte und Junge, Verwandte und Fremde – alle waren sie umgekommen. Ewalds Bruder Hellmuth hatte wie durch ein Wunder überlebt; Valeries Schwester hingegen blieb vermißt.

Arthur Eloesser war Anfang 1938 in Berlin gestorben, und seine Witwe überlebte ihn nur um vier Jahre. Margarethe Eloesser, einst Autorin fröhlicher Kindergeschichten, war am 25. Juni 1942 zur Nummer A359526 geworden; eine unter den 1051 Berliner Juden, die an diesem Tag nach Riga deportiert wurden. Bis zuletzt verwaltete die Mordbürokratie der Gestapo ihre letzten Minuten in Berlin. Alles, was sie hinterließ, wurde sorgfältig inventarisiert; der Wert wurde auf bescheidene 707 Mark geschätzt. Das war alles, was sie zum Zeitpunkt ihrer Deportation noch besaß. Aufgelistet waren ein Papierkorb, ein kleiner Nähmaschinentisch, zwei Kleider, zwei kleine Spiegel, eine Haarbürste, eine Schachtel mit Damenhandschuhen, zwei alte Spazierstöcke von Arthur und ein Vogel. Die Nazifunktionäre wiesen in ihrem Abschlußbericht darauf hin, daß es zweckmäßig sei, die Wohnung auszuräuchern, des Judenvogels wegen.[3]

In Hongkew wollte keiner mehr deutsch sein. Selbst die Sprache war uns jetzt verhaßt. Meine Eltern und deren Freunde schämten sich zutiefst des Landes, an dem sie einst mit Herz und Seele gehangen hatten.

Jeder wünschte sich nun an einen anderen Ort. Es sollte noch zwei Jahre dauern, bis wir Schanghai verlassen konnten. Die Mehrzahl der Überlebenden aus Schanghai ließen sich schließlich in den Vereinigten Staaten oder in Palästina nieder. Wir selbst gingen am 8. September 1947 an Bord der *Marine Adder*, die uns nach Amerika brachte. Dort lebte meine Mutter noch 23, mein Vater noch 32 Jahre. Beide waren, als sie starben, amerikanische Staatsbürger. Sie trauerten nie wieder der Vergangenheit nach und verschwendeten erst recht keinen Gedanken an eine Rückkehr nach Deutschland.

Der Traum hatte sein Ende gefunden. Dreihundert Jahre lang war es nicht gelungen, die unsichtbare Mauer einzureißen. Zuletzt war daraus eine Mauer des Todes geworden.

4

Mehr als ein halbes Jahrhundert ist vergangen, aber der Genozid an den europäischen Juden durch Nazideutschland entzieht sich noch immer der menschlichen Vorstellungskraft. Es war nicht der erste Holocaust in der Geschichte und auch nicht der einzige in der Neuzeit. Die Greueltaten von Adolf Hitler und seinen fanatischen Anhängern sind aber etwas anderes als die Blutbäder Stalins, die Massaker von Pol Pot in Kambodscha oder auch die »ethnischen Säuberungen« von Kurden, Armeniern und von muslimischen Bosniern.

Die Vernichtung von mehr als sechs Millionen Juden geschah mehrere Jahre hindurch am hellichten Tag mitten im Herzen von Europa. Noch nie hatte es ein von solcher Willenskraft angetriebenes und durchorganisiertes Mordsystem gegeben, und die Täter stammten aus einem Land, das sich mit seiner Kultur brüstete und als eines der am höchsten entwickelten Länder der Welt galt.

In Deutschland hatte es nie ein Kosaken-Massaker gegeben und keine von der Obrigkeit sanktionierten Pogrome. Die Juden hatten sich in Deutschland weiter und schneller entwickelt als irgendwo sonst. Deutschland war die Wiege des modernen Judentums, und seine Juden hielten es für das beste Land in ganz Europa. Als jedoch, wie Daniel Goldhagen sehr gut dokumentiert hat, Hitler und seine fanatischen, antisemitischen Anhänger ihren Plan zur Judenvernichtung in die Tat umsetzten, gehorchten viele deutsche »Durchschnittsbürger« seinen Befehlen und wurden zu willigen Komplizen seiner Verbrechen.[4]

Die Millionen osteuropäischer Juden, die ums Leben kamen, hatten – wenn überhaupt – lediglich eine leise Ahnung von dem, was sie erwartete. Sie wurden von ihren Mördern plötzlich überrascht, und nur den allerwenigsten gelang die Flucht. Die deutschen Juden waren ihnen gegenüber – natürlich nur relativ gesehen – im Vorteil. Für sie hatte es unüberhörbare Warnsignale gegeben. Sechs Jahre lang wurden sie systematisch aus der deutschen Gesellschaft ausgeschlossen, in aller Öffentlichkeit gedemütigt, ihres Besitzes beraubt, immer weiter ausgegrenzt und schließlich auf den Pariastatus zurückgeworfen, den sie im Mittelalter innegehabt hatten. Ungefähr zwei Drittel der deutschen Juden konnten fliehen. Alle übrigen – insgesamt zirka 150 000, und vor allem Ältere, Kranke und Arme – fielen der Tötungsmaschinerie der Nazis zum Opfer.

In Schanghai konnte ich miterleben, wie sprachlos und ungläubig die Überlebenden reagierten, als nach dem Krieg das ganze Ausmaß des Holocaust aufgedeckt wurde. Nur wenige hatten die Katastrophe kommen sehen; als die Zeichen schließlich eindeutig wurden, hatten die meisten sie nicht gleich erkannt oder aber nicht glauben wollen, daß die Angriffe der Nazis länger anhalten könnten. Viele warteten bis zum letzten Moment, bevor sie Deutschland für immer den Rücken kehrten. Sie fragten sich, wie so etwas in einem Land wie Deutschland hatte geschehen können.

Gibt es zur Beantwortung dieser Frage Anhaltspunkte in der deutsch-jüdischen Erfahrungswelt der letzten zehn bis zwölf Generationen? Angefangen beim armen Hausierer Jost Liebmann, der von Hildesheim nach Hamburg marschierte, bis hin zu meinem Vater, dem ehemaligen treuen Gardesoldaten des Kaisers, der nur knapp dem Tod im KZ Buchenwald entkam. Waren es Deutschlands Charakter und seine Geschichte der dazwischenliegenden Jahre, die dazu führen konnten? Deutschland hatte sich jüdischen Talenten gegenüber besonders aufgeschlossen gezeigt, sich aber auch hartnäckig geweigert, die Minderheit vollständig zu akzeptieren und zu integrieren. Die Stellung der Juden blieb andersartig, ungewiß und voller Widersprüche. Die meisten assimilierten deutschen Juden hatten sich jedoch in ihrer Liebe zum Vaterland und in der Hoffnung auf eine bessere Zukunft nie beirren lassen. Hätten sie vielleicht aus den Erfahrungen der Geschichte größere Vorsicht und mehr Argwohn lernen sollen?

Die Geschichte der deutschen Juden ist nur im weiteren Kontext der Geschichte Deutschlands zu erklären. Die deutsch-jüdische Beziehung war von Anfang an eine Zweckehe. Deutschland brauchte seine Juden zum Aufbau seiner Wirtschaft, und die Juden fanden in Deutschland eine sichere Zufluchtsstätte mit Entfaltungsmöglichkeiten für ihre besonderen Begabungen. Daß Deutsche und Juden vieles gemeinsam hatten, war eine der Hauptursachen für den spektakulären schnellen Aufstieg der Juden. Beide hatten Hochachtung vor Bildung und intellektuellen Leistungen, und beide glaubten an das Ethos harter Arbeit. Deutsche wie Juden schätzten eine Gesellschaft, in der Recht, Ordnung und ein ausgeprägtes Autoritätsempfinden herrschten. Traditionell hatten die Juden immer auf ihre Rabbiner gehört, während die Nichtjuden gelernt hatten, ihrem Kaiser und seinem Regierungsapparat zu gehorchen. Das zeitliche Zusammentreffen von verspäteter Industrialisierung in Deutschland und der Emanzipation der Juden ermöglichte es diesen genau im richtigen Moment, ihre Talente zu entwickeln. Beiden Seiten kam dies zugute.

Wie in allen anderen christlichen Ländern Europas trafen die Juden natürlich auch in Deutschland auf Vorurteile und Antipathien, die alle Schichten der Gesellschaft durchdrungen hatten – das Erbe von tausend Jahren Bigotterie und Diskriminierung. Die deutschen Juden hatten mit diesen Vorurteilen sehr zu kämpfen; dennoch wird man schwerlich behaupten können, die Abneigung gegen Juden sei in Deutschland vor der Ära Hitler stärker gewesen als irgendwo sonst. Im Grunde glaubten die deutschen Juden sogar, daß der Antisemitismus in Deutschland eher weniger schlimm und weitaus weniger verbreitet sei. Eine antijüdische Einstellung war in den höheren Gesellschaftsschichten zwar tief verwurzelt, aber daß sie ausgeprägter gewesen wäre als etwa in England und Frankreich, läßt sich nicht nachweisen. Bei der übrigen Bevölkerung war der scharfe Antisemitismus, dem die Juden in Osteuropa immer schon ausgesetzt waren, vor allem in Preußen kaum anzutreffen.

Es gab jedoch eine Kehrseite der Medaille. Im selben Maße, wie es in Deutschland besondere Umstände gab, die es den Juden ermöglichten, gut voranzukommen und sich zu assimilieren, gab es bestimmte geschichtliche Faktoren, die ihrer wirklichen Integration im Weg standen. Die Erfolge der Juden täuschten über hartnäckige, tiefer liegende Kräfte hinweg, die sich gegen sie stellten.

In den meisten westlichen Ländern wurde die »Judenfrage« ein Teil der Forderung des Volkes nach Demokratie und sozialer Gerechtigkeit. In Deutschland konnte das demokratische Ideal keine Wurzeln schlagen. Es gab keine dem revolutionären französischen Programm »Freiheit, Gleichheit, Brüderlichkeit« vergleichbare Konzeption, keine echte Parlamentssuprematie wie in England und auch keine Bill of Rights wie in den Vereinigten Staaten. Bis zur Weimarer Republik herrschte ein undemokratisches politisches System; das Volk verharrte im Gehorsam gegenüber einer kleinen, militaristischen, autoritären Führungsschicht. Die Emanzipation der Juden war nicht die Folge der Demokratisierung der Gesellschaft von unten. Bestenfalls zögernd wurde sie einem ergebenen und gehorsamen Volk von oben verordnet.

Deshalb gab es in Deutschland auch keine Kraft, die dem Antisemitismus als politischer Waffe in Krisenzeiten hätte entgegenwirken können. Und es fehlte an einflußreichen Gruppen, die die ungeheuerlichen Angriffe auf die Juden als Bedrohung universeller Ideale von Gleichheit und Grundrechten begriffen hätten. Die Juden blieben weiterhin von den Zentren politischer Macht ausgeschlossen, isoliert und schutzlos. In Deutschland gab es keine machtvolle Stimme, die ihnen zur Hilfe geeilt wäre, wie in Frankreich, wo Émile Zola im Dreyfus-Skandal die Proteste gegen die offen antisemitische Verschwörung anführte.

Und auch die Zufälligkeit der Geschichte spielte eine Rolle. Deutschland machte ein besonders krasses Zusammenspiel von wirtschaftlichen und politischen Rückschlägen durch. Die schnell voranschreitende Industrialisierung belastete und zerrüttete die Menschen stärker und verursachte größere Spannungen als in anderen Ländern, und weil der Beitrag der Juden zu Industrie und Finanzwesen so wichtig und augenfällig war, machte es sie zur Zielscheibe für Neid und Ressentiments und zu Sündenböcken für die Umbrüche, die mit dem schnellen Wandel einhergingen. Die Niederlage in einem verheerenden Krieg, die schlimmste Inflation in der Geschichte und eine miserable politische Führung nach Bismarck waren weitere wichtige Faktoren.

Hätte Friedrich III. länger als 90 Tage regiert, oder wäre der schreckliche Wilhelm II. bei seiner Geburt gestorben – was beinahe geschehen wäre –, hätten die Juden dann in Deutschland ein anderes Schicksal gehabt? Und wie wäre es der jüdischen Minderheit ergangen, wenn nicht die Fehler der Alliierten, die Wirtschaftskrisen und eine schwache politische Führung der verbrecherischen Nazibewegung zum Aufstieg verholfen hätten?

Ich glaube nicht, daß das Scheitern der deutsch-jüdischen Beziehung und die nachfolgende Katastrophe vorherbestimmt waren. Elementare Kräfte in der deutschen Gesellschaft, das Zusammentreffen einer Reihe von Zufällen und die Paradoxien ungewollter Konsequenzen, die sich aus dem bemerkenswerten Aufstieg der Juden in Deutschland ergaben, spielten eine Rolle. Die Hindernisse, die die Juden einschränken sollten, spornten sie erst recht an. Die Tatsache, daß man sie in bestimmte Bereiche der Wirtschaft und in die freien Berufe drängte, ohne daß man ihnen entsprechenden politischen Einfluß gegeben hätte, brachte sie in eine gefährlich exponierte Lage. Da sie in einer Zeit des Umbruchs, der schnellen Veränderungen und der nationalen Rückschläge hochrangige Stellungen innehatten, waren sie die ideale Zielscheibe. Schließlich waren es möglicherweise genau die besondere Hochachtung der Deutschen vor der Bildung – wo die Juden so erfolgreich waren – und das eigentümliche deutsche Faible für abstrakte Theorien, Intellektualität und Pseudointellektualismus, die die rassistischen Theorien vom »jüdischen Untermenschen« immer beliebter machten. Die Behauptung, die Juden seien andersartig und diese Andersartigkeit läge ihnen im Blut, hatte ihren Ursprung nicht in Deutschland, aber hier erreichte sie die breiteste Zustimmung und erwies sich in Hitlers Hand als mörderisches Gift.

All diese Faktoren, so glaube ich, prägten die besondere Beziehung zwischen Nichtjuden und Juden in Deutschland und drückten auch den assimilierten deutschen Juden ihren Stempel auf. Dies erklärt ihren Charakter und ihr Verhalten, ihre Träume und Ängste, ihren Ehrgeiz und ihre Leistungen, aber auch ihre häufige Blindheit vor der Wirklichkeit, und nicht zuletzt ihre Niederlagen.

Die Lebensläufe unserer Protagonisten spiegeln diese Geschichte wider. Jost und seine Zeitgenossen sahen sich aufgrund ihres ungewissen Status als Außenseiter und Parias der Gesellschaft mit gewaltigen Schwierigkeiten konfrontiert. Die Mauern, die gegen sie errichtet wurden, waren gesetzlich sanktioniert, klar zu sehen und fast unüberwindlich. Und doch hatten diese Menschen Bedeutendes anzubieten. Sie wurden gebraucht – auch in der Zeit, als sie anderen bereits ein Dorn im Auge waren –, und wenn sie ungewöhnliche Talente besaßen, konnten sie die Möglichkeiten, die Deutschland zu bieten hatte, nutzen und es ganz nach oben schaffen. Daß dies einigen von ihnen, wie Jost, trotz aller Hindernisse gelang, bezeugt ihre unerschöpfliche Energie, Ausdauer und Kraft – Eigenschaften, die in Jahrhunderten voller Widrigkeiten und Kämpfe geschärft worden waren. Sie waren es, die das Fundament legten, auf welchem spätere Generationen aufbauen konnten, und sie schrieben das erste Kapitel der neueren Geschichte der deutschen Juden.

Rahel und ihre Zeitgenossen – die Pioniere auf dem Weg zur Emanzipation – schrieben das zweite Kapitel. Gerade weil die nicht-jüdische deutsche Welt vor Intellektualität und Entfaltungsmöglichkeiten nur so sprühte und den Juden – bis zu einem gewissen Grad – offenstand, wollten sie unbedingt dazugehören; sie wollten assimilierte Deutsche sein, und zwar fast um jeden Preis. Dabei entfernten sich viele weit von ihrem jüdischen Ursprung, aber sie waren auch die ersten, denen unsichtbare Mauern den Weg zur vollen Integration versperrten, sogar dann noch, als die sichtbaren Mauern fielen. Die Enttäuschung darüber prägte ihre Persönlichkeit und ihre Perspektive. Nur dank ihrer intuitiven Intelligenz erkannte Rahel, daß ihr Jüdischsein – und die Grenzen, die es ihrer wahren Anerkennung als Deutsche setzte – nicht nur eine Last war, sondern auch eine Quelle kreativer Energie, aus der sie Lebenskraft und Sinn schöpfte.

Zu Zeiten von Giacomo Meyerbeer waren die Besonderheiten in der deutsch-jüdischen Beziehung bereits deutlich erkennbar geworden. Es herrschte ein für Juden sehr stimulierendes und reizvolles Klima. Ihr Streben nach Leistung und Anerkennung war gewaltig. Deutschland bot ihnen dafür viele Möglichkeiten, und nicht wenige glaubten, es sei nur noch eine Frage der Zeit, bis Gleichheit und Anerkennung sich durchsetzen würden. Doch gerade ihre Leistungen und ihr wachsendes Ansehen hielten alte Vorurteile wach und ließen neue Ressentiments gegen sie entstehen. Die Nichtjuden schätzten zwar den Beitrag der Juden hoch ein und bewunderten ihre Talente, fanden sie aber nach wie vor unsympathisch und blieben auf Distanz. Unter den Juden machte sich immer mehr Enttäuschung breit.

Keine Seite konnte sich der schweren Last der eigenen Geschichte entledigen. Bei Giacomo Meyerbeer sah man, welch tiefe Spuren sie in seiner Seele hinterlassen hatte. Er arbeitete besessen und sehnte sich nach Anerkennung im Land seiner Geburt, legte aber auch Empfindlichkeit und Angst vor Diskriminierung an den Tag, ein nervöses und fatalistisches Hinnehmen von Beleidigungen einerseits, eine Mischung von Minderwertigkeitsgefühl und gekränktem Stolz andererseits. In späteren Analysen der eigenartigen Haßliebe zwischen Deutschen und Juden stehen die Ehrungen, mit denen Giacomo Meyerbeer zu Lebzeiten überhäuft wurde – und die deutsche Fahne, die nach seinem Tod auf der Fahrt nach Berlin in Aachen über den Sarg gebreitet wurde –, für die eine Seite. Richard Wagners böser Antisemitismus und Neid und die Verachtung, mit der Kritiker Meyerbeer, den »kosmopolitischen« Exil-Juden, straften, spiegeln die andere Seite wider.

Louis Blumenthal und Arthur Eloesser gehörten den Generationen jener assimilierten Juden an, die Deutschlands Musterschüler wurden – stets bemüht, alles richtig zu machen. Wenn der Bürgermeister von Oranienburg, Kahlbaum, des glühenden Patriotismus seines jüdischen Stadtrats gewahr wurde oder wenn Arthur sich in mittleren Jahren als Kriegsfreiwilliger meldete und die Erfahrung später stolz idealisierte, so zeigt das nicht nur ihre tiefe Liebe zu Deutschland, sondern auch ihr starkes Verlangen dazuzugehören. Arthurs ausgeprägter Hang zur deutschen Kultur und seine monarchistische Zuneigung zum kaiserlichen Polizeiwachtmeister als beruhigende Autoritätsperson aus einer besseren Zeit hatten ihren unbewußten Ursprung in ähnlichen Gefühlen.

Louis und Arthur wußten, daß sie Juden waren – auch die Gesellschaft ließ es sie ständig spüren –, und beide erlebten antisemitische Diskriminierung. Es ist jedoch durchaus verzeihlich, daß in Zeiten, in denen immer mehr Juden in der deutschen Gesellschaft in bedeutende Positionen aufstiegen, der Wunsch Vater des Gedankens wurde und sie ernsthaft die Hoffnung hegten, daß das regelmäßige Auflodern antisemitischer Agitation in Krisenzeiten lediglich ein verblassendes Relikt aus vergangenen Zeiten wäre. Sie hatten die deutsche Kultur tief in sich aufgenommen, doch sie hatten sich auch der Täuschung hingegeben, diese Kultur sei mit liberalem Denken gleichzusetzen. Wie ein scharfsinniger Beobachter später einmal bemerkte, vergötterten die assimilierten Juden einen »idealen« Deutschen, während die meisten Deutschen noch immer an ihrem eigenen verzerrten Bild von jüdischer Fremdartigkeit festhielten.[5]

Selbst in den besten Zeiten blieb die Beziehung zwischen deutschen Nichtjuden und Juden, wie wir gesehen haben, eine ungute Zweckehe und eine explosive Mischung aus Respekt und Feindseligkeit. Die gesellschaftliche und politische Landschaft blieb so eisig wie bisher, und eine Kultur, beherrscht von Militarismus, Gehorsam und autoritärer Führung durch eine kleine, reaktionäre Elite, wies die Juden als eine besondere und verdächtige Minderheit in ihre Schranken. Die Juden hatte keine Chance, die unsichtbare Mauer zu durchbrechen. Ihre seelische Qual dauerte an, die Lage blieb ungewiß, und das drückte sich auch in ihrer Persönlichkeitsstruktur aus. Überragende Leistungen waren eine Folge, das Streben nach Titeln und Ehrungen eine andere. Mitunter wurden die jüdischen Außenseiter zu Revolutionären und Rebellen, manchmal – wie bei Heine und Harden – wurden sie zu scharfzüngigen Gesellschaftskritikern und Enfants terribles. Vereinzelt, wie der komplexe Charakter Walther Rathenaus verdeutlicht, entwickelten sie sich zu von Selbsthaß durchdrungenen Patrioten und Märtyrern.

Die Generation meines Vaters sollte das ganze folgenschwere Ausmaß der ungelösten Probleme und der ungewöhnlichen Position der deutschen Juden zu spüren bekommen. Darauf gedrillt, sie als andersartig und als eine Klasse für sich zu verstehen, neidisch auf ihre Erfolge und voller Ressentiments gegen sie als die Vertreter der verunsichernden Modernität und des Wandels, nutzten Hitlers fanatische, haßerfüllte Antisemiten auf dem Weg zur Macht die exponierte Position der Juden aus. In Krisenzeiten akzeptierten zu viele Deutsche – wenn auch nie die Mehrheit – den notorischen Schlachtruf der Nazis, daß allein »der Jude« an ihrer Misere schuld sei. Mit Hilfe des Glücks und unfähiger Politiker gelang Hitler die Machtergreifung. Als er dann die Verfassung zerstörte und eine Diktatur ausrief, war es für eine Kursänderung bereits zu spät. Eine schwache politische Führung und der traditionelle blinde Obrigkeitsgehorsam taten ein übriges und führten die Juden und auch viele Deutsche in die Katastrophe.

5

Friedrich Nietzsche schrieb vor über hundert Jahren: »Ich bin noch keinem Deutschen begegnet, der den Juden gewogen gewesen wäre.«[6] Wenn man von der hyperbolischen Form absieht, so hatte Nietzsche im Prinzip recht. Zu seiner Zeit hegten alle gesellschaftlichen Schichten eine Aversion gegen Juden, und das traf selbst im frühen 20. Jahrhundert noch weitgehend zu.

Daniel Goldhagen hat die These aufgestellt, daß der Antisemitismus in Deutschland nicht nur weit verbreitet war, sondern sich auch von dem in anderen Ländern unterschied und seiner Natur nach »eliminatorisch« war. Das, so behauptet er, erklärt die deutsche Katastrophe und warum deutsche »Durchschnittsbürger« in Hitlers Tötungsmaschinerie zu Tätern wurden, während andere zusahen und nichts gegen seine Verbrechen unternahmen. Ich gebe Goldhagen in dem Punkt recht, daß der deutsche Antisemitismus von besonderer Art war, daß vielen Deutschen Juden unsympathisch waren und man sie leichter gegen sie aufhetzen konnte als andere. Goldhagens umfangreiche Befunde verdeutlichen, daß überraschend viele Menschen – hunderttausend oder mehr – aktiv am Holocaust beteiligt waren. Dieser erschreckende Nachweis ist ein wichtiger Beitrag zum Verständnis dessen, was tatsächlich geschah.

Doch die Behauptung, Hitlers Verbrechen seien erst dadurch möglich geworden, daß das deutsche Volk einem besonderen, eliminatorischen Antisemitismus gefolgt sei und daß deshalb viele dafür disponiert gewesen seien, die Vernichtung zu tolerieren oder gutzuheißen, ist eine grobe Vereinfachung und Übertreibung.

Die Lebensgeschichten unserer Protagonisten zeigen, daß die Wirklichkeit sehr viel komplizierter und vielschichtiger war. Es gibt keinen Beweis, der belegt, daß die Mehrzahl der Deutschen von der Judenvernichtung wußte, und nichts in der deutschen Geschichte weist darauf hin, daß sie sie gebilligt hätten, falls sie es denn gewußt hätten. Den Einfluß der Juden auszuschalten war eine Sache, sie physisch zu vernichten, also zu ermorden, eine ganz andere. Wir wissen, daß sich die Nazis vor Ausbruch des Krieges voll und ganz darauf konzentrierten, die Juden zu erniedrigen, zu berauben, zu entrechten und sie aus dem Land zu vertreiben. Selbst die brutalen Aktionen im Kristallnacht-Pogrom hatten offiziell zum Ziel, die Auswanderung der Juden zu beschleunigen. Welchen Plan für die totale Vernichtung Hitler auch bereits geschmiedet haben mochte, er behielt ihn für sich; weder Christen noch Juden wußten davon.

Viele Deutsche mochten keine Juden und protestierten nicht, als

sie von den Nazis an den Rand der Gesellschaft gedrängt oder auf
offener Straße attackiert wurden. Es mangelt jedoch an eindeutigen
Beweisen dafür, daß das Gros der deutschen Bevölkerung die physi-
sche Gewalt gegen ihre jüdischen Nachbarn billigte. Deutlich wird
dies zum Beispiel aus amerikanischen Diplomatenberichten aus Leipzig und Stuttgart, in denen es heißt, die Öffentlichkeit habe auf die
Übergriffe in der »Kristallnacht« schockiert reagiert. Auch die fassungslos verstummten Zuschauer, die ich in der Nähe der brennenden Synagoge in Berlin beobachten konnte, bezeugen das. Die kleinen Gesten Juden gegenüber, sogar als man sie verhaftete, zeigen,
daß die Nichtjuden dem Geschehen in Wahrheit ambivalent und mit
gemischten Gefühlen gegenüberstanden; schwere Ausschreitungen
und Mord fanden bei den allerwenigsten Zustimmung. Dies liefert
selbstverständlich keine Erklärung dafür, weshalb »hunderttausend
oder mehr« sich aktiv an der Judenvernichtung beteiligten. Aber so
schrecklich und unverständlich es auch ist, damit standen die Deutschen nicht allein. Viele verrohte, haßerfüllte Menschen anderer
Nationalitäten gingen den Mördern eilfertig zur Hand. Auch bei
jedem anderen Holocaust der Geschichte fehlte es leider nicht an willigen Helfershelfern.

So war in Deutschland wohl weniger die Art des Antisemitismus
einzigartig als vielmehr das gesellschaftliche und politische Umfeld,
in dem er blühen und gedeihen konnte, sowie die exponierte und
zugleich ohnmächtige Position der jüdischen Minderheit. Vor dem
Hintergrund einer für sie charakteristischen Geschichte fehlte es
zu vielen Deutschen an Zivilcourage; sie waren gewissermaßen un-
mündig geblieben. In anderen Ländern hatte die Demokratisierung
antisemitischen Exzessen Grenzen gesetzt und das Verhältnis zwischen Christen und Juden von Grund auf verwandelt. Das war in
Deutschland nicht geschehen. Die Obrigkeitshörigkeit, das Fehlen
von Juden in entscheidenden Machtzentren, der geschichtlich begründete Mangel an tiefer gehenden sozialen Kontakten zwischen
Christen und Juden, ein die ganze Gesellschaft ergreifender Antisemitismus, die nach Kriegsende unter den Massen herrschende wirtschaftliche Not und Desillusionierung spielten ebenso eine Rolle wie
Hitlers Fanatismus und all die geschichtlichen Zufälligkeiten. Natür-

lich war auch das Trommelfeuer der auf rassistische Theorien gestützten, mörderischen Propaganda ein Faktor, aber doch nur einer
unter vielen.

<h2 style="text-align:center">6</h2>

Die unerwiderte Liebe der deutschen Juden zu ihrem Vaterland endete in einer Katastrophe. Dreihundert Jahre ihrer modernen Geschichte hatten ihren Charakter geformt und sie zu einem besonderen Volk gemacht. Sie hatten bedeutende Leistungen erbracht und
viele Triumphe erlebt. Die deutschen Christen und die deutschen Juden hatten sich gegenseitig stark beeinflußt. An keiner der beiden Seiten war dies spurlos vorübergegangen.

Deutschland war für die Juden einst ein Ort der Hoffnung und der
unbegrenzten Möglichkeiten gewesen. Sie hatten Deutschland und
der Welt viel gegeben und viel zurückbekommen. Dabei hatten sie
jedoch übersehen, daß die deutsche Gesellschaft eine ungesunde war
und daß sie dort im Ernstfall keine Chance hatten. Bis zum Ende bewahrten die deutschen Christen und die Juden eine verzerrte Vorstellung voneinander. Das vertiefte die Kluft zwischen ihnen und war
letztlich einer der Faktoren, die den Juden zum Verhängnis wurden.

Die verzweifelten Versuche der deutschen Juden, Deutsche zu werden, waren gescheitert. Gab es für die Überlebenden überhaupt noch
einen Trost? Kurz vor seinem Tode glaubte Arthur Eloesser, ihn gefunden zu haben: »Wir Juden und gerade wir, die wir uns für sehr
assimiliert halten durften, haben trotz allen Schicksalsschlägen die
eine Entschädigung gewonnen, und – ich muß das Wort hierherset-
zen – die eine glückhafte Erhebung erlebt, daß wir uns als Juden entdecken durften ... unser Sein aus sehr vergrabenen Wurzeln wieder er-
neuern konnten.«[7]

Dank

Beginnen wir mit der interessanten Frage »Wer ist Jude?«. Unter den vielen möglichen Antworten entscheide ich mich für die, die Sartre einmal gab: »Jude ist jeder, den die Welt als solchen ansieht; auf die Religion kommt es dabei nicht an.« Was Deutschland angeht, funktioniert diese Definition, denn dort galten – lange bevor die Nazis mit ihrer wahnhaften, rassistischen Definition kamen – auch getaufte Juden de facto weiterhin als Juden.

Zweitens: Dem Leser wird auffallen, daß in meinem Buch der Schwerpunkt der Fakten und Geschichten auf Preußen liegt, auch wenn es um die deutschen Juden im allgemeinen geht. Ich bin mir der Willkür dieser Entscheidung bewußt, habe sie jedoch nicht zufällig oder aus Unwissenheit getroffen. Mir ist durchaus klar, daß die Lage der Juden in Preußen anders war als beispielsweise in Bayern oder, allgemeiner gesagt, in Norddeutschland anders als im Süden und Westen des Landes. Doch Preußen, und dort vor allem Berlin, war die Hauptbühne, auf der sich die wichtigsten Szenen des deutsch-jüdischen Dramas abspielten. Außerdem lebten bei weitem die meisten deutschen Juden dort. Eine detaillierte Darstellung regionaler Unterschiede hätte zwar Nuancenreichtum bedeutet, aber auch Platz in Anspruch genommen, ohne zum Verständnis der entscheidenden Vorgänge wesentlich Neues beizutragen. Leser, die die regionale Differenzierung vermissen, bitte ich um Nachsicht.

Dieses Buch zu schreiben war für mich eine abenteuerliche Entdeckungsreise in ein unbekanntes Land. Am Anfang standen eine Idee, weitläufige Gebiete, in denen ich mich nicht auskannte, viele Fragen, wenig Antworten und keine klare Vorstellung davon, wohin mich die Reise führen würde. Da ich kein Historiker bin, war es auch eine gewaltige geistige Herausforderung. Am Ende fühlte ich mich außerordentlich bereichert, denn ich hatte viel über mein Volk gelernt – aber auch über mich selbst. Ich hoffe, daß meine Geschichten davon etwas vermitteln und daß dem Leser die Lektüre ein ähnliches Vergnügen bereitet wie mir das Schreiben.

Bei der jahrelangen Arbeit wurden mir Anregung, Ermutigung und Hilfe von vielen Menschen zuteil. Ihnen allen möchte ich danken, auch wenn ich zu meinem Bedauern nicht jeden einzelnen hier nennen kann.

Das Wichtigste war die enthusiastische Unterstützung von Cornelia und Michael Bessie, meinen Lektoren. Mikes Erfahrung und sein kluger Rat trugen entscheidend dazu bei, dieses Buch besser zu machen. Cornelia hat schon zu den frühen Entwürfen kluge Kommentare und Verbesserungsvorschläge geliefert und das Buch zu seinem Vorteil bis zuletzt betreut. Mein Dank gilt auch den Mitarbeitern beim Verlag – insbesondere Frank Pearl und Jack Shoemaker –, die das Projekt schon unterstützten, als es noch nicht viel mehr war als eine vage Idee.

Mein Dank gilt ebenso Carole McCurdy, der Cheflektorin von Counterpoint, und allen anderen Mitgliedern des sachverständigen Stabes im Verlag, die mit Professionalität und Hingabe harte Kanten glätteten und die abertausend Details vor einer Publikation in die Hand nahmen. Tom Christensens Korrekturarbeit hat das Endprodukt erheblich verbessert.

In Deutschland habe ich vor allem den bedeutenden Beitrag meiner Forschungsassistentin Dr. Ruth Federspiel anzuerkennen. Sie war über mehr als zwei Jahre eine hochgeschätzte Kollegin und Mitarbeiterin. Sie forschte für mich in deutschen Archiven und Bibliotheken, entdeckte noch unbekannte Quellen und stand mir während meiner vielen Besuche in Berlin als Stadtführer bereitwillig zur Seite. Ich danke ihr für ihre harte Arbeit und ihre Geduld angesichts angespannter Termine und nur allzu häufiger Abendtelefonate und Faxe.

Es gibt noch viele weitere Freunde in Deutschland, die an meiner Arbeit intensiven Anteil nahmen. Besonders möchte ich Dr. Stefi Jersch-Wenzel danken, die damals bei der Berliner Historischen Kommission arbeitete und nun Direktorin des Simon-Dubnow-Instituts in Leipzig ist. Großzügig spendete sie mir viel von ihrer Zeit. Ihr gründliches Wissen in deutsch-jüdischer Geschichte verhalf mir entscheidend dazu, mir den Weg durch die Quellen zu bahnen und die richtige Richtung zu finden. Zu ebensolchem Dank bin ich Professor Wolfgang Benz verpflichtet, dem Direktor des Zentrums für Antisemitismusforschung an der Technischen Universität in Berlin, dessen interessante Einblicke in die Spätzeit der deutsch-jüdischen Geschichte und der Nazi-Zeit mir sehr geholfen haben. Professor Wolfram Fischer, der Vorsitzende der Historischen Kommission und Direktor des Instituts für Wirtschafts- und Sozialgeschichte an der Freien Universität, sorgte dafür, daß mir die Hilfsquellen und die Bibliothek des Instituts zur Verfügung gestellt wurden.

Hans Biereigel, der Stadthistoriker von Oranienburg, unterstützte mich mit nie versiegender Hilfe dabei, mehr über die Hintergründe der Stadtgeschichte und die Geschichte der nun verschwundenen Jüdischen Gemeinde zu erfahren. Die Mitarbeiter des Brandenburgischen Landeshauptarchivs in Potsdam verdienen für ihre große Hilfsbereitschaft meinen aufrichtigen Dank. Frau Kirschbaum-Reibe und Frau Kolossa vom Zeitungsarchiv des Otto-Suhr-Instituts der Freien Universität gebührt besondere Erwähnung. Eigens für mich haben sie viele Kilometer zurückgelegt, um relevantes Material ausfindig zu machen.

Das Leo-Baeck-Institut in New York war für mich eine unschätzbare Quelle. Ich danke Fred Grubel für seine Gastfreundschaft dort und der Direktorin, Carol Kahn Strauss, für viele erwiesene Freundlichkeiten. Mein besonderer Dank gilt der sachkundigen und heiteren Diane Spielmann, die für mich viele verborgene Schätze ausgegraben hat.

Professor Barbara Hahn von der Princeton University hat mir viele Anregungen zum Verständnis von Rahel Varnhagen gegeben.

Irene Freudenheim schickte mir aus Brasilien viel interessantes Material über ihren Großvater Arthur Eloesser, und Edith Blumenthal-Munter, meine sechsundneunzig Jahre alte Tante im schweizerischen Wengen und die letzte Überlebende der alten Blumenthal-Familie, half mir mit ihren tief in die Zeit vor dem Ersten Weltkrieg zurückreichenden Erinnerungen an die Familiengeschichte. Meinem Verständnis der puren Fakten unserer Vergangenheit hat sie auf diese Weise Farbe verliehen.

Die für mich wichtigsten Menschen seien am Schluß genannt. Es sind dies vor allem Karen Vasudeva und Marie Santos, meine beiden gewissenhaften Assistentinnen. Erstere war schnell, effizient und sachkundig in der Vorbereitung des ersten Manuskriptteils. Marie Santos übernahm später diese Aufgabe für den Großteil des Manuskripts und bei den Bibliotheksrecherchen in Princeton. Ohne ihre Unterstützung hätte ich dieses Buch nicht schreiben können.

Meine Schwester, Stefanie Blumenthal-Dreyfuss, spielte eine einzigartige und unschätzbare Rolle. Sie las frühe Fassungen des Manuskripts und steuerte wertvolle Kritik bei, sie regte meine Erinnerung an, lieferte Ideen und trieb mich mit Kritik, Warmherzigkeit und Enthusiasmus voran. Ihr unfehlbares literarisches Urteil gewann meine Bewunderung. Sie war es, die mich, neben vielen anderen guten Ideen, auf die Widmungszeilen von Keats aufmerksam machte.

Und schließlich sind da mein Sohn Michael Edward und meine Frau Barbara Bennett-Blumenthal. Ihre Liebe – und Geduld – hat mich auf meinem Weg getragen. Sie wissen, wie viel ich ihnen verdanke.

Anmerkungen

Erstes Kapitel: Prolog

1 Der Wert eines Talers (bzw. Thalers) nach heutigem Geld läßt sich nur schwer bestimmen. Seine Kaufkraft schwankte im Lauf der Zeit zwischen dem zehn- bis siebzehnfachen einer heutigen DM. Nach dem 19. Jahrhundert entsprach ein Taler drei Mark.

2 Glückel von Hameln, S. xx.

3 Stern, *Dreams and Delusions: The Drama of German History*, S. 105.

4 Vgl. Cocks, S. 195; Jarausch, S. 173 f.

5 Goldhagen, *Hitlers willige Vollstrecker*. Das Buch sorgte für einiges Auf- sehen und wurde schnell zum Bestseller, vor allem in Deutschland, wo es um Goldhagens Thesen heftigen Streit gab. Einige deutsche Historiker griffen Goldhagen an, andere stimmten ihm zu, während normale Leser sich von sei- nen Thesen fasziniert zeigten und ihm im allgemeinen Beifall zollten. Gute kritische Analysen von Goldhagens Buch bieten Omer Bartov, »Ordinary Monsters«, *The New Republic*, 29. April 1996, sowie Clive James, »Blaming the Germans«, *The New Yorker*, 22. April 1996. Vgl. auch Goldhagens Er- widerung in *The New Republic*, 23. Dezember 1996. Zu Goldhagens Wir- kung in Deutschland vgl. Josef Joffe, »Goldhagen in Germany«, *The New York Review of Books*, 8. November 1996, und Amos Alon, »The Antagonist as Liberator«, *New York Times Magazine*, 26. Januar 1997.

6 Zur Geschichte der deutschen Juden gibt es eine umfangreiche Literatur. Eine hervorragende Gesamtdarstellung von den Anfängen bis zur Gegenwart bie- tet Ruth Gay, *The Jews of Germany*. Monika Richarz gibt S. 1-38 eine gute, knappe Zusammenfassung. Ein älteres Standardwerk ist Marvin Lowenthal, *The Jews of Germany*. S. ferner Ellenbogen und Sterling.

Zweites Kapitel: Ursprünge

1 S. z. B. Agus, S. 1-20.

2 Strabo in seiner *Geographie*, zit. bei Lowenthal, *The Jews of Germany*, S. 2. Vgl. auch Gilbert, *Jewish History Atlas*, besonders S. 12 und 16 f. mit der Dar- stellung der jüdischen Bevölkerungsanteile im Römischen Reich und im Mit- telmeerraum.

3 S. Ellenbogen und Sterling, S. 11-15; Lowenthal, S. 1-3; Gay, *The Jews of Ger- many*, Kap. 1.

4 Lowenthal, S. 3; Ellenbogen und Sterling, S. 13.
5 Abrahams gibt S. 265 eine detailllierte Liste jüdischer Berufe im alten Rom bis zum 4. Jahrhundert u. Z.
6 In diesem Abschnitt stütze ich mich u. a. auf Gwatkin Roth (1937), Fast, S. 153-55, und Lowenthal, S. 1-10.
7 Zit. in Finucane, S. 176.
8 Finucane, S. 187.
9 Dahms, S. 228-30. A. d. Ü.: Dahms gibt das falsche Datum 1095.
10 Edom, S. 11.
11 Ebd., S. 17.
12 Ebd., S. 24.
13 Lowenthal, S. 53.
14 S. *The Cambridge Medieval History*, Bd. 7, 1936, S. 643.
15 Lowenthal, *The Jews of Germany*, S. 89.
16 Durant und Durant, *The Reformation*, S. 65. Weitere Schilderungen z. B. bei Castiglioni, S. 353-60; Coulton; *Encyclopedia Judaica*, Bd. 4, S. 1063-68.
17 Durant und Durant, *The Reformation*, S. 64.
18 Roth (1937), S. 232 f.
19 Durant und Durant, *The Reformation*, S. 731.
20 Eine detaillierte Schilderung der Vorgänge bietet Springer, S. 17 f.
21 Beschreibungen des Ghettos und des Lebens dort u. a. bei Abrahams, S. 78-98; Lowenthal, S. 99-117; Ruth Gay, S. 23-26, 62-72; Roth (1937), S. 297-311.
22 Zu den Hofjuden in Mitteleuropa s. insbesondere Selma Stern, *The Court Jew.*
23 Näheres bei Schnee, S. 38-47.
24 Durant und Durant, *The Reformation*, S. 737.

Drittes Kapitel: Vorfahren: Jost

1 Glückel von Hameln, S. 44.
2 Näheres über die Kleidung der Juden bei Pollack, S. 85-95.
3 Einzelheiten über Speisen und Getränke der Juden ebd., S. 96 ff.
4 Glückel von Hameln, S. 44.
5 Grunwald, S. 95.
6 Selma Stern, *Der Preußische Staat und die Juden*, Bd. 1.2, S. 28-31.
7 Schnee, S. 56.
8 *The New Cambridge Modern History*, Bd. 5, S. 552.
9 Menga, S. 120.
10 Selma Stern, *Der Preußische Staat und die Juden*, Bd. 1.2, S. 526-37.
11 Ebd., S. 528.
12 Biereigel.

13 Holmsten, *Berlin in alten und neuen Reisebeschreibungen*, S. 29f.
14 *The New Cambridge Modern History*, Bd. 5, S. 557.
15 Eine Liste der damals in Berlin lebenden Juden gibt Stern, *Der Preußische Staat und die Juden*, Bd. 1.2, S. 526, 529f.
16 Näheres bei Schnee, S. 59-65; ferner Stern, *Der Preußische Staat und die Juden*, Bd. 1.1, S. 149f., und Geiger, *Geschichte der Juden in Berlin*, S. 1-27.
17 *The New Cambridge Modern History*, Bd. 5, S. 398.
18 Durant und Durant, *The Age of Voltaire*, S. 437; Stern, *Der Preußische Staat und die Juden*, Bd. 2.1, S. 38.
19 *The New Cambridge Modern History*, Bd. 5, S. 439.
20 Geiger, *Geschichte der Juden in Berlin*, S. 32-35.
21 Wolff, S. 162-64.
22 Schnitter, Bd. 1, S. 33.
23 Zum Alltagsleben vgl. auch Consentius, S. 173.
24 Stern, *Der Preußische Staat und die Juden*, Bd. 2.1, S. 54-105, stellt die jüdischen wirtschaftlichen Eliten im Einzelnen dar.

Viertes Kapitel: Pioniere: Rahel

1 S. Gaxotte, S. 174, sowie Mitford, S. 83.
2 S. Diwald, S. 86.
3 Stade, S. 400.
4 Stern, *Der Preußische Staat und die Juden*, Bd. 3.2.
5 Ebd., S. 202.
6 Geiger, *Geschichte der Juden in Berlin*, S. 66f.
7 Im Generalprivileg aus dem Jahre 1750 sind dies das Hallesche und das Prenzlauer Tor; in früheren Urkunden wird auch das Rosenthaler Tor als »Judentor« geführt. Wir wissen nicht, durch welches Stadttor Moses Mendelssohn Berlin betrat, und es gibt auch keinerlei urkundliche Nachweise für die vielen späteren Anekdoten über die Schwierigkeiten, die man ihm machte, bevor er hereingelassen wurde.
8 Der oft erzählten Legende nach lautete die Eintragung des städtischen Torwächters im amtlichen Journal: »An diesem Tag passierten sechs Ochsen, sieben Schweine und ein Jude das Tor.« Das klingt zwar durchaus plausibel, läßt sich aber nicht nachweisen.
9 Solche Thesen waren typisch für bedeutende Rabbiner wie Jakob Emden oder Jesaja Horowitz. S. Pollack, S. 78-81.
10 Dieses Schicksal erlitt beispielsweise Gerson Jacob Bleichröder, der Großvater von Bismarcks Bankier und Berater. Als er um 1750 in der Nähe des Berliner Judenmarkts mit einem deutschen Buch erwischt wurde, verwiesen die Rabbiner ihn sogleich aus der Stadt. Erst durch Moses Mendelssohns Ver-

mittlung kam er in einer Talmudschule in Halberstadt unter. S. Hammer und Schoeps, S. 31-32.

11 Scurla, S. 55.

12 Heyde, S. 91.

13 Es war ein letzter Wunsch, der erst nach über zwei Jahrhunderten erfüllt werden sollte. Man hielt das Grab seiner Hunde in Sanssouci für eines so großen Königs unwürdig, und sein Nachfolger ordnete an, Friedrichs Gebeine in der Krypta der imposanteren Potsdamer Garnisonskirche beisetzen zu lassen. Dort blieben sie, bis Hitler sie im Zweiten Weltkrieg unter größter Geheimhaltung nach Süddeutschland in Sicherheit bringen ließ. Erst am 205. Todestag Friedrichs des Großen im Jahre 1991 erfüllte die deutsche Regierung Friedrichs letzten Wunsch und brachte seine sterbliche Hülle mit großem Pomp an die Stelle, die er sich auf der oberen Terrasse seines geliebten Potsdamer Schlosses ausgesucht hatte.

14 Arendt, *Rahel Varnhagen*, S. 16 f.

15 Diese These vertritt Reich-Ranicki, S. 10.

16 Friedrich Nicolai beschreibt das zeitgenössische Berlin bis ins einzelne.

17 Zwölf Pfennige waren ein Groschen, dreißig Groschen ein Taler.

18 Rachel und Wallich, S. 332.

19 S. drittes Kapitel, S. 116.

20 Geiger, *Berlin 1688-1840*, Bd. 1, S. 585-93.

21 Friedrich Nicolai, S. 973 f.

22 Maimon, Bd. 1, S. 268-72.

23 Tewarson, *Rahel Varnhagen*, S. 54.

24 Holmsten, *Berlin in alten und neuen Reisebeschreibungen*, S. 67.

25 Schultz, S. 265.

26 von Bissing, S. 29.

27 Holmsten, a.a.O., S. 53 f.

28 Ebd., S. 67 f.

29 S. Hahn.

30 S. Gerhardt, S. 22.

31 Vehse beschreibt S. 145-47 seinen Tod auf dem Schlachtfeld.

32 Knigge, S. 502-7.

33 S. Oranienburger Magistratsberichte vom 14. Januar und 15. Mai 1792.

34 Städtisches Archiv Oranienburg.

35 Wessling bietet S. 1-70 eine glänzende Darstellung von Meyerbeers Kindheit.

36 Bei meiner Zusammenfassung stütze ich mich auf Arendts Analyse von Rahels Verhältnis zu Marwitz einerseits und der Anfänge ihrer Beziehung zu Varnhagen andererseits; s. Arendt, *Rahel Varnhagen*, bes. Kap. 7-10.

37 Burg beschreibt S. 9-58 autobiographisch seine Dienstjahre im Krieg. Später wurde er geradezu berühmt – als seltener Fall eines Juden, der in der Armee blieb und es bis zum Majorsrang brachte.

38 Tewarson, *German-Jewish Identity*, S. 17.

39 Becker und Becker, S. 29.
40 S. Ismar Freund, Bd. 1, S. 231.
41 Ebd., S. 231-35.
42 Graetz, Bd. 2, S. 338.
43 Tewarson, *Rahel Varnhagen*, S. 129.
44 Drewitz, S. 67.
45 Tewarson, a.a.O., S. 131.
46 Antonia Valentin, S. 87; Tewarson, a.a.O., S. 12.
47 Antonia Valentin, S. 86.

Fünftes Kapitel: Erfolgreiche: Giacomo

1 Becker und Becker, S. 25.
2 Brief an Michael Beer, 1. September 1818, in Becker, *Giacomo Meyerbeer. Briefwechsel und Tagebücher*, Bd. 1, S. 29.
3 Amalie Beer hatte sich von 1813 bis 1815 unermüdlich für die Verwundeten eingesetzt, und wurde dafür allgemein bewundert. Friedrich Wilhelm III. war so beeindruckt, daß er anordnete, ihr den nach seiner verstorbenen Frau benannten Luisenorden nicht mit dem üblichen christlichen Kreuz zu verleihen, sondern an einem eigens für diese Gelegenheit entworfenen Band, von dem der König meinte, es würde einer Jüdin besser gefallen. Außerdem schenkte er ihr eine Marmorbüste, die Luise darstellte, und wies seine Schwägerin an, Amalie jedes Jahr in seinem Namen Geburtstagsglückwünsche zu übermitteln.
4 Brief an Jacob Herz Beer, November 1814, in Becker, *Giacomo Meyerbeer. Briefwechsel und Tagebücher*, Bd. 1, S. 32.
5 Brief an Carl Maria v. Weber, 8. Januar 1812, ebd., S. 24f.
6 Ebd., S. 27.
7 Zit. in Zimmermann, *Giacomo Meyerbeer*, S. 133.
8 Die von Heinz Becker besorgte, nicht ganz vollständige Ausgabe von Giacomo Meyerbeers Briefwechsel (Becker 1960) umfaßt vier dicke Bände. Ein großer Teil davon sind Familienbriefe.
9 Ebd., Bd. 1, S. 333.
10 S. Zimmermann, *Giacomo Meyerbeer*, S. 111.
11 Ebd., S. 108.
12 Becker, a.a.O, Bd. 1, S. 413.
13 Ebd., S. 74.
14 Ebd., Bd. I, S. 407.
15 Ebd., S. 371.
16 Zimmermann, a.a.O., S. 122.
17 S. Body.
18 Becker und Becker, S. 73.

19 Dettke, S. 185.

20 Herre, S. 98.

21 Ebd., S. 96.

22 Eine detaillierte Schilderung der Berliner Zustände zwischen 1815 und 1847 gibt Beck S. 478-538.

23 Näheres bei Rohrbacher, S. 157-80.

24 Zu den Beziehungen Meyerbeers zu seinen Mitarbeitern vgl. Crosten, Van Dieren und Becker (1960).

25 Zimmermann, a. a. O., S. 180.

26 Ebd., S. 174.

27 Zu dieser Phase von Meyerbeers Pariser Jahren und zur Pariser Oper s. u. a. Crosten; Zimmermann, Kap. 5, S. 135-86; Wessling, S. 99-135; Kapp, S. 65-101 und 169-76; Becker (1960), S. 17-158; Becker (1983), S. 43-54.

28 Becker (1960), S. 178.

29 Becker und Becker (1983), S. 44.

30 Becker (1960), Bd. 2, S. 153.

31 Body.

32 In Spa hielt Giacomo ein striktes Regiment ein, trank am Brunnen und aß und trank wenig, um seinen Verdauungsapparat zu beruhigen. Sonst scheinen seine Eßgewohnheiten nicht gerade konsequent gewesen zu sein. Einerseits beklagte sich Heine, daß es bei Einladungen zum Mittagessen in Paris nur Stockfisch gab, andererseits war Giacomo auch Feinschmecker. Einige seiner Lieblingsgerichte bereicherten damals deutsche und französische Kochbücher: Kalbsbraten Meyerbeer, Lammnieren in Madeira und Rumpsteak mit Spiegeleiern à la Meyerbeer.

33 Bei Becker (1960) finden sich im 2. Band zahlreiche Briefe Meyerbeers und Heines zu diesen Themen.

34 Ebd., S. 276.

35 Gregor-Dellin, S. 122.

36 Ebd., S. 148.

37 Becker und Becker (1983), S. 89.

38 Ebd., S. 81.

39 Becker (1960), Bd. 2, S. 178.

40 Ebd., S. 305.

41 Zimmermann, *Giacomo Meyerbeer*, S. 176.

42 Keats, S. 49.

43 Zimmermann, *Giacomo Meyerbeer*, S. 231.

44 Uhlig, Nr. 7, 33 und 35.

45 Herre, S. 181.

46 Zu genauen Statistiken für diesen Zeitraum vgl. Toury (1966) sowie Fischer et al. (1982).

47 S. Sterling, S. 103-12.

48 Brandenburgisches Landeshauptarchiv (BLHA) Rep. 8 Beeskow 1651.

49 Eine ausführliche Beschreibung der Feierlichkeiten in Paris und Berlin bietet Mendel, S. 96 ff.

50 Zimmermann, *Giacomo Meyerbeer*, S. 412 f.

Sechstes Kapitel: Patrioten: Louis

1 Mit vielen Einzelheiten schildern den Einzug des Kaisers in Berlin Savage, S. 64-69, und Falkenau, S. 287 f.

2 Bildarchiv Jüdischer Kulturbesitz, S. 166.

3 Hyndman, S. 102.

4 Wirth, S. 161.

5 Hyndman, S. 104.

6 S. Wirth, S. 966-71 und Kindleberger, »The Panic of 1873«.

7 Mosse, *Jews in the German Economy*, S. 116 f.

8 Die Bismarck-Literatur ist mittlerweile nicht mehr zu überschauen. Die beste Darstellung seiner Beziehung zu Bleichröder ist Fritz Sterns klassische Monographie *Gold and Iron*, auf die ich mich hier teilweise stütze.

9 Stern, *Gold and Iron*, S. 173.

10 Ebd., S. 478.

11 Reitböck beschreibt S. 73 f. Strousbergs Schloß Zbiow bei Pilsen.

12 *Der Tagesspiegel*, Berlin, 24. März 1996, S. W2.

13 Redlichs lesenswerter biographischer Essay zu Strousberg geht hierauf näher ein. Zu einer ausführlicheren Darstellung von Strousbergs Aktivitäten vgl. Reitböck, 290 ff.

14 Als er 1875/76 in Rußland im Gefängnis saß, schrieb er seine Autobiographie: *Dr. Strousberg und sein Wirken von ihm selbst geschildert*, Berlin 1876.

15 Brandenburgisches Landeshauptarchiv Potsdam: Rep. 8 OR762, Blatt 138.

16 Ebd., Blatt 155.

17 Ebd., Blatt 205.

18 Eine gute Darstellung der Hintergründe des Börsenkrachs bietet Kindleberger, »The Panic of 1873«, S. 69-73.

19 Dahrendorf, S. 49-64.

20 Massing, S. 41.

21 Ebd., S. 88.

22 Pulzer, S. 10.

23 Zu Dührings Leben und Laufbahn als antisemitischer Agitator vgl. im einzelnen Mogge. Hitler und die Nazis zitierten Dühring später mit Vorliebe.

24 Treitschke, S. 378.

25 Treitschke, »Unsere Aussichten«, in *Deutsche Kämpfe*, Leipzig 1896, S. 364.

26 Ebd., S. 381.

27 Iggers, S. 73.

28 Vgl. Treitschke.
29 Iggers, S. 73.
30 Reinharz, S. 16. S. auch Ellenbogen und Sterling, S. 261-81.

Siebtes Kapitel: Träumer: Arthur

1 Holborn, *A History of Modern Germany 1840-1945*, S. 299.
2 Zit. In Annemarie Lange, S. 158.
3 Kracke, S. 84.
4 Ebd., S. 87.
5 Pakula, S. 394.
6 Röhl, S. 198.
7 Eloesser, *Die Straße meiner Jugend*, S. 11. Eloesser ließ dieses wehmütige Erinnerungsbüchlein über seine Berliner Jugendzeit im Jahre 1919 erscheinen. Er zeichnet warmherzig und liebevoll das Bild seiner Geburtsstadt, schildert eine glückliche Kindheit und beschreibt herzliche Beziehungen zwischen Deutschen und Juden in der Zeit vor der späteren Woge eines giftigen Antisemitismus. 1987 erschien im Berliner Verlag Arsenal ein Nachdruck, in dem aus mir unbekannten Gründen allerdings das Kapitel fehlt, in dem Eloesser seine Kriegserlebnisse schildert. Vielleicht wurde es weggelassen, weil schon anläßlich der Originalausgabe die überwiegend positiven Kritiken Eloessers an sich uncharakteristische Begeisterung für das Militärische in diesem Kapitel bemängelt hatten. Vgl. *Die Weltbühne*, 15. Januar 1920, S. 93 f.
8 Eloesser, »Erinnerungen eines Berliner Juden«, erschien als Artikelserie zwischen dem 21. September und dem 16. November 1934 in der Berliner *Jüdischen Rundschau*; für andere Organe hatte Eloesser damals schon Publikationsverbot. Seine Ansichten über die Lage der Juden in Deutschland hatte sich zwar unter dem Schock von Hitlers Aufstieg zur Macht bereits geändert, doch seine tiefe Liebe zu Deutschland und der deutschen Kultur ist auch in diesen Erinnerungen unübersehbar. In Teil 2 und 3 dieses Kapitels stütze ich mich teilweise auf Eloessers Publikationen von 1919 und 1934.
9 Ebd., 26. Oktober 1934, S. 6.
10 Ebd., 10. Oktober 1934, S. 10.
11 Hamburger, *Jews in Public Service under the German Monarchy*, S. 222.
12 Cecil, *The German Diplomatic Service*, S. 97-103.
13 Westphal, S. 25.
14 Ignaz Jastrow (1856-1937), der aus einer jüdischen Familie aus der Provinz Posen stammte, hatte sich bereits als Wirtschaftshistoriker einen Namen gemacht, wegen seiner Religion aber er keinen Lehrstuhl bekommen. Er hielt lediglich Vorlesungen als Privatdozent. Später wurde er Leiter der bedeutendsten Berliner Handelsschule – eine wichtige Stellung, aber mit dem Sozialprestige eines Ordinarius an der Universität nicht vergleichbar.

15 Eloesser, »Erinnerungen eines Berliner Juden«, 11. November 1934, S. 12.
16 Pulzer, S. 10.
17 Festbuch Studentisches Breslau, S. 42.
18 Eloesser, »Erinnerungen eines Berliner Juden«, 26. Oktober 1934, S. 6.
19 Ebd., S. 7.
20 Ebd., S. 31.
21 Reinharz und Schatzberg, S. 164-69.
22 Ebd., S. 167.
23 Es handelt sich um Ernst von Wildenbruch (1845-1909), einen Enkel von Prinz Louis Friedrich Christian von Preußen.
24 Zit. in Marschall, S. 397.
25 Masur, S. 175.
26 Albret und Aldo, S. 4.
27 Mommsen, S. 119-140.
28 Eloesser, »Die ältesten Übersetzungen Molièrescher Lustspiele«.
29 Eloesser, *Das Bürgerliche Drama*.
30 Eloesser, »Erinnerungen eines Berliner Juden«, 10. November 1934, S. 10.
31 Paul Ehrlich (1854-1915), der bedeutendste deutsche Bakteriologe und Entdecker des Neo-Salvarsans »606«, eines Mittels gegen die Syphilis, erhielt 1908 zwar den Nobelpreis, aber auch dann noch keinen Ruf auf einen Lehrstuhl. Erst nach sechsjährigem hitzigen Streit gab die Universität Frankfurt nach und berief ihn ein Jahr vor seinem Tod auf einen Lehrstuhl.
32 Eloesser, *Aus der Werkstatt eines Kritikers*, S. 4.
33 Monty Jacobs, anläßlich Eloessers Beerdigung am 17. Februar 1938, »Abschied von Arthur Eloesser«, unveröffentlichtes Manuskript.
34 Holmsten, *Die Berlin-Chronik*, S. 292.
35 Vgl. Holborn, *A History of Modern Germany 1840-1945*, S. 367-91, Henderson, S. 173-207, und Berghahn, S. 1-11.
36 Grunow, S. 26, Masur, S. 88.
37 Balfour, S. 140.
38 *Die Chronik Berlins*, S. 295.
39 Ebd.
40 Ebd., S. 294.
41 Die Vermehrung der Presseorgane setzte sich noch jahrelang fort. In der hektischen Zeit der Weimarer Republik hatte man in der Hauptstadt die Wahl zwischen gut zweihundert Tages- und Wochenzeitungen und monatlich erscheinenden Blättern jeder nur erdenklichen politischen Couleur.
42 Mosse, *Jews in the German Economy*, S. 208.
43 *Militärwochenblatt* und *Fürstenkorrespondenz*.
44 Grunow, S. 62.
45 Masur, S. 72.
46 Cecil, *Kaiser Wilhelm und die Juden*, S. 334, 336.
47 *Allgemeine Zeitung des Judentums* (Berlin), 24. Januar 1896.

48 Stern, *Dreams and Delusions*, S. 97-114.
49 *Berliner Illustrirte*, 16. Oktober 1906.
50 *Allgemeine Zeitung des Judentums*, 31. August 1894.
51 Jarausch, S. 171-90.
52 Ebd., S. 191-205. Die Liste deutsch-jüdischer Pioniere ist lang. Mindestens sieben erhielten den Nobelpreis. S. Osborne, S. 22-29.
53 Näheres über die Juden in der Textilindustrie bei Westphal.
54 *Berliner Illustrirte Zeitung*, 7. Juli 1895.
55 Berghahn, S. 104. S. auch Mosse, *Jews in the German Economy*, Kap. 5, S. 172-217, mit einer hervorragenden Zusammenstellung finanzieller Daten über die jüdische »Wohlstandselite« vor dem Ersten Weltkrieg.
56 Reinharz, S. 43.
57 Ebd., S. 31 f.
58 *Allgemeine Zeitung des Judentums*, 25. Februar 1898.
59 *Allgemeine Zeitung des Judentums*, 6. Februar 1900.
60 *Allgemeine Zeitung des Judentums*, 18. August 1911.
61 Eloesser, »Erinnerungen eines Berliner Juden«, 28. September 1934, S. 6.
62 Huret, S. 311 f.
63 Ebd., S. 342 f.
64 Ebd., S. 315.
65 Anderen Reimwitzen zufolge waren Wilhelm I. der »greise« und Friedrich III. der »weise« Kaiser gewesen.
66 *Chronik der Deutschen*, S. 702.
67 Näheres zur Liga bei Massing, S. 141-46, und Pulzer, S. 191 und 222-24.
68 Zum Heeresbund vgl. Coetzee.
69 Cecil, *Albert Ballin*, S. 131.
70 S. die Kolumne »Aus dem Lager der Antisemiten« in *Mitteilungen aus dem Verein zur Abwehr des Antisemitismus*, Berlin, 1895-1914.
71 Zit. in Massie, S. 683.
72 Chamberlain, S. 398 f.
73 Hitler, S. 69.
74 Ebd., S. 70.
75 Ebd., S. 177.

Achtes Kapitel: Überlebende: Ewald

1 *Berliner Tageblatt*, 29. Juni 1914, S. 1.
2 *Berliner Tageblatt*, 3. Juli 1914, Kasten S. 1.
3 Ebd.
4 Eine anschauliche Schilderung der Ereignisse findet sich bei Mai, S. 9-30.
5 Ebd., S. 14.
6 Zweig, *Die Welt von gestern*, S. 223 ff.

7 *Die Zukunft*, Bd. 22, Nr. 44, 1. August 1914, S. 137f.

8 *Allgemeine Zeitung des Judentums*, 6. August 1914.

9 *Jüdische Rundschau*, Berlin, Nr. 32, 7. August 1914, S. 343f.

10 Centralverein der deutschen Juden, *Im deutschen Reich*, Bd. 20, Berlin, 1914, S. 342.

11 Einen detaillierten Bericht der Schlachten des Zweiten Garderegiments bietet von Rieben.

12 Ebd., S. 23.

13 Bundesministerium der Verteidigung, S. 13.

14 Reichsbund Jüdischer Frontsoldaten, S. 21.

15 *Oranienburger Generalanzeiger*, 4. August bzw. 9. September 1914.

16 *Auf Vorposten*, zitiert in *Allgemeine Zeitung des Judentums*, Nr. 32, 11. August 1916.

17 *Jüdische Rundschau*, Kriegsantisemitismus, Dezember 1914-1916.

18 *Allgemeine Zeitung des Judentums*, Januar/Februar 1916.

19 Eine ausführliche Schilderung der Sommeschlacht bietet Gilbert, *The First World War*, S. 258-300.

20 Werner T. Angress, »Das deutsche Militär und die Juden im Ersten Weltkrieg«, in *Militärgeschichtliche Mitteilungen* 1, 1976, S. 97.

21 Rieben, S. 248.

22 Cowles, S. 405. Die Ereignisse rund um die Abdankung des Kaisers sind oft in allen Einzelheiten beschrieben worden. Vgl. z.B. Kürenberg, S. 367-72; Cowles, S.400-3; Ludwig, S. 337-47.

23 Diwald, S. 297.

24 Vgl. *Oranienburger Generalanzeiger*, Nr. 133, 9. Juni 1918.

25 Gilbert, *The First World War*, S. 437 und 477.

26 *Vossische Zeitung*, 15.-22. Oktober 1918.

27 Grosz, S. 134. George Grosz war nicht nur mit Pinsel und Zeichenstift ein scharfer Beobachter, sondern auch mit der Feder. In den Kapiteln 8 bis 10, S. 115-52, zeichnet er ein faszinierendes Bild Berlins in den unmittelbaren Nachkriegsjahren.

28 *Im Deutschen Reich*, Nr. 24, 1918, S. 455.

29 Zechlin, S. 559.

30 Vgl. Lohalm, S. 15-19, 77-134; Dunker, S. 32.

31 Mosse, *Deutsches Judentum in Krieg und Revolution*, S. 463.

32 Hitler, S. 213.

33 *Jüdische Rundschau*, 2. November 1919.

34 Arrias.

35 Dunker, S. 32.

36 Cecil, *Albert Ballin*, S. 345f. Ob er sich umbringen oder nur seine Nerven beruhigen wollte, ist umstritten. Seine Freunde waren offensichtlich überwiegend der Meinung, er habe Selbstmord begangen.

37 Nelson, S. 107.

38 Friedrich, S. 124f.

39 Blaich, S. 10.

40 Vgl. das Organ des Reichsbunds Jüdischer Frontsoldaten, *Der Schild*, Nr. 9, 22. August 1923.

41 *Jüdische Rundschau*, November 1923, Nr. 11, S. 11; Nr. 95, S. 1.

42 Friedrich, S. 215f.

43 Rathenau, *An Deutschlands Jugend*, S. 9.

44 Rathenau, »Höre Israel«.

45 *Frankfurter Zeitung*, 2. und 9. Oktober 1922.

46 Benoist-Méchin, Bd. 2, S. 321.

47 Friedrich, S. 171-73.

48 Friedrich Lange, S. 171.

49 Eloesser, *Thomas Mann. Sein Leben und sein Werk* und *Elisabeth Bergner.*

50 Eloesser, *Die Deutsche Literatur von der Romantik bis zur Gegenwart.*

51 S. *Weltbühne*, 6. März 1928, zit. nach Carl von Ossietzky, *Lesebuch*, Hamburg 1989.

52 Friedrich, S. 22.

53 S. *Der Schild*, 1. Februar 1925.

54 Mosse, *Entscheidungsjahr 1932*, S. 87-131.

55 Bab, S. 98.

56 Hitler, S. 359.

57 Ebd., S. 358.

58 Ebd., S. 357.

59 Goebbels, *Kampf um Berlin, 1926-7*, S. 21.

60 Ebd., S. 18.

61 Ebd., S. 86.

62 Ebd., S. 138.

63 Paucker, S. 437.

64 *Deutsche Allgemeine Zeitung*, 26. Juni 1930.

65 Friedrich Lange, S. 161.

66 *Chronik der Deutschen*, S. 844.

67 *Die Chronik Berlins*, S. 379.

68 S. *Centralverein Zeitung*, Nr. 10, 9. Januar 1931, S. 1, sowie *Jüdische Rundschau*, Nr. 37, 7. Oktober 1932, S. 1.

69 *Die Chronik Berlins*, S. 376.

70 Friedrich Lange, S. 167.

71 *The New Yorker*, 9. Januar 1932.

72 S. *Vossische Zeitung*, 30. Oktober 1930.

73 *Centralverein Zeitung*, 2. Februar 1933, S. 1.

Neuntes Kapitel: Nachfahren: Michael

1 Zitiert nach Boas, S. 242.
2 Busemann u. a., S. 311-30.
3 François-Poncet, S. 23f.
4 *New York Times*, 29. Januar 1933, S. 1 und 5.
5 Goebbels, *Vom Kaiserhof zur Reichskanzlei*, S. 251.
6 *New York Times*, 31. Januar 1933, S. 16.
7 *Centralverein Zeitung*, 1. Februar 1933, S. 1 und 4.
8 *Jüdische Rundschau*, Februar 1933, S. 2.
9 Goebbels, *Vom Kaiserhof zur Reichskanzlei*, S. 255.
10 Shirer, *The Rise and Fall of the Third Reich*, S. 191.
11 Diels, S. 143.
12 Burkert u. a., S. 113.
13 François-Poncet, S. 59.
14 *New York Times*, 27. März 1933, S. 5.
15 François-Poncet, S. 59.
16 Schleunes gibt S. 71-91 eine detaillierte Darstellung der Geschichte und Organisation des Judenboykotts vom 1. April 1933.
17 Ebd., S. 77.
18 *Centralverein Zeitung*, 30. März 1933, S. 1.
19 Schleunes, S. 93.
20 Doch selbst diese Entschädigung blieb Illusion. Wie viele andere zögerte auch Hermann Ullstein zu lange mit der Flucht; als er Deutschland Ende 1938 schließlich doch verließ, hatte er wie alle anderen nur zehn Mark in der Tasche.
21 *Jüdische Rundschau*, 17. November 1933.
22 Arthur Eloesser, Brief an Thomas Mann, 26. August 1934.
23 Monty Jacobs, anläßlich Eloessers Beisetzung am 17. Februar 1938.
24 Bab, S. 105.
25 Zitiert in Renée Christian-Hildebrandts Beitrag über Arthur Eloesser, *Neue Zeitung* (Berlin), 7. September 1949.
26 Arthur Eloesser, »Palästina Reise«, in *Jüdische Rundschau*, 12. und 15. Juni 1934.
27 Shirer, *The Nightmare Years*, S. 161.
28 Noakes und Pridham, *Nazism 1919-45: A History in Documents*, S. 537.
29 *Centralverein Zeitung*, 26. September 1935.
30 *New York Times*, 11. November 1938, S. 1.
31 Buffum, »Anti-Semitic Onslaught in Germany as seen from Leipzig«, Vertraulicher Bericht vom 21. November 1938. National Archives, Washington., D. C.
32 Morse, S. 223.
33 Reed und Fisher, S. 68.

34 *New York Times*, 12. November 1938, S. 1.

35 Ebd., S. 4.

36 S. Lowenberg, S. 309-23.

37 Ebd., S. 313.

38 Buffum, S. 3 und 7.

39 *Berliner Tageblatt*, 13. November 1938, S. 1.

40 Lowenberg, S. 315-19.

41 Goethe zu Eckermann, 26. September 1827.

42 Wegen seiner Verbrechen als Generalbevollmächtigter für den Arbeitseinsatz in den besetzten Gebieten wurde Sauckel im Nürnberger Hauptkriegsverbrecherprozeß zum Tode verurteilt und gehängt.

43 Bei der Beschreibung des Konzentrationslagers Buchenwald und des Leidens von Ewald und den über 10 000 anderen jüdischen Häftlingen stütze ich mich u.a. auf Berichte des Internationalen Buchenwald-Komitees, Hackett, Kogon und Angress, *Generation zwischen Furcht und Hoffnung*, S. 69-78, sowie Broszat et al., S. 78-97.

44 Heinrich Hackmann wurde 1947 zum Tod durch den Strang verurteilt, doch das Urteil wurde später in lebenslänglich umgewandelt.

45 *Berliner Tageblatt*, 15. November 1938, S. 3.

46 S. Strauss, *Jewish Emigration from Germany*, S. 343-409, wo Einwanderungsgesetze und -statistiken wichtiger Länder detailliert dargestellt sind.

47 Der bekannteste Fall ist der des deutschen Schiffes *St. Louis*, welches 1939 mit 930 Flüchtlingen an Bord zur Rückkehr nach Europa gezwungen wurde, weil Kuba die Einreisevisen nicht anerkannte. Viele dieser Flüchtlinge überlebten nicht.

Zehntes Kapitel: Epilog

1 Heppner zitiert S. 41 diesen Text nach der Erinnerung eines ehemaligen Flüchtlings.

2 Es handelte sich um den als »Schlächter von Warschau« berüchtigten SS-Oberst Josef Meisinger, der 1946 in Polen gehängt wurde. Daß die Deutschen bei der Aktion gegen uns die Hand im Spiel hatten, wurde nach dem Krieg vom damaligen deuschen Konsul in Tientsin, Fritz Wiedemann, offiziell bestätigt.

3 Vgl. oben S. 30.

4 Bericht der Gestapo, Berlin, 9. Februar 1942.

5 Leschnitzer, S. 143.

6 Nietzsche, *Jenseits von Gut und Böse*, 251.

7 Eloesser, *Erinnerungen eines Berliner Juden*, S. 2.

Ausgewählte Literatur

Abrahams, Israel, *Jewish Life in the Middle Ages,* London 1932.

Achenholtz, J. W. von, *Geschichte des 7jährigen Krieges,* Leipzig 1911.

Adler-Rudel, S., *Ostjuden in Deutschland,* Tübingen 1958.

Ages, Arnold, *The Diaspora Dimension,* The Hague 1973.

Agus, Irving R., *The Heroic Age of Franco-German Jewry,* New York 1969.

Ahlwardt, Hermann, *Der Verzweiflungskampf der arischen Völker mit dem Judentum,* Berlin 1890.

Albret, Helga, und Karl Aldo, *Die Majestätsbeleidigungsaffaire des Simplicissimus-Verlegers Albert Langen,* Frankfurt/Main 1985.

Altmann, Alexander, *Moses Mendelssohn,* University of Alabama Press 1973.

Altmann, Wilhelm, hg., *Letters of Richard Wagner,* New York 1927.

Angress, Werner T., »Das deutsche Militär und die Juden im Ersten Weltkrieg«, in *Militärgeschichtliche Mitteilungen* 1, 1976.

–, *Generation zwischen Furcht und Hoffnung,* Hamburg 1985.

Arendt, Hannah, *Rahel Varnhagen. Lebensgeschichte einer deutschen Jüdin aus der Romantik,* München 1981.

Aretin, Karl Otmar von, *Vom Deutschen Reich zum Deutschen Bund,* Göttingen 1993.

Arrias, Otto, *Die Juden im Heere,* Berlin 1919.

Awerbuch, Marianne, und Stefi Jersch-Wenzel, *Bild und Selbstbild der Juden Berlins zwischen Romantik und Aufklärung,* Berlin, Historische Kommission zu Berlin, Band 75, 1992.

Bab, Julius, *Leben und Tod des deutschen Judentums,* Berlin 1988.

Bähtz, Dieter, hg., *Rahel Varnhagen: Briefe und Aufzeichnungen,* Frankfurt/Main 1986.

Balfour, Michael, *The Kaiser and His Times,* New York 1962, 1974.

Barkley, Richard, *The Empress Frederick,* London 1956.

Becker, Heinz, *Der Fall Heine-Meyerbeer,* Berlin 1958.

–, *Meyerbeer,* Reinbek b. Hamburg 1980.

Becker, Heinz, hg., *Giacomo Meyerbeer: Briefwechsel und Tagebücher,* Berlin 1960.

Becker, Heinz, und Gudrun Becker, *Giacomo Meyerbeer: A Life in Letters,* London 1983.

Benoist-Méchin, J., *Jahre der Zwietracht, 1919-25,* Oldenburg/Hamburg 1965.

Benz, Wolfgang, *Das Exil der kleinen Leute,* München 1991.

–, *Die Juden in Deutschland,* München 1989.

Berghahn, Volker R., *Imperial Germany 1871-1914,* Providence/Oxford 1994.

Bering, Dietz, *Der Name als Stigma*, Stuttgart 1987.

Biereigel, Hans, *Oranienburg – kurz vorgestellt*, unpubliziertes Manuskript.

Bildarchiv Jüdischer Kulturbesitz, *Juden in Preußen*, Dortmund 1981.

Bissing, W. M. Fohr von, *Friedrich Wilhelm II: König von Preußen*, Berlin 1967.

Blaich, Fritz, *Der Schwarze Freitag*, München 1985.

Blasius, Dirk, und Dan Diner, hg., *Zerbrochene Geschichte*, Frankfurt/Main 1991.

Boas, Jacob, *The Shrinking World of German Jewry*, New York, Leo Baeck Institute Yearbook, Bd. 31, 1986.

Body, Albin, *Meyerbeer aux Eaux de Spa*, Brüssel 1885.

Boeckel, Otto, *Die Juden – Die Könige unserer Zeit*, Berlin 1887.

Born, Karl Erich, *Von der Reichsgründung bis zum 1. Weltkrieg*, München 1975.

Börner, Karl Heinz, *Kaiser Wilhelm I.*, Köln 1984.

Bracher, Karl Dietrich, *The German Dictatorship*, New York 1970.

Bräker, Ulrich, *Lebensgeschichte und natürliche Abenteuer des armen Mannes im Tockenburg* (1789), Stuttgart 1979.

Brod, Max, *Some Comments on the Relationship between Wagner and Meyerbeer*, New York, Leo Baeck Institute Yearbook, Bd. 9, 1964.

Broszat, Martin, u. a., *Anatomie des SS-Staates*, 2 Bde., Olten/Freiburg 1965.

Bruer, Alfred, *Geschichte der Juden in Preußen, 1750-1820*, Frankfurt/Main 1991.

Buch, Willi, *50 Jahre Antisemitische Bewegung*, München 1937.

Bundesministerium der Verteidigung, *Deutsche jüdische Soldaten, 1914-45*, Freiburg 1982.

Burg, Meno, *Geschichte meines Dienstlebens*, Leipzig 1916.

Burkert, Hans-Norbert, u. a., *Machtergreifung, Berlin 1933*, Berlin 1982.

Büsch, Otto, *Militärsystem und Sozialleben im Alten Preußen*, Berlin, Historische Kommission, Bd. 7, 1962.

Busemann, Hertha-Louise, u. a., *Insel der Geborgenheit: Die private Waldschule Kaliski, Berlin 1932-39*, Stuttgart 1992.

Butler, E. M., *Heinrich Heine*, London 1956.

Caro, Georg, *Sozial- und Wirtschaftsgeschichte der Juden*, Hildesheim 1964.

Carsten, F. L., *The Rise of Brandenburg*. In *The New Cambridge Modern History*, Bd. 5, Cambridge 1961.

Castiglioni, Arturo, *History of Medicine*, New York 1941.

Cecil, Lamar, *Albert Ballin*, Princeton 1967.

–, *Jew & Junker in Imperial Berlin*, New York, Leo Baeck Institute Yearbook, Bd. 20, 1975.

–, *The German Diplomatic Service*, Princeton 1976.

Chamberlain, Houston Stewart, *Foundations of the Nineteenth Century*, Bd. 1, London 1910.

Christiansen, Rupert, *Paris-Babylon*, New York 1994.

Chronik der Deutschen, München 1995.

Die Chronik Berlins, Dortmund 1986.

Cocks, Geoffrey, *Partners and Pariahs: Jews and Medicine in Modern German Society*, New York, Leo Baeck Institute Yearbook, Bd. 36, 1991.

Coetzee, Marilyn Shevin, *The German Army League*, New York/Oxford 1990.

Cohen, Carl, *The Road to Conversion*, New York, Leo Baeck Institute Yearbook, Bd. 6, 1961.

Consentius, Ernst, *Alt-Berlin, Anno 1740*, Berlin 1907.

Conti, Egon C. C., *The English Empress*, London 1957.

Coulton, G. G., *The Black Death*, London 1929.

Cowie, Leonard W., *Eighteenth Century Europe*, London 1963.

Cowles, Virginia, *The Kaiser*, New York 1963.

Cowley, Malcolm, *Exile's Return*, New York 1934.

Craig, Gordon A., *The Politics of the Prussian Army 1640-1945*, Oxford 1955.

–, *Germany 1866-1945*, New York/Oxford 1978.

–, *The Germans*, New York 1983.

Crankshaw, Edward, *Bismarck*, New York 1981.

Crosten, William M., *Fench Grand Opera: An Art and a Business*, New York 1948.

Dahms, Joseph, *Dictionary of Medieval Civilization*, New York 1984.

Dahrendorf, Ralf, *Society and Democracy in Germany*, New York 1967.

Dettke, Barbara, *Die asiatische Hydra*, Berlin, Historische Kommission, Bd. 89, 1995.

Diels, Rudolf, *Lucifer ante Portas*, Zürich 1950.

Dinter, Artur, *Die Sünde wider das Blut*, Leipzig 1920.

Diwald, Hellmut, *Heros wider Willen*. In *Preußens Könige*, Friedrich Wilhelm Prinz von Preußen, München 1971.

Drewitz, Ingeborg, *Berliner Salons*, Berlin 1979.

Dubnow, S., *Weltgeschichte des jüdischen Volkes*, Berlin 1925-29.

Dühring, E., *Die Parteien in der Judenfrage*, Leipzig 1885.

Dunker, Ulrich, *Der Reichsbund jüdischer Frontsoldaten*, Düsseldorf 1977.

Durant, Will, und Ariel Durant, *The Jews*. In *The Reformation, The Story of Civilization*, Bd. 6, New York 1967.

–, *The Age of Voltaire*. In *The Story of Civilization*, Bd. 9, New York 1967.

–, *Rousseau and Revolution*. In *The Story of Civilization*, Bd. 10, New York 1967.

Edom, *Berichte jüdischer Zeugen und Zeitgenossen über die Judenverfolgungen während der Kreuzzüge*, Berlin 1919.

Ellenbogen, Ismar, und Eleonore Sterling, *Die Geschichte der Juden in Deutschland*, Frankfurt/Main 1988.

Eloesser, Arthur, *Das Bürgerliche Drama*, Berlin 1890, Nachdruck, Universität Genf 1970.

–, *Die Straße meiner Jugend*, Berlin 1987 (zuerst 1919).

–, *Aus der Werkstatt eines Kritikers*. In *Blaue Hefte*, Freie Deutsche Bühne, Bd. 1, 1921.

–, *Thomas Mann: Sein Leben und sein Werk*, Berlin 1925.

–, *Elisabeth Bergner*, Berlin 1928.

–, *Die deutsche Literatur von der Romantik bis zur Gegenwart*, Berlin 1931.

–, *Erinnerungen eines Berliner Juden.* In *Jüdische Rundschau*, Nr. 76-92, 21. September - 11. November 1934.

–, *Vom Ghetto nach Europa*, Berlin 1936.

–, »*Literatur*«. In Kaznelson, Sigmund, *Juden im deutschen Kulturbereich*, Berlin 1959.

Embden, Ludwig von, *Heinrich Heine: Ein Familienleben*, Hamburg 1892.

Encyclopedia Judaica, Jerusalem.

Engels, Bernhard, *Oranienburg*, Berlin 1902.

Eyck, Erich, *Das persönliche Regiment Wilhelms II.*, Erlenbach/Zürich 1948.

Fast, Howard, *The Jews: Story of a People*, New York 1968.

Fay, Sidney, *The Rise of Brandenburg-Prussia to 1786*, New York 1937.

Feingold, Henry L., *The Politics of Rescue*, New Brunswick 1970.

Fervers, Kurt, *Berliner Salons: Die Geschichte einer großen Verschwörung*, München 1940.

Fest, Joachim, *Hitler*, Berlin 1973.

Finkelstein, Louis, hg., *The Jews: Their History*, New York 1977.

Finucane, Ronald C., *Soldiers of the Faith*, New York 1983.

Fischer, Wolfram, u. a., hg., *Sozialgeschichtliches Arbeitsbuch 1815-1870*, München 1982.

Fischer-Fabian, S., *Herrliche Zeiten.* München 1983.

Fontane, Theodor, *Wanderungen durch die Mark Brandenburg*, Stuttgart 1910-14.

François-Poncet, André, *The Fateful Years*, New York 1949.

Frank, Walter, *Hofprediger Adolf Stoecker und die Christliche Bewegung*, Hamburg 1935.

Freitag, Gustav, *Bilder aus der deutschen Vergangenheit*, Leipzig 1873.

Freund, Ismar, *Die Emanzipation der Juden in Preußen*, 2 Bde., Berlin 1912.

Freund, Michael, *Das Drama der 99 Tage*, Köln 1966.

Friedman, Saul S., *No Haven for the Oppressed*, Detroit 1973.

Friedrich, Otto, *Before the Deluge*, New York 1972, 1995.

Fritsch, Theodor, *Handbuch der Judenfrage*, Hamburg 1919.

Gall, Lothar, u. a., *Die Deutsche Bank*, München 1995.

Gaxotte, Pierre, *Frederick the Great*, New Haven 1942.

Gay, Peter, *Weimar Culture: The Outsider as Insider*, New York 1970.

–, *Freud, Jews and Other Germans*, New York/Oxford 1978 (dt. Frankfurt/Main 1989).

Gay, Ruth, *The Jews of Germany: A Historical Portrait*, New Haven 1992 (dt. München 1993).

Geiger, Ludwig, *Berlin 1688-1840*, Berlin 1893.

–, *Die deutschen Juden und der Krieg*, Berlin 1916.

–, *Geschichte der Juden in Berlin*, Nachdruck Leipzig 1988.

Gerhardt, Marlis, *Rahel Varnhagen: Jeder Wunsch wird Frivolität genannt*, Frankfurt/Main 1983.

Gidal, Nachum T., *Die Juden in Deutschland*, München 1988.

Gilbert, Felix, *Banker, Künstler und Gelehrte*, Tübingen 1975.

–, *Bismarckian Society's Image of the Jew*, New York, Leo Baeck Memorial Lecture, Bd. 22, 1978.

Gilbert, Martin, *Jewish History Atlas*, New York 1969.

–, *The First World War*, New York 1994.

Gilman, Sander L., *Jewish Self-Hatred*, Baltimore 1986.

Glagau, Otto, *Der Börsen- und Gründungsschwindel in Berlin*, Bd. 1, Leipzig 1876.

Glatzer, Ruth, hg., *Berlin wird Kaiserstadt*, Berlin 1993.

Glückel von Hameln, *The Memoirs*. M. Lowenthal, Übers., New York 1932.

Goebbels, Joseph, *Kampf um Berlin, 1926-27*, München 1932.

–, *Vom Kaiserhof zur Reichskanzlei*, München 1940.

Goldhagen, Daniel J., *Hitler's Willing Executioners*, New York 1996 (dt. Berlin [10]1996).

Gordon, Harold J., *Hitler and the Beer Hall Putsch*, Princeton 1972.

Grab, Walter, *Der deutsche Weg der Judenemanzipation, 1789-1938*, München 1991.

Graetz, Heinrich, *Geschichte der Juden*, Leipzig 1900.

Graml, Hermann, *Reichskristallnacht*, München 1988.

Grattenauer, Karl W. F., *Wider die Juden*, Berlin 1803.

Grayzel, Solomon, *The Church and the Jews in the Thirteenth Century*, Philadelphia 1933.

Gregor-Dellin, Martin, *Richard Wagner: Sein Leben, sein Werk, sein Jahrhundert*, München 1980.

Gribetz, Judah, u. a., *The Timetables of Jewish History*, New York 1993.

Gronberger, Richard, *The Twelve-Year Reich*, New York 1971.

Grosz, George, *Ein Kleines Ja und ein Großes Nein*, Reinbek b. Hamburg 1974.

Grube, Frank, und Gerhard Richter, *Die Weimarer Republik*, Hamburg 1983.

Grunow, Alfred, *Der Kaiser und die Kaiserstadt*, Berlin 1970.

Grunwald, Max, *Vienna*, Philadelphia, The Jewish Publication Society of America, 1936.

Gwatkin, H. M., *Constantine and His City*, Cambridge 1936.

Hackett, David, *The Buchenwald Report*, Boulder 1995.

Haffner, Sebastian, *Von Bismarck zu Hitler*, München 1987.

Hahn, Barbara, »Die Salons der Rahel Levin Varnhagen«. In: Hannelore Gärtner / Annette Purfürst, hg., *Berliner Romantik. Orte, Spuren, Begegnungen*, Berlin 1992.

Hamburger, Ernst, *Jews in Public Service under the German Monarchy*, New York, Leo Baeck Institute Yearbook, Bd. 9, 1964.

–, *Jews, Democracy and Weimar Republic,* New York, Leo Baeck Memorial Lecture, Bd. 16, 1972.

Hamburger, Ernest, und Peter Pulzer, *Jews as Voters in the Weimar Republic,* New York, Leo Baeck Institute Yearbook, Bd. 30, 1985.

Hamerow, Theodore S., *The Age of Bismarck,* New York 1973.

Hammer, Manfried, und Julius Schoeps, hg., *Juden in Berlin, 1671-1945,* Berlin 1988.

Harden, Maximilian, *Kaiserpanorama,* Berlin 1983.

Harttung, Arnold, u. a., *Walther Rathenau: Schriften,* Berlin 1965.

Heiber, Helmut, *Die Republik von Weimar,* München 1993.

Heid, Ludger, und Julius Schoeps, hg., *Juden in Deutschland,* München 1994.

Henderson, W. O., *The Rise of German Industrial Power 1834-1914,* London 1975.

Heppner, Ernest G., *Shanghai Refuge,* Lincoln 1993.

Herre, Franz, *Kaiser Wilhelm I.,* Köln 1980.

Hertz, Deborah, *Jewish High Society in the Old Regime,* New Haven 1988.

–, »*Why Did the Christian Gentleman Assault the Jüdischer Elegant?*«: Four Conversion Stories from Berlin, 1816-25, New York, Leo Baeck Institute Yearbook, Bd. 40, 1995.

Heyde, Johann Friedrich, *Der Roggenpreis und die Kriege des Großen Königs, 1740-86,* Berlin 1988.

Hitler, Adolf, *Mein Kampf,* 95.-96. Aufl., München 1934.

Holborn, Hajo, *A History of Modern Germany 1648-1840,* Princeton 1964.

–, *A History of Modern Germany 1840-1945,* Princeton 1969, 1982.

Holmsten, Georg, *Die Berlin-Chronik,* Düsseldorf 1984.

–, *Berlin in alten und neuen Reisebeschreibungen,* Düsseldorf 1989.

Huret, Jules, *En Allemagne,* Paris 1909.

Hyndman, H. M., *Commercial Crises of the Nineteenth Century,* New York 1892.

Iggers, Georg, *Heinrich von Treitschke.* In Hans-Ulrich Wehler, hg., *Deutsche Historiker II.,* Göttingen 1971.

Internationales Buchenwald-Komitee, *Buchenwald: Mahnung und Verpflichtung,* Berlin 1961.

Isherwood, Christopher, *The Berlin Stories,* New York 1945.

Jacobs, Monty, *Abschied von Arthur Eloesser, 17. Februar 1938,* unveröffentlicht.

Jacobson, Jacob, *Die Judenbücher der Stadt Berlin 1809-1851,* Berlin 1962.

Jarausch, Konrad, *Jewish Lawyers in Germany 1848-1938,* New York, Leo Baeck Institute Yearbook, Bd. 36, 1991.

Jersch-Wenzel, Stefi, *Juden und Franzosen in der Wirtschaft des Raumes Berlin/Brandenburg,* Historische Kommission zu Berlin, Bd. 23, Berlin 1978.

Jessen, Hans, hg., *Friedrich der Große und Maria Theresia,* Düsseldorf 1965.

Jöhlinger, Otto, *Bismarck und die Juden,* Berlin 1921.

Johnson, Herbert C., *Frederick the Great and His Officials,* New Haven 1975.

Johnson, Paul, *A History of the Jews,* New York 1987.

Kaes, Jay, und Dimenberg Kaes, hg., *The Weimar Sourcebook,* Berkeley 1994.

Kahn, Lothar, *Biography of Ludwig Robert,* New York, Leo Baeck Institute Yearbook, Bd. 19.

Kamnitzer, Heinz, *Die wirtschaftliche Struktur Deutschlands zur Zeit der Revolution 1848,* Berlin 1952.

Kampmann, Wanda, *Deutsche und Juden,* Heidelberg 1963.

Kapp, Julius, *Giacomo Meyerbeer,* Berlin 1932.

Karpeles, Gustav, *Heinrich Heines Autobiographie,* Berlin 1988.

Katz, Jacob, *Out of the Ghetto,* Cambridge/Mass. 1973.

Kaufmann, David, *Wann ist Heinrich Heine geboren?* In *Gesammelte Schriften,* Frankfurt/Main 1908.

Keats, Jonathan, *Stendhal,* London 1991.

Keller, Werner, *Diaspora: The Post-biblical History of the Jews,* New York 1966.

Kennan, George F., *The Decline of Bismarck's European Order 1875-90,* Princeton 1974.

Kerbs, Diethart, und Henrick Stahr, *Berlin 1932,* Berlin 1992.

Kerr, Alfred, *Walther Rathenau,* Amsterdam 1935.

Kessler, Harry Graf, *Walther Rathenau: His Life and His Work,* London 1929.

Kindleberger, C. P., *Manias, Panics and Crashes,* New York 1978.

–, »The Panic of 1873«. In Eugene N. White, hg., *Crashes and Panics,* New York 1990.

Knigge, Adolf von, *Über den Umgang mit Menschen* (1788), Frankfurt/Main 1977.

Kobler, Franz, hg., *Juden und Judentum in deutschen Briefen aus 3 Jahrhunderten,* Wien 1935.

Kogon, Eugen, *Der SS-Staat,* Stockholm 1947.

König, Anton Balthasar, *Annalen der Juden in den Preußischen Staaten,* Berlin, Kammergericht RG 3618, 1790.

Korfi, Ernst, *Biografische Karakteristik,* Berlin 1870.

Kracke, Friedrich, *Prinz und Kaiser,* München 1960.

Kraemer, Mario, *Berlin im Wandel der Jahrhunderte,* Berlin 1956.

Krüger, Peter, *Versailles,* München 1986.

Kulka, Otto Dov, *Die Nürnberger Rassengesetze und die deutsche Bevölkerung.* In *Vierteljahreshefte für Zeitgeschichte,* Dezember 1984.

Kürenberg, Joachim von, *The Kaiser,* New York 1955.

Kurtz, Harold, *The Second Reich, Kaiser Wilhelm and His Germany,* New York 1970.

Küster, Bernd, *Max Liebermann.* Hamburg 1988.

Kuznets, Simon, *Economic Structure and Life of the Jews.* In Louis Finkelstein, hg., *The Jews: Their History, Culture & Religion,* New York 1949.

Lamberti, Marjorie, *Jewish Activism in Imperial Germany,* New Haven 1978.

Landsberg, Hans, *Rahel: Ein Buch des Andenkens,* Berlin 1904.

Lange, Annemarie, *Das wilhelminische Berlin,* Berlin 1967.

Lange, Friedrich C. A., *Groß-Berliner Tagebuch, 1920-33,* Berlin 1982.

Leschnitzer, Adolf, *Saul und David,* Heidelberg 1954.

Levy, Richard S., *The Downfall of the Anti-Semitic Political Parties in Imperial Germany,* New Haven 1975.

Linday, J. O., hg., *The Old Regime: 1713-63.* In *The New Cambridge Modern History,* Bd. 7, Cambridge 1957.

Liptzin, Solomon, *Germany's Stepchildren,* Philadelphia, The Jewish Publication Society of America, 1944.

Lohalm, Uwe, *Völkischer Radikalismus,* Hamburg 1970.

Löschburg, Winfried, *Unter den Linden,* Berlin 1971.

Low, Alfred D., *Jews in the Eyes of the Germans.* Philadelphia, Institute for the Study of Human Issues, 1976.

Lowenberg, Peter, *The Kristallnacht as a Public Degradation Ritual.* New York, Leo Baeck Institute Yearbook, Bd. 32, 1987.

Lowenthal, Marvin, *The Jews of Germany: A Story of Sixteen Centuries,* New York 1936.

–, *A World Passed By,* New York 1938.

Ludwig, Emil, *Kaiser Wilhelm II.,* London 1926.

Magee, Bryan, *Aspects of Wagner,* New York 1969.

Mai, Gunther, *Das Ende des Kaiserreiches,* München 1993.

Maimon, Salomon, *Gesammelte Werke,* Bd. 1, Hildesheim 1965.

Marcus, Jacob, *The Jew in the Medieval World,* Cincinnati 1938.

Marcuse, Ludwig, *Heine: A Life Between Love and Hate,* New York 1933.

Marr, Wilhelm, *Der Sieg des Judentums über das Germanentum,* Bern 1879.

Marriott, J. A. R., und C. G. Robertson, *The Evolution of Prussia,* Oxford 1937.

Marschall, Birgit, *Reisen und Regieren,* Heidelberg 1991.

Maser, Werner, *Zwischen Kaiserreich und NS-Regime,* Bonn 1992.

Massie, Robert K., *Dreadnought: Britain, Germany and the Coming of the Great War,* New York 1991.

Massing, Paul W., *Rehearsal for Destruction,* New York 1949.

Masur, Gerhard, *Imperial Berlin,* New York 1970.

Mayer, Hans, *Anmerkungen zu Richard Wagner,* Frankfurt/Main 1966.

–, *Der Widerruf: Über Deutsche und Juden,* Frankfurt/Main 1994.

Mendel, Herman, *Giacomo Meyerbeer,* Berlin 1869.

Menga, Wolfgang, *So lebten sie alle Tage...,* Köln 1984.

Meyer, Michael, *Origin of the Modern Jew,* Detroit 1967.

Meyer, Michael E., *Von Moses Mendelssohn zu Leopold Zunz: Jüdische Identität in Deutschland 1749-1824,* München 1992.

Meyer, Rudolph, *Politische Gründer und die Corruption in Deutschland,* Leipzig 1877.

Mitchem, Jr., Samuel W., *Why Hitler?* Westport/London 1996.

Mitford, Nancy, *Frederick the Great*, London 1970.

Mogge, Brigitta, *Rhetorik des Hasses*, Neuss 1977.

Möller, Horst, *Die unvollendete Demokratie*, München 1994.

Mommsen, Wolfgang J., *Imperial Germany 1867-1918*, London 1995.

Morse, Arthur D., *Why Six Million Died*, New York 1967.

Morton, Frederic, *A Nervous Splendor*, New York 1979.

Mosse, George L., *The Crisis of German Ideology: The Intellectual Origins of the Third Reich*, New York 1964.

Mosse, Werner E., *Entscheidungsjahr 1932*, Tübingen 1965.

–, *Germans & Jews*, New York 1970.

–, *Deutsches Judentum in Krieg und Revolution*, Tübingen 1971.

–, *Juden im wilhelminischen Deutschland 1890-1914*, Tübingen 1976.

–, *Jews in the German Economy*, Oxford 1987.

–, *The German-Jewish Economic Elite*, Oxford 1989.

Mühr, Alfred, *Rund um den Gendarmenmarkt: Von Iffland bis Gründgens*, Oldenburg 1965.

Mun, Richard, *Die Juden in Berlin*, Leipzig 1924.

Nachana, Andreas, *Der Große Kurfürst*, Berlin 1989.

Nelson, Walter Henry, *The Berliners*, New York 1969.

The New Cambridge Modern History, Bde. 5, 7, Cambridge 1960.

Nicolai, Friedrich, *Beschreibung der Königlichen Residenzstädte Berlin und Potsdam* (1786), Berlin 1986.

Nicolaische Buchhandlung, *Wegweiser für Fremde und Einheimische durch Berlin und Potsdam*, Berlin 1833.

Nietzsche, Friedrich, *Jenseits von Gut und Böse*, Werke in drei Bänden, Karl Schlechta, hg., Bd. 2, München 1954.

Niewyk, Donald L., *The Jews in Weimar Germany*, Baton Rouge 1980.

Nipperdey, Thomas, *Deutsche Geschichte, 1800-66*, München 1983.

Noakes, J., und G. Pridham, hg., *Nazism 1919-45: A History in Documents*, New York 1983.

–, *Nazism 1919-45*, Bd. 1, *The Nazi Party, State and Society*, New York 1983.

Oertzen, Dietrich V., *Adolf Stoecker: Lebensbild*, Schwerin 1912.

Osborne, Sidney, *Germany and Her Jews*, London 1939.

Osten-Sacken, Peter V., hg., *Juden in Deutschland*, Berlin 1980.

Pakula, Hannah, *An Uncommon Woman: The Empress Frederick*, New York 1995.

Pangels, Charlotte, *Friedrich der Große*, München 1995.

Paret, Peter, »*The Enemy Within*«: *Max Liebermann as President of the Prussian Academy of Art*, New York, Leo Baeck Institute Memorial Lecture, Nr. 28, 1984.

Paucker, Arnold, *Der jüdische Abwehrkampf*, Hamburg 1968.

Peukert, Detlev J. K., *The Weimar Republic*, New York 1987.

Pierson, Ruth, *Embattled Veterans: The Reichsbund Jüdischer Frontsoldaten*, New York, Leo Baeck Institute Yearbook, Bd. 19, 1974.

Pois, Robert A., *Walther Rathenau's Jewish Quandary*, New York, Leo Baeck Institute Yearbook, Bd. 13, 1968.

Pollack, Herman, *Jewish Folkways in Germanic Lands (1648-1806)*, Cambridge/Mass. 1971.

Pörtner, Rudolf, hg., *Alltag in der Weimarer Republik*, München 1993.

Prawer, S. S., *Heine's Jewish Comedy*, Oxford 1983.

Press, Volker, *Kriege und Krisen, Deutschland 1600-1750*, München 1991.

Prinz, Arthur, *New Perspectives on Marx as a Jew*, New York, Leo Baeck Institute Yearbook, Bd. 15, 1970.

Pulzer, Peter, *The Rise of Political Antisemitism in Germany and Austria*, Cambridge 1988.

Rachel, Hugo, und Paul Wallich, *Berliner Großkaufleute und Kapitalisten, Bd. 2, 1648-1806*, Berlin 1967.

–, *Berliner Großkaufleute und Kapitalisten, Bd. 3, 1806-56*, Berlin 1967.

Rathenau, Walther, »Höre Israel«. In *Impressionen*, Leipzig 1908.

–, *An Deutschlands Jugend*, Berlin 1918.

Read, Anthony, und David Fisher, *Kristallnacht*, New York 1989.

Redlich, Fritz, »Two Nineteenth Century Financiers and Autobiographies«. In *Economy and History*, Bd. 10, Universität Lund 1967.

Reich-Ranicki, Marcel, »Die verkehrte Krone«. In: *Aufbau*, 18. August 1995.

Reichsbund Jüdischer Frontsoldaten, *Kriegsbriefe gefallener deutscher Juden*, Berlin 1935.

Reinharz, Jehuda, *Fatherland or Promised Land*, Ann Arbor/Mich. 1975.

Reinharz, Jehuda, und Walter Schatzberg, *The Jewish Response to German Culture*, Hanover/New England 1985.

Reitböck, Gottfried, *Der Eisenbahnkönig Strousberg und seine Bedeutung für das Europäische Wirtschaftsleben*. In Conrad Matschoss, hg., *Jahrbuch des Vereins Deutscher Ingenieure*, Bd. 14, Berlin 1924.

Reuth, Ralf Georg, *Goebbels*, München 1990.

Ribbe, Wolfgang, hg., *Geschichte Berlins*, München 1987.

Richarz, Monika, hg., *Jewish Life in Germany*, Bloomington/Ind. 1991.

Richter, Werner, *Bismarck*, New York 1965.

Rieben, von, *Das 2. Garderegiment zu Fuß*, Zeulendroda 1934.

Rodenberg, Julius, *Bilder aus dem Berliner Leben*, 3 Bde., Berlin 1891.

Röhl, John C. G., *The Kaiser and His Court*, Cambridge 1994.

Rohrbacher, Stefan, *Gewalt im Biedermeier* (Schriftenreihe des Zentrums für Antisemitismus-Forschung, Bd. 1), Frankfurt/Main 1993.

Roper, Katherine, *German Encounters with Modernity: Novels of Imperial Berlin*, New Jersey/London 1991.

Rose, Paul Lawrence, *Revolutionary Antisemitism in Germany from Kant to Wagner*, Princeton 1990.

Rosenberg, Alfred, *Der Mythus des 20. Jahrhunderts*, München 1934.

–, *Kampf um die Macht*, München 1938.

Rosenberg, Hans, *Große Depression und Bismarckzeit*, Berlin 1967.

–, *Probleme der deutschen Sozialgeschichte*, Frankfurt/Main 1969.

Rosenthal, Ludwig, *Heinrich Heine als Jude*, Frankfurt/Main 1973.

Roth, Cecil, *A Short History of the Jewish People*, London 1953.

–, *The Jews in the Middle Ages*. In *Cambridge Medieval History*, Bd. 8, Cambridge 1937.

Rottenberg, Dan, *Finding Our Fathers*, New York 1977.

Runciman, Steven, *The First Crusade*, Cambridge 1951.

Ruppin, Arthur, *Soziologie der Juden*, Berlin 1930.

Rürup, Reinhard, *The Tortuous and Thorny Path to Legal Equality*, New York, Leo Baeck Institute Yearbook, Bd. 31, 1986.

–, *Deutschland im 19. Jahrhundert, 1815-71*, Göttingen 1992.

–, hg., *Jüdische Geschichte in Berlin*, Berlin 1995.

Salamander, Rachel, hg., *Die Jüdische Welt von gestern*, Wien 1995.

Savage, Pierre-Paul, *1871: Berlin/Paris*, Berlin 1971.

Schaaf, Doris, *Der Theaterkritiker Arthur Eloesser*, Berlin 1962.

Scheiger, Brigitte, *Juden in Berlin*. In Stefi Jersch-Wenzel und Barbara John, hg., *Von Zuwanderern zu Einheimischen*, Berlin 1990.

Schimmel-Falkenau, Walter, *Kommen und Gehen unter den Linden*, Berlin 1963.

Schleunes, Karl A., *The Twisted Road to Auschwitz*, Urbana/Ill. 1970.

Schnee, Heinrich, *Die Hoffinanz und der moderne Staat*, Berlin 1953-67.

Schnitter, Helmut, hg., *Gestalten um den Soldatenkönig*, Berlin 1994.

Schoeps, Hans-Joachim, *Preußen: Geschichte eines Staates*, Berlin 1967.

Schoeps, Julius H., *Bismarck und seine Attentäter*, Frankfurt/Main 1984.

Schuder, Rosemarie, und Rudolph Hirsch, *Der gelbe Fleck*, Köln 1988.

Schultz, Helga, *Berlin 1650-1800*, Berlin 1992.

Schulz, Gerhard, *Deutschland seit dem Ersten Weltkrieg 1918-45*, Göttingen 1982.

–, *Revolutionen und Friedensschlüsse 1917-20*, München 1985.

Schütz, Hans, *Juden in der deutschen Literatur*, München 1992.

Scurla, Herbert, *Rahel Varnhagen*, Düsseldorf 1962.

Shirer, William, *The Rise and Fall of the Third Reich*, New York 1960.

–, *The Nightmare Years*, Boston 1984.

Simon, Hermann, *Majestäten in Berliner Synagogen*. In Ludgerheid und Joachim H. Knoll, hg., *Deutsch-Jüdische Geschichte im 19. und 20. Jahrhundert*, Sachsenheim 1992.

Snyder, Louis L., *The Blood and Iron Chancellor*, Princeton 1967.

Sombart, Werner, *Juden und Wirtschaftsleben*, Leipzig 1911.

Sorkin, David, *The Transformation of German Jewry, 1780-1840*, Oxford 1987.

Spencer, Stewart, und Barry Millington, *Selected Letters of Richard Wagner*, London 1987.

Springer, Robert, *Berlin: Die deutsche Kaiserstadt*, Berlin 1876.

Stade, Martin, *Der König und sein Narr*, Berlin 1975.

Sterling, Eleonore, *Jewish Reaction to Jew-Hatred in the First Half of the Nineteenth Century*, New York, Leo Baeck Institute Yearbook, Bd. 3, 1958.

Stern, Fritz, *The Politics of Cultural Despair*, Berkeley/Calif. 1961.

–, *The Failure of Illiberalism*, New York 1972.

–, *Gold and Iron: Bismarck, Bleichröder and the Building of the German Empire*, New York 1977 (dt. 1978).

–, *Dreams and Delusions: The Drama of German History*, New York 1989.

Stern, Selma, *Jud Süß*, Berlin 1929.

–, *The Court Jew*, Philadelphia 1950.

–, *Der Preußische Staat: Akten*, Tübingen 1962.

–, *Der Preußische Staat und die Juden, Bde. 1-6*, Tübingen 1962-75.

Stern-Taeubler, Selma, *The First Generation of Emancipated Jews*, New York, Leo Baeck Institute Yearbook, Bd. 15, 1970.

Stevenson, William B., *The First Crusade*. In *Cambridge Medieval History*, Bd. 5, Cambridge 1936.

Stolper, Gustav, *The German Economy: 1870 to Present*, New York 1967.

Strauss, Bruno, *Moses Mendelssohn in Potsdam*, Berlin 1994.

Strauss, Herbert A., *Jewish Emigration from Germany*, New York, Leo Baeck Institute Yearbook, Bd. 26, 1981.

–, *Hostages to Modernization: Studies of Modern Antisemitism 1870-1933/39*, Berlin/New York 1993.

Streckfuss, Adolph, *Berlin im 19. Jahrhundert*, Berlin 1860.

Strube, Rolf, hg., *Sie saßen und tranken am Teetisch*, München 1991.

Sucher, C. Bernd, *Luthers Stellung zur Judenfrage*, Nieukoop 1977.

Suchy, Barbara, *The Verein zur Abwehr des Antisemitismus*, New York, Leo Baeck Institute Yearbook, Bd. 28, 1983.

Susman, Margarete, *Frauen in der Romantik*, Frankfurt/Main 1996.

Tal, Uriel, *Christians and Jews in Germany*, Ithaca/NY 1975.

Taylor, James, und Warren Shaw, *The Third Reich Almanac*, New York 1987.

Teske, Hermann, *Berlin und seine Soldaten*, Berlin 1968.

Tewarson, Heidi Thomann, *Rahel Varnhagen*, Reinbek b. Hamburg 1988.

–, *German-Jewish Identity in the Correspondence Between Rahel Levin Varnhagen and her Brother, Ludwig Robert*, New York, Leo Baeck Institute Yearbook, Bd. 39, 1994.

Toury, Jacob, *Die politische Orientierung der Juden in Deutschland*, Tübingen 1966.

–, *Soziale und politische Geschichte der Juden in Deutschland 1847-71*, Düsseldorf 1977.

Traverso, Enzo, *The Jews and Germany*, Lincoln 1995.

Treitschke, Heinrich von, *Deutsche Geschichte im 19. Jahrhundert*, 5 Bde., Leipzig 1879-84.

Treue, Wilhelm, *Gesellschaft, Wirtschaft und Technik im 19. Jahrhundert*, München 1975.

Tuchmann, Barbara, *The Guns of August*, New York 1962.

Uhlig, Theodor, *Zeitgemäße Betrachtungen*. In *Neue Zeitschrift für Musik*, Nr. 33-37, 1850.

Ullstein, Herman, *The Rise and Fall of the House of Ullstein*, New York 1943.

Valentin, Antonia, *Poet in Exile*, New York 1934.

Valentin, Veit, *The German People*, New York 1946.

Van Dieren, Bernard, *Down Among the Dead Men*, Oxford 1935.

Vehse, Carl Eduard, *Die Höfe zu Preußen*, Leipzig 1993.

Verdrow, Otto, *Rahel Varnhagen: Ein Lebensbild*, Stuttgart 1900.

Vogel, Rolf, *Ein Stück von uns: Deutsche Juden in deutschen Armeen, 1813-1976*, Mainz 1977.

Vogel, Werner, *Führer durch die Geschichte Berlins*, Berlin 1993.

Vogelstein, Hermann, *Rome*, Philadelphia 1940.

Volkov, Shulamit, *Antisemitism as a Cultural Code: Reflections on the History and Historiography of Antisemitism in Imperial Germany*, New York, Leo Baeck Institute Yearbook, Bd. 23, 1978.

Wagner, Cosima, *Die Tagebücher, 2 Bde.*, München 1976.

Walter, H., *Moses Mendelssohn*, New York 1930.

Wassermann, Henry, *The Fliegende Blätter as a Source for the Social History of German Jewry*, New York, Leo Baeck Institute Yearbook, Bd. 28, 1983.

–, *Jews in Jugendstil: The Simplicissimus 1896-1914*, New York, Leo Baeck Institute Yearbook, Bd. 31, 1986.

Wehler, Hans-Ulrich, *Deutsche Gesellschaftsgeschichte, Bd. 2, 1815-49*, München 1987.

Weiner, Marc A., *Richard Wagner and the Antisemitic Imagination*, Lincoln 1995.

Weiss, John, *Ideology of Death: Why the Holocaust Happened in Germany*, Chicago 1996.

Wertheimer, Jack, *Unwelcome Strangers: East European Jews in Imperial Germany*, London 1987.

Wessling, Berndt W., *Meyerbeer*, Düsseldorf 1984.

Westphal, Uwe, *Berliner Konfektion und Mode*, Berlin 1986.

Wile, Frederic William, *Men Around the Kaiser*, Philadelphia 1913.

Willett, John, *Art and Politics in the Weimar Period*, New York 1978.

Winteroll, Michael, *König der Eisenbahn – König der Pleiten*. In *Tagesspiegel* (Berlin), 24. Mai 1996.

Wirth, Max, *Geschichte der Handelskrisen*, Frankfurt/Main 1858.

Wolbe, Eugen, *Geschichte der Juden in Berlin und in der Mark Brandenburg*, Berlin 1937.

Wolff, Richard, hg., *Berichte des Braunschweiger Gesandten*, Berlin 1914.

Woloch, Isser, *Eighteenth Century Europe: Tradition and Progress 1715-89*, New York 1982.

Wyman, David S., *Paper Walls: America and the Refugee Crisis 1938-1941*, New York 1968.

Zechlin, Egmont, *Die deutsche Politik und die Juden im 1. Weltkrieg,* Göttingen 1969.

Zedlitz-Trütschler, Robert, *Zwölf Jahre am deutschen Kaiserhof,* Stuttgart 1924.

Ziegler, Dieter, *Eisenbahnen und Staat im Zeitalter der Industrialisierung,* Stuttgart 1995.

Zielenziger, Kurt, *Juden in der deutschen Wirtschaft,* Berlin 1930.

Zimmermann, Reiner, *Giacomo Meyerbeer: Eine Biographie nach Dokumenten,* Berlin 1991.

–, *Die Opern Giacomo Meyerbeers auf den Dresdner Bühnen.* In *Schriftenreihe der Hochschule für Musik,* Heft 24, Dresden 1991.

Zivier, Georg, *Das Romanische Café,* Berlin 1965.

Zweig, Arnold, *Bilanz der deutschen Judenheit,* Leipzig 1991.

Zweig, Stefan, *Die Welt von gestern,* postum Stockholm 1942.

Zeitungen und Zeitschriften

Allgemeine Musikalische Zeitung, Leipzig
Allgemeine Zeitung des Judentums, Berlin
Berliner Illustrirte Zeitung, Berlin
Berliner Tageblatt, Berlin
Centralverein Zeitung, Berlin
Deutsche Allgemeine Zeitung, Berlin
Frankfurter Zeitung, Frankfurt/Main
Jüdische Rundschau, Berlin
Neue Zeitschrift für Musik, Leipzig
The New Yorker Magazine
The New York Times
The North China Daily News, Schanghai
Oranienburger Generalanzeiger, Oranienburg
The Shanghai Jewish Chronicle
Der Tagesspiegel, Berlin
Vossische Zeitung, Berlin

Namenregister